Birgit Heller und Edith Franke
**Religion und Geschlecht**

Birgit Heller und Edith Franke

# Religion und Geschlecht

---

Mit Beiträgen von
Yasmin Amin, Bärbel Beinhauer-Köhler, Jamsheed K. Choksy, Doris Decker,
Marta Dominguez Diaz, Johannes Endler, Sherry E. Fohr, Ute Gause, Esther-Maria
Guggenmos, Manon Hedenborg White, Benjamin Heimann, Theresia Heimerl,
Adelheid Herrmann-Pfandt, Anna-Katharina Höpflinger, Ute Hüsken, Rosemary
Joyce, Stefanie Knauß, Sabine Lang, Andrea Lehner-Hartmann, Marie-Therese Mäder,
Matthias Morgenstern, Suzanne Onstine, Donate Pahnke McIntosh, Lukas K. Pokorny,
Isabelle Prochaska-Meyer, Bettina E. Schmidt, Monika Schrimpf, Susan Starr Sered,
Eva Synek, Carmen Trautner, Areshpreet Wedech und Elyze Zomer

DE GRUYTER

ISBN 978-3-11-069340-9
e-ISBN (PDF) 978-3-11-069740-7
e-ISBN (EPUB) 978-3-11-069748-3
DOI https://doi.org/10.1515/9783110697407

Dieses Werk ist lizenziert unter der Creative Commons Namensnennung - Nicht kommerziell - Keine Bearbeitungen 4.0 International Lizenz. Weitere Informationen finden Sie unter https://creativecommons.org/licenses/by-nc-nd/4.0/

Die Bedingungen der Creative-Commons-Lizenz für die Weiterverwendung gelten nicht für Inhalte (z. B. Grafiken, Abbildungen, Fotos, Auszüge usw.), die nicht Teil der Open-Access-Publikation sind. Diese erfordern ggf. die Einholung einer weiteren Genehmigung des Rechteinhabers. Die Verpflichtung zur Recherche und Klärung liegt allein bei der Partei, die das Material weiterverwendet.

**Library of Congress Control Number: 2023941497**

**Bibliografische Information der Deutschen Nationalbibliothek**
Die Deutsche Nationalbibliothek verzeichnet diese Publikation in der Deutschen Nationalbibliografie; detaillierte bibliografische Daten sind im Internet über http://dnb.dnb.de abrufbar.

© 2024 bei den Autor*innen, publiziert von Walter de Gruyter GmbH, Berlin/Boston. Dieses Buch ist als Open-Access-Publikation verfügbar über www.degruyter.com.

Einbandabbildung: Fotoausschnitt Pt 001 Lan Cai He/Lán Cǎihé (蓝采和), © Religionskundliche Sammlung der Philipps-Universität Marburg, Foto: Heike Luu.
Zum Objekt: Lan Caihe, eine der acht daoistischen Unsterblichkeiten – legendäre Figuren aus der daoistisch-vernakulären Tradition – wird in verschiedenen Zeiten der chinesischen Kunstgeschichte mit weiblich oder männlich gelesener Kleidung dargestellt, in anderen Darstellungen trägt die Figur auch geschlechtsunspezifische Kleidung.

Druck und Bindung: CPI books GmbH, Leck

www.degruyter.com

# Vorwort

Mit der Arbeit an diesem Buch schließt sich ein Kreis, der sich über rund drei Jahrzehnte zieht. Im Jahr 1992 haben vier junge Wissenschaftlerinnen eine Arbeitsgemeinschaft für Feministische Religionswissenschaft gegründet: Edith Franke (Universität Marburg), Adelheid Herrmann-Pfandt (Universität Marburg), Birgit Heller (Universität Wien) und Donate Pahnke (damals Universität Bremen). Zunächst sollte diese Arbeitsgemeinschaft den Beteiligten vor allem die Möglichkeit zum inhaltlichen Austausch und zur Erweiterung und Weiterentwicklung der Perspektiven bieten sowie der wechselseitigen Unterstützung bei den anstehenden wissenschaftlichen Qualifikationsarbeiten dienen. Es gab zu dieser Zeit zwar bereits Vertreterinnen einer feministisch-orientierten Religionswissenschaft – wie Rita Gross oder Ursula King –, aber beschränkt auf den englischsprachigen Raum. Die an deutschsprachigen Universitäten verankerte Religionswissenschaft war davon weitgehend unberührt geblieben. Insofern konnten wir bei der Umsetzung unserer Forschungsinteressen und bei der Arbeit an unseren Dissertationen oder Habilitationen, die sich auf der Basis feministischer Theorie mit Themen der Geschlechterforschung befassten, nicht mit fachlicher Unterstützung in unserem akademischen Umfeld rechnen. Als ein gemeinsames Produkt unserer Zusammenarbeit (mit Beiträgen weiterer Wissenschaftler*innen) entstand der Band „Blickwechsel. Frauen in Religion und Wissenschaft" (1993), herausgegeben von Donate Pahnke. Genauso wichtig wie der inhaltliche Austausch war der wechselseitige, persönlich-existenzielle Beistand, der uns darin bestärkt hat, eine Forschungsperspektive zu verfolgen, die zu dieser Zeit vom Mainstream der Religionswissenschaft als marginal betrachtet wurde. Unsere Wege haben sich im Lauf der Jahre getrennt, ganz aus den Augen verloren haben wir uns jedoch nie und zwischendurch gab es immer wieder Gelegenheiten, die uns zusammengeführt haben – wie etwa die Antrittsvorlesung von Edith Franke an der Philipps-Universität Marburg im Jahr 2007.

Seit den 1990er Jahren hat die Geschlechterforschung in der Religionswissenschaft verschiedene Phasen und Entwicklungen durchlaufen. Analog zu anderen Disziplinen hat sich der anfängliche Fokus, der auf die Normen, Stereotype, Ideale und Rollen von Frauen, aber auch auf die normativen Geschlechterbeziehungen in den Religionen sowie auf Frauen als religiöse Subjekte gerichtet war, erweitert. Neben Konstruktionen von Weiblichkeit, ihren Bezügen zur sozialen Realität und den Spiegelungen auf der Ebene der religiösen Symbole wurden auch Konstruktionen von Männlichkeit thematisiert, wobei diesbezüglich immer noch ein geringeres Forschungsinteresse festzustellen ist. Genauso bedeutsam waren Auseinandersetzungen mit postkolonialer Kritik, mit der Einsicht, dass es ‚die Frau' nicht gibt, mit den Rahmenbedingungen wissenschaftlicher Erkenntnis und ihren Konsequenzen für die Ideale der Objektivität und Wertneutralität, mit radikal-konstruktivistischen Ansätzen, die die Bedeutung des Körpers in den Hintergrund gedrängt haben. Dazu kam die Ausdehnung der Perspektive auf die Präsenz von und den Umgang mit Geschlechtervielfalt, verschiedenen sexuellen Orientierungen und Transgender-Phänomenen in den Religionen.

Im Herbst 2019 haben wir, Birgit Heller und Edith Franke, beschlossen, in der letzten Phase unserer langjährigen akademischen Tätigkeit die Fäden des Beginns wieder aufzugreifen und in einem gemeinsamen Projekt zu bündeln, in dem auch Adelheid Herrmann-Pfandt und Donate Pahnke McIntosh als Autorinnen vertreten sind. Wir haben die oben beschriebenen Entwicklungen feministisch-orientierter Religionswissenschaft bzw. religionswissenschaftlicher Geschlechterforschung in den eigenen wissenschaftlichen Biographien erlebt und mitvollzogen. Was die aktuelle Debatte rund um eine postsäkulare Wende des Feminismus mit einem angeblich neuen Interesse an Religion betrifft, möchten wir hervorheben, dass es neben dem säkularen Feminismus und der damit einhergehenden Ablehnung und Ausblendung von Religion von Beginn an auch verschiedene feministische Traditionen gab, die Religion als relevante und facettenreiche Dimension menschlichen Lebens betrachtet haben. Zudem kann Geschlechterforschung an jene Ansätze in der Religionswissenschaft anknüpfen, die die Funktion von Religion kritisch analysieren und vernachlässigte Aspekte und Dimensionen von Religion und religionshistorischer Forschung in den Blick nehmen. In diesen Linien verorten wir uns und unsere Forschung.

Unser Dank bei der Fertigstellung des Bandes richtet sich an Sophie Wagenhofer und Katrin Mittmann, die uns in den verschiedenen Phasen von Verlagsseite stets konstruktiv und hilfreich begleitet haben. Für das sorgfältige Korrekturlesen der Texte und die Unterstützung bei der Indexerstellung bedanken wir uns bei Christoph Hammer (Studienassistent am Institut für Religionswissenschaft, Universität Wien). Der Religionskundlichen Sammlung der Philipps-Universität Marburg danken wir für die Genehmigung des Abdrucks eines Objektfotos für die Umschlaggestaltung. Die finanzielle Unterstützung der Katholisch-Theologischen Fakultät der Universität Wien, ein Zuschuss aus den Berufungsmitteln von Lukas K. Pokorny (Universität Wien) sowie der Religionswissenschaft am Fachbereich Gesellschaftswissenschaften und Philosophie der Philipps-Universität Marburg haben die Open Access-Publikation des Buches ermöglicht. Ein großer Dank gilt den Autor*innen der Gastbeiträge dieses Buches, die sich auf unsere Systematik und einen teilweise intensiven Prozess der Revision und Überarbeitung eingelassen haben.

Die gemeinsame Arbeit an diesem Buch hat uns zum einen bestätigt, wie schwierig es immer wieder ist, die Verpflichtungen des akademischen Lebens mit konzentrierter, vertiefter Arbeit an einem größeren Projekt zu verbinden. Zum anderen hat sie uns aber auch gezeigt, wie sehr eine fruchtbare wissenschaftliche Auseinandersetzung mit einem Thema von Kooperation, fachlichem Austausch und von kritischer und zugleich wertschätzender Kollegialität profitiert. Wir haben die Arbeit an diesem Buch sowohl als Herausforderung, aber auch als große Bereicherung erlebt, die wir nicht missen möchten.

Wir hoffen, dass wir interessierten Leser*innen mit diesem Band einen Fundus bieten, der in vielfältiger Weise zu einem besseren Verständnis, eigener Forschung und kritischen und kreativen Weiterführungen in diesem Themenfeld anregt.

Wien und Marburg, im September 2023
Birgit Heller und Edith Franke

# Inhalt

Birgit Heller und Edith Franke
**Religion und Geschlecht: Verflechtung und Wechselwirkungen —— 1**

## Teil I  Methodologische und theoretische Grundlagen

Birgit Heller und Edith Franke
I.1  Grundbegriffe —— 17

I.2  Androzentrismus der Religionen und ihrer Erforschung —— 23

I.3  Impulse des Feminismus für die Religionswissenschaft —— 29

I.4  Forschungsgeschichte und Forschungsansätze: von der Frauenforschung zu Transgender Studies —— 37

I.5  Religion und Geschlechterordnungen —— 43

I.6  Materialität, Religion und Geschlecht —— 49

I.7  Offizielle Religion und Alltagsreligion/gelebte Religion —— 55

## Teil II  Revision der Religionsgeschichte aus Geschlechterperspektive

Elyze Zomer
II.1  Altorientalische Religion —— 67

Suzanne Onstine
II.2  Ancient Egyptian Religion —— 75

Jamsheed K. Choksy
II.3  Zoroastrianism —— 81

Birgit Heller
II.4　Hindu-Religionen —— 89

Sherry E. Fohr
II.5　Jainism —— 113

Ute Hüsken
II.6　Theravāda-Buddhismus —— 123

Adelheid Herrmann-Pfandt
II.7　Mahāyāna und tantrischer Buddhismus in Indien und Tibet —— 131

Monika Schrimpf
II.8　Buddhismus: Ostasien —— 139

Lukas K. Pokorny
II.9　Shintō —— 149

Esther-Maria Guggenmos
II.10　Religiöse Traditionen Chinas und ihre konfuzianischen und daoistischen Elemente —— 155

Matthias Morgenstern
II.11　Judentum —— 175

Theresia Heimerl
II.12　Christentum: katholisch —— 197

Ute Gause
II.13　Christentum: protestantisch —— 205

Eva Synek
II.14　Christentum: orthodox —— 213

Doris Decker und Yasmin Amin
II.15　Islam —— 221

Marta Domínguez Díaz
II.16　Sufism —— 243

Areshpreet Wedech
**II.17    Sikhismus** —— 251

Bärbel Beinhauer-Köhler
**II.18    Bahā'ī** —— 259

Rosemary A. Joyce
**II.19    Mesoamerican Religions** —— 267

Bettina E. Schmidt
**II.20    Yoruba-Religion** —— 275

Bettina E. Schmidt
**II.21    Afro-Amerikanische Religionen** —— 279

Sabine Lang
**II.22    Indigene Traditionen in Nordamerika** —— 285

Lukas K. Pokorny
**II.23    Musok: koreanischer Schamanismus** —— 293

Susan Starr Sered
**II.24    Religion of the Ryūkyūs. An Ethnographic Introduction** —— 299

Isabelle Prochaska-Meyer
**II.25    Die Religion der Ryūkyūs. Ein religionsgeschichtlicher Überblick** —— 305

Benjamin Heimann und Carmen Trautner
**II.26    Die Hare-Krishna-Bewegung** —— 315

Lukas K. Pokorny
**II.27    Sōka Gakkai** —— 321

Lukas K. Pokorny
**II.28    Vereinigungsbewegung** —— 327

Manon Hedenborg White
**II.29    Western Esotericism** —— 333

Donate Pahnke McIntosh
II.30 Feministische Spiritualität und Göttin-Religion —— 341

Johannes Endler
II.31 Holistisches Milieu —— 351

## Teil III Zentrale systematische Konzepte

Birgit Heller und Edith Franke
III.1 Geschlechterrollen und religiöse Autorität —— 359

Birgit Heller
III.2 Geschlechterstereotype —— 375

Birgit Heller und Edith Franke
III.3 Körper —— 391

Birgit Heller
III.4 Sexualität —— 407

Birgit Heller
III.5 Gottheit und Geschlecht —— 425

Birgit Heller
III.6 Geschlechtsspezifische Unterschiede in der Religiosität —— 441

## Teil IV Religion, Geschlecht und Gesellschaft: Interaktionen

Birgit Heller
IV.1 Gerechtigkeit —— 459

Birgit Heller
IV.2 Gewalt —— 477

Anna-Katharina Höpflinger
IV.3 Kleidung —— 493

Andrea Lehner-Hartmann
**IV.4 Bildung** —— 507

Stefanie Knauß
**IV.5 Medien** —— 523

Marie-Therese Mäder
**IV.6 Migration** —— 539

**Teil V Konturen einer geschlechtersensiblen Religionswissenschaft**

Birgit Heller und Edith Franke
**V.1 Paradigmenwechsel und Forschungspostulate** —— 553

**V.2 Leitkategorien** —— 555

**V.3 Feminismus und geschlechtersensible Religionswissenschaft** —— 559

**Abbildungsverzeichnis** —— 563

**Die Autor*innen** —— 565

**Register** —— 571

Birgit Heller und Edith Franke

# Religion und Geschlecht: Verflechtung und Wechselwirkungen

Die kritische Aufmerksamkeit für die komplexen und von weitreichenden Machtstrukturen geprägten Beziehungen zwischen Geschlecht und Religion verdankt sich ganz wesentlich der sozialen und politischen Frauenbewegung in den späten 1960er Jahren. Sie führte in vielen akademischen Disziplinen – und schließlich auch in der Religionswissenschaft – zu einer Revision des Selbstverständnisses, der theoretischen und methodischen Vorannahmen sowie zu einer Infragestellung historischer Erkenntnisse in Hinblick auf den Androzentrismus. Der Anspruch, universal gültige Forschungsergebnisse produzieren zu können, wurde dabei ganz grundsätzlich kritisiert. Zunächst vereinzelt und als Randgebiet fachwissenschaftlicher Debatten eingeordnet, erschienen, beginnend in den 1970er Jahren, auch in der Religionswissenschaft Forschungsarbeiten zu Frauen und Religion, zu religiösen Geschlechterverhältnissen sowie zur feministischen Wissenschaftskritik. Trotz einer steigenden Anzahl von Publikationen und Debatten schienen diese jedoch ein eher peripheres Feld zu bleiben und das Thema Religion und Geschlecht wurde in der religionswissenschaftlichen Lehre und im Rahmen von Fachtagungen nur sporadisch behandelt. Seit den 2000er Jahren beobachten wir ein erneutes und deutlich zunehmendes Interesse an gendersensibler Forschung und Lehrinhalten zu Religion und Gender. Sowohl in Debatten mit Studierenden als auch in Forschungskontexten sind Auseinandersetzungen mit geschlechtsspezifischen religiösen Symbolisierungen von Transzendenz, Fragen nach der Bedeutung von Religion für soziale und religiöse Geschlechterordnungen sowie die Suche nach historischen und aktuellen Beispielen für stereotypisierende, aber auch für non-konforme Repräsentationen von Geschlecht an der Tagesordnung. Erfreulicherweise sind in den letzten Jahren verschiedene Sammelbände zum Themenfeld Geschlechterverhältnis, Gender und Religion erschienen; einer davon geht auf ein Studierendensymposium der Religionswissenschaft im Jahr 2017 zurück und ist Ausdruck für das explizite Anliegen, stereotypisierende Geschlechterrepräsentationen sowie die zugrundliegenden Kategorisierungen zu hinterfragen und aufzulösen (Bauer, Göthling-Zimpel und Höpflinger 2020, 17f.). Wir möchten mit diesem Band nun eine sowohl religionshistorisch als auch systematisch angelegte religionswissenschaftliche Einführung in die komplexen Wechselwirkungen von Geschlecht und Religion vorlegen, die anhand von konkreten Forschungen und Fallbeispielen die wirkmächtigen Niederschläge religiöser, gesellschaftlicher und wissenschaftlicher Ordnungen und Kategorisierungen aufzeigt. Nach insgesamt rund fünf Jahrzehnten

---

Open Access. © 2024 bei den Autorinnen und Autoren, publiziert von De Gruyter. Dieses Werk ist lizenziert unter einer Creative Commons Namensnennung – Nicht kommerziell – Keine Bearbeitung 4.0 International Lizenz. https://doi.org/10.1515/9783110697407-002

religionswissenschaftlicher Geschlechterforschung ist es angebracht, fundamentale Erträge und Entwicklungen in einem Einführungswerk zu bündeln, sichtbar zu machen und damit eine breite, substantielle Grundlage für weiterführende religionshistorische und religionswissenschaftliche Debatten in Lehre und Forschung zu schaffen.

# 1 Die Verflechtung von Religion und Geschlecht

Um die Frage zu beantworten, ob Religion ein Geschlecht hat, analysiert die Theologin Regina Ammicht-Quinn (2008) die symbolgeschichtliche Entwicklung der christlich-katholischen Herz-Jesu-Frömmigkeit. Sie bezieht sich auf die Gegenüberstellung des „brennenden" und des „leidenden Herzens" zwischen dem späten 18. und dem 20. Jahrhundert. Die Unterscheidung zwischen einer auf Leiden, Sünde und Sühne konzentrierten Mystik von Frauen und einer triumphalistischen Spiritualität von Männern interpretiert sie als ein religionspolitisches „Herz-Management", das Männern und Frauen geschlechtsspezifisch verschiedene Plätze in einer religiösen „Arbeitsteilung" zuweist. Demnach werden brennende Männerherzen zum kirchlichen Engagement ermächtigt, während leidende Frauenherzen zum passiven Ertragen von Schmerz entmächtigt werden. Ammicht-Quinn erblickt darin die Grunddualismen der abendländischen Geschlechterdifferenz, die sie als männlich konnotierte Transzendenz/Aktivität versus weiblich konnotierte Immanenz/Passivität kennzeichnet. Zurück zur Ausgangsfrage kommend fasst sie abschließend zusammen, dass Religion, in diesem Fall das Christentum, *ein* Geschlecht habe, nämlich das männliche, das alles andere überlagere.

Wenn wir am Beginn dieses Buches die enge und komplexe Verflechtung von Religion und Geschlecht betonen, geht es uns darum, die Wechselwirkungen von Religion, Körperlichkeit und Geschlecht hervorzuheben und die wirkmächtigen kulturellen und historischen Prägungen von religiösen Geschlechterkonzepten und -ordnungen deutlich zu machen. Durch vorliegende umfangreiche Forschungsarbeiten in verschiedenen Disziplinen ist unübersehbar, welch bedeutende Rolle Geschlechterkonzeptionen und Geschlechterordnungen in den Religionen spielen. Diesen Erkenntnisfortschritt voraussetzend ist die Kulturanthropologin Jill Dubisch (2016) der Frage nachgegangen, ob es prinzipiell Religion ohne Geschlecht geben kann. Sie argumentiert, dass – abhängig von der Definition – Religion mit Transzendenz zu tun habe und daher Merkmale der menschlichen Lebenswelt, inklusive Geschlecht transzendiert werden könnten. Obwohl Dubisch, die einen erfahrungsorientierten Ansatz von Religion vertritt, der Ansicht ist, dass geschlechtliche Bestimmungen durch religiöse Erfahrung überschritten werden können, kommt sie zu dem Schluss, dass es Religion ohne Geschlecht nicht gibt: „As long as gender is part of the world in which we live, it will be part of religion [...] in some form or other, whether we are talking about gendered forms of divinity or different religious roles or ascribed attributes for women and men." (Dubisch 2016, 45). Sie begründet diese Einschätzung mit dem Hinweis, dass Religion Erfahrung nicht nur erschaffe oder reflektiere, sondern sich darüber hinaus mit den Erfahrungen menschlicher Lebenswelt verbinden und Sinn geben müsse. Wir sehen in der Religionsgeschichte vielfältige Belege für die Privilegierung des männlichen Geschlechts, die mit dem Androzentrismus im sozialen Bereich korrespondiert. Wir finden in religiösen Vorstellungen aber auch Hinweise auf zweigeschlechtlich oder androgyn symbolisierte Gottheiten, die als Ausdruck des Bedürfnisses nach Konzepten von Transzendenz gesehen werden können, die über die Erfahrung der Begrenztheit binärer menschlicher Repräsentationen von Geschlecht hinausgehen.

Mit ‚Religion' und ‚Geschlecht' sind zwei Begriffe für dieses Studienbuch titelgebend, die in ihrer Bedeutung kontrovers diskutiert werden (beispielsweise King und Beattie 2005, 13–94; Masuzawa 2005; Bauer, Göthling-Zimpel und Höpflinger 2020, 11–19). Dieser Diskurs soll hier nicht geführt werden, wir wollen lediglich den Verständnisrahmen für die folgenden vielschichtigen Befunde, Analysen und theoretischen Ansätze einer Verhältnisbestimmung von Religion und Geschlecht abstecken. Für eine differenzierte Analyse der historischen Entwicklung und lebensweltlichen Bedeutung von Religionen ist die Perspektive auf Geschlecht und Geschlechterverhältnisse ebenso unerlässlich wie eine Analyse der damit verbundenen ökonomischen und politischen Machtstrukturen. Entsprechend wichtig ist uns die Betonung der Prozesshaftigkeit und soziokulturellen Kontextualisierung von Geschlecht und Religion im Sinne von *doing gender* und *doing religion*, die dominante Engführungen aufbrechen und die Mehrdeutigkeiten und Diversität inkludieren soll (Höpflinger 2014, 293). Wir verstehen Religion wie Politik, Recht, Wirtschaft, Kunst usw. als einen Teilbereich von Kultur, der ein umfassendes Orientierungs- bzw. Sinngebungssystem mit Transzendenzbezug bietet.[1] Sowohl Religion als auch Geschlecht verwenden wir als Konzepte, deren Situiertheit und Reflexivität immer mitgedacht werden müssen, die wir aber im Sinne von theoretischen, metasprachlichen Begriffen für die wissenschaftliche Kommunikation für unabdingbar halten.

Im Zentrum der wissenschaftlichen Auseinandersetzung mit Religion steht der Mensch als Subjekt religiöser Erfahrungen, als Individuum und Teil einer Gemeinschaft, eingebunden in ein Netz verschiedener Lebensformen und in der

---

[1] Damit wird hier eine Definition von Religion vertreten, die sich von jenen weiten Definitionen abgrenzt, die Phänomene wie Nationalismus, Marxismus, Fußball oder Körperkult unter ‚Religion' subsummieren. Durch den Transzendenzbezug wird Religion deutlich von anderen kulturellen Symbolsystemen unterschieden (so auch Höpflinger, Jeffers und Pezzoli-Olgiati 2021, 22).

Vielfalt religiöser Rollen, Vorstellungen und Ausdrucksformen. Die Fülle religiöser Ausdrucksformen lässt sich in drei Kategorien, nämlich Aktivität, Verbalität und Materialität, systematisieren: Beispiele für Aktivität sind Riten, Meditation und Tanz; zur Verbalität zählen Mythen, Gebete, theologische Traktate usw.; zur Materialität gehören sakrale Architektur, Musik, Medien und vieles mehr. Neben Diversitätskategorien wie Schicht, Alter, Ethnizität oder körperliche Nicht/Behinderung, die für die Konzepte des religiösen Menschen wichtig sind, kommt der Kategorie Geschlecht/Gender eine herausragende Bedeutung zu. Einerseits spiegelt sie sich in allen religiösen Ausdrucksformen und wird andererseits durch diese habituiert.

Geschlecht ist ein maßgebendes soziales Struktur- und Ordnungsprinzip, das der Herstellung von Differenz, Hierarchie und Machtbeziehungen im Rahmen einer Geschlechterordnung dient. In ihrer Funktion als Orientierungssysteme beziehen sich Religionen auch auf soziale Ordnungen. Religion spielt dabei eine Schlüsselrolle für die Begründung, Etablierung und Legitimation von sozialer Ordnung und – indem Geschlecht ein fundamentales Organisationsprinzip für Gesellschaft bildet – besonders von Geschlechterordnung. Religion definiert Wesen, Rollen, Aufgaben und Ziele des Menschen im Hinblick auf Geschlecht (überlappend mit Schicht, Alter und anderen Identitätskategorien) und regelt soziale Geschlechterbeziehungen über Geschlechternormen, einschließlich der vorgeschriebenen sexuellen Orientierungen und des obligatorischen Sexualverhaltens.

## 2 Wechselwirkungen zwischen Religion und Geschlecht

Geschlecht und Religion sind nicht linear aufeinander bezogen. Einerseits sind religiöse Traditionen, Anschauungen, Symbole und Praktiken geschlechtsspezifisch geprägt, andererseits werden soziale Geschlechterrollen, Stereotype und Ideale religiös untermauert und sanktioniert. Beispiele aus der Religionsgeschichte lassen erkennen, dass Zusammenhänge zwischen Religion und Geschlecht bzw. Gesellschaft/Sozialstruktur nicht auf einseitigen Einflussnahmen, sondern auf Wechselwirkungen basieren. So gibt es im Hinblick auf Geschlechterkonzepte viele Belege dafür, dass Religionen die jeweiligen sozialen Konstrukte einer Gesellschaft reproduzieren, legitimieren, tradieren und verstetigen, sie aber auch mitgestalten und modifizieren sowie unter Umständen in Frage stellen und transformieren können. Für all diese Interaktionen spielen unterschiedliche Medien – Texte, Bilder, Symbole, Schauspiel und seit jüngerer Zeit Filme, Plakate, Internetforen usw. – eine zentrale Rolle.[2]

Die Traditionen, Symbole, Anschauungen und Praktiken gerade jener einflussreichen Religionen, die im Lauf ihrer Geschichte universale Gültigkeit beansprucht haben und sich für das Heil des Menschen zuständig erachten, sind alles andere als geschlechtsneutral. Meist wird der Mann als Maßstab des Menschen betrachtet und eine deutlich binäre Geschlechterordnung vorausgesetzt. Da die Kontexte und auch Interpretationstraditionen im Judentum, Christentum, Islam, in Hindu-Religionen und im Buddhismus ganz überwiegend patriarchal geprägt waren bzw. sind und Frauen oft vom Zugang zu autoritativen religiösen Texten und deren Tradierung ausgeschlossen waren, überwiegen Deutungen, die Frauen eine inferiore Stellung im sozialen und religiösen Leben zuweisen. Wenn die Fragen gestellt werden, warum Gott im Judentum, Christentum und Islam – trotz theologisch behaupteter Geschlechtstranszendenz – in der männlichen Form angesprochen wird, warum Hindu-Frauen aus Sicht der dominanten Gelehrtentradition die autoritativen Schriften nicht studieren dürfen, warum Männer laut dem *Koran* über den Frauen stehen (Sure 4, 34), warum sich selbst die spirituell höchststehende buddhistische Nonne entsprechend den traditionellen Ordensregeln dem geringsten Mönch unterordnen muss oder warum Frauen in den genannten Religionen kaum Leitungsfunktionen innehaben bzw. davon ausgeschlossen sind, wird deutlich, wie stark zwischen den Geschlechtern differenziert und dabei meistens eine Diskriminierung, Marginalisierung oder Unterordnung von Frauen begründet wird. Häufig bezieht sich diese Diskriminierung von Seiten einer männlichen religiösen Elite auch auf Männer der jeweiligen unteren Gesellschaftsschichten. Darüber hinaus werden auch weitere Geschlechter an der männlichen Norm gemessen. Bei aller religiös-kultureller Unterschiedlichkeit in der Bewertung und im Umgang mit Transgender-Personen fällt auf, dass auch für sie die Kategorien von Männlichkeit und Weiblichkeit den fundamentalen Bezugsrahmen für die Beschreibungen und Definitionen bilden. Überwiegend wird – wie in der Relation zu Frauen – der Mann als die Norm betrachtet, von der alle anderen Geschlechter abweichen (etwa als sogenannter ‚weibscher Mann'), wofür sie oft genug verachtet und marginalisiert werden.

Häufig legitimieren Religionen soziale Geschlechterhierarchien und haben stabilisierende Effekte, fallweise können sie aber auch als Gegenentwurf herangezogen werden und ein emanzipatives Potential entfalten. Als Beispiel, das beide

---

2 Zur Bedeutung von Medien für die Vermittlungsprozesse zwischen Religion und Kultur siehe grundlegend Fritz u. a. 2018 sowie Ornella, Knauß und Höpflinger 2014.

Möglichkeiten umfasst, wird oft auf die biblischen Schöpfungsberichte verwiesen.³ Der ältere Bericht schildert zunächst ausführlich die Erschaffung des Menschen/ Adams und danach die Erschaffung Evas aus Adam (*Das Buch Genesis* 2, 7–25). In dem chronologisch später entstandenen Bericht wird der Mensch nach dem Abbild Gottes als Mann und Frau erschaffen (*Genesis* 1, 26 f.). Allerdings muss festgehalten werden, dass die Erzählung von der Erschaffung der Eva aus Adam, die die Unterordnung des weiblichen unter das männliche Geschlecht begründet hat, eine weitaus größere Bedeutung als die Erzählung von der gleichzeitigen Erschaffung der beiden Geschlechter und ihre daraus abgeleitete Gleichheit erlangt hat. An diesem Beispiel wird eindrucksvoll deutlich, dass die Partizipation in Prozessen der Selektion, Rezeption und Interpretation religiöser Texte und Konzepte ausschlaggebend dafür ist, welche Deutungsmuster sich durchsetzen und welche marginalisiert oder vergessen werden.

In diesem Zusammenhang stellt sich auch die Frage, wann und unter welchen Umständen Religion und Geschlechterordnung kollidieren und inwiefern sie voneinander entkoppelt werden können (Stollberg-Rilinger 2014, 10). Zunächst lässt sich feststellen, dass etablierte religiöse Sinnsysteme dazu tendieren, die jeweilige Geschlechterordnung gegen sozialen Wandel zu immunisieren, während heterodoxe Glaubenssysteme und Deutungstraditionen die herrschende Ordnung hinterfragen oder unterlaufen können (Stollberg-Rilinger 2014, 9). Als heterodoxe Glaubenssysteme können sowohl neu entstehende Religionen als auch innerreligiöse Bewegungen betrachtet werden, die sich in ihren Anfangszeiten häufig durch eine größere Offenheit im Hinblick auf Geschlechterkonzepte auszeichnen. Beispielsweise konnten Frauen Rollen religiöser Autorität einnehmen – wie im frühen Christentum als Apostelin, Diakonin, Prophetin oder Märtyrerin. In der mittelalterlichen Katharer-Bewegung, die von der römischen Kirche als häretisch eingestuft wurde, hoben sich die *perfecti*, „die Vollkommenen", – Männer und Frauen, die streng asketisch lebten – von der Masse der Gläubigen ab. Während unter den Rahmenbedingungen von Kritik, Aufbruch und Neubeginn bestehende Ordnungen verändert werden können, haben soziale Krisenerfahrungen offenbar einen gegenteiligen Effekt. Ein gemeinsames Merkmal sogenannter fundamentalistischer Bewegungen – aktuell vor allem innerhalb von Christentum und Islam, aber auch im Hindu-Nationalismus – ist die religiös begründete Rückkehr zu patriarchal-hierarchischen Geschlechterrollen als Stabilisierung von Identität im Kontext sozialer Krisen (Riesebrodt 1990, 238–251). Generell lassen sich in sämtlichen Religionen Belege für Modifikationen der bestehenden Geschlechterordnung in be-

---

3 So z. B. Sammet, Benthaus-Apel und Gärtner 2017, 62–66; Höpflinger, Jeffers und Pezzoli-Olgiati 2021, 24.

stimmten Regionen oder für bestimmte historische Zeiträume finden. Aber auch innerhalb etablierter männlich-dominierter Religionen können Teilbereiche, etwa spezifische Organisationen, entstehen, die den Interessen und Bedürfnissen der dort aktiven Frauen dienen (Woodhead 2007, 573–575). Darüber hinaus können sich Geschlechterrollen und traditionelle Geschlechternormen auch im Kontext von Migration, aufgrund von Interaktionen durch Globalisierung und Mediatisierung und nicht zuletzt durch innerreligiöse Reformbewegungen stark wandeln.

## 3 Religionsforschung und Geschlechterforschung

Nicht nur die religiösen Schrifttraditionen, sondern auch die akademische Erforschung und Darstellung von Religionen sind bis in die jüngste Zeit – teilweise bis heute – überwiegend durch eine androzentrische Perspektive gekennzeichnet. In den letzten Jahrzehnten haben viele Forscherinnen (und etliche Forscher) den Androzentrismus der Religionen analysiert und die unbeachteten Rollen von Frauen thematisiert. Sie haben deutlich gemacht, dass viele religiöse Traditionen die Kategorie ‚Frau' als fundamentales Schema für Klassifizierungen verwenden, die häufig mit besonderen Regeln, Kontrolle und Exklusionsmechanismen verbunden sind.[4] Mittlerweile sind zwar sämtliche Geschlechterkategorien umstritten und instabil geworden, allerdings werden sie in vielen religiösen Traditionen weiterhin als fixe, häufig essentialistisch geprägte Ordnungsbegriffe verwendet (Klassen, Golberg und Lefebvre 2009, 2–5).

Ein großer Teil der bisherigen Religionsforschung sowie die klassischen religionstheoretischen Entwürfe basieren unreflektiert auf spezifischen Geschlechter-Modellen. Die wissenschaftliche Problematisierung der binären Geschlechterperspektive ist eine relativ junge Entwicklung in den Gender Studies. Obwohl seit alten Zeiten viele Kulturen existieren, die mehr als zwei Geschlechter unterscheiden, wurde dem Phänomen eines sogenannten ‚dritten' Geschlechts oder multipler Geschlechter bis vor kurzem wenig Aufmerksamkeit geschenkt.[5]

Ein gemeinsamer Nenner vieler Untersuchungen und detaillierter Studien zum Themenfeld Religion und Geschlecht ist die Erkenntnis, dass die Kategorie Geschlecht eine zentrale Rolle für die Erforschung von Religion, insbesondere im Wechselspiel mit Sozialstrukturen und gesellschaftlichen Machtverhältnissen

---

[4] Die vierbändige Anthologie *Women and Religion*, hg. v. Klassen, Golberg und Lefebvre (2009) fasst eine Reihe von Beiträgen, die zwischen 1982 und 2008 publiziert wurden und besonders erkenntnisleitend waren, zusammen.

[5] Einen Eindruck über die Vielfalt der Phänomene in verschiedenen Kulturen geben: Ramet 1996; Nanda 2000; Suthrell 2004.

spielt. Im Studium der Religionen muss die enge Verflechtung von religiöser und sozialer, also auch geschlechtlicher Identität, beachtet werden: Wie Menschen ihr Geschlecht verstehen, welchen Geschlechterordnungen sie unterworfen sind und wie sich dies auf alle immanenten und transzendenten Beziehungen auswirkt, gehört zu den fundamentalen Fragen von Religion (Höpflinger, Jeffers und Pezzoli-Olgiati 2021, 23) und steht im Zentrum vieler neuerer Forschungen.

Neben einer Flut von spezialisierten Studien sind jüngst etliche Sammelbände erschienen, die sich breiter und teilweise ganz allgemein auf das Forschungsfeld Religion und Geschlecht beziehen. Zuweilen richtet sich auch der Fokus verschiedener historisch, geographisch und religiös situierter Spezialbeiträge einer bestimmten Disziplin, zum Beispiel der Geschichte, auf Religion, wie der Band *Sex, Gender and the Sacred. Reconfiguring Religion in Gender History*, 2014 herausgegeben von den Historikerinnen Johanna de Groot und Sue Morgan veranschaulicht. Teilweise werden verschiedene disziplinäre Perspektiven, nämlich historische, politikwissenschaftliche, soziologische, psychologische, medienwissenschaftliche, religionswissenschaftliche, theologische usw. in Form detaillierter Themenstellungen auf Religion bezogen. Häufig sind sie allerdings dominant begrenzt auf christlich und islamisch geprägte Kontexte. Dazu zählen einige Sammelwerke wie „*Als Mann und Frau schuf er sie.*" *Religion und Geschlecht*, herausgegeben von der Historikerin Barbara Stollberg-Rilinger 2014; *Religion und Geschlechterordnungen*, herausgegeben von den Soziologinnen Kornelia Sammet, Friederike Benthaus-Apel und Christel Gärtner 2017 oder *Religion und Gender. Konzepte – Erfahrungen – Medien*, herausgegeben von der Film- und Medienwissenschaftlerin Silke Martin und den Religionswissenschaftlerinnen Isabella Schwaderer und Katharina Waldner 2023. Von diesen Publikationen unterscheidet sich das *Handbuch Gender und Religion*, das 2021 von den Religionswissenschaftlerinnen Anna-Katharina Höpflinger, Ann Jeffers und Daria Pezzoli-Olgiati in einer zweiten erweiterten Auflage herausgegeben wurde. Dieser Band umfasst fundamentale theoretische Ansätze sowie Grundkonzepte, die den Zusammenhang von Religion und Gender erschließen. Ein Teil ist Forscherinnen gewidmet, die als Klassikerinnen der Religionswissenschaft betrachtet werden können. Dazu kommen Beiträge, die Detailfragen aus geschlechtsspezifischer Perspektive in verschiedenen religiösen Traditionen beleuchten sowie Artikel, die den Zusammenhang von Gender, Religion und Medien analysieren.

Die vorliegende Einführung in die Thematik Religion und Geschlecht folgt einem anderen Konzept. Sie gibt der Religionsgeschichte einen breiten Raum und bietet einen Überblick über den Kernbestand der Forschung, die seit vielen Jahren zu zahlreichen religiösen Traditionen erarbeitet wurde. Auf dieser Basis wurden zum einen zentrale systematisch-vergleichende Themen und zum anderen gesellschaftliche Brennpunkte ausgewählt, um gemeinsame Linien nachzuzeichnen, die sich durch verschiedene Religionen ziehen, aber auch um Aspekte hervorzuheben, die jeweils spezifische Akzente setzen und Unterschiede deutlich machen. Mit einem ausführlichen Kapitel zur methodologischen und theoretischen Grundlegung möchten wir sowohl einen Überblick zur Entwicklung und zu wichtigen Themen der religionswissenschaftlichen Forschungen und Debatten in diesem Feld geben als auch unsere eigene Position transparent machen und zur Diskussion stellen.

## 4 Inhalte und Aufbau des Buches

Im ersten Teil wird die methodologische und theoretische Basis für einen Paradigmenwechsel in der Erforschung der Religionen aus einer geschlechterdifferenzierenden Perspektive gelegt. Die Teile II und III behandeln Fragestellungen und Themen der Frauen-, Männer- und Geschlechterforschung zum einen im Kontext der Religionsgeschichte und in Teil III zum anderen aus einer vergleichend-systematischen Perspektive. Die einzelnen Beiträge zur Religionsgeschichte im Teil II beziehen sich – soweit die erforderliche Kompaktheit es zulässt – auf die folgenden thematischen Vorgaben, um Vergleiche zwischen religiösen Traditionen zu ermöglichen:
- Status und Rollen von Frauen, Männern und weiteren Geschlechtern
- Frauenbilder, Männerbilder und Bilder, die mit einem ‚dritten' Geschlecht oder weiteren Geschlechtern verknüpft sind
- Frauen als religiöse Subjekte
- Geschlechterbeziehungen/Sexualität
- Egalisierungstendenzen
- Geschlechtsspezifische Transzendenz-Vorstellungen

Auf Basis der religionsgeschichtlichen Befunde werden in Teil III zentrale systematische Konzepte behandelt, die Zusammenhänge und Unterschiede zwischen verschiedenen religiösen Traditionen hinsichtlich der Konstruktion, Idealisierung und Normierung von Geschlecht sichtbar machen. Die Vielfalt des Materials erfordert Schwerpunktsetzungen. So werden zentrale Themen an ausgewählten Beispielen illustriert, die zumindest teilweise als repräsentativ gelten können, weil sie weit verbreitete inhaltliche Motive, Stereotype oder ähnliche Argumentationsstränge enthalten und Muster erkennen lassen, die über einzelne Religionen hinausgehen. Die Breite religionsgeschichtlicher Traditionen wird dadurch zwar nicht abgebildet, aber es werden Denkanstöße gegeben, die durch weitere Beispiele ergänzt und modifiziert werden können. Aus der Vielfalt der Zugänge zum Thema Religion und Geschlecht erweisen sich die ‚großen' Religionen der Gegenwart als besonders relevant, da diese weltweit am einflussreichsten sind, Ansprüche auf absolute, teilweise universale Gültigkeit erheben und – nicht zuletzt in Bezug auf Geschlechterrollen, Geschlechternormen und Geschlechterbeziehungen – häufig in aktuellen öffentlichen Debatten präsent sind.

In Teil IV richtet sich der Fokus auf die gesellschaftliche Relevanz religionswissenschaftlicher Geschlechterforschung. Prinzipiell ist von einer Verflechtung und wechselseitigen Beeinflussung von Sozialstruktur und Religion in Geschichte und Gegenwart auszugehen; soziale Ordnung und religiös sanktionierte Ordnung können sich jedoch auch auseinanderentwickeln. In diesem Fall führen soziale Veränderungen zur Entwicklung eines Problembewusstseins für die religiös motivierten und/oder legitimierten Formen geschlechtsspezifischer Diskriminierung und sexueller Gewalt. Umgekehrt können religiöse Vorstellungen und Überzeugungen in Hinblick auf Geschlechtegalität auch Sozialkritik anstoßen und gesellschaftliche Umbrüche initiieren und unterstützen. Wechselbeziehungen zwischen Religion und Gesellschaft, die maßgeblich geschlechtsspezifisch geprägt sind, lassen sich in vielen Bereichen feststellen und werden in diesem Band exemplarisch für Kleidung, Bildung, Medien und Migration beschrieben. In den modernen multikulturellen und multireligiösen Gesellschaften sind bedeutende Handlungs- und Praxisfelder in der interkulturellen Bildungsarbeit und im Rahmen der Integration von Migrant*innen entstanden. In diesem Zusammenhang sind die Kenntnis und Reflexion der normativen religiösen Geschlechter-Konzepte und ihrer Bedeutung für soziokulturelle Identitätsprozesse unabdingbar.

Zwischen den einzelnen Konzepten in Teilen III und IV gibt es etliche Querverbindungen, viele Themen lassen sich unter verschiedenen Gesichtspunkten betrachten und können mehr als einem Konzept zugeordnet werden. So stellt etwa die ‚unwissende Frau' zum einen ein Geschlechtsstereotyp dar, das aber unter anderem auch Bildungsverbote für Frauen rechtfertigt, die als Form geschlechtsspezifischer Gewalt thematisiert werden.

Im abschließenden Teil V werden wesentliche Perspektiven, methodologische Postulate und Leitkategorien für eine geschlechtersensible Religionsforschung zusammengefasst.

## 5 Formale und redaktionelle Hinweise

Für die Beiträge im religionsgeschichtlichen Teil II konnten viele internationale Expert*innen zur Mitarbeit gewonnen werden. Einige Beiträge sind von englischsprachigen Autor*innen verfasst. Angesichts der steigenden Bedeutung von Englisch als universitärer Verkehrssprache haben wir auf Übersetzungen verzichtet.

Der in der Öffentlichkeit weit verbreitete Begriff ‚Weltreligionen' wird in diesem Buch nicht verwendet, weil er inhaltlich unzutreffend ist. Schließlich müssen alle Religionen als Religionen der Welt betrachtet werden. Allerdings gibt es nur relativ umständliche Ersatzbezeichnungen. Die meist unter dem Begriff ‚Weltreligionen' subsummierten Religionen Judentum, Christentum, Islam, Hinduismus und Buddhismus werden in den systematischen Beiträgen deshalb als ‚die großen Religionen der Gegenwart' zusammengefasst. Damit soll weder ein numerisches Kriterium im Sinne der meisten Mitgliederzahlen angelegt, noch ihre Bedeutung gesteigert werden. Es soll lediglich die wiederholte Aufzählung der einzelnen, in diesen Kontexten genannten Religionen vermieden werden. Diese Religionen haben sich, im Weltmaßstab betrachtet, als extrem einflussreich erwiesen. Gerade hinsichtlich religionsvergleichender Fragen, die sich auf Zusammenhänge zwischen Religion und Geschlecht beziehen, lassen sich – trotz spezifischen Unterschieden und Akzentsetzungen – immer wieder inhaltliche Überschneidungen zwischen ihnen erkennen. Auch der Terminus ‚abrahamitische Religionen', wird als pragmatischer Dachbegriff verwendet. Kritik an diesem Konzept ist zwar angebracht, wenn es Unterschiede in der inhaltlichen religiösen Bedeutung pauschalisierend nivelliert (Hughes 2012). Allerdings sind historische Verbindungen und inhaltliche Bezüge zwischen Judentum, Christentum und Islam nicht zu leugnen und werden auch in den jeweiligen binnenreligiösen Perspektiven durchaus wahrgenommen und – etwa im interreligiösen Dialog – thematisiert. Wir verwenden solche und ähnliche Begriffe als Arbeitsbegriffe, die, so weit wie möglich, immer in ihrer jeweiligen sozio-historischen Situiertheit verstanden und reflektiert werden müssen.

Die fremdsprachlichen Fachtermini und Eigennamen aus den verschiedenen religiösen Traditionen werden in der jeweils üblichen wissenschaftlichen Transkription mit den dazugehörigen diakritischen Zeichen geschrieben. Textquellen werden in der Originalbezeichnung kursiv gesetzt und nach einer fachlich anerkannten Übersetzung zitiert. Da wir den biblischen Büchern keine Sonderstellung einräumen, sondern sie wie alle anderen religiösen Texte behandeln möchten, werden sie bei der jeweils ersten Erwähnung in einem Beitrag mit dem Originaltitel zitiert und erst in den folgenden Verweisen abgekürzt.

Wir haben uns zudem für eine einheitliche gendergerechte Schreibweise entschieden und unter den zur Verfügung stehenden Varianten, die alle Vor- und Nachteile haben, das Gendersternchen gewählt, weil es eine, für Vielfalt Raum schaffende, positiv besetzte Signalwirkung hat und im Unterschied zum Doppelpunkt kein übliches Schriftzeichen darstellt.

Um die Bedeutung der materialen Dimension von Religion zu unterstreichen, war es uns wichtig, im Rahmen der religionsgeschichtlichen Darstellungen neben den Textquellen auch eine Reihe von Bildquellen zu integrieren. Bei den Abbildungen handelt es sich überwiegend um Fotos der Autor*innen, die sich weder im Internet finden noch schmückendes Beiwerk darstellen, sondern einen bedeutsamen Aspekt des jeweiligen Beitrags illustrieren.

## Literatur

Ammicht-Quinn, Regina. 2008. „Hat Religion ein Geschlecht?" In *Gender Religion*, hg. v. Rainer Emig und Sabine Demel, 13–25. Heidelberg: Universitätsverlag Winter.

Bauer, Benedikt K., Kristina Göthling-Zimpel und Anna-Katharina Höpflinger, Hg. 2017. *Opening Pandora's Box. Gender, Macht und Religion*. Göttingen: Vandenhoeck & Ruprecht.

Dubisch, Jill. 2016. „Can There Be Religion Without Gender?" In *Contemporary Encounters In Gender and Religion. European Perspectives*, hg. v. Lena Gemzöe, Marja-Liisa Keinänen und Avril Maddrell, 31–51. Cham: Palgrave Macmillan.

Fritz, Natalie, Anna-Katharina Höpflinger, Stefanie Knauß, Marie-Therese Mäder, Daria Pezzoli-Olgiati. 2018. *Sichtbare Religion. Eine Einführung in die Religionswissenschaft*. Berlin; Boston/MA: De Gruyter.

Groot, Johanna de und Sue Morgan, Hg. 2014. *Sex, Gender and the Sacred. Reconfiguring Religion in Gender History*. Malden/MA; Oxford: Blackwell.

Höpflinger, Anna-Katharina. 2014. „The Circuit of Gender Constructions Interrelating Religion, Gender and Body." In *Commun(icat)ing Bodies. Body as a Medium in Religious Symbol Systems*, hg. v. Alexander Darius Ornella, Stefanie Knauß und Anna-Katharina Höpflinger, 280–299. Baden-Baden: Nomos; Zürich: Pano.

Höpflinger, Anna-Katharina, Ann Jeffers und Daria Pezzoli-Olgiati, Hg. 2021. *Handbuch Gender und Religion*. 2. überarb. und erw. Aufl. Göttingen: Vandenhoeck & Ruprecht.

Hughes, Aaron W. 2012. *The Abrahamic Religions. On the Uses and Abuses of History*. Oxford; New York/NY: Oxford University Press.

King, Ursula und Tina Beattie, Hg. 2005. *Gender, Religion and Diversity. Cross-Cultural Perspectives*. London; New York/NY: Continuum.

Klassen, Pamela, Shari Golberg und Danielle Lefebvre, Hg. 2009. *Women and Religion. Critical Concepts in Religious Studies*. 4 Bde. London; New York/NY: Routledge.

Martin, Silke, Isabella Schwaderer und Katharina Waldner, Hg. 2023. *Religion und Gender. Konzepte – Erfahrungen – Medien*. Bielefeld: transcript Verlag.

Masuzawa, Tomoko. 2005. *The Invention of World Religions. Or, How European Universalism Was Preserved in the Language of Pluralism*. Chicago/IL; London: University of Chicago Press.

Nanda, Serena. 2000. *Gender Diversity. Crosscultural Variations*. Long Grove/IL: Waveland Press.

Ornella, Alexander Darius, Stefanie Knauß und Anna-Katharina Höpflinger, Hg. 2014. *Commun(icat)ing Bodies. Body as a Medium in Religious Symbol Systems*. Baden-Baden: Nomos; Zürich: Pano.

Ramet, Sabrina Petra Ramet, Hg. 1996. *Gender Reversals and Gender Cultures. Anthropological and Historical Perspectives*. London u. a.: Routledge.

Riesebrodt, Martin. 1990. *Fundamentalismus als patriarchalische Protestbewegung. Amerikanische Protestanten (1910–28) und iranische Schiiten (1961–79) im Vergleich*. Tübingen: Mohr.

Sammet, Kornelia. 2017. Religion, Geschlechterordnungen und Generativität. In *Religion und Geschlechterordnungen*, hg. v. Kornelia Sammet, Friederike Benthaus-Apel und Christel Gärtner, 49–78. Wiesbaden: Springer VS.

Sammet, Kornelia, Friederike Benthaus-Apel und Christel Gärtner, Hg. 2017. *Religion und Geschlechterordnungen*. Wiesbaden: Springer VS.

Stollberg-Rilinger, Barbara. 2014. „Einleitung." In *„Als Mann und Frau schuf er sie." Religion und Geschlecht*, hg. v. Barbara Stollberg-Rilinger, 9–16. Religion und Politik 7. Würzburg: Ergon-Verlag.

Stollberg-Rilinger, Barbara, Hg. 2014. *„Als Mann und Frau schuf er sie." Religion und Geschlecht*. Religion und Politik 7. Würzburg: Ergon-Verlag.

Suthrell, Charlotte. 2004. *Unzipping Gender. Sex, Cross-Dressing and Culture.* Oxford; New York/NY: Berg.

Woodhead, Linda. 2007. „Gender Differences in Religious Practice and Significance." In *The Sage Handbook of the Sociology of Religion*, hg. v. James A. Beckford und N. J. Demerath III, 566–586. Los Angeles/CA u. a.: Sage.

Teil I **Methodologische und theoretische Grundlagen**

Birgit Heller und Edith Franke
# I.1 Grundbegriffe

Der Begriff *Gender* bezeichnete ursprünglich das grammatikalische Geschlecht. Ausgehend von den feministisch inspirierten Sozialwissenschaften in den 1970er Jahren ist Gender zu einer wichtigen Kategorie der Forschung und der Produktion von Wissen geworden. Heute spielt diese Kategorie in allen wissenschaftlichen Disziplinen eine mehr oder weniger große Rolle; dies gilt auch für den Bereich der Religionswissenschaft. Gender wurde zunächst übersetzt mit „sozialem Geschlecht" im Unterschied zu „biologischem Geschlecht" (*sex*). Die Differenzierung zwischen Gender und Sex ist Ergebnis der Erkenntnis, dass geschlechtsspezifische Eigenschaften und Verhaltensweisen nicht einfach biologisch determiniert, sondern soziokulturell geprägt sind. Gender wurde als ein kulturelles Konstrukt betrachtet, als die Art und Weise, wie die binäre Konzeption von weiblichem und männlichen Geschlecht in einer bestimmten Kultur wahrgenommen und eingeschätzt wird und wie sich Frauen und Männer erwartungsgemäß verhalten sollen.

Bereits 1984 hatte Carol Hagemann-White, ähnlich wie später Judith Butler (1990), das bislang unhinterfragte Konzept der Zweigeschlechtlichkeit kritisiert und deutlich gemacht, dass es sich bei der Zuordnung zu einem Geschlecht nicht um eine binäre Kategorisierung handelt, sondern, dass auch biologisch von einem Kontinuum der Geschlechtszuordnung ausgegangen werden muss. Entsprechend wird mit dem Begriff Gender auch eine Ablehnung des biologischen Determinismus bezüglich der Geschlechtszuordnung zum Ausdruck gebracht und die Prämisse einer natürlichen Geschlechterdifferenz abgelehnt. Der Genderbegriff bietet somit die Grundlage für ein analytisches Konzept zur Erforschung von Geschlechterkonstruktionen und -ordnungen, das die Untersuchung gesellschaftlicher Machtbeziehungen durch Genderzuordnungen ermöglicht. Der Zusammenhang von Macht und Geschlecht, so eine Annahme in den Gender Studies, wird in Systemen, die Männlichkeit und Weiblichkeit hierarchisieren und unterschiedlich bewerteten Feldern zuordnen, im Interesse der herrschenden Gruppe durch Naturalisierung, Ontologisierung, Essentialisierung, Kosmologisierung und Idealisierung verschleiert.[1] Aus diesem Grund müssen Genderkonstruktionen in der wissenschaftlichen Analyse als etwas Problematisches und nicht als etwas Bekanntes behandelt werden (Franke und Maske 2012, 127).

---

[1] Dieser und einige weitere Abschnitte dieses Kapitels basieren auf Ausführungen, die Edith Franke und Verena Maske in ihrem Beitrag „Religionen, Religionswissenschaft und die Kategorie Geschlecht/Gender" 2012 dargelegt haben.

Seit den 1990er Jahren ist der Begriff Gender selbst zum Gegenstand heftiger Debatten geworden. So wurde etwa die Unterscheidung von Sex und Gender kritisiert, da sie auf einer Trennung von Körper/Natur und Gesellschaft/Kultur basiere, die einseitig und unangemessen erscheint (Haraway 1991, 198). Noch radikaler relativiert sich die vormals klare Unterscheidung von Sex und Gender in jenen postmodernen Forschungsansätzen, die Zweigeschlechtlichkeit selbst als Ergebnis von Konstruktionsprozessen betrachten. Das Geschlecht des menschlichen Körpers und seine sexuelle Orientierung sei nicht einfach nur ein Teil der Biologie im scharfen Gegensatz zu kulturell geprägten Geschlechterrollen, sondern selbst ein Feld kultureller Konstruktion – von Kleidungs- und Bewegungsvorschriften bis hin zum normativen Zwang zur Heterosexualität. Diese Diskussion wurde maßgeblich von der Philosophin Judith Butler in Gang gesetzt. Die extreme Position, dass ‚männlich' und ‚weiblich' reine soziale Konstrukte sind und es somit letztlich nur Gender gebe, hat zu starken Auseinandersetzungen geführt und einen unüberbrückbaren Graben zur biologischen Verhaltensforschung aufgerissen (de Waal 2022, 24).

Randi Warne (2000b, 141–143) unterscheidet verschiedene Verwendungsstrategien, die mit Gender-Zuschreibungen verbunden sind – etwa Ontologisieren, Naturalisieren, Idealisieren, Autorisieren usw. – und beschreibt die Beziehung zwischen Gender und Sex mit drei Modellen: Nach dem homologen Verständnis ist Gender einfach die Übersetzung von Sex (Gender korrespondiert mit der sogenannten weiblichen bzw. männlichen Natur); nach dem analogen Verständnis bezeichnet Gender die soziale Bedeutung von Sex (Sex = Natur; Gender = Kultur) und nach dem heterogenen Verständnis gelten weder Sex noch Gender als natürlich. Wie immer die Beziehung zwischen Sex und Gender auch interpretiert wird, so machen doch vorliegende Untersuchungen deutlich, dass die meisten Gesellschaften durch ein rigides Gender-System charakterisiert sind, das mit binären Gegensätzen, einer hierarchischen Ordnung und einem ungleichen Zugang zu Macht und Ressourcen verbunden ist (King 2005, 3297).

Die Debatten um den Gender-Begriff haben die vormals klare Trennung zwischen Gender und Sex stark problematisiert und damit einen wichtigen Reflexionsprozess ausgelöst, teilweise aber auch zu einer verwirrenden Vielfalt an Positionen geführt. Die Kritik am Gender-Begriff ändert jedoch nichts an der Erkenntnis, dass Geschlechterrollen und -bilder sowie geschlechtsspezifische Modelle bezogen auf Macht, Status und Autorität in verschiedenen Kulturen eine große Variationsbreite aufweisen und nicht biologisch determiniert sind. Körper, biologisches Geschlecht und Sexualität werden immer im sozialen Kontext gedeutet und oft religiös legitimiert und tradiert. Sie sind sozusagen nicht im natürlichen Rohzustand zugänglich. Deshalb können wir zwar von männlichen und weiblichen Körpern sprechen, aber diese Rede lässt sich nicht von den Bedeutungen trennen, die ihnen zugeschrieben werden. Sowohl Biologismus als auch radikaler Sozialkonstruktivismus stellen einseitige ideologische Zugänge dar, die die ewige Streitfrage um den Stellenwert und Einfluss von Natur (Sex als biologischem Geschlecht) und Kultur (Gender als sozialem Geschlecht) durch die jeweilige Negation des anderen zu lösen versuchen. Entweder werden ‚natürliche' Wesensunterschiede zwischen den Geschlechtern aus den körperlichen Unterschieden abgeleitet oder der Körper wird lediglich zur Fläche sozialer Konstruktion von Geschlecht. Das Ineinandergreifen und die wechselseitigen Bezüge von Sex und Gender werden dabei ignoriert. Raewyn Connell (2021, 47) hat für die Verschränkung körperlicher und sozialer Prozesse den Begriff *social embodiment* geprägt. *Geschlecht* ist demnach eine spezifische Form der sozialen Verkörperung und kann nur auf dieser Basis vestanden werden: „We can only begin to understand gender if we understand how closely the social and the bodily processes combine. We are born in blood and pain, *and* we are born in a social order." (Connell 2021, 48).

Der deutsche Begriff ‚Geschlecht' hat den Vorteil, sowohl das biologische als auch das soziale Geschlecht zu umfassen und entspricht der Erkenntnis, dass die beiden Dimensionen miteinander interagieren. In der modernen Sexualwissenschaft sowie in der Gender- bzw. Geschlechterforschung ist die Begrifflichkeit für Geschlechtsidentitäten, die von kulturell definierten Geschlechternormen abweichen, äußerst vielfältig geworden (Johnson 2010; Sigusch 2013) und verändert sich fortlaufend. Es ist nicht immer klar, was nun eigentlich genau mit *transsexuell* oder *transgender, queer, intersexuell* oder *intergender, bisexuell, fluid/liquid sex* oder *fluid gender* usw. gemeint ist. Insbesondere die Definitionen von *transsexuell* und *transgender* haben sich mehrmals gewandelt und sind weiterhin in Bewegung (Haefele-Thomas und Thatcher 2019, 19 f.). Die Tatsache, dass sich die Bedeutungen häufig überlappen, belegt, wie schwierig es ist, Sex und Gender voneinander zu trennen.

Die Begriffe *Queer* oder *Transgender* werden als Dachbegriffe für Geschlechtervielfalt im weitesten Sinn verwendet. In den sogenannten Queer Studies, die in den 1990er Jahren aus den Gay und Lesbian Studies hervorgegangen sind, richtete sich die Aufmerksamkeit zunächst auf Körper, Sexualität und sexuelle Orientierung. Dieser Ansatz wurde ausgeweitet auf ideologiekritische Arbeiten, die heteronormative Identitätskonzepte hinterfragen und die Herstellung einer heterosexuellen, zweigeschlechtlichen Ordnung als kulturellen Normierungsprozess und als generalisierende Denkbegrenzung kritisieren (Rendtorff 2011, 229). Parallel zu den Queer Studies haben sich die Transgender Studies entwickelt. Der Terminus *transgender* bezeichnete ursprünglich den Wechsel der sozial zugewiesenen Genderposition (eventuell mit Hormongaben, aber ohne Operation des Körpers), wurde dann zum Synonym für Personen, die die Zweigeschlechtlichkeit verwerfen, wird aber auch für den Wechsel vom männlichen Geschlecht zum weiblichen und umgekehrt – analog zur ursprünglichen Bedeutung von *transsexuell* – verwendet. Darüber hinaus fungiert Transgender heute auch als Dachbegriff für sämtliche Formen von Gender-Diversität (Stryker 2017, 36–38; Haefele-Thomas und Thatcher 2019, 20).[2] Der Terminus Transgender eignet sich dafür insofern gut, als die Silbe *trans* ausdrückt, dass etwas überschritten wird, näher besehen handelt es sich jeweils um das Überschreiten eines festgelegten Geschlechts oder von Geschlechternormen. Der Begriff lässt offen, ob ein Geschlechtswechsel vollzogen wird und welche Transformationen damit einhergehen, ob männliches und weibliches Geschlecht kombiniert werden oder ob die Geschlechterdualität in Richtung eines ‚dritten Geschlechts' bzw. multipler Geschlechter trans-zendiert wird.

Die Religionsgeschichte ist ganz überwiegend davon bestimmt, dass essentialistische Aussagen zu Weiblichkeit und Männlichkeit getroffen und mit religiösen Rollen und Vorstellungen von Transzendenz verknüpft werden – bis hin zur Legitimierung und Sanktionierung spezifischer Geschlechterbilder und -rollen durch den Verweis auf göttliche Macht. Es finden sich jedoch in vielen religiösen Traditionen auch verschiedene Beispiele für Geschlechts-Transformationen, die als Geschlechtswechsel oder auch als Überschreiten der Geschlechterdualität auftreten und die sich auch auf der Symbol-Ebene, etwa bezogen auf Bilder vom Göttlichen, zeigen können. Teilweise ist der Geschlechtswechsel mit körperlichen Veränderungen verbunden (etwa Kastration), häufig geht es aber nur um einen Wechsel des Gender-Ausdrucks, der sich auf die äußere Erscheinung – wie etwa geschlechtsspezifisch konnotierte Kleidung und Haartracht (Crossdressing) – und genderspezifisches Verhalten bezieht. Da die Definitionen der modernen, im westlichen Kulturraum geprägten Begriffe transsexuell, transgender usw. uneinheitlich sind, ist ihre Verwendung für religiöse Phänomene in unterschiedlichen Kulturen schwierig. Transgender fungiert in diesem Band – wie derzeit üblich – als Dachbegriff; werden andere Begriffe herangezogen, so wird ihre Bedeutung erklärt, wobei auf den Spannungsbogen von Sex und Gender geachtet wird. Im Hinblick auf die Trans-sex/gender-Symbolik in religiöser Mythologie und Spiritualität zeigt sich eine Fülle von Interpretationsmöglichkeiten, die in Bezug zu sozialen Geschlechtsidentitäten und Geschlechterbeziehungen stehen. Sie machen deutlich, dass rezente und auch religionshistorische Quellen – insbesondere solche jenseits dominanter Traditionen und dogmatischer Texte – mehr Diversität und Spielräume für Geschlechterrollen und -bilder bieten als es hegemoniale Deutungstraditionen lange suggeriert haben.

---

2 Wie sehr die Begrifflichkeit in diesem Feld in Bewegung ist, zeigt die jüngste Entwicklung: An die Stelle der Bezeichnung Transgender Studies tritt nun die Bezeichnung der Trans (oder Trans*) Studies (etwa Baumgartinger 2017), die als neuer Dachbegriff für die Erforschung sämtlicher nichtnormativer Geschlechterpositionen fungieren soll.

Für die Gender Studies und die wissenschaftliche Auseinandersetzung mit Religion und Geschlecht ist ein Bezug auf das Konzept der *Intersektionalität* unabdingbar. Geprägt wurde der Begriff von der Juristin Kimberlé Crenshaw (1989), die auf die verflochtene und sich verstärkende Wirkung von Identitätskategorien wie Ethnie, Hautfarbe, Klasse, Alter, körperliche Nicht/Behinderung, sexuelle Orientierung und Geschlecht aufmerksam gemacht hat. Essentiell ist dabei das Verständnis, dass unterdrückende Institutionen und Machtverhältnisse nicht unabhängig, sondern als zusammenwirkende Mechanismen in den Blick genommen werden (Degele 2019). Der Begriff *Patriarchat* wurde durch die Forschungen zu Intersektionalität im Sinn von Überschneidungen verschiedener Identitätskategorien stark relativiert. Die Annahme des Patriarchats als eines weltweit einheitlichen Systems der Unterdrückung aller Frauen durch alle Männer wird als zu pauschalisierend kritisiert, weil die Vielfalt an Identitätskategorien die soziale Konstruktion von Geschlecht in den verschiedenen Kulturen modifiziert. Dennoch führen trotz vielfältiger Variationen sozialer Ungleichheit gesellschaftliche Strukturen, die durch hegemoniale Positionen männlich dominierter Eliten gekennzeichnet sind, dazu, dass Frauen rund um den Globus gegenüber Männern entmachtet und in Hinblick auf verfügbare Ressourcen benachteiligt sind.[3]

In der religionsbezogenen Geschlechterforschung ist das Bewusstsein für die Intersektionalität bis hin zur Diskursivität der Konzepte *Gender* und *Religion* präsent und hat zu vielfältigen theoretischen und methodischen Anfragen und Neuansätzen in Theologie und Religionswissenschaft geführt (zuletzt Auga 2022; van der Hoek 2023). Für religionswissenschaftliche Forschung zu Geschlecht und Religion ist eine intersektionale Perspektive unerlässlich, um eine kritische und differenzierte Analyse von Interdependenzen und Wirkungsweisen religiöser und gesellschaftlicher Ordnungen zu erreichen (so auch King 2021, 41). In diese Richtung gehen jüngst auch Arbeiten, die den Zusammenhang von Gender, Behinderung und Religion untersuchen (Jelinek-Menke 2023).

Im Zuge der postkolonialen und feministischen Wissenschaftskritik sind nicht nur das Selbstverständnis, die Forschungsperspektiven und Aufgaben der Religionswissenschaft kritischen Revisionen unterzogen worden, sondern wurden auch der Begriff *Religion* und die Wirkung der Produktion von Wissen, einschließlich der epistemischen Grundlagen in Frage gestellt. Zentrale Kritikpunkte in diesem Kontext sind die Vernachlässigung außereuropäischer Traditionen und Konzepte von Wissenschaft, Geschichte und Religion (Masuzawa 2005), die Partikularität (reli-

---

[3] Raewyn Connell (2013, 192) bezeichnet den Überschuss an Ressourcen, über den Männer verfügen, als „patriarchale Dividende", nämlich als „den Vorteil, den Männer als Gruppe davon haben, dass die ungleiche Geschlechterordnung aufrechterhalten wird".

gions-)wissenschaftlicher Taxonomien und die folgenreiche Konzeption einer Polarität von Religion und Säkularität (Asad 2003). Diese gehen mit einer Ignoranz gegenüber Forschung jenseits des angelsächsischen Raums ebenso einher wie mit der selektiven Rezeption dominanter Quellen und Wissensproduktion, so dass Erkenntnisse und Wissensbestände zu Religion nur spezifische Teile der Religionsgeschichte erfassen und Perspektiven wie Gender oder auch lokale Mythologien und Rituale nicht inkludiert werden (Masuzawa 2005; Joy 2005). Auch die Zentralasien- und Religionswissenschaftlerin Karénina Kollmar-Paulenz macht auf die „unhintergehbare kulturelle Voreinschreibung dessen, was ‚Religion' ist", aufmerksam (Kollmar-Paulenz 2013, 154). Sie sieht es jedoch als Chance an, durch eine Reflexion der Partikularität von Wissenschaft und der „kulturelle[n] Gebundenheit von Wissenschaftssprache" (155) ein gemeinsames wissenschaftliches Vokabular der Verständigung zu erreichen. Entscheidend sei dabei die Akzeptanz und das Bewusstsein der Gleichzeitigkeit und Gleichwertigkeit unterschiedlicher Wissenskulturen, die auch schon Chakrabarty (2010) fordert. Eine solche Haltung ist ebenso für Forschungen zu Geschlecht und Religion bestimmend, die sich im Kontext der Gender Studies und Postcolonial Studies positionieren und sich eine Perspektive der Intersektionalität zu eigen machen. Es ist nicht das Anliegen dieses Bandes, nun eine neue geschlechtergerechte postkoloniale Definition des Religionsbegriffs zu entwickeln. Vielmehr geht es darum, die räumliche und zeitliche Bedingtheit (so auch Stausberg 2012, 35 f.; 38) religionswissenschaftlicher Taxonomien und Erkenntnisse ins Bewusstsein zu rufen und für einen transparenten, stetig reflektierten und diskursiven Umgang mit dem Konzept ‚Religion' einzutreten.

# I.2 Androzentrismus der Religionen und ihrer Erforschung

Nach klassisch-brahmanischer Lehre soll ein vollwertiger Hindu vier Lebensstufen durchlaufen: Schüler – Haushalter – Waldeinsiedler – Asket. Ausgenommen von diesem Schema sind die unterste Gesellschaftsschicht (die Klasse der *śūdras*, „Diener") und sämtliche Frauen. Der *Talmud* ist in sechs „Ordnungen" zu je 7–12 Traktaten gegliedert, die jeweils bestimmte Themenbereiche umfassen. Eine dieser Ordnungen trägt die Bezeichnung *Naschim*, „Frauen", und setzt sich größtteils mit Fragen rund um die heterosexuelle Ehe, Scheidung und Ehebruch (vonseiten der Frau) auseinander. Frauen werden hier als Problemfälle für das Leben von Männern behandelt und nicht umgekehrt: Die Bezeichnung lautet weder „Frauen und Männer", noch gibt es eine weitere Ordnung mit dem Titel „Männer". Diese Beispiele zeigen, dass insbesondere die Texttraditionen der Religionen weitgehend aus der Perspektive von Männern für Männer verfasst und androzentrisch geprägt sind. Häufig werden nur Männer angesprochen, die Lebensbedingungen und die Aktivitäten von Männern werden primär thematisiert und die Vorstellungen und Ziele von Männern stehen im Zentrum der Aufmerksamkeit. Allerdings liegen auch der wissenschaftlichen Erforschung von Religionen androzentrische Vorannahmen zugrunde.

In den Anfängen der Religionswissenschaft, in der zweiten Hälfte des 19. Jahrhunderts, wurde der *homo religiosus*, der religiöse Mensch, als vermeintlich geschlechtsneutrale Kategorie entworfen. Erst mit der Einführung der Kategorie Geschlecht in die Religionswissenschaft ist eine Forschungsperspektive gewonnen, die als bedeutungsvoller Wendepunkt zu betrachten ist (King 1990a, 275). Dadurch wurden Auswahl und Interpretationen religionsgeschichtlicher Fakten, die in der traditionellen Religionsforschung zu allgemeinen Aussagen über ‚den' religiösen Menschen geführt hatten, als Resultate androzentrischer Standpunkte erkennbar (Warne 2000a, 255–257). Die vermeintlich menschliche Norm stellte sich als männliche Norm heraus, die das religiöse Leben, Denken und Handeln von Frauen, wenn überhaupt, dann nur als Abweichung erfassbar machte.

Rita Gross, die als Pionierin der religionswissenschaftlichen Frauenforschung bezeichnet werden kann, stellte Anfang der 1970er Jahre die unbequeme Frage, warum der Themenkomplex Frauen und Religion in der bisherigen Forschung kaum beachtet wurde. Das war der Beginn dessen, was sie später als „Androzentrismus-Kritik" bezeichnet und als fundamentale Herausforderung der Frauenforschung in allen Wissenschaftsbereichen bewertet hat. Im Jahr 1967 wollte Rita Gross als Studentin der Religionswissenschaft an der Universität in Chicago eine Arbeit über die Rolle von Frauen in australischen und melanesischen Religionen schreiben.[1] Für die Beantwortung dieser Fragestellung konnte sie allerdings so gut wie kein Material finden, auf das sie sich hätte stützen können. Sie wandte sich um Unterstützung an die Fachvertreter und erhielt den Hinweis, dass Männer in diesen Religionen als heilig gelten würden, Frauen jedoch als profan und unrein. Darüber hinaus hätten Frauen kein signifikantes religiöses Leben. Rita Gross fiel dann bei der Durchsicht der vorhandenen Quellen auf, dass es Mythen gab, die davon berichteten, dass Frauen ursprünglich Macht besaßen und die Männer in allen religiösen Ritualen unterrichteten, ihnen aber Macht und Wissen von den Männern gestohlen wurden. Sie entdeckte auch, dass zahlreiche Rituale weibliche physiologische Prozesse wie Menstruation und Geburt imitierten, obwohl sie Frauen von den Ritualen ausschlossen. All das führte sie zu dem Schluss, dass die herkömmliche Forschung diesem Material nicht gerecht wurde. Mircea Eliade, der als Seminarleiter von diesen Ergebnissen beeindruckt war, forderte Rita Gross auf, die Auseinandersetzung mit dieser Thematik in einer Dissertation fortzusetzen. Obwohl ihre spontane Reaktion – wie sie im Rückblick festhält – ablehnend war, weil sie ihre Dissertation über etwas „Wichtiges" machen wollte, sei sie letztlich doch bei dem Themenbereich Frauen und Religion gelandet. Aus ihren konkreten religionsgeschichtlichen Nachforschungen wurden in weiterer Folge immer stärker methodologische Fragen und Überlegungen, die schließlich in eine Kritik an der konventionellen Religionsforschung mündeten. In einer Publikation aus dem Jahr 1977 kritisiert Rita Gross den Androzentrismus in der Methodologie der Religionsgeschichte und beschreibt die Eckpfeiler dieser vorherrschenden Sichtweise folgendermaßen:

a) Im androzentrischen Denken fallen die männliche und die menschliche Norm zusammen und werden identisch: Der Mann ist das Maß des Menschen.
b) Weil das Männliche und das Menschliche identifiziert werden, wird angenommen, dass Frauen im generischen männlichen Denken sowie Sprache und Forschung eingeschlossen sind.
c) Wenn Frauen als solche betrachtet werden, nachdem es offensichtlich geworden ist, dass es in jeder Gesellschaft eine Form der Geschlechterrollendifferenzierung gibt, werden Frauen als Objekte diskutiert, die erklärungsbedürftig sind und denselben ontologischen und epistemologischen Status wie Bäume, Einhörner, Gottheiten usw. haben (Gross 1977, 9f.).

---

[1] Kurze autobiographische Notizen über diese Episode und ihre nachhaltigen Auswirkungen finden sich bei Gross 1994, 327f.

Frauen stehen einem menschlichen (= männlichen) Subjekt in seinem Versuch die Welt zu verstehen als die ‚Anderen' gegenüber, als Problemfälle, die gelöst werden müssen. Während Männer als religiöse Subjekte dargestellt werden, erscheinen Frauen nur in Relation zu den erforschten Männern. Zusammenfassend folgt nach Gross, dass der sogenannte *homo religiosus* in der Regel Frauen als religiöse Subjekte nicht umfasst und sich näher besehen als *vir religiosus* entpuppt.

Die Kritik an der Kategorie des *homo religiosus* hat sich in der jüngeren Fachgeschichte vor allem auf ihre ahistorische und vom Kontext abstrahierende Verwendung in der klassischen Religionsphänomenologie bezogen. Allerdings erweisen sich die Allgemeingültigkeit beanspruchenden wissenschaftlichen Erkenntnisse über ‚die' Religiosität ‚des' Menschen nicht nur angesichts der je spezifischen soziohistorischen Rahmenbedingungen als unhaltbar, sondern resultieren zudem aus der eingeschränkten Perspektive auf einen männlichen Ausschnitt der Menschheit – meist ohne Differenzierung hinsichtlich Ethnizität, Klasse, Alter und Status. Deutlich zeigt sich diese androzentrische Verzerrung der Religionsgeschichte beispielsweise im Werk von Mircea Eliade (Saiving 1976, 183–190). So gewinnt Eliade (2017 [1965]) etwa seine Erkenntnisse über religiöse Initiation zum großen Teil aus Daten über männliche Initiationsriten. Obwohl für ihn die zahlenmäßig geringeren Beschreibungen weiblicher Initiationen durchaus eine spezifisch weibliche Sakralität offenbaren und bestätigen, widerspricht er sich schließlich selbst, wenn er die weibliche Welt im Unterschied zur männlichen Welt als profan charakterisiert. Eliade verallgemeinert das ihm vorliegende Material über männliche Initiation zu grundlegenden Aussagen über das Wesen und die Bedeutung menschlicher Initiation. Auf diese Weise wird der *homo religiosus* zum asketischen Heroen auf der Suche nach Transzendenz und Unsterblichkeit.

Das Werk von Eliade stellt keinen Einzelfall dar, sondern zeigt exemplarisch die Problematik einer androzentrischen Forschungsperspektive. Besonders illustrativ ist auch die viel zitierte Studie „Homo necans" von Walter Burkert, der ebenfalls mit der Kategorie des *homo religiosus* arbeitet. Burkert sieht im Phänomen der Jagd den entscheidenden Schlüssel zur Menschwerdung. In der mit der Jagd zusammenhängenden Opfertötung erblickt er den religiösen Urimpuls, der den Selbstbewusstseinsprozess des Menschen in Gang setzt:

„Grunderlebnis des Heiligen ist die Opfertötung. Der homo religiosus agiert und wird sich seiner selbst bewußt als homo necans." (Burkert 2013, 9 [1972]). Burkert befasst sich ausführlich mit den altsteinzeitlichen Jägern. Die Jagd interpretiert er als die entscheidende ökologische Veränderung zwischen Primaten und Menschen. Er lässt keinen Zweifel daran, dass Jagd Männersache ist und entwirft ein Bild des „Urmenschen" mit einer klaren Geschlechterrollenteilung (25 f.). Die Frau steht für „Drinnen", „Geborgenheit" und „Liebe" – sie garantiert das „Daheim der Mutter". Dem Mann fällt die Rolle des Ernährers zu, seine Welt ist geprägt durch das

„Draußen", das „Abenteuer" und den „Tod". Fazit der Ausführungen von Burkert ist die Feststellung: „[...] der Mensch wurde zum Menschen durch das Jägertum, durch den Akt des Tötens" (30). Diese Aussagen über den religiösen Menschen sind offensichtlich Aussagen über den religiösen Mann.

Die genannten Beispiele machen deutlich, dass der Forschungs-Androzentrismus die androzentrische Ordnung, die sich in vielen religiösen Traditionen zeigt, verstärkt und teilweise sogar ausdehnt. So wurde etwa in der Forschung darüber spekuliert, ob die frühbuddhistischen *Therīgāthās*, die „Lieder der altehrwürdigen Frauen" (gemeint sind erleuchtete Nonnen), tatsächlich von Frauen stammen oder fälschlich mit weiblichen Autorennamen versehen wurden.[2] Obwohl in der Tradition selbst die Gedichte zum größten Teil bestimmten Nonnen zugeschrieben werden, hielt der renommierte Buddhismus-Forscher Karl Eugen Neumann, der Ende des 19. Jahrhunderts große Teile des *Pali-Kanons* als erster ins Deutsche übersetzte, die *Therīgāthās* für das Werk eines einzigen Mannes. Dieser Umgang mit vorliegenden Quellen und Daten der Religionsgeschichte veranschaulicht exemplarisch die Ausgangsthese von Rita Gross (1977, 8 f.), dass Religionen weniger androzentrisch erscheinen würden, wenn der Androzentrismus der Forschenden nicht länger auf sie projiziert wird. In diesem Kontext gewinnt die Frage, welche Quellen überhaupt für die Erforschung der Religionsgeschichte herangezogen werden und welcher Stellenwert bzw. welche Aussagekraft den vorhandenen Quellen beigemessen wird, eine große Bedeutung.

In der herkömmlichen Religionswissenschaft wurde den Textquellen bis in die 1990er Jahre des 20. Jahrhunderts oberste Priorität eingeräumt. In einer Studie hat Susan Starr Sered (1994) verschiedene religiöse Traditionen untersucht, die – verstreut auf der ganzen Welt – von Frauen dominiert werden. Sie hat etliche Merkmale herausgearbeitet, die als typisch für diese ‚Frauenreligionen' gelten können. Dazu zählt die Betonung des Rituals, die nach Sered nicht an einem weiblichen Desinteresse an Theologie liegt, sondern auf die Tatsache zurückzuführen ist, dass Frauen geringere Möglichkeiten haben, ihre theologischen Kompetenzen zu entwickeln. In der klassischen religionswissenschaftlichen Literatur werden Ritual und Theologie häufig dichotom im Sinne geschlechtsspezifischer Arbeitsteilung aufgefasst. Damit verbunden ist oft eine Abwertung der Rituale von Frauen als magisch, abergläubisch und unwissend. Sered karikiert diese Denkweise mit dem folgenden Bild: „While men sit and ponder and write about complex metaphysical problems, women jump up and down and ask the spirits to cure their children of the flu." (Sered 1994, 120 f.). Indem die Religionsforschung lange Zeit die Texttraditionen der männlichen religiösen Elite in den Mittelpunkt der Aufmerksamkeit gestellt hat,

---

2 Ausführlicher dazu sowie zur Frage der Authentizität des Werkes: Herrmann-Pfandt 1999, 2–7.

hat sie zu einer verzerrten Wahrnehmung der religiösen Wirklichkeit beigetragen und teilweise auch Fehleinschätzungen verursacht, die Religionen androzentrischer erscheinen lassen als sie sind.

# I.3 Impulse des Feminismus für die Religionswissenschaft

## 1 Religionswissenschaft und postmoderne Kritik

Im Gegensatz zu Fächern wie Sozial- und Kulturanthropologie oder Geschichtswissenschaft hat die Auseinandersetzung mit den Perspektiven der sogenannten postmodernen Kritik – ein Sammelbegriff für Postorientalismus, Postkolonialismus und feministische Theorie – in der Religionswissenschaft relativ spät begonnen. Die Religionswissenschaft wurde lange – teilweise bis heute – als streng objektive, distanzierte Wissenschaft konzipiert, wobei diejenige Forschung als vertrauenswürdig gilt, die keinen Bezug zu ihrem Gegenstand hat.[1] Allerdings haben in den letzten zwanzig Jahren viele Forscher*innen die Herausforderungen postmodernen Denkens aufgegriffen.

In seiner Studie *„Beyond Phenomenology. Rethinking the Study of Religion"* setzt sich der britische Religionswissenschaftler Gavin Flood mit der postmodernen Kritik am westlichen Rationalismus samt seinen Idealen der Objektivität und wissenschaftlichen Neutralität auseinander und gelangt zu der Einschätzung, dass für die Religionswissenschaft kein Weg an diesen Entwicklungen vorbeiführe: „There is no way around these developments, the force of the postmodern critique of enlightenment processes and values cannot be ignored, and religious studies as a whole needs to engage with these issues to a far higher degree." (Flood 1999, 224).

Flood stellt sowohl den Objektivitätsanspruch als auch die behauptete Wertneutralität in der Religionsforschung in Frage. Kritische Religionswissenschaft müsse sich wie die meisten anderen Disziplinen ihren Ursprung in der Aufklärung und der damit einhergehenden Bindung an die Ideale der Objektivität und wissenschaftlichen Neutralität bewusstmachen. An der Stelle der distanzierten Beobachtenden, die Daten sichten und frei von Werturteilen sind, sieht Flood (1999, 168) Beobachtende, die in jeweils spezifischen historischen Kontexten situiert und verkörpert sind und in einer Beziehung des Dialogs mit dem ‚Objekt' oder vielmehr dem Mitsubjekt der Forschung stehen.

---

[1] In der deutschsprachigen Religionswissenschaft hat das Schlagwort vom „doppelten Distanzbemühen" (nämlich zu den eigenen Befindlichkeiten und dem Forschungsgegenstand) von Sigurd Körber (1976) starke Resonanz ausgelöst. Fast 30 Jahre später bekennt sich beispielsweise Hubert Knoblauch (2003, 41f.) zum Ideal der objektiven, neutralen Wissenschaft, die sich durch „desinteressierte Beobachtung" auszeichne.

∂ Open Access. © 2024 bei den Autorinnen und Autoren, publiziert von De Gruyter. (cc) BY-NC-ND Dieses Werk ist lizenziert unter einer Creative Commons Namensnennung – Nicht kommerziell – Keine Bearbeitung 4.0 International Lizenz. https://doi.org/10.1515/9783110697407-005

Die Ansätze der postmodernen Kritik sind in der Religionswissenschaft jedoch zwiespältig aufgenommen worden. Das betrifft insbesondere die prinzipielle Skepsis gegenüber dem Kultur- und Religionsvergleich, die sich in der extremen Zuspitzung postmodernen Denkens an der subjektiven Wahrnehmung der Forschenden festmacht. Postmoderne Kritik, die einen radikalen Kulturrelativismus impliziert, die Differenz einseitig betont und die behauptet, dass der Vergleich unmöglich oder notwendigerweise destruktiv sei, ist vielfach zurückgewiesen worden (Freiberger 2011, 205f.).

In den jüngeren methodologischen Diskussionen des Faches weichen die Positionen zu den miteinander verwobenen Fragen der Objektivität, Wertneutralität, Parteilichkeit und Normativität stark voneinander ab.[2] Neben dem ungebrochenen Insistieren auf Wertneutralität wird Objektivität zumindest als Ideal betont, aber es lässt sich auch das Bemühen erkennen, diverse Infragestellungen der gängigen Theoriebildung durch die postmoderne Kritik ernst zu nehmen. So ist beispielsweise Oliver Freiberger (2011, 205) der Ansicht, dass die postmoderne Kritik bewusstseinsschärfend gewirkt habe, „etwa in der heute allgemein akzeptierten Erkenntnis, dass es notwendig ist, die Perspektive der Forschenden in die Analyse einzubeziehen, die Bedeutung lokaler Kontexte und konkreter Machtverhältnisse zu berücksichtigen, sowie mögliche politische Auswirkungen der Forschung zu bedenken". Jens Schlieter (2012, 234–238), setzt sich mit dem schwierigen Verhältnis von Religionswissenschaft und Normativität auseinander. Er verteidigt zwar das Ideal objektiver Neutralität im Forschungsprozess, sucht aber nach Lösungen für die Vereinbarkeit mit normativen Erkenntnisinteressen. Es fällt auf, dass diese Versuche, die Anstöße postmodernen Denkens in die methodologische Reflexion des Faches Religionswissenschaft aufzunehmen, die Beiträge der feministischen Theorie großteils ausblenden.

## 2 Dekonstruktion des Objektivitätsanspruchs durch die feministische Theorie

Die Dekonstruktion des Objektivitätsanspruchs bildet einen Kernbestandteil sämtlicher Denkstränge und Perspektiven, die unter dem Namen „postmoderne Kritik" zusammengefasst werden, dazu zählt auch die feministische Theorie. In der feministischen Theorie wurde das Bewusstsein, dass Kultur, Klasse und Ethnie die Wahrnehmungen der Forscher*innen beeinflussen, um die Kategorie ‚Geschlecht' ausgeweitet. Als größte Herausforderung des Feminismus für die Religionsfor-

---

[2] Für einen Einblick in den aktuellen Objektivitäts-Diskurs in den USA siehe Cooper 2019.

schung gilt die Erschütterung in der Epistemologie (O'Connor 2005). Feministische Forschung irritiert, indem sie herkömmliche Kategorien, Konzepte und methodologische Zugänge relativiert, modifiziert, erweitert oder auch verwirft. Die einfache Frage nach den Bedingungen und Quellen des Wissens hat die Verzerrungen der traditionellen Wissensproduktion und Wirklichkeitskonstruktion aufgedeckt. Das Leben und Denken von Frauen und sämtlichen zu Minderheiten deklarierten Menschengruppen wurden in der dokumentierten Geschichte kaum beachtet. Sie haben nur einen geringen oder gar keinen Anteil an der Produktion von Wissen und der vermeintlich objektiven Verbreitung und Kanonbildung von Wissen. Aus diesem Grund haben feministische Wissenschaftlerinnen die angeblichen wissenschaftlichen Fakten und die Idee wissenschaftlicher Neutralität in Frage gestellt (Harding 1991, 11–58). In einem äußerst einflussreichen Beitrag zur Wissenschaftsfrage im Feminismus bezeichnet die Wissenschaftstheoretikerin Donna Haraway (1991, 188f.) Objektivität aus feministischer Perspektive als „situated knowledges", die vermeintlich wissenschaftliche Neutralität (sie spricht von „infinite vision") hingegen als Illusion, als „god-trick of seeing everywhere from nowhere". Die Kerneinsichten feministischer Theoriebildung waren zunächst für die Frauenforschung und daran anknüpfend für die Geschlechterforschung/Gender Studies von fundamentaler Bedeutung.

Die Erkenntnis, dass es eine rein objektive Forschung nicht gibt, ist konstitutiv für die religionswissenschaftliche Frauenforschung, deren Anfänge in den 1970er Jahren liegen. In einem Sammelband zur Schnittstelle religionswissenschaftlicher Methodologie mit Frauenforschung aus dem Jahr 2002 bezeichnet David Kinsley die Wirkung der Frauenforschung auf die dem Fach Religionsgeschichte zugrundeliegenden Ansprüche als vernichtend. Kinsley schreibt der Religionswissenschaft ein liberales, inklusives und objektives Selbstverständnis zu. Er attestiert der Disziplin zwar die besten Absichten hinsichtlich der Neutralität gegenüber Wahrheitsansprüchen, um den intrinsischen Wert aller menschlichen religiösen Ausdrucksformen anzuerkennen, kommt aber zu dem Ergebnis, dass die Frauenforschung die Basis genau dieser Ansprüche zerstört habe:

> Women's Studies has had a devastating effect on many of the underlying claims of the history of religions. In general, the effect of women's studies on history of religions has not been to cast doubt on the intent of the discipline. Rather, the effect has been to show, often in shocking and dramatic ways, the extent to which history of religions has not been true to its own mandate. It has been neither all-inclusive nor objective in its study of human religiousness. (Kinsley 2002, 2).

# 3 Partikulare Perspektiven in der Religionswissenschaft

Die kanadische Religionswissenschaftlerin Morny Joy bezieht sich sowohl auf postkoloniale als auch auf feministische Perspektiven. In Anknüpfung an die dadurch ausgelösten Reflexionsprozesse fordert sie einen Fokuswechsel in der Religionswissenschaft, die andernfalls zum Relikt eines obsoleten und künstlichen Gedankengebäudes des 19. Jahrhunderts verkümmern würde (Joy 2000, 137 f.). Basis ihres Zugangs ist die Auseinandersetzung mit dem eurozentrischen Weltbild und dem Anspruch des Westens auf ein kulturelles Supremat, die die vermeintlich objektive Wissensproduktion mit ihrer dualistischen Trennung zwischen Subjekt und Objekt/den Anderen als subjektiv begrenzte Realitätskonstruktion entlarvt. Westliche Wissenschaft, so Joy, hat einen privilegierten Zugang zur Realität für sich beansprucht, wobei nicht-westliche Annäherungen verglichen mit den westlichen Normen und Standards als abweichend, fehlerhaft oder weniger entwickelt betrachtet wurden. Ohne Bewusstsein für ideologische Verflechtungen wurde die eigene Position zum einzigen Wertmaßstab der Forschung und habe sich selbst zu ‚God's eye view' stilisiert (Joy 2000, 112). Morny Joy will keinen postmodernen Relativismus vertreten, sondern das Eingeständnis erzielen, dass das statische Modell einer Subjekt-Objekt-Dichotomie keine adäquate Basis für eine religionswissenschaftliche Analyse mehr bildet. Die marginalisierten ‚Anderen' – ein großer Teil davon Frauen – sollen eine Stimme erhalten, während Forscher*innen sich ihre eigene subjektive und soziokulturelle Situiertheit, die Motive ihrer Forschung und die Wahl der Methoden bewusstmachen müssen.

Die Auseinandersetzung mit Eurozentrismus und Ethnozentrismus in der Religionswissenschaft hat deutlich gemacht, dass die Ursprünge von Wissenschaft nicht im luftleeren Raum liegen, sondern in spezifischen sozialen und historischen Kontexten. Das gilt in derselben Weise für den Androzentrismus. Das akademische Studium der Religionen entstand im Kontext der europäischen Aufklärung und der bürgerlichen Gender-Ideologie des 19. Jahrhunderts (Warne 2000b, 148–151). Diese Zeit ist gekennzeichnet durch die Unterscheidung zwischen zwei voneinander getrennten Sphären, einer öffentlichen, ‚männlich' konnotierten Sphäre und einer privaten, ‚weiblich' konnotierten Sphäre. Diesem Schema der Gegensatzpaare folgend kam es in der Religionswissenschaft nicht nur zu einer strengen Grenzziehung zwischen, sondern auch zu einer polarisierten Sichtweise der Gegensätzlichkeit von Wissenschaft und Religion, Vernunft und Gefühl. Aus der Sicht der Wissenschaft funktionierte die entkörperte Vernunft unabhängig, objektiv, aus einer Position epistemischer Akontextualität, als „god's eye view" oder „view from nowhere". Die Verflechtung der wissenschaftlichen Objektivität mit der Gender-Ideologie der beiden getrennten Sphären ist wissenschaftlich unbeachtet geblieben. Entsprechend dieser Genderkonstruktion stand die kulturell dominante, öffentliche, ‚männliche' Sphäre im Fokus der Aufmerksamkeit und wurde zum Maßstab des Menschen, während die private, ‚weibliche' Sphäre als bedeutungslos in den Hintergrund trat. Als Kind der Aufklärung mit ihrer dualistischen Trennung von Subjekt/Objekt, öffentlich/privat und säkular/religiös ist die religionswissenschaftliche Theoriebildung von diesen Dualismen geprägt und hat damit indirekt auch bestehende Geschlechterkonzeptionen und –ordnungen übernommen und verstetigt. Dort, wo die Normativität des Androzentrismus nicht wahrgenommen wird, präsentiert sich auch in der heutigen Religionsforschung ein lediglich partikularer Standpunkt als objektiv, rational und wertneutral.

Auch die Frauen- und Geschlechterforschung selbst ist vom Vorwurf des Eurozentrismus und Ethnozentrismus nicht auszunehmen, wenn implizit davon ausgegangen wird, dass alle Frauen dieselben Erfahrungen teilen und auf diese Weise Differenzen hinsichtlich Ethnizität, Klasse, Religion usw. verwischt werden. Es hat einen intellektuellen Imperialismus zur Konsequenz, wenn Argumentationen einer feministisch orientierten Forschung der binären Logik – ‚wir, die weißen, emanzipierten Feministinnen' auf der einen und ‚die unterdrückten Dritte-Welt-Frauen' auf der anderen Seite – folgen, wobei letztere dann als Projektionsfläche zur Konstruktion der eigenen Identität dienen (Hawthorne 2009, 140 f.). Es muss vielmehr in Betracht gezogen werden, dass die Gemeinsamkeiten des Geschlechts und damit überwiegend verbundene Erfahrungen der Unterdrückung und Herrschaft keine hinreichende Klammer sind, um mit wissenschaftlichen Ergebnissen universalisierend für ‚die Frauen' bzw. die erforschte Gruppe sprechen zu können. Auf diese Weise läuft auch der kritische Impetus religionswissenschaftlicher Geschlechterforschung Gefahr, eine neue Ideologie hervorzubringen. Daher ist es unerlässlich, die eigene Position stetig zu reflektieren, Forschungsfragen und Erkenntnisinteressen zu kontextualisieren und davon auszugehen, dass jede Perspektive normative Aspekte enthält, da sie immer in Diskurse sowie theoretische und institutionelle Bezüge eingebunden ist, die transparent gemacht werden sollten.

# 4 Wandel der konzeptionellen und methodologischen Bezugssysteme

In ihrem Überblick zum Verhältnis von Feminismus und Religion stellt Lisbeth Mikaelsson (2018, 765) fest: „‚The grand theory of religion' in modern feminism is that the major religions have been instrumental in the subordination of women and still underpin patriarchy in many societies." Linda Woodhead (2017) hat die Tatsache, dass Feminismus generell und Gender Studies als Disziplin ein äußerst ambivalentes Verhältnis zu Religion haben, zum Anlass genommen, um auf einschneidende Veränderungen in der Religionsforschung hinzuweisen, die hauptsächlich von feministischen Wissenschaftlerinnen in Gang gesetzt wurden. Gegenläufig zum herrschenden Narrativ feministischer Religionskritik, demzufolge Religion als Teil einer patriarchalischen Vergangenheit betrachtet wird und überwunden werden müsse, sei es der Arbeit von feministischen Wissenschaftler*innen außerhalb der Kerndisziplinen der Frauen- und Geschlechterforschung zu verdanken, dass sich sowohl die Konzeption von Religion als auch die Methoden zu ihrer Erforschung gravierend verändert hätten.

Woodhead belegt den konzeptuellen und methodologischen Wandel in der Erforschung von Religion anhand von Beispielen aus den Disziplinen Geschichte, Soziologie und Theologie. So hat die Einführung einer feministischen Perspektive ergeben, dass das Verständnis von Religion nicht nur die ‚offizielle Religion' einer (männlichen) Elite mit den von ihr anerkannten Texttraditionen umfasst, sondern durch die Konzepte ‚Alltagsreligion' bzw. ‚gelebte Religion' ausgeweitet wird. Nach Woodhead (2017, 42) hat der Feminismus in der Religionsforschung eine „stille Revolution" erzeugt: „Diese Revolution berührt die Art und Weise, wie wir über Religion denken (nämlich den Körper, die Praxis und die Gefühle sehr viel ernster nehmend), wo wir Religion beobachten (nicht nur in Kirchen) und wie wir Religion erforschen." Die Erforschung gelebter Religion erfordert – anders als die Untersuchung der normativen Texttraditionen der religiösen Elite – empirische Forschungsmethoden.

Es ist allerdings nicht nachvollziehbar, warum Woodhead die Entwicklung der Frauen- und Geschlechterforschung innerhalb der Religionswissenschaft gar nicht im Blick hat. „Women's Studies in Religion" beginnen in Nordamerika bereits in den 1970er Jahren und entfalten sich – zunächst vorwiegend im englischen Sprachraum – breiter in den 1980er Jahren.[3] Wie in anderen Wissenschaftsdisziplinen bauen die Frauenforschung und ab den 1990er Jahren die Geschlechterforschung/Gender Studies in der Religionswissenschaft auf Schlüsselkonzepten feministischer Theoriebildung auf.[4] Die Rezeption von Theorien und Ansätzen feministischer Forschung fiel mit der kulturwissenschaftlichen Wende in der Religionswissenschaft zusammen, die zu einer Ergänzung ihres methodischen Repertoires um qualitative und quantitative sozialwissenschaftliche Methoden führte. Von der religionswissenschaftlichen Frauen- und Geschlechterforschung ging eine Kritik an der Text-

---

3 In einem kurzen historischen Überblick thematisiert Rita Gross (1996, 45–64) den Einfluss des Feminismus auf die Entwicklung religionswissenschaftlicher Frauenforschung.
4 Eine Zusammenstellung einflussreicher Beiträge zur feministischen Theorie im Wechselspiel mit Texten feministischer Religionsforschung bietet Juschka 2001.

zentriertheit der klassischen Religionswissenschaft aus, da sie die Unsichtbarkeit von Frauen verstetigte, indem sie sich auf Quellen bezog, in denen Frauen mangelhaft repräsentiert waren. Um Frauen wie auch queeren Identitäten eine Stimme zu verleihen und sie als Subjekte zu Wort kommen zu lassen, wurden von der religionswissenschaftlichen Frauen- und Geschlechterforschung zunächst vor allem qualitative Methoden genutzt und propagiert (Jones 2002; Franke, Matthiae und Sommer 2002).

# 5 Forderung nach Transparenz, Multizentriertheit und Gerechtigkeit

Objektivität und Wertneutralität sind Forschungsideale, die nur annäherungsweise erreichbar sind: Wissenschaft ist stets gebunden an Standpunkte, Interessen und Werte. Methodologisch reflektierte Forscher*innen müssen sich daher dem Ideal der Transparenz verschreiben. Entsprechend müssen die subjektiven Voraussetzungen offengelegt und nicht im Mantel des Objektivitätsanspruchs versteckt zum alleingültigen Maßstab der Realitätskonstruktion gemacht werden. Postkoloniale Studien zeigen mehr als deutlich, dass an die Stelle globaler ‚objektiver' Einheitsschau die Vielzahl der Perspektiven treten muss, und an die Stelle eines ‚Zentrismus' die Multizentriertheit.

Die Dekonstruktion von Objektivität führt im Rahmen einer kritisch-feministisch orientierten Religionswissenschaft nicht zwangsläufig zu postmodernem Relativismus. In dem Klassiker „*Religion and Gender*" beschreibt Ursula King das Studium von Religion und Gender als selbst-reflexiven Prozess, der ein differenzierteres Bewusstsein schaffe, eine selbstkritische Überprüfung eigener Überzeugungen, Einstellungen und Erfahrungen impliziere und auf diese Weise zu vielfältigen Transformationen führen könne: „In that sense no religion and gender course is a neutral, ‚value-free' undertaking where cool analysis and traditional academic distancing in the name of objectivity and detachment can reign supreme." (King 1995, 26). In vielen gesellschaftlichen Bereichen wie Medizin, Medien, Wirtschaft usw. hat die Auseinandersetzung mit ethischer Verantwortung jüngst an Bedeutung gewonnen. Die Klimakrise hat die Dringlichkeit für ethische Verantwortung forciert und die Forschung für den Dienst am Erhalt der zahlreichen Lebensformen, für die Biodiversität, auf dem Planeten Erde mobilisiert. Feministische Forschung steht für einen Forschungsansatz, der sich nicht dem Mythos objektiver Wissensproduktion, sondern der Anerkennung von Diversität und der Erschaffung einer gerechten Welt verpflichtet weiß und sich damit der Herausforderung von Wertediskussionen stellt. Daran anknüpfend hat Ursula King vor fast zwanzig Jahren die folgende Zielvision für religionswissenschaftliche Gender Studies entworfen:

> To rethink sex, gender and religion, we have to imagine that creative alternatives are available and that a non-hierarchical, more caring and participatory world can come into existence that is not aligned along a single, masculine model of sameness, but offers more spaces for rich cultural and religious differentiation. (King 2005, 3305).

Vor diesem Hintergrund stellt sich die Frage, inwiefern die klassischen Ideale der wissenschaftlichen Objektivität und Wertneutralität für eine durch postmoderne Kritik veränderte Religionswissenschaft relevant bleiben. Als Ausgangspunkt ist festzuhalten: Objektivität ist „situiertes Wissen" (Haraway 1991, 183–201). Wenn die Standortgebundenheit wissenschaftlicher Erkenntnis reflektiert und Forschung als Interaktionsgeschehen zwischen Subjekten konzipiert wird, geht es jedoch nicht darum, reine Subjektivität zu postulieren. Vielmehr sollen Verzerrungen aufgrund einseitiger Perspektiven und Wahrnehmungen beseitigt werden. Die Ideale der Objektivität und Wertneutralität könnten selbst als eine Art ethischer Imperativ für eine Forschung verstanden werden, die sich von normativen, religiösen oder ideologischen Forschungsrichtungen deutlich unterscheidet. Vertreter*innen kritischer Religionswissenschaft sind weder einer bestimmten Religion verpflichtet noch im Forschungsprozess konfessionell gebunden. Ideologiekritische Stellungnahmen gegenüber religiösen Vorstellungen, Traditionen und Entwicklungen, die mit diskursiv errungenen und gesellschaftlich anerkannten ethischen Positionen und Werten in Konflikt stehen, werden jedoch nicht ausgeklammert. In diesem Sinn bedeutet Objektivität „methodisch disziplinierte Parteilichkeit" (Rüsen 1988, 523), die sich im intersubjektiven Diskurs der Vielfalt der Perspektiven öffnet.

## I.4 Forschungsgeschichte und Forschungsansätze: von der Frauenforschung zu Transgender Studies

Frauenforschung, feministische Theorien und die aus ihnen hervorgegangenen Gender Studies haben sich aus der sozialen und politischen Frauenbewegung heraus entwickelt und sind zunächst eng mit dem Anliegen der beruflichen, gesellschaftlichen und sexuellen Emanzipation von Frauen sowie der Auflösung scheinbar natürlicher Geschlechterdifferenzen und -hierarchien verbunden. Dabei wurden die Grenzen zwischen wissenschaftlichem Erkenntnisinteresse und politischem Engagement oft nicht scharf gezogen. Vor dem Hintergrund von Debatten um die gesellschaftliche Verantwortung von Wissenschaft kam es schließlich zu einer grundlegenden Auseinandersetzung mit der religionswissenschaftlichen Ausklammerung der Wahrheitsfrage und dem Postulat der Neutralität von Wissenschaftler*innen im Forschungsprozess.

In den wenigen frühen Studien zum Thema ‚Frau' (zum Beispiel Meyer 1915; Heiler 1977) wurden Frauen weitgehend als Forschungsobjekte behandelt, vergleichbar mit besonderen Phänomenen wie heiligen Bäumen oder Totemtieren. Als religiöse Subjekte kamen Frauen erst im Rahmen der religionswissenschaftlichen Frauenforschung zur Sprache. Zunächst wurde der Androzentrismus der christlichen und jüdischen Traditionen aufgedeckt, die verschiedenen Formen der Marginalisierung und Diskriminierung von Frauen benannt und das religiöse Leben und Denken von Frauen in den Vordergrund gerückt.

Unter dem Einfluss der kritisch-feministischen Theorie begann in den 1970er Jahren eine zuerst frauen- und später genderbewusste systematische Auseinandersetzung mit Religion (Clague 2005; Hawthorne 2005). Im Wesentlichen lässt sich die Geschichte der religionswissenschaftlichen Frauen- und Geschlechterforschung in drei Phasen gliedern: 1) eine explizit auf Frauen bezogene Forschung/Women's Studies seit den 1970er Jahren, 2) feministische Forschung und Gender Studies ab den 1990er Jahren und 3) eine seit den 2000er Jahren beginnende Phase, in der Ansätze der Queer und LGBTQIA[+] Studies einbezogen werden und in der Intersektionalität, Interkulturalität sowie postkoloniale Perspektiven von zentraler Bedeutung sind. Grundlegend für alle Forschungsansätze ist die Überzeugung, dass Geschlecht eine zentrale Ordnungskategorie ist, die auch in den Lehren und der sozialen sowie rituellen Praxis von Religionen eine entscheidende Rolle spielt. Für die Analyse der Wirkungsweisen von Geschlechterkonstruktionen in verschiedenen religiösen Traditionen wird die Integration einer grundsätzlich geschlechterdifferenzierenden Perspektive in die Religionswissenschaft, die auch eine kritische Reflexion der Kategorisierungen und Zuordnungen von Geschlecht beinhaltet, für notwendig erachtet.

Viel zu kurz kommt in der Fachgeschichte nach wie vor die Würdigung von Wissenschaftlerinnen, die sich eine geschlechterdifferenzierende Perspektive zu eigen machten und die als Wegbereiterinnen einen großen Einfluss auf die Herausbildung der zeitgenössischen religionswissenschaftlichen Frauen- und Genderforschung ausübten. Dies ist vor allem die britische Archäologin und Gräzistin Jane E. Harrison (1850–1928), die sich mit vergleichender Mythenforschung beschäftigte. Sie thematisierte das Thema Gender für die mythische Sprache und rituelle Praxis und warf die Frage nach einem matriarchalen Ursprung griechischer Mythen und Rituale auf (Brunotte 2008). Zu diesem Kreis gehören auch Rita Gross (1943–2015) mit ihrer feministischen Auseinandersetzung mit dem Buddhismus, Wendy Doniger (O'Flaherty; *1940) mit Arbeiten zu hinduistischen Mythologien und Gender und die Religionswissenschaftlerin Ursula King (*1938), die sich nicht nur mit feministischer Theologie und Spiritualität, sondern auch mit grundlegenden theoretischen und methodischen Fragestellungen zum Thema Religion, Feminismus und Gender auseinandersetzt.

## 1 Religionswissenschaftliche Frauenforschung

Die in den 1960er und 1970er Jahren entstandenen Women's Studies erforschten vor allem die Lebenslagen von Frauen mit dem Anspruch, eine Verbesserung ihrer Lebenssituation und Rechte zu erreichen. Erfahrungen und Lebenswirklichkeiten von Frauen sollten sichtbar gemacht, soziale Ungleichheiten aufgedeckt und die Ursachen von Geschlechterhierarchien herausgearbeitet werden. Frauen standen im Zentrum des Forschungsinteresses, wobei vielfach essentialistische Konzeptionen von Frausein die Diskussion bestimmten. In diesen Studien wurde zwar die Hierarchisierung der Geschlechter kritisiert, die Geschlechterdifferenz selbst aber nicht in Frage gestellt.

In der Religionsforschung stand zu Beginn vor allem eine Negativbilanz, sowohl hinsichtlich der Datenlage als auch der Stellung von Frauen in den christlichen und jüdischen Traditionen. Damit einher ging das Bemühen, religionshistorische Wissensbestände über Religionen durch Forschungen zu ergänzen, die sich auf das religiöse Leben und Denken von Frauen konzentrierten und die das Studium der Religionen differenzierten sowie um neue Perspektiven bereicherten. Religionswissenschaftliche Frauenforschung und christlich- bzw. jüdisch-feministische Theologie haben dabei nicht nur gemeinsame Bezugspunkte, sondern sind in dieser

Zeit kaum voneinander zu trennen; sie haben sich aber zunehmend voneinander abgekoppelt (Stolz 1989; King 1993). Im Laufe der 1980er Jahre weitete sich das Interesse einer religionsbezogenen Frauenforschung auf alle religiösen Traditionen aus und seither sind viele Spezialstudien entstanden. Parallel dazu führten epistemologische und methodologische Reflexionen zur Entwicklung neuer Fragestellungen und methodischer Instrumente, um die androzentrische Schieflage zu korrigieren (Pahnke 1993; King 1990 und 1994).

## 2 Gender Studies und feministische Forschung

Aus dieser Forschungsrichtung heraus entwickelten sich die Gender Studies, die das Ziel verfolgen, geschlechtsspezifische soziale Ungleichheiten zu identifizieren, in ihren Ursachen zu analysieren und deren Auswirkungen zu verhindern. Impulse gingen dabei von der poststrukturalistischen und postkolonialen Debatte seit den 1980er Jahren, den ab den 1990er Jahren sich etablierenden Men's Studies sowie den Queer Studies aus, die die binäre Geschlechterordnung, die damit häufig einhergehende Heteronormativität und die scheinbar selbstverständliche heterosexuelle Orientierung grundsätzlich in Frage stellen (Butler 1993). Auch die Religionswissenschaft hat entsprechende Theorien rezipiert, wenngleich eine Auseinandersetzung damit vergleichsweise spät erfolgte und noch immer einige Desiderate aufweist. In dieser zweiten Phase, etwa ab den 1990er Jahren, liegt der Fokus entsprechend auf der Analyse der jeweiligen Gender-Ideologien, die die dominanten Diskurse der religiösen Traditionen geprägt haben. Dabei steht die Erforschung geschlechtsspezifischer Rollen, der Heteronormativität und der Geschlechterhierarchien in unterschiedlichen Religionen in ihren jeweiligen historischen und gesellschaftlichen Kontexten im Vordergrund und Fragen der Herstellung, Legitimierung und Naturalisierung von Geschlecht und Geschlechterordnungen rücken ins Zentrum.

Die Gender Studies nehmen jedoch nicht nur die Konstruktionen von Weiblichkeit, sondern auch die vielfältigen Interaktionsweisen mit Männlichkeit in den Blick. Es handelt sich hier allerdings letztlich nur um einen Akzentwechsel, da auch viele frühere Studien diese Interaktionen untersuchen. In dieser Phase entwickelt sich eine religionswissenschaftliche Männerforschung, die sich der Analyse, Kritik und Transformation von normativen Männlichkeitsmodellen und Formen männlicher Spiritualität widmet (Krondorfer und Hunt 2012). Der Schwerpunkt dieser Studien zu Religionen und Männlichkeit, die es bis heute immer noch in vergleichsweise geringer Zahl gibt, lag zunächst auf jüdischen und christlichen Traditionen (Boyarin 1997; Krondorfer 2009), hat sich allmählich aber auch auf andere Religionen ausgedehnt (Ouzgane 2006; Gerster und Krüggeler 2018).

Die Untersuchung verschiedener Dimensionen von Frauen- und Männerbildern, von Geschlechterkonzeptionen, -ordnungen und -hierarchien in religiösen Symbolen und Texten sowie genderspezifische Implikationen von Religionen in ihrer sozialen Organisation und Praxis soll Ausschlussmechanismen und wechselseitige Abhängigkeiten mit historisch-gesellschaftlich geprägten Geschlechtskonstruktionen aufdecken. Damit soll ein umfassenderer Blick auf die Religionsgeschichte erreicht werden. In diesem Zusammenhang werden auch Geschlechterbilder und Geschlechterrollen beleuchtet, die vom normativen Modell der Zweigeschlechtlichkeit abweichen und die in Religionen oft unsichtbar gemacht und auf diese Weise sanktioniert wurden und werden. Ab dem Ende der 1990er Jahre werden die Perspektiven des Feminismus, der Geschlechterforschung und Auseinandersetzungen mit der Kategorie Gender zumindest ansatzweise in Überblickswerke zur Methodologie der Religionswissenschaft integriert (etwa Taylor 1998; Conolly 1999; Antes, Geertz und Warne 2004).

# 3 Intersektionalität und religionswissenschaftliche Gender und Transgender Studies

Die Einsicht in die unzulässige Universalisierung der Kategorien ‚Religion' und ‚Frau' – wie zuvor die Kategorie des religiösen Menschen –, die wesentlich der postkolonialen Theoriebildung zu verdanken ist, hat schließlich zur dritten Phase in der Entwicklung der religionswissenschaftlichen Geschlechterforschung geführt. Seit den 2000er Jahren werden auch ‚nicht-westliche' Perspektiven (King und Beattie 2005; Seedat 2013) in die europäisch-nordamerikanisch dominierte Religionsforschung einbezogen. Auch die Intersektionalität der Kategorien Gender, Ethnizität, Schichtzugehörigkeit und Alter wird systematisch berücksichtigt. Viele jüngere Studien, die sich auf religiöse Traditionen in Kulturräumen außerhalb Europas und Nordamerikas beziehen, zeichnen sich durch eine kritischere Selbstreflexion und eine größere Sensibilität für Fragen der Intersektionalität von Wissenschaft, kultureller Zugehörigkeit und hegemonialen Machtinteressen aus (Grünhagen 2013; Sirri 2020; Auga 2022).

Angeregt durch die von Judith Butler (1990) ausgelösten Debatten um die Begriffsdichotomie *gender* und *sex* sowie die vielfältigen Queer-Theorien wird auch die Annahme einer naturgegebenen heterosexuellen Orientierung in der religionswissenschaftlichen Genderforschung hinterfragt. Seit den 2000er Jahren werden Ansätze der Queer bzw. LGBTQIA[+] Studies in der Religionswissenschaft zunehmend rezipiert (Wilcox 2006; Brintnall 2013; Wilcox 2021). Vor allem der Terminus *trans-*

*gender*, wenn er als Dachbegriff für Gender-Diversität im weitesten Sinn verwendet wird (entsprechend dann Transgender Studies),[1] ist gut geeignet, um an die in vielen Religionen verbreiteten Phänomene der Androgynie oder des Geschlechtswechsels (von Gottheiten oder von Menschen in religiösen Rollen) anzuknüpfen.

Trotz der berechtigten Kritik an einem dichotomen Verständnis von Sex und Gender bleibt die Wahrnehmung und Analyse der geschlechtsspezifischen Ordnungssysteme mit ihren Folgen auf der sozialen, politischen und religiösen Ebene ebenso notwendig wie die Verwendung des Genderbegriffs nützlich ist, um den Konstruktcharakter von Geschlechterordnungen und Zweigeschlechtlichkeit zu verdeutlichen und damit letztlich auch die Wirkmächtigkeit religiös begründeter Geschlechterdifferenzen zu dechiffrieren. Besondere Bedeutung gewinnt hier die Analyse symbolischer Konstruktionsprozesse der Bilder von Männlichkeit und Weiblichkeit durch religiöse Traditionen und gesellschaftliche Diskurse.

Die Stimmen mehren sich, die Analyse von Gender bzw. Geschlechterkategorien als eine Schlüsselperspektive in religionswissenschaftliches Arbeiten einzuführen und somit einen Wechsel hin zur Integration einer grundsätzlich genderkritischen Perspektive vorzunehmen. Vor dem Hintergrund postkolonialer Kritik gelten der Respekt vor einer Pluralität von Perspektiven und die Reflexion privilegierter Positionen der Produktion von Wissen als programmatische Bestandteile religionswissenschaftlicher Forschung (Joy 2001, 183; Hawthorne 2009, 147f.). Damit sollen Ethnozentrismus, Androzentrismus ebenso wie eine Romantisierung ‚des Anderen' verhindert werden und die Mehrdimensionalität von Kategorien, Identitäten und Subjektpositionen bei der Erforschung von Religionen und Geschlecht Berücksichtigung finden.

# 4 Institutionelle Verankerungen von feministischer Forschung und Gender Studies

Die Institutionalisierung der „Women's Studies in Religion" hat zu Beginn der 1970er Jahre in Nordamerika begonnen. Mit einem mehrjährigen Vorlauf wurde im Jahr 1973 der Bereich „Women and Religion" an der Harvard Divinity School geschaffen. Während die American Academy of Religion (AAR) seit 1972 regelmäßig eine Sektion „Women and Religion" abhält, hat der religionswissenschaftlich bedeutendste Fachverband, die International Society for the History of Religions (IAHR), erstmals im Jahr 1980 auf dem Kongress in Winnipeg ein Panel zum Thema „Femininity and

---

[1] In dem grundlegenden Werk *Transgender History* verwendet Susan Stryker (2017, 37f.) den Begriff transgender „to refer to the widest imaginable range of gender-variant practices and identities".

Religion" eingerichtet, das allerdings in dem darauffolgenden Kongress in Sydney 1985 schon wieder fehlte. Seit 1990 finden auf den Kongressen der IAHR aufgrund der Bemühungen etlicher Forscherinnen regelmäßig Panels zur Thematik „Gender and Religion" statt, und 2006 hat sich ein Netzwerk von Wissenschaftlerinnen „Women Scholar's Network" (WSN)[2] in dieser Organisation gegründet.

Auch wenn das Ausmaß der durch die Frauen- und Geschlechterforschung ausgelösten Transformation der Religionsforschung strittig ist, so gibt es doch Anhaltspunkte für einen Fortschritt. Am Vergleich der von Mircea Eliade herausgegebenen *Encyclopedia of Religion* aus dem Jahr 1987 (posthum, unveränderte Auflage 1993) und der neuen Auflage dieses Referenzwerks im Jahr 2005 ist die Entwicklung gut ablesbar. Während die *Encyclopedia* 1987 nur einen kurzen Artikel über „Women's Studies" (von Constance Buchanan) aufweist, enthält die jüngere *Encyclopedia* einen Eintrag zu „Gender and Religion" mit vielen Einzelbeiträgen im Gesamtumfang von 125 Seiten. Publikationen einschlägiger Tagungs- und Sammelbände – nicht zuletzt dieser Band – belegen die stärker werdende Vielfalt und internationale Sichtbarkeit religionswissenschaftlicher Forschung auf dem Gebiet der Gender Studies (zuletzt Gemzöe, Keinänen und Maddrell 2016; Höpflinger, Jeffers und Pezzoli-Olgiati 2021 sowie Martin, Schwaderer und Waldner 2023).

Die weltweit unternommenen Schritte zu einer institutionellen Verankerung der Frauen- und Geschlechterforschung in Form spezialisierter Kurse oder Studienprogramme haben dazu geführt, dass die Geschlechterperspektive an Universitäten in einem gewissen Ausmaß etabliert ist. Auch innerhalb der religionswissenschaftlichen Forschung und Lehre ist sie zunehmend Bestandteil von Curricula und Forschungsprojekten geworden. Ein Blick auf einschlägige Publikationen zeigt, dass auch entsprechende Forschungsaktivitäten stetig zunehmen und teilweise einen hohen Grad an Spezialisierung erreicht haben.

Die Forschungsaktivitäten zeugen von einer gewissen Etablierung und Integration geschlechtersensibler Perspektiven in die religionswissenschaftliche Forschungspraxis. Dennoch muss konstatiert werden, dass genderorientierte Ansätze in der Religionswissenschaft häufig hinter ihre eigenen Zielsetzungen zurückfallen und überwiegend als Forschung von Frauen über Frauen durchgeführt und von Frauen rezipiert werden – ihnen kommt tatsächlich immer noch eine Randexistenz zu. Eine tiefgreifende Veränderung im Sinn eines grundlegenden Paradigmenwechsels, der die Kategorie Gender/Geschlecht als ein Grundprinzip in den gesamten Forschungszusammenhang integriert, ist (noch) nicht in Sicht.

---

2 https://www.iahrweb.org/wsn.

# I.5 Religion und Geschlechterordnungen

## 1 Religion als Ordnungsmacht

Funktionalistische Zugänge zu Religion heben bestimmte Funktionen hervor, die Religionen in Gesellschaften erfüllen, dazu zählt auch die Aufrechterhaltung von (sozialer) Ordnung. Für die Begründung einer bestehenden Ordnung der Welt bilden beispielsweise Schöpfungsmythen ein wirkungsvolles Instrument. Erzählungen von der Entstehung bzw. Erschaffung der Welt und des Menschen verfestigen die kosmischen, rituellen und/oder sozialen Ordnungsvorstellungen einer Gemeinschaft. Religion spielt eine Schlüsselrolle für die Legitimation gesellschaftlicher Ordnungen und – insofern Geschlecht ein fundamentales Organisationsprinzip sozialer Ordnung bildet – besonders von Geschlechterordnungen.

Ein besonders deutliches Beispiel mit nachhaltiger Wirksamkeit bietet die biblische Erzählung von der Erschaffung und dem Sündenfall des ersten Menschenpaares (*Das Buch Genesis* 1–3), die der Geschlechterordnung in der jüdisch-christlichen Überlieferung einen unveränderlichen, gottgewollten Charakter verliehen hat. Soziale Ordnung wird als Schöpfungsordnung sanktioniert und verstetigt. Es existieren zwar unterschiedliche Lesarten dieser Erzählung, darunter auch einige egalitäre Interpretationen, aber in der Rezeptionsgeschichte überwiegen jene hierarchischen Deutungen, die das soziale Muster der Unterordnung der Frau unter den Mann mit der sekundären Erschaffung der ersten Frau und ihrer moralischen Minderwertigkeit begründen.

Der Religionshistoriker Friedrich Heiler hat bereits in den 1950er Jahren – als die Kategorie Geschlecht für die Forschung noch irrelevant gewesen ist –, die ‚großen' Religionen der Gegenwart als „Männerreligionen" bezeichnet (Heiler 1977, 47). Damit hat er nicht gemeint, dass Frauen in diesen Religionen keine Rolle spielen würden. Männer würden jedoch die entscheidende Initiative, Schöpferkraft und Leitung der religiösen Organisationen für sich beanspruchen. Und mehr als das: Heiler schreibt den sogenannten „Hochreligionen" eine Unterdrückung und Geringschätzung der Frau zu, die teilweise geradezu in Frauenfeindlichkeit ausarte. Diese Feststellungen sind lange Zeit ohne Resonanz geblieben. Erst in den letzten Jahrzehnten ist langsam die Erkenntnis gewachsen, dass die ‚großen' Religionen der Gegenwart weitgehend androzentrisch geprägt sind und darüber hinaus die männliche Dominanz in der Gesellschaft legitimiert haben. Die traditionellen Auffassungen über Rechte und Pflichten der Geschlechter basieren dabei weitgehend auf dem Modell der polaren Geschlechterrollen von Mann und Frau in einer an Heteronormativität orientierten Gesellschaftsordnung. Religionen sind verwoben mit den Sozialstrukturen ihrer Herkunftskultur; im Fall der ‚großen' Religionen der Gegenwart ist das die patriarchale Gesellschafts- und Geschlechterordnung ihrer Entstehungszeit. Die von männlicher Dominanz und weiblicher Unterordnung gekennzeichneten Geschlechterbeziehungen wurden legitimiert und die Geschlechterhierarchie in den Organisationsstrukturen verankert. Männliche Autorität wird in den normativen Traditionen religiös untermauert und geht mit einer Abwertung von Frauen und von Menschen, die sich nicht dem männlichen Geschlecht zuordnen lassen, einher. Diese Vorgangsweise ist Teil der vielfältigen Prozesse des Othering, die jene, die nicht der gesetzten Norm entsprechen, als die jeweils ‚Anderen' verobjektiveren, diskriminieren und auf Herrschaftsrechte abzielen. So fasste etwa der christliche Kirchenvater Ambrosius von Mailand (339–397) Frauen, Kinder, Sklaven und Barbaren als eine Gruppe mit minderwertigen Fähigkeiten (vor allem geringer Vernunft) und einem entsprechend niedrigen sozialen Status zusammen (Volp 2006, 223). Basierend auf der Zuschreibung verschiedener Defizite wurden eine hierarchische Ordnung und das Recht auf Machtausübung legitimiert. Dieses Beispiel lässt erkennen, dass es sich bei der zugrundeliegenden Norm nicht um biologische Männlichkeit, sondern um ein kulturelles Konstrukt hegemonialer Männlichkeit (Raewyn Connell) handelt, das beispielsweise männliche Sklaven nicht umfasst.

In einem Beitrag zur politischen Bedeutung von Religion setzt sich die Soziologin Katharina Liebsch (2003) mit dem funktionalen Zusammenhang zwischen Religion und Geschlecht in gegenwärtigen Gesellschaften auseinander. Sie geht der Frage nach, wie religiöse Symbolisierungen des Geschlechterverhältnisses die realen sozialen Geschlechterbeziehungen beeinflussen und stellt fest, dass die strukturelle Verzahnung von Religion und männlicher Macht die herrschenden Geschlechterordnungen tendenziell stabilisiert. Die Kritik gegebener politischer Herrschaftsverhältnisse sei zwar prinzipiell möglich und exemplarisch auch wirksam, überwiegend fungiere Religion jedoch zur Bestätigung und Legitimation politischer und sozialer Verhältnisse. Die britische Religionssoziologin Linda Woodhead betrachtet Religion selbst als ein Machtsystem, das jedoch in unterschiedlicher Weise zu gesellschaftlichen Machtbeziehungen beiträgt: Religionen (vor allem in ihren etablierten, institutionalisierten Formen) verstärken und legitimieren herrschende Machtinteressen; der Bezug auf religiöse Lehren oder transzendente Kräfte kann jedoch auch Widerstand gegen die dominante Macht erzeugen sowie Gruppen geringer gesellschaftlicher Macht mit Ressourcen ausstatten und Machtkonfigurationen neu justieren (Woodhead 2018, 94). Woodhead entwirft eine Typologie für das Verhältnis von Religion, Geschlecht und Macht und unterscheidet zwischen Typen von Religion, die eine jeweils bestehende Geschlechterordnung bestätigen oder herausfordern. Abgesehen von dieser nützlichen Differenzierung stellt auch

Woodhead (2018, 97) fest, dass die etablierte Machtverteilung in den meisten bekannten Gesellschaften Männer gegenüber Frauen begünstigt.

## 2 Un/Reinheitsvorstellungen als Instrumente der Geschlechterordnung

Un/Reinheitsvorstellungen, -vorschriften und -riten finden sich durch die gesamte Kultur- und Religionsgeschichte hindurch: Sie sind in indigenen Traditionen, in den ältesten Schriftkulturen, in antiken Religionen und in den ‚großen' religiösen Traditionen der Gegenwart verbreitet; aber auch in den verschiedenen Bereichen moderner Gesellschaften wie Politik, Kunst, Recht, Medizin oder Ernährung nehmen sie eine Schlüsselstellung ein. Reinheit und Unreinheit sind zentrale und einflussreiche kulturell-religiöse Kategorien, die dazu dienen, eine bestimmte Ordnung durch Trennen und Abgrenzen zu schaffen und aufrecht zu erhalten. Reinheit repräsentiert Ordnung, Unreinheit hingegen Unordnung, Chaos und Destruktion. Un/Reinheitsvorstellungen erzeugen und erhalten Machtbeziehungen, indem sie soziale Hierarchien schaffen, wobei einzelne Menschen/soziale Gruppen/ Minderheiten/Geschlechter, die nicht den Reinheitsnormen entsprechen, stigmatisiert und diskriminiert werden. Reinheitsvorstellungen informieren darüber, wer in einem Kollektiv die Macht hat und wer über wahr/unwahr sowie wert/unwert entscheidet (Burschel und Marx 2011, 11). Im Kontext von Religionen überschneiden sich symbolische, kultische und soziale Ordnungen. Reinheit und Unreinheit sind zunächst symbolische Kategorien, aber zugleich konstituieren sie eine bestimmte soziale Wirklichkeit, indem die Grenzen nach außen und innen geregelt werden: etwa zwischen Gläubigen/Ungläubigen; Klerikern/Laien, Kultfähigen/Nicht-Kultfähigen, Berührbaren/Unberührbaren, Männern/Frauen, Heteronormativität/davon abweichenden sexuellen Orientierungen.

Der Körper spielt in den Un/Reinheitsdiskursen eine besondere Rolle, weil die Überzeugung universal verbreitet ist, dass insbesondere die Körpergrenzen und Grenzzustände des Körpers sowie körperliche Grenzüberschreitungen (wie Geburt und Tod, aber auch Sexualität) durch Unordnung bedroht sind (Douglas 1988, 152; 160 f.). Körperliche Grenzzustände und Grenzüberschreitungen gelten als gefährlich und verunreinigend. Es sind vor allem die Köperöffnungen, die im Fokus stehen und das, was sie passiert: Körperflüssigkeiten, Sexualsekrete, Blut, Urin und Kot und auch die Nahrung. Da der individuelle Körper ein Modell für den Sozialkörper, die Gesellschaft, bildet, werden Körperausscheidungen als Gefahren für die soziale Ordnung betrachtet, die mit der symbolischen (kulturell-religiösen) Ordnung eng verknüpft ist.

In der Regel gelten Reinheitsnormen für beide Geschlechter. Häufig werden Frauen jedoch als potentiell unreiner eingestuft. Zum einen, weil sie durch ihre Körperfunktionen (Menstruation, Schwangerschaft, Geburt) regelmäßig in einen Zustand der proklamierten Unreinheit geraten und zum anderen, weil sie im dualistischen Denken patriarchal geprägter Gesellschaften generell stärker mit Körper und Sexualität identifiziert werden als Männer. Un/Reinheitsdiskurse stellen ein zentrales Instrument für die religiöse Plausibilisierung und Stabilisierung der Geschlechterordnung als Garant der sozialen Ordnung dar. Der weibliche Körper wird als anfälliger für Unreinheit betrachtet und stärkeren Reglementierungen unterworfen. Grenzüberschreitende und destabilisierende Kräfte wie Sexualität, Geburt, Tod, Zerstörung und Chaos werden bevorzugt am weiblichen Körper festgemacht und werden als Bedrohung der sozialen Ordnung gesehen.

## 3 Geschlechterordnung: zwischen Hierarchie und Gleichheit

Die hierarchische Geschlechterordnung basiert in vielen religiösen Traditionen auf der Betonung einer essentialistischen binären Geschlechterdifferenz, im Sinn der Unterscheidung zwischen einem biologisch festgelegten männlichen und weiblichen ‚Wesen' und ist eng verflochten mit Diskursen um Würde. Androzentrismus durchzieht ganz grundlegend die religiösen und – bis in die jüngere Vergangenheit – auch die säkularen Würde-Konzepte und macht es schwer, alle Menschen als gleich an Würde zu achten. Begriffe wie *imago dei* (Gottebenbildlichkeit), *khalīfa* (Nachfolger/Statthalter) Gottes, *ātman* (das rein geistige, absolute Prinzip der Wirklichkeit als wahres Wesen jedes einzelnen Menschen) und *buddha* (im Sinn des universalen menschlichen Erleuchtungspotenzials) wurden in der Geschichte der ‚großen' Religionen als dominant männliche Prärogative aufgefasst. Daraus wurde oft die geringere Würde von Frauen abgeleitet.

Die Ideen der politisch-rechtlichen Gleichstellung der Geschlechter, ihre Gleichheit an Würde und Rechten, müssen weithin als moderne Errungenschaften gelten. In den autoritativen religiösen Texttraditionen finden sich jedoch mehr oder weniger starke Impulse zur Gleichstellung der Geschlechter im metaphysischen Bereich. Wenn Männern und Frauen in religiösen Traditionen – wie etwa im Judentum, Christentum und Islam – dieselbe Heilsfähigkeit zuerkannt wird, eröffnet dies zumindest die Möglichkeit, vorherrschende hierarchische Geschlechterordnungen außer Kraft zu setzen. Allerdings wurde die angedachte Gleichheit der Geschlechter in den allermeisten Fällen nur auf den Bereich der religiösen Heilslehre beschränkt. Bis auf wenige historische Ausnahmen haben diese Vorstellungen kein nachhaltiges emanzipatorisches Potenzial zur Veränderung der sozialen Geschlechterordnung entfaltet.

Trotz der Bemühungen zahlreicher Reformbewegungen, die versucht haben, an moderne gesellschaftliche Veränderungen anzuknüpfen, sind auch aktuell in allen religiösen Traditionen ambivalente Haltungen zur Forderung nach Gleichstellung/Gleichberechtigung von Frauen zu beobachten. Vielfach bleibt es bei konservativen Harmonisierungsversuchen mit mehr oder weniger großen Zugeständnissen an moderne Entwicklungen.

Auch mit der bedingungslosen Anerkennung und Würdigung von Homosexualität, Geschlechtstransformationen sowie der Geschlechtervielfalt haben die meisten Religionen Probleme, nicht zuletzt deshalb, weil davon die Norm der heterosexuellen Geschlechterordnung tangiert ist. Dabei stellt der Geschlechtswechsel die normativen Geschlechtskategorien selbst gar nicht in Frage, solange er mit geschlechtlicher Vereindeutigung verbunden ist: Wenn Menschen die typischen ‚männlichen' bzw. ‚weiblichen' Eigenschaften des jeweils angestrebten Geschlechts für sich reklamieren, bestätigen sie zugleich die kulturellen Geschlechterstereotype. Was die Geschlechterordnung de facto am meisten bedroht, ist daher nicht der nach neuer Eindeutigkeit suchende Geschlechtswechsel, sondern der geschlechtliche Schwebezustand des ‚sowohl-als-auch' oder des ‚weder-noch'. Wenn die Geschlechterkategorien mit scheinbar fixen Realitäten durcheinandergeraten, beginnen sich die starren Vorstellungen einer ewigen stabilen Ordnung aufzulösen. Das ist vermutlich der Grund, warum religiöse Symbole wie der androgyne Śiva Ardhanārīśvara (der „Herr, der zur Hälfte Frau ist") aus dem hinduistischen Kontext oder die bärtige christliche Heilige Wilgefortis (auch als Heilige Kümmernis bekannt) heute viele Menschen, auch weit über den religiösen Rahmen hinaus, faszinieren.

# I.6 Materialität, Religion und Geschlecht

## 1 Zur Bedeutung von Materialität für das Verhältnis von Religion und Geschlecht

Eine Betrachtung des Zusammenhangs von Materialität, Religion und Geschlecht lenkt den Blick darauf, dass viele religiöse Traditionen von einem binären, polarisierten und letztlich hierarchisch konzipierten Geschlechterverhältnis geprägt sind. Dabei wird Weiblichkeit in der Regel mit Materie, Körper und Erde verbunden, während Transzendenz, Geist und Himmel dem Männlichen zugeordnet werden. Die Verknüpfung von Frauen mit Körperlichkeit bzw. ganz allgemein Materialität geht in vielen Religionen mit der Zuschreibung einher, dass Männer für den Bereich des Geistigen und Spirituellen prädestiniert seien, während Frauen im Diesseitigen und Konkreten verhaftet seien. Sehr deutlich drückt sich diese normative Polarisierung in der Zuweisung religiöser Rollen und Aufgaben, aber auch in anthropomorphen Symbolisierungen von Transzendenz aus. Männlich konnotierte Himmelsgottheiten, wie der ägyptische Horus, der christliche Gottvater im Himmel, der griechische Zeus, der römische Jupiter oder Yu Di, einer der vier himmlischen Kaiser in der daoistischen Tradition, stehen einer Vielzahl von Göttinnen gegenüber, die mit Erde und oft auch explizit mit Mutterschaft assoziiert werden: so unter anderen die griechische Demeter, die römische Ceres, die keltische Brigid, die Kybele im vorderasiatischen Raum und die vedisch-hinduistische Göttin Pṛthivī. In der Religionsgeschichte sind zwar auch astrale Göttinnen, wie die sumerische Inanna, die semitische Astarte oder die japanische Sonnengöttin Amaterasu mit umfassenden Wirkungsbereichen bekannt. Es überwiegen jedoch Vorstellungen, die der normativen Polarität folgen und in denen Materialität und Diesseits weiblich konnotiert werden.

Analog spiegelt sich dies auch in Konzepten religiöser Erlösungs- oder Erleuchtungswege, deren Zielsetzung in der Überwindung von jeglicher Anhaftung an den konkreten Alltag liegt: Um nach der buddhistischen Lehre das Ende des Leidens (*nibbāna*) zu erlangen oder nach Vorstellungen der Hindu-Traditionen Erlösung (*mokṣa*) zu erreichen und damit aus dem Kreislauf von Leben, Tod und Wiedergeburt (*saṃsāra*) auszusteigen, muss gleichermaßen ein Weg der körperlichen Askese und der Entsagung von jeglicher materieller Anhaftung eingeschlagen werden. Idealvorstellungen von spirituell Suchenden, wie die *saṃnyāsīs* in den Hindu-Religionen oder die Konzeption enthaltsamer Lebensweisen in den monastischen Traditionen von Buddhismus und Christentum, sind in dieser Hinsicht ganz ähnlich ausgerichtet. All diese Wege fordern eine weitgehende Geschlechtersegre-

Open Access. © 2024 bei den Autorinnen und Autoren, publiziert von De Gruyter. Dieses Werk ist lizenziert unter einer Creative Commons Namensnennung – Nicht kommerziell – Keine Bearbeitung 4.0 International Lizenz. https://doi.org/10.1515/9783110697407-008

gation und gehen mit dem Verzicht auf sexuelle körperliche Lust bis hin zu einer möglichst weitgehenden Überwindung jeglicher materiellen und körperlichen Bedürfnisse zugunsten der Konzentration auf eine geistige, spirituelle Vervollkommnung einher (Bieler u. a. 2015, Freiberger 2009).

Religiöse Hingabe und auch das (professionelle) Ausüben religiöser Ämter und Expertise werden nahezu unabdingbar damit verknüpft, sich ganz der Sphäre des Metaphysischen, des Immateriellen zuzuwenden und die materiellen Aspekte des Lebens hinter sich zu lassen. Richtungsweisende Autorität erhalten folglich solche religiösen Texte, Ordensregeln oder rituellen Vorgaben, in denen der Verzicht auf Materialität geboten und Askese und Vergeistigung als höchste religiöse Tugenden gesehen werden. Die damit einhergehende Geringschätzung von Materialität und der mit ihr assoziierten Weiblichkeit bzw. Sphäre der Frauen führt dazu, dass Frauen der Zugang zu religiösen Ämtern vielfach verwehrt wurde und wird.

Die Vorrangstellung des Geistigen geht so weit, dass Religion schlechthin als Gegensatz zu Materialität aufgefasst wird (beispielsweise Weber 2016 [1904–05]; Eliade 1990 [1957]). Dies hat auch in der Forschung weitreichende Folgen: Die religionshistorische und religionswissenschaftliche Forschung hat die Beschäftigung mit der materiellen Kultur von Religion lange vernachlässigt (Bräunlein 2017, 27 f.) und sich vorrangig auf Textquellen und Lehrinhalte der Religionen fokussiert, in denen es um theologische Abhandlungen zur Glaubenslehre oder metaphysische Konzepte geht.

## 2 Materielle Kultur von Religion: Stabilisierung normativer Geschlechterbilder und Raum für Diversität

Religionen sind nach dem Verständnis der *material religion* (Meyer u. a. 2010) ganz wesentlich von sensorischen Erfahrungen und dem praktizierten Umgang mit Dingen geprägt (Houtman und Meyer 2012), so dass auch die materielle Seite von Religion als einflussreicher Faktor für die Prägung und Herausbildung von Geschlechterbildern und -rollen gesehen werden muss. Eine Fülle von ikonographischen Zeugnissen, Kultobjekten und religiösen Dingen bis hin zu Ritualvorschriften, vestimentären Ordnungen und religiösen Bauwerken spiegeln nicht nur die Normativität religiöser Geschlechterbilder und -rollen, sondern geben diese ihrerseits auch vor, tradieren und stabilisieren sie.

So zeigt sich in Ritualen, die zur Vorbereitung auf die religiöse Zuwendung zum Geistigen und Spirituellen dienen, die Verflechtung von Materialität, Unreinheit und Weiblichkeit (Pintchmann 2007): Reinigungsrituale zielen fast immer auf die

Abwendung vom Materiellen und sind in Form von Waschungen zur Beseitigung der seelischen und körperlichen Unreinheit konzipiert. Für Frauen richten sie sich vor allem darauf, dass nach körperlichen Prozessen wie Menstruation oder Geburt ein Zustand der rituellen Reinheit hergestellt werden muss.

Die körperliche Einschreibung von Geschlechterverhältnissen erfolgt auch durch repräsentative religiöse Bauten, die als wirkmächtiger Ausdruck religiöser Dogmen und Institutionen fungieren. Sie sind in ihrer architektonischen Gestaltung oftmals darauf angelegt, rollenkonformes Verhalten zu erzwingen oder zumindest nahezulegen: Ein separater Aufgang zu einer Empore in Moscheen oder Synagogen weist Frauen einen spezifischen, von Männern abgetrennten Bereich zu und auch in christlichen Kirchen teilt der Mittelgang den Sitzbereich der Gläubigen, so dass lange Zeit Frauen auf der einen und Männer auf der anderen Seite Platz nahmen. Ganz explizit findet sich eine räumliche Trennung der Geschlechter in abgesonderten Kloster-Gebäuden für Nonnen oder Mönche in der christlichen und buddhistischen Tradition. Religiöse Architekturen spiegeln also einerseits die Segregation der Geschlechter und generieren sie andererseits immer wieder neu, auch wenn es zunehmend Bewegungen gibt, die diese Ordnungen in Frage stellen und durchbrechen (Shitrit 2020). So etwa setzen sich „Women of the Wall"[1] dafür ein, dass auch Frauen im gesamten Bereich der Klagemauer in Jerusalem laut beten dürfen. Auch Vorschriften für die Durchführung von Gebeten und Gebetszeiten richten sich oft spezifisch an Männer oder an Frauen: Davon zeugen unterschiedliche Gebetshaltungen für Frauen und Männer in der islamischen Tradition oder auch geschlechtsspezifische Kleidung und Gebetsorte im Judentum. Ausschließlich Männer durften an der Klagemauer beten und nur ihnen war das Anlegen der Tefillin und des Gebetsschals vorbehalten. Inzwischen gibt es Initiativen jüdischer Frauen, die sich dafür einsetzen, dass auch sie diese religiösen Rituale ausüben dürfen (Jobani und Perez 2017).

Architektonische und ästhetische Mittel werden zudem eingesetzt, um die Art und Weise der Beziehung zwischen Mensch und Gottheit nahezulegen und zugleich eine Verortung der Geschlechter vorzunehmen: In der christlichen Tradition verweist die Gestaltung des Altarraums mittig ausgerichtet auf den gekreuzigten Jesus und die ganz überwiegend männlich symbolisierte Trinität von Gottvater, Sohn und Heiliger Geist. Diese wird zumeist oberhalb der Gläubigen, zuweilen hoch unter dem Gewölbe des Kirchenraums platziert – dem Himmel nah und weit weg von den Menschen, die sich davor verneigen. Während in katholischen und orthodoxen Traditionen die Gottesmutter Maria recht prominent, wenn auch oft in Seitenflügeln, platziert ist, kommen weibliche Symbolisierung von Transzendenz in der

---

[1] https://womenofthewall.org.il.

materiellen Kultur des Protestantismus eigentlich gar nicht vor. Die Marienaltäre katholischer Kirchen zeigen sich als Orte, die von Gläubigen stark frequentiert werden und an denen religiöse Handlungen auch außerhalb der großen liturgischen Ordnungen von Gottesdiensten ausgeübt werden. Studien zu Formen individueller religiöser Praxis zeigen auf, dass gelebte Religion (von Frauen) sich weitreichend davon unterscheiden kann, was in den Dogmatiken und etablierten religiösen Schulen und Theologien gelehrt wird (Klein-Hessling, Nökel und Werner 1999; Franke 2002; Mädler 2006).

## 3 Materielle Kultur von Religion als Quelle für geschlechterbezogene Forschung zu Religion

Religion besteht also ganz offensichtlich aus sehr viel mehr als Glaubenslehren und institutionalisierten Ritualen. Die Perspektive der *material religion* und der Religionsästhetik (Grieser und Johnston 2019; Koch und Wilkens 2020) betont entsprechend die affektiven und handlungspraktischen Aspekte von Religion, die für die Entwicklung von religiöser Zugehörigkeit von großer Bedeutung sind (King 2010).

Eine Religionsforschung, die die materielle Seite von Religion nicht vernachlässigt und sich auf das fokussiert, was Menschen mit bzw. in Religion tun, formulieren Birgit Meyer, David Morgan, Crispin Paine und Brent Plate in der neu gegründeten Zeitschrift *material religion* programmatisch:

> Materializing the study of religion means asking how religion happens materially, which is not to be confused with asking the much less helpful question of how religion is *expressed* in material form. A materialized study of religion begins with the assumption that things, their use, their valuation, and their appeal are not something *added* to a religion, but rather inextricable from it. [...]
> 
> The material study of religion concentrates on what bodies and things do, on the practices that put them to work, on the epistemological and aesthetic paradigms that organize the bodily experience of things, hierarchizing sensations and media, all within the network of relations that make the sacred a social reality. What then does it mean to study the material culture of religions? It means to focus one's investigation on the evidence and insights offered by bodies, things, places and practices. (Meyer u. a. 2010, 209).

Religiöse Texte, die in historisch langen Phasen fast ausschließlich von Männern verfasst, überliefert und interpretiert wurden, geben vorwiegend Auskunft über dominante religiöse Traditionen. In der materiellen Kultur von Religion und insbesondere im Umgang mit religiösen Dingen (Houtmann und Meyer 2012) liegen dagegen Quellen vor, in denen sich individuelle, populäre und auch non-konforme religiöse Vorstellungen und Praktiken erkennen lassen, die über stereotype Rollen und heteronormative Konzeptionen von Geschlecht hinausgehen und diese aufbrechen können.

> *Things* are objects of body's apprehension, but they are also agencies within themselves, either as other bodies, or as the extension or completion of a body, or as the presence or symbol of a social body. Things are exchanged and circulate bearing values and powers that structure human relations. (Meyer u. a. 2010, 209).

Dass materielle Kultur von Religion nicht nur die Diversität religiöser Vorstellungen abbildet, sondern auch Deutungsspielräume für religiöse Geschlechterbilder öffnet, lässt sich beispielsweise in der Ikonografie einer bärtigen Frau am Kreuz, der Heiligen Kümmernis (auch St. Uncumber/Wilgefortis) und den mit ihr verbundenen Verehrungspraktiken im europäischen Mittelalter bis hin zu zeitgenössischen Neuinterpretationen erkennen (Glockzin-Bever und Kraatz 2003). Eine Verbindung von Gender Studies mit Perspektiven der *material religion* und Religionsästhetik verspricht ertragreiche Einblicke in die Vielschichtigkeit, Diversität und auch Gegenläufigkeit von Aushandlungsprozessen um religiöse Geschlechterbilder und -rollen.

# I.7 Offizielle Religion und Alltagsreligion/gelebte Religion

## 1 Was ist Religion?

Die islamische Internatsschule (*pesantren*) Waria Al Fatah in Yogyakarta versteht sich im ganz überwiegend sunnitisch geprägten Java als Einrichtung für Transgender-Studierende, die es ihnen ermöglichen möchte, Religion auf eigene Weise zu praktizieren (Ismoyo und Alfikar 2022).[1] Im christlich geprägten Deutschland stellen einige feministisch geprägte Frauen in ihrer religiösen Praxis ganz explizit eine „Göttin neben das Kreuz" (Franke 2002, 193). Was bedeutet dies für das christliche Gottesbild der Trinität von Gottvater, Sohn und Heiligem Geist und welche Resonanz erfahren die queeren islamischen Aktivitäten in einer Umgebung, in der *pesantren* traditionell geschlechtergetrennt sind? Beide Beispiele verweisen auf die Diskrepanz zwischen der religiösen Normativität, die von Schrifttraditionen und machtvollen religiösen Institutionen vertreten wird, und der gelebten Diversität, die Gläubige im Alltag praktizieren.

Differenzen zwischen Formen gelebter, im Alltag praktizierter Religion und der Normativität etablierter religiöser Lehren und Institutionen durchziehen die gesamte Religionsgeschichte und werfen die Frage auf, welche Konsequenzen daraus für das Verständnis von Religion und die Erforschung von Religion gezogen werden müssen.

Zahlreiche Quellen und historische sowie zeitgenössische Beispiele zeigen, dass Zugang zu Bildung, ökonomischer und gesellschaftlicher Einfluss, die Möglichkeit der Partizipation an religiösen Ämtern und der Faktor Geschlecht wesentlich darüber bestimmen, wer Deutungsmacht erreicht und welche religiösen Lehren und Normen sich durchsetzen. Während der Bereich der offiziellen Religion (von autoritativen Lehren und Schriften bis hin zu ihren Organisationsformen und der religiösen Praxis innerhalb institutionalisierter Rituale) religionshistorisch vielfach männlichen Eliten vorbehalten war und ist, wurden und werden Frauen als bloße Rezipientinnen der religiösen Lehren häufig auf den Bereich der häuslichen, privaten religiösen Alltagspraxis und auf die religiöse Erziehung von Kindern verwiesen.

---

1 https://ditpdpontren.kemenag.go.id/artikel/pembinaan-santri-waria-di-pesantren-al-fatah-yogyakarta; https://www.thejakartapost.com/news/2014/04/21/transgender-islamic-school-reopened.html.

Open Access. © 2024 bei den Autorinnen und Autoren, publiziert von De Gruyter. Dieses Werk ist lizenziert unter einer Creative Commons Namensnennung – Nicht kommerziell – Keine Bearbeitung 4.0 International Lizenz. https://doi.org/10.1515/9783110697407-009

Religionswissenschaftliche Forschung hat sich lange vorwiegend auf die Erforschung dominanter Schrifttraditionen und Formen organisierter Religion fokussiert und Zeugnisse gelebter Religion und religiöser Alltagskultur kaum in den Blick genommen. Diese wurden nicht als bedeutungsvolle Daten und Quellen für das Verständnis von Religion berücksichtigt und so blieben in der Folge gelebte Formen von Religion und damit auch die religiösen Aktivitäten, Vorstellungen und Praktiken von Frauen weitgehend ausgeklammert. Hier zeigt sich ein spezifisches, lange dominantes und allzu enges Religionsverständnis, in dem relevante Aspekte von Religion, wie Alltagsreligion oder auch vernakuläre Religion, die nicht selten in Kontrast zu dem stehen, was als theologische Normativität und Tradition gilt, ausgeschlossen werden. Die Frage nach dem Verhältnis von religiöser Norm und Praxis betrifft deshalb nicht nur das Verständnis von Religion sowie die Theoriebildung zur Entstehung und Entwicklung von Religion, sondern auch die Einschätzung, was als Forschungsgegenstand identifiziert wird und welches adäquate Methoden zu seiner Erforschung sind.

Bis in die 1990er Jahre war die Religionswissenschaft vor allem auf die religionshistorische Erforschung von religiösen Schrifttraditionen fokussiert und arbeitete entsprechend mit philologischen Methoden. Mit der seit den 1960er Jahren wachsenden Kritik an der Geschichtswissenschaft, die Perspektiven von weniger dominanten Gruppen kaum zu berücksichtigen, rückten die Relevanz der Erfahrungen von Zeitzeug*innen und damit der methodische Zugang der „oral history" stärker in den Fokus historischer Forschungen (beispielsweise Thompson 1978). Diese Entwicklung spiegelt sich auch in der Religionswissenschaft, in der ein mangelnder Bezug auf religiöse Gegenwartskultur und Formen gelebter Religion konstatiert wurde und seitdem zunehmend gelebte Religion und Alltagsreligion in den Fokus der Forschung rückte (Koch 2007; Bochinger, Engelbrecht und Gebhardt 2009).

## 2 Die Erforschung gelebter Religion und religiöser Alltagskultur als Beitrag einer gendersensiblen Religionswissenschaft

Forschungen zu Alltagsreligion und vernakulärer Religion (Bowmann und Valk 2014) machen ebenso wie die inzwischen vielfältigen empirischen Studien zu religiösen Vorstellungen und religiöser Praxis die Relevanz gelebter Religion für ein umfassendes Verständnis von Religion deutlich. Mit diesen Entwicklungen in der Forschung gehen in der Religionswissenschaft kritische Revisionen des Konzepts von Religion und insbesondere von ‚Weltreligion' einher (beispielsweise Masuzawa

2005). Seitdem gewinnen solche Perspektiven an Bedeutung, die kulturwissenschaftliche, ethnografische und sozialwissenschaftliche Perspektiven betonen und die als Herausforderung und Erweiterung eines auf ‚offizielle Religion' fokussierten Religionsverständnisses gesehen werden können. Diskussionen um Kategorisierungen wie „gelebte Religion" (McGuire 2008; Kupari 2020), „populäre" Religion (King 2010), „Alltagsreligion" (Ammerman 2007) und „Volksreligion" (Radermacher 2014) oder „vernakuläre Religion" (Bowman und Valk 2014) lenken die Aufmerksamkeit religionswissenschaftlicher Forschung auf die Relevanz individueller religiöser (Alltags-)Praktiken und Vorstellungen, die sich oftmals außerhalb etablierter Liturgien, Dogmatiken und Normen religiöser Institutionen bewegen. Mit dieser Forschung wurde die Grenzziehung zwischen offizieller auf der einen Seite und inoffizieller, populärer, alltäglicher – und nicht selten als Aberglaube oder Volksfrömmigkeit diskreditierter Religion – auf der anderen Seite in Frage gestellt.

Die Religionssoziologin Penny Edgell (2012, 253) beschreibt Religion als eine praktische, alltägliche Aktivität, um Erfahrungen mit Transzendenz zu machen und auszudrücken. Sie öffnet damit das theoretische Verständnis von Religion ganz explizit für die Dimension im Alltag gelebter Religion. Die Studie von Robert A. Orsi zum Madonnenkult im italienischen Harlem in New York (Orsi 2010 [1985]) ist eine der ersten umfangreichen Untersuchungen zu gelebter Religion im heutigen Katholizismus und lässt eindrucksvoll die Relevanz der individuellen Interaktion mit und Deutung von Transzendenz erkennen.

> Although they made a distinction between themselves and the sacred, the people never set the two worlds completely apart. They had brought their Madonna with them across the ocean and every year they took her out into the streets where they lived. They would not allow religious officials, in this country or in Italy, to alienate them from the sacred. (Orsi 2010, 227).

In eine ähnliche Richtung zielt der Ansatz der *vernacular religion*, wie er von Marion Bowman und Ülo Valk (2014) ausgeführt wird. Die Beiträge ihres Sammelbands zeigen anhand unterschiedlicher Fallstudien die Wirkmächtigkeit und Bedeutung alltäglicher religiöser Handlungen und Vorstellungen für ein umfassendes Verständnis von Religion auf.

In der Religionswissenschaft sind seit Ende der 1990er Jahre vermehrt Forschungen entstanden, die sich systematisch und differenziert auf religiöse Gegenwartskultur richten und gelebte Religion in ihren disparaten Facetten und in ihren alltagsreligiösen Vorstellungen und Praktiken einbeziehen, um zeitgenössische (und auch historische) Religionen differenziert erschließen und verstehen zu können. Dabei kamen und kommen auch die Rollen von Frauen und das Verhältnis von Geschlecht und Religion ganz explizit in den Blick (Heller 1999; Franke 2002; Klinkhammer 2003) und werden Methoden der qualitativen empirischen Religionsforschung zu einem wichtigen methodischen Handwerkszeug (Franke, Matthiae und Sommer 2002).[2] Religionswissenschaftliche Forschung, die nicht pauschalisierenden oder dominanten Vorannahmen folgt, sollte Formen vernakulärer, gelebter Religion grundsätzlich einbeziehen und damit Facetten religiöser Vorstellungen und Praxis aufzeigen, die das religiöse Leben von Frauen berücksichtigen und darüber hinaus all jene einbeziehen, die sich jenseits normativer Geschlechterrollen und -ordnungen bewegen (Boisvert und Johnson 2012).

## Literatur

Antes, Peter, Armin W. Geertz und Randi Ruth Warne, Hg. 2004. *New Approaches to the Study of Religion* 1. Berlin; New York/NY: De Gruyter.
Ammerman, Nancy T., Hg. 2007. *Everyday Religion. Observing Modern Religious Lives.* Oxford u. a.: Oxford University Press.
Asad, Talal. 2003. *Formations of the Secular. Christianity, Islam, Modernity.* Stanford/CA: Stanford University Press.
Auga, Ulrike E. 2022. „Religion und Geschlecht als diskursive, intersektionale, performative Kategorien der Wissensproduktion. Zum epistemischen Bruch von Religionskonzepten unter postsäkularen Bedingungen." In *Paragrana* 31, 117–131.
Bambang, Muryanto. 2014. „Transgender Islamic School Reopened." In *The Jakarta Post* 21.04.2014. https://www.thejakartapost.com/news/2014/04/21/transgender-islamic-school-reopened.html [21.02.2023].
Baumgartinger, Persson Perry. 2017. *Trans Studies. Historische, begriffliche und aktivistische Aspekte.* Wien: Zaglossus.
Bieler, Andrea, Christine Gerber, Silke Petersen und Angela Standhartinger, Hg. 2015. *Weniger ist mehr. Askese und Religion von der Antike bis zur Gegenwart.* Leipzig: Evangelische Verlagsanstalt.
Bochinger, Christoph, Martin Engelbrecht und Winfried Gebhardt. 2009. *Die unsichtbare Religion in der sichtbaren Religion. Formen spiritueller Orientierung in der religiösen Gegenwartskultur.* Stuttgart u. a.: Kohlhammer Verlag.
Boisvert, Donald und Jay E. Johnson, Hg. 2011. *Queer Religion. Homosexuality in Modern Religious History.* 2 Bde. Santa Barbara/CA: ABC-CLIO.
Bowman, Marion und Ülo Valk, Hg. 2014. *Vernacular Religion in Everyday Life. Expressions of Belief.* London; New York/NY: Routledge.
Bräunlein, Peter J. 2017. „Die materielle Seite des Religiösen. Perspektiven der Religionswissenschaft und Ethnologie." In *Architekturen und Artefakte. Zur Materialität des Religiösen*, hg. v. Uta Karstein und Thomas Schmidt-Lux, 25–48. Wiesbaden: Springer Fachmedien.

---

**2** Es darf jedoch nicht außer Acht gelassen werden, dass die Integration eines genderkritischen Blicks auch in der historisch-philologischen Forschung zu Veränderungen geführt hat: So zeigen beispielsweise Studien zur religiösen Autorität von Frauen im frühen Islam (Decker 2012) oder zu biblischen Frauen in der jüdischen und christlichen Tradition (Tal 2014) die lange unterschätzte/ignorierte religionshistorische Relevanz von Frauen auf.

Boyarin, Daniel. 1997. *Unheroic Conduct. The Rise of Heterosexuality and the Invention of the Jewish Man.* Berkeley/CA: University of California Press.

Brintnall, Kent L. 2013. „Queer Studies and Religion." *Critical Research on Religion* 1, 51–61. DOI: 10.1177/2050303213476111 [21.02.2023].

Brunotte, Ulrike. 2008. „Jane Ellen Harrison (1850–1928)." In *Handbuch Gender und Religion*, hg. v. Katharina Höpflinger, Ann Jeffers und Daria Pezzoli-Olgiati, 69–78. Göttingen: Vandenhoek & Ruprecht.

Burkert, Walter. 2013 [1972]. *Homo necans. Interpretationen altgriechischer Opferriten und Mythen.* 2. Aufl. Berlin; Boston/MA: De Gruyter.

Burschel, Peter und Christoph Marx, Hg. 2011. *Reinheit.* Wien u.a.: Böhlau.

Butler, Judith. 1990. *Gender Trouble. Feminism and the Subversion of Identity.* New York/NY; London: Routledge.

Butler, Judith. 1993. *Bodies That Matter. On the Discursive Limits of „Sex".* New York/NY; London: Routledge.

Clague, Julia. 2005. „Women's Studies in Religion." *On Encyclopedia of Religion* 14, hg. v. Lindsay Jones, 9785–9796. 2. Aufl. Detroit/MI: Macmillan Reference USA. An Imprint of Thomson Gale.

Connell, Raewyn. 2021. *Gender. In World Perspective.* 4. Aufl. Cambridge/UK; Medford/MA: Polity.

Cooper, Travis Warren. 2019. „Objectivity Discourse, the Protestant Secular, and the Decolonization of Religious Studies." In *Method & Theory in the Study of Religion* 4–5, 376–415.

Conolly, Peter, Hg. 1999. *Approaches to the Study of Religion.* London; New York/NY: Cassell.

Crenshaw, Kimberlé. 1989. „Demarginalizing the Intersection of Race and Sex. A Black Feminist Critique of Antidiscrimination Doctrine, Feminist Theory and Antiracist Politics." In *University of Chicago Legal Forum*, 139–168.

Decker, Doris. 2012. *Frauen als Trägerinnen religiösen Wissens. Konzeptionen von Frauenbildern in frühislamischen Überlieferungen bis zum 9. Jahrhundert.* Stuttgart u.a.: Kohlhammer Verlag.

Degele, Nina. 2019. „Intersektionalität. Perspektiven der Geschlechterforschung." In *Handbuch Interdisziplinäre Geschlechterforschung. Geschlecht und Gesellschaft*, hg. v. Beate Kortendiek, Birgit Riegraf und Katja Sabisch, 341–348. Wiesbaden: Springer VS.

Douglas, Mary. 1988. *Reinheit und Gefährdung. Eine Studie zu Verunreinigung und Tabu* (= *Purity and Danger*, 1966). Frankfurt/M.: Suhrkamp.

Edgell, Penny. 2012. „A Cultural Sociology of Religion. New Directions." In *Annual Review of Sociology* 38, 247–265.

Eliade, Mircea. 1990 [1957]. *Das Heilige und das Profane. Vom Wesen des Religiösen.* Frankfurt/M.: Suhrkamp.

Eliade, Mircea. 2017 [1965]. *Rites and Symbols of Initiation. The Mysteries of Birth and Rebirth.* 3. überarb. Aufl. Thompson/CN: Spring Publications.

Franke, Edith. 2002. *Die Göttin neben dem Kreuz. Zur Entwicklung und Bedeutung weiblicher Gottesvorstellungen bei kirchlich-christlich und feministisch geprägten Frauen.* Marburg: Diagonal-Verlag.

Franke, Edith und Verena Maske. 2012. „Religionen, Religionswissenschaft und die Kategorie Geschlecht/Gender." In *Religionswissenschaft*, hg. v. Michael Stausberg, 125–139. Berlin; Boston/MA: De Gruyter.

Franke, Edith, Gisela Matthiae und Regina Sommer. 2002. *Frauen Leben Religion. Ein Handbuch empirischer Forschungsmethoden.* Stuttgart u.a.: Kohlhammer.

Freiberger, Oliver. 2009. *Der Askesediskurs in der Religionsgeschichte. Eine vergleichende Untersuchung brahmanischer und frühchristlicher Texte.* Wiesbaden: Harrassowitz.

Freiberger, Oliver. 2011. „Der Vergleich als Methode und konstitutiver Ansatz der Religionswissenschaft." In *Religionen erforschen. Kulturwissenschaftliche Methoden in der Religionswissenschaft*, hg. v. Stefan Kurth und Karsten Lehmann, 199–218. Wiesbaden: VS Verlag für Sozialwissenschaften.

Flood, Gavin. 1999. *Beyond Phenomenology. Rethinking the Study of Religion.* London: Bloomsbury Publishing.

Gemzöe, Lena, Marja-Liisa Keinänen und Avril Maddrell, Hg. 2016. *Contemporary Encounters in Gender and Religion. European Perspectives.* Cham: Palgrave Macmillan.

Gerster, Daniel und Michael Krüggeler, Hg. 2018. *God's Own Gender? Masculinities in World Religions.* Religion in der Gesellschaft 44. Baden-Baden: Ergon Verlag.

Glockzin-Bever, Sigrid und Martin Kraatz, Hg. 2003. *Am Kreuz – Eine Frau. Anfänge – Abhängigkeiten – Aktualisierungen.* Ästhetik – Theologie – Liturgik. Münster: LIT Verlag.

Grieser, Alexandra K. und Jay Johnston. 2019. „What Is an *Aesthetics of Religion?* From Senses to Meaning – and Back Again." In *Aesthetics of Religion. A Connective Concept*, hg. v. Alexandra K. Grieser und Jay Johnston, 1–19. Berlin; Boston/MA: De Gruyter.

Gross, Rita M. 1977. „Androcentrism and Ayndrogyny in the Methodology of History of Religions." In *Beyond Androcentrism*, hg. v. Rita M. Gross, 7–19. Aids for the Study of Religion 6. Missoula/MT: Scholars Press.

Gross, Rita. 1994. „Studying Women and Religion: Conclusions Twenty-Five Years Later." In *Today's Woman in World Religions*, hg. v. Arvind Sharma, 327–361. Albany/NY: SUNY Press.

Gross, Rita M. 1996. *Feminism and Religion. An Introduction.* Boston: Beacon Press.

Grünhagen, Céline. 2013. *Geschlechterpluralismus im Buddhismus. Zur Tragweite westlicher Wissenschaftskonstruktionen am Beispiel frühbuddhistischer Positionen und des Wandels in Thailand.* Wiesbaden: Harrassowitz.

Haefele-Thomas, Ardel und Thatcher Combs. 2019. *Introduction to Transgender Studies.* New York/NY: Harrington Park Press.

Hagemann-White, Carol. 1984. *Sozialisation: männlich – weiblich.* Opladen: Leske + Budrich.

Haraway, Donna. 1991. *Simians, Cyborgs, and Women. The Reinvention of Nature.* London: Free Association Books.

Harding, Sandra. 1991. *Feministische Wissenschaftstheorie. Zum Verhältnis von Wissenschaft und sozialem Geschlecht* (= *The Science Question in Feminism*, 1986). 2. Aufl. Hamburg: Argument-Verlag.

Hawthorne, Sîan. 2005. „Gender and Religion. History of the Study." In *Encyclopedia of Religion* 5, hg. v. Lindsay Jones, 3310–3318. 2. Aufl. Detroit/MI: Macmillan Reference USA. An Imprint of Thomson Gale.

Hawthorne, Sîan. 2009. „Religion and Gender." In *The Oxford Handbook of the Sociology of Religion*, hg. v. Peter Clarke, 134–151. Oxford: Blackwell Publishing.

Heiler, Friedrich. 1977. *Die Frau in den Religionen der Menschheit.* Theologische Bibliothek Töpelmann 33. Berlin; New York/NY: De Gruyter.

Heller, Birgit. 1999. *Heilige Mutter und Gottesbraut. Frauenemanzipation im modernen Hinduismus.* Reihe Frauenforschung 39. Wien: Milena Verlag.

Herrmann-Pfandt, Adelheid. 1999. „Die Therīgāthā. Selbstzeugnisse erleuchteter Frauen aus frühbuddhistischer Zeit." In *Journal of Religious Culture/ Journal für Religionskultur* 27, 1–28.

Hoek, Stefan van der, Hg. 2023. *Intersektionalität. 75. Ergänzungslieferung. Handbuch der Religionen. Kirchen und andere Glaubensgemeinschaften in Deutschland und im deutschsprachigen Raum.* Loseblattwerk, Hohenwarsleben: Westarp Science – Fachverlage.

Höpflinger, Anna-Katharina, Ann Jeffers und Daria Pezzoli-Olgiati, Hg. 2021. *Handbuch Gender und Religion*. 2. überarb. und erw. Aufl. Göttingen: Vandenhoek & Ruprecht.

Houtman, Dick und Birgit Meyer, Hg. 2012. *Things. Religion and the Question of Materiality*. New York/NY: Fordham University Press.

Ilan, Tal. 2014. „Biblische Frauen in Schrift und Tradition in jüdischer Perspektive." In *Geschlechtergerechtigkeit. Herausforderung der Religionen*, hg. v. Christoph Elsas, Edith Franke und Angela Standhartinger, 143–156. Berlin: EB Verlag.

Ismoyo, Petsy und Amar Alfikar. 2022. „'The Long and Winding Road.' Weaving Narrative of Queer Muslims in Indonesia." In *Gender, Intersectionality, and Diasporic Communities*, hg. v. IK Ardhana u. a., 705–735. Denpasar: UNHI Press. http://repo.unhi.ac.id/bitstream/123456789/2154/24/women.pdf [15.03.2023].

Jelinek-Menke, Ramona. 2023. „Von Gender zu Disability. Eine religionswissenschaftliche Perspektive auf Behinderung." In *Religion und Gender, Konzepte – Erfahrungen – Medien,* hg. v. Silke Martin, Isabella Schwaderer und Katharina Waldner, 113–135. Bielefeld: transcript Verlag.

Jobani, Yuval und Nahshon Perez. 2017. *Women of the Wall. Navigating Religion in Sacred Sites*. New York/NY: Oxford University Press.

Johnson, Matt. 2010. „Transgender Subject Access. History and Current Practice." In *Cataloging & Classification Quarterly* 48, 661–683.

Jones, Constance A. 2002. „Feminist Research in the Sociology of Religion." In *Methodology in Religious Studies. The Interface with Women's Studies*, hg. v. Arvind Sharma, 67–96. Albany/NY: SUNY Press.

Joy, Morny. 2000. „Beyond a God's Eyeview. Alternative Perspectives in the Study of Religion." In *Method & Theory in the Study of Religion* 12, 110–140.

Joy, Morny. 2001. „Postcolonial Reflections. Challenges for Religious Studies." In *Method & Theory in the Study of Religion* 13, 177–195.

Joy, Morny. 2005. Postcolonial and Gendered Reflections. Challenges for Religious Studies." In *Gender, Religion and Diversity. Cross-Cultural Perspectives*, hg. v. Ursula King und Tina Beattie, 28–39. London: Continuum.

Juschka, Darlene M., Hg. 2001. *Feminism in the Study of Religion. Controversies in the Study of Religion*. London: Continuum.

King, E. Frances. 2010. *Material Religion and Popular Culture*. New York/NY u. a.: Routledge.

King, Ursula. 1990a. „Religion and Gender." In *Turning Points in Religious Studies. Essays in Honour of Geoffrey Parrinder*, hg. v. Ursula King, 275–286. Edinburgh: T&T Clark.

King, Ursula. 1990b. „Women Scholars and the Encyclopedia of Religion." In *Method & Theory in the Study of Religion* 2, 91–97.

King, Ursula. 1993. *Women and Spirituality: Voices of Protest and Promise*. 2. Aufl. Basingstoke/Hampshire u. a.: Macmillan Education.

King, Ursula. 1994. „Voices of Protest and Promise. Women's Studies in Religion, the Impact of the Feminist Critique on the Study of Religion." In *Studies in Religion/Sciences Religieuses* 23, 315–329.

King, Ursula. 1995. „Introduction: Gender and the Study of Religion." In *Religion and Gender*, hg. v. Ursula King, 1–40. Oxford: Blackwell.

King, Ursula. 2005. Gender and Religion. An Overview. In *Encyclopedia of Religion* 5, hg. v. Lindsay Jones, 3296–3310. 2. Aufl. Detroit/MI: Macmillan Reference USA. An Imprint of Thomson Gale.

King, Ursula. 2021. „Gender-kritische (Ver-) Wandlungen in der Religionswissenschaft." In *Handbuch Gender und Religion*, hg. v. Anna-Katharina Höpflinger, Ann Jeffers und Daria Pezzoli-Olgiati, 41–52. 2. überarb. und erw. Aufl. Göttingen: Vandenhoeck & Ruprecht.

King, Ursula und Tina Beattie, Hg. 2005. *Gender, Religion and Diversity. Cross-Cultural Perspectives.* London; New York/NY: Continuum.

Kinsley, David. 2002. „Women's Studies in the History of Religions." In *Methodology in Religious Studies. The Interface With Women's Studies*, hg. v. Arvind Sharma, 1–15. Albany/NY: SUNY Press.

Klein-Hessling, Ruth, Sigrid Nökel und Karin Werner, Hg. 1999. *Der neue Islam der Frauen. Weibliche Lebenspraxis in der globalisierten Moderne. Fallstudien aus Afrika, Asien und Europa.* Bielefeld: transcript Verlag.

Klinkhammer, Gritt. 2003. *Moderne Formen islamischer Lebensführung. Musliminnen der zweiten Generation in Deutschland.* Marburg: Diagonal Verlag.

Knoblauch, Hubert. 2003. *Qualitative Religionsforschung. Religionsgeographie in der eigenen Gesellschaft.* Paderborn u. a.: Schöningh.

Koch, Anne, Hg. 2007. *Watchtower Religionswissenschaft. Standortbestimmungen im wissenschaftlichen Feld.* Marburg: Diagonal Verlag.

Koch, Anne und Katharina Wilkens, Hg. 2020. *The Bloomsbury Handbook of the Cultural and Cognitive Aesthetics of Religion.* London; New York/NY: Bloomsbury Academic.

Körber, Sigurd. 1976. „Bedingtheit und Distanzbemühen. Zur anthropologischen Situation des Religionswissenschaftlers." In *Der Religionswandel unserer Zeit im Spiegel der Religionswissenschaft*, hg. v. Gunter Stephenson, 293–308. Darmstadt: Wissenschaftliche Buchgesellschaft.

Kollmar-Paulenz, Karénina. 2013. „Lamas und Schamanen. Mongolische Wissensordnungen vom frühen 17. bis zum 21. Jahrhundert. Ein Beitrag zur Debatte um aussereuropäische Religionsbegriffe." In *Religion in Asien? Studien zur Anwendbarkeit des Religionsbegriffs*, hg. v. Max Deeg, Christoph Kleine, Astrid van Nahl, Oliver Freiberger und Peter Schalk, 151–200. Acta Universitas Upsaliensis. Historia Religionum 32. Uppsala: Uppsala Universitet.

Krondorfer, Björn. 2009. *Men and Masculinities in Christianity and Judaism. A Critical Reader.* London: SCM Press.

Krondorfer, Björn und Stephen Hunt. 2012. „Introduction: Religion and Masculinities – Continuities and Change." In *Religion and Gender* 2, 194–206.

Kupari, Helena. 2020. „Lived Religion and the Religious Field." In *Journal of Contemporary Religion* 35, 213–230.

Kvam, Kristen E., Linda S. Schearing und Valarie H. Ziegler. 1999. *Eve and Adam. Jewish, Christian, and Muslim Readings on Genesis and Gender.* Bloomington/IN: Indiana University Press.

Liebsch, Katharina. 2003. „Religion und Geschlechterverhältnis. Zur Ordnungsfunktion religiöser Symbolisierungen des Geschlechterverhältnisses." In *Politik und Religion*, hg. v. Michael Minkenberg und Ulrich Willems, 68–87. Wiesbaden: Westdeutscher Verlag.

Mädler, Inken. 2006. *Transfigurationen. Materielle Kultur in praktisch-theologischer Perspektive.* Gütersloh: Gütersloher Verlagshaus.

Martin, Silke, Isabella Schwaderer und Katharina Waldner. 2023. *Religion und Gender. Konzepte – Erfahrungen – Medien.* Bielefeld: transcript Verlag.

Masuzawa, Tomoko. 2005. *The Invention of World Religions. Or, How European Universalism Was Preserved in the Language of Pluralism.* Chikago/IL; London: University of Chicago Press.

McGuire, Meredith B. 2008. *Lived Religion. Faith and Practice in Everyday Life.* Oxford; New York/NY: Oxford University Press.

Meyer, Birgit, David Morgan, Crispin Paine und Brent Plate. 2010. „The Origin and Mission of Material Religion." In *Religion* 40, 207–211.

Meyer, Johann Jakob. 1915. *Das Weib im altindischen Epos. Ein Beitrag zur indischen und vergleichenden Kulturgeschichte.* Leipzig: Heims.

Mikaelsson, Lisbeth. 2018. „Religion." In *The Oxford Handbook of Feminist Theory*, hg. v. Lisa Disch und Mary Hawkesworth, 761–780. New York/NY: Oxford University Press.
O'Connor, June. 1995. „The Epistemological Significance of Feminist Research in Religion." In *Religion and Gender*, hg. v. Ursula King, 45–64. Oxford: Blackwell.
Orsi, Robert A. 2010 [1985]. *The Madonna of 115th Street. Faith and Community in Italian Harlem, 1880–1950*. 3. Aufl. New Haven/CT; London: Yale University Press.
Ouzgane, Lahoucine, Hg. 2006. *Islamic Masculinities*. London: Zed Books.
Pahnke, Donate, Hg. 1993. *Blickwechsel. Frauen in Religion und Wissenschaft*. Marburg: Diagonal Verlag.
Pintchman, Tracy, Hg. 2007. *Women's Lives, Women's Rituals in the Hindu tradition*. Oxford; New York/NY: Oxford University Press.
Radermacher, Martin. 2014. „Volksfrömmigkeit im Gewand moderner Esoterik? Problematisierung volkskundlicher und religionswissenschaftlicher Begriffsfelder." In *Religiosität und Spiritualität. Fragen, Kompetenzen, Ergebnisse*, hg. v. Anja Schöne und Helmut Groschwitz, 387–403. Münster u. a.: Waxmann Verlag.
Rendtorff, Barbara. 2011. „Stichworte und Begriffe aus der Geschlechterforschung." In *Geschlechterforschung. Theorien, Thesen, Themen zur Einführung*, hg. v. Barbara Rendtorff, Claudia Mahs und Verena Wecker, 220–233. Stuttgart: Kohlhammer.
Rüsen, Jörn. 1988. „'Schöne Parteilichkeit.' Feminismus und Objektivität in der Geschichtswissenschaft." In *Weiblichkeit in geschichtlicher Perspektive. Fallstudien und Reflexionen zu Grundproblemen der historischen Frauenforschung*, hg. v. Ursula A. J. Becher und Jörn Rüsen, 517–542. Frankfurt/M.: Suhrkamp Verlag.
Saiving, Valerie. 1976. „Androcentrism in Religious Studies." In *The Journal of Religion* 56, 177–197.
Schlieter, Jens. 2012. „Religion, Religionswissenschaft und Normativität." In *Religionswissenschaft*, hg. v. Michael Stausberg, 227–240. Berlin; Boston/MA: De Gruyter.
Seedat, Fatima. 2013. „Islam, Feminism, and Islamic Feminism. Between Inadequacy and Inevitability." In *Journal of Feminist Studies in Religion* 29, 25–45.
Sered, Susan Starr. 1994. *Priestess, Mother, Sacred Sister. Religions Dominated by Women*. New York/NY; Oxford: Oxford University Press.
Shitrit, Lihi Ben. 2020. *Women and the Holy City. The Struggle Over Jerusalem's Sacred Space*. New York/NY: Cambridge University Press.
Sigusch, Volkmar. 2013. *Sexualitäten. Eine kritische Theorie in 99 Fragmenten*. Frankfurt/M.: Campus-Verlag.
Sirri, Lana. 2020. *Islamic Feminism. Discourses on Gender and Sexuality in Contemporary Islam*. London; New York/NY: Routledge.
Stausberg, Michael. 2012. „Religion. Begriff, Definitionen, Theorien." In *Religionswissenschaft*, hg. v. Michael Stausberg, 33–48. De Gruyter Studium. Berlin; Boston: De Gruyter.
Stolz, Fritz. 1989. „Feministische Religiosität – Feministische Theologie. Religionswissenschaftliche Perspektiven." In *Zeitschrift für Theologie und Kirche* 86, 477–516.
Stryker, Susan. 2017. *Transgender History. The Roots of Today's Revolution*. 2. Aufl. Berkeley/CA: Seal Press.
Taylor, Mark C., Hg. 1998. *Critical Terms for Religious Studies*. Chicago/IL; London: The University of Chicago Press.
Thompson, Paul. 1978. *The Voice of the Past. Oral History*. London: Oxford University Press.
Volp, Ulrich. 2006. *Die Würde des Menschen. Ein Beitrag zur Anthropologie in der Alten Kirche*. Supplements to Vigiliae Christianae 81. Leiden; Boston/MA: Brill.

Waal, Frans de. 2022. *Der Unterschied. Was wir von Primaten über Gender lernen können*. Stuttgart: Klett-Cota.
Waldau, Paul und Kimberley Patton, Hg. 2006. *A Communion of Subjects. Animals in Religion, Science, and Ethics*. New York/NY: Columbia University Press.
Warne, Randi. 2000a. „Making the Gender-Critical Turn." In *Secular Theories on Religion. Current Perspectives*, hg. v. Tim Jensen und M. Rothstein, 249–260. Copenhagen: Museum Tusculanum Press.
Warne, Randi. 2000b. „Gender." In *Guide to the Study of Religion*, hg. v. Willi Braun und Russell T. McCutcheon, 140–154. London; New York/NY: Cassell.
Weber, Max. 2016 [1904–05]. *Die protestantische Ethik und der „Geist" des Kapitalismus*, hg. v. Klaus Lichtblau und Johannes Weiß. Wiesbaden: Springer VS.
Wilcox, Melissa M. 2006. „Outlaws or In-Laws? Queer Theory, LGBT Studies, and Religious Studies." In *Journal of Homosexuality* 52, 73–100. DOI: 10.1300/J082v52n01_04 [21.02.2023].
Wilcox, Melissa M. 2021. *Queer Religiosities. An Introduction to Queer and Transgender Studies in Religion*. Lanham/MD u. a.: Rowman & Littlefield.
Woodhead, Linda. 2017. „Wie der Feminismus die Religionsforschung revolutioniert hat." In *Religion und Geschlechterordnungen*, hg. v. Kornelia Sammet, Friederike Benthaus-Apel und Christel Gärtner, 37–48. Wiesbaden: Springer VS.
Woodhead, Linda. 2018. *Geschlecht, Macht und religiöser Wandel in westlichen Gesellschaften*. Blumenberg-Vorlesungen 2. Freiburg/B. u. a.: Herder.

# Internetquellen

https://ditpdpontren.kemenag.go.id/artikel/pembinaan-santri-waria-di-pesantren-al-fatah-yogyakarta [21.02.2023]. (Webseite des indonesischen Religionsministeriums).
https://www.iahrweb.org/wsn [16.03.2023]. (Webseite der International Association for the History of Religions/IAHR).
https://womenofthewall.org.il [16.03.2023]. (Webseite der Initiative Women of the Wall).

Teil II **Revision der Religionsgeschichte aus Geschlechterperspektive**

Elyze Zomer
# II.1 Altorientalische Religion

## 1 Geschlecht und Sexualität im Alten Orient

Das Thema Geschlecht im Alten Orient ist fließender, als es auf den ersten Blick erscheint. In den Textquellen finden sich Belege für soziale Gruppen, deren Geschlechtsidentität außerhalb einer weiblich-männlichen Binarität gelegen zu haben scheint, obwohl geschlechtsspezifische Identitäten, Berufe, sozialer Status, Sexualität und religiöse Rolle heftig diskutiert wurden.[1]

### Männliches Geschlecht

Der Topos der Gleichsetzung von Männlichkeit mit kriegerischen Qualitäten und kriegerischen Fähigkeiten ist im gesamten Alten Orient weit verbreitet. Ein Mann zu sein hieß, auf dem Schlachtfeld erfolgreich zu sein, und vor allem, das Leben auf dem Feldzug dem Zuhausebleiben vorzuziehen. Es gibt relativ wenig expliziten Diskurs über Männlichkeit als solche in Mesopotamien, weder im Sinne von geschlechts- noch von altersgerechtem Verhalten.[2] Vielleicht liegt es daran, dass die patriarchalischen Normen so gut definiert und verankert waren, dass explizite Aussagen unnötig waren. Die Definition von Maskulinität wird erst deutlich gemacht, wenn sie implizit oder explizit in Frage gestellt wird (Cooper 2017; Konstantopoulos 2020). Ein gutes Beispiel findet sich in einem Brief vom Großkönig Šamši-Addu an seinen Sohn Yasmaḫ-Addu:

> Bist du ein Kind, bist du nicht ein Erwachsener? Hast du keine Haare auf der Backe? Wie lange schaffst du es nicht, deinen Haushalt zu führen? Siehst du nicht deinen Bruder, der riesige Armeen verwaltet? So solltest du deinen Palast und deinen Haushalt verwalten![3]

---

1 Zuletzt Helle 2018 mit bisheriger Literatur.
2 Ein einzigartiger literarisch-religiöser Text aus Sicht der Göttin Ištar, der uns von Kinderspielen in Babylon erzählt, macht eine klare geschlechtsspezifische Differenzierung. Die Spiele der Jungen haben einen besonderen Schwerpunkt auf Wettbewerb und körperlicher Kraft (z.B. Ringkampf, Athletik, Akrobatik), während die der Mädchen eher im Haushaltsbereich und auf der imaginären Ebene sind (Zomer 2019, 49–57).
3 *Correspondance de Šamši-Addu et ses fils.* 108, 6–10, transkribiert und übers. v. Dossin 1950, 182 [dt. Übers. v. d. Autorin].

Sexuelle Leistung und sexuelle Aggression sind in den textlichen Quellen nie Bestandteil der mesopotamischen Maskulinität. Weder männliche Gottheiten noch Könige werden für ihre sexuellen Leistungen gepriesen. Beispiele für Vergewaltigungen enden immer schlecht für den Vergewaltiger. Männer im Alten Orient waren sehr patriarchalisch, aber nicht phallozentrisch (Cooper 2017, 120).

**Weibliches Geschlecht**

Die ideale Frau wurde ausschließlich von einer männlichen Schreiberelite in Schultexten definiert. Hier gehörten zu den am höchsten geschätzten Eigenschaften der Frauen insbesondere Bescheidenheit und Mäßigung. Von den Ehefrauen wurde erwartet, dass sie ihre Männer im Bett befriedigen und Kinder gebären, wobei der Geschlechtsverkehr keineswegs auf seine reproduktive Funktion reduziert wurde (Matuszak 2018, 260–264).

Ursprünglich trugen Frauen den Schleier nur bei einer Hochzeitszeremonie, aber später wurde er zur normalen Kleidung für eine verheiratete Frau. Der Schleier war also in erster Linie ein ‚Symbol des Anstands'. Von sekundärer Bedeutung ist die Tatsache, dass der Schleier ihr einen sozialen Status verleiht, ihre Keuschheit markiert und zusätzlich ihre Schönheit suggeriert (Stol 2016, 22–28). Literarische Texte beschreiben ausführlich die Juwelen und Ringe der Göttinnen und Frauen. Schmuck zeigte hier Reichtum und Opulenz, aber auch Schönheit und Attraktivität.

## 2 Geschlechtsidentität und die Göttin Inana/Ištar

Einer der auffälligsten Aspekte im Alten Orient ist die Anzahl verschiedener Bezeichnungen, die offensichtlich nicht-binäre Identitäten bezeichnen. In literarischen Texten ist es Inana/Ištar, Göttin der Liebe und des Krieges, die in der Lage ist, das Geschlecht von Männern und Frauen zu verändern. Die ambivalente Figur der Göttin Ištar, die als weiblich und männlich zugleich wahrgenommen wurde, gleichzeitig erotisch und kriegerisch, erzeugte die geschlechtliche Ambiguität ihrer männlichen Diener, insbesondere geht es hier um *assinnu* und *kurgarrû*, die beide im lexikalischen Kontext von Transvestiten und Prostituierten erwähnt werden (Peled 2016, 155–164).[4] Im *Erra-Epos* wird explizit über die *assinnu* und *kurgarrû*-Diener gesagt, dass „Ištar deren Männlichkeit weiblich machte für die Ehrfurcht der

---

4 Für weitere Berufe mit geschlechtlicher Ambiguität siehe Peled 2016, 203–278.

Menschen" (Cagni 1969, 110 IV: 56–58). Die Öffentlichkeit der geschlechtlichen Ambiguität von *assinnu* und *kurgarrû* zeigte sich denn auch in der kultischen Aufführung (Peled 2018, 56–58).

Es gibt einen augenscheinlichen Zusammenhang zwischen Homosexualität und geschlechtlicher Ambiguität. Der *assinnu* ist häufig als passiver Homosexueller beschrieben und bis vor Kurzem wurde argumentiert, dass der *kurgarrû* im kultischen Kontext möglicherweise als aktiver Homosexueller anzunehmen ist (Peled 2018, 61).

Homosexuelle Interaktion ist im Alten Orient kein häufiges Thema, wird aber auch nicht völlig verschwiegen. Die sogenannten Sex-Omina deuten Geschlechtsverkehr mit einem anderen Mann als Dominanz und Machtgewinn (Guinan 1997, 469). Diese Omina befassen sich aber nicht mit Moral und definieren nicht, welches Verhalten akzeptabel ist; sie befassen sich vielmehr mit einzelnen, eher unwahrscheinlichen Fällen, in denen das Verhalten eines Mannes die Grenzen der gesellschaftlich bedingten Normen überschreitet (Nissinen 2010, 75). Die mittelassyrischen Gesetztexte des späten zweiten Jahrtausends v. chr. Z. kriminalisieren nicht die homosexuelle Interaktion an sich, sondern vielmehr die Verwendung eines anderen Mannes als passiven sexuellen Partner (Cooper 2002, 84).

Die offensichtliche Überschreitung der konventionellen sexuellen Rollen im Kult von Ištar konnte man rechtfertigen. Da die Diener weder Männer noch Frauen waren, wurde von ihnen nicht erwartet, dass sie sich der dominanten und aktiven sexuellen Rolle eines Mannes anpassten. Damit ahmten sie gleichzeitig Ištars eigene Liminalität und ihre Macht nach, sexuelle Grenzen zu überschreiten (Nissinen 2010, 76).

# 3 Priesterinnen und weibliche Kultpraxis im Alltag

## Priesterinnen

Das religiöse Leben und Denken von Frauen im Alten Orient ist relativ gut dokumentiert, vor allem von Frauen, die beruflich im Kult tätig waren. Es gab eine große Vielfalt an Priesterinnen. Häufig wurden sie als „Gattin der Gottheit" bezeichnet und wohnten in einem speziellen Gebäude. Interessanterweise gab es niemals männliche Priester, die analog Gatten einer Göttin genannt wurden.

Im dritten Jahrtausend v. chr. Z. war es die Tochter des Königs, die als Hohepriesterin (*entu*) eingesetzt war. Ein berühmtes Beispiel ist Enḫeduanna, die Tochter von Sargon von Akkade. Sie führte Reinigungsrituale durch, brachte in bestimmten

Monaten Opfer, sang fröhliche Lieder, teilte ein Bett mit dem Mondgott, kümmerte sich um den Tempel und komponierte Gedichte. Auffällig ist, dass sie eine sehr gehobene Sprache verwendet und mehrmals in der ersten Person schreibt. Ein wichtiges Werk ist eine Reihe von Hymnen für 42 Tempel in Sumer, welche als Darstellung einer Art systematischen Theologie gesehen werden kann. Am Ende der Tempelhymnen behauptet sie, dass das, was sie geschrieben habe, niemand zuvor geschrieben habe (Stol 2016, 564–566).

Im zweiten Jahrtausend v. chr. Z. finden wir eine Fülle weiterer Frauen in Babylonien, die sich der Religion widmen. Am auffälligsten sind diejenigen, die als Gruppe in separaten Gebäude lebten, jede in ihrem eigenen Haus. Eine solche Frau wurde im Sumerischen *lukur*, im Akkadischen *nadītu* genannt. In Sippar galten solche Priesterinnen als mit dem Sonnengott Šamaš verheiratet und mussten kinderlos bleiben, wie das Wort *nadītu*, wörtlich „die Brachliegende" nahelegt.[5]

Die Menschen waren bedacht, ihren Grundbesitz innerhalb der Familie zu halten. Das mag ein Grund gewesen sein, warum die Unterbringung unverheirateter Töchter in klosterähnlichen Gemeinschaften (Akkadisch *gagûm*) als Institution entstanden ist. Für reiche Familien war es von großer Bedeutung gewesen, sicherzustellen, dass der Besitz nicht an die Schwiegerfamilie überging. Jeglicher Besitz einer in einer solchen Gemeinschaft lebenden Frau ging an ihre Brüder über, alternativ konnte sie (nur) die Tochter eines ihrer Brüder als Erbin einsetzen.

Diese *nadītu*-Priesterinnen waren sehr häufig finanziell selbständig, kauften Grundstücke, verpachteten Häuser oder Sklaven, Felder und Dattelplantagen und vergaben Silber als Leihgabe. Obwohl Frauen im Regelfall nicht als Zeuginnen auftreten durften, geschah das dennoch innerhalb der klosterähnlichen Gemeinschaften, wenn sie interne Vereinbarungen trafen.

Die Pflichten der Betreuung einer solchen Frau an ihrem Lebensende oblagen in der Regel ihrer Familie und nicht der Gesellschaft. So waren in erster Linie ihre Väter und ihre Brüder bis zu ihrem Tod verantwortlich und gedachten ihr danach. Ein Gebet für die Ahnen zeigt, dass die *nadītu*-Priesterinnen die einzigen Frauen waren, die im Stammbaum erwähnt wurden (Stol 2016, 600).

Andere Priesterinnen konnten heiraten und lebten zu Hause, nicht in separaten Gebäuden. Das Gebären von Kindern war allerdings meistens auch für sie ein Tabu; sie konnten aber entweder ein Baby adoptieren oder eine zweite Frau für

---

[5] Die wichtigste und berühmteste Gruppe der *nadītu*-Priesterinnen waren der Gottheit Šamaš gewidmet. Allerdings ist zu beachten, dass in anderen Städten die *nadītu*-Priesterinnen mit anderen Gottheiten verbunden waren und zusätzlich wichtige regionale Unterschiede darstellten. So durfte zum Beispiel die *nadītu*-Priesterin von Marduk in Babylon einen Mann heiraten. Statt Kinder zu gebären, wählten diese Priesterinnen häufig den Weg der Adoption mit der Absicht, dass sich die adoptierten Kinder im höheren Alter um sie kümmern konnten.

ihren Mann anwerben. Besonders erwähnenswert ist die babylonische *qadištu*-Priesterin, wörtlich „heilige Frau", auf Sumerisch als *nu-gig*, „unantastbar", bezeichnet. Sie war eine unabhängige Frau und verstand keiner Aufsicht. Der Gott, dem sie geweiht war, war der Familiengott, der ihren freien Status garantierte. Auffallend ist, dass sie oft mit der Geburt eines Kindes in Verbindung gebracht wird, wobei sie offenbar als bezahlte Hebamme tätig war; sie konnte aber auch Kinder gegen Bezahlung stillen (Stol 2016, 608–616).

Ob Tempelprostitution im Alten Orient existierte oder nicht, ist immer noch ein viel diskutiertes Thema. Es beruht auf Erzählungen bei Herodot und Lukian, die in griechischer Sprache über Frauen in Babylonien oder Phönizien schreiben, die ihre Dienste in einem Tempel anbieten.[6]

Die bekanntesten und am häufigsten publizierten Abbildungen der Kopulation aus Mesopotamien sind Terrakottaplaketten aus dem frühen zweiten Jahrtausend v. chr. Z. (Abb. 1). Mehrere Tafeln stellen eine nackte Frau dar, die sich beugt, während ein Mann sich ihr von hinten nähert. Manchmal trinkt die Frau durch einen Strohhalm aus einem großen Gefäß. Das Getränk wird gewöhnlich als Bier identifiziert, das die Mesopotamier durch Strohhalme konsumierten, um die Sedimente herauszufiltern. Das Vorhandensein des Biergefäßes und die Frisur der Frau, die normalerweise schulterlang ist und an den Schultern in einer Schlaufe hängt, wurden als Beweis für die Identifizierung der weiblichen Teilnehmerin als Prostituierte gedeutet.[7] Diese besondere Frisur verbindet sich inhärent mit dem akkadischen Wort *kezertu*, wobei die sogenannten *kezertu*-Frauen häufig im Rahmen von sakraler Prostitution erwähnt werden. Interessanterweise wurden sie von wohlhabenden Frauen für ihre Dienste bei Kultpraktiken bezahlt. Diese Tempelprostituierten gehörten zur unteren Schicht der Gesellschaft, werden in mesopotamischen Gesetzen nicht erwähnt und waren vermutlich anders als die *nadītu*- und *qadištu*-Priesterinnen rechtlich nicht geschützt (Stol 2016, 422–425).[8]

---

6 Für einen Überblick über die bisherige Literatur zur Diskussion siehe Stol 2016, 419 Anm. 1.
7 Bahrani 2001, 51–55 mit Bildbeispielen. Kritisch sieht Bahrani die Tatsache, dass viele Frauen in erotischen Positionen im Alten Orient von Forschern manchmal zu schnell als Prostituierte interpretiert werden.
8 Eine Hymne über die ‚heilige Hochzeit' von König Iddin-Dagan und Inana (ca. 1900 v. chr. Z.) enthält eine Zusammenfassung des Kultpersonals der Inana, darunter sind auch Frauen mit einer charakteristischen Frisur, die *šugītu*-Dienerinnen, „junge Mädchen die mit Zopf versehen sind". Im Gegensatz zu den *kezertu*-Frauen sind diese *šugītu*-Dienerinnen ähnlich wie die *nadītu*- und *qadištu*-Priesterinnen im Gesetz geschützt. Für die besondere Funktion der *šugītu* als Zweitfrau neben der *nadītu* als Erstfrau mit der Absicht um Kinder zu gebären siehe Stol 2016, 178–182.

**Abb. 1:** Ein Beispiel für dekorative Einlagen auf Möbeln der assyrischen Elite, die als private Pornografie betrachtet werden können. Bleieinlage aus der Regierungszeit des assyrischen Königs Tukulti-Ninurta I. (1240–1207 v. chr. Z.), Vorderasiatisches Museum Berlin (Foto: Elyze Zomer).

## Frauen und Alltagsreligion

Es bleibt unklar, welche Rolle die einfache Frau in religiösen Praktiken spielte, da alles, was sie tat, als selbstverständlich angesehen wurde. Wir wissen wenig darüber, wie eine Frau ihren Glauben und die Rituale erlebte. Der persönliche Gott einer Frau vor ihrer Hochzeit war der Familiengott ihres Vaters und danach der Familiengott ihres Ehemanns.

In einigen Testamenten legte der Erblasser fest, dass eine Frau verpflichtet war, nach dem Tod des Ehemannes Opfergaben zu bringen. Dieses Ritual wurde zu Hause durchgeführt, da die Verstorbenen in der Regel unter dem Haus begraben wurden. Am Monatsende wurde Wasser durch ein Rohr in die Erde geschüttet, aber es gibt keinen Hinweis darauf, dass dies eine frauenspezifische Aufgabe war (Stol 2016, 628–631).

So wie die verschiedenen Priesterinnen für ihre Familie Fürbitten durchführten, so gibt es auch Hinweise, dass Gebete auch für die einfache Frau zu Hause eine

Pflicht waren. In Briefen wird immer wieder erwähnt, dass der/die Schreibende im Gegenzug für eine gewährte Hilfe Fürbitte zusagt.

Im babylonischen religiösen Denken wurden Frauen als besonders erfolgreich bei der Fürbitte angesehen, das spiegelt sich auch in der Welt der Götter wider. Wenn ein Gott gebeten wurde, bei einem anderen, höher gestellten Gott ein gutes Wort einzulegen, war es oft die Frau des großen Gottes, die intervenierte (Stol 2016, 631–637).

## Literatur

Bahrani, Zainab. 2001. *Women of Babylon.* London; New York/NY: Routledge.

Cagni, Luigi. 1969. *L'epopea di Erra.* Rom: Istituto di Studi del Vicino Oriente.

Cooper, Jerrold. 2002. „Buddies in Babylonia. Gilgamesh, Enkidu, and Mesopotamian Homosexuality." In *Riches Hidden in Secret Places: Ancient Near Eastern Studies in Memory of Thorkild Jacobsen*, hg. v. Tzvi Abusch, 73–85. Winona Lake/IN: Eisenbrauns.

Cooper, Jerrold. 2017. „Female Trouble and Troubled Males. Roiled Seas, Decadent Royals, and Mesopotamian Masculinities in Myth and Practice." In *Being a Man. Negotiating Ancient Constructs of Masculinity*, hg. v. Ilona Zsolnay, 112–124. London; New York/NY: Routledge.

*Correspondance de Šamši-Addu et ses fils.* 1950. Transkribiert und übers. v. Georges Dossin. Archives Royales de Mari I. Paris: Imprimerie Nationale.

Guinan, Anne. 1997. „Auguries of Hegemony. The Sex Omens of Mesopotamia." In *Gender & History* 9, 462–479.

Helle, Sophus. 2018. „'Only in Dress?' Methodological Concerns Regarding Non-Binary Gender." In *Gender and Methodology in the Ancient Near East. Approaches from Assyria and Beyond*, hg. v. Stephanie Lynn Budin, Megan Cifarelli, Agnès Garcia-Ventura und Adelina Millet Albà, 41–54. Barcelona: Universitat de Barcelona Edicions.

Konstantopoulos, Gina. 2020. „My Men Have Become Women, and My Women Men. Gender, Identity, and Cursing in Mesopotamia." In *Die Welt des Orients* 50, 358–375.

Matuszak, Jana. 2018. „Assessing Misogyny in Sumerian Disputations and Diatribes." In *Gender and Methodology in the Ancient Near East. Approaches from Assyria and Beyond*, hg. v. Stephanie Lynn Budin, Megan Cifarelli, Agnès Garcia-Ventura und Adelina Millet Albà, 259–272. Barcelona: Universitat de Barcelona Edicions.

Nissinen, Martti. 2010. „Are There Homosexuals in Mesopotamian Literature?" In *Journal of the American Oriental Society* 130, 73–77.

Peled, Ilan. 2016. *Masculinities and Third Gender. The Origins and Nature of an Institutionalized Gender Otherness in the Ancient Near East.* Münster: Ugarit Verlag.

Peled, Ilan. 2018. „Identifying Gender Ambiguity in Texts and Artifacts." In *Gender and Methodology in the Ancient Near East. Approaches from Assyria and Beyond*, hg. v. Stephanie Lynn Budin, Megan Cifarelli, Agnès Garcia-Ventura und Adelina Millet Albà, 55–64. Barcelona: Universitat de Barcelona Edicions.

Stol, Marten. 2016. *Women in the Ancient Near East.* Berlin u. a.: De Gruyter.

Zomer, Elyze. 2019. *Middle Babylonian Literary Texts from the Frau Professor Hilprecht-Collection, Jena.* Wiesbaden: Harrassowitz Verlag.

Suzanne Onstine
# II.2 Ancient Egyptian Religion

## 1 The Gendered Cosmos

The ancient Egyptian universe was a gendered place; the sky a goddess, the earth a god, sometimes depicted in eternal readiness for sex. The earth god, Geb, is depicted as a man with an erect penis lying on the ground while the sky goddess, Nut, arches over him just out of reach, her fingertips and toes the only part making contact with the earth.[1] The scene is full of the potential for creation and highlights a common Egyptian motif of duality – that the two parts work together to complete each other. This interaction of male and female were at the heart of ideas surrounding fertility and rebirth, which figured prominently in Egyptian religious thought. The cosmos was very literally embodied in terms of human biological realities; the creative power of semen, the role of women as incubators of new life (Roth 2000). This is further seen in beliefs about the sun god's nighttime journey. Each night, the sky goddess Nut swallowed the sun god Ra and then gave birth to him each morning. This process is often depicted in visual metaphors that allude to the emergence of a baby from a mother's body. The recognition of the roles both sexes played in fertility more rarely resulted in expressions of androgyny. In one version of the myth of creation, the cosmos is the result of the god Atum masturbating and then spitting out the first generation of gods. The "hand of the god" is thought to be the feminine element, and the gods were incubated inside his body, bringing together the masculine and feminine elements in one deity. Hapi, the Nile god is also depicted androgynously, as a human male with fleshy pendulous breasts, perhaps to liken the life-giving waters of the Nile to the milk of mothers and to signify abundance in his fleshiness. It should be noted, however, that the Egyptians did not deal easily with gender ambiguity. Biological duality is reflected in the Egyptian language which only has male and female genders, and everything, from rocks and trees to humans, has a grammatical gender.

Deities were grouped into family-based trinities of father, mother, and offspring, although these conventions were often later conceptions and did not necessarily reflect the origins of the deities. This development underscores an important facet of Egyptian society – the primacy of the family unit. It was so important they could not imagine their gods were not also associated with each other in fam-

---

[1] See for example the *Greenfield Papyrus* in the British Museum: https://www.britishmuseum.org/collection/object/Y_EA10554-87.

ilial ways, even though the roles of each parent in the triad were not necessarily gender specific. Being defined as part of a family unit did not alter their basic identities.

## 2 The Gendered Body and Religious Life

Gender ideals were very much linked to biological sex, although not exclusively. Uncommon instances where gender and biological sex are explicitly discontinuous are dealt with by Depauw (2003). Here he deals with eunuchs, men behaving as women and women behaving as men, all of which had negative implications for ancient Egyptians. Childbirth and fertility figure heavily in religious thought and these issues were characterized by specifically male and female biological roles in these processes. However, in terms of activity that does not rely on biologically sexual traits, there is a continuum of behavior where most categories are neither exclusively male nor female. Things some cultures might consider specifically female, like using cosmetics and wigs, were widely used by men and women. Even for activities that were most often depicted as male-dominated (such as temple administration) or female-dominated (caring for children), there are still exceptions in sufficient numbers to conclude that gendered behavior was neither static, nor strictly defined (Capel and Markoe 1996; Robins 1993). There were female officials and male caregivers. Religious behavior was viewed with this same general perspective in that women could hold many of the same titles that men could, including the common titles *hem netjer* (god's servant, sometimes translated as "prophet") and *wab* (pure priest). The *wab/wabet* priest/priestess was a lower ranked position that provided support for the *hem/hemet netjer* priests/priestesses and other specialists who carried out the rites in the temples.

With respect to religious ideology, the iconography of specific offices can carry gendered markers. A very clear example is the ‚beard of kingship'; kings of Egypt, who were considered both divine and the high priest of all the gods, wore a false beard as part of royal regalia. Even Hatshepsut, the female pharaoh of the 18th dynasty, wore one in her official representations as king, as well as wearing masculine gendered regalia, such as a bull's tail and the men's short kilt. It should be noted that while she was queen during the reign of her husband, she wore gender conforming clothes. Her choice to be depicted in masculine attire once she became pharaoh was related to the fact that the regalia of kingship was specifically visually male. Occupying the office meant occupying the costume.

# 3 Priests and Priestesses

Because of a passage in Herodotus' *Histories*, early Egyptologists assumed that women played no serious role in religious life.[2] Although this is a false statement, as will be shown below, the desire to diminish women's religious roles was a result of their own cultural biases.[3] Since the 1960s, following social movements like feminism, changes in how scholars have interpreted ancient social institutions have become more common. One of the most fruitful discussions regards our interpretations of the ways in which men and women worshipped and served their gods professionally and in less formal ways. Since these activities were depicted with frequency on temple and tomb walls, we have more information about this subject than many aspects of gendered experiences. However, it is also true that many of our primary sources, whether textual or artistic, were created for and included in monuments that displayed and reflected the status of men within the ranking hierarchy of their patriarchal system.

The Egyptian temple system was androcentric; religious hierarchies were generally staffed by male title holders, although not exclusively. Over time, the priesthood became increasingly bureaucratized and included non-worship duties, such as overseeing divisions caring for sacred animals, astronomical reckoning, and accounting. This professionalization decreased the opportunities women had to participate in temple hierarchies. Since girls and women were not normally trained as scribes or accountants, they were marginalized from many priestly titles that combined religious duties with administrative ones. Moreover, these titles were part of the official rank and hierarchy of social life with hereditary implications that women did not participate in. Their efforts and devotion were shifted toward modes of service that included musical performance (Abb. 2), an association perhaps first normalized by the priestesses of Hathor in the Old Kingdom who used the sacred sistra-rattle in their worship of the goddess. Women's priestly titles included chantresses, singers, and sistrum players. These roles were not simply musical but served a very important role in ritual. The gods required offerings in the form of ephemera like song and incense in addition to their diet of food and libation offerings. The women, and less often men, who carried out these duties occupied a lower tier of priesthood, but had a serious religious vocation nonetheless as they were allowed to be near or in the god's sanctuary.

---

[2] "No woman is dedicated to the service of any god or goddess; men are dedicated to all deities male or female." Herodotus, *Histories* II §35.4, trans. by Godley 1920.
[3] For more historiography of the subject see Onstine 2016.

**Abb. 2:** Female and male chanters perform ritual music as part of rites in Karnak temple, Luxor, Egypt 1479–1422 BCE (Photo credit: Suzanne Onstine).

The most important exclusively female religious title was the God's Wife of Amun, a position held only by royal women (Ayad 2009). This title came into use during the early 18$^{th}$ dynasty and existed until the end of the 26$^{th}$ dynasty. During that time, queens such as Hatshepsut held the title (before she became pharaoh in her own right) as did royal daughters and sisters. Our understanding of the title indicates it changed somewhat over time, but it was always considered the highest female religious title and there was only ever one at a time. Occupants of the office implied by this title had their own retinue of staff to run their affairs and an income from estates and temple holdings. At times the office was an important adjunct to the king's power and position as the high priest of all the priesthoods. The title was held for life. Her own successor should be a member of the king's immediate family so in cases where the God's Wife outlived the pharaoh, she adopted an heir from the new king's immediate family. The creation of a hereditary bond ensured the appropriate transition of power to the right person, and was in line with the practice of kingship and males titles being passed on to hereditary heirs. Women did not otherwise inherit titles the way men did.

# 4 Women as Religious Subjects

In general, the roles of king and queen had religious implications. The king was viewed as divine, embodying the god Horus, while the queen is most often equated with the goddesses Hathor, Isis, and Mut – all goddesses associated with motherhood and protection.[4] Along with the heir, their relationship would ideally mimic the family triad arrangement of the gods.

Besides the plethora of goddesses worshipped in ancient Egypt, at least one real woman was divinized and became the subject of worship. Queen Ahmose-Nefertari was the mother of king Amenhotep I, first king of the powerful 18$^{th}$ dynasty. She played a role in defeating the rulers of the 17$^{th}$ dynasty, the foreign Hyksos dynasty, and reestablishing a strong pharaonic kingship held once again by ethnically Egyptian elites from Thebes (modern-day Luxor). Along with her son she was worshipped as an intercessory figure – a kind of saint who answered prayers – for hundreds of years after her death.

As worshippers, women are frequently portrayed making offerings to the gods along with family members and on their own. Women could dedicate votive items, commission monuments bearing prayers and offerings to the gods, and could be depicted receiving the blessings of the gods.

## 5 Gender Relations and Sexuality

Most characterizations of a relationship between sexuality and religious behavior is a product of bias rather than a reflection of Egyptian evidence. One priestly taboo included refraining from sex for reasons of purity during a period of service. Priests, both male and female, could be married with families, so celibacy was only a situational occurrence. Other suggestions about female sexuality and religious practices such as ‚sacred prostitution' are not borne out by Egyptian evidence.

There is only one religious office that can be arguably sexualized; the title God's Wife of Amun, discussed above. The occupiers of the office were royal women whose job was to act as the god's symbolic earthly consort. An epithet associated with the office was "the hand of god", and since one prominent version of the creation myth centers masturbation as a creative act, it might have been that the God's Wife was at least symbolic sexual stimulation.

## 6 Conclusion

Gender played a role in many aspects of religious life for the Ancient Egyptians. It was an underlying principle that ordered the universe through a notion of duality

---

[4] Lana Troy's *Patterns of Queenship* is a detailed study of the religiously gendered role of queenship as part of a duality of male/female divine order.

and sexual union necessary for fertility. It strongly influenced a person's ability to participate in the religious hierarchy, and how that participation would look. There was a degree of flexibility, or a lack or proscriptions that allowed for women to participate in ‚non-traditional' jobs outside of the home, including in the temple. Overall, we are left with a sense that gender for the Egyptians was an important but not ultimately absolute factor guiding how a person's life was to be lived.

## Bibliography

Ayad, Mariam. 2009. *God's Wife, God's Servant: The God's Wife of Amun (740–525 BC).* London; New York/NY: Routledge.
Capel, Anne und Glenn Markoe, eds. 1997. *Mistress of the House, Mistress of Heaven, Women in Ancient Egypt.* New York/NY: Hudson Hills Press.
Depauw, Mark. 2003. "Notes on Transgressing Gender Boundaries in Ancient Egypt." In *Zeitschrift für Ägyptische Sprache und Altertumskunde* 130, 49–59.
Herodotus. *The Histories*, trans. by Alfred Denis Godley. 1920. London: Heinemann; Cambridge/MA: Harvard University Press.
Onstine, Suzanne. 2016. "Women's Participation in the Religious Hierarchy of Ancient Egypt." In *Women in Antiquity. Real Women Across the Ancient World*, ed. by Stephanie L. Budin and Jean M. Turfa, 218–228. London; New York/NY: Routledge.
Robins, Gay. 1993. *Women in Ancient Egypt.* London: British Museum Press.
Roth, Ann Macy. 2000. "Father Earth, Mother Sky: Ancient Egyptian Beliefs about Conception and Fertility." In *Reading the Body*, ed. by Alison E. Rautman, 18–201. Philadelphia/PA: University of Pennsylvania Press.
Troy, Lana. 1986. *Patterns of Queenship.* Boreas. Uppsala Studies in Ancient Mediterranean and Near Eastern Civilizations 14. Uppsala: Uppsala University (Acta Universitatis Upsaliensis).

## Sources from the Internet

https://www.britishmuseum.org/collection/object/Y_EA10554-87 [8.10.2021].

## Further Reading

Ayad, Mariam, ed. 2022. *Women in Ancient Egypt: Revisiting Power, Agency, and Autonomy.* Cairo; New York/NY: AUC Press.
Li, Jean. 2019. *Women, Gender and Identity in Third Intermediate Period Egypt: The Theban Case Study.* London; New York/NY: Routledge.

Jamsheed K. Choksy
# II.3 Zoroastrianism

Zoroastrianism, also called Mazdaism or the worship of Ahura Mazda, "Wise Lord", is attributed to a prophet and devotional poet named Zarathushtra who probably preached in Central Asia during the second millennium BCE. Zarathushtra's doctrines as laid out in his *Gathas*, "Religious Songs", were assimilated by an Iranian priesthood, the *magi*, who spread the faith across Central Asia and Iran between the first millennium BCE and the first millennium CE. Contact between classical Greeks and ancient Iranians produced the westernized form of the prophet's name: Zoroaster. Contact with Jews, and later Christians and Muslims, transferred from Zoroastrianism to those monotheisms fundamental ideas of good versus evil, god fighting the devil, humans as created by god to counter evil in the material world, judgment at death, afterlife in heaven, limbo, or hell, and resurrection followed by final judgment and restoration of a perfect world.

Once the most prevalent religion in Iran and western Central Asia, most Zoroastrians were gradually converted to Islam after Arab Muslims conquered the Middle East during the seventh century CE. Zoroastrians now number under 200.000, with the largest communities in India (where some sought refuge and religious freedom between the seventh and tenth centuries CE and are called *Parsis*, "Persians"), in Iran, and through immigration to the West from the nineteenth century CE onward, in the United States of America and Britain. Conversion to the faith has traditionally been discouraged although a few westerners and Muslim Iranians have adopted Zoroastrianism in recent decades. Misogynist ideas based on doctrines and rites have gradually been phased out from the eighteenth century CE onward (Choksy 2002, 2f.).

## 1 Gender and Transcendence

In Zoroastrianism, the male supreme deity or creator Ahura Mazda (Ohrmazd) upholds *asha*, "order", a doctrinal concept that is grammatically neuter and regarded as good. God and his order are opposed by the male devil or destroyer Angra Mainyu (Ahriman), "Angry Spirit", who is believed to have chosen *drug*, "confusion", a doctrinal concept which is grammatically feminine and regarded as evil (*Gathas* 30:3–6, 45:2; Choksy 1989, 2–7).

Ahura Mazda is believed to have generated Amesha Spentas, "holy immortals", a heptad of archangels, to assist is safeguarding the material world, including Spenta Armaiti (Spandarmad), "holy devotion", or the earth spirit, mother of life, and granter of fertility.[1] Consequently, Spenta Armaiti has remained especially important to Zoroastrian women who seek her blessings to ensure happy and healthy families (Choksy 1989, 11; 121; Choksy 2002, 34f.; 44f.).

Ahura Mazda is said to have created *yazatas*, "worship-worthy spirits," the equivalent of angles to assist him as well. Each *yazata* is either masculine or feminine in grammatical gender and male or female in biological gender. Eighteen *yazatas* are praised in the *Yashts "Devotional Poems"*, and in the *Niyayishns*, "Invocations of Praise", within the *Avesta* scriptures; eleven are male and seven are female. The male *yazatas* represent socioreligious norms like order, agreement, justice, victory, prayer, and immortality, natural features and biological aspects such as light, warmth, wind, and men, whereas the female *yazatas* represent concepts such as virtue, conscience, recompense, rectitude, and glory, and biological features like fertility, women, and animals. Anahita, for instance, is a highly sexualized fertility *yazata* whose devotional poem describes "her well-formed, prominent, breasts" (*Avesta, Aban Yasht*, "Devotional Poem to Anahita", 5:126–129; Choksy 2002, 47–50; 128f.). Zoroastrian women still pray to her for uncomplicated childbirth and ample flow of breast milk (*Avesta, Aban Niyayishn*, "Invocation of Praise to Anahita", 3). Anahita, however, was fused with the Mesopotamian goddess Ishtar and consequently believed to channel victory and kingship from Ahura Mazda to worthy men (*Avesta, Aban Yasht* 5:23–89) as well. In contrast, Mithra is the warlike masculine overseer of covenants and contracts who "rewards with success, wealth, and happiness" men who fulfill commitments while "cracking the bones" of those who fail to do so as he rides through the sky along his male celestial counterpart the Sun (*Avesta, Mihr Yasht*, "Devotional Poem to Mithra", 10:4–26).

Angra Mainyu is believed to have cast *daevas* (*dews*), "demons", into the spiritual and material realms to contest and corrupt god's creations. The devil's chief assistant is thought to be Azi (Az), "Concupiscence" (Choksy 2002, 42–44). Sex is deemed essential for procreation of new generations of humans but viewed as leading to lust, which was believed to be generated by Azi.

As mistress of the demonic hordes, Azi is said in exegesis to have begun despoiling people from the primeval androgyne Gayo Maretan (Gayomard), "Mortal Life", onward (*Bundahishn*, "*Book of Primal Creation*", 34:32f.). Only after modern science became central to the education of Zoroastrians did fear of Azi and sexuality abate. Another of the devil's spiritual handmaidens is believed to be the Drukhsh Nasush (Druz i Nasush), a female ghoul of corpses and carrion (Choksy 2002, 32f.). Her corporeal shape was described in Zoroastrian scripture as "disgust-

---

1 *Avesta*, "Praise", or Zoroastrian scriptures, *Avesta*, section *Yasna*, "Worship", 31:12; 48:5.

ing, with crooked knees, protruding buttocks, covered with numerous spots, the most horrible, noxious creature" (*Avesta, Videvdad*, "Code for Abjuring Demons", 7:2, 9:26). This demoness was long feared as polluting humans and their corpses in addition to transmitting ritual uncleanness from the dead to the living (*Persian Revayats*, "Treatises", 1:136). Again, modern medicine had to supplant demonology, during the eighteenth century CE, for dread of Drukhsh Nasush to fade (Choksy 1989, 16 f.; 2002, 107 f.).

## 2 Gender-Shaped Myths

The myth of an initial human couple, Mashya or man and Mashyana or woman, who were created from Gayo Maretan, reflects gender-shaped friction. The couple undergoes a fall from perfection, paralleling and perhaps mutually influenced by the Judeo-Christian and Islamic creation myth (Choksy 2002, 51–54). The fall is a result of paying homage to the devil, an impious act initiated by the first woman: "Mashyana sprang forth, milked a cow, and offered the milk toward the direction of hell." (*Bundahishn* 14:11–30). The couple is then depicted as spiraling into evil-fueled depravity culminating in cannibalism of their offspring and triggering rebuke from god: "If only I had found another vessel from which to produce man, I would never have created woman." (*Bundahishn* 14 A:1; Choksy 1989, 96 f.).

In the myth of the afterlife, souls of good men are guided by their religious *daena* (*din*), "conscience" (Abb. 3), – which eventually became the general word for religion – manifesting itself as "a beautiful girl, splendid, well-shaped, statuesque, with prominent breasts" into paradise (*Hadokht Nask*, "Extracted Section", 2:9). Their heavenly recompense is one of gardens, fountains, music, light, warmth, and beauty. The souls of immoral men are pulled into hell by their Daena who appears "in the form of a naked whore [...] disgusting, with crooked knees, protruding buttocks, and [covered with] numerous spots" like the Drukhsh Nasush demoness (*Hadokht Nask* 3:9). More women than men end up in hell according to medieval Zoroastrian writers. Their hellish punishment involves desolation, cold, suffering, and pain inflicted by the devil's pandemonium (Abb. 4). Moreover, no premodern narrative presented Zoroastrian female souls meeting their conscience after death; that change only occurred in contemporary re-renderings of afterlife and eschatological narratives among Parsi Zoroastrians who have picked up western gender norms (Choksy 2002, 72–76). Consequently, until the twentieth century CE, Zoroastrian theologians and moralists cautioned women to be "chaste, of solid faith, and modest" (*Pahlavi Texts* 117) and thereby avoid an impious life followed by torment in the afterlife.

**Abb. 3:** Female Daena or Conscience leading a Zoroastrian male soul to judgement, Parsi manuscript, 1801 CE (Photo credit: Jamsheed K. Choksy).

## 3 Rites and Gender Roles

Gender difference have never played a role in initiation to Zoroastrianism. Boys and girls ceremonially enter the faith at ages between seven and fifteen. Symbolizing a spiritual rebirth, this *navjote*, "new birth", also termed *sedra-pushun*, "donning the holy undershirt", is overseen by the all-male, hereditary *magi* or Zoroastrian priests. Each youth pulls on a *sedra* (*sudre*), "white undershirt", over the chest and ties a *kusti* (*koshti*), "white cord", around the waist. In this custom, Zoroastrians have always differed from their Indo-Iranian counterparts, the Hindus,

**Abb. 4:** Women punished in hell, Parsi manuscript, 1801 CE (Photo credit: Jamsheed K. Choksy).

amongst whom only male Brahmins may tie a similar cord from the shoulder to the waist (Choksy 1989, 54f.).

Gender distinction has always prevailed, however, in entry to the priesthood. The *magi* (a Greek translation of Old Persian *magu-pati*, later Middle Persian and New Persian *mobed*) who conduct most rites pass their training and duties from father to son. Exclusion of women from the clergy is justified, as among Hindus and Jews with whom Zoroastrians share religious fears of ritual impurity, on the basis that blood once discharged from bodies is unclean and polluting and, therefore, menstruation creates a cyclical barrier to performing rituals (Choksy 1989, 94–100).

Zoroastrian theologians explained the origin of menstruation using diabology – attributing its origin to when the demoness Jahika (Jeh), "Lust", kissed Angra Mainyu in hell and "the pollution called menstruation appeared on her" (*Bundahishn* 4:5). Jahika was believed, in turn, to have thrust menstruation upon Mashyana and all subsequent women. Consequently, menstrual blood came to be viewed as a periodic sign of women's affiliation with evil (Choksy 2002, 63). Likewise, afterbirth tissue was thought to come under the Drukhsh Nasush's control and becoming a pollutant. So, women would be isolated during menses and after childbirth, followed by purification rites, before returning to their family and community. These segregations are rarely followed now, as physiological data has replaced religious speculation (Choksy 1989, 101 f.; Choksy 2002, 64, 109, 114–116).

Women have always presided over female-specific rites such as *sofres*, "votive offerings", at *pirs*, "shrines", in Iran (Jamzadeh and Mills 1986). Among the Parsis or Indian Zoroastrians, women religious leaders have emerged within mystically oriented sects such as Ilm-e Khshnum. Other rites in which women predominate include reciting the hymn to Anahita in front of natural sources of water because water symbolizes both female fertility generally and the fertility conferred by that female *yazata* upon women specifically. More recently, women have begun to be trained and initiated as *mobedyars*, "priestly assistants", among Zoroastrian communities of Iran and North America facing shortage of traditional male clerics (Rose 2011, 110; Bertoluzzi 2015).

## 4 Gender and Society

Veiling occurred among elite men and women of ancient Iranian empires as a designator of high rank. But it was never a religious or socioreligious practice and does not occur in any Zoroastrian communities where women and men gather and mingle freely. On the other hand, polygyny was widely prevalent among Zoroastrians until it was phased out during the early 1900s CE as unacceptable for modern social conditions (Choksy 2002, 114).

Historically, girls had been educated at home by tutors whereas boys had attended schools. Under British colonial influence in India, first school-level then university-level education became available to members of both genders by the mid-1900s, then extended to university-level. Resultantly, seventy-three percent of Parsi women (and ninety percent of Parsi men) were literate by 1931 CE, sixty-eight percent of Parsi women (and seventy-eight percent of Parsi men) held university degrees by the 1980s, and they rapidly entered the public workforce. Western-style secular education spread from Parsi Zoroastrians of the Indian subcontinent to their Iranian coreligionists in the early twentieth century. In Iran too, Zoroastrian women began to work professionally alongside men. By the 1980s, at least twenty-five percent of Zoroastrian women were choosing careers over marriage and motherhood (Choksy 2002, 111–113).

Migration to Europe and North America gathered steam from India in the 1950s and from Iran in the 1980s for economic enhancement and religious freedom, respectively. Though equally educated and urban, Zoroastrian women (75%) retain their religious tenets more strongly than do Zoroastrian men (65%) in addition to increasingly leading community organizations and spearheading social change (Choksy 2002, 115 f.).

# Bibliography

*Avesta* (including *Yasna, Yashts, Videvdad, Niyayishns*), ed. by Karl Geldner. 1886–1895. *Avesta: The Sacred Books of the Parsis*, 3 vols. Stuttgart: Kohlhammer.
Bertoluzzi, Giulia. 2015. "The Zoroastrian Priestesses of Iran." In *Middle East Eye*. https://www.middleeasteye.net/features/zoroastrian-priestesses-iran [10.04.2022].
*Bundahishn: Zand-Akasih: Iranian or Greater Bundahishn*, ed. and trans. by Behramgore Anklesaria. 1956. Bombay: Rahnumae Mazdayasnan Sabha.
Choksy, Jamsheed. 1989. *Purity and Pollution in Zoroastrianism: Triumph over Evil*. Austin/TX: University of Texas Press.
Choksy, Jamsheed. 2002. *Evil, Good, and Gender: Facets of the Feminine in Zoroastrian Religious History*. New York/NY: Peter Lang.
*Gathas: The Heritage of Zarathushtra: A New Translation of His Gathas*, ed. and trans. by Helmut Humbach and Pallan Ichaporia. 1994. Heidelberg: Carl Winter.
*Hadokht Nask*: "Hadokht-Nask", ed. and trans. by Martin Haug and Hoshangji Asa. In *The Book of Arda Viraf*, ed. and trans. by Martin Haug and Hoshangji Asa, 267–316. London: Trübner 1872.
Jamzadeh, Laal, and Mills, Margaret. 1986. "Iranian Sofreh: From Collective to Female Ritual." In *Gender and Religion: On the Complexity of Symbols*, ed. by Caroline W. Bynum, Stevan Harrell, and Paula Richman, 23–65. Boston/MA: Beacon Press.
*Pahlavi Texts: The Pahlavi Texts*, ed. by Jamaspji Jamasp-Asana. 1913. Bombay: Fort Printing Press.
*Persian Revayats: The Persian Rivayats of Hormazyar Framarz and Others: Their Version with Introduction and Notes*, trans. by Bamanji Dhabhar. 1932. Bombay: K. R. Cama Oriental Institute.
Rose, Jenny. 2011. *Zoroastrianism: A Guide for the Perplexed*. London: Bloomsbury Publishing.

# Further Reading

Boyce, Mary. 1977. *A Persian Stronghold of Zoroastrianism*. Oxford: Oxford University Press.
Brosius, Maria. 1996. *Women in Ancient Persia: 559–331 B.C.* Oxford: Oxford University Press.

Rose, Jenny. 1989. "The Traditional Role of Women in the Iranian and Indian (Parsi) Zoroastrian Communities from the Nineteenth to the Twentieth Century." In *Journal of the K. R. Cama Oriental Institute* 56, 1–103.

Birgit Heller
# II.4 Hindu-Religionen

Allgemeingültige Aussagen über ‚den Hinduismus' zu machen, ist aufgrund der Vielfalt und Uneinheitlichkeit dieses Konglomerats von religiösen Traditionen unmöglich. Es gibt keine allgemein verbindliche Lehre, sondern eine Fülle verschiedener Möglichkeiten religiösen Denkens, Glaubens und Handelns. Der Sammelbegriff Hinduismus geht überdies auf die britische Kolonialmacht im 19. Jahrhundert zurück und wurde ursprünglich nicht als Selbstbezeichnung einer Religion in Südasien verwendet.[1] Nach Heinrich von Stietencron (2001, 7) ist der Begriff ‚Hinduismus' das Produkt eines Irrtums, nämlich nicht zu erkennen, dass es sich bei den vermeintlichen Sekten eigentlich um verschiedene Religionen handelt. Die Fachvertreter*innen sind hier geteilter Meinung. Die meisten bleiben dabei, von verschiedenen religiösen Traditionen, Richtungen, Zweigen, Kultgemeinschaften oder Schulen zu sprechen.[2] Die Bezeichnung ‚Sekten', die teilweise in der Literatur verwendet wird, ist insofern ungeeignet als dieser Begriff in der Alltagssprache zu stark negativ behaftet ist. Zudem gehören zur verbreiteten Definition von Sekte Phänomene der Abspaltung und Abgrenzung, was für Hindu-Religionen nicht zutrifft. Die hinduistische Identität ist fließend und die Zugehörigkeit zu mehreren Glaubenssystemen ist meist kein Problem, obwohl sich manche durchaus ausschließen.

Die Mehrheit der Hindus gehört der sogenannten ‚kleinen Tradition', den ländlichen dörflichen Religionsformen, an. Es handelt sich dabei um lokale Traditionen mit alten Wurzeln und meist regional verehrten Gottheiten. Im Vordergrund stehen alltägliche Probleme und Bedürfnisse. Demgegenüber versteht sich der klassisch-brahmanische Hinduismus als ‚große Tradition': Dominant sind hier die Vorstellungen und Lehrmeinungen der Brahmanen, der religiösen Gelehrten und Ritualexperten, die häufig als Priester bezeichnet werden. Diese Tradition spielt bis heute eine wichtige Rolle, aber beinahe alle Hindus gehören zusätzlich einer weiteren, meist theistischen Religionsgemeinschaft an. Die theistischen Religionsgemeinschaften werden mit den Sammelbezeichnungen Viṣṇuismus, Śivaismus und Śaktismus nach der Gottheit, die jeweils im Zentrum steht, geordnet und haben im

---

[1] Zur Problematik des Begriffs ‚Hinduismus', der fälschlich die Existenz einer klar definierbaren Religion suggeriert, siehe Malinar 2009, 13–25.
[2] Zur Selbstbezeichnung dienen bis heute verschiedene Begriffe, etwa: *path* („Weg"), *sampradāya* („Überlieferung"), *samāja*, („Gesellschaft"). Seit früher Zeit sind auch Unterscheidungen nach der Verehrung einer bestimmten Gottheit belegt: So werden Anhänger*innen des Gottes Viṣṇu *vaiṣṇavas* genannt, Anhänger*innen des Gottes Śiva sind *śaivas*.

Lauf der Geschichte lokale Gottheiten, Kulte und Überlieferungen in sich aufgenommen. Diese drei verschiedenen Religionsströme weisen nicht nur Unterschiede und Eigenheiten auf, sondern sind in einem gemeinsamen Kulturraum durch übereinstimmende Anschauungen und wechselseitige Beeinflussungen miteinander verbunden.

Auch das Geschlechterverhältnis und die Geschlechterkonzeptionen sind nach den unterschiedlichen religiösen Traditionen sowie den historischen Epochen und gesellschaftlichen Schichten zu differenzieren. Die umfangreiche Überlieferung der vedischen Zeit[3], der sogenannte *Veda*, wird zwar bis heute als Autorität anerkannt, unterscheidet sich aber als eine ältere Religionsstufe deutlich vom brahmanischen Hinduismus und allen anderen hinduistischen Richtungen. Dennoch gibt es viele vedische Vorstellungen – auch in Hinblick auf die Geschlechter –, die in der späteren hinduistischen Zeit fortwirken. Wenn von einer traditionellen hinduistischen Weiblichkeitskonzeption gesprochen wird, so bezieht sich dies in erster Linie auf die einflussreiche klassisch-brahmanische Tradition, die sich selbst als Maßstab versteht. In der *Dharma*-Literatur (skt. *dharma*, „Ordnung", „Norm"), die von brahmanischen Gelehrten verfasst wurde, um das Verhalten der Menschen zu regeln, ist eine Auffassung vom Wesen und den idealtypischen Rollen der Frau greifbar, die sozioreligiöse Einstellungen bis heute maßgeblich prägt. So bildet beispielsweise die Präferenz männlicher Nachkommen ein kontinuierliches Element der hinduistischen Traditionen, das die moderne Gesellschaft nach wie vor kennzeichnet. Besonders zählebig ist auch das Tabu der Wiederheirat von Witwen, das der moderne Rechtsstaat nur juristisch, aber nicht ideologisch außer Kraft setzten konnte. Als wichtigster normativer Text hat sich die sogenannte *Manusmṛti* etabliert, die zwischen 200 v. und 200 n. chr. Z. datiert wird. Doch finden sich wesentliche Züge dieser Weiblichkeitskonzeption genauso in den populären epischen Texten, wobei das Epos *Rāmāyana* eine herausragende Rolle spielt. Die Verbreitung der Kernerzählung basiert seit langer Zeit auf theatralischen Inszenierungen und in den letzten Jahrzehnten besonders auf Medien wie Comics und Filmen. Von der traditionellen Weiblichkeitskonzeption abweichend bieten vor allem die zahlreichen *Bhakti*-Traditionen im Rahmen von Viṣṇuismus und Śivaismus für Frauen sowohl religiöse Ausdrucksmöglichkeiten als auch Rollen religiöser Autorität.

---

[3] Die vedische Zeit beginnt in der ersten Hälfte des 2. Jahrtausends v. chr. Z. mit der arischen Einwanderung in Nordindien und dauert bis etwa 500 v. chr. Z.

# 1 Geschlechterverhältnis und Status von Frauen in der vedischen Zeit

Seit vedischer Zeit gehören Fruchtbarkeit und Fortpflanzungskraft der Frau ins Zentrum religiösen Denkens und Handelns. Die Bezeichnung für Frau/Ehefrau ist *janī*, „Gebärende". Somit ist die Frau durch das Hervorbringen von Nachkommen, und zwar in erster Linie von männlichen Nachkommen, definiert. In einem vedischen Hymnus,[4] der bis heute im Hochzeitsritual rezitiert wird, wird der Gott Indra mit der Bitte um zehn Söhne für die Braut angerufen. Die eindeutige Präferenz von Söhnen spricht auch aus einem vedischen Text, der die Tochter als „Elend", den Sohn aber als „Licht im höchsten Himmel" für den Vater bezeichnet.[5] Hier klingt die bis heute tragende Rolle des Sohnes im Totenritual an: Das Weiterleben nach dem Tod ruht auf den Schultern des Sohnes.

Es gibt zwar Belege dafür, dass Frauen in vedischer Zeit über rituelle Autorität verfügten (McGee 2002, 42 f.), allerdings ist wohl eher von einer – durchaus wichtigen – Mitwirkung der Ehefrauen am vedischen Opferritual auszugehen. Im *Veda* (abgeleitet von skt. *vid*, „wissen") ist das religiöse Wissen enthalten. Dieses überlieferte Wissen war das Fundament der Opferrituale, die das Zentrum der vedischen Religion bildeten (Smith 1986). An den Knaben der drei oberen Gesellschaftsschichten sollte im Alter zwischen sieben und zwölf Jahren der Ritus des *upanayana* („Aufnahme") vollzogen werden. Der früheste Zeitpunkt war für Brahmanen vorgesehen. Mit dem *upanayana*-Ritus wurden die Knaben in die Gesellschaft, in das *Veda*-Studium und in die Praxis des täglichen Feueropfers initiiert. Erst durch diese sogenannte zweite, wahrhafte Geburt wurden sie zu vollständigen Mitgliedern der arischen Gesellschaft.

Das *upanayana* markiert den Beginn der sozio-religiösen Existenz von der vedischen Zeit bis heute im brahmanisch geprägten Hinduismus. Es gibt vedische Belege dafür, dass *upanayana* auch an Mädchen vollzogen wurde. Die Frage, ob dieser Ritus und das anschließende *Veda*-Studium für Mädchen zu irgendeiner Zeit generell üblich oder nur ausnahmsweise möglich waren, ist umstritten. Die häusliche Orientierung war jedenfalls das vorherrschende Rollenmodell, das sich im Lauf der Zeit gänzlich durchsetzte. Die Stellung der Frauen verschlechterte sich mit zunehmender gesellschaftlicher Differenzierung und dem wachsenden Einfluss der Brahmanen. Das *Veda*-Studium wurde im Lauf des 1. Jahrtausends v. Chr. Z. umfangreicher und erforderte eine zunehmende Spezialisierung, die in Konflikt mit

---

4 *Ṛg-Veda* 10, 85. 45, übers. v. Karl F. Geldner 2003, 273.
5 *Aitareya Brāhmaṇa* 7, 13. 8, übers. v. Mylius 1981, 123 f.

der spezifisch weiblichen Funktion der Reproduktion geriet. In der Verpflichtung zu einer Studiendauer von mindestens zwölf Jahren bei gleichzeitig sinkendem Heiratsalter der Mädchen wurde ein Grund für den Ausschluss von Frauen vom *Veda*-Studium gesehen (Leslie 1983, 100).

## 2 Geschlechterrollen im klassisch-brahmanischen Hinduismus

Frauen stehen außerhalb des traditionellen, religiös-ethischen Lebensrahmens, der idealtypisch für einen männlichen Hindu vorgesehen ist. Die brahmanische Lehre von den vier *āśramas*, den vier Lebensphasen des Daseins, formuliert nur die Rollen für den männlichen Hindu der drei oberen Gesellschaftsklassen als Schüler (skt. *brahmacārin*), Haushalter (skt. *gṛhastha*), Waldeinsiedler (skt. *vānaprastha*) und Entsager (skt. *saṃnyāsin*). Frauen spielen zwar für den Haushalter eine zentrale Rolle, da er sie zur Erfüllung seiner religiös-sozialen Pflichten (insbesondere zur Zeugung männlicher Nachkommen) benötigt, und sie dürfen auch das Leben des Waldeinsiedlers teilen. Aber vom letzten Stadium des *saṃnyāsa* sind sie theoretisch ausgeschlossen, da sie das dafür notwendige *Veda*-Studium nicht absolvieren dürfen.

Die für Frauen vorgesehenen Rollen sind alle von einer männlichen Bezugsperson abgeleitet: Die Frau ist Tochter, Ehefrau und Witwe, als Mutter nimmt sie eine Sonderstellung ein. Aus Sicht der *Manusmṛti* müssen Frauen in allen Lebensphasen von einer männlichen Bezugsperson kontrolliert werden: „In der Kindheit steht sie in der Gewalt des Vaters, in der Jugend unter der ihres Mannes, und wenn ihr Mann gestorben ist, unter der ihrer Söhne; nicht soll eine Frau Unabhängigkeit erhalten."[6] Im unmittelbaren Kontext dieser Vorschriften wird mehrfach auf die erwünschte Keuschheit der Ehefrau Bezug genommen und ihre potentielle Untreue verdammt. Daraus kann geschlossen werden, dass die Bedrohung der Patrilinie den tieferen Grund für die notwendige Kontrolle von Frauen bildet.

### Die Tochter

Die Geburt einer Tochter löst seit der vedischen Zeit Enttäuschung aus. Die Bevorzugung von Söhnen hat verschiedene Ursachen (Syed 2001, 129–157). Wie in

---

6 *Manusmṛti* 5, 148, übers. v. Michaels 2010, 115.

anderen patriarchalen Gesellschaften lohnt sich die Investition in Töchter für ihre Herkunftsfamilien nicht, weil sie den Familien, in die sie einheiraten, zugutekommt. Töchter sind auch religiös unbedeutend für ihre Eltern, weil für das Totenritual der älteste Sohn zuständig ist. Der Sohn ist verpflichtet zur Verrichtung der Totenriten, zu den Ahnenopfern und durch das patrilineare und patrilokale Familiensystem sowohl Erbe als auch Verantwortlicher für die Altersversorgung der Eltern. Seit der spätvedischen Zeit gehört die im zweiten bis vierten Schwangerschaftsmonat durchgeführte *puṃsavana*-Zeremonie, die Zeremonie der „Sohneserzielung", zum festen Bestandteil der häuslichen Riten (Hillebrandt 1981, 41 f.). Dieser Ritus, den viele Familien heute noch praktizieren, soll dafür sorgen, dem heranwachsenden Kind das gewünschte männliche Geschlecht zu verleihen. Das negative Extrem zur Vermeidung weiblicher Kinder ist die Praxis des Mädchenmordes, die seit der klassischen Zeit belegt ist und bis zur Gegenwart so gut wie ohne gerichtliche Verfolgung ausgeübt wird (Syed 2001, 83–91). Während sich Mädchenmorde früher vor allem in bestimmten Gesellschaftsgruppen und Regionen häuften, sind sie heute quer durch die Bevölkerung zu finden, in den besser verdienenden Schichten jedoch in der modernen Variante der vorgeburtlichen Geschlechtsbestimmung mithilfe von Ultraschall oder Fruchtwasseruntersuchung und anschließender Abtreibung. Für viele Hindu-Familien bedeutet die Geburt einer Tochter heute mehr denn je ein Unglück, da sie aufgrund von übertriebenen Mitgiftforderungen den finanziellen Ruin der Familie verursachen kann. Letztlich steht die negative Einstellung gegenüber Töchtern in einer langen patriarchalen Tradition der Minderbewertung weiblichen Lebens, die religiös untermauert wurde.

## Die Ehefrau

Obwohl immer wieder hervorgehoben wird, welch große Verehrung der Hindu-Frau als Mutter zuteilwird, sind die populärsten Frauengestalten der epischen Literatur, Sītā, Sāvitrī und Satī (= Pārvatī), nicht in erster Linie Mütter, sondern ideale Ehefrauen. Sītā ist bis heute für viele hinduistische Mädchen und Frauen das Modell einer vorbildlichen Ehefrau.[7] Ihre herausragenden Qualitäten sind unbedingte Treue, Keuschheit, Leidensfähigkeit und Opferbereitschaft. Sāvitrī stellt ihre ganze Kraft in den Dienst ihres Mannes und rettet ihn vor dem Tod. Satī rächt die verletzte

---

7 Sītā ist die weibliche Hauptfigur im Epos *Rāmāyaṇa* und wird heute nicht nur durch Erzählungen, Theater- und Tanzvorführungen, sondern durch Comic-Hefte und populäre Filmproduktionen als Leitbild transportiert.

Ehre ihres Gatten Śiva, indem sie Selbstmord im Feuer begeht. Sie wird wiedergeboren als seine Ehefrau Pārvatī. Diese Frauengestalten verkörpern das vollkommene Ideal der *pativratā*, der Frau, die sich ganz ihrem Ehemann weiht.[8]

Das Interesse der normativen Literatur konzentriert sich ganz auf die Rolle der Ehefrau. Aus brahmanisch-orthodoxer Sicht bildet das erlernbare tugendhafte Verhalten der Frau den einzigen Ausweg aus dem Geburtenkreislauf der weiblichen Existenz. In der *Strīdharmapaddhati*, einem Leitfaden zur religiös-rituell-ethisch-sozialen Norm des Verhaltens von (Ehe-)Frauen aus dem 18. Jahrhundert, wird die orthodox-brahmanische Sicht über das richtige Verhalten der (hochkastigen) Frauen dargelegt. Das Verhältnis der Frau zum Ehemann wird mit der Haltung des Schülers gegenüber dem Lehrer, des Verehrers gegenüber der Gottheit und des Dieners gegenüber dem Herrn charakterisiert. Der Verfasser definiert zusammenfassend den Gehorsam gegenüber dem Gatten (skt. *patiśuśrūṣaṇam*) auf drei Arten: Die Ehefrau soll ihrem Gatten ohne Rücksicht auf ihr eigenes Leben dienen; sie soll alle seine Handlungen akzeptieren, sogar, dass er sie verkauft; und sie soll seinem Willen gehorchen, auch wenn dieser im Widerspruch zu anderen religiösen Pflichten steht.[9]

Die Pflichten der Frau kreisen um das Wohlergehen und die Zufriedenheit des Ehemannes und beziehen sich zunächst vor allem auf die Hausarbeit, wobei der Zubereitung der Mahlzeiten und der Reinigung des Hauses die größte Bedeutung zukommt. Darüber hinaus macht die tugendhafte Frau das Haus zu einem Wohnort der Göttin Lakṣmī. Das durch sie begründete Glück äußert sich vor allem in gesunden Söhnen und dem vitalen und erfolgreichen Ehemann. Bei diversen Pflichtversäumnissen drohen körperliche Defekte der Kinder, Unfruchtbarkeit oder Ehelosigkeit im nächsten Leben oder auch Wiedergeburten in Tiergestalt.

## Die Witwe

Da das Leben der Frau völlig auf den Ehemann orientiert wird, hat die Witwe in dieser Sichtweise ihren Daseinszweck verloren. Nach der *Strīdharmapaddhati* ist die Witwe unrein und bringt Unglück, denn genauso wie der Körper, der des Lebens beraubt ist, unrein wird, so wird die Frau, die ihres Ehemannes beraubt ist, dauerhaft unrein. Auf den sozialen Status der Witwe hat sich die verbreitete Anschauung, dass sie selbst den Tod ihres Ehemannes verschuldet hat, verheerend

---

8 Skt. *vrata* bedeutet Dienst, Gehorsam, Gelübde/religiöse Observanz, dementsprechend ist die *pativratā* eine Frau, die ihrem Mann in gehorsamer Ergebenheit wie einem Gott dient.
9 Tryambakayajvan. *The Perfect Wife* (*Strīdharmapaddhati*), übers. v. Leslie 1989, 305–309.

ausgewirkt (Narayanan 1990, 81f.). Die Witwe hat demnach ihre Pflichten als Ehefrau nicht erfüllt und darin versagt, ihrem Ehemann ein langes Leben zu sichern. Diese Auffassung ist Grund dafür, dass Frauen dazu angehalten werden, darum zu beten, vor ihrem Mann zu sterben (Narayanan 1990, 69).

Der Tod des Ehemannes lässt damit einer Frau sozial und psychologisch nur die Wahl, ihre Schuld mit einem asketischen Leben zu büßen oder ihre freud- und zwecklose Existenz gegen die gesellschaftlich hochgeachtete Position einer *satī* („gute Frau") einzutauschen.

Der gemeinsame Tod mit dem Ehemann bildet die Krönung eines Lebens als tugendhafte, dem Gatten ergebene Ehefrau. Obwohl seit 1829 per Erlass verboten, wurde das orthodoxe Ideal bis ins 20. Jahrhundert vereinzelt praktiziert und findet nach wie vor großen Beifall vonseiten hindunationaler Parteimitglieder, aber auch der entsprechend ideologisch orientierten Bevölkerungsteile. Die Beschreibung dieser Praxis als Witwenverbrennung verfehlt allerdings den springenden Punkt, denn die Satī ist eine Ehefrau, die tatsächlich beschlossen hat, keine Witwe zu werden. Als Satī wird die Frau zur vergöttlichten Ehefrau, die über ein Höchstmaß an heilswirksamer Kraft verfügt. Es ist ihr nicht nur ein Fortleben an der Seite ihres Ehemanns in einer der Himmelswelten gewiss, sondern sie vermag ihn (und sogar alle Verwandten) von allen begangenen Verfehlungen zu reinigen. Ein einflussreicher Text (aus dem 7./8. Jahrhundert n. chr. Z.), der die populären Vorstellungen über das Schicksal nach dem Tod stark geprägt hat, untermauert das Ideal der Satī sowohl mit einer Drohung als auch der Aussicht auf himmlischen Lohn:

> Wenn eine Frau sich nicht verbrennen lässt, wenn ihr Gatte im Feuer bestattet wird, so wird sie niemals aus dem Frauenleibe erlöst. Deshalb soll eine Frau jederzeit mit Aufbietung aller Kräfte ihrem Manne dienen; durch Werke, Gedanken und Worte soll sie sich nach ihm richten, im Tode wie im Leben. Wenn eine Frau ihrem Gatten nachfolgt, so reinigt sie drei Geschlechter von Sünde: das mütterliche, das väterliche und das, in welches sie (als Frau) gegeben wurde. Fünfunddreißig Millionen Jahre, so viel als der Mensch Körperhärchen hat, weilt sie im Himmel und ist mit ihrem Gatten selig.[10]

## Die Mutter

Das Hauptaugenmerk der normativen Literatur liegt auf dem Verhalten der Ehefrau, dem *strīdharma*, Anweisungen zum richtigen Verhalten der Mutter werden nicht gegeben. Die Mutterrolle ist nur insofern bedeutsam, als die Gebärfähigkeit der Frau der Pflichterfüllung gegenüber ihrem Ehemann dient. Das größere In-

---

[10] *Pretakalpa* X, 46f.; Abegg 1956, 51f.

teresse der normativen Autoritäten an der Ehefrau steht jedoch im Gegensatz zur enthusiastischen Verehrung der indischen Frauen und Göttinnen als Mutter quer durch alle Bevölkerungsschichten. Der bekannte indische Psychoanalytiker Sudhir Kakar (1988, 99 f.) betrachtet die „absolute und allumfassende soziale Bedeutung der Mutterschaft" als Spezifikum der indischen Kultur.

Ein Reflex auf die überschwängliche Verehrung der Mutter in der Hindu-Gesellschaft findet sich auch in einem bekannten Vers der *Manusmṛti*, der die Mutter als tausendmal wichtiger als den Vater bezeichnet.[11] Der hohe Stellenwert der Frau als Mutter bringt allerdings keine generelle Wertschätzung des weiblichen Geschlechts mit sich. Eine Frau, die nur Töchter gebiert, soll nach orthodox-brahmanischer Lehre wie eine kinderlose Frau ersetzt werden.[12] Der Status einer Frau hängt in einer traditionellen Familie bis zur Gegenwart von der Geburt eines Sohnes ab.

## 3 Die Religion von Frauen und Rollen religiöser Autorität

Der religiöse Status von Frauen verschlechterte sich von der Teilhabe am Opferritual in der vedischen Zeit hin zum generellen Ausschluss vom religiösen Wissen in der frühen hinduistischen Zeit: Die religiöse Initiation (skt. *upanayana*) und der Zugang zum Veda-Studium wurden zum männlichen Privileg der Knaben der drei oberen Gesellschaftsschichten.[13] Mädchen und Frauen wurden von der religiösen Erziehung ausgeschlossen und stehen seither hinsichtlich ihrer religiösen Rechte auf einer Ebene mit der untersten Gesellschaftsklasse, den Śūdras (der Dienstklasse), die genau so wenig als vollständige Mitglieder der Hindugemeinschaft gelten. Die Ausdifferenzierung der Geschlechterrollen durch die zunehmende Spezialisierung der Brahmanen kann den generellen Ausschluss von Mädchen und Frauen vom religiösen Wissen jedoch nicht hinreichend begründen. Zweifellos wurde das Wissen immer mehr zur Domäne der Brahmanen, die sich zu Ritualwissensexperten entwickelten. Die religiöse Initiation als Auftakt zum *Veda*-Studium blieb aber für die Knaben der drei oberen Gesellschaftsklassen als Pflicht und Privileg aufrecht. Für die Mehrheit der initiierten Knaben ist anzunehmen, dass für sie das Konzentrat des *Veda*-Studiums in Form eines bestimmten *Veda*-Verses ge-

---

11 *Manusmṛti* 2, 145, übers. v. Michaels 2010, 35.
12 *Manusmṛti* 9, 81, übers. v. Michaels 2010, 199.
13 Zu dieser Entwicklung, den Abweichungen und modernen Veränderungen siehe ausführlich Heller 2021.

nügte, während das lange *Veda*-Studium der Berufsausbildung der Priester und brahmanischen Gelehrten diente (Michaels 1998, 109). Im Prinzip hätte man dieselbe Praxis genauso auf Mädchen anwenden können, ohne die Phase der Reproduktion zu tangieren.

## Gattendienst als Gottesdienst

Der generelle Ausschluss von Frauen von der religiösen Initiation und damit vom religiösen Wissen ist in der Geschlechterordnung einer patriarchalen Sozialstruktur begründet. Nach der *Manusmṛti* ist die Heirat als das *upanayana* für Frauen zu betrachten.[14] Folgerichtig besteht die Religion der Frau im Dienst an ihrem Ehemann und in der Erfüllung der häuslichen Pflichten. Ein eigener Abschnitt der *Manusmṛti* widmet sich speziellen Normen für Frauen. Für die Frau gilt der Dienst am Gatten demnach als Gottesdienst: „Eine gute Frau soll ihren Mann immer wie einen Gott behandeln, selbst wenn er charakterlos ist, einen lüsternen Lebenswandel hat oder es ihm ganz und gar an Tugenden mangelt."[15] Der religiöse Gewinn der Frau liegt in erster Linie im Weiterleben an der Seite des Ehemannes in einer Himmelswelt und in weiterer Folge in einer guten Wiedergeburt, unter Umständen sogar als Mann.

## Religiöse Alltagspraxis

Anders als die brahmanische Norm es vorgab, waren und sind Frauen jedoch religiös sehr aktiv. Die tatsächliche religiöse Praxis von Hindu-Frauen besteht in einer Vielfalt von Ritualen sowie Gebets-, Fasten- und Pilgergelübden u. a. (McDaniel 2003). Diese religiöse Praxis kreist zu einem großen Teil um Wohlergehen und Glück der Familie und entspricht somit den traditionell an sie gerichteten Erwartungen. Sie dient aber nicht nur der Pflichterfüllung gegenüber Ehemann und Angehörigen, sondern durchaus auch eigenen spirituellen Bedürfnissen und Zielen (Pearson 1996).

---

14 *Manusmṛti* 2, 67, übers. v. Michaels 2010, 28.
15 *Manusmṛti* 5, 154, übers. v. Michaels 2010, 116.

## Gottesbraut

Eine Alternative zur normativen, ausschließlichen Orientierung am Ehemann bietet die *Bhakti*-Religiosität, die seit den ersten Jahrhunderten der christlichen Zeitrechnung ständig an Bedeutung und Popularität zugenommen hat. *Bhakti* meint die hingebungsvolle, liebende Verehrung einer personalen Gottheit. Diese Form der Religiosität steht allen Hindus in derselben Weise offen und relativiert die Klassen- und Geschlechtsunterschiede hinsichtlich der Heilsfähigkeit. Neben den Relationen von Herr und Diener, zwischen Freunden, von Mutter/Vater gegenüber dem Kind und umgekehrt dem Kind zur Mutter dient die Liebesbeziehung zwischen Mann und Frau als wichtigste Metapher für die Liebe zwischen Gott und Mensch. Im Gegenüber zu einem männlich personifizierten Gott nimmt die menschliche Seele dabei stets die weibliche Rolle als Braut bzw. Geliebte ein. Ein Großteil der bekannten *Bhakti*-Lyrik adressiert die Gottheiten Viṣṇu oder Śiva. Auch Göttinnen können im Zentrum der *Bhakti*-Verehrung stehen, meist handelt es sich um männliche Verehrer, die die Göttin als „Mutter" anrufen.[16]

Sowohl männliche als auch weibliche *Bhaktas* besingen die männlich personifizierte Gottheit in ihren lyrischen Texten häufig im Modus einer Frau. Die *Bhakti*-Traditionen haben weibliche Heilige und Mystikerinnen hervorgebracht, die die sozialen Geschlechternormen teilweise durchbrechen konnten. In der Rolle der Gottesbraut stehen sie außerhalb des traditionell normierten Frauenlebens, indem die Unterordnung unter einen irdischen Ehemann durch die Hingabe an den göttlichen Ehemann ersetzt wird.[17] Die Betonung der religiösen Gleichheit und die der Frau zugebilligte Heilsfähigkeit haben allerdings weder im religiösen Kontext noch im sozialen Kontext zu generellen Veränderungen in den Geschlechterbeziehungen geführt. In der Regel bleiben Männer auch hier die religiösen Spezialisten. Abgesehen von den bekannten Mystikerinnen, deren Lieder bis heute populär sind und die intensiv verehrt werden, sind Frauen überwiegend nur im Bereich der mündlichen und lokalen Traditionen tätig.

---

16  *Bhakti*-Lyrik, die sich an eine Göttin richtet, ist insbesondere in Bengalen verbreitet. Vor allem die Göttin Kālī wird von überwiegend männlichen Verehrern meist als Mutter, teilweise auch als Tochter besungen (McDermott 2001).
17  David Kinsley (1980) hat diese befreiende Funktion der *Bhakti*-Religiosität für Frauen betont und an mehreren Beispielen illustriert.

## Asketin und Priesterin

Vom Standpunkt des *strīdharma* aus muss weibliche Askese als Anomalie erscheinen, da Frauen uneingeschränkt mit Familienleben und Sexualität identifiziert werden. In der vedischen Zeit ist zwar die Existenz asketisch lebender weiblicher *brahmavādinīs* (wörtlich: „eine, die *brahman* diskutiert"),[18] die sich nach dem *upanayana* dem Studium des religiösen Wissens widmeten, bezeugt. Diese Lebensform wurde Frauen aber in der klassisch-hinduistischen Periode offiziell versagt. Besonders die asketischen Traditionen haben negative Frauenstereotype forciert und wesentlich zum Bild der Frau als Verführerin beigetragen. Die angeborene Natur der Frau (= skt. *strīsvabhāva*), die vor allem durch ihre sexuelle Triebhaftigkeit charakterisiert ist, gilt als Wurzel allen Übels. Der Versuch, Frauen von der asketischen Lebensweise prinzipiell auszuschließen, hängt nicht zuletzt mit der ihnen angelasteten Sinnlichkeit zusammen.

In seiner letzten Lebensphase als Asket soll sich ein Hindu nur mehr auf das Ziel der Befreiung aus dem Geburtenkreislauf konzentrieren. Da Frauen rituell nicht in die Hindu-Gesellschaft aufgenommen werden, sind sie vom idealen Lebensschema, das im *saṃnyāsa*, der Entsagung, endet, und damit auch von der Möglichkeit der Befreiung ausgeschlossen. Diese Sichtweise der brahmanischen Orthodoxie deckt sich allerdings nicht mit der historischen Wirklichkeit. Altindische Quellen belegen die theologisch illegitime, aber relativ verbreitete Existenz von Asketinnen in der brahmanischen Tradition (Olivelle 2011, 278 f.). Asketinnen sind auch aus der Tradition des Yoga, genannt *yoginīs*, und aus der tantrischen Tradition, genannt *bhairavīs*, bekannt. Verglichen mit den männlichen Asketen wurde ihnen jedoch meist eine geringere Bedeutung beigemessen. In der Gegenwart gibt es eine zwar wachsende, aber immer noch kleine Zahl von Asketinnen, die sich im Gegensatz zu ihren männlichen Pendants meist weder auf eine große soziale Akzeptanz (ausgenommen sind populäre weibliche Heilige) noch auf tragfähige Organisationsformen stützen können.[19] Trotzdem stärken die heutigen *saṃnyāsinīs* ihr Selbstbewusstsein mit der hinduistischen Tradition und verstehen sich als Erbinnen des altehrwürdigen vedischen Ideals der *brahmavādinī*. Der Rückbezug auf die Tradition der gelehrten *brahmavādinīs* spielt auch in etlichen modernen hinduistischen Bewegungen eine große Rolle. Frauen haben damit ihre Forderungen legitimiert – etwa nach der Gründung eines eigenen weiblichen Ordens innerhalb der populären Ramakrishna-Bewegung.

---

**18** Mit *brahman* wird ursprünglich das *Veda*-Wort, dann das ewige, geistige Grundprinzip der Wirklichkeit bezeichnet.
**19** Einen Eindruck von der Vielfalt asketischer Lebensformen von Hindu-Frauen vermitteln Denton 2004 und Khandelwal, Hausner und Gold 2006.

Seit dem 20. Jahrhundert haben Frauen auch Zugang zur traditionell männlichen Rolle des Brahmanen erhalten. Obwohl das männliche Priestertum in seinen verschiedenen Varianten nach wie vor die Norm bildet, gibt es mittlerweile zahlreiche Ausnahmen (Narayanan 2005; Patton 2005). Beispielsweise werden im Bundesstaat Maharashtra seit den 1930er Jahren Frauen als Priesterinnen trainiert. Gegenwärtig existieren mehrere Zentren und die Zahl der ausgebildeten Frauen ist rapid gestiegen. Es wird berichtet, dass Priesterinnen populär sind, es wird ihnen größeres Vertrauen entgegengebracht, weil sie als verlässlich und moderat in ihren finanziellen Forderungen gelten. Allerdings bezieht sich die Tätigkeit von Frauen weitgehend auf häusliche Rituale, im öffentlichen Raum sind sie nach wie vor selten anzutreffen. Die Zunahme des Frauenpriestertums wird darüber hinaus auch mit dem Mangel an männlichen Priestern in Zusammenhang gebracht.

## 4 Das „dritte Geschlecht"

Die normativen hinduistischen Traditionen sind von einer binären Geschlechterordnung geprägt und da die Zeugung von Söhnen von zentraler Bedeutung ist, wird die heterosexuelle Orientierung als Maßstab betrachtet. Dennoch gibt es bereits seit der vedischen Zeit Hinweise auf die Existenz von Abweichungen von der normativen männlichen Geschlechtsrolle. In den ersten Jahrhunderten n. chr. Z. wurde das Konzept eines „dritten Geschlechts" (skt. *tṛtīyā prakṛti*) entwickelt. Es existieren verschiedene, synonym verwendete Bezeichnungen für Menschen mit männlicher Anatomie, die ein ‚weibliches' Aussehen und Verhalten anstreben. Unter den zeitgenössischen Nachfahren der Angehörigen des dritten Geschlechts ist die Gemeinschaft der Hijras am besten bekannt. Hijras üben zwei verschiedene Tätigkeiten aus: Im Kontext von Geburt und Hochzeit nehmen sie eine rituelle Rolle ein und segnen das neugeborene männliche Kind und das frisch vermählte Paar mit Fruchtbarkeit; in der Sexarbeit unterhalten sie sexuelle Beziehungen mit Männern. Obwohl sie sich selbst als weder männlich noch weiblich, sondern als eigenständiges Geschlecht verstehen, gelten sie in Anknüpfung an die altindische Zeit als defekte, ‚weibische' Männer. Sie führen ein Leben am Rand der Gesellschaft und werden einerseits wegen der ihnen zugeschriebenen spirituellen Kräfte gefürchtet, andererseits als impotente Schwächlinge verspottet (Nanda 1991, 1–9). Hijras passen nicht in den normativ-zweigeschlechtlichen Rahmen der Hindu-Gesellschaft, sondern sind durch eine Identität jenseits der Geschlechtergrenzen gekennzeichnet. Der Körper wird mithilfe verschiedener Riten zum Instrument einer ‚weiblichen' Lebensform umgestaltet (Boisvert 2020). Darunter fällt auch *nirvāṇ*, die rituelle Kastration, die jedoch nicht vollzogen werden muss. Hijras legitimieren ihre Existenzweise mit verschiedenen Mythen, wobei der Mythos, der mit der Göttin

Bahucārā Mātā verknüpft ist, besonders bedeutsam ist: Die Göttin kastriert ihren Mann aus Wut über seine homosexuelle Orientierung, entscheidet sich dann aber dafür, alle Männer zu schützen, die sich einer Kastration unterziehen wollen, um anderen Frauen ihre Frustration zu ersparen. Bahucārā Mātā ist die Schutzgöttin der Hijras und all jene, die den rituellen Prozess von *nirvāṇ* durchlaufen, betrachten sich als Verkörperungen ihres ‚Ehemannes'.

# 5 Geschlechtsspezifische Transzendenzvorstellungen

In der vedischen Überlieferung sind männlich personifizierte Gottheiten dominant, Göttinnen spielen eine vergleichsweise geringe Rolle. Bedeutsam ist Tradition der Göttin Vāc, „Wort, Rede". Sie gilt als die Personifikation des *Veda*-Wortes, die Inspiration der Seher und wird als Himmelskönigin (*Ṛg-Veda* 8, 89; 1, 45) bezeichnet. Vāc lebt fort in der populären hinduistischen Sarasvatī, der Göttin des Wissens und der Weisheit. Der klassisch-brahmanische Hinduismus ist zwar durch eine Vielfalt an Göttern und Göttinnen gekennzeichnet, als letztgültiges göttliches Prinzip wird aber das apersonale *brahman* betrachtet. Parallel dazu gibt es eine Fülle verschiedener theistischer Richtungen (geordnet durch die Sammelbezeichnungen Viṣṇuismus, Śivaismus und Śaktismus)[20], die sich jeweils um eine einzige männlich oder weiblich personifizierte Gottheit drehen, sowie zahlreiche lokale Traditionen.

Verglichen mit den anderen großen Religionen der Gegenwart beinhalten die hinduistischen Traditionen sowohl zahlreiche Transgender-Phänomene, die mit männlichen Gottheiten verknüpft sind (Heller 2017), als auch die umfangreichste und theoretisch am stärksten reflektierte lebendige Verehrung von Göttinnen. In vielen lokalen volksreligiösen Traditionen, die das ländliche Indien prägen, steht eine Göttin im Zentrum, die meist als „Mutter" bezeichnet wird und häufig mit einer der bekannten ‚großen Göttinnen' der klassisch-brahmanischen Überlieferung identifiziert wird. Diese Dorfmütter sind verantwortlich für das Wohlergehen des Dorfes (Kinsley 1990, 262–282). Prinzipiell muss unterschieden werden zwischen weiblichen Gottheiten mit einer bestimmten historischen Genese, Kultorten, Mythen, Festen etc. und der Vorstellung von einer einzigen, umfassenden Göttin, die mit den theologischen Konzepten der *Śakti* und der *Mahādevī* verknüpft ist.

---

20 Während Traditionen, die entweder Viṣṇu oder Śiva als zentrale Gottheit verehren, bereits in den letzten Jahrhunderten v. chr. Z. entstanden, sind Traditionen, in deren Fokus die Śakti steht, erst nach der Mitte des 1. Jahrtausends n. chr. Z. greifbar.

## Das Konzept *Śakti*

Der Begriff *śakti*, „Kraft", bezeichnete bereits in der vedischen Zeit die göttliche Kraft. Im Lauf der Entwicklung des Śaktismus wurde Śakti zum weiblichen, aktiven, hervorbringenden Prinzip, das gemeinsam mit den kosmischen Prinzipien *prakṛti* („Materie") und *māyā* („kreative Kraft", auch „Illusion") über viele Jahrhunderte zur charakteristischen Vorstellung der Göttin als Śakti geformt wurde (Pintchman 2018, 18). In den Traditionen des Viṣṇuismus und Śivaismus ist das Absolute primär männlich personifiziert und wird meist ergänzt durch die Konzeption der Śakti, die für bestimmte Bereiche (vor allem Schöpfung und Befreiung) zuständig ist. Insofern meint Śakti in diesem Kontext die weiblich personifizierte Kraft eines männlichen Gottes. Prinzipiell kann allen männlichen Gottheiten eine bestimmte Śakti (oder sogar mehrere) zugeordnet werden, am stärksten tritt jedoch die Śakti Śivas hervor. Verschiedene Göttinnen können die Position der Śakti Śivas einnehmen. Die Göttinnen Pārvatī oder Umā bleiben eng mit Śiva verknüpft und gelten als seine Ehefrauen. Sie gehören zur Gruppe der sogenannten milden, gütigen Göttinnen, während die wilden, heroischen, jungfräulichen Göttinnen wie Durgā oder Kālī zur Unabhängigkeit tendieren.[21] Die mächtigen Göttinnen Durgā und Kālī sind Śiva teilweise sogar überlegen: Śiva tritt dann zurück und sie steigen zur großen, absoluten Göttin auf. Zwischen der untergeordneten und der dominanten Rolle kann die Śakti die Position der weiblichen Hälfte einer androgynen Gottheit einnehmen. Sie ist Teil des sogenannten *Ardhanārīśvara*, des „Herrn, der zur Hälfte Frau ist". Der Name bezeichnet eine Form Śivas und lässt deutlich erkennen, welchem Geschlecht der Vorrang eingeräumt wird.

## Das Konzept *Mahādevī*

Jene Formen des Śaktismus, die der Śakti eine dominante und einzigartige Position zuweisen und sie mit dem göttlichen Absoluten gleichsetzen, bedienen sich des Konzeptes der *Mahādevī* (wörtlich: „große Göttin") oder auch *Mahāśakti*. Viele Textquellen belegen die Tendenz, alle bekannten Göttinnen als „große Göttin" zusammenzufassen. Zumeist wird eine konkrete weibliche Gottheit wie Durgā, Kālī oder Lakṣmī in die Position der großen, transzendenten Göttin gerückt. Am Beispiel der Göttin Durgā lässt sich diese Denkfigur veranschaulichen. Durgā ist eine his-

---

21 Michaels, Vogelsanger und Wilke 1996, 20–25, mit einer Tabelle, die die gegensätzlichen Kategorien näher beschreibt, wobei allerdings betont wird, dass damit keine rigide Klassifikation intendiert ist, da Göttinnen Züge beider Kategorien aufweisen können und gelegentlich auch zwischen diesen beiden Polen wechseln.

torisch gewachsene, mächtige und hochverehrte Göttin. Sie war die kriegerische Schutzgöttin mehrerer Herrscherdynastien. Der älteste heilige Text, der dieser Göttin gewidmet ist, das sogenannte *Devīmāhātmya*, stammt aus dem 6. Jahrhundert n. chr. Z. Dieser Text gilt auch als das früheste Zeugnis für die Vorstellung einer einzigen ‚großen Göttin' (Coburn 1996). Hier wird bereits die Auffassung vertreten, dass Durgā die Śaktis aller männlichen Götter in sich vereint. Als *Mahāsuramardinī*, als Töterin des Büffeldämons, rettet sie Götter und Menschen vor dem Angriff der Dämonen (Abb. 5). Dieses Ereignis wird in Indien bis heute im Fest Dasserah im September/Oktober jeden Jahres gefeiert. Genauso wie Durgā kann auch die Göttin Kālī zur Mahādevī werden. Im *Devīmahātmya* ist Kālī noch eine Manifestation Durgās, in späteren Traditionen entwickelt sie sich zu einer selbständigen Göttin, die die grausam-destruktiven Aspekte der hinduistischen Göttinnen am anschaulichsten mit den mütterlich-gütigen Zügen vereint. In der bengalischen Mystik wird sie im 18. Jahrhundert zur transzendenten Mutter Kālī, die aus Leid und Unwissenheit befreit (McDermott 1995).

Mit der Mahādevī sind bestimmte Grundvorstellungen verknüpft: Sie ist identisch mit dem transzendenten Grundprinzip der Wirklichkeit (*brahman*); sie ist Grundlage und Stütze der Welt, Quelle aller Lebewesen sowie aller weiblichen und männlichen Gottheiten. Dementsprechend nimmt sie die mythologischen Rollen einer Mutter, Schöpferin und Königin des Kosmos ein.

## 6 Frauen als Manifestationen der Śakti

Die Identifikation von Weiblichkeit mit dem metaphysischen Konzept der Śakti gehört zu den Grundmustern der bis heute einflussreichen brahmanisch-hinduistischen Tradition. Charakteristisch für diese kulturelle Konstruktion von Weiblichkeit ist die Ambivalenz zwischen kreativ-wohlwollend und destruktiv-gefährlich, die im Zusammenhang mit weiblicher Sexualität steht (Pintchman 1993). Nur wenn die bedrohliche weibliche Sexualkraft unter männliche Kontrolle gebracht wird, löst sich diese Doppeldeutigkeit in beständiges weibliches Wohlwollen auf.

Die destruktiv-gefährliche Seite des Weiblichen wird tendenziell durch Göttinnen wie Durgā oder Kālī repräsentiert, die kreativ-wohlwollende Seite durch Göttinnen wie Pārvatī oder Lakṣmī. Die Unterordnung unter das männliche Prinzip wirkt sich auf Göttinnen und Frauen gleichermaßen positiv aus. Jene Göttinnen, die als personifizierte Kraft einem männlichen Partner untergeordnet sind, dienen auch als Vorbilder für die irdischen Frauen. Vor allem die Göttinnen Lakṣmī und Pārvatī werden als Modelle herangezogen, die tugendhafte Ehefrau ist geradezu als Verkörperung der Göttin Lakṣmī, als Glücksgöttin, zu verehren. Zwischen den unabhängigen, mächtigen Göttinnen wie Durgā oder Kālī und den Frauen gibt es in der

**Abb. 5:** Durgā als *Mahiṣāsuramardinī*, Chennakeshvara-Tempel in Belur, Karnataka, 12. Jahrhundert (Foto: Dorina Heller).

brahmanisch-hinduistischen Tradition hingegen wenig Berührungspunkte. Göttinnen, die keinem männlichen Partner untergeordnet sind, besitzen wilde, schreckenerregende und zugleich mütterlich-schützende Wesenszüge. Diese Göttinnen, die sowohl kreative als auch destruktive Aspekte der kosmischen ‚Urkraft' repräsentieren, werden verehrt und teilweise gefürchtet. Auf der Ebene der Göttinnen stellt sich Sexualität als ein Aspekt einer umfassenderen kosmischen Kraft dar, auf der menschlichen Ebene erscheint Sexualität hingegen als Triebhaftigkeit und Schwäche der Frau, die kontrolliert werden muss. Frauen können daher nur in Abhängigkeit vom Mann ein gutes und vorbildliches Leben führen. Nur wenn das Wesen der Frau völlig von ihrer Mutterrolle überlagert wird, eröffnet sich die Möglichkeit zu einer gewissen Dominanz und Eigenständigkeit. Als ent-sexualisierte Mutter partizipiert die Frau an der Unabhängigkeit der Göttinnen und genießt übergroße Verehrung. Anders als die Göttin ist die irdische Mutter allerdings immer auch untergeordnete Ehefrau.

## 7 Frauen als religiöse Subjekte

Sowohl die vedische Überlieferung als auch die epischen hinduistischen Erzählungen erwähnen gelegentlich Frauen, die durch religiöse Gelehrsamkeit hervorragen. Relativ zahlreich sind Frauen in den *Bhakti*-Traditionen vertreten, etliche von ihnen haben bis heute eine überragende Bedeutung und ihre Texte sind teilweise als Lieder der Pop-Kultur verbreitet. Sowohl Āṇṭāḷ, die im 7. oder 8. Jahrhundert in Tamil Nadu lebte, als auch Mīrābāī, die im 16. Jahrhundert in Rajasthan wirkte, sind bekannte Mystikerinnen. Beide verfassten religiöse Liebeslyrik und verehrten Viṣṇu in der Gestalt des Kṛṣṇa als Geliebten/Bräutigam.

Eine der prominentesten weiblichen Heiligen ist die Mystikerin Akkamahādēvi, die im 12. Jahrhundert in Karnataka, Westindien, gelebt hat (Heller 1999, 215–217; 250–252). Sie gilt als eine der Gründungsgestalten der Tradition der Liṅgāyats, die zum großen Strom des Śivaismus gezählt werden und vor allem für die Beseitigung der Kastenhierarchie und der brahmanischen Vormachtstellung, aber auch verschiedener Ungleichheiten zwischen den Geschlechtern bekannt sind.[22] Von Kindheit an soll Akkamahādēvi mit Hingabe Śiva als *Cennamallikarjuna*, als „lieblichen Herrn, weiß wie Jasmin", verehrt haben. Die verschiedenen Phasen ihrer mystischen Liebesbeziehung zu Śiva finden einen dichterisch-sprachlichen Ausdruck in ihren vielen *Vacanas*, „Sprüchen". Trotz ihrer Rolle als Gottesbraut hat Akkamahādēvi aber auch ein ‚männliches' Bewusstsein für sich beansprucht. Sie definiert sich im Gegensatz zu ihrer äußeren weiblichen Körperlichkeit als wesenhaft ‚männlich' und entspricht damit dem spirituellen Ideal der Liṅgāyats, das sich in der Metapher des tapferen Helden ausdrückt.

---

22 Liṅgāyat heißt wörtlich „*Liṅga*-Träger". Sowohl männliche als auch weibliche Liṅgāyats erhalten bei der Initiation ein *liṅga*, das Symbol des von ihnen verehrten Gottes Śiva, das an einer Kette um den Hals getragen wird.

Akkamahādēvi ist bis heute vor allem ein Vorbild für die *saṃnyāsinī*, die Entsagerin, nicht für die Frauen, die in der Alltagsrealität von Geschlechterbeziehungen leben. Zeitgenössische Liṅgāyats betrachten sie als das bedeutendste Symbol für die Gleichberechtigung der Frau. Ihre radikale und kompromisslose Selbstsuche wird als Signal für Frauen interpretiert und sie wird als Vorläuferin der Frauenemanzipationsbewegung gepriesen. Akkamahādēvis Bedeutung und Anziehungskraft wird heute auf ihren außergewöhnlichen Kampf für Emanzipation, soziale Anerkennung und spirituelle Erfüllung zurückgeführt. Sie hat ihre Vorbildwirkung in besonderer Weise für eine Frau entfaltet, die als einziger weiblicher Papst der Welt bezeichnet wurde: Mate Mahadevi (1946–2019)[23] kam als junge Frau mit einer Reformbewegung in Kontakt, die es sich zum Ziel gesetzt hatte, das traditionelle Gleichheitsideal der Liṅgāyats zu revitalisieren und in besonderer Weise die religiöse Gleichberechtigung der Geschlechter zu voranzutreiben. Sie ließ sich in die monastische Lebensweise initiieren. Ein Offenbarungserlebnis vermittelte ihr die Gewissheit, dass sie als neue Verkörperung der Mystikerin Akkamahādēvi in die Welt gekommen sei, um die alten Ideale der Liṅgāyat-Tradition zu erfüllen. Mate Mahadevi wurde rasch zur rechten Hand des Gründers der Bewegung und nach seinem Tod zum ersten weiblichen Oberhaupt in der Geschichte der Liṅgāyats. Am 13. Januar 1996 wurde sie feierlich als *Mahājagadguru* („großer Weltlehrer, Weltoberhaupt") inthronisiert (Abb. 6).

## 8 Egalisierungstendenzen und feministische Transformationen

Im 19. Jahrhundert engagierten sich hinduistische Reformbewegungen für die Beseitigung von Missständen, die vor allem Frauen betrafen – etwa Witwenverbrennung, Kinderheirat, Verbot der Wiederheirat von Witwen, Polygamie –, als Antwort auf die Herausforderung des britischen Kulturimperialismus und der missionarischen Propaganda gegen den als rückständig und moralisch verwerflich abqualifizierten Hinduismus (Jayawardena 1986, 77–79). Die Besserstellung von Frauen wurde mit Argumenten begründet, die seit langem in der religiösen Überlieferung verankert sind, aber kaum zu praktischen Konsequenzen geführt haben: Geschlechtsmerkmale gelten als äußere und unwesentliche Unterschiede zwischen den Geschlechtern, die sich nicht auf den inneren Kern, den *ātman*, beziehen; Frauen sind Manifestationen der Śakti. Die empfohlenen Aktivitäten bezogen sich auf primär auf Bildung. Allerdings wurde die Besserstellung von Frauen nationalen Interessen untergeordnet.

---

23 Für ausführliche biographische Informationen siehe Heller 1999, 219–224.

**Abb.6:** Mate Mahadevi leitet eine religiöse Zeremonie im Rahmen der Inthronisierungs-Feierlichkeiten; sie ist umgeben von den männlichen Vorstehern verschiedener Liṅgāyat-Āśramas („Klöster"), die sie als Oberhaupt anerkennen, andere sind der Feier ferngeblieben.
12. Januar 1996 in Kudala Sangama, Karnataka (Foto: Birgit Heller).

So wurden etwa in der Ramakrishna-Bewegung Frauen als Verkörperungen der göttlichen Mutter bezeichnet und als Instrumente für die nationale Erneuerung betrachtet. Frauenbildung sollte vor allem dazu dienen, ‚Mütter großer Männer' hervorzubringen (Vivekananda 1982, 24). Die den Frauen zugedachte Entwicklung hatte sich überdies an traditionellen weiblichen Rollen und Eigenschaften zu orientieren, die vor allem am Modell der Sītā festgemacht wurden: „Any attempt to modernise our women, if it tries to take our women away from that ideal of Sita, is immediatelly a failure, as we see every day. The women of India must grow and develop in the footprints of Sita, and that is the only way." (Vivekananda 1982, 3).

Obwohl in der Ramakrishna-Bewegung das traditionelle Weiblichkeitskonzept für die ‚weltlichen' Frauen bis heute leitend ist, haben sich die spirituell orientierten Frauen emanzipiert und das Recht auf *saṃnyāsa* erkämpft (Heller 1999, 113–117). Im Jahr 1954 wurde der Shri Sarada Math in Dakshineswar bei Kalkutta feierlich eröffnet und nach fünf weiteren Jahren in die völlige Unabhängigkeit entlassen. Die *sannyāsinīs* sind stolz auf ihre Autonomie. Sie betrachten den Sarada Math als ersten Frauenorden sämtlicher Religionen, der in allen Belangen völlig unabhängig von männlicher Kontrolle ist (Atmaprana 1990, 500).

Die hinduistischen Reformbewegungen mit ihrem Engagement für Frauenfragen und die Unabhängigkeitsbewegung mit der starken Beteiligung von Frauen bilden den Hintergrund für die Entwicklung der Frauenbewegung in Indien. Das Verhältnis von Frauenbewegung und Religion ist jedoch ambivalent. Verstanden sich Frauen in der frühen Geschichte der Frauenbewegung noch im Rahmen eines progressiven Hinduismus, nahmen Vertreterinnen von Frauenorganisationen ab den 1970er Jahren eine distanzierte bis ablehnende Haltung gegenüber Religion ein. Religiöse Traditionen mit ihren Idealen und Normen für das Leben von Frauen galten als suppressiv und wurden weitgehend ignoriert. Im Lauf der 1980er Jahre wurde der wachsende Hindu-Nationalismus als drohende Herausforderung ernst genommen. Die unheilige Allianz zwischen Patriarchat, Religion und Politik als Basis der Unterdrückung von Frauen erregte eine neue Aufmerksamkeit (Sharma 1989, 28–35). Angesichts dieser Situation, aber auch der Bedeutung, die religiöse Traditionen im Leben der meisten indischen Frauen behalten hatten, mehrten sich die Stimmen, die eine Auseinandersetzung der Frauenbewegung mit Religion und religiöser Reform für wichtig erachteten.

In zeitgenössischen feministischen Kreisen steht neben deutlich religionskritischen Einstellungen teilweise auch ein Interesse an Religion und die Suche nach religiös-kultureller Identität. Die indische Religionsphilosophin Lina Gupta (1991) hat vor etwa 30 Jahren begonnen, ihre religiösen Traditionen neu zu interpretieren. Gupta betrachtet die hinduistischen Göttinnen als eine Quelle für die soziale und spirituelle Befreiung von Frauen (und Männern). Besonders in der Göttin Kālī sieht sie ein postpatriarchales Modell jenseits von Mutter und Ehefrau. Die schreckenerregende Erscheinung der Göttin wird nicht durch die übergeordnete Deutung als universale Mutter gezähmt, sondern als Symbol für weibliche Grenzüberschreitung, Nonkonformität, Schöpfungsmacht und Rebellion gegen Unterdrückung interpretiert. Kālī wird auf diese Weise „the personified wrath of women in all cultures" und ihr schreckenerregendes Geheul „a demand for equality" (Gupta 1991, 31). Etliche indische Frauenaktivistinnen, Schriftstellerinnen und Künstlerinnen haben ebenfalls versucht, die Vorstellung der Śakti zu fördern, um ein feministisches Bewusstsein zu schaffen (Erndl 2002, 91–103). Die Bezüge zwischen hinduistischer Göttin-Symbolik und Frauen werden von indischen Feministinnen allerdings auch kritisch betrachtet und problematisiert (Sunder Rajan 2005, 318–333). Derzeit spielen Göttinnen sowohl im rechts- als auch im linkspolitischen Aktivismus eine vielschichtige Rolle – vom Modell für die militante Hindu-Nationalistin bis zum Symbol der Selbstermächtigung des weiblichen Opfers sexueller Gewalt – und werden für machtpolitische Interessen instrumentalisiert.

## Literatur

*Aitareya Brāhmaṇa: Älteste indische Dichtung und Prosa. Vedische Hymnen, Legenden, Zauberlieder, philosophische und ritualistische Lehren*, hg. v. Klaus Mylius. 1981. Leipzig: Reclam.
Boisvert, Mathieu. 2020. „Cultivating a Female Body. Appropriation of Female Rituality (*saṃskāra*) Within the Hijra Community." In *Rethinking the Body in South Asian Traditions*, hg. v. Diana Dimitrova, 92–115. London; New York/NY: Routledge.
Coburn, Thomas B. 1996. „Devī. The Great Goddess." In *Devī. Goddesses of India*, hg. v. John S. Hawley und Donna M. Wulff, 31–48. Comparative Studies in Religion and Society 7. Berkeley/CA u. a.: University of California Press.
Denton, Lynn Teskey. 2004. *Female Ascetics in Hinduism*. Albany/NY: SUNY Press.
Erndl, Kathleen M. 2002. „Is *Shakti* Empowering for Women? Reflections on Feminism and the Hindu Goddess." In *Is the Goddess a Feminist? The Politics of South Asian Goddesses*, hg. v. Alf Hiltebeitel und Kathleen M. Erndl, 91–103. New Delhi: Oxford University Press.
Gupta, Lina. 1991. „Kali, the Saviour." In *After Partiarchy. Feminist Transformations of the World Religions*, hg. v. Paul Cooey, William R. Eakin und Jay B. McDaniel, 15–38. Maryknoll/NY: Orbis Books.
Heller, Birgit. 1999. *Heilige Mutter und Gottesbraut. Frauenemanzipation im modernen Hinduismus*. Reihe Frauenforschung 39. Wien: Milena Verlag.
Heller, Birgit. 2010. Hindu-Traditionen und Frauenemanzipation." In *Gender* 2, 28–46.
Jayawardena, Kumari. 1986. *Feminism and Nationalism in the Third World*. London: Zed Books; New Delhi: Kali for Women.
Heller, Birgit. 2017. „Symbols of Emancipation? Images of God/dess, Devotees and Trans-sex/gender in Hindu Traditions." In *Interdisciplinary Journal for Religion and Transformation* 3, 235–257. DOI: https://doi:10.14220/jrat.2017.3.2.235 [15. 03. 2023].
Heller, Birgit. 2021. „Wissen, Weisheit und Geschlecht. Ambivalente Geschlechtskonstruktionen in Hindu-Traditionen." In *Handbuch Gender und Religion*, hg. v. Anna-Katharina Höpflinger, Ann Jeffers und Daria Pezzoli-Olgiati, 307–325. 2. überarb. u. erw. Aufl. Göttingen: Vandenhoeck & Ruprecht.
Hillebrandt, Alfred. 1981 [1897]. *Ritual-Litteratur. Vedische Opfer und Zauber*. Graz: Akademische Druck- und Verlagsanstalt.
Leslie, Julia. 1983. „Essence and Existence. Women and Religion in Ancient Indian Texts." In *Women's Religious Experience. Cross-Cultural Perspectives*, hg. v. Pat Holden, 89–112. London: Croom Helm; Totowa/NJ: Barns & Noble Books.
Kakar, Sudhir. 1988. *Kindheit und Gesellschaft in Indien. Eine psychoanalytische Studie* (= *The Inner World. A Psycho-analytic Study of Childhood and Society in India*, 1978). Frankfurt/M.: Nexus Verlag.
Khandelwal, Meena, Sondra L. Hausner, und Ann Grodzins Gold, Hg. 2006. *Women's Renunciation in South Asia. Nuns, Yoginis, Saints, and Singers*. New York/NY: Palgrave Macmillan.
Kinsley, David. 1980. „Devotion as an Alternative to Marriage in the Lives of Some Hindu Women Devotees." In *Journal of Asian and African Studies* 15, 83–93.
Kinsley, David. 1990. *Indische Göttinnen. Weibliche Gottheiten im Hinduismus* (= *Hindu Goddesses*, 1988). 6. Aufl. Frankfurt/M.: Insel Verlag.
Malinar, Angelika. 2009. *Hinduismus*. Göttingen: Vandenhoeck & Ruprecht.
*Manusmṛti. Manus Gesetzbuch*, übers. und hg. v. Axel Michaels unter Mitarbeit v. Anand Mishra. 2010. Berlin: Verlag der Weltreligionen im Insel Verlag.
McDaniel, June. 2003. *Making Virtuous Daughters and Wives. An Introduction to Women's Brata Rituals in Bengali Folk Religion*. Albany/NY: SUNY Press.

McDermott, Rachel Fell. 1995. „Bengali Songs to Kālī." In *Religions of India in Practice*, hg. v. Donald S. Lopez Jr., 55–76. Princeton: Princeton University Press.
McDermott, Rachel Fell. 2001. *Singing to the Goddess. Poems to Kālī and Umā from Bengal*. New York/NY: Oxford University Press.
McGee, Mary. 2002. „Ritual Rights. The Gender Implications of Adhikāra." In *Jewels of Authority. Women and Textual Tradition in Hindu India*, hg. v. Laurie Patton, 32–50. New York/NY; Oxford: Oxford University Press.
Michaels, Axel. 1998. *Der Hinduismus. Geschichte und Gegenwart*. München: Beck.
Michaels, Axel, Vogelsanger, Cornelia und Annette Wilke. 1996. „Introduction." In *Wild Goddesses in India and Nepal*, hg. v. Axel Michaels, Cornelia Vogelsanger und Annette Wilke, 15–34. Studia religiosa Helvetica 2. Bern u. a.: Lang.
Nanda, Serena. 1991. *Neither Man nor Woman. The Hijras of India*. Belmont/CA: Wadsworth Publishing Company.
Narayanan, Vasudha. 1990. „Hindu Perceptions of Auspicousness and Sexuality." In *Women, Religion and Sexuality. Studies on the Impact of Religious Teachings on Women*, hg. v. Jeanne Becher. 64–92. Genf: WCC Publications.
Narayanan, Vasudha. 2005. „Gender and Priesthood in Hindu Traditions." In *Journal of Hindu Christian Studies* 18, 22–31.
Olivelle, Patrick. 2011. *Ascetics and Brahmins. Studies in Ideologies and Institutions*. London; New York/NY: Anthem Press.
Patton, Laurie. 2005. „Can Women Be Priests? Brief Notes toward an Argument from the Ancient Hindu World." In *Journal of Hindu Christian Studies* 18, 17–21.
Pearson, Anne Mackenzie. 1996. „*Because It Gives Me Peace of Mind.*" *Ritual Fasts in the Religious Lives of Hindu Women*. Albany/NY: SUNY Press.
Pintchman, Tracy. 1993. „The Ambiguous Female. Conceptions of Female Gender in the Brahmanical Tradition and the Roles of Women in India." In *Ethical and Political Dilemmas of Modern India*, hg. v. Ninian Smart und Shivesh C. Thakur, 144–159. Houndsmill, Basingstoke/Hampshire: Palgrave Macmillan.
Pintchman, Tracy. 2018. „Cosmological, Devotional and Social Perspectives on the Hindu Goddess." In *The Oxford History of Hinduism. The Goddess*, hg. v. Mandrakanta Bose, 17–38. Oxford: Oxford University Press.
*Pretakalpa: Der Pretakalpa des Garuḍa-Purāṇa. eine Darstellung des hinduistischen Totenkultes und Jenseitsglaubens*, übers. und erklärt v. Emil Abegg. 1956. 2. Aufl. Berlin: De Gruyter.
*Ṛg-Veda: Der Rig-Veda*, übers. v. Karl F. Geldner. 2003 [1923–1951]. Harvard Oriental Series 63. Cambridge/MA; London: Harvard University Press.
Sharma, Kumud. 1989. *Shared Aspirations, Fragmented Realities. Contemporary Women's Movement in India. Its Dialectics and Dilemmas*. New Delhi: Centre for Women's Development Studies.
Smith, Brian. 1986. „Ritual, Knowledge and Being. Initiation and Veda Study in Ancient India." In *Numen* 33, 65–89.
Stietencron, Heinrich v. 2001. *Der Hinduismus*. München: Beck.
Sunder Rajan, Rajeswari. 2005. „Is the Hindu Goddess a Feminist?" In *Feminism in India*, hg. v. Maitreyee Chaudhuri, 318–333. London; New York/NY: Zed Books.
Syed, Renate. 2001. „*Ein Unglück ist die Tochter.*" *Zur Diskriminierung des Mädchens im alten und im heutigen Indien*. Wiesbaden: Harrassowitz.
Tryambakayajvan. *The Perfect Wife (Strīdharmapaddhati)*, übers. v. Julia Leslie. 1989. London u. a.: Penguin Books.

Vivekananda, Swami. 1982. *Our Women.* 9. Aufl. Calcutta: Advaita Ashrama.

## Weiterführende Literatur

Bose, Mandrakanta 2010. *Women in Hindu Traditions. Rules, Roles and Exceptions.* Routledge Hindu Studies Series. London; New York/NY: Routledge.
Pintchman, Tracy. 2001. *Seeking Mahādevī. Constructing the Indentities of the Hindu Great Goddess.* Albany/NY: SUNY Press.
Vemsani, Lavanya. 2021. *Feminine Journeys of the Mahabharata. Hindu Women in History, Text, and Practice.* Cham: Springer International Publishing.

Sherry E. Fohr
# II.5 Jainism

Jains are a minority of four or five million in India, with smaller communities outside of India. Their practices center around non-harming toward all living beings and purifying the soul of karma to achieve liberation (*mokṣa*) from the cycle of rebirth (*saṃsāra*). Jainism's goal is transcendent, asexual, and non-gendered. The soteriology of Jainism includes eliminating all karma from the non-gendered soul, including the karma that produces biological sex, sexuality, and gender. Once this is done, the practitioner's soul achieves *mokṣa* at death, ascending to the top of the universe where it joins the Jinas ("victors") and other liberated souls. This abode of liberated souls transcends *saṃsāra*, including the gender-distinctions within it.[1]

Jainism, as it practiced today, was founded around 2500 years ago by the 24th Jina, Lord Mahāvīra. The two main sects are the Śvetāmbara and the Digambara, which are divided into subsects, and so there is more diversity in Jainism than can be detailed here. The following generalized information concerns cisgendered heterosexual gender-binary norms and LGBTQIA⁺ identities. Although Jains extend the category of personhood to all living beings, the following descriptions of sex, gender, and sexuality is limited to humans.

## 1 Status and Roles of Men and Women

The Four-Fold Community consists of a hierarchy of monks, nuns, laymen, and laywomen which combines two binary sub-hierarchies that are (1) cisgendered male – female and (2) celibate/asexual – heterosexual.

The male-female hierarchy is influenced by the belief that rebirth as a woman is the result of deceit in a past life. The small population of celibate renouncers constitute the top half of the hierarchy, so that both monks and nuns are highly respected, but with monks more so. Nuns have more restrictions than monks, such as not being allowed to renounce clothing in the Digambara sect, and monks usually fill the highest ranks of orders of monks and nuns (Fohr 2006; 2020). Depending on the region, patriarchy among Jain laypeople may be strong or mild. Third-gendered laypersons are largely outside and below The Four-Fold

---

[1] See also Howard 2020.

Community, although certain sub-types may be accepted into orders of monks and nuns (Zwilling and Sweet 1996).

The celibate/asexual – heterosexual hierarchy can be seen in the contrast between renouncers and laypeople. Celibate monks and nuns endeavor to become internally asexual and to eliminate all karma from their souls, including the karma responsible for sexuality, psychological gender, and biological sex. Most Jains are laypeople in heterosexual marriages who endeavor to maximize good karma and minimize bad karma for their well-being in the cycle of rebirth and to achieve liberation in a future life. Laypeople venerate and support renouncers; renouncers provide spiritual ideals and guidance to laypeople.

Monks and nuns[2] are somewhat neutral-gendered because they renounce gendered family roles and sexual thoughts, speech, and actions. Their religious discipline is virtually the same. Both monks and nuns stop further accumulation of karma by following The Five Great Vows: (1) non-violence or non-harming (*ahiṃsā*), (2) truth, (3) non-stealing, (4) celibacy, and (5) non-possession/non-attachment. They purify karma through austerities, such as fasting and meditation. They depend on the laity for their meals and a few requisites, and they are itinerant by foot most of the year.

All laypeople are expected to live by the values in The Five Great Vows as far as possible, and some take less strict versions of these vows. The roles of laypeople are traditionally cisgender-binary within heterosexual arranged marriages. Jain laymen[3] are often businessmen who consider it their religious duty to create wealth for their own families, for the larger Jain community, and for charity to anyone in need. They protect and shelter itinerant renouncers, and sometimes engage in interreligious outreach. Laywomen[4] are usually housewives and mothers in patrilocal extended family systems where they have religious authority. They have been expected to marry once and remain faithful to that husband, even if he should leave her or die. Their piety includes vegetarian cooking, daily rituals, fasting, and providing renouncers with food.

---

2 For more about nuns see Fohr 2006; 2015; 2020; Sethi 2012; Shanta 1997 and Vallely 2002.
3 For more about laymen see Cort 2001; Fohr 2015, 2021; Laidlaw 1995 and Long 2019.
4 For more about laywomen see Fohr 2015; Kelting 2001; 2009 and Reynell 1991.

## 2 Images of Women, Images of Men, and Images That Are Linked to a ‚Third' Gender

Some Jain subsects use iconography, but all Jains use narrative images from ancient and medieval texts, such as the Digambara Mahāpurāṇa and the Śvetāmbara Kalpasūtra and Universal History. These narrative images detail the ideals for laypeople and renouncers to follow (Fohr 2015). More research is needed to ascertain whether the same exists for third-gendered laypeople. The narrative ideals for Jain laymen include human kings, heavenly kings, and businessmen, all of whom are the protectors and providers for Jain communities in the ways detailed above. The narrative ideals for laywomen – as pious, chaste, homemakers – include the mothers of the Jinas and the "great virtuous women" (Mahāsatīs). For more information about the Mahāsatīs as faithful wives and nuns see the "Women as Religious Subjects" below.

Although the Mahāsatīs are also important to renouncers, their main narrative ideals are the 24 Jinas "victors", also called Tīrthaṅkaras "ford-builders", who are the re-founders of Jainism. The last was Jina Mahāvīra, born 599 BCE according to Jain texts. Narratives of the Jinas describe them renouncing marriage and family, remaining celibate, practicing non-harming and austerities, achieving enlightenment, teaching Jainism, and re-founding The Four-Fold Community (Fohr 2015).

Digambaras believe all the Jinas were male before they achieved liberation. Śvetāmbaras believe one was female, Jina Mallinātha. Although neither sect believes any Jinas were third-gendered, Jina Mallinātha had not reached puberty to become strongly female-gendered before becoming a Jina (Jaini 1991, 181). All Jinas became asexual and somewhat non-gendered among Śvetāmbara Jains. Their iconography of Jinas sitting in meditation does not include primary or secondary sex characteristics beyond broad shoulders and narrow wastes (Banks 1997, 317). Digambara iconography is unequivocally male, with the Jinas standing without clothing and with male genitalia. Both Digambaras and Śvetāmbaras believe that all reincarnating and liberated souls are non-gendered. Therefore, liberated souls are sometimes depicted as shadow outlines of non-gendered bodies with no sex characteristics (Banks 1997, cf. Abb. 7). All the Jinas and other liberated souls (*siddha*s), now permanently reside at the top of the universe where they are worshipped collectively and individually as God in Jainism, but not God in the sense of a creator God (Cort 1994).

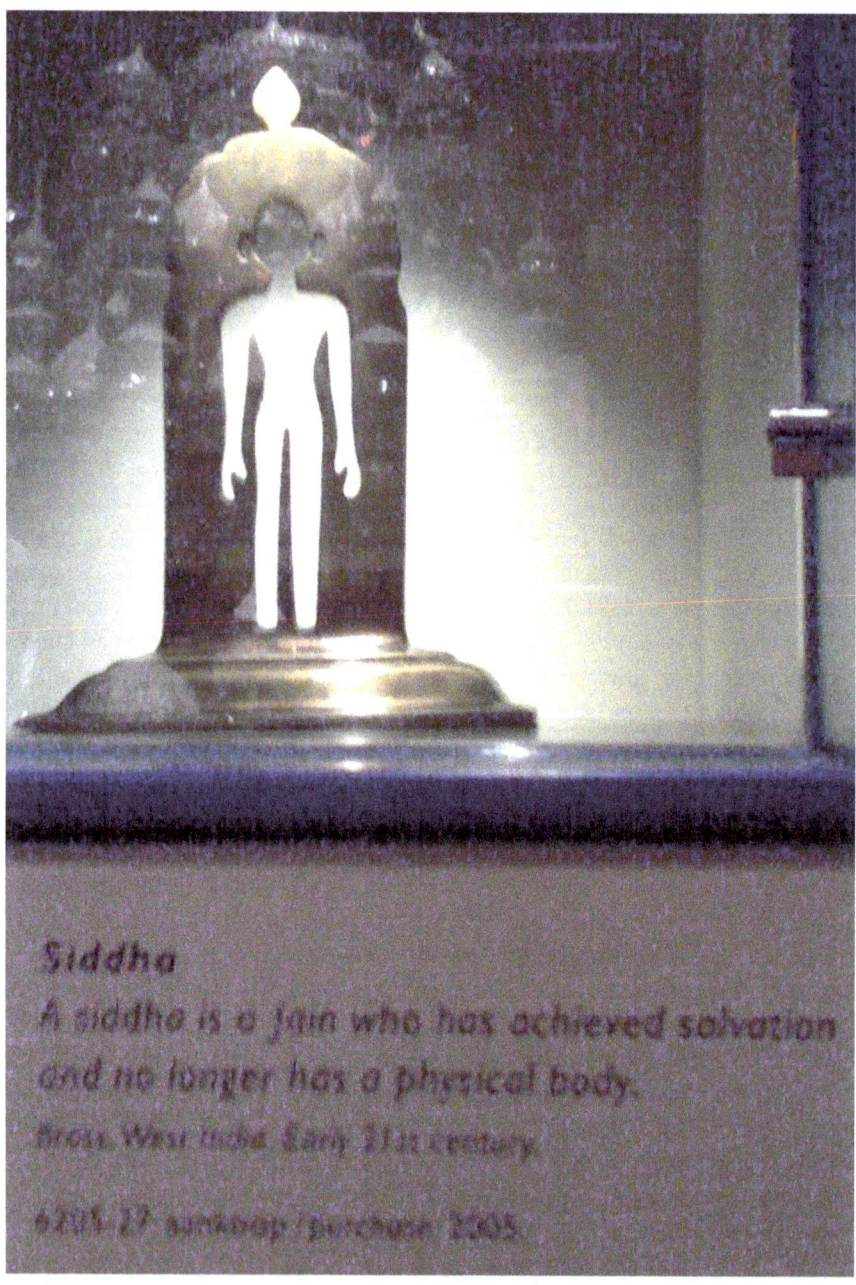

**Abb. 7:** Siddha in Tropenmuseum, Amsterdam, https://commons.wikimedia.org/wiki/File:Siddha-Tropenmuseum.jpg [01.08.2023].

## 3 Women as Religious Subjects

Nuns have continued to significantly outnumber monks, as described in ancient texts (Flügel 2006; Fohr 2015; 2020), and laywomen are often the religious authorities in their homes (Kelting 2009). These are the roles depicted by the numerous Mahāsatīs ("great virtuous women")[5] described in Jain scriptures and mentioned in a previous section. A few of these Mahāsatīs remained wives or were nuns without first marrying. However, the preponderance of these *satīs* were chaste, pious, and therefore spiritually powerful, first as faithful wives and then as nuns. For example, Satī Madanarekhā stayed faithful to her husband after his brother murdered him to take Madanarekhā as his own wife. After escaping from him, she became a nun to devote herself to the Jain religion. Several years later she walked between two opposing armies to stop her sons, who were kings of two separate kingdoms, from going to war, thereby saving many lives. Jain wives usually do not renounce today, but Jain women have long had agency as subjects helping to co-create the religion. The narratives about Mahāsatīs are about women as revered religious subjects, and it is a tradition that continues today with Jain nuns who are considered contemporary Mahāsatīs.

## 4 Gender-specific Body Concepts

Karma determines biological sex which is believed to be mostly congenital and unchanging until death. The physical male and female 'signs' correspond to Western primary and secondary sex characteristics. Intersex 'signs' are described in various ways, such as neither male nor female (Jaini 1991; Zwilling and Sweet 1996). Menstruation is considered impure, during which women are restricted from household duties and religious practices. Men must be completely celibate to accumulate spiritual power, while women can also do so if sexually faithful to their husband (Fohr 2015). Digambaras ("sky-clad") believe liberation can be achieved only by monks who renounce clothing, so human male rebirth is necessary because women cannot renounce clothing. Śvetāmbaras ("white-clad") believe renouncing clothing is not necessary to achieve liberation and so all renouncers wear white clothing and both men and women can achieve liberation. Some Śvetāmbara texts even state that all human biological sexes can achieve liberation (Zwilling and Sweet 1996). However, at least some, if not all, Śvetāmbaras believe that someone who is congenitally neuter-sexed cannot achieve liberation until re-

---

5 For more about the Mahāsatīs or *satīs* see Fohr (2007; 2015; 2020), Kelting (2001; 2009).

born as a man or a woman, while someone who became that way, by surgery or an accident, can achieve it.

## 5 Sexuality

Ancient, medieval, and early modern Jain texts examine sexuality in a way that separates biological sex from psychological gender and sexual orientation because they are determined by different types of karma.[6] The latter two are sometimes used as synonyms and sometimes considered separately. All three of these may be male, female, or intersex resulting in third-sexed and third-gendered sub-identities roughly corresponding to current LGBTQIA⁺ terminology. One text explains:

> When there is the rise of the male, female, or hermaphrodite libido [sexuality], there is the internal (*bhāva*) state called male, female, or hermaphrodite, respectively. But when there is the rise of the karma responsible for producing the body, then it means biological (*dravya*) sex. There is a direct correlation between the biological sex and libido in most cases, but there are cases where the two may differ.[7]

For example, these texts describe a gay man as having a specific type of karma that makes him biologically male, but also having a separate type of karma that produces a 'female' sexual orientation and possibly also a 'female' psychology. Some texts describe this as a third-gendered subtype. Gender assignment surgery was not available when these texts were written, but eunuchs are described in these texts. Earlier texts banned third-sexed and third-gendered laypersons from entering orders of monks and nuns because of complications regarding celibacy, but later texts and custom allowed some subtypes to join orders. Other subtypes were also later allowed to take laymen's vows. It is more the renunciation of sexuality that is important in these latter texts, and less the sexuality itself.

## 6 Feminist Transformations and Egalitarian Tendencies

The Mahāsatī-tradition is a form of longstanding indigenous feminism, encouraging women to be religious authorities as laywomen or as nuns. There are also con-

---

[6] See Howard 2020; Jaini 1991 and Zwilling und Sweet 1996.
[7] Quotation of verse 259 of the Gommaṭasāra in the Yuktiprabodha with Svopajñavṛtti commentary of the Śvetāmbara mendicant teacher Meghavijaya (1653–1705) (Jaini 1991, 163).

temporary changes likely influenced by Western feminism. Nuns and laywomen are becoming increasingly educated with undergraduate and graduate degrees. Some Jain laywomen in the cities of less patriarchal regions of India are becoming more equal in the home and establishing careers and businesses. In more patriarchal regions, where women were expected to remain secluded from men, women are gaining more freedom. Young Jains have increasing input concerning their arranged marriages. Previously all young Jain women needed to choose between renunciation and marriage; now small numbers are unmarried professionals. Divorce from an abusive husband is no longer unheard of, and remarriage is becoming more acceptable. Male *ācāryas* (heads of orders of renouncers) are making egalitarian changes for nuns, and the late 1900s saw the first female *ācārya*.[8]

Egalitarianism pervades Jainism despite its hierarchies. Redemption is possible for everyone, either within the current life or in a future life. All souls are equally divine within the current life and can be reborn as animals, plants, elements, humans, hell-beings, and heavenly beings who are either male, female, gender neutral, or intersex (Shah 2004). Harming any of these is prohibited. However, one must be reborn as a cisgendered man or woman to achieve liberation according to Śvetāmbaras, although some texts open it this up to other genders. And one must be reborn as a cisgendered man according to Digambaras. Even among Digambaras, women may renounce, nuns are respected, and some nuns rank above some monks in their hierarchy (Fohr 2015; 2020). Furthermore, Zwilling and Sweet (1996, 379) conclude in their thorough historical analysis of gender and sexuality in premodern texts, "We can see the radical change of attitudes in Jain texts over time, from that of total nonacceptance to a nearly total acceptance of third-sex persons as participants in the Jain community." Although this is still understood as The Four-Fold Community of monks, nuns, laymen, and laywomen; some young Jains are now furthering the inclusion of LGBTQIA⁺ identities (Fohr 2021).

# 7 Conclusion

There are more variations of the generalized information summarized above that depend on the region of India, urban/rural settings, and sects and subsects. The former two have been addressed briefly above, but the variations between subsects has not. The Digambara sect is divided into the Bīsapanth, Terāpanth, and

---

[8] See Balbir 2002; Flügel 2003, 8–9; 11; Fohr 2015; 2020; Kelting 2009, 10; 15; Shanta 1997; Vallely 2002; https://veerayatan.org/mission-vision/.

Tāraṇapanth subsects. Bīsapanth and Terāpanth worship includes the use of images in temples, while Tāraṇapanth worship is done in front of scriptures. This difference leads the former to have more restrictions around menstruation. The Śvetāmbara sect is divided mainly into the Mūrtipūjak, Sthānakavāsī, and Terāpanth sub-sects. The Śvetāmbara–Mūrtipūjaks also are sub-divided into groups called *gaccha*s, two of which are the Kharatara and Tapā Gacchas. Tapā Gaccha nuns have traditionally been restricted from preaching to audiences that include men and also have not been allowed to study all the Jain scriptures, although this is changing somewhat now. Kharatara Gaccha nuns have had no such restrictions. The Śvetāmbara-Terāpanth subsect created a type of monk (*samaṇ*) and nun (*samaṇī*) whose rules are less strict than those of full monks and nuns, allowing them to travel in vehicles. The preponderance of these are the female *samaṇī*s and so it is mostly they who travel to minister to Jain communities outside of India.

My sincere gratitude goes to one such *samaṇī*, Professor Chaitnanya Pragya PhD, who provided feedback on this chapter. At the time I am writing this, she is a Visiting Professor in the Department of Religious Studies at Florida International University.

## Bibliography

Balbir, Nalini. 2002. "Women and Jainism in India." In *Women in Indian Religions*, ed. by Arvind Sharma, 70–107. New Delhi: Oxford University Press.
Banks, Marcus. 1997. "Representing the Bodies of Jains." In *Rethinking Visual Anthropology*, ed. by Marcus Banks and Howard Morphy, 216–239. New Haven/CT: Yale University Press.
Cort, John E. 1994. "Who is God and How is He Worshipped." In *Religions of India in Practice*, ed. by Donald S. Lopez, Jr., 598–608. Princeton/NJ: Princeton University Press.
Cort, John. 2001. *Jains in the World: Religious Values and Ideology in India*. New York/NY: Oxford University Press.
Flügel, Peter. 2003. "The Codes of Conduct of the Terāpanth Saman Order." In *South Asian Research (SAR)* 23, 7–53.
Flügel, Peter. 2006. "Demographic Trends in Jain Monasticism." In *Studies in Jain History and Culture: Doctrines and Dialogues*, ed. by Peter Flügel, 312–398. London; New York/NY: Routledge.
Fohr, Sherry. 2006. External Rules and Restrictions: Female Jain Renouncers." In *Studies in Jain History and Culture: Doctrines and Dialogues*, ed. by Peter Flügel, 157–180. London; New York/NY: Routledge.
Fohr, Sherry. 2007. "Contemporary Jain *Satī*-Narratives." *Southeast Review of Asian Studies* 29, 209–217.
Fohr, Sherry. 2015. *Jainism: A Guide for the Perplexed*. London: Bloomsbury.
Fohr, Sherry. 2021. "Conversations with Jains about Interfaith Dialogue and Cooperation." In *The Journal of Interreligious Studies* 33, 24–39. https://irstudies.org/index.php/jirs/article/view/599/619 [31.03.2023].

Fohr, Sherry. 2020. "Female Renouncers, Modern Perspectives." In *Brill's Encyclopedia of Jainism*, ed. by Knut A. Jacobsen, John E. Cort, Paul Dundas and Kristi L. Wiley, 416–425. Leiden: Brill Academic Publishers.

Jaini, Padmanabh S. 1991. *Gender and Salvation: Jaina Debates on the Spiritual Liberation of Women*. New Delhi: Munishiram Manoharlal Publishers.

Hemacandra. *The Universal History or Triṣaṣṭiśalākāpuruṣacaritra*, translated by Helen M. Johnson as *The Jain Saga*, ed. by Muni Samvegayashvijay Maharaj. 2009. Ahmedabad: Acharyadev Shrimad Vijay Ramchandrasuriswarji Jain Pathashala.

Howard, Veena R. 2020. "Women's Liberation in Jainism: Understanding Philosophical Debates and Cultural Dialectics." In *The Bloomsbury Research Handbook of Indian Philosophy and Gender*, ed. by Veena Howard, 53–78. London: Bloomsbury Academic.

Jinasena. *Adipurana (part of the Digambar Mahapurana)*, trans. to English by Shatilal Nagar. 2011. Delhi: Eastern Book Linkers.

*Kalpa Sūtra*. In *Jaina Sūtras* 1, 217–320, ed. and trans. Hermann Jacobi. 1964 [1884]. Sacred Books of the East 21. Reprint Delhi: Motilal Banarsidass.

Kelting, M. Whitney. 2001. *Singing to the Jinas*. New York/NY: Oxford University Press.

Kelting, M. Whitney. 2009. *Heroic Wives: Rituals, Stories, and the Virtues of Jain Wifehood*. New York/NY: Oxford University Press.

Laidlaw, James. 1995. *Riches and Renunciation*. Oxford: Clarendon Press.

Long, Jeffrey. 2019. "The Ideal Lay Person, Texts on Lay Conduct (Sravakacara)." In *Brill's Encyclopedia of Jainism*, ed. by Knut A. Jacobsen, John E. Cort, Paul Dundas, and Kristi L. Wiley, 1–18. Leiden: Brill Academic Publishers.

Reynell, Josephine. 1991. "Women and the Reproduction of the Jain Community." In *The Assembly of Listeners*, ed. by Michael Carrithers and Caroline Humphrey, 41–68. Cambridge: Cambridge University Press.

Shah, Natubhai. 2004 [1998]. *Jainism: The World of Conquerers*. Delhi: Motilal Barnasidass.

Sethi, Manisha. 2012. *Escaping the World: Chastity, Power and Women's Renunciation among Jains*. London: Routledge.

Shanta, N. 1997. *The Unknown Pilgrims, the Voice of the Sādhvīs: The History, Spirituality and Life of Jaina Women Ascetics* (= *La Voie Jaina*, 1985). Delhi: Sri Satguru Publications.

Vallely, Anne. 2002. *Guardians of the Transcendent*. Toronto: University of Toronto Press.

Zwilling, Leonard and Michael Sweet. 1996. "‚Like a City Ablaze': The Third Sex and the Creation of Sexuality in Jain Religious Literature." In *Journal of the History of Sexuality* 6, 359–384.

Ute Hüsken
# II.6 Theravāda-Buddhismus

Gender ist eine Kategorie, die de facto soziales Leben auch innerhalb des buddhistischen Ordens kategorisiert und organisiert, auch wenn die Erlösungsfähigkeit nicht vom Geschlecht einer Person abhängt. In den auf Pali überlieferten frühen buddhistischen Texten des sogenannten Theravāda-Buddhismus und vor allem im Regelwerk, das die Verhaltensvorschriften für buddhistische Nonnen (pa. *bhikkhunī*) und Mönche (pa. *bhikkhu*) beinhaltet (Ordensrecht, pa. *vinaya*), werden Frauen und Männer in vieler Hinsicht als ‚gleich' verstanden, aber gleichzeitig in vieler Hinsicht verschieden behandelt. Dabei spielt gerade im Ordensrecht die Erlösungslehre eine weit geringere Rolle als das Bemühen um eine konfliktfreie Interaktion der Ordensangehörigen mit den Laienanhänger*innen, zumal der Orden von Beginn an als materiell vollkommen abhängig von einer Laiengemeinde konzipiert war. Zudem muss jede Interpretation der alten Texte ebenfalls berücksichtigen, dass diese Texte nicht notwendigerweise gelebte Realität wiedergeben, sondern von Individuen und Gruppen mit je eigenen Interessen verfasst, ediert und überliefert wurden und werden. Die Texte spiegeln daher auch die unterschiedlichen Interessen und Perspektiven der vor allem männlichen Akteure in der Textüberlieferung wider (Sponsoren, Schreiber, Rezitatoren, Editionskomitees, Laienanhänger etc.). Viele dieser keineswegs einheitlichen Perspektiven fanden Eingang in die überlieferten Texte, so dass wir mit einer Vielzahl an Stimmen konfrontiert sind, die es zunächst zu identifizieren gilt.[1] Während sich sporadisch seit Anfang des 20. Jahrhunderts[2] und vermehrt seit den 1980er Jahren etliche Akademiker*innen mit der Rolle der Frau im frühen bzw. im Theravāda-Buddhismus beschäftigten, erschien erst 2009 eine Monographie, die sich dem Thema „*masculinity*" widmet: John Powers beschäftigt sich in *A Bull of a Man* unter anderem mit den Darstellungen des Körpers des Buddha in den Texten und weist darauf hin, wie sich der spirituell fortgeschrittene Zustand des Buddha in seiner extremen Virilität äußert. Wie in vielen anderen asketischen Traditionen, spielt ‚Verkörperung' (*embodiment*) auch im Theravāda-Buddhismus allenthalben eine große Rolle.

---

[1] Sponberg (1992, 5) sieht darin nicht Ambivalenz, sondern Ausdruck der intellektuellen Dynamiken der diversen frühen buddhistischen Gemeinden, die auch von der rasanten Urbanisierung und dem damit einhergehenden radikalen Wandel der sozialen Kontexte zur Zeit des historischen Buddha geprägt waren.
[2] Wichtig sind hier van Goors Arbeit „De buddhistische Non" (1915), Laws Publikation „Women in Buddhist Literature" (1927) und Horners Werk „Women under Primitive Buddhism" (1930).

# 1 Die Anfänge des buddhistischen Nonnenordens

Die Legende von der Einrichtung des Nonnenordens (*bhikkhunīsaṃgha*) durch den Buddha verdeutlicht, wie sich unterschiedliche und sogar gegensätzliche Strömungen in den kanonischen Texten der Theravāda-Buddhisten Gehör verschaffen. Gleichzeitig ist es genau diese Vielstimmigkeit, die den Erfolg des Buddhismus bis heute ausmacht, da nicht eine einzige Position universelle Gültigkeit beanspruchen kann. Als der Mönchsorden schon seit einiger Zeit existierte, bittet die Ziehmutter und Tante des Buddha, Mahāpajāpatī Gotamī, den Buddha, auch Frauen den Ordenseintritt zu gewähren. Der Buddha zögert, weist das Ansinnen aber nicht kategorisch ab. Später setzt sich ein Schüler des Buddha, Ānanda, für Mahāpajāpatī Gotamī ein. Er verweist nicht nur auf den Umstand, dass Mahāpajāpatī Gotamī an die Stelle der Mutter des Buddha trat, sondern fragt ihn auch, ob Frauen grundsätzlich erlösungsfähig sind. Als der Buddha dies bejaht, kann er schon nicht mehr zurück – er erlaubt die Ordination seiner Ziehmutter als buddhistische Nonne. Dabei ist ihre Akzeptanz von acht sogenannten „schweren Regeln" jedoch eine Zulassungsbedingung. Diese schweren Regeln legen die Unterordnung des Nonnenordens unter den Mönchsorden fest. Erst jetzt, als Mahāpajāpatī Gotamī dies akzeptiert, erklärt der Buddha der Überlieferung zufolge, dass die Zulassung von Frauen in den buddhistischen Orden dessen Lebensdauer um die Hälfte verkürzt: Statt 1000 Jahre wird der der buddhistische Orden nur 500 Jahre überdauern. Während sich die Details dieser Legende in den Überlieferungen der unterschiedlichen buddhistischen Schulen unterscheiden, so wird doch überall nahegelegt, dass der Buddha der Idee eines Nonnenordens nicht positiv gegenüberstand. Gleichwohl enthält diese Legende sehr unterschiedliche Elemente: 1) der Buddha akzeptiert Frauen nur zögernd als Ordensmitglieder, 2) er gesteht Frauen Erlösungsfähigkeit zu, 3) er sieht Frauen als Faktoren an, die zum Niedergang der Ordensgemeinschaft beitragen und 4) er sieht die Befolgung der acht „schweren Regeln" als Mittel, diesen Niedergang zu verhindern oder doch zumindest hinauszuzögern. Der Wortlaut dieser acht Regeln zeigt jedoch, dass sie erst nachträglich in die Legende eingefügt wurden (Hüsken 2000). So zeigt die Legende selbst sowie die Einfügung der acht Regeln, dass das Narrativ als Ganzes unterschiedliche Perspektiven in sich vereint, ohne sie jedoch letztendlich miteinander in Einklang zu bringen (Hüsken 2010, 148).

Gleichwohl sind durch die acht schweren Regeln die Machtverhältnisse klar: Der Nonnenorden ist abhängig vom Mönchsorden und diesem untergeordnet. Dies bedeutet jedoch nicht, dass es nicht viele Strategien des Widerstandes gab, von kleinen Alltagssubversionen bis zu offener Rebellion. Auch davon wird im Ordensrecht berichtet. So zeigen auch die frühen buddhistischen Texte, dass Frauen für sich ähnliche Räume beanspruchten wie Männer. Wenngleich Frauen also im Großen und Ganzen als hierarchisch untergeordnet dargestellt werden, so wird ihnen doch – nicht nur in den Pali-Texten – Erlösungsfähigkeit zugestanden (Anālayo 2009, 137). Diese Haltung war sicherlich recht radikal im zeitgenössischen Umfeld.

## 2 Unterschiedliche Regeln für Mönche und Nonnen

Das Regelwerk für Mönche und Nonnen erweist sich gleichsam ‚nebenbei' auch als eine ergiebige Quelle für Informationen über den sozialen Kontext, in dem sich die Ordensangehörigen bewegten, als die Vorschriften formuliert wurden (Clarke 2014, 31). Allemal wird aus diesen Vorschriften deutlich, welche Verhaltensweisen die Laienanhänger, auf deren Gebefreudigkeit der buddhistische Orden grundsätzlich angewiesen ist, nicht angemessen fanden.

Gerade bei denjenigen Regeln, die den Modus der Interaktion von Mönchen und Nonnen vorschreiben, wird das zeitgenössische Verständnis des Verhältnisses der Geschlechter zueinander deutlich. Es ist wenig überraschend, dass viele dieser Regeln das Sexualleben betreffen – immerhin ist die erste Regel sowohl für Mönche als auch für Nonnen das Zölibatsgebot. Die Unterschiede zwischen den Regeln für Nonnen und Mönche sind hier besonders erhellend. So werden Nonnen oft für vergleichbares Verhalten strenger bestraft als Mönche. Wehrt sich beispielsweise eine Nonne nicht gegen die Berührung eines Mannes „unterhalb des Schlüsselbeins und oberhalb der Kniescheibe", wird sie endgültig aus dem Orden ausgeschlossen. Ein Mönch wird bei einem ähnlichen Verhalten nur vorübergehend aus dem Orden ausgeschlossen (Hüsken 1997, 46–50). Gerade bei denjenigen Regeln, die sich unmittelbar auf körperliche Unterschiede zwischen Männern und Frauen beziehen, ist ein starker Einfluss brahmanischer Vorstellungen von Un/Reinheit festzustellen.[3] Eine Reihe von Regeln dienen zumindest vordergründig der Kontrolle bzw. dem körperlichen Schutz der Nonnen, vor allem vor Übergriffen von Männern (nicht nur Mönchen). Die Vorschrift, dass Nonnen immer innerhalb einer Siedlung übernachten müssen, zieht zudem viele weitere Vorschriften nach sich, die für Mönche

---

3 So sollen Nonnen in öffentlichen Herbergen ein besonderes Menstruationsgewand tragen, womit sie ihren Status als Menstruierende signalisieren. Dieser Status wird als besonders „rituell unrein" verstanden und hängt mit der Vorstellung der Menstruation als besonders „fruchtbare Periode" der Frau zusammen. Beides, rituelle Reinheit im brahmanischen Kontext und Fruchtbarkeit, sind jedoch für buddhistische zölibatär lebende Asketinnen vollkommen irrelevant (Hüsken 2001).

nicht gelten. Diese betreffen vor allem den angemessenen Umgang mit Laienfamilien.

## 3 Frauen als ‚Hindernis' für zölibatär lebende Mönche

Das Zölibatsgebot gilt für Mönche und Nonnen und seine Missachtung zieht den endgültigen Ordensausschluss nach sich. Für Nonnen gelten jedoch sehr viel mehr Vorschriften, die den Umgang mit Männern regulieren, was mit der angenommenen sexuellen Leidenschaft von Frauen zusammenhängt, die kontrolliert werden muss, um den Mönchen nicht den Weg zur Erlösung zu erschweren (Powers 2009, 75). Allein dieser Umstand deutet schon darauf hin, dass die männliche Perspektive normativ ist und insofern Männer auch als ‚Normalversion' eines Menschen gesehen werden, während Frauen die hierarchisch minderwertige Version darstellen. Dies geht auch daraus hervor, dass im Ordensrecht Nonnen häufig mit suspendierten oder anderweitig rechtlich reduzierten Mönchen gleichgestellt werden (Hüsken 1997, 477): Frauen sind ‚defekte' Männer, was ganz der Haltung im brahmanischen Kontext entspricht.

Nonnen sind daher auch sowohl individuell als auch institutionell abhängig von den Mönchen und der Mönchsgemeinschaft. So bedürfen beispielsweise die Rechtshandlungen des Nonnenordens (Ordination, Beichtzeremonien etc.) der Sanktionierung durch den Mönchsorden, während dies umgekehrt nicht der Fall ist.

Dabei hängen die körperlichen und hierarchischen Aspekte eng zusammen: Aus den frühen buddhistischen Texten geht hervor, dass die spirituelle Entwicklung sich in körperlichen Merkmalen äußert (Powers 2009, 19). So wird der Körper des Buddha dort als Idealversion des männlichen Körpers beschrieben, der kriegerische und asketische Merkmale in sich vereint und sich insofern von normalen Menschen unterscheidet (Powers 2009, 25; 64). Entsprechend gilt für Frauen: „If the authority of the Buddha [...] is presented as inherently masculine, then women, by definition, cannot embody the ideal and, therefore, cannot be treated as full members of the sangha." (Blackstone 1999, 295).

Da die Körper der Ordensangehörigen ihre inneren Qualitäten offenbaren, müssen auch diejenigen Personen, die dem Orden beitreten wollen, physisch makellos sein. Dies betrifft auch die Sexualorgane, wie aus den Listen der sogenannten „Hinderungsgründe" (pa. *antarāyikā dhammā*) hervorgeht. Während Heterosexualität die Norm zu sein scheint, beschäftigt sich das Ordensrecht nur am Rande mit Homosexualität, die eher als „exzessive Sexualität" verstanden wird (Cabezón 1993; Powers 2009, 94). Gleichzeitig sind die Grenzen zwischen den Geschlechtern sehr fluide: wie in anderen altindischen Texten auch, wird der Wandel der Geschlechtszugehörigkeit als nicht außergewöhnlich angesehen (Esposito 2013), kann sogar über Nacht und quasi ‚aus Versehen' erfolgen. Einige Narrative im Ordensrecht berichten von einer solchen unfreiwilligen Geschlechtswandlung, wobei hier das Problem vor allem darin gesehen wird, wie mit dem neuen Mönch/der neuen Nonne nun ordensrechtlich umzugehen ist (Kieffer-Pülz 2018). Andere Texte berichten von einem absichtlichen Geschlechtswandel, der von spirituell fortgeschrittenen Personen vollzogen werden kann und von ihnen als ‚Lehrstück' verwendet wird (Powers 2009, 135–137). Klar ist jedoch, dass der Wandel von Mann zu Frau als ein Wandel in eine hierarchisch niedrigere Position verstanden wird. So erfolgt der ‚Aufstieg' von Frau zu Mann üblicherweise im Rahmen der Wiedergeburt, während der ‚Abstieg' von Mann zu Frau spontan und als Resultat von schlechten Taten erfolgen kann. Das Vorhandensein von diversen Kategorien zwischen Mann und Frau, so dem *paṇḍaka* (eine Person ohne Geschlechtsmerkmale) oder dem *ubhatovyañjanaka* (eine Person mit weiblichen und männlichen Geschlechtsmerkmalen) zeugt von dem Verständnis einer graduellen, nicht absoluten (und allein binär verstandenen) Geschlechtszugehörigkeit (Gyatso 2003, 104; Langenberg 2015, 283). Menschen, die solchermaßen nicht eindeutig einem Geschlecht zuzuordnen sind, dürfen nach dem Ordensrecht nicht in den buddhistischen Orden aufgenommen werden.

## 4 Der Theravāda-Nonnenorden heute

Die unterschiedlichen Haltungen gegenüber Frauen, die aus den frühen buddhistischen Texten hervorgehen, sind auch von großer Relevanz für den gegenwärtigen Theravāda-Buddhismus. So sind wir seit den 1980er Jahren Zeug\*innen der Wiedereinrichtung des Theravāda-Nonnenordens, der wohl zu Beginn des zweiten nachchristlichen Jahrtausends fast gänzlich ausgestorben war. In den relevanten Auseinandersetzungen spielt vor allem die Legende von der Einrichtung des Nonnenordens durch den Buddha eine zentrale Rolle (Mohr und Tsedroen 2010). Während die Notwendigkeit einer ununterbrochenen Ordinationstradition, die sich bis auf den historischen Buddha selbst zurückführen lässt, nur von wenigen bestritten wird, gibt es unterschiedliche Ansichten dazu, ob die Theravāda-Ordinationstradition mit Hilfe der chinesischen/taiwanesischen Ordensangehörigen wieder etabliert werden kann, oder ob die ersten Theravāda-Nonnen allein von Theravāda-Mönchen ordiniert werden können (Hüsken und Kieffer-Pülz 2012). Wenngleich hier bislang keine Einigkeit erzielt werden konnte, die alle Theravāda-Traditionen umfasst, so ist doch unbestritten, dass die Wiedereinrichtung des Nonnenordens in

Sri Lanka und Thailand, aber auch in den USA, Indonesien und in Australien heute als gelungen bezeichnet werden kann (Hüsken 2017).

# Literatur

Anālayo, Bhikkhu. 2009. „The Bahudhātuka-sutta and Its Parallels on Women's Inabilities." In *Journal of Buddhist Ethics* 16, 136–190.

Blackstone, Kate. 1999. „Damming the Dhamma. Problems with Bhikkhunīs in the Pāli Vinaya." In *Journal of Buddhist Ethics* 6, 292–312.

Cabezón, José I. 1993. „Homosexuality and Buddhism." In *Homosexuality and World Religions*, hg. v. Arlene Swidler, 81–101. Valley Forge/PA: Trinity Press International.

Clarke, Shayne. 2014. *Family Matters in Indian Buddhist Monasticisms*. Honolulu/HI: University of Hawai'i Press.

Esposito, Anna Aurelia. 2013. „Wie man im alten Indien sein Geschlecht verändert. Transformationen von Geschlecht in der klassischen indischen Literatur." In *Frauenbilder – Frauenkörper: Inszenierungen des Weiblichen in den Gesellschaften Süd- und Ostasiens*, hg. v. Stephan Köhn und Heike Moser, 503–524. Wiesbaden: Harrassowitz Verlag.

Goor, Maria Elisabeth Lulius van. 1915. *De buddhistische Non. Geschetst naar gegevens der Pāli-Literatuur*. Diss. Universität Leiden.

Gyatso, Janet. 2003. „One Plus One Makes Three. Buddhist Gender, Monasticism, and the Law of the Non-excluded Middle." In *History of Religions* 43, 89–115.

Gyatso, Janet. 2008. „What Is the Role of Feminism in the New Bhikkhuni Ordination Movement, and What Is the Role of the Academic Scholar in Answering the Question?" Presentation During the Annual Conference of the American Academy of Religion. Chicago, November 1–3, 2008.

Horner, Isaline Blew. 1930. *Women under Primitive Buddhism. Laywomen and Almswomen*. London: Routledge.

Hüsken, Ute. 1997. *Die Vorschriften für die buddhistische Nonnengemeinde im Vīnaya-Piṭaka der Theravādin*. Monographien zur indischen Archäologie, Kunst und Philologie 11. Berlin: Reimer.

Hüsken, Ute. 2000. „The Legend of the Establishment of the Buddhist Order of Nuns in the Theravāda Vīnaya-Piṭaka." In *Journal of the Pali Text Society* 26, 43–69.

Hüsken, Ute. 2001. „Pure or Clean?" In *Traditional South Asian Medicine* 6, 85–96.

Hüsken, Ute. 2010. „The Eight Garudhammas." In *Dignity and Discipline. The Evolving Role of Women in Buddhism*, hg. v. Thea Mohr und Jampa Tsedroen, 143–148. Somerville/MA: Wisdom Publications.

Hüsken, Ute. 2017. „Theravāda Nuns in the United States. Modernization and Traditionalization." In *Buddhist Modernities*, hg. v. Hanna Havnevik, Ute Hüsken, Marcus Teeuwen, Vladimir Tikhonov und Koen Wellens, 243–258. London; New York/NY: Routledge.

Hüsken, Ute und Petra Kieffer-Pülz. 2012. „Buddhist Ordination as Initiation Ritual and Legal Procedure." In *Negotiating Rites*, hg. v. Ute Hüsken und Frank Neubert, 255–276. New York/NY: Oxford University Press.

Kajiyama, Yuichi. 1982. „Women in Buddhism." In *The Eastern Buddhist* 25, 53–70.

Kieffer-Pülz, Petra. 2018. „Sex-change in Buddhist Legal Literature with a Focus on the Theravāda Tradition." In *Annual Report of the International Research Institute for Advanced Buddhology at Soka University* XXI, 27–62.

Langenberg, Amy Paris. 2015. „Sex and Sexuality in Buddhism: A Tetralemma." In *Religion Compass* 9, 277–286. DOI: https://doi:10.1111/rec3.12162 [13.01.2022].

Law, Bimala Churn. 1927. *Women in Buddhist Literature.* Colombo: W. E. Bastian.
Mohr, Thea und Jampa Tsedroen, Hg. 2010. *Dignity and Discipline. The Evolving Role of Women in Buddhism.* Boston/MA: Wisdom Publications.
Powers, John. 2009. *A Bull of a Man. Images of Masculinity, Sex, and the Body in Indian Buddhism.* Cambridge/MA: Harvard University Press.
Sponberg, Alan. 1992. „Attitudes toward Women and the Feminine in Early Buddhism." In *Buddhism, Sexuality, and Gender*, hg. v. José I. Cabezón, 3–36. Albany/NY: SUNY Press.

Adelheid Herrmann-Pfandt
# II.7 Mahāyāna und tantrischer Buddhismus in Indien und Tibet

Der Buddhismus des Mahāyāna („Großes Fahrzeug") entstand ab dem 1. Jahrhundert in Indien. Er grenzte sich durch diese Selbstbezeichnung vom frühen Buddhismus, den er Hīnayāna („Kleines Fahrzeug") nannte, ab, weil anders als in diesem die einzelnen Praktizierenden im Mahāyāna nicht nur für die eigene Erlösung, sondern für die aller Lebewesen Verantwortung übernehmen sollten.

Im Hīnayāna hatte es zwei verschiedene Arten von Erleuchteten gegeben. Nur der Religionsstifter selbst, der aus eigener Kraft die Erleuchtung gefunden hatte, galt als Buddha (Erwachter), alle anderen Erleuchteten dagegen als Arhats (erleuchtete Buddha-Schüler und -Schülerinnen). Im Mahāyāna jedoch verschwand das Konzept des Arhat, und alle Erleuchteten wurden nun als Buddhas betrachtet. Das Gelübde, zum Heil aller Wesen als Bodhisattva (werdender Buddha) die Buddhaschaft anzustreben, ist fester Bestandteil der Praxis im Mahāyāna. Aufgabe des Bodhisattva ist es, durch altruistische Taten gutes Karma anzusammeln, das er für seine Buddhawerdung braucht. Bodhisattvas treten nicht nur in menschlicher Verkörperung, sondern auch in transzendenter Form, als Gottheiten, auf.

Wenn alle Praktizierenden die Buddhaschaft anstreben, wächst nicht nur die Zahl der Buddhas, sondern auch die der Bodhisattvas, also der werdenden Buddhas. Aus den vielen Buddhas und Bodhisattvas bildete sich im Mahāyāna ein Pantheon, dessen Mitglieder als Vorbilder verehrt wurden. Bodhisattvas mit ihrer Verpflichtung zum Mitgefühl nahmen die Rolle irdischer und spiritueller Nothelfer an, die von den Gläubigen in Bedrängnis angerufen wurden.

## 1 Ein Buddha ist ein Mann

Seit dem 2./3. Jahrhundert gab es auch weibliche Bodhisattvas. Dies und das Auftreten weiblicher Gottheiten verleitet dazu, im Mahāyāna eine frauenfreundliche Entwicklung des Buddhismus wahrzunehmen. Das Gegenteil ist der Fall. Im Hīnayāna ist die Arhatschaft, also die Erleuchtung, beiden Geschlechtern zugänglich, und der *Pali-Kanon* berichtet von vielen Frauen, die in der Zeit des Buddha Arhats wurden. Die Buddhaschaft selbst konnte dagegen laut dem Religionsstifter Buddha Śākyamuni nur ein Mann erreichen. Da es im Mahāyāna hierbei blieb, waren durch den bloßen Wechsel der Benennung des Heilsziels mit einem Schlag alle Frauen von der Erleuchtung ausgeschlossen. Wenn eine Frau die Buddhaschaft anstrebte, musste sie nun zuvor männlich werden, entweder durch eine Geschlechtsumwandlung wie im Mythos oder durch eine Wiedergeburt als Mann (Paul 1979, 166–216; Herrmann-Pfandt 1986, 117–119).

Es gab jedoch auch Kritik an der einseitigen Abwertung des weiblichen Geschlechts. Über die Göttin Tārā erzählt man sich, dass jemand sie aufforderte, doch nun, da sie auf ihrem Bodhisattva-Weg so erfolgreich sei, zum Mann zu werden. Sie antwortete mit dem Gelübde, die Buddhaschaft ausschließlich in einem weiblichen Körper erstreben zu wollen (Willson 1986, 33 f.). Andere Texte betonen, dass das körperliche Geschlecht eine jederzeit veränderliche Illusion sei und nicht als Grundlage einer Vorrangstellung des Mannes tauge (Paul 1979, 223; 230). Das waren aber Minderheitenmeinungen, die sich auf die historische Entwicklung nicht auswirkten.

## 2 Niedergang des Nonnenordens

Während der Mönchsorden im ersten Jahrtausend blühte und den Buddhismus über weite Teile Asiens verbreitete, erfolgte seit dem 4. Jahrhundert ein Niedergang des Nonnenordens. Anhand von Mahāyāna-Inschriften stellt Gregory Schopen (1988–89, 165; vgl. Falk 1980, 210) fest, dass „das Hervortreten des Mahayana im 4. bis 5. Jahrhundert zusammenfiel mit einem deutlich erkennbaren Rückgang der Rolle, die Frauen [...] in der Praxis des indischen Buddhismus spielten." Dem chinesischen Indienpilger Yijing fiel Ende des 7. Jahrhunderts im Gegensatz zum Reichtum der Mönchsklöster die völlige Verarmung der wenigen verbliebenen Nonnen auf (Itsing/Takakusu 1896, 80 f.). Ausnahme war ein Nonnenkloster bei Dhauli (Odisha), das laut einer Inschrift noch im 9. Jahrhundert zehn Bedienstete hatte (Barua 1969, 191; Falk 1980, 222 f.). Ob diese vereinzelte Nachricht den Eindruck relativiert, der buddhistische Nonnenorden in Indien sei am Ende des 1. Jahrtausends ausgestorben (Falk 1980, 208–211; Kieffer-Pülz 2006, 31), bleibe dahingestellt. Die letzte namentlich bekannte Nonne war die berühmte Bhikṣuṇī Lakṣmī von Kaśmīr (Abb. 8), die eine bei Ordensleuten und Laien beliebte Fastenpraxis begründete und meist ins 10. Jahrhundert datiert wird (Herrmann-Pfandt 2002; und 2018, 1129–1132). Nur in China, Korea und Japan überlebte die Nonnenvollordination bis heute.

Was war der Anlass für den Niedergang des Nonnenordens? Mitte des ersten Jahrtausends konvertierten viele buddhistische Dynastien Indiens, die bislang aus Frömmigkeit Mönche und Nonnen durch Spenden gefördert hatten, zu anderen Religionen (Jinismus, Śivaismus etc.). Da die Mönchsklöster, ähnlich wie in Europa im Mittelalter, zentrale Stätten der Gelehrsamkeit waren, förderten die nichtbuddhistischen Herrscher sie weiter, nun nicht mehr um der Frömmigkeit, sondern um des Prestiges willen, arbeiteten in den Mönchsklöstern doch berühmte Gelehrte.

Nonnen hatten aufgrund des ihnen auferlegten Verbots, Mönche zu belehren (Horner 1930, 120), zu dieser Wissenschaftspflege keinen Zutritt und fielen daher aus der Förderung heraus (Falk 1980, 212).

Während die Mönche ergreifende Göttinnen-Hymnen dichteten, nahmen sie die Not der realen Frauen, der Nonnen, nicht wahr. Eine ähnliche Diskrepanz zwischen reichen Mönchs- und verarmten Nonnenklöstern ist noch heute gelegentlich im Bereich des tibetischen Buddhismus zu beobachten (Wäger 2011, 152).

## 3 Weibliche Rollenvielfalt im tantrischen Buddhismus

Eine letzte große Wende in der Geschichte des indischen Buddhismus setzte ungefähr ab dem 7.–8. Jahrhundert mit dem Aufkommen des esoterischen oder tantrischen Buddhismus ein, der bis zum Ende des 12. Jahrhunderts den nordindischen Buddhismus dominierte. Der Tantrismus ist dadurch gekennzeichnet, dass er Aspekte des Alltags, die bisher als schädlich galten, in die religiöse Praxis aufnahm, darunter Sinnesgenüsse, Erotik, aber auch dunkle Bereiche wie etwa destruktive Gefühle. Die liebende Vereinigung von Mann und Frau wurde als Sinnbild für den Erleuchtungsvorgang verstanden, in dem die kosmische Polarität von männlich und weiblich, hell und dunkel, Phänomenwelt und Leerheit, Weisheit und Mitgefühl usw. in einer umfassenden *unio mystica* verschmolz. In der Kunst wurde dies durch Buddhas und Bodhisattvas in geschlechtlicher Vereinigung dargestellt; dazu gab es männliche und weibliche Gottheiten dämonischen Charakters, die mit zornigen Gesichtern, Fangzähnen, Waffen und drohender Körperhaltung die dunkle Seite des Daseins verkörperten (Herrmann-Pfandt 2001 und 2007).

Die Frauen, die diese Entwicklung mittrugen (Shaw 1994), waren keine Nonnen, sondern Laienfrauen, von denen sich viele als Wanderasketinnen auf Leichenverbrennungsstätten, Orten der Vergegenwärtigung des Todes, mit männlichen Asketen zur gemeinsamen Praxis trafen. Welche Rolle Frauen bei der Entstehung des Tantrismus spielten, ist noch lange nicht ausreichend erforscht; sicher ist aber, dass zu keiner Zeit in der vormodernen Geschichte des Buddhismus mehr Frauen als Praktizierende, Lehrende, Ritualleiterinnen, Autorinnen, Schulgründerinnen an seiner Ausübung beteiligt waren. Aus tantrischer Zeit stammen die etwa 50 von Frauen verfassten Texte im tibetischen Kanon, der die größte existierende Sammlung tantrisch-buddhistischer Texte aus Indien enthält. Tantrische Lehrerinnen wie Lakṣmīṅkarā, Nigumā, Bhikṣuṇī Lakṣmī und Siddharājñī und tantrische Göttinnen wie Vajrayoginī und Tārā wirkten als Rollenvorbilder für die freien, selbstbestimmten Frauen, die ihre Rituale entwarfen und gemeinsam mit Männern vollzogen. Die tantrische Zeit kündet von einem spirituellen Aufbruch, in dem es erstmals durchaus üblich war, dass buddhistische Frauen Männer belehrten, Rituale mit gemischter Teilnehmerschaft leiteten oder andere Führungsrollen übernahmen. Es ist nicht auszuschließen, dass Frauen, nachdem das Klosterleben für sie unattraktiv geworden war, auf der Suche nach neuen spirituellen Praktiken als erste die Idee hatten, Elemente des alltäglichen Lebens ins Zentrum der Praxis zu bringen.

Zum tantrischen Buddhismus gehört auch der Begriff der Ḍākinī (betont auf der ersten Silbe), mit dem sowohl Frauen als auch Göttinnen bezeichnet werden (Herrmann-Pfandt 2001). Der Zusammenhang besteht in dem Glauben, dass eine erleuchtete Frau mit der Göttin, die sie ins Zentrum ihrer Meditationspraxis gestellt hat, im Erleuchtungsprozess verschmilzt und dann als ihre Inkarnation gilt. Es gibt sogar Fälle, in denen man eine tantrische Meisterin in der Gestalt ihrer Göttin oder zusammen mit ihrem Partner als tantrisches Götterpaar gesehen hat (Herrmann-Pfandt 2001, 131–135; 448 f.). Die Ḍākinī wurde damit zum Prototyp weiblicher Buddhaschaft (Herrmann-Pfandt 2001, 451).

Die frauenfreundliche Struktur überlebte jedoch nicht lange. Tantrische Meditationsmethoden wurden, sobald sich ihre Wirksamkeit erwiesen hatten, in Indien ebenso wie in Ost- und Zentralasien vom hierarchisch-patriarchalen System absorbiert, dem die Frauen häufig ein- und untergeordnet wurden.

## 4 Tibetischer Buddhismus: Frauen zwischen religiöser Freiheit und Patriarchat

Der Buddhismus wurde ab dem 7. und erneut ab dem 10. Jahrhundert in Tibet eingeführt und wurzelte sich fest in der lokalen Kultur ein. Vier bis heute bestehende Hauptschulen bildeten sich, und es entstanden mit der Zeit tausende von Klöstern, deren größte zu kulturellen und politischen Zentren wurden. Aus ihnen erwuchs im 15. Jahrhundert die spirituell-weltliche Mönchsdynastie der Dalai Lamas, von denen jeder als Reinkarnation seines Vorgängers gilt.

Die Nonnen wurden wie in Indien weder am politischen Einfluss noch an der Gelehrsamkeit des Mönchsordens beteiligt. Zudem kam es aus unklaren Gründen nie zu einer Einwanderung von *bhikṣuṇīs* nach Tibet. Da eine Vollordination von Nonnen die Anwesenheit von – je nach Tradition – fünf bis zehn *bhikṣuṇīs* voraussetzt (Tsomo 1991, 219), konnte sie in Tibet niemals durchgeführt werden (Havnevik 1989, 45). Bis ins 20. Jahrhundert waren alle Nonnen in Tibet nur Novizinnen; sie blieben untergeordnet und ungebildet und waren nur äußerst selten in der Lage,

**Abb. 8:** Bhikṣuṇī Lakṣmī, eine der letzten indisch-buddhistischen Nonnen (10. Jh.), Fresko im tibetisch-buddhistischen Nonnenkloster Tsoknyi bei Kathmandu, Nepal, ca. 20. Jh. (Foto: Herrmann-Pfandt 2018, Fig. 7–184c).

sich durch kreative Weiterentwicklung ihrer religiösen Praxis einen Namen zu machen.

Außerhalb der Klostermauern lebte allerdings in Tibet die indische Tradition der tantrischen Wanderasketinnen fort. Eine Reihe berühmter tantrischer Lehrerinnen (Allione 1986), etwa Ma gcig lab sgron ma (gespr. Matschik Labdönma) (1055–1149) oder Jo mo sman mo (gespr. Dschomo Memo) (1248–1283), zogen von Dorf zu Dorf, lehrten die Laien und trafen sich mit männlichen und weiblichen Gleichgesinnten zu gemeinsamer tantrischer Praxis.

Natürlich blieb ihnen das bekannte Vorurteil nicht erspart, sie drückten sich durch ihr spirituelles Leben vor ihrer ‚eigentlichen' weiblichen Aufgabe. Weibliche Tantrapraktizierende wurden als sittenlose Dämoninnen bewertet, wogegen sie nur geschützt waren, wenn sie Wunder vollbringen konnten, etwa Levitation oder Krankenheilung (Allione 1986, 177–179). Sie standen auch in der Gefahr, im Dienste des patriarchalen Systems instrumentalisiert zu werden und als geheime Geliebte männlicher Geistlicher zu enden (Campbell 1996, 97–123).

## 5 Tibetischer Buddhismus im Exil: Neue Chancen für die Frauen

Das alte Tibet ging unter als das kommunistische China 1950–51 das Land besetzte, es mit äußerster Brutalität unterwarf, zahlreiche Klöster zerstörte und viele Mönche, Nonnen und Laien ermordete. Etwa 100.000 Tibeter\*innen flohen nach dem gescheiterten Volksaufstand vom 10. März 1959 mit dem XIV. Dalai Lama nach Indien, wo dieser in Dharamsala im westlichen Himalaya eine demokratisch gewählte Exilregierung aufbaute. In Zusammenarbeit mit Hilfsorganisationen wie der Deutschen Tibethilfe trugen tibetische Frauen maßgeblich dazu bei, Kindergärten, Schulen und Altenheime für die Flüchtlinge zu bauen (Wäger 2011). Es entstanden auch neue Mönchs- und Nonnenklöster. Mit westlicher Hilfe wurde die Nonnenausbildung massiv verbessert und der der Mönche gleichgestellt.

In Tibet verstärkte sich die Zerstörung der tibetischen Kultur noch einmal unter der aktuellen chinesischen Regierung. Nonnen und Mönche stehen an der Spitze des gewaltlosen Widerstands.

Mit der Einwanderung religiöser Würdenträger Tibets nach Indien und in andere Länder wandten auch Menschen aus westlichen Kulturen sich dem tibetischen Buddhismus zu. Die meisten erlernen buddhistische Praxis bei Mönchen und zunehmend auch bei Nonnen, bleiben selbst aber Laien; nur wenige werden Ordensleute. Diese leben meist in kleinen Gruppen zusammen sind lehrend tätig. Mit Bhikṣuṇī Jampa Tsedroen (Carola Roloff) lehrt seit 2018 die erste tibetisch-buddhistische Nonne als Professorin an einer deutschsprachigen Universität (Hamburg).[1]

Unter dem Einfluss des Feminismus wurde die patriarchale Struktur des tibetischen Buddhismus hinterfragt. Westliche Nonnen starteten eine erfolgreiche Initiative, von einer chinesischen Nonnenlinie die Vollordination für tibetische Nonnen zu erbitten (Tsomo 1991; Mohr und Tsedroen 2010). Die ersten tibetischen Vollnonnen wurden Anfang der 1980er Jahre in Hongkong und Taiwan ordiniert (Tsomo 1991, 142). So hart das Schicksal Tibets unter der Fremdherrschaft ist, so hat die Begegnung mit dem Westen doch gerade den tibetischen Frauen eine Reihe neuer, ungekannter Chancen eröffnet.

# Literatur

Allione, Tsultrim. 1987. *Tibets weise Frauen.* München: Dianus Trikont Verlag.
Barua, Dipak Kumar. 1969. *Vihāras in Ancient India. A Survey of Buddhist Monasteries.* Calcutta: Indian Publications.
Campbell, June 1980. *Traveller in Space. In Search of Female Identity in Tibetan Buddhism.* London: Athlone.
Falk, Nancy Auer. 1980. „The Case of the Vanishing Nuns. The Fruits of Ambivalence in Ancient Indian Buddhism." In *Unspoken Worlds. Women's Religious Lives in Non-Western Cultures,* hg. v. Nancy Auer Falk und Rita M. Gross, 207–224. San Francisco/CA: Harper & Row.
Havnevik, Hanna. 1949. *Tibetan Buddhist Nuns. History, Cultural Norms and Social Reality.* The Institute for Comparative Research in Human Culture. Serie B: Skrifter 79. Oslo: Norwegian University Press.
Herrmann-Pfandt, Adelheid. 1986. „Zur Vorgeburtsgeschichte einer verkörperten Ḍākinī." In *Vicitrakusumāñjalī. Festschrift für Richard Othon Meisezahl anläßlich seines achtzigsten Geburtstages,* hg. v. Helmut Eimer, 113–124. Indica et Tibetica 11. Bonn: Indica et Tibetica Verlag.
Herrmann-Pfandt, Adelheid. 2001. *Ḍākinīs. Zur Stellung und Symbolik des Weiblichen im tantrischen Buddhismus.* Indica et Tibetica 20. 2. erw. Aufl. Bonn: Indica et Tibetica Verlag.
Herrmann-Pfandt, Adelheid. 2002. „Bhikṣuṇī Lakṣmī, Nāgārjuna and the Eleven-headed, Thousand-armed Avalokiteśvara." In *Religionsbegegnung und Kulturaustausch in Asien. Studien zum Gedenken an Hans-Joachim Klimkeit,* hg. v. Wolfgang Gantke, Karl Hoheisel und Wassilios Klein, 86–97. Studies in Oriental Religions 49. Wiesbaden: Harrassowitz Verlag.
Herrmann-Pfandt, Adelheid. 2007. „Mit gefletschten Zähnen das Mitgefühl der Buddhas verkörpern. Ein Versuch zur Deutung furchterregender Gottheiten im tantrischen Buddhismus." In *Innerer Friede und die Überwindung von Gewalt. Religiöse Traditionen auf dem Prüfstand. V. Internationales Rudolf-Otto-Symposium, Marburg 2005,* hg. v. Hans-Martin Barth und Christoph Elsas, 225–238. Schenefeld: EB-Verlag Dr. Brandt.

---

1 Carola Roloff hat u. a. zur Geschichte der Gelugpa (dGe lugs pa)-Schule des tibetischen Buddhismus und zur buddhistischen Nonnenordination (siehe Roloff 2020) geforscht und arbeitet jetzt vor allem in den Bereichen Buddhismus und moderne Welt sowie Interreligiöser Dialog.

Herrmann-Pfandt, Adelheid. 2018. *The Copper-coloured Palace. Iconography of the rÑiṅ ma School of Tibetan Buddhism* I–III. Delhi: Agam Kala Prakashan.

Horner, Isaline Blew. 1930. *Women under Primitive Buddhism. Laywomen and Almswomen.* London: Routledge.

I-tsing. *A Record of the Buddhist Religion As Practised in India and the Malay Archipelago (AD 671–695)*, übers. v. Junjirō Takakusu. 1982 [1896]. 2. indische Aufl. London: Clarendon Press.

Kieffer-Pülz, Petra. 2006. Vortragsmanuskript: „Die Wiedereinrichtung des Nonnenordens in der Theravada-Tradition." In *Buddhismus in Geschichte und Gegenwart* 11. *Erneuerungsbewegungen im Buddhismus*, 29–41. Universität Hamburg, Asien-Afrika-Institut, Abteilung für Kultur und Geschichte Indiens und Tibets (Weiterbildendes Studium).

Mohr, Thea und Bhikṣuṇī Jampa Tsedroen 2011. *Mit Würde und Beharrlichkeit. Die Erneuerung buddhistischer Nonnenorden.* Berlin: Edition Steinrich.

Paul, Diana Y. 1979. *Women in Buddhism. Images of the Feminine in the Mahāyāna Tradition.* Berkeley/CA u. a.: University of California Press.

Roloff, Carola (Bhikṣuṇī Jampa Tsedroen). 2020. *The Buddhist Nun's Ordination in the Tibetan Canon: Possibilities of the Revival of the Mūlasarvāstivāda Bhikṣuṇī Lineage.* Hamburg Buddhist Studies 15. Bochum; Freiburg: Projektverlag.

Schopen, Gregory. 1988–1989. „On Monks, Nuns and ‚Vulgar' Practices. The Introduction of the Image Cult into Indian Buddhism." In *Artibus Asiae* 49, 153–168.

Shaw, Miranda. 1994. *Passionate Enlightenment. Women in Tantric Buddhism.* Princeton/NJ: Princeton University Press.

Tsomo, Karma Lekshe, Hg. 1991. *Töchter des Buddha. Leben und Alltag spiritueller Frauen im Buddhismus heute.* München: Diederichs.

Wäger, Irmtraud. 2011. *Amala. Mein Leben für Tibet*, aufgezeichnet v. Franz Binder. München: nymphenburger.

Willson, Martin 1986. *In Praise of Tara. Songs to the Saviouress. Source Texts from India and Tibet on Buddhism's Great Goddess.* London: Wisdom Publications.

## Weiterführende Literatur

Gross, Rita. 1993. *Buddhism after Patriarchy. A Feminist History, Analysis, and Reconstruction of Buddhism.* Albany/NY: SUNY Press.

Young, Serinity. 2004. *Courtesans and Tantric Consorts. Sexualities in Buddhist Narrative, Iconography, and Ritual.* New York/NY; London: Routledge.

Monika Schrimpf
# II.8 Buddhismus: Ostasien

Neben der Rekonstruktion historischer Genderrollen und Lebenswelten sind Genderkonzepte und -diskurse in buddhistischen Schriften sowie deren Rezeption und praktische Implikationen zentrale Elemente einer gender-sensiblen Buddhismus-Forschung. Ebenso wichtig ist es, die mit Genderdifferenzierungen verknüpften Machtstrukturen aufzuzeigen, aufgrund derer verschiedenen Geschlechtern nicht nur Unterschiede, sondern unterschiedliche Wertigkeiten, Rechte und Pflichten zugeschrieben werden (Scott 2009). Unter dieser Prämisse betrachte ich im Folgenden zunächst die für den Buddhismus Ostasiens[1] relevanten Frauenrollen, bevor im zweiten Teil die maßgeblichen Genderkonzeptionen in den Vordergrund rücken.

## 1 Buddhistische Frauenrollen

Verschiedene *Vinaya*-Texte berichten, dass Buddha Gautama Siddhārta zögerte, Frauen in den Orden aufzunehmen. Laut dem *Vinaya* der Mahīśāsaka-Schule prophezeite er als Konsequenz sogar eine kürzere Lebensdauer des Ordens (Nagata 2002, 283–285). Unabhängig davon wurde und wird die Geschichte des Buddhismus in Ostasien maßgeblich auch durch Frauen bestimmt – insbesondere durch Nonnen, durch Förderinnen des Buddhismus und engagierte Laienbuddhistinnen, sowie in Japan auch durch die Ehefrauen von Priestern.[2]

### Nonnen

Nonnen spielten insbesondere zur Zeit der Etablierung des Buddhismus in China (seit dem 2. Jahrhundert),[3] Korea (seit dem 4. Jahrhundert) und Japan (seit dem

---
[1] Ostasien bezeichnet hier die Regionen der heutigen Länder China, Taiwan, Nord- und Südkorea und Japan, auch wenn diese nicht deckungsgleich mit den Grenzen der verschiedenen historischen Reiche sind.
[2] In Japan wurde 1872 und 1873 der Zölibat für ordinierte Männer und Frauen aufgehoben. Siehe zur Rolle der Ehefrauen von Tempelpriestern in der gegenwärtigen Jōdo Shinshū z. B. Starling 2019; Heidegger 2006.
[3] Schon kurz nach der Jahrtausendwende war der Buddhismus über Zentralasien nach China gelangt. Nach Freiberger und Kleine (2015, 114–117) war jedoch das 2. Jahrhundert aufgrund des

6. Jahrhundert) eine wichtige Rolle und waren den Mönchen oftmals gleichgestellt. Für China erzählt der dem Mönch Baochang zugeschriebene hagiographische Text *Biqiuni zhuan* (*Biographies of Buddhist Nuns*) aus dem frühen 6. Jahrhundert die Lebensgeschichten von 65 Nonnen, die zwischen 357 und 519 lebten (Li 2002, 70). Ihm zufolge existierten zu seinen Lebzeiten 50 Nonnenklöster in verschiedenen Städten des damaligen China. Bis in die Tang-Zeit (618–907) waren Nonnen als Lehrerinnen für Adel und Kaiserhof, als Ritualexpertinnen, buddhistische Gelehrte und auch Asketinnen angesehen (Meeks 2014, 319–322). Ähnlich galten gemäß der koreanischen Chroniken *Samguk sagi* (12. Jahrhundert) und *Samguk yusa* (13. Jahrhundert) in allen drei frühen koreanischen Königreichen – Silla (57 v. chr. Z.–935), Paeckche (18 v. chr. Z.–660) und Koguryō (37 v. chr. Z.–618) – Nonnenklöster als Zentren der Gelehrsamkeit, und im 6. Jahrhundert wurden Nonnen aus Paekche als Missionarinnen nach Japan entsandt (Cho 2011, 15–20). In Japan waren drei Frauen die ersten Ordinierten (laut der Reichschronik *Nihon shoki* in 584 ordiniert), und bereits für 624 berichtet das *Nihon shoki* von 569 Nonnen und 815 Mönchen. Auch die 741 angeordnete Errichtung von je einem Männer- und einem Frauenkloster in jeder Provinz (*kokubunji, kokubunniji*) mit jeweils 20 Mönchen bzw. 10 Nonnen ist ein Anzeichen für die hohe Stellung von Nonnen in der Asuka- (552–645) und Nara-Zeit (710–794). Ähnlich wie in China wurden Nonnen in privaten Haushalten als Lehrerinnen angestellt und häufig für Rituale oder Predigten an den Kaiserhof berufen (Meeks 2014, 325–329).

Trotz der latent misogynen Rhetorik buddhistischer Schriften, die Frauen als moralisch unterlegen, unrein und nicht erlösungsfähig beschrieben,[4] wurde ordinierten Frauen in dieser frühen Zeit der sechs Dynastien in China, der drei Königreiche in Korea und der Asuka-/Nara-Zeit in Japan ein ähnlicher Status wie ordinierten Männern zugestanden: Sie konnten teilweise öffentliche buddhistische Ämter wahrnehmen, und ihre Tempel bzw. Klöster erhielten staatliche Unterstützung. Dieser Trend änderte sich in den folgenden Epochen, in denen sich ihre Aktivitäten zunehmend in den privaten Bereich verschoben, während die Rollen der Förderin des Buddhismus und der Pilgerin in den Vordergrund rückten. Lori Meeks (2014, 330) erklärt diese Entwicklung unter anderem mit der Konsolidierung komplexer bürokratischer Staaten, in deren Kontext Genderrollen stärker reguliert wurden. Aufgrund der einflussreichen konfuzianischen Familienethik wurde Frauen primär die Rolle der Ehefrau und Mutter zugeschrieben. Gleichzeitig trug

---

Verfalls der Han-Dynastie eine für die Akkulturation des Buddhismus günstige Zeit. Seit dem 3. Jahrhundert wurden zentrale Mahāyānatexte wie zum Beispiel das *Vimalakīrti-nirdeśa-sūtra* oder das *Lotus-Sūtra* (skt. *Saddharma-pundarīka-sūtra*, chin. *Fahuá jīng*, jap. *Hokkekyō*) ins Chinesische übersetzt.

**4** Siehe hierzu auch Kap. II.7.

die Institutionalisierung buddhistischer Klöster und Scholastik zur Verbreitung misogyner Lehren bei, vor allem die der fünf Hindernisse, der dreifachen Unterordnung der Frau unter Vater, Ehemann und Sohn, und der Notwendigkeit der Transformation in einen Mann im Moment des Erwachens.

In Moderne und Gegenwart sind Nonnen vor allem in Süd-Korea und Taiwan einflussreich: Laut Meeks (2014, 334–336) waren in 2014 in Süd-Korea etwa die Hälfte der Ordinierten Frauen, in Taiwan sogar mindestens 75%. Während Nonnen in Süd-Korea sowohl innerhalb des buddhistischen Klerus als auch in der Gesellschaft einen vergleichsweise hohen sozialen Status haben (Cho 2011, 35), sind Nonnen im heutigen Japan eine Minderheit innerhalb der etablierten buddhistischen Schulen (Schrimpf 2015, 194 f.), die zudem mit dem schlechten Ansehen des Klerus als Repräsentant eines „Bestattungs-Buddhismus" zu kämpfen hat. Obwohl voll ordinierte Frauen formal die gleichen Rechte besitzen wie Männer, sind sie in den Institutionen der jeweiligen Schulen häufig unterrepräsentiert. Viele ordinierte Frauen in Japan berichten, dass sie in der rituellen Praxis und im alltäglichen Umgang mit ordinierten Männern nicht als gleichwertig behandelt werden: Bei gemeinsamen Ritualen werden sie oft auf Randplätzen platziert, bei Rezitationen wird ihnen die führende Rolle verweigert oder ihre Stimmen werden als störend empfunden; bei Bestattungen werden männliche Priester bevorzugt, und oft wird erwartet, dass sie ‚Frauenarbeiten' wie Tee kochen und servieren, Roben zusammenfalten etc. übernehmen (Schrimpf 2022, 149–151). Diese und andere Formen der Diskriminierung führten in Japan 1996 und 1997 zur Gründung zweier schulübergreifender Netzwerke für buddhistische Frauen (*Josei to Bukkyō Kantō Nettowāku, Josei to Bukkyō Tōkai Nettowāku*). Sie umfassen ordinierte Frauen, zum Beispiel Tempelpriesterinnen (Abb. 9), Ehefrauen von Tempelpriestern und buddhistische Laiinnen, die in Publikationen und Tagungen Genderungleichheiten auf institutioneller, doktrinärer und individueller Ebene im gegenwärtigen Buddhismus Japans aufzeigen (Kawahashi und Kobayashi 2017, 5).

## Laiinnen als Förderinnen des Buddhismus

Schon im Altertum spielten in ganz Ostasien insbesondere adelige Frauen und weibliche Angehörige der Kaiser-/Königshäuser eine wichtige Rolle für die Etablierung und Konsolidierung des Buddhismus, indem sie Tempelbau, Gelehrsamkeit und buddhistische Kunst unterstützten (Cho 2011, 20 f.; Hongō 2002). So identifizierte sich die chinesische Kaiserin Wu Zetian (625–705) mit dem zukünftigen Buddha Maitreya und erkannte den Buddhismus als „nationale Religion" an (Freiberger und Kleine 2015, 127). In Japan unterstütze Kaiserin Kōmyō (701–760) den Bau des Tōdaiji-Tempels in Nara und trug wesentlich zur Verordnung der Einrichtung je

**Abb. 9:** Buddhistische Praxis unter Pandemie-Bedingungen: Tempelpriesterin Iijima Keidō (Sōtō-Schule) in ihrem Tempel in Matsumoto, Japan (Foto: Monika Schrimpf 2021).

eines Mönchs- und Nonnenklosters in jeder Provinz bei (Hongō 2002; Mikoshiba 2002). Auch nicht-kaiserliche Adelige förderten die buddhistische Praxis in Japan, indem sie unter anderem Toten- und Gedenkrituale, Vorlesungen und Unterweisungen, *Sūtra*-Abschriften und -Rezitationen in Auftrag gaben. Diese Art der Förderung des Buddhismus war jedoch nicht auf Frauen beschränkt. Insbesondere im japanischen Altertum trugen auch männliche Kaiser und Adelige (wie Prinz Shōtoku (574–622) oder Kaiser Shōmu (701–756) viel zur Etablierung des Buddhismus bei.

## Nichtsesshafte Nonnen und Praktizierende

Die *Biographies of Buddhist Nuns* (*Biqiuni zhuan*) berichten von vielen reisenden Nonnen zwischen dem 4. und 6. Jahrhundert, vor allem zur Zeit der Nord-Süd-Teilung des chinesischen Reiches (420–580). Anlässe und Motive waren vielfältig: Einige flohen vor den kriegerischen Auseinandersetzungen im Norden in das südliche Reich, andere reisten, um zu predigen oder berühmte Tempel bzw. Mönche aufzusuchen, wieder andere begleiteten hochrangige Adelige und Regierungsbeamte oder folgten den Einladungen des Kaisers. Grundsätzlich spielten umherziehende Mönche und Nonnen aufgrund ihrer Lehr- und rituellen Praxis vor allem in der frühen Ausbreitung des Buddhismus in China eine zentrale Rolle (Huang 2021).

In Japan waren insbesondere im Mittelalter neben den ‚sesshaften' Ordinierten auch umherziehende Nonnen eine wichtige Gruppe religiöser Spezialistinnen. Sie waren auf Pilgerfahrten unterwegs, trieben Spenden für Tempelbauten oder -reparaturen ein und predigten in volkstümlicher Sprache. Ein Beispiel sind die sogenannten *etoki bikuni* („Bild-erläuternde Nonnen") oder *Kumano bikuni* („Nonnen aus Kumano")[5], die wesentlich zur Popularisierung des Buddhismus beitrugen (Griffiths 2016, 32–36). Auf Marktplätzen, an Brücken oder anderen menschenreichen Orten erläuterten die *Kumano bikuni* in Mittelalter und früher Neuzeit[6] singend Bilder des *Kumano-Mandala der Visualisierung des Herzens und der zehn Welten* (*Kumano kanjin jikkai mandara*) mit seinen Darstellungen der vielfachen Höllenleiden für Frauen und ihrer Erlösung (Ruch 2002b).

Eine weitere Gruppe nicht-sesshafter Nonnen waren die *jishū*-Praktizierenden, die im Mittelalter gemeinsam mit Mönchen den Namen Amida-Buddhas anrufend (*nenbutsu*) und tanzend durch Japan zogen, um ihren Zuhörer*innen durch ihre Rezitationen die Hingeburt ins Reine Land zu ermöglichen. In dieser eher volksnahen Organisation des Reinen-Land-Buddhismus wurden Frauen als gleichwertige Praktizierende betrachtet, die genauso wie Männer gemischt-geschlechtliche *jishū*-Gruppen und Tempel leiteten (Griffiths 2016, 17–30). Während männliche *jishū* im 14. Jahrhundert – einer Zeit, in der die Kriegerklasse ihre Machtposition gegenüber dem Hofadel und Kaiserhaus konsolidierte – Krieger in die Schlacht begleiteten, um in deren Todesstunde die zehn für die Hingeburt ins Reine Land erforderlichen *nenbutsu* zu rezitieren, leisteten weibliche *jishū* Unterstützung am Rande der Schlachtfelder (Griffiths 2016, 40–43).

## 2 Genderkonzepte und -diskurse

Die bereits im Theravāda-Buddhismus diskutierte Frage nach der Erlösungsfähigkeit der Frau zieht sich auch durch den gesamten Mahāyāna-Buddhismus Ostasiens.

---

5 Dabei handelt es sich jedoch nicht unbedingt um Nonnen, sondern teilweise auch um Frauen, die sich wie Nonnen kleideten, um durch ihre Arbeit Unterstützung für Tempelprojekte einzuwerben (Meeks 2020b, 4–6).
6 Die Praxis des *etoki* ist unter diesem Namen erstmals im 10. Jahrhundert belegt. Die meisten Erwähnungen und bildlichen Darstellungen von *Kumano bikuni* stammen jedoch aus dem 17. bis 19. Jahrhundert (Ruch 2002b, 560 f.).

Zentrale Bedeutung haben hierbei die Konzepte der „fünf Hindernisse" (chin. *suzhang*, jap. *goshō*), der dreifachen Unterordnung der Frau (chin. *sancong*, jap. *sanjō*) und der Transformation in einen Mann im Moment des Erwachens (chin. *biancheng nanzi*, jap. *henjō nanshi*). Während die Vorstellung von der dreifachen Unterordnung der Frau bereits im prä-buddhistischen Indien[7] und China existierte (Nagata 2002, 279 f.), war das Konzept der „fünf Hindernisse" eine buddhistische Entwicklung (Nagata 2002, 293). Es besagt, dass Frauen weder die Existenzform der Gottheiten Brahmā, Indra und Māra, noch die eines *Cakravartin* (Weltenherrschers) oder eines Buddha erreichen können. In Japan wurde diese Vorstellung mit den „drei Unterordnungen" kombiniert und als Synonym für die größere Sündhaftigkeit der Frau, für ihre inhärente karmische Unterlegenheit, Schwäche und Unreinheit interpretiert (Yoshida 2002, 308–311). Zu den entsprechenden Referenztexten zählt das 12. Kapitel des *Lotus-Sūtra*, welches von der Buddhawerdung der achtjährigen Tochter des Nāga-Königs erzählt:

> Da sah die ganze Versammlung, wie das Nāga-Mädchen sich ganz plötzlich in einen Mann verwandelte, die Übungen der Bodhisattvas verwirklichte, sich sogleich in die südliche Welt ohne Befleckungen begab, sich auf eine Lotosblüte aus Juwelen setzte und die Wahre Erleuchtung erlangte. Mit den zweiunddreißig Merkmalen und den achtzig Nebenmerkmalen ausgestattet predigte sie allen Wesen in den zehn Himmelsrichtungen weithin das Wunderbare Gesetz.[8]

Im *Sūtra vom unermesslichen Leben* (chin. *Wuliangshoujing*, jap. *Muryōjukyō*) verspricht der Mönch Dharmakāra, der spätere Amida-Buddha, in seinem 35. Gelübde auch Frauen die Hingeburt in sein Reines Land.[9] In beiden Fällen ist die Erlösung jedoch an eine Geschlechtsumwandlung geknüpft: Die Drachenprinzessin verwandelt sich im Augenblick ihres Erwachens in einen Mann, und auch die Hingeburt ins Reine Land erfolgt in einem männlichen Körper. Diese und andere Schriften[10] wurden zur Grundlage der *henjō nanshi*-Ideologie, der zufolge das Erwachen für Frauen einer Geschlechtstransformation bedarf. Der ambivalente Charakter dieser Vorstellung ist offensichtlich: Einerseits wurde sie in der mittel-

---

7 In der hinduistischen *Manusmṛti* wird die Frau zuerst der Kontrolle des Vaters, dann der des Ehemannes, dann der des Sohnes unterstellt. Siehe *Manusmṛti* 5, 148, übers. v. Michaels 2010, 115.
8 *Lotos-Sūtra* 12, übers. v. Deeg 2009, 202. Im *Sūtra of Sāgara, the Nāga King* (chin. *Hailungwangjing*) findet die Verwandlung der Prinzessin nicht statt, sondern Buddha prophezeit ihre Buddhawerdung und die Entstehung ihres Reinen Landes (Paul 1985, 241).
9 Auch in den Gelübden anderer Buddhas, die Reine Länder begründeten, ist dieses Versprechen enthalten, z. B. in denen des Medizinbuddha Yakushi (Heidegger 2006, 57 f.).
10 Z. B. das *Sūtra von der Umwandlung des weiblichen Körpers* (chin. *Zuannüshenjing*, jap. *Ten'nyoshingyō*) (Heidegger 2006, 57).

alterlichen Literatur Japans als Hoffnung auf weibliches Erwachen häufig positiv rezipiert (Yoshida 2002, 304–308, 313–321). Andererseits ist sie Ausdruck einer ausgeprägt misogynen Haltung, da sie den männlichen Körper als Erlösungsbedingung postuliert.

Gleichzeitig wurde die vermeintliche Unreinheit der Frau betont. In China und Japan führte sie vor allem im 16. und 17. Jahrhundert zu Praktiken wie der Rezitation des sogenannten *Blutschalen-Sūtra* (chin. *Xuepenjing*, jap. *Ketsubonkyō*),[11] um Frauen aus der Hölle des Blutteiches zu erlösen, und dem Ausschluss von Frauen aus buddhistischen Zentren auf Bergen (*nyonin kekkai, nyonin kinzei*), insbesondere dem Hiei-zan als Zentrum der Tendai-Schule und dem Kōya-san als Zentrum der Shingon-Schule.

Schließlich betonen einige Mahāyāna-buddhistische Texte die Irrelevanz der geschlechtlichen Unterscheidung, da im Erwachen bzw. der Realisierung der Buddhaschaft alle Unterscheidungen hinfällig würden. Besonders beliebt war in China und Japan das *Sūtra von den Lehren des Vimalakīrti* (skt. *Vimalakīrti-nirdeśa-sūtra*, chin. *Wéimójié jing*, jap. *Yuimakyō*), in dem eine weibliche Gottheit den Buddha-Schüler Śāriputra in ihre eigene Gestalt verwandelt, um ihm den illusionären Charakter der Geschlechtsunterscheidung aufzuzeigen:

> Śāriputra fragte: „Warum verwandelst du deine Frauengestalt nicht in die eines Mannes?" Das himmlische Mädchen erwiderte: „Während der vergangenen zwölf Jahre habe ich vergeblich meine weibliche Form gesucht, konnte sie aber nicht finden, was soll ich da verwandeln? Das wäre ja genauso, als wenn ein Zauberer eine weibliche Gestalt hervorzaubern und jemand diese fragen würde, warum sie sich nicht in die Gestalt eines Mannes verwandle." Nachdem sie so gesprochen hatte, verwandelte sie plötzlich mit Hilfe ihrer übernatürlichen Kraft Śāriputra in ihre eigene, sich selbst aber in die Gestalt von Śāriputra und fragte ihn: „Warum verwandelst du deine Frauengestalt nicht?" Śāriputra, in der Gestalt des himmlischen Mädchens, erwiderte: „Ich weiß nicht, warum ich in ein Mädchen verwandelt worden bin." Darauf sie: „Genau wie du jetzt, der du keine Frau bist, in der Gestalt einer Frau erscheinst, so ist es auch mit allen anderen Frauen; sie scheinen Frauen zu sein, sind es aber in Wirklichkeit nicht. Deshalb sagt ja auch Buddha: Alle Dinge sind weder männlich noch weiblich."[12]

---

[11] Dabei handelt es sich um ein sogenanntes apokryphes *Sūtra*, das in China entstand. Es beschreibt die Leiden, die Frauen nach ihrem Tod erdulden müssen, da sie mit ihrem Menstruations- und Geburtsblut die Gottheiten der Erde beschmutzen und deswegen in einem Blutteich wiedergeboren würden. Die Rezitation des *Ketsubonkyō* galt als Mittel, sie aus dieser Hölle zu erlösen. Eine Übersetzung des *Sūtra* findet sich bei Meeks 2020a, 3f., eine Darstellung der Geschichte dieser Praxis in China und Japan bei Meeks 2020a, 2020b.

[12] *Vimalakīrti-nirdeśa-sūtra* 7, übers. v. Fischer und Yokota, neu bearb. v. Dräger und Peterssen 2016, 105–107 (in Auszügen).

Diese Relativierung von Geschlechtsunterschieden steht allerdings meistens in einem Kontext, in dem „in Anbetracht des Konzeptes der ‚Leerheit' die Bedeutung aller Unterschiede und Unterscheidungen überhaupt zurückgewiesen wird" (Heidegger 2006, 59).

Infolge der zunehmenden Bedeutung dieser Lehren wurde die Erlösungsfähigkeit von Frauen in ganz Ostasien seit dem Mittelalter zunehmend als problematisch betrachtet. Damit einhergehend wurden offizielle Nonnenordinationen in Japan seit dem 8./9. Jahrhundert (bis ins 13. Jahrhundert) eingestellt, und die einflussreichen neuen buddhistischen Schulen etablierten sich primär als Mönchsorden (Heidegger 2006, 60–66). Lediglich in der Ch'an-bzw. Zen-Tradition traten vereinzelt Frauen als Schülerinnen und angesehene Meisterinnen auf, wie zum Beispiel Mugai Nyodai (1223–1298), Ryōnen Gensō (1646–1711) in Japan (Ruch 2002a) oder Qiyuan Xinggang (1597–1654), Yikui Chaochen (1625–1679) und andere in China.[13]

Inwieweit sich diese Konzepte auf das Selbstbild ordinierter Frauen und die Geschlechterbeziehungen in der Gegenwart auswirken, ist schwer zu beurteilen. Ein interessantes Beispiel der gleichzeitigen Internalisierung und Zurückweisung buddhistischer Genderkonzepte stellt Hillary Crane (2007) auf der Basis ihrer ethnographischen Forschung zu einem Ch'an-Kloster in Taiwan vor. Die Nonnen in diesem Kloster bezeichnen sich gleichzeitig als Mann und als Frau: Sie sehen sich als Frauen, weil sie den Körper einer Frau haben und damit eine Versuchung für Mönche darstellen. Gleichzeitig bezeichnen sie sich als Männer, weil sie aufgrund ihrer monastischen Lebensweise und Praxis das gleiche „spirituelle" Potential besitzen wie Mönche.

## Literatur

Cho, Eun-Su. 2011. „Female Buddhist Practice in Korea – A Historical Account." In *Korean Buddhist Nuns and Laywomen. Hidden Histories, Enduring Vitality*, hg. v. Eun-su Cho, 15–44. New York/NY: SUNY Press.

Crane, Hillary. 2007. „Becoming a Nun, Becoming a Man. Taiwanese Buddhist Nuns' Gender Transformation." In *Religion* 37, 117–132.

Freiberger, Oliver und Christoph Kleine. 2015. *Buddhismus. Handbuch und kritische Einführung*. 2. Aufl. Göttingen: Vandenhoeck & Ruprecht.

Grant, Beata. 2009. *Eminent Nuns. Women Chan Masters of Seventeenth-Century China*. Honolulu/HI: University of Hawai'i Press.

Griffiths, Caitilin. 2016. *Tracing the Itinerant Path. Jishū Nuns of Medieval Japan*. Honolulu/HI: University of Hawai'i Press.

---

13 Siehe Beata Grants Studie zu sieben Ch'an-Meisterinnen des 17. Jahrhunderts (Grant 2009).

Heidegger, Simone. 2006. *Buddhismus, Geschlechterverhältnis und Diskriminierung. Die gegenwärtige Diskussion im Shin-Buddhismus Japans*. Münster: LIT Verlag.

Hongō, Masatsugu. 2002. „State Buddhism and Court Buddhism. The Role of Court Women in the Development of Buddhism from the Seventh to the Ninth Centuries." In *Engendering Faith. Women and Buddhism in Premodern Japan*, hg. v. Barbara Ruch, 41–61. Ann Arbor/MI: The Regents of the University of Michigan.

Huang, Wen-Yi. 2021. „War Captives, Left-Behind Wives, and Buddhist Nuns. Female Migrants in Early Medieval China ($4^{th}$–$6^{th}$ Century CE)." In *Journal of Chinese History* 5, 227–244.

Kawahashi, Noriko und Naoko Kobayashi. 2017. „Editor's Introduction: Gendering Religious Practices in Japan. Multiple Voices, Multiple Strategies." In *Japanese Journal of Religious Studies* 44, 1–13.

Li, Rongxi. Übers. 2002. „Biographies of Buddhist Nuns. Translated from the Chinese of Baochang." In *Lives of Great Monks and Nuns*, 67–154. BDK English Tripitaka 76/3-7. Berkeley/CA: Bukkyō Dendō Kyōkai and Numata Center for Buddhist Translation and Research.

*Manusmṛti. Manus Gesetzbuch*, übers. und hg. v. Axel Michaels unter Mitarbeit v. Anand Mishra. 2010. Berlin: Verlag der Weltreligionen im Insel Verlag. *Das Lotos-Sutra*, übers. v. Max Deeg. 2009. Darmstadt: Wissenschaftliche Buchgesellschaft.

Meeks, Lori. 2014. „Nuns and Laywomen in East Asian Buddhism." In *Wiley Blackwell Companion to East and Inner Asian Buddhism*, hg. v. Mario Poceski, 318–339. Malden/MA: Wiley Blackwell.

Meeks, Lori. 2020a. „Women and Buddhism in East Asian History. The Case of the Blood Bowl Sutra Part I: China." In *Religion Compass* 14, 1–14. https://onlinelibrary.wiley.com/doi/epdf/10.1111/rec3.12336 [03.12.2021].

Meeks, Lori. 2020b. „Women and Buddhism in East Asian History. The Case of the Blood Bowl Sutra Part II: Japan." In *Religion Compass* 14, 1–16. https://onlinelibrary.wiley.com/doi/epdf/10.1111/rec3.12335 [03.12.2021].

Mikoshiba, Daisuke. 2002. „Empress Kōmyō's Buddhist Faith. Her Role in the Founding of the State Temple and Convent System." In *Engendering Faith. Women and Buddhism in Premodern Japan*, hg. v. Barbara Ruch, 21–40. Ann Arbor/MI: The Regents of the University of Michigan.

Nagata, Mizu. 2002. „Transitions in Attitudes toward Women in the Buddhist Canon. The Three Obligations, the Five Obstructions, and the Eight Rules of Reverence." In *Engendering Faith. Women and Buddhism in Premodern Japan*, hg. v. Barbara Ruch, 279–295. Ann Arbor/MI: The Regents of the University of Michigan.

Paul, Diana. 1985. *Women in Buddhism. Images of the Feminine in Mahāyāna Tradition*. Berkeley/CA: University of California Press.

Ruch, Barbara. 2002a. „Burning Iron against the Cheek. A Female Cleric's Last Resort." In *Engendering Faith. Women and Buddhism in Premodern Japan*, hg. v. Barbara Ruch, lxv–lxxviii. Ann Arbor/MI: The Regents of the University of Michigan.

Ruch, Barbara. 2002b. „Woman to Woman. *Kumano bikuni* Prozelytisers in Medieval and Early Modern Japan." In *Engendering Faith. Women and Buddhism in Premodern Japan*, hg. v. Barbara Ruch, 537–580. Ann Arbor/MI: The Regents of the University of Michigan.

Scott, Joan W. 2009. „Gender – Useful Category of Historical Analysis." In *Women and Religion. Critical Concepts in Religious Studies* 1, hg. v. Pamela Klassen, Shari Goldberg und Danielle Lefebre, 57–82. London; New York/NY: Routledge.

Schrimpf, Monika. 2022. „Boundary Work and Religious Authority among Buddhist Ordained Women in Contemporary Japan." In *Japan Review* 36, 139–164. http://doi.org/10.15055/00007774 [03.12.2021].

Schrimpf, Monika. 2015. „Children of Buddha, or Caretakers of Women? Self-Understandings of Ordained Buddhist Women in Contemporary Japan." In *Journal of Religion in Japan* 4, 184–211.

Starling, Jessica. 2019. *Guardians of the Buddha's Home. Domestic Religion in Contemporary Jōdo Shinshū.* Honolulu/HI: University of Hawai'i Press.

*Vimalakīrti-nirdeśa-sūtra: Vimalakīrti. Das Sutra von der unvorstellbaren Befreiung*, Neubearbeitung der Übersetzung von Jakob Fischer und Takezō Yokota durch Monika Dräger in Zusammenarbeit mit Mikael Peterssen. 2016. Norderstedt: Books on Demand GmbH.

Yoshida, Kazuhiko. 2002. „The Enlightenment of the Dragon King's Daughter in the Lotus Sutra." In *Engendering Faith. Women and Buddhism in Premodern Japan*, hg. v. Eun-su Cho, 297–324. Ann Arbor/MI: The Regents of the University of Michigan.

Lukas K. Pokorny
# II.9 Shintō

Die Frage nach der diachronen Identität des Shintō (wörtlich: „Weg der Kami") – eingedeutscht auch „Shintoismus" oder „Schintoismus" – beschäftigt Fachgelehrte seit Jahrzehnten.[1] Der früheste Quellenbeleg des Begriffs in japanischem Schrifttum findet sich im *Nihon Shoki* (Chronik Japans). Das in das Jahr 720 datierte *Nihon Shoki* zählt neben dem acht Jahre älteren *Kojiki* (Aufzeichnung alter Begebenheiten) zu den zwei mythologischen Kardinalschriften der Tradition. Worauf „Shintō" (damals wohl in der Aussprache *jindō*) verweist, ist nicht eindeutig geklärt. Angenommen wird in der Forschung mehrheitlich die Bezugnahme auf einen einheimischen Kami-Glauben respektive darauf aufbauendes Praxiswerk. Dieser wohl bereits früh von den „Drei Lehren"[2] (*sankyō*) und hierbei vor allem buddhistisch durchwirkte Kami-Glaube und dessen Ritualprogramm sind jedoch *nicht* gleichzusetzen mit dem heutigen Shintō. Letzterer konturierte sich, wiewohl nicht losgelöst vor allem von Buddhismus und Konfuzianismus, ab dem 15. Jahrhundert allmählich mit punktuell-distinkten Selbstverständnissen heraus. Der populäre Kami-Glaube blieb von den neu gewonnenen Identitätsvorstellungen einzelner Gemeinschaften jedoch größtenteils unberührt.

Das nativistische Meisternarrativ des modernen Shintō als genuin japanische, dem Buddhismus entgegenstehende Tradition etablierte sich erst im 19. Jahrhundert (Breen und Teeuwen 2010; Hardacre 2017). So dekretierten die Behörden etwa 1868 die „Trennung von Kami und Buddhas" (*shinbutsu bunri rei*). Dennoch: Auch der moderne Shintō ist vielschichtig und besitzt keine uniforme Struktur hinsichtlich Kultus und Lehre. Offizielle Statistiken weisen dem Shintō regelmäßig mehr als 100 Millionen ‚Anhänger*innen' aus – in einem Land mit einer Bevölkerung von knapp 127 Millionen. Rund 100.000 Schreine (*jinja*) stehen dabei etwa 20.000 Priester*innen (*kannushi*) gegenüber. Abgesehen von shintōistisch-geprägten Gemeinschaften im Bereich neuer religiöser Bewegungen, wird der Shintō in der Binnenperspektive landläufig nicht mit religiösem Vorzeichen bedacht. Vielmehr verkörpere dieser die Menge seit alters her tradierter, fest mit Land und Ethnizität

---

1 Der Begriff *kami* bleibt häufig unübersetzt, da die gängige Plural-Übertragung als „Götter" einerseits irreführend sein und andererseits das semantische Spektrum nicht ausreichend abbilden kann. Kami sind nicht nur Naturkräfte, übernatürliche bzw. Geistwesen und Gottheiten. Alles, was sensorisch besondere Wirkung entfaltet mag jene spirituell-vitalisierende Kraft, kurz Kami, sein – Berge und Seen, Pflanzen und Tiere, Menschen und Baulichkeiten – oder zumindest als dessen (temporäre) Wohnstätte dienen.
2 Das sind Buddhismus, Daoismus und Konfuzianismus.

verbundener Gepflogenheiten zur Aufrechterhaltung familiärer und gesellschaftlicher Harmonie. Der Shintō sei in dieser Hinsicht ein identifikatorisches Moment des Japanischseins. Es ist daher nicht überraschend, dass der Shintō in seiner Ausbreitung beschränkt ist auf das japanische Kernland sowie die japanische Diaspora. Nicht-japanische Akteur\*innen sind kaum anzutreffen, wenn dann vermehrt innerhalb des neureligiösen Spektrums.

# 1 Mythologie und Geschlechterordnung

Die zentrale Stellung im Shintō-Pantheon genießt traditionell die Sonnengöttin Amaterasu. Als eine von vielen Sonnengottheiten im japanischen Altertum behauptete sie sich im 7. Jahrhundert dank ihrer ursprünglichen Funktion als Clangottheit der späteren kaiserlichen Familie. Amaterasu – so das *Nihon Shoki* – sei eine Tochter des geschwisterlichen Schöpfergötterpaares Izanagi und Izanami.[3]

Die im *Kojiki* und *Nihon Shoki* enthaltenen Mythos-Varianten um Izanagi und Izanami implizieren männliches Superioritätsdenken in Anlehnung an das chinesisch-höfische Paradigma. Harmonie gründe auf einer patriarchal ausgerichteten Komplementarität von Mann und Frau. Werde diese in Frage gestellt, sei Instabilität und Unheil die Folge. Partnerschaftlicher Einklang führe zu Fruchtbarkeit; (weibliches) Widerstreben resultiere in Verfall, Unreinheit und Tod, allesamt im Mythos verhandelte Themen und letztlich Attribute Izanamis. Gleichzeitig fungiert das (prämenstruell) Weibliche im *Kojiki* als Symbol für Reinheit, eine Ambivalenz, die sich mit Blick auf den Amaterasu-Mythenkreis verfestigt. Izanami übertrage die Herrschaft über den Himmel der sanftmütig-geduldigen Amaterasu, woraufhin allmählich ein Konflikt mit ihrem temperamentvollen Bruder, dem Wind- und Meeresgott Susanoo, entbrenne. Amaterasu ziehe sich zurück in eine Höhle nachdem – je nach Erzählvariante – sie selbst oder eine Magd durch Susanoos Treiben zu Tode gekommen sei. Eine nun dauerhaft in Dunkelheit gehüllte Welt veranlasse die Gottheiten Amaterasu um Rückkehr zu bitten. Sie verweigere sich, doch göttliche List – allen voran ein ekstatischer (Fruchtbarkeits-)Tanz der Göttin Ame no Uzume – bringe Amaterasu schließlich aus ihrem Versteck. Amaterasu überwindet (in einer Variante) nicht nur den Tod und symbolisiert mithin Unsterblichkeit, sondern sie vollzieht mit ihrer Rückkehr eine generelle Wandlung zu einer kraftvoll-souveränen Herrscherin (Ambros 2015, 26–39; Yusa 1994, 98–102). Amaterasus Enkel,

---

[3] Hingegen schildert das *Kojiki*, Amaterasu sei aus dem linken Auge Izanagis entsprungen, als dieser sich nach Aufenthalt in der Unterwelt (um die verstorbene Izanami zu retten), in einem Fluss gereinigt habe.

Ninigi, habe sich in der Folge als Herrscher auf die Erde begeben. Ninigis Urenkel, Jinmu, wiederum sei schließlich der erste (legendenhafte) Kaiser Japans geworden, dessen Regierungszeit traditionell ins 7. und frühe 6. Jahrhundert v. chr. Z. datiert wird.

## 2 Herrscherinnen und religiöse Ämter für Frauen

Das *Nihon Shoki* berichtet von Amaterasus Wunsch, in einem Schrein auf der Halbinsel Ise Verehrung zu finden. Die Errichtung des Großschreins von Ise (*Ise Daijingū*) vor rund 2000 Jahren sei die Folge gewesen. Gleich einem andernorts Amaterasu geweihten Vorgängerschrein, habe eine Kaisertochter die Funktion der Schreinpriesterin übernommen – ein Amt, das ab dem späten 7. Jahrhundert (vermutlich im Rahmen der eigentlichen Ersterrichtung des *Ise Daijingū*) institutionalisiert wurde und bis zum Jahr 1336 überdauerte.[4] Die Schreinpriesterin von Ise (*saigū/saiō*) – eine jungfräuliche zumeist im Kindesalter stehende Prinzessin oder Kaisernichte – wirkte als Mittlerin zwischen dem Kaiserhaus und der Sonnengottheit.[5] Tatsächlich verantworteten im Allgemeinen oftmals Frauen in unterschiedlichsten Funktionen innerhalb wie außerhalb des Schreinkontexts die mediumistische Kommunikation mit Kami.

Die Tradition blickt in ihrer ‚Frühzeit' auf eine stattliche Zahl an Herrscherinnen zurück, beginnend mit der in der Forschung viel diskutierten Priesterkönigin Himiko (3. Jahrhundert). Ein chinesisches Geschichtswerk aus dem 3. Jahrhundert, das *Wèi zhì* (Aufzeichnungen von Wèi), schreibt dieser die Anwendung von *guǐdào* („Weg der Totengeister"), also spirituellen Künsten, zu, wodurch Himiko für Harmonie im Königreich Yamatai gesorgt habe. Die Regierungsführung eines Nachfolgers sei gescheitert und erst die Herrschaft ihrer weiblichen Verwandten Iyo (andere Lesung: Toyo) habe wieder Ordnung im Land hergestellt. Gleichermaßen prominent innerhalb der Tradition ist die Kaiserwitwe und Regentin Jingū (3. Jahrhundert), die unter anderem als Medium Amaterasus gewirkt und als Feldherrin das koreanische Königreich Silla in die Knie gezwungen habe (Kidder 2007). Von den insgesamt acht offiziell verzeichneten regierenden Kaiserinnen Japans, lebten alleine sechs im 7. und 8. Jahrhundert. Unter der Ägide Kaiserin Gen-

---

4 Die zentralen Teile des *Ise Daijingū* werden alle 20 Jahre neu erbaut. Das Schreinüberführungsritual (*shikinen sengū*) wurde mit einigen Unterbrechungen bis heute (zuletzt im Jahr 2013) 62 Mal durchgeführt.
5 Zwischen dem 9. und 13. Jahrhundert unterhielt ein Schrein in der damaligen Hauptstadt Kyōto (*Kamo Jinja*) eine ähnliche Institution, genannt *saiin*.

meis (r. 707–715) etwa wurde das *Kojiki* fertiggestellt; rezitiert wurde das memorierte mytho-historische Wissen übrigens womöglich von einer Dienerin am Hofe.

Trotz der Vielzahl an Herrscherinnen jener Epoche markiert insbesondere das 8. Jahrhundert den Übergang zu einer dezidiert patriarchalen Gesellschaftsordnung als Folge konfuzianisch beeinflusster Verwaltungsreformen. Die Praxisfreiheit weiblicher Medien (*miko*) wurde sukzessive eingeschränkt und die Schar an Funktionsträgerinnen im Schreindienst minimiert (Okano 1976, 58 f.). Hinzu trat eine wachsende soteriologische (wie ritualpraktische) Misogynie, die einhellig und lautstark von buddhistischen Schulen vertreten wurde. Die Konsequenz war die Betonung weiblicher Unreinheit speziell in Zusammenhang mit Menstruation, Geburt und bisweilen Schwangerschaft, was auch Eingang fand in gesetzliche Bestimmungen und gesellschaftliche Konventionen, welche ‚Unreinheit' mit Verboten und Geboten sanktionierten (Smyers 1983, 11–13; Yusa 1994, 115 f.). Dies schloss beispielsweise ein Besuchsverbot von Schreinen und religiösen Festen (*matsuri*) mit ein, das je nach Verordnung und Umstand, Tage oder gar Monate einzuhalten war. Ferner war es Frauen bald nicht mehr gestattet, als heilig erachtete Berge, allen voran den Berg Fuji, zu besteigen – eine Regelung, die nachhaltig erst im Jahr 1872 aufgehoben wurde (DeWitt 2016).

Trotz dieser Maßnahme beförderte der offizielle Shintō-Diskurs auch im 19. Jahrhundert weiterhin die Ungleichheit der Geschlechter. So wurde ein ministeriumsinterner Vorstoß Shintō-Priesterinnen einzusetzen vom zentralen Legislativorgan der Meiji-Regierung (1868–1912) im Jahr 1874 abgelehnt. Mehr noch, viele Schreinmedien und -tänzerinnen gingen aufgrund von Verschärfungen ihrer Stellungen verlustig, und zahlreiche mediumistische Praktiken wurden verboten. Der Bescheid bezog sich auf die herrschende Gesetzeslage, welche Frauen untersagte amtliche Positionen zu bekleiden. Dergestalt sei es auch ausgeschlossen, das Schreinpriestertum für Frauen zu öffnen, da dies gesamtgesellschaftliche Folge hätte: nämlich die Verkehrung von Geschlechterrollen in Form einer Demontage des Mannes als Haushaltsvorstand (*koshu*), und demnach die Zersetzung sittlicher Vorstellungen. Tatsächlich war drei Jahre zuvor eine formale Genehmigung durch das „Ministerium für Gottheiten" (*Jingishō*, 1871–1872) erfolgt, die es einer buddhistischen Nonne erlaubt hatte nach Laizierung die Funktion einer Shintō-Priesterin einzunehmen. Dieser Beschluss wurde nun widerrufen. Ebenso wurde das *saigū*-System, das in der Diskussion als historischer Präzedenzfall für Schreinpriesterinnen herhalten sollte, als nicht kompatibel mit den aktuellen Gegebenheiten angesehen (Odaira 2018, 225–230).

Der populär-gelebte Kami-Glaube setzte aber auch im 19. Jahrhundert durchaus einen Kontrapunkt zur (Geschlechter-)Politik des ‚offiziellen' Shintō. Gleichheitsideale fanden sich markant artikuliert etwa im Rahmen neuer religiöser Gemeinschaftsbildungen. Zwei von weiblichen Medien begründete, religionsgeschichtlich höchst bedeutsame Bewegungen sind Tenrikyō (Lehre vom Himmlischen Prinzip; gegründet 1838) und Ōmotokyō (Lehre vom Großen Ursprung; gegründet 1892) (Rossetti-Ambros und Smith 2018; Stalker 2018; Wöhr 1989).

## 3 Rezente Entwicklungen

Bereits kurz nach Ende des Pazifikkriegs (1941–1945) fällte das Jinja Honchō („Zentralbehörde für Schreine") die Entscheidung, künftig auch Schreinpriesterinnen zuzulassen. Seit 1948 dürfen diese auch leitende Funktionen als Oberpriesterinnen (*gūji*) übernehmen. Eine weitere Umstellung betraf die Rolle des Zeremonialmeisters des *Ise Daijingū* (*saishu*), die seit 1947 von einem weiblichen Mitglied der kaiserlichen Familie ausgefüllt wird. Die Zahl an Schreinpriesterinnen beläuft sich heute auf rund zehn Prozent, zweimal so viel wie noch Anfang der 1980er Jahre – Tendenz steigend. Schätzungen gehen von 20 bis 30 Prozent an Schreinpriesterinnen in den 2030er Jahren aus (Hardacre 2017, 532). Priesterinnen sind in großer Mehrheit in kleineren Schreinen anzutreffen. Landesweit organisiert sind sie in der *Zenkoku joshi shinshoku kyōgikai* („Landesweite Konferenz der Schreinpriesterinnen"). Wiewohl formell grundsätzlich gleichgestellt, erfahren Priesterinnen im Umgang mit ihren Kollegen aber auch mit Schreingemeindemitgliedern (*ujiko*) nicht selten Diskriminierung. Ebenso sehen sich Priesterinnen oftmals mit paternalistischen Erwartungshaltungen in ihrer Rolle als Frau und Mutter konfrontiert. Die Menstruation stellt mittlerweile – von Seiten des Jinja Honchō – kein Hindernis mehr für die Ausübung priesterlicher Schreinaktivitäten dar (Hardacre 2017, 532 f.). Vor allem im Rahmen priesterlicher Hilfsdienste spielen zudem (unverheiratete) Frauen qua *miko* (weibliche Schreinangestellte, nicht zu verwechseln mit den oben genannten Medien) wieder eine eminente Rolle. Neben ihrer Tätigkeit als Ritualassistentin, welche bisweilen auch die Durchführung von Zeremonialtänzen (*kagura*) einschließt, verantworten *miko* hauptsächlich profanere Aufgaben wie etwa Schreinaufsicht und -reinigung, Essenszubereitung oder Amulettverkauf. Ferner ist es Frauen heute auch möglich als *mikoshi* (ein tragbarer Schrein)-Trägerinnen während einer *matsuri*-Prozession zu fungieren.

Trotz dieser Entwicklungen orientiert sich der institutionalisierte Shintō, in Einklang mit seinem ethno-nationalistischen Selbstverständnis, heute weitestgehend an streng konservativen Rollenvorstellungen, die mit Blick auf die Frau nach wie vor auf die Meiji-zeitliche Maxime *ryōsai kenbo* („gute Ehefrau, weise Mutter") zurückgreifen. Ritualisiert ausgedrückt wird dies beispielhaft durch die relativ moderne Institution der Shintō-Hochzeit (*shinzen kekkon*), in der die Eheleute auf eine komplementäre Zweisamkeit ganz im Sinne klassischer, patriarchal verwalteter Tugendhaftigkeit und Nationalgesinnung eingeschworen werden (Ambros

2015, 140 f.). Als sensibel erachteten Themen wie LGBTQIA⁺-Identitäten wird gemeinhin – so prominenterweise das Jinja Honchō – mit Schweigen oder bestenfalls mit Unbestimmtheit begegnet. Nur sehr vereinzelt und erst jüngst sind Entwicklungen im Shintō zu beobachten, die auch LGBTQIA⁺-Lebensweisen in Theorie und Praxis einflechten, wie das Beispiel der neuen religiösen Gemeinschaft Konkōkyō (Lehre des goldenen Lichts; gegründet 1859) zeigt.

## Literatur

Ambros, Barbara. 2015. *Women in Japanese Religions*. New York/NY: New York University Press.
Breen, Johan und Mark Teeuwen. 2010. *A New History of Shinto*. Malden/MA: Wiley-Blackwell.
DeWitt, Lindesy E. 2016. „Envisioning and Observing Women's Exclusion from Sacred Mountains in Japan." In *Journal of Asian Humanities at Kyushu University* 1, 19–28.
Hardacre, Helen. 2017. *Shinto. A History*. New York/NY: Oxford University Press.
Kidder, J. Edward. 2007. *Himiko and Japan's Elusive Chiefdom of Yamatai. Archaeology, History, and Mythology*. Honolulu/HI: University of Hawai'i Press.
Odaira, Mika. 2018. „Female Shrine Priests and Doctrinal Instructors in the Early Meiji Moral Edification Campaign." In *Monumenta Nipponica* 73, 213–244.
Okano, Haruko. 1976. *Die Stellung der Frau im Shintô. Eine religionsphänomenologische und -soziologische Untersuchung*. Wiesbaden: Harrassowitz.
Rossetti-Ambros, Barbara und Timothy Smith. 2018. „Tenrikyō." In *Handbook of East Asian New Religious Movements*, hg. v. Lukas Pokorny und Franz Winter, 33–51. Leiden; Boston: Brill.
Smyers, Karen A. 1983. „Women and Shinto. The Relation between Purity and Pollution." In *Japanese Religions* 12, 7–18.
Stalker, Nancy K. 2018. „Ōmoto." In *Handbook of East Asian New Religious Movements*, hg. v. Lukas Pokorny und Franz Winter, 52–67. Leiden; Boston: Brill.
Wöhr, Ulrike. 1989. *Frauen und die neuen Religionen. Die Religionsbegründerinnen Nakayama Miki und Deguchi Nao*. Wien: Institut für Japanologie, Universität Wien.
Yusa, Michiko. 1994. „Women in Shinto. Images Remembered." In *Religion and Women*, hg. v. Arvind Sharma, 93–119. Albany/NY: SUNY Press.

Esther-Maria Guggenmos
# II.10 Religiöse Traditionen Chinas und ihre konfuzianischen und daoistischen Elemente

## 1 Chinesische religiöse Traditionen und religiöse Zugehörigkeit

Über die Jahrhunderte war für den chinesischen Kulturraum prägend, dass religiöse Zugehörigkeit ein Kennzeichen religiösen Expertentums war. Wer Rat in einer konkreten Situation suchte oder wer wichtige Lebensereignisse rituell begleitet wissen wollte, konsultierte dafür ausgewiesene Spezialisten oder – weniger gut dokumentiert – Spezialistinnen. Entscheidend für die Auswahl war, inwieweit man von einer Wirkmächtigkeit (*ling* 靈) der involvierten Gottheit und damit dem Ruf der religiösen Stätte und auch der zuständigen Person ausging. Wenn die Wirkmächtigkeit sich als nicht gegeben erwies, konnte und kann man den Ort wechseln und eine andere Gottheit konsultieren. Die Frage nach religiöser exklusiver Zugehörigkeit der Bevölkerung wurde jedoch vor allem im Kontext der monotheistischen Religionen von Christentum und Islam bewusst reflektiert. Heute dominiert auf dem chinesischen Festland das kommunistischerseits präferierte atheistische Selbstverständnis als Antwort auf die Frage nach der religiösen Zugehörigkeit, wobei seit der Reformzeit nach dem Tode Maos (1976) religiöse Gemeinschaften vermehrt Zulauf finden und man zumindest bis zur Machtergreifung Xi Jinpings 2013 von einem religiösen Wiederaufleben sprach (Ji, Fisher und Laliberté 2020). Im demokratischen Taiwan hingegen führt das beschriebene traditionelle religiöse Verhalten dazu, dass religiöse Zugehörigkeit keinen einschneidenden Identitätsmarker darstellt. In repräsentativen Umfragen schwankt daher die religiöse Zugehörigkeit bis auf die christliche stark (Abb. 10).

Der Terminus „Religion" (*zongjiao* 宗教) ist im Chinesischen ein weniger als 150 Jahre alter Neologismus, der sich im Zusammenhang der Übersetzung westlicher Werke ins Japanische und Chinesische etabliert hat. Statt vom Konfuzianismus, Daoismus oder Buddhismus als einer ‚Religion' zu sprechen, wählte man im Chinesischen Formulierungen wie „die Lehre (*jiao* 教)/der Weg (*dao* 道)/die Methode (*fa* 法) des Buddha/Konfuzius/Laozi".[1] Den Gründern als ‚leuchtenden' Bei-

---

[1] Mehr hierzu: Campany 2003.

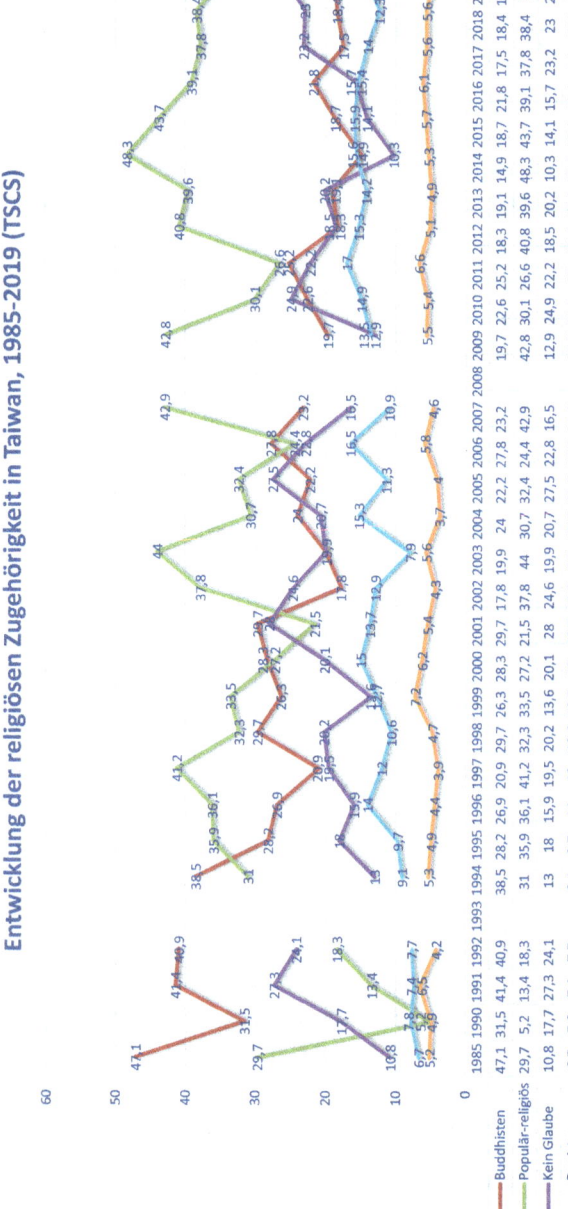

**Abb. 10:** Entwicklung der religiösen Zugehörigkeit, *Taiwan Social Change Survey*, TSCS, 1985–2019. Auswertung und Graphik Guggenmos 2020. Detailliertere Informationen zum TSCS finden sich bei Guggenmos 2017, 46–49, worin das statistische Material mit Bezug auf taiwanischen Laienbuddhismus ausgewertet wird.

spielen und den mit ihnen verbundenen Lehren schenkt man Vertrauen. Der Begriff des „Glaubens" (*xin* 信) wird damit weniger als doktrinäres ‚Für-Wahr-Halten' verstanden, sondern als Vertrauen in die Traditionen und ihre Begründer (Guggenmos 2022). Auf den „Wegen" einer solchen Vertrauensfigur zu gehen, bezeichnet einen Prozess, keinen Status von Zugehörigkeit. „Lehren" und „Methoden" können stärker rituell gebunden sein, aber auch zu philosophischer Reflexion neigen oder bestimmte Lebensweisen oder ästhetische Präferenzen favorisieren. Religion als gelebte Praxis – im Englischen hat sich mit Adam Yuet Chau der Terminus *doing religion* etabliert – geht damit weit über eine diskursive Ebene hinaus und schließt rituelle und relationale Ziele, sowie Formen der Selbstkultivierung und religiöses Handeln zu unmittelbar praktischen Zwecken mit ein.[2] Die Frage der Abgrenzung von ‚Religion' zu einem ‚säkularen' Leben oder von Philosophie steht damit traditionell zunächst nicht im Fokus.

Es ist daher nicht immer sinnvoll von dem ‚Konfuzianismus' und dem ‚Daoismus' oder auch dem ‚Buddhismus' zu sprechen, sind die Traditionen doch miteinander verwoben, wurden oft nicht als distinkt markiert und Großteils nicht auf der Basis exklusiver Mitgliedschaft gelebt. Während in der chinesischen Reflexion die Verbundenheit der drei Lehren, Konfuzianismus, Buddhismus und Daoismus, auch in der Kunst zu einem beliebten Motiv avancierte, waren es Intellektuelle wie vor allem Max Weber, der in seinen Reflexionen zur Wirtschaftsethik der Weltreligionen die Orthodoxie des Konfuzianismus der Heterodoxie des Daoismus als zwei wenn auch miteinander verwobene Teile der chinesischen Gesellschaft gegenüberstellte, welche die Grundlage sozialen, politischen und religiösen Lebens ausmachen würden. Dabei faszinierte Weber insbesondere, inwiefern der Konfuzianismus Ähnlichkeiten zum Protestantismus und dessen ethischer Fokussierung aufweisen würde.[3] Überzeichnende Systematisierungen wie diese üben die Faszination der Entdeckung einer scheinbar oder anscheinend verborgenen tieferen Struktur aus und entsprechen in ihrer idealistischen Sehnsucht selten den deskriptiven Anliegen gegenwärtiger Forschung.

In diesem Kontext überzeugt, was eine gendersensible Forschung leisten kann: Wie auch in vielen anderen Bereichen ist ein Kennzeichen des *gros* etablierter Forschung, dass das weibliche Geschlecht selten in den Fokus des Interesses tritt,

---

2 Mehr hierzu: Chau 2011.
3 Max Weber. 1915–1920. „Die Wirtschaftsethik der Weltreligionen. Konfuzianismus und Taoismus." Ursprünglich erschienen in: *Archiv für Sozialwissenschaft und Sozialpolitik*. hg. v. Helwig Schmidt-Glintzer und Petra Kolonko 1989 bei Mohr-Siebeck (Tübingen) in einer Gesamtausgabe der Werke Max Webers: Abt. 1: Schriften und Reden 19: *Die Wirtschaftsethik der Weltreligionen Konfuzianismus und Taoismus: Schriften 1915–1920*. Für eine rezente Reflexion der Thesen Webers siehe den Band 7.2 der *Review of Religion and Chinese Society* (2020).

bestenfalls als implizit miteingeschlossen dargestellt wird. Es ist nun nicht einfach, bei entweder absenten oder nicht bearbeiteten Quellen und fehlenden Detailstudien herrschende historische Metanarrative neu zu beleuchten. Die Rolle von Frauen im Daoismus zu erarbeiten, ist ein Verdienst der letzten 20–30 Jahre (Despeux und Kohn 2003; Jia 2018). Es ist diesen Arbeiten zu verdanken, dass wir nun Studien vorliegen haben, die auf fundierter Datengrundlage die eingängigen Thesen Webers als stark selektive Wahrnehmung aufzeigen können (Wang 2020).

Gendersensible Forschung sowie Forschung zu Frauengestalten und -bildern in verschiedenen Dynastien der chinesischen Geschichte sind keinesfalls nur Themen westlicher akademischer Arbeit, sondern resultierten unmittelbar aus dem Anliegen des ausgehenden Kaiserreiches (1911) und der Republikzeit (1912–1949), die chinesische Gesellschaft in ihrer wahrgenommenen ‚Rückständigkeit' zu reformieren und Stärke gegenüber dem Westen wiederzuerlangen. Die Gleichheit der Geschlechter und die neue Rolle der Frau zählten in diesem Kontext zu den zentralen Diskursthemen (Valussi 2019).

## 2 Das Geschlechterverhältnis in der konfuzianischen Gesellschaft

Wie formte konfuzianisches und daoistisches Gedankengut im Lauf der Geschichte das Verhalten der Geschlechter zueinander und die Aktionsräume von Männern und Frauen? Konventionell spricht man in der Forschung hier zunächst davon, dass der Konfuzianismus über die Jahrhunderte als gesellschaftliches Substrat dominierte und die Sozialstruktur stark patriarchalisch prägte. Buddhismus und Daoismus hingegen sollen Frauen Räume zur spirituellen Entfaltung und damit Freiheiten jenseits konfuzianischer Regularien geboten haben.

In der konfuzianisch geprägten Gesellschaft war dem Mann das Recht auf Besitztum und Scheidung vorbehalten, während die Rolle der Frau in Abhängigkeit von der des Mannes konzipiert war. Dem entsprach, dass die Verehrung der Ahnen, welche von großem Einfluss auf das Wohlergehen der Familie war, patrilinear vererbt wurde. Dem erstgeborenen Sohn oblag die Pflicht, die regelmäßige Verehrung der Ahnen entsprechend den Gebräuchen durchzuführen und damit Verantwortung für das Prosperieren der Familie zu übernehmen. Frauen wechselten mit der Verheiratung ihre Familienzugehörigkeit und ihre Ahnentafeln hatten nach ihrem Tod ihren Platz auf dem häuslichen Ahnenaltar der Familie des Ehemannes.[4]

---

4 Eine unverheiratete Frau wurde daher manchmal nach ihrem Tod mit einem anderen Toten

Der Wirkungskreis der Frau war damit auf die Familie des Mannes und das Innere des Hauses konzentriert. Zeiten der Fremdherrschaft nordischer Reitervölker konnten in der chinesischen Geschichte als primär nicht-konfuzianische Kulturen den Bewegungsradius von Frauen vergrößern.[5] Auch zur Zeit der Tang-Dynastie (618–907) genossen Frauen vergleichbar große Freiheiten. Mit der hanchinesischen Song-Dynastie (960–1279), die sich im Süden Chinas parallel zur Liao-Dynastie etablierte, begann jedoch die zunehmende Bedeutung neokonfuzianischer Idealvorstellungen, die die Keuschheit und Zurückhaltung der Frau als Ideale ins Extrem trieben, das Bildungsniveau von Frauen senkten und Praktiken wie das Abbinden der Füße wohlhabender Frauen zu „Lotusfüßen" gesellschaftsfähig machten.[6]

Bildung war im kaiserzeitlichen China konfuzianisch definiert – insbesondere über die Beamtenprüfung, welche das konfuzianische Gedankengut zur Grundlage für den Eintritt in den Staatsdienst machte. Die sogenannten *Konfuzianischen Klassiker*, zu denen auch die *Analekten* des Konfuzius zählen, bestimmten den Bildungskanon. Die in ihnen angesprochenen Fragen regelten die Normvorstellungen sozialen Verhaltens und definierten Abstand und Umgangsweise der Geschlechter zueinander. Tugenden wie Menschlichkeit (*ren* 仁), Gerechtigkeit (*yi* 義), Sittlichkeit (*li* 禮) und Weisheit (*zhi* 智) galten als zentrale Ideale für das Verhalten eines edlen Mannes (*junzi* 君子). Überlieferte philosophische Reflexionen ordnen diese Ideale in das Nachdenken über die ideale Herrschaft ein. Der ideale Herrscher als „Heiliger" (*shengren* 聖人) vereint die Tugenden in sich und ist empfindsam für das Ergehen seines Volkes. Durch sein umfassendes Weltverständnis verfügt er über Vorauswissen. Kerneinheit des Volkes ist die Familie, der ein männliches Oberhaupt vorsteht, das dem Ideal des Edlen nacheifern sollte. Neben Tugendhaf-

---

verheiratet, da sie auf dem Ahnenaltar ihrer ursprünglichen Familie als Last angesehen werden kann (Huang, Valussi und Palmer 2011, 115).

5 Nach der Blütezeit der Tang zerfiel das chinesische Großreich und im Norden bildete sich das Reich der von dem nordostasiatischen Volk der Kitan regierten Liao 遼-Dynastie, auf welche die von den Jurchen geführte Jin 金-Dynastie folgte (1115–1234). Für die Rolle der Frauen in der Liao- und Jin-Zeit ist die Studie von Johnson 2011 maßgebend.

6 Das Binden der Füße galt als Privileg der oberen Klassen, welche es sich leisten konnten, Frauen durch das Verkrüppeln der Füße in der Kindheit massiv in ihrer Bewegungsfreiheit einzuschränken, jedoch für häusliche Arbeiten, wie das Weben, geradezu zu prädestinieren. Die Miniaturfüße folgten einem Schönheits- und erotischen Ideal, das sich auf die Fußgröße und die damit verbundene trippelnde Fortbewegungsweise bezog. Gerade dieses Beispiel zeigt anschaulich die soziale Kontextabhängigkeit in der Bewertung einschneidender Eingriffe in die Persönlichkeitsrechte, wie hier der Beschneidung des Rechts auf körperliche Unversehrtheit. Zur Tradition des Füßebindens vgl. Shepherd 2019.

tigkeit beinhaltete dies, soziale Interaktionen in Übereinstimmung mit den fünf Beziehungen (*wulun* 五倫) zu gestalten:

> Zwischen Vater und Sohn das herzliche Einvernehmen, zwischen Fürst und Untertan die Pflicht, zwischen Mann und Frau die Besonderung [, d.h. die Trennung der Sphären], zwischen Älteren und Jüngeren die Rangfolge, zwischen Freund und Freund das Vertrauen.[7]

Bereits in diesen Formulierungen wird offensichtlich, dass die diese Idealvorstellungen skizzierenden Texte sich wie selbstverständlich auf Männer beziehen und Frauen nur indirekt ansprechen. Die im Zitat vorhandene Trennung der weiblichen und männlichen Sphären bewirkte, dass in Zeiten verstärkt konfuzianischer Orientierung, wie mit dem sogenannten Neokonfuzianismus ab der Song-Zeit, der soziale Freiraum von Frauen sich ins Häusliche verlagerte. In diesem Zuge wurde in der Ming (1368–1644) und Qing-Zeit (1644–1912) ein Keuschheitsideal propagiert, das Frauen auch die Wiederverheiratung nach dem Tod des Gatten untersagte und damit ein Los auferlegte, das zu Stigmatisierung, Verarmung und Einsamkeit führen konnte.

## 3 Konfuzianische Weiblichkeitsideale und Frauenbilder

Bereits hanzeitlich wurde die Unterordnung der Frau in den „Drei Gehorsamkeiten" formuliert: Die Frau hat sich vor der Heirat dem Vater gegenüber gehorsam zu verhalten (*wei jia cong fu* 未嫁從父), nach der Heirat dem Ehemann (*ji jia cong fu* 既嫁從夫) und nach dessen Tod ihrem Sohn gegenüber (*fu si cong zi* 夫死從子).[8] Einzige Ausnahme von diesem Gehorsam waren Fehltritte – hier ist es sogar die Pflicht der Frau gegenüber ihrem Ehemann ihn zu ermahnen, wie es auch die Pflicht des Untertanen gegenüber seinem Kaiser ist, in einem solchen Fall zu remonstrieren. Damit war früh die Rolle der Frau in Abhängigkeit vom Mann bestimmt. Hanzeitlich (202 v. chr. Z.–220 n. chr. Z.) beginnt die Favorisierung des

---

[7] 父子有親，君臣有義，夫婦有別，長幼有序，朋友有信。Aus: Mengzi 3 A4, übers. nach Unger 2000, 39, mit leichten Veränderungen.

[8] Die Formulierung entstammt dem Buch „Etikette und Riten" (*Yili* 儀禮), welches heute in der Version Zheng Xuans 鄭玄 (2. Jahrhundert) erhalten ist. Das Buch nimmt nur *en passant* die Etikette für Frauen in den Blick und richtet sich an männliche Beamte, welchen die wichtigen rituellen Vollzüge des Alltags vorgestellt werden, wie etwa die Zeremonie des Erwachsenwerdens für Jungen („Bekappung"), Heirat, Beamtenbesuche, Einladungen, Wettbewerbe, Bankette, Audienzen, korrektes Trauerverhalten oder das Verhalten gegenüber den Ahnen.

Konfuzianismus gegenüber dem Daoismus als Staatsdoktrin. Dong Zhongshu 董仲舒 (179 v. chr. Z.–104 n. chr. Z.) integrierte hierbei das Konzept von *yin* 陰 und *yang* 陽 – einer empfangenden und einer aktiven Kraft als sich ergänzender Grunddynamik allen Daseins – in das konfuzianische Denken. Und wenn auch dieses komplementäre System zunächst nicht hierarchisch gegliedert ist, so wirkte es sich doch im gesellschaftlichen Leben in der Stärkung der patriarchalen Macht aus.

Ein *genre*, in welchem die Idealvorstellungen transportiert wurden, war die Ermahnungsliteratur. Mit der späten Han-Zeit entstanden eindrückliche Texte, welche in der späten Kaiserzeit zu neuer Bedeutung fanden. Einen Eindruck hiervon gibt ein Text des Poeten und Politikers Zhang Hua 張華 (232–300), der in einer später illustrierten Version heute im *British Museum* ausgestellt ist.[9] Das Gedicht, gerichtet an eine sich entgegen den Gepflogenheiten aufführende Prinzessin, eröffnet:

> From the chaotic cosmos were *yin* and *yang* separated;
> From emanate force and amorphous form were they moulded and shaped.
> With Fu Xi as ruler were the divine and the human distinguished.
> Thus began male and female, the ruler and ruled.
> The family's *dao* is regulated and the ruler's *dao* stabilized.
> Feminine virtue honours yielding, holding within codes of moral behaviour;
> Submissive and meek is the female's proper role within the household.
> Having assumed matrimonial robes, she should reverently prepare the offerings;
> Dignified and grave in deportment, be a model of propriety. [10]

In dieser Eröffnungspassage wird das tugendhaft-vorbildliche Verhalten der Frau in einen kosmischen Gesamtzusammenhang eingeordnet. Konfuzianischer Überzeugung nach ist es vor allem das Verhalten aller entsprechend dem ihnen zugewiesenen gesellschaftlichen Ort, das für sozialen Frieden sorgt. Ein Verstoß gegen die weibliche Etikette kommt damit einer Störung der sozialen und kosmischen Ordnung gleich.

Mit dieser Art angepassten Verhaltens ist allerdings nicht liebliche Bravheit impliziert, wie wenige Zeilen später in einer historischen Anspielung des Gedichts deutlich wird: Frau Feng 馮 (gest. 6 n. chr. Z.) war eine bevorzugte Gemahlin des Kaisers Yuan der Han-Zeit (Han Yuan Di 漢元帝). Als der Kaiser einem Kampf wilder Tiere beiwohnte, drohte ein Bär ihn anzugreifen. Alle flohen, nur die Ge-

---

**9** Das bekannte *Nüshi zhentu* 女史箴圖, die sogenannte *Admonitions Scroll*, ist von Shane McCausland intensiv untersucht worden (McCausland 2003).
**10** Zit. nach McCausland 2003, 39. Original: 茫茫造化，二儀始分。散氣流形，既陶既甄。在帝庖犧，肇經天人。爰始夫婦，以及君臣。家道以正，王猷有倫。婦德尚柔，含章貞吉。婉嫕淑慎，正位居室。施衿結褵，虔恭中饋。肅慎爾儀，式瞻清懿。

mahlin Feng attackierte den Bären, um den Kaiser zu schützen. Ihr vorbildhaftes Verhalten brachte ihr den Neid einer Rivalin und Lob von allen Seiten für ihre selbstlose Tugendhaftigkeit ein.

Sprichwörtlich sind neben den drei Gehorsamkeiten vier weibliche Tugenden geworden, die Integrität und Verlässlichkeit betonen. In den seit der Song-Zeit zur Standardliteratur der kanonisierten *Vier Frauenklassiker* für junge Damen gehörenden *Belehrungen für Frauen* (*Nüjie* 女誡, verfasst von Ban Zhao 班昭, 2. Jahrhundert) finden wir eine der frühesten Erklärungen der vier Tugenden, die Moralität (*fu de* 婦德), zurückhaltendes Sprechen (*fu yan* 婦言), moderate Erscheinungsweise (*fu rong* 婦容) und Arbeitsamkeit (*fu gong* 婦功) umfassen.[11] Schläue war hierbei weniger gefragt als Überlegtheit; Zurschaustellung wurde nicht geschätzt, sondern Sauberkeit und Reinlichkeit; Konzentration auf die wesentlichen Pflichten des Webens, Kochens und Willkommen-Heißens von Gästen wurde jeglicher äußeren Zurschaustellung vorgezogen. Die fehlende Kodifizierung der vier Tugenden in der vorangehenden Literatur ließ aber auch Spielraum für Interpretationen der späten Kaiserzeit, die Frauen für ihr literarisches Talent wertschätzten.

Unter den *Vier Frauenklassikern* befanden sich auch biographische Sammlungen vorbildlicher Frauen. Über diese hinaus die sozialen Lebensumstände und Handlungsspielräume zu rekonstruieren, ist schwierig. Idealbilder und soziale Realitäten verschwimmen gerade in den Biographien, welche aufgrund ihrer Beispielfunktion mit didaktischem Konzept erzählt wurden. Es ist ein Kennzeichen gegenwärtiger genderbezogener Forschung, idealisierende Texte und die soziale Realität beschreibende Schriften klar zu trennen. Gerade das Bild der Frau im Konfuzianismus ist jüngst erheblich vielfältiger geworden, sodass der Konfuzianismus längst nicht mehr als monolithischer Block darstellbar ist (insbesondere Ko, Haboush und Piggott 2003; Rosenlee 2006).

Ein großer Schritt gegenwärtiger Forschung ist auch die klare Identifikation historischer Narrative und deren prägender Kraft. Ein Topos ist zum Beispiel der einer böse gesonnenen Frau, die durch ihren zerstörerischen Einfluss als Kaiserkonkubine zum Ende einer historischen Epoche beiträgt. Im 1. Jahrtausend v. chr. Z. wurde dieses Narrativ paradigmatisch untermauert: Im Lauf der Zeit wurde von damaligen Historikern die Konkubine des letzten Kaisers der idealisierten Shang-Dynastie (endete wohl 1046 v. chr. Z.), *Daji* 妲己, zum Paradigma der bösen Frau stilisiert, die der Dynastie ein Ende bereitete, indem sie durch ihr Verhalten den

---

11 Vgl. zu den kodifizierten vier Tugenden und den oben genannten drei Gehorsamkeiten den Eintrag „Sancong side", Knapp 2003. Ban Zhaos Ermahnungen legen darüber hinaus großen Wert auf die Außenwirkung weiblichen Verhaltens, sowie die mit der Erziehungsrolle einhergehende Verantwortung und die daraus folgende Notwendigkeit zur Bildung.

Kaiser von den Staatsgeschäften ablenkte und zu dessen chaotischer Regierung und damit dem Niedergang beitrug (Hinsch 2012). Grundsätzlich negative Charakterzüge verbinden sich auch mit der einzigen Kaiserin der chinesischen Geschichte, Wu Zetian 武則天 (624–705), deren buddhistisch legitimierte Regentschaft als von durchtrieben-grausamen Charakterzügen geprägt dargestellt wurde.[12] Diese Narrative sind dabei so stark, dass sich das gesamte historische Material daran ausrichtet und eine alternative Darstellung enormen rekonstruktiven Aufwand kostet. Ein negatives Bild der Frau ist aber keinesfalls nur auf große Gestalten der Vergangenheit beschränkt. So gerieten mit der Neuorientierung in der Republikzeit, die auch den Religionsbegriff im Wortschatz verankerte, Frauen in ihrer religiösen Praxis in die Kritik und wurden vor allem mit abergläubischen Praktiken in Verbindung gebracht.[13] Solche Erzählmuster bewusst zu machen, ist das Verdienst jüngerer, gendersensibler Forschung und ein erster Schritt zu einem ausgewogeneren Geschichts- und Gegenwartsverständnis.

## 4 Von Göttern und Göttinnen

In der Volksreligion und ihren buddhistischen und daoistischen Variationen gibt es eine Vielzahl von Gottheiten. Oft haben sie eine lokale Entstehungsgeschichte. Historische Personen können mit der Zeit zu helfenden Gottheiten werden. So ist im kulturellen Gedächtnis fest verankert, dass die Göttin der Seefahrer, Mazu 馬祖, im 10. Jahrhundert ein junges Mädchen war, das besondere Fähigkeiten besaß und ihre Brüder in Trance aus einem Seesturm rettete. Nach ihrem Tod erschien sie weiterhin Seefahrern in Not. Die sich ausweitende Verehrung wurde staatlicherseits durch Titelverleihungen an die Gottheit anerkannt und auch in das daoistische Schrifttum einbezogen. Bis heute ist die Verehrung von Mazu ungebrochen. Tausende Tempel in den südchinesischen Küstengebieten und auf Taiwan sind ihr gewidmet und alljährlich ziehen unzählige Frauen und Männer in einer Prozession zu ihrem Geburtstag in Taiwan um die Insel.[14]

Die Mehrzahl der Gottheiten ist jedoch lokal auf einen konkreten Ort bezogen. Im 1. Jahrtausend n. chr. Z. bilden sich Jenseitsvorstellungen und ein Pantheon heraus, welche in ihrer Organisationsform dem Beamtenstaat entsprachen, dessen

---

12 Reichhaltig versammelt Clements (2007) diese sich gerade in der fiktionalen Literatur potenzierenden Motive zu einem eindrücklichen Leseerlebnis, während Shu-fang Dien (2003) die Handlungsräume von Frauen im öffentlichen Leben über die Biographie Wu Zetians herausarbeitet.
13 Elena Valussi (2020) hat das in ihrem Artikel „Men built religion, and women made it superstitious: Gender and superstition in Republican China" pointiert aufgearbeitet.
14 Ein kurzer Abriss zur Göttin Mazu und ihrer Geschichte findet sich bei Grant 2012, 407.

funktionelle Vielfalt und hierarchische Anordnung auch im religiösen Bereich kennzeichnend waren. Götter, die territorialen Bezug haben und in der Hierarchie konkret eingeordnet werden, sind in aller Regel männlich.

Die großen Kulte, die sich um weit verbreitete weibliche Gottheiten wie Mazu, Wusheng Laomu oder Guanyin zentrieren, sind hingegen nicht territorial: In ihnen wird das Frausein und die Sexualität nicht thematisiert, sondern eine alle und alles umfassende, auf Anrufung unmittelbar reagierende, helfende und barmherzige Mutterrolle hervorgehoben.[15]

Das Bild der hinter und über allem stehenden nährenden Mutter und Lebensspenderin ist bereits für den frühen philosophischen Daoismus im grundlegenden Werk *Daode jing*, dem „*Klassiker von Weg und Tugend*", mehrfach belegt. Dieses beginnt:

> Der Weg, der gegangen werden kann, ist nicht der ewige Weg. Der Name, der genannt werden kann, ist nicht der ewige Name. Als Namenloser ist er der Ursprung von Himmel und Erde, als Benannter ist er die Mutter der zehntausend Dinge.
>
> 道可道，非常道。名可名，非常名。無名天地之始；有名萬物之母。

Der religiöse Daoismus, der sich in den ersten nachchristlichen Jahrhunderten zu entwickeln beginnt, behielt das *Daode jing* als stetige Referenz und grundlegendes Werk, erfuhr jedoch unterschiedlichste Ausrichtungen. Im 2. Jahrhundert wurden die Dynamiken von *yin* und *yang* auf sexuellen, spirituellen und intellektuellen Austausch bezogen und zur Harmonisierung des *qi* (Energie) verwendet. Teilweise sind hier sexuelle Körperpraktiken beschrieben, in welchen der Mann von der Energie der Frau profitiert; später, insbesondere in der Himmelsmeisterschule (*Tianshi dao* 天師道), sind die Praktiken partnerschaftlicher konzipiert. Während die meisten Schulen begründenden und fortführenden Meister männlich waren, traten im 4. Jahrhundert Frauen als Meisterinnen und Lehrerinnen von Techniken und Geheimnissen der Selbstkultivierung in Erscheinung. In der Schule der Höchsten Klarheit (*Shangqing* 上清) wurden der Beamtentocher Wei Huacun 魏華存 (252–334) Visionen und Schriften zuteil, die für die Schule grundlegend wurden. Diese Schule befürwortete die sexuelle Enthaltsamkeit (Grant 2012, 414 f.).

---

[15] Die genderabhängige Unterteilung in territoriale und nicht-territoriale Kulte findet sich bei Huang, Valussi und Palmer 2011, 110 f., ausgeführt. Nur selten scheinen sexuelle und reproduktive Eigenschaften bei Göttinnen Bedeutung zu haben (Huang, Valussi und Palmer 2011, 112).

## 5 Daoistische Priesterinnen

Die Tang-Zeit (618–907 n. chr. Z.) wird nicht nur oft als „goldenes Zeitalter" chinesischer Kultur begriffen, in der die daoistischen Traditionen bereits eine große Ausdifferenzierung erfahren hatten, sondern als eine Blütezeit des religiösen Daoismus und eine Zeit, in der Frauen eine starke Präsenz im religiösen Leben hatten. Ein Drittel aller daoistischen Einrichtungen war Frauen vorbehalten. Frauen hatten die gleichen Möglichkeiten in Bezug auf Ordinationen, Ränge und Rituale. Sie konnten rituelle Funktionen ausüben oder sich der spirituellen Praxis widmen. Sie nahmen Funktionen als Heilerinnen und Medien wahr und wurden dafür verehrt, dass sie Besuche von Gottheiten empfingen, selbst auf spirituelle Reise gingen, Wunder ausübten, bis dahin, dass sie das Goldene Elixier und Unsterblichkeit – letztes Ziel des Daoismus – erlangten. In ihrem Buch „Gender, Power and Talent" stellt Jinhua Jia nach sorgfältiger Materialanalyse einige herausragende Persönlichkeiten vor: Liu Moran 柳默然 (773–840) empfing und schrieb Texte über Meditation und innere Kultivierung. Hu Yin 胡愔 (fl. 848)[16], eine Medizinerin, verfasste eine Abhandlung über therapeutische Methoden, medizinische Theorien und Langlebigkeitstechniken. Drei daoistische Priesterinnen, Li Jilan 李季蘭 (gest. 784), Yuan Chun 元淳 (gest. ca. 779), Cui Zhongrong 崔仲容 (ca. 8. Jahrhundert), wurden als Poetinnen und Kalligraphinnen bekannt.[17] Für Frauen bot der Daoismus damit eine reale Alternative, die ohne Heirat geradewegs oder später im Leben nach einer Verwitwung attraktive Lebensgestaltungsmöglichkeiten bot.

## 6 Innere und weibliche Alchemie

Im religiösen Daoismus gibt es auf der einen Seite ein Ritualwesen, das sich mit einer Art Priestertum, also Ritualspezialisten, verbindet. In dieser Funktion wird über ein Spezialwissen verfügt, beispielsweise in Form von geheim übermittelten Registern von Göttern, die nur Experten konsultieren können. Auf der anderen Seite gibt es im Daoismus Praktiken, mit denen man versucht, sich ohne priesterliche Hilfe persönlich der Langlebigkeit zu nähern. Kommen dabei Substanzen und Rezepte zur Anwendung, spricht man von „äußerer Alchemie" (*waidan* 外丹). Auch

---

**16** fl. steht für *floruit:* Geburts- und Todesdatum ist unbekannt, aber wahrscheinlich war Hu Yin mit dieser Abhandlung 848 aktiv.
**17** Weitere bekannte Persönlichkeiten finden sich bei Despeux und Kohn 2003, 104–128, sowie in der verdienstvollen Arbeit Jinhua Jias (2014), die die priesterliche Rolle der retrospektiv oft in die Nähe von Prostitution und Erotik gerückten Frauen rekonstruiert.

am kaiserlichen Hof insbesondere der Tang-Zeit führte die Aussicht, dem Kaiser eine solche Substanz verabreichen zu können, zu großem Interesse an dieser Kunst.[18] Daneben versuchte man in der „inneren Alchemie" (*neidan* 內丹) – und diese wurde seit der Tang-Zeit zur dominanten Praxis – durch Körperpraktiken wie Meditation, Visualisierungen, Atemtechniken und Alltagsregeln dem Ziel der Langlebigkeit näher zu kommen. Der Daoismus entwickelte hier Techniken, die zunächst von einem männlichen Praktizierenden ausgehen, aber auch von Frauen praktiziert werden konnten. Ziel war, gegeneinander spielende Kräfte in Harmonie zu bringen, den Verlust von Energie zu unterbinden und die Energie in eine feinere Form zu überführen. Durch körperliche Transformationen, Visualisierungen von Götterwelten und Mikro-Makrokosmos-Analogien verschmolzen schließlich materielle und spirituelle Welt miteinander und der Körper sollte in einen keinem Alterungsprozess unterliegenden, embryonalen Zustand gelangen. Praktizierende erhofften so, in die Einheit des Dao einzugehen und damit eine Form ewigen Lebens zu erlangen.

Gerade bei Visualisierungen des Körpers sind die meisten Organe beider Geschlechter identisch und viele Techniken auf die Praxis einer Frau übertragbar. Der grundlegende Transformationsprozess ist in der Alchemie derselbe: *jing* 精 (Essenz/Samen) wird in *qi* 氣 (Energie) umgewandelt, *qi* wird in *shen* 神 (Geist) verwandelt, und *shen* in *xuwu* 虛無 (vollkommene Leere). In der von Frauen praktizierten, sogenannten „weiblichen Alchemie" (*nüdan* 內丹) ist nun das erste Element des Umwandlungsprozesses verschieden: Nicht Samenflüssigkeit soll in *qi* umgewandelt werden, sondern Blut.

Elena Valussi beschreibt in einem Aufsatz zur weiblichen Alchemie den meditativen Prozess (Valussi 2014, 202–203): An einem – vom meditativen Ausgangsort des Mannes verschiedenen – Blutsee unterhalb des Nabels sammelt sich das Blut und steigt zu den Brüsten als Milch auf. Wenn das Blut als Menstruationsblut den Körper verlässt, entsteht ein – wie beim Samenerguss – zu vermeidender Energieverlust, den es durch Atemtechniken und Brustmassagen zu unterbinden gilt (siehe Abb. 11). Sobald diese Phase überwunden ist, werden die Brüste kleiner, das Menstruationsblut weniger, und die Praktizierende fährt nach dem gleichen Verfahren wie ein Mann übend fort. Die Unterbrechung der Menstruation wird als ein wesentliches Zeichen des spirituellen Fortschritts gedeutet und als „Köpfen des roten Drachen" bezeichnet (*zhan chilong* 斬赤龍). Weibliche Alchemie ist damit der bei Männern etablierten inneren Alchemie nachempfunden. So verschwinden im Laufe der Praxis bei Frauen die weiblichen Geschlechtsmerkmale zunehmend.

---

**18** Man geht davon aus, dass im 9. Jahrhundert eine Reihe von Kaisern an allmählicher Vergiftung durch Elixiere der äußeren Alchemie verstorben ist (Pregadio 2008, 1003).

Schließlich steigt über dem Kopf aus einem bestimmten Ort an der Schädeldecke der unsterbliche Embryo auf. Durch ihn kann man mit der jenseitigen Welt kommunizieren. Geübte Praktizierende können den unsterblichen Embryo leichter evozieren, und es stellen sich übernatürliche Fähigkeiten wie Multilokation oder Zukunftswissen ein. Schließlich erfährt ‚der' Praktizierende (der keine Frau mehr zu sein scheint) durch weitere Techniken die vollständige Verschmelzung mit der vollkommenen Leere und den Eingang in die Welt der Unsterblichen.

Praktiken, die von einem männlichen Adepten ausgehen, haben zu Beginn der Praxis das Verhindern einer Ejakulation zum Ziel (die „Unterwerfung des Weißen Tigers", *fu baihu* 伏白虎). Anstatt zum Energieverlust zu führen, wird in der Vorstellung der Samen über die Wirbelsäule zum Gehirn geführt. Andere Grundpraktiken der Inneren Alchemie umfassen zum Beispiel das Zirkulieren von *qi* im Körper oder die Kultivierung der sogenannten Zinnoberfelder in Bauch, Brust und Kopf oder in den fünf Organen. Im Verlauf der Praxis wird der männliche Adept androgyner, indem er die Mühe auf sich nimmt, eine weibliche Seite in Form einer visualisierten Gebärmutter zur Entstehung des unsterblichen Embryos in sich zu entwickeln. Diese Praktiken seien für Frauen leichter nachvollziehbar und die Tradition betont bei Frauen daher insbesondere die Schwierigkeit zur Erklärung und Einübung der ersten Stufe der Praxis, der Unterbrechung des Menstruationszyklus, deren erfolgreiches Absolvieren Frauen maskulin konnotierte Ehrbezeichnungen einbringt (*Da zhangfu* 大丈夫, Valussi 2014, 218–219). Selbst in der weiblichen Alchemie finden sich teils versteckte Abwertungen der Frau gegenüber dem Mann, die sich etwa in Anspielungen auf die spirituell geringere Leistungskraft von Frauen widerspiegeln, oder auf die Notwendigkeit zur Befreiung von Unreinheit, insbesondere von Blut, und das Ziel einer Geschlechtsumwandlung der Praktizierenden in einen Mann hinweisen. Weibliches Verhalten unterliegt zudem einer strengen Etikette. Das in der späten Kaiserzeit allgemein verbreitete Bild der Frau scheint damit auch in der weiblichen Alchemie durch, auch wenn, um Unsterblichkeit und Transzendenz zu erlangen, sowohl für Frauen als auch für Männer die Aspekte der Sexualität im Laufe der Praxis aus dem Blickfeld geraten.

# 7 Religiöse Handlungsspielräume von Frauen

In der meditativen Praxis suchen beide Geschlechter Elemente des jeweils anderen zu imaginieren. Diese Form der Androgynität führt jedoch nicht zur Geschlechtsumwandlung. Auch eine Rhetorik wie die der (im Buddhismus teils präsenten) angestrebten Wiedergeburt als Mann ist im Daoismus nicht vorherrschend, selbst wenn eine Überlegenheit der *yang*-Komponenten auch für Frauen immer wieder stark gemacht wird.

**Abb. 11:** Frau bei meditativer Brustmassage, aus: *Neiwai gong tushuo jiyao* 內外功圖說輯要 [Illustrierte Zusammenfassung innerer und äußerer Übungen], versammelt von Xi Yukang 席裕康, illustriert von Wang Zhihui 王知慧. 1919. Hier entnommen aus einem unter dem Namen *Yangsheng yindao jing* 養生引導經 erschienenen Sammelband, zusammengestellt von Huang Shiti 黃史題. 1978, 204. Gedruckt von der *Zhongguo daojiao sixiong zongshi fu* 中國道教嗣熊宗師府. Bestand der Nationalbibliothek, Taipeh.

Die Wertschätzung des Weiblichen in der Meditation aber auch in weiblichen Gottheiten, die sich auf deren Mutterrolle konzentrieren, steht, wie Huang, Valussi und Palmer feststellen, bisweilen in Kontrast zu einer starken sozialen Diskriminierung der Frau.[19] Werden weibliche Elemente bei Göttinnen in ihrer Mutterrolle oder als meditatives Ziel männlicher spiritueller Praxis wertgeschätzt, bedeutet dies keineswegs, dass eine gleichzeitig bestehende Unterdrückungssituation von Frauen dadurch (positiv) beeinflusst würde. Eine starke patriarchale Kultur kann parallel bestehen: „For male practitioners 'embracing the feminine' meant more an exercise in balancing their inner world than balancing gender relations in society." (Huang, Valussi und Palmer 2011, 112). Das Leben von Daoistinnen ist daher weitaus stärker von sozialen, politischen und kulturellen Faktoren als von daoistischer Ideologie geprägt.

Im sozialen Alltag bleiben die Möglichkeiten von Frauen oft beschränkt und die konfuzianische Kultur verstärkt die massive Trennung der sozialen Lebenswirklichkeiten von Frauen und Männern. Das Bild der Frau ist teils negativ behaftet und defizitär gefasst und erst jüngste Forschung versucht die Handlungsräume von Frauen jenseits von Klischees zu erschließen. Als Rollenmodelle werden in der konfuzianischen Tradition Frauen beschrieben, deren Tugendhaftigkeit im Sinne moderater Zurückhaltung, Reinheit und Fleiß allenfalls Raum für künstlerische und religiöse Entfaltung ließ. Auch in manchen daoistischen Strömungen wurden Frauen transzendente Fähigkeiten zugeschrieben, die zu Textoffenbarungen wie dem *spirit writing*[20], Kommunikation mit Gottheiten, oder auch dem Verfassen von Kommentaren und Gedichten führten.

Religiöse Traditionen werden in der sozialen Wirklichkeit besonders von Frauen als Schutzräume religiöser und kreativer Entfaltung genutzt. Dies zeigt sich in der daoistischen Geschichte: In der Tang-Zeit waren ein Drittel aller Ordensangehörigen der Schule der Höchsten Klarheit Frauen, darunter viele Aristokratinnen.

---

**19** Huang, Valussi und Palmer (2011) arbeiten in ihrem Aufsatz ambivalente kosmologische Symbolismen heraus, die sie der herrschenden, patriarchalen Sozialstruktur gegenüberstellen. Dies geschieht in Anlehnung an Steven Sangrens (1983) wegweisenden Aufsatz „Female Gender in Chinese Religious Symbols. Kuan Yin, Ma Tsu, and the ‚Eternal Mother'".
**20** Mit dem Begriff *„spirit writing"* bezieht man sich auf den Empfang längerer oder kurzer schriftlicher, teils erst zu deutender Botschaften verschiedenster Gottheiten durch ein Medium. Heute wird die Technik nach ihrem Schreibinstrument, einem verzweigten Holzstab, der auf Sand geführt werden kann, meist als „den Griffel des Phönix stützen" (*fuji* 扶乩 oder *fuluan* 扶鸞) bezeichnet. Die spätkaiserzeitlichen *spirit writing* Kultur, die Masse ihrer Texte und die große Anzahl von Frauen verfasster Texte wird erst jüngst untersucht. Siehe die Konferenz „Spirit-Writing in Chinese History", 25.–26. Juni 2019, IKGF Erlangen. Die Konferenzbeiträge sind noch nicht erschienen.

Die Zahl der Nonnen nahm in Folge ab. Im 18. und 19. Jahrhundert war die weibliche Alchemie dann eine verbreitete religiöse Praxis.

Zur Einordnung mag auch ein Blick auf die zweite große und kulturell prägende religiöse Tradition Chinas, den Buddhismus, sowie den Islam dienen: Auch der Buddhismus bildete über die Jahrhunderte eigene Aktionsräume für Frauen aus. In sogenannten *Zhaitangs* 齋堂, Vegetarierhallen, trafen sich Frauen, die eine buddhistische Praxis befolgen wollten, ohne sich dem Familienleben zu verweigern. Gerade die ältere Frauengeneration fand hier bewusst neue Wirkungsfelder jenseits des unmittelbaren häuslichen Umfelds und konnte organisatorisches Talent entfalten.[21] Nicht zuletzt mag auch die islamische Tradition der Hui durch buddhistische Vorbilder dazu angeregt worden sein, Frauen ähnliche Freiräume zu bieten. So vertritt Elisabeth Allès die These, dass entsprechende daoistische und buddhistische Zusammenschlüsse die islamische Tradition bereits im 14. Jahrhundert inspiriert haben könnten (Allès 1999). In China hat sich eventuell schon seit der Yuan-Zeit (1279–1368), sicher nachgewiesen aber seit dem frühen 19. Jahrhundert eine Tradition herausgebildet, in welcher speziell ausgebildete Frauen in Frauen vorbehaltenen Räumen und Gebetshäusern seelsorgend tätig sind, indem sie das Gebet leiten, unterrichten, im persönlichen Gespräch beraten, Streit schlichten, Begräbnisse von Frauen vorbereiten und ihre Nachfolgerinnen ausbilden. Frauenmoscheen können dabei an die allgemeine Moschee angegliedert oder davon unabhängig registriert sein.[22]

Im religiösen Wiederaufleben nach dem Tode Maos (1976) sowie im gegenwärtigen Taiwan und Hongkong spielen Frauen eine zentrale Rolle. Sie machen einen Großteil der religiös Rat- und Trostsuchenden aus, sei es im Bereich des Daoismus, Buddhismus, Christentums, der Volksreligion oder neuer religiöser Bewegungen. Diese Frauen sind gerade in Taiwan sozial engagiert, gebildet und zahlenmäßig häufiger anzutreffen als Männer (Guggenmos 2017, 260). Buddhistische Ordensangehörige sind auf Taiwan mindestens zu drei Viertel Frauen.[23] Auf dem Festland wird zum Beispiel das religiöse Leben des Katholizismus zu einem Großteil von Frauen getragen. Prominente Intellektuelle wie Yu Dan 于丹 (geb. 1965, weiblich) haben konfuzianische und daoistische Klassiker einer breiten Öffentlichkeit durch eine *relecture* zugänglich gemacht. Auch das Wissen um die weibliche Al-

---

[21] Zur Laienpraxis des *Zhaijiao* vgl. die Dissertation von Nikolas Broy (2014) sowie Wang und Li (2004). Der Name bezieht sich auf den von diesen Gruppen gepflegten Vegetarismus, der auch Alkohol und die fünf Lauchgewächse ausschließt.

[22] Eine dieses Feld erstmals erschließende anthropologische Studie liefern Jaschok und Shui 2000.

[23] Statistiken hierzu sind nicht zuverlässig, da sie nur Ordinationen und keine Austritte erfassen. Bei Ordinationen liegt aber nach Statistiken und auch nach früheren Feldforschungen Günzels der Frauenanteil über 75 % (Yü 2013, 26; Günzel 1998, 53).

chemie wird im chinesischen Raum aufgearbeitet und findet Anhängerinnen. All dies weist auf eine zentrale Rolle von Frauen in der Gestaltung des gegenwärtigen religiösen Lebens in China hin, die mehr Beachtung verdient. Die Genderforschung ist mit Bezug auf China im Westen durchaus vertreten,[24] und in China selbst ein anerkanntes, aktuelles Forschungsgebiet, das selten mit kommunistischer Ideologie in Konflikt gerät. Das Schnittfeld von Religion und Gender jedoch ist in und für China selten beleuchtet und lässt noch viel Raum für zukünftige Forschungen offen.

## Literatur

Allès, Elisabeth. 1999. „Des oulémas femmes. le cas des mosquées féminines en Chine." In *Revue du monde musulman et de la Méditerranée* 85–86, 215–236.
Broy, Nikolas. 2014. *Die religiöse Praxis der Zhaijiao ('Vegetarische Sekten') in Taiwan.* Ph.D. Diss., Universität Leipzig.
Campany, Robert F. 2003. „On the Very Idea of Religions (In the Modern West and Early Medieval China)." In *History of Religions* 42, 287–319.
Chau, Adam Yuet. 2011. „Modalities of Doing Religion." In *Chinese Religious Life*, hg. v. David A. Palmer, Glenn Shive and Philip L. Wickeri, 67–84. London: Oxford University Press.
Clements, Jonathan. 2007. *Wu. The Chinese Empress Who Schemed, Seduced and Murdered Her Way to Become a Living God.* Stroud: Sutton.
Despeux, Catherine und Livia Kohn. 2003. *Women in Daoism.* Dunedin: Three Pines Press.
Dien, Dora Shu-fang. 2003. *Empress Wu Zetian in Fiction and in History. Female Defiance in Confucian China.* New York/NY: Nova Publishing.
Grant, Beata. 2012. „Gender." In *The Wiley-Blackwell Companion to Chinese Religions*, hg. v. Randall L. Nadeau, 397–417. Chicester: Wiley-Blackwell.
Günzel, Marcus. 1998. *Die Taiwan-Erfahrung des chinesischen Saṅgha. Zur Entwicklung des buddhistischen Mönchs- und Nonnenordens in der Republik China nach 1949.* Göttingen: Seminar für Indologie und Buddhismuskunde.
Guggenmos, Esther-Maria. 2023. „Convinced by Amazement – Creating Buddhist 'xin 信' (Belief/Trust) in the Biographies of Thaumaturge Monks (T. 2064)." In *From Trustworthiness to Secular Beliefs— Changing Concepts of* xin 信 *from Traditional to Modern Chinese*, hg. v. Christian Meyer und Philip Clart, 196–213. Leiden: Brill.
Guggenmos, Esther-Maria. 2017. *„I Believe in Buddhism and Travelling" – Denoting Oneself a Lay Buddhist in Contemporary Urban Taiwan.* Beiträge zur Süd- und Ostasienforschung 7. Würzburg: Ergon.
Hinsch, Bret. 2012. „Evil Women and Dynastic Collapse. Tracing the Development of an Ideological Archetype." In *Quarterly Journal of Chinese Studies* 1, 62–81.
Huang, Julia C., Elena Valussi and David A. Palmer. 2011. „Gender and Sexuality." In *Chinese Religious Life*, hg. v. David A. Palmer, Glenn Shive und Philip L. Wickeri, 107–123. Oxford: Oxford University Press.

---

24 Siehe die im Jahr 1999 von Harriet Zurndorfer begründete Zeitschrift „*Nan Nü. Men, Women and Gender in China*".

Jaschok, Maria und Jingjun Shui. 2000. *The History of Women's Mosques in Chinese Islam. A Mosque of Their Own*. Richmond: Curzon.

Ji, Zhe, Gareth Fisher und André Laliberté. 2020. *Buddhism after Mao. Negotiations, Continuities, and Reinventions*. Honolulu/HI: University of Hawai'i Press.

Jia, Jinhua. 2014. „The Identity of Tang Daoist Priestesses." In *Gendering Chinese Religion. Subject, Identity, and Body*, hg. v. Jinhua Jia, Xiaofei Kang und Pin Yao, 103–132. Albany/NY: SUNY Press.

Jia, Jinhua. 2018. *Gender, Power, and Talent. the Journey of Daoist Priestesses in Tang China*. New York/NY: Columbia University Press.

Johnson, Linda Cooke. 2011. *Women of the Conquest Dynasties. Gender and Identity in Liao and Jin China*. Honolulu/HI: University of Hawai'i Press.

Knapp, Keith. 2003. „Sancong side 三从四德 (Threefold obedience and four virtues)." In *Encyclopedia of Confucianism*, hg. v. Yao Xinzhong, 524–525. Oxon: Routledge.

Ko, Dorothy, Jahyun Kim Haboush und Joan R. Pigott. 2003. *Women and Confucian Cultures in Premodern China, Korea, and Japan*. Berkeley/CA: University of California Press.

McCausland, Shane. 2003. *First Masterpiece of Chinese Painting. The Admonitions Scroll*, London: British Museum Press.

Pregadio, Fabrizio. 2008. „Waidan." In *Encyclopedia of Daoism*, hg. v. Fabrizio Pregadio, 1002–1004. London; New York/NY: Routledge.

Rosenlee, Li-Hsiang Lisa. 2006. *Confucianism and Women. A Philosophical Interpretation*. Albany/NY: SUNY Press.

Sangren, P. Steven. 1983. „Female Gender in Chinese Religious Symbols. Kuan Yin, Ma Tsu, and the ‚Eternal Mother'." In *Signs: Journal of Women in Culture and Society* 9, 4–25.

Shepherd, John Robert. 2019. *Footbinding as Fashion: Ethnicity, Labor, and Status in Traditional China*. Seattle/WA: University Washington Press.

Unger, Ulrich. 2000. *Grundbegriffe der altchinesischen Philosophie*. Darmstadt: Wissenschaftliche Buchgesellschaft.

Valussi, Elena. 2014. „Female Alchemy. Transformation of a Gendered Body." In *Gendering Chinese Religion. Subject, Identity, and Body*, hg. v. Jinhua Jia, Xiaofei Kang und Pin Yao, 201–204. Albany/NY: SUNY Press.

Valussi, Elena. 2019. „Gender as a Useful Category of Analysis in Chinese Religions – With Two Case Studies from the Republican Period." In *Key Concepts in Practice*, hg. v. Paul R. Katz und Stefania Travagnin. Berlin; Boston: De Gruyter.

Valussi, Elena. 2020. „Men Built Religion, and Women Made It Superstitious. Gender and Superstition in Republican China." In *Journal of Chinese Religions* 48, 87–125.

Wang Jianchuan 王見川 und Li Shiwei 李世偉. 2004. *Taiwan de simiao yu zhaitang* 台灣的寺廟與齋 [Tempel und Zhaitangs Taiwans], Luzhou 蘆洲: Boyang Wenhua 博揚文化.

Wang, Robin R. 2020. „From Female Daoist Rationality to Kundao Practice." In *Review of Religion and Chinese Society* 7, 179–198.

Yü, Chün-fang. 2013. *Passing the Light. The Incense Light Community and Buddhist Nuns in Contemporary Taiwan*. Honolulu/HI: University of Hawai'i Press.

## Weiterführende Literatur

Raphals, Lisa 1998. *Sharing the Light. Representations of Women and Virtue in Early China.* Albany/NY: SUNY Press.
McMahon, Keith 2020. *Celestial Women. Imperial Wives and Concubines in China from Song to Qing.* Lanham/MD: Rowman & Littlefield.
Bossler, Beverly Jo. 2013. *Courtesans, Concubines, and the Cult of Female Fidelity. Gender and Social Change in China, 1000–1400.* Cambridge/MA: Harvard University Press.

Matthias Morgenstern
# II.11 Judentum

## 1 Status und Rollen von Frauen, Männern und weiteren Geschlechtern

*Hebräische Bibel* und Zeit des zweiten Tempels

Die Beschäftigung mit dem Männlichen gilt in der *Bibel* als das ‚Normal-Menschliche'. Will man das biblische Verständnis der Geschlechterbeziehungen erheben, ist daher der Bezug auf Texte gefordert, die Frauen eigens thematisieren. Dies geschieht beispielsweise im Zusammenhang mit Israels Erfahrung der Sklaverei in Ägypten, aus der die Pflicht gefolgert wird, auf Schwache und Gefährdete Rücksicht zu nehmen und Ungerechtigkeiten zu beseitigen, denen vor allem Witwen und Waisen zum Opfer fallen. Daneben erzählt die *Bibel* von Frauen als Beraterinnen ihrer Männer, mit denen sie aber polygam zusammenleben. Sara, die ihre Kinderlosigkeit beenden will, ergreift die Initiative und hält ihren Mann zum Beischlaf mit Hagar an (*Das Buch Genesis* 16, 1–3). Nach Gottes Befehl soll Abraham ihr später gehorchen und Hagar mit ihrem Sohn Ismael vertreiben (*Genesis* 21, 12). Jakob war mit vier Frauen verheiratet (*Genesis* 29, 16–30, 9), den Stammmüttern des späteren Volkes Israel. Das Richterbuch erzählt von Jael, die einen feindlichen Kämpfer erschlägt (*Das Buch der Richter* 4, 17–22). Aus anderen Kriegen wird berichtet, dass Frauen den siegreichen Helden feierlich entgegenzogen. Auch die Klage nach familiärem oder kollektivem Unglück wird hauptsächlich Frauen zugewiesen (*Das Buch Jeremia* 9, 16–21). Die Moabiterin Rut, obwohl zunächst verarmt, erscheint als aktive und attraktive Frau, die einen angesehenen Bürger Bethlehems heiratet und zur Urgroßmutter des Königs David wird. Das Buch Esther erzählt, wie die gleichnamige Jüdin, nachdem der persische König Ahasveros sie geheiratet hat, am Hof von der Intrige des Feindes Haman erfährt und die Vernichtung ihres Volkes verhindert. Das Lied der „tüchtigen Frau" (*Das Buch der Sprichwörter* 31, 10–22) wird von orthodoxen Männern bis heute am Sabbat rezitiert. Es zeigt eine Ehefrau und Mutter, die als Mittelpunkt des Hauses selbständig ökonomisch agiert und insoweit nicht auf ihren Mann angewiesen ist. Eine in nachbiblischer Zeit entstandene Erzählung berichtet von der angesehenen Witwe Judit, die ihr Volk in einer Situation militärischer Bedrängnis rettet: Mit List gelingt es ihr, in das Zelt des feindlichen Feldherrn Holofernes zu gelangen und ihn zu töten (*das Buch Judit* 13). Durch Gottvertrauen und Gesetzestreue ist sie Vorbild frommen Lebens. Vorausgesetzt ist dabei, dass im ‚Normalfall' Männer kämpften. Da das Buch Judit zur christlichen, nicht zur jüdischen *Bibel* gehört, hat diese literarische Figur im rabbinischen Judentum aber nur am Rande einen Platz gefunden (Börner-Klein 2007, VII). Ähnlich wurde auch eine andere, in diesem Fall historische Frau aus der offiziellen Erinnerung teilweise verdrängt – offenbar, weil man ihre Rolle nicht anerkennen wollte: die jüdische Königin Salome Alexandra. In ihrer Regierungszeit (76–67 v. chr. Z.), vom Volk als goldenes Zeitalter empfunden, gingen aber wichtige Impulse für die entstehende pharisäische Bewegung aus (Ilan 2006, 35–42)

## Rabbinisches Judentum

Im rabbinischen Judentum erscheinen Frauen im Hinblick auf ihren Anteil an der religiösen Praxis benachteiligt. Grundsätzlich werden die *Tora*-Normen in Gebote und Verbote sowie zeitgebundene und zeitunabhängige Normen unterteilt. Frauen sind (wie Kinder und Sklaven) von den meisten Geboten ausgenommen, die mit dem Zeitablauf zusammenhängen – zum Beispiel regelmäßiges Beten, das Tragen von Gebetsriemen und Gebetsmantel, das Hören des Widderhorns zu Neujahr und die Mahlzeiten in der Laubhütte.[1] Da zeitunabhängige Vorschriften überwiegend Verbote sind (Mord, Diebstahl etc.) und einige zeitbedingte Verbote (etwa am Sabbat) hinzukommen, sind für Frauen die Verbote gegenüber den Geboten in der Überzahl. Die drei zeitbedingten Gebote, die für Frauen gelten, sind: das „Abheben der Teighebe" (hebr. *Challa*, die Absonderung eines Teils vom Teig bestimmter Getreidearten beim Backen), Reinheitsregeln während und nach der Menses (*Nidda*) und das Kerzenanzünden am Sabbat (*Hadlaqat Nerot*). Daneben ist die jüdische Genderkonstruktion von der Tatsache geprägt, dass religiöse Studien nach dem *Buch Deuteronomium* 11, 19 („Ihr sollt sie [die *Tora*] lehren euren Söhnen") Männern vorbehalten sind. Wer unwissend ist, hat aber einen geringeren Sozialstatus und kann weder lehren noch „fromm sein".[2] In der gesamten frührabbinischen Literatur werden daher über 600 Männer erwähnt, nur etwa 25 Frauen – diese aber meist nicht in Diskussionen über das Gesetz (*Halacha*), sondern in erzählerischen Texten (*Aggada*). Ein Beispiel für eine solche Erzählung ist die von Rahel, Rabbi Akivas Ehefrau (2. Jahrhundert n. chr. Z.), die ihren Mann 24 Jahre lang wegschickte, damit er unbehelligt *Tora* lernen konnte.[3] Sogar ihr Haar – Zeichen weiblicher Verführungskraft – habe sie verkauft, um sein Studium zu finanzieren, offenbar

---

1 *bQidduschin* 29a; übers. v. Goldschmidt 1996, 6: 600.
2 *Avot* 2, 6, übers. v. Goldschmidt 1996, 9: 668.
3 *bNedarim* 50a, übers. v. Goldschmidt 1996, 5: 465.

auch um den Verzicht auf die Verfügungsgewalt über ihren Körper zu signalisieren. Nach Rahels Vorbild berichtet der *Talmud* mehrfach von Frauen, die fromm und aufopferungsvoll waren und ihre gelehrten Männer unterstützten. Unter dem Eindruck dieser Vorstellung ist wohl das tägliche Morgengebet entstanden, in dem Männer Gott danken, „nicht als Frau erschaffen zu sein".[4] Umgekehrt finden sich im *Talmud* selbstkritische Reflexionen über die „Unfruchtbarkeit" des „Sitzens" im Lehrhaus (hebr. *Jeschiwa*), die mit Andeutungen über die homoerotische Ausstrahlung einiger Rabbinen verbunden sind. In einem Text werden die gelehrten Männer als so fett charakterisiert, dass unter ihren Bäuchen ein Rinderpaar Platz fand.[5] Diese Rabbis waren so fett, dass gefragt wurde, ob sie überhaupt physisch in der Lage waren, mit einer Frau zu schlafen. Die beruhigende, aber wohl ironisch gemeinte Auskunft lautete, dass „die Liebe das Fleisch zurückdrängt" (Boyarin 2012, 178–179).

Folge dieser Genderkonstruktion, die bis zum Anbruch der Neuzeit wirksam war, war eine dem Judentum eigene geschlechtsspezifische Arbeitsteilung. Dies zeigt noch die jiddisch geschriebene Autobiographie Glikls von Hameln (1646–1724), Zeugnis einer Zeit, in der Juden aufgrund rechtlicher Beschränkungen vor allem mit Waren und Geld handelten (Glückel von Hameln 1994). Während die Männer sich dem Studium hingaben, wurde ihr Geschäft von Frauen geführt, die als vollwertige Arbeitskräfte galten und denen man wirtschaftliches Geschick zutraute. Der Handel konnte vom Hause aus betrieben werden und machte keine Reisen notwendig, die von Frauen wegen ihrer häufigen Schwangerschaften eher vermieden wurden. Glikl berichtet in ihren Erinnerungen, dass sie ihren Mann oft geschäftlich beriet und nichts ohne sie entschieden wurde. Noch der Schriftsteller Isaac B. Singer (1904–1991) beschreibt seine Großmutter als Frau, die nie der Meinung war, es sei Aufgabe des Großvaters, für ihren Unterhalt zu sorgen. Sie überließ ihm das *Tora*-Lernen und kümmerte sich um die Ernährung der Familie. Andererseits waren Frauen von den Aufgaben der Kindererziehung und religiöser Unterweisung entlastet. Jüdische Knaben wurden schon im Alter von drei bis vier Jahren in den *Tora*-Unterricht gegeben. Verantwortlich für religiöse Rituale im Haus war der Ehemann und Vater (Morgenstern 2013, 52–58).

---

4 *Israels Gebete*, übers. u. erläutert v. Hirsch 1987, 9.
5 *bBava Mezia* 84a, übers. v. Goldschmidt 1996, 7: 723.

## Neuzeit

Erst im 18. Jahrhundert begannen jüdische Bürger in West- und dann auch Aufklärer in Osteuropa, die Erwerbsarbeit von Frauen abzulehnen und ihre Beschränkung auf das Heim zu betreiben, wo ihnen die Kindererziehung, die Schaffung eines kultivierten Heims und die Reproduktion männlicher Arbeitskraft zur Aufgabe gemacht wurde. Während die neue Situation jüdischen Männern Freiräume eröffnete, kann man die bürgerliche Genderkonstruktion als Einengung der Frauen deuten, die ihrer vorigen außerhäuslichen Tätigkeit entgegengesetzt war. Ein weiterer Gegenentwurf zur traditionellen jüdischen Ökonomie waren die *Berliner Salons*, die häufig von jüdischen Frauen wie Henriette Herz (1764–1847) und Rahel Varnhagen (1771–1833) geleitet wurden und Orte weiblicher Identität und Selbstverwirklichung waren. Da es in diesem kulturellen Freiraum der Begegnung von jüdischen mit nichtjüdischen Frauen und Männern zu Ehen von Jüdinnen mit Nichtjuden kam, die mit der Taufe der Jüdinnen verbunden waren, wurden die Salons von vielen Juden abgelehnt. Es war von einer Avantgarde abtrünniger Frauen die Rede, die, empfänglich für die Verlockungen der Aufklärung und Romantik, ihr Volk im Stich gelassen hätten.[6] Es ist aber umstritten, welchen praktischen Einfluss das neue Ideal in einer Zeit hatte, in der viele Juden noch Kleinbürger waren und sich keine Salon-Existenz leisten konnten. Im Zarenreich waren weiterhin viele Frauen als Hausiererinnen und Ladenbesitzerinnen tätig. Nach dem 1. Weltkrieg wurde Erwerbstätigkeit von Jüdinnen aufgrund wirtschaftlicher Not vielerorts auch in West- und Mitteleuropa wieder legitimiert.

## Das ‚dritte' Geschlecht in *Talmud* und *Midrasch*

Im *Talmud* finden sich Texte, die der Schöpfungserzählung der *Bibel* die Vorstellung eines ursprünglich androgynen Menschen entnehmen: „Rabbi Jirmeya ben Elazar sagte: ‚Zwei Gesichter hat der Heilige, gelobt sei Er!, Adam, dem Urmenschen erschaffen, wie es heißt (Ps 139, 5): Hinten und vorn hast du mich gebildet'."[7] Im *Midrasch Genesis Rabba* fügt der Sprecher hinzu: „Als der Heilige, gelobt sei Er, Adam schuf, schuf er ihn androgyn, denn es heißt (Gen 1, 27): 'Er schuf sie als Mann und Frau'" (Morgenstern 2022, 110). Hintergrund dieser Vorstellung sind Erwägungen zur schöpfungsmäßigen Doppelgeschlechtlichkeit des Menschen in Platons Dialog *Symposion*.

---

[6] Zu diesem Klischee siehe Kaplan 1997, 87 und 321 (mit vielen weiteren Belegen).
[7] *bBerachot* 61a, übers. v. Goldschmidt 1996, 1: 274.

Hinzu kommt die embryologische Theorie zur Entstehung der Geschlechter bei Aristoteles (384–322 v. chr. Z.), der das weibliche Menstrualblut analog zum männlichen Samen verstand. Beide Ausscheidungen haben ihren Ursprung in einem Blutüberschuss des Körpers. Aufgrund seiner höheren Körpertemperatur sei nur der Mann imstande, das Blut durch innere „Kochung" in den höherwertigen „formgebenden" Samen zu verwandeln. Die Frau, auf der hierarchischen *scala naturae* unter dem Mann angesiedelt, stelle nur das Blut, die „Materie", bereit. Beide Faktoren wirkten nun nicht nur zusammen, sondern auch gegeneinander, so dass sich im Moment der Empfängnis ein „Wettstreit" weiblicher und männlicher Teile ergebe. Verfüge der Same des Vaters über ausreichend „Wärme", um den mütterlichen „Stoff" zu „bezwingen", entstehe ein Knabe. Bei „unentschiedenem" Ausgang des Kampfes, so der *Talmud* nach Aristoteles, kommen Wesen zur Welt, die die Rabbinen als geschlechtslos (hebr. *tumtum*), als Zwitter (hebr. *androginos*) oder „Widderin" (Mädchen ohne Geschlechtsmerkmale, das nicht gebären kann) bezeichnen. Die religionsgesetzliche Literatur enthält ausführliche Diskussionen über die Rechte und Pflichten dieser drei Kategorien von Angehörigen des ‚dritten' Geschlechts.[8]

## 2 Geschlechtsspezifische Körperkonzepte

### Beschneidung

Das erste geschlechtsspezifische Gebot der *Bibel* ist die Beschneidung männlicher Säuglinge am achten Lebenstag (*Genesis* 17, 10–14). Im Alten Israel verdankt dieses Ritual seine Durchsetzung dem Bedürfnis des ins Exil verschleppten Volkes, sich von den babylonischen ‚Unbeschnittenen' abzugrenzen. Aus späterer Zeit ist die Erinnerung an die Unterdrückung unter dem hellenistischen König Antiochos IV. Epiphanes (2. Jahrhundert v. chr. Z.) präsent: Damals mussten gesetzestreue Juden ihre Söhne heimlich beschneiden und wurden bei Entdeckung grausam bestraft (*Das erste Buch der Makkabäer* 1, 51). Auch unter dem römischen Kaiser Hadrian (2. Jahrhundert n. chr. Z.) waren Beschneidungen gesetzlich verboten.

Obwohl biblisch allen Nachkommen Abrahams gegeben, wird das Beschneidungsgebot und die damit verbundene Verheißung der Teilhabe am Gottesbund nachbiblisch auf Jakobs Nachkommen beschränkt. Insoweit entwickelte sich die

---

[8] Die Vermutung im *Talmud*, die (als Unglück empfundene) Entstehung eines solchen Menschen hänge mit verpönten Stellungen der Eltern beim Sexualverkehr zusammen, wird von mittelalterlichen jüdischen Philosophen aber bestritten (Morgenstern 2006).

Beschneidung zum wichtigsten äußerlichen Unterscheidungsmerkmal von Juden und Christen. Obwohl *Das Evangelium nach Lukas* 2, 21 von Jesu Beschneidung erzählt, gab die Tatsache, dass Juden an diesem Gebot festhielten und dem Ritus einen neuen Rahmen gaben – mit der Ausführung beauftragt wird ein ausgebildeter Beschneider (hebr. *Mohel*), der Ausführungsbestimmungen des *Talmud*s befolgen muss –, seit den Kirchenvätern immer wieder zu antijüdischer Polemik Anlass. In der Genderforschung wird diese Kritik als Teil einer religiös-kulturellen Imperialstrategie gedeutet, die der Minderheit zunächst die Bedeutung der am Körper markierten Differenz absprach und den Juden dann das Recht auf diese Differenz auch verwehren wollte (Boyarin 1994).

## Moderne Diskussionen um die Beschneidung

Als das Landgericht Köln 2012 Beschneidungen ohne vorherige Zustimmung des zu Beschneidenden verbot, stellte es Bedingungen auf, die die Durchführung des Rituals für Juden unmöglich machten. Die anschließende Debatte darüber wurde jüdischerseits vor dem geschichtlichen Hintergrund unterschiedlicher Verfolgungserfahrungen geführt. Es ging dabei nicht um eine Güterabwägung zwischen dem Recht auf körperliche Unversehrtheit und der Religionsfreiheit, sondern um die Existenz des Judentums in Deutschland selbst. Meist wurde dabei übersehen, dass es in der Antike – zur Zeit des Antiochus IV. Epiphanes – und im 19. Jahrhundert Juden gab, die sich aus unterschiedlichen (auch medizinischen) Erwägungen gegen die Beschneidung ihrer Söhne entschieden und dennoch Juden bleiben wollten. Im Rückgriff auf eine assimilatorisch gesonnene Bewegung von Juden zur Zeit des Hellenismus, die ihre Beschneidung operativ rückgängig machten (Epispasmos; vgl. 1 *Makkabäer* 1, 16), lehnen auch heute (marginale) jüdische Gruppen in Israel und Nordamerika die Beschneidung an nicht zustimmungsfähigen Knaben ab (Oryszcuk 2018).

## Menstruation

Für den Beischlaf mit einer Menstruierenden (*Nidda*) sieht die *Tora* die Todesstrafe vor (*Levitikus* 20,18). In nachbiblischer Zeit wurde aber kontrovers über diese Norm diskutiert. Die Rabbinen legten fest, dass für die Sanktion im Falle der Gebotsübertretung kein irdisches Gericht, sondern „der Himmel" zuständig ist. Zur Vorstellung einer Intervention Gottes passt, dass einige mittelalterliche Texte annehmen, dass Schwangerschaften, die sich einem Beischlaf „während der Tage" verdanken, zur Geburt behinderter Kinder führen, was eine Abwertung dieser Kinder und ihrer Eltern (vor allem ihrer Mütter) impliziert (Marienberg 2012).

Nach rabbinischem Verständnis müssen Frauen nach ihrer ‚Unreinheit' ein Ritualbad (*Mikwe*) besuchen, um sich zu reinigen.[9] Im Mittelalter kam die Vorschrift hinzu, dass nach dem letzten Blutfluss ein Zusatzabstand von sieben Tagen einzuhalten ist. Die Genauigkeit im Umgang mit dieser Norm gilt als Gradmesser weiblicher Frömmigkeit; von osteuropäischen Jüdinnen wird erzählt, dass sie im Winter Eis aufhackten, um im Eiswasser ihr Ritualbad zu vollziehen. Im orthodoxen Judentum sind die *Nidda*-Normen bis heute geltendes Recht. Hochzeitstermine für Brautpaare werden in Israel erst nach einem klärenden Gespräch auf dem Rabbinat festgesetzt und richten sich nach der Regel der Braut. Bei Frauen mit einem kurzen Zyklus von weniger als 24 Tagen kommt es zu einer Verkleinerung des religionsgesetzlich für den Beischlaf vorgesehenen Zeitraums und ‚halachischer Unfruchtbarkeit'. Dies führt unter orthodoxen Frauen in Israel zu lebhaften Diskussionen; teilweise wird gefordert, die Religionsnormen zu modifizieren. Viele Frauen, die unter diesem Problem leiden, behelfen sich aber mit Medikamenten, die ihre Menses regulieren und den Erfordernissen anpassen. Die Furcht vor ritueller Unreinheit hat zur Folge, dass im ultraorthodoxen Bereich viele Männer es ablehnen, fremden Frauen die Hand zu geben.

## 3 Frauen als religiöse Subjekte

In biblischer und rabbinischer Zeit gilt die Tätigkeit von Frauen im Bereich der Gottesbeziehung als Ausnahme.[10] Immerhin tritt während des Exodus Mirjam, Moses Schwester, als Prophetin auf (*Das Buch Exodus* 15, 20). Später ist von Frauen die Rede, die Handarbeiten für das Heiligtum anfertigen (*Exodus* 35, 25). Das Richterbuch erzählt von der Prophetin Deborah, die Israel vor den Kanaanitern rettet (*Richter* 4, 4). In den prophetischen Büchern wird neben der Frau Jesajas die Prophetin Hulda erwähnt (*Das zweite Buch der Könige* 22, 14–20), die von König Josia befragt wird. Der im 2. Jahrhundert in Palästina lebenden Bruria sagt der *Talmud* so große Gelehrsamkeit nach, dass sie an einem einzigen Tag 300 Lehrentscheidungen

---

9 Ausführliche Vorschriften für das Verhalten der *Nidda* und den Umgang mit ihr finden sich im gleichnamigen *Talmud*-Traktat, übers. v. Morgenstern 2006. Zu verschiedenen Aspekten von Menstruation und weiblicher 'Unreinheit' im Judentum siehe die Beiträge im Sammelband von Rahel Wasserfall 1999.
10 Zu den biblischen Frauengestalten existieren zahlreiche Studien, siehe beispielsweise Fischer 2000; Jeansonne 1990.

lernen konnte.[11] Ausgehend von ihr wird vermutet, Frauen könnten zu rabbinischer Zeit in höherem Umfang an der Lehre beteiligt gewesen sein, als die Quellen zeigen. Andererseits ist die historische Glaubwürdigkeit der Berichte über Bruria fraglich, da Zeugnisse über sie erst Jahrhunderte später erhalten sind. Die Tatsache, dass der *Talmud* Bruria als Frau Rabbi Meirs (2. Jahrhundert n. chr. Z.) vorstellt, ist daher als literarische ‚Subordination' deutbar.[12] Die Vorstellung einer unverheirateten Lehrerin erschien den Autoren undenkbar, so dass Bruria narrativ Rabbi Meir ‚untergeordnet' wurde. Zu ihrer Degradierung passt, dass der mittelalterliche Kommentator Raschi (1040–1105) erzählt, Bruria habe sich am Ende ihres Lebens von einem Schüler ihres Mannes verführen lassen und danach aus Scham Selbstmord begangen, woraufhin Rabbi Meir fliehen musste (Morgenstern 2014).

Zeugnisse weiblicher Spiritualität, die sich von männlicher Frömmigkeit unterscheidet, bieten der 1609 gedruckte *Seder Tehinot* – eine Liturgie mit Gebeten für das Backen des Sabbatbrotes, zum Anziehen der Sabbatkleider, zum *Mikwe*-Bad, für die Schwangerschaft und das Anzünden der Sabbatkerzen – und der jiddische Text *Tsena Ure'ena* (hebr. „kommt heraus und seht" nach *Das Hohelied* 3, 11), eine Anthologie erbaulicher Texte zu den Wochenabschnitten der *Tora*. Von jüdischen Aufklärern verspottet, ließ diese Literatur immerhin Frauen an der traditionellen Bildung teilhaben; in ästhetisch-künstlerischer Hinsicht gelten diese Texte als Wegbereiter der fiktionalen Literatur im Judentum.

# 4 Geschlechterordnung/Sexualität

## Das Eherecht der *Bibel*

Der patriarchalischen Sozialstruktur in der biblischen Zeit entspricht das Faktum, dass Frauen immer im Besitz eines Mannes waren: Als Tochter ihres Vaters, der sie im Extremfall auch verkaufen durfte (*Exodus* 21, 7–11), dann als Ehefrau ihres „Eheherrn" (hebr. *ba'al*), der sie durch Kauf (*Genesis* 34, 12) „erwarb" und so ein Anrecht auf ihre Kinder gewann. Sexualität im Rahmen der Ehe wurde in diesem Zusammenhang grundsätzlich positiv gesehen, und Frauen hatten ein Anrecht auf sexuelle Befriedigung (*Exodus* 21, 10). Wie die Erzählungen von Moses oder Davids Eheschließungen zeigen (*Exodus* 2, 21; *Das Buch Numeri* 12, 1; *Das zweite Buch Samuel* 11), war es rechtlich – nicht in moralischer Bewertung – gleichgültig, ob die Frau eine In- oder Ausländerin war. Wurde ein in Schuldsklaverei geratenes Mäd-

---

11 *bPessachim* 62b, übers. v. Goldschmidt 1996, 2: 497.
12 *bAvoda Sara* 18ab, übers. v. Goldschmidt 1996, 9: 489.

chen von ihrem Herrn als Frau für dessen Sohn bestimmt und heiratete dieser Sohn noch eine weitere Frau, durfte er der ersten Sklavin „ihre Kost, ihre Kleidung und ihren Anspruch auf ehelichen Verkehr" (*Exodus* 21, 10) nicht mindern.

Im polygamen Kontext waren Sexualbeziehungen des Mannes zu anderen Frauen für ihn nicht in jedem Fall Ehebruch: Gebrochen werden konnten Ehen nur von Frauen. Dabei war belanglos, ob die Frau verlobt oder schon fest verheiratet war. In beiden Fällen stand auf das Delikt für beide Beteiligten die Todesstrafe (*Deuteronomium* 22, 22). Nach der Verführung einer unverheirateten Frau konnte der schuldige Mann zur Ehe mit ihr gezwungen werden, die dann – zum Schutz der Frau – unauflöslich war. Dem Schutz der Ehe diente auch das ‚Eifersuchtsgesetz', das einen Ehemann beruhigen sollte, über den „der Geist der Eifersucht" gekommen war (*Numeri* 5). Um Zweifelsfragen zu klären, sollte eine von ihm des Ehebruchs verdächtigte Frau ihr Haupthaar lösen – als Hinweis auf den Zustand sexueller Gefährdung, in dem sie sich befand – und „heiliges Wasser" trinken, mit dem zuvor ein Zettel abgewaschen worden war, auf dem ein Priester das Tetragramm geschrieben hatte. Aufgrund eines Fluches des Priesters sollte diese Zeremonie im Falle ihrer Schuld bei der Frau Krankheiten auslösen.

Ehescheidungen konnten nur vom Mann ausgehen und wurden durch die Ausstellung eines Scheidebriefs gültig, der der Frau die Wiederheirat ermöglichte. Leichtfertige Scheidungen wurden von den Propheten aber kritisiert. Hinweise darauf, dass die biblischen Autoren die patriarchale Gewalt begrenzen wollten, finden sich auch in anderen Rechtsbereichen. So wurde die Ehe eines Mannes mit zwei Schwestern verboten (*Das Buch Levitikus* 18, 15). Auch durfte der Mann die von ihm geschiedene Frau nicht erneut heiraten, wenn sie inzwischen eine neue Ehe eingegangen war, die dann durch den Tod des zweiten Mannes oder durch Scheidung ihr Ende gefunden hatte. Hinzu kommen Inzestverbote (*Levitikus* 18), Eheverbote für aus verbotenen Beziehungen hervorgegangene Kinder, besondere Ehegesetze für Priester sowie später das Verbot von ‚Mischehen'.

## Das rabbinische Eherecht

Seit der Zeit des 2. Tempels wird die jüdische Rechtswirklichkeit weniger durch die *Bibel* als durch die nach und nach in *Mischna* und *Talmud* fixierte *mündliche Tora* bestimmt. Diese Traditionen erörtern und bestimmen, wie Frauenrechte konkret auszugestalten sind. Die ehe- und familienrechtlichen Texte sind unter dem Titel *Naschim* (Frauen) in der vierten Ordnung der *Mischna* zusammengefasst, die die Traktate *Jevamot* („zur Schwagerehe verpflichtete Frauen"), *Ketubot* („Eheverträge"), *Soṭa* („die ehebruchsverdächtige Frau"), *Gittin* („Ehescheidung") und *Qiduschin* („Antrauung", wörtlich: „Anheiligung") enthält. Diese Texte beschäftigen sich mit allen Fragen, die den Übergang der Frau aus einem in einen anderen Rechtsbereich betreffen – vor allem mit der Eheschließung, die unter dem Gesichtspunkt der Ersetzung der väterlichen durch die Autorität des Ehemannes behandelt wird. Dabei wird das Verbot der Mischehe bekräftigt und durch das Prinzip der Matrilinearität gestützt: Jude/Jüdin ist, wer von einer Jüdin geboren wird. Zugleich wird festgelegt, dass die Heirat durch die Übergabe einer Wertsache (hebr. *kesef*), durch die Übergabe einer Urkunde oder unmittelbar durch Beischlaf vollzogen wird. Da die letztere Antrauungsmöglichkeit als schamlos getadelt wird und die zweite außer Gebrauch kommt, hat sich in der Praxis nur die Antrauung „durch eine Wertsache" erhalten. Diese muss einen Wert von mindestens einer „Pruta" haben, der kleinsten damaligen Kupfermünze. Es ist strittig, ob dies als Geringschätzung der Frau oder als Indiz zu werten ist, dass die ‚Zahlung' real keinen Kauf darstellt, sondern symbolisch verstanden wird (Wilke 2004).

Seit dem Mittelalter hat sich der Brauch durchgesetzt, dass der Bräutigam der Braut in Anwesenheit zweier Zeugen als Wertsache einen Ring mit den Worten übergibt: „Du bist mir angeheiligt durch diesen Ring nach der Religion Moses und Israels." Danach wird in Gegenwart zehn erwachsener Männer der Segensspruch des Verlöbnisses gesprochen. Eine weitere Zahlungsverpflichtung, die der Ehevertrag festlegt, wird – abweichend von biblischer Praxis – nicht mehr zu Beginn der Ehe, sondern an ihrem Ende fällig. Diese der Sage nach von Schimon ben Schetach, dem führenden *Tora*-Lehrer zur Zeit der Königin Salome Alexandra, eingeführte Neuerung sollte Heiraten erleichtern und von Scheidungen abschrecken. Der Vertrag diente dem Zweck, die nach einer Scheidung oder dem Tod des Mannes durch die Erben fällige Zahlung an die Geschiedene oder Witwe festzulegen. Als neu gegenüber der *Bibel* gilt auch der wohl dem römischen Recht entnommene Grundsatz, dass die Eheschließung die Zustimmung beider Partner erfordert. Um die Zustimmungspflicht zu unterstreichen, schließt der *Talmud* Eunuchen, Kastraten, Unzurechnungsfähige, Minderjährige und Taubstumme, sofern sie sich nicht durch Zeichen verständlich machen können, von der Ehefähigkeit aus, da ihnen die Handlungs- oder Zeugungsfähigkeit fehlt. Andererseits dürfen Väter minderjährige Töchter auch gegen deren Willen in die Ehe geben, obgleich von dieser Praxis abgeraten wird.

Die eigentliche Hochzeit besteht in der feierlich begangenen Heimführung der Frau in das durch den Traubaldachin versinnbildlichte Heim des Mannes, die als letzter Trauungsakt auf den Ehevollzug verweist. Als ideales Alter für die Verlobung von Mädchen gilt talmudisch die Pubertät mit zwölfeinhalb Jahren; für junge Männer nennen die *Sprüche der Väter* das Alter von 18 Jahren.[13]

---

13 *Avot* 5, 24, übers. v. Goldschmidt 1996, 9: 682.

Rabbi Ammi, ein Zeitgenosse des Kaisers Diokletian, wollte Frauen im *Talmud* zwar ein Scheidungsrecht zugestehen, wenn ihr Mann eine zweite Ehe eingeht.[14] Dennoch bleibt das Initiativrecht zur Scheidung im *Talmud* beim Mann, ohne dessen Zustimmung keine Scheidung vorgenommen werden kann. Bekannt war im babylonischen Judentum auch das Institut der „Zeitehe", die Heirat für einen von Vornherein begrenzten Zeitraum, etwa für auf Reisen befindliche Gelehrte.[15]

Frauen dürfen nur dann neu heiraten, wenn sie geschieden wurden oder ihr Mann nachweislich gestorben ist. Von ihren Männern verlassene Frauen können daher in die Lage geraten, keine neue Ehe eingehen zu können – sie bleiben als *agunot* („Verankerte") an den scheidungsunwilligen oder unbekannt verreisten Mann gebunden. Da das religiöse Eherecht (nach der *Halacha* in orthodoxer Interpretation) im Staat Israel für alle Juden verpflichtend ist, führen solche Fälle, wenn etwa verheiratete Soldaten im Krieg verschollen sind, immer wieder zu öffentlichen Debatten.

Wenn der Bräutigam in der Hochzeitsnacht eine Enttäuschung erlebt und die Ehe annullieren will, kommt nach dem *Talmud* eine Jungfernschaftsklage in Frage. Die Diskussion über dieses Rechtsinstitut führte aber dazu, dass die Möglichkeiten seiner Anwendung allmählich aufgehoben wurden. Äußere Umstände konnten das Fehlen der Jungfernschaftszeichen rechtfertigen: Hatte die Braut ihre Unschuld während der Wirren des Aufstands gegen die Römer verloren? War sie bereits vor der Hochzeit beim Bräutigam gewesen? Auch werden eigentümliche anatomische Vorstellungen geltend gemacht: Die Verletzung des Hymens soll bereits durch einen „großen Schritt" der betreffenden Frau erfolgt sein. In diesem Kontext erwähnen die Rabbinen gar die Möglichkeit einer „unbefleckten Empfängnis", wenn eine Jungfrau etwa in einer Wanne badet, in die ein Mann Samen gelassen hat (*bChagiga* 15a) – wohl ein ironisches Echo auf die christliche Erzählung der Jungfrauengeburt Jesu (Goldschmidt 1996, 4: 284). Es wird vermutet, dass Jungfernschaftsklagen später deshalb außer Gebrauch kamen, weil jüdische Mädchen bei der Hochzeit üblicherweise keine Jungfrauen mehr waren. Zugleich wird klagenden Männern Bestrafung angedroht: Ihnen wird unterstellt, die notwendige Sachkenntnis bei Prostituierten erworben zu haben. Grundsätzlich folgt der *Talmud* der Tendenz, die Beurteilung ‚objektiver' sexualrechtlicher Sachverhalte zugunsten eines Eheverständnisses in den Hintergrund treten zu lassen, für das das persönliche Verhältnis der Partner*innen zueinander wichtiger wird. Versorgungsrechtliche Debatten

---

14 *bJevamot* 65a, übers. v. Goldschmidt 1996, 4: 541.
15 Vom Gelehrten Raw wird erzählt, dass er, wenn er an einem Ort eintraf, ausrufen ließ: „Welche (Frau) will mir für einen Tag gehören?" Rabbi Eliezer ben Jaakob erklärte solche ‚Ehen' aber für unzulässig, da sie von Prostitution nur schwer unterscheidbar waren (*bJevamot* 37b, übers. v. Goldschmidt 1996, 4: 436 f.).

geben zu vermuten, dass sich allmählich Strukturen einer ‚Kernfamilie' herausbildeten und die Großfamilie an Bedeutung verlor. Seit dem Mittelalter wurden eherechtliche Fragen von Dezisoren auf Grundlage des *Talmuds* in Responsen behandelt, die später in Sammlungen zusammengefasst wurden.

## Das jüdische Eheverständnis in nachtalmudischer Zeit

Die größte Neuerung für das aschkenasische (d. h. mitteleuropäische) Judentum seit dem *Talmud* war das Verbot der Polygamie, das – unter christlichem Einfluss – zu Beginn des 11. Jahrhunderts von Rabbeinu Gerschom initiiert und auf einer von ihm einberufenen Rabbinerkonferenz ausgesprochen wurde. Im heutigen Staat Israel gilt dieses Verbot, das nur mit Hilfe einer „Erlaubnis von hundert Rabbinern" umgangen werden darf, für alle (auch sefardische, d. h. orientalische) Juden als staatliches Recht (Eidelberg und Derovan 2007).

Reformjüdische Ehekonzepte, die vom rabbinischen Recht abweichen und die Gleichberechtigung der Partner vorsehen, sind heute im liberalen Judentum lebendig, vor allem in Europa und Nordamerika, ohne staatliche Anerkennung auch in liberalen Synagogen im Staat Israel. Wenn Ehen im Ausland nach solchem Ritus geschlossen wurden, etwa mit Ringtausch in beiden Richtungen anstelle der einseitigen Ringübergabe vom Mann an die Braut, werden sie in Israel aber nur anerkannt, wenn sie nach dem Zivilrecht des jeweiligen Landes gültig sind. Ansonsten gilt in Israel für Jüdinnen und Juden unmittelbar das traditionelle Recht, das von orthodoxen Rabbinern ausgelegt und von staatlich autorisierten Gerichten durchgesetzt wird. Von Reformrabbinern geschiedene Ehepartner und ihre Kinder müssen bei etwaiger erneuter Heirat in Israel mit rechtlichen Schwierigkeiten rechnen, da ihr nach orthodoxen Begriffen ungeklärter Personenstand Zweifel an ihrer Eignung für die Ehe begründet. Der gesellschaftliche Wandel der vergangenen Jahrzehnte hat in Israel daher zu Konflikten geführt, die häufig kulturkampfähnliche Formen annehmen. Zu diesen Konflikten gehört auch der Kampf um die Anerkennung gleichgeschlechtlicher Partnerschaften. Denn obwohl das säkulare Recht Homosexuellen in Israel viele Freiheiten ermöglicht, ist das verfasste religiöse Judentum, wie es sich im Staat Israel darstellt, von einer solchen Anerkennung weit entfernt (Molter 2021).

# 5 Egalisierungstendenzen und Transformationen von Geschlechterrollen

## Talmudische Zeit

Neuere Forschungen zeigen, dass Geschlechterrollen im *Talmud* anders bewertet werden als in frühjüdischen und zeitgenössischen christlichen Texten. Ein Beispiel dafür ist die rabbinische Umgestaltung der Märtyrererzählungen der Makkabäerzeit. Wenn es im griechisch-römischen Kontext von der von den Feinden gequälten „Mutter mit ihren sieben Söhnen" hieß, sie fasse sich ein „männliches Herz" (*Das zweite Buch der Makkabäer* 7, 21), betont der *Talmud* ihre Weiblichkeit und erklärt sie mit Zitat aus *Psalm* 113, 9 zu einer „fröhlichen Kindsmutter".[16] Auffällig ist auch die „Entmännlichungsstrategie" bei Rabbi Eleasar, der angesichts römischer Verfolger im *Talmud* keinesfalls so geradlinig und standhaft bleibt wie der gleichnamige Greis der Makkabäerzeit (*2 Makkabäer* 6), sondern sich mit Ausflüchten und Tricks vor der Folter bewahrt und am Ende durch ein Wunder gerettet wird. Der gelehrte, aber feige, passive, in römischer Perspektive ‚verweiblichte' Trickster verfolgt demnach eine der Verfolgungssituation angepasste Strategie von Mimikry, Kollaboration und „gendered resistance" (Boyarin 2002). Zum *gender bending* passt das Bild, das *Das Buch Jesus Sirach* 50, 5–13 von den Priestern des Jerusalemer Tempels zeichnet, die als asexuelle und makellos schöne Wesen gelten. Nach dem *Talmud* waren die Priester im heiligen „Haus" des Heiligtums mit als weiblich verstandenen Verrichtungen wie Reinigungsarbeiten und der Speisezubereitung für den Kult beschäftigt. Manifestationen von Sexualität (Geschlechtsverkehr oder unwillkürlicher Samenfluss in der Nacht) machten sie rituell untauglich für den Tempeldienst.

## Sabbatianismus

Ein neues Verständnis des Geschlechterverhältnisses propagierte die messianische Bewegung Sabbatai Zwis (1626–1676), in deren Gemeinden Frauen zur öffentlichen *Tora*-Lesung aufgerufen wurden – eine nach traditionellem Verständnis verbotene Praxis. Im Sabbatianismus kam es auch zu einem freien Umgang mit Sexualität. Es ist allerdings unsicher, in welchem Ausmaß die diesbezüglichen Berichte auf Diffamierungen seiner Gegner zurückgehen. Unter Führung des polnischen Sabba-

---

16 *bGittin* 57b; übers. v. Goldschmidt 1996, 6: 374.

tianers Jakob Frank (1727–1791) setzte sich diese vom offiziellen Judentum als pseudomessianisch bezeichnete Bewegung fort. Da Frank sich der Obrigkeit gegenüber verdächtig gemacht hatte, wurde er im Marienwallfahrtsort Częstochowa inhaftiert. Während seiner Gefangenschaft entwickelte er eine Theologie, die mariologische Ideen in den Sabbatianismus integrierte. In Anlehnung an Maria wurde die Schechina, die göttliche Einwohnung, als Seinsweise Gottes verstanden, die in einem Menschen Fleisch und Blut angenommen hatte und mit Jakob Franks Frau Chana, später mit seiner Tochter Eva Frank identifiziert wurde – der einzige bekannte Fall des Auftretens eines weiblichen Messias im Judentum (Schreiner 2001).

## Chassidismus

Die von Israel Ben Eliezer (1700–1760) begründete Erneuerungsbewegung des Chassidismus machte das osteuropäische Judentum zu einer Volksreligion, in der nicht mehr das Ideal der Gelehrsamkeit, sondern die Laienfrömmigkeit im Mittelpunkt stand. In den Anfangsjahren der Bewegung nahmen auch Frauen am gemeinsamen ekstatischen Tanz teil. Seit der Mitte des 19. Jahrhunderts passte sich Chassidismus in seinen Ausdrucksformen meist wieder an das traditionelle orthodoxe Judentum an, in dem die Frauen sich öffentlich zurückhalten. In einigen chassidischen Gruppen, die jeweils unter der Führung einer spirituellen Leitfigur, des Rebben, stehen, entwickelte sich die Rolle von dessen Frau zu der einer ‚first lady' der jeweiligen Gemeinschaft. Es wurde üblich, dass Frauen die Rebbetzin aufsuchen, um von ihr Anweisungen oder einen Segen zu erhalten. In der in der Ukraine entstandenen chassidischen Belz-Dynastie stehen die Mädchenschulen unter der Leitung der Rebbetzin. In der Bewegung des Lubawitscher Chassidismus (*Chabad*) unter Rabbi Menachem Mendel Schneerson (1902–1994) werden auch Frauen ausgebildet und (gemeinsam mit ihren Männern) in die Welt entsandt, um jüdische Gemeinden zu unterstützen und chassidische Zentren aufzubauen. Die Lubawitscher Chassiden zählen auch heute viele aktive Frauen in ihren Reihen, die sich teilweise als „chassidische Feministinnen" bezeichnen und akademische Bildung anstreben.

## Pluralisierung des Judentums und Gender

Ab dem frühen 19. Jahrhundert entwickelte sich neben dem traditionellen ein modernes, plurales Judentum, das nicht mehr primär durch religiöse Praxis geprägt war. Dies ging Hand in Hand mit einer Statusveränderung der Frauen, die als „Familialisierung" und „Feminisierung" des Judentums gedeutet worden ist. Da die

Männer der Synagoge immer mehr fernblieben – Religion kollidierte mit Berufsanforderungen und verlor an Alltagsrelevanz –, wurden ‚männlich' aufgefasste Elemente im Religionssystem zugunsten ‚weiblicher' (Gewissen, Andacht und Erbauung) abgewertet. Dem entsprachen Veränderungen von Gottesdienst und Ritus. Im Synagogenraum wurden Geschlechterbarrieren abgeschafft und durch unvergitterte, ästhetisch gestaltete Emporen ersetzt. Ein straff organisierter und emotional ansprechender, kürzerer Gottesdienst sollte das Gemüt erbauen, Geschmack und Manieren formen (Heinsohn und Schüler-Springorum 2005). Das Interesse an Verständlichkeit gebot auch die Abwendung vom Hebräischen und die Einführung der Landessprache, vor allem für die Predigt. Solche Neuerungen waren nach traditionellem *Tora*-Verständnis verboten, von ihnen erhofften sich die Reformer aber eine Wirkung auf das Gefühl der Frauen. Um die Partizipation am religiösen Leben zu erhöhen, wurde nun regelmäßig gepredigt; dabei wurden die Frauen direkt angesprochen. Zuvor waren gottesdienstliche Reden selten üblich gewesen. Der Aufklärer Isaak A. Euchel (1756–1804) übersetzte 1786 auch das Gebetbuch (*Siddur*) ins Deutsche. Durch den Rückgang der öffentlichen *Tora*-Observanz gewann nun der häusliche Bereich an Gewicht, in dem die Frauen die Identitätsbildung mitgestalteten und geschlechtsspezifische Formen der Assimilation mit selektiver Traditionspflege verbanden. Sie waren vor allem für kalendarische Feste zuständig und behielten Bräuche bei, die die Männer abgelegt hatten. Auch hielten sie das familiäre Netzwerk aufrecht, pflegten Kontakte, organisierten Freizeitaktivitäten und stärkten den jüdischen Heiratsmarkt, der sich neben der traditionellen Ehevermittlung entwickelte.

Mit diesen Veränderungen einher ging die Kritik alter Bräuche, denen man zuschrieb, die Würde der Frau zu beeinträchtigen. Das betraf neben der Frühehe vor allem die Rubrizierung von Frauen gemeinsam mit Minderjährigen und Sklaven in Gebetstexten. Abraham Geiger (1810–1874) ersetzte die Wendung des Dankes der Männer im Morgengebet „dass du mich nicht als Frau erschaffen" durch den Dank dafür, „als Diener Gottes" erschaffen zu sein. Im „Einheitsgebetbuch" der liberalen Gemeinden in Deutschland vor dem 2. Weltkrieg fehlt die Passage ganz. 1817 erfolgte die erste „Konfirmation" von Mädchen in einer Berliner Reformsynagoge. In einigen Gemeinden fungierte die „Einsegnung" der Mädchen als Testfall für die der Knaben. Während die Einführung des modernen *rite de passage* bei heranwachsenden Frauen von Traditionalisten noch toleriert wurde, bot die „Konfirmation" bei Jungen aber mehr Konfliktstoff; sollte hier doch der jahrhundertelange Bar Mizwa-Ritus neu definiert und verändert werden (Lässig 2004, 252 f.).

## Jüdische Frauenbewegung und Zionismus

Zu Beginn des 20. Jahrhunderts machten Jüdinnen in Europa einen hohen Anteil der Universitätsstudentinnen aus. Sie tendierten zur Medizin und zu den Geisteswissenschaften, selten zur Rechtswissenschaft, wo Juden und Frauen generell Hindernisse in den Weg gelegt wurden. 1904 kam es in Deutschland zur Gründung des jüdischen Frauenbundes, der für das Frauenwahlrecht in den Synagogengemeinden und in der Politik warb und wenig später eine der größten Gruppen war, die dem *Bund Deutscher Frauenvereine* angehörten. Die Vorsitzende des Frauenbundes, Bertha Pappenheim (1859–1936) gilt als Begründerin des jüdischen Feminismus. Nach dem 1. Weltkrieg stellte sich auch die Frage nach dem Zugang von Frauen zu religiösen Ämtern. 1935 wurde Regina Jonas (1902–1944) als erste Frau in Deutschland zur Rabbinerin ordiniert.

Theodor Herzls Zionismus-Projekt sah anfangs auch die Neuordnung der Geschlechterverhältnisse vor. Frauen erhielten bereits auf dem *2. Zionistischen Weltkongress* 1898 das Wahlrecht. Der jüdische Lehrerverband in Palästina nahm seit seiner Gründung (1903) Frauen als gleichberechtigte Mitglieder an. 1919 wurde nach heftigen Diskussionen das allgemeine Frauenwahlrecht im britischen Mandatsgebiet Palästina durchgesetzt – gegen den erbitterten Widerstand der Orthodoxen. 1926 fiel die endgültige, auch für den späteren Staat Israel maßgebliche Entscheidung, die Frauen das Wahlrecht zusicherte.

Gleichzeitig wurde zunehmend Kritik laut an der Rolle des jüdischen Mannes in der Diaspora. Das Judenpogrom im zaristischen Russland in der bessarabischen Stadt Kischinjew vom April 1903 gab dem hebräischen Schriftsteller Chaim Nachman Bialik (1873–1934) Anlass, in dem Gedicht „In der Stadt des Mordens" (hebr. *be-ir ha-harega*) das ehr- und wehrlose Fliehen der Juden zu beschreiben. Bialik zeigt die „Enkel der Makkabäer und Märtyrer-Löwen" in einem grotesken Zerrspiegel und als abschreckendes Beispiel. Als Gegenbild zu den Diaspora-„Feiglingen" taucht nun in der zionistischen Vorstellungswelt der Topos des tapferen in Palästina verwurzelten Kämpfers auf – eine Figur, die sich vom effeminierten *Talmud*-Juden verabschiedet (Niewöhner 1997). Das Bild des im Lande Israel aufgewachsenen neuen Hebräers, der zu einem tatkräftigen Bauern und Soldaten geworden ist, wird zu einem der wichtigsten Motive der israelischen Literatur. In diesem Geist wurde in den 1930er Jahren auch die jüdische Sport-Bewegung *Makkabi* ins Leben gerufen mitsamt der internationalen Sportveranstaltung der *Makkabiade*, die sich an den Olympischen Spielen orientiert.

## Neuere feministische Theologien

Im Vergleich mit den emanzipatorischen Errungenschaften des Frühzionismus wird die Gesetzgebung und gesellschaftliche Realität in Israel oft als Rückschritt empfunden. Die feministische Auseinandersetzung mit den Verhältnissen in Israel geht häufig mit einer Kritik am real existierenden Zionismus und postzionistischen Positionen einher. So kommt es zu einer Kritik an der als aggressiv und militärisch ‚aufgeladen' dargestellten israelischen ‚Männlichkeit' mit einer Aufwertung des vormodernen Ideals des Lernens (Boyarin 1997).

Im Hinblick auf die jüdische Religionspraxis tritt der neuere jüdische Feminismus für die gleichberechtigte Beteiligung von Frauen in den rituellen Vollzügen sowohl des privaten Bereichs als auch in der synagogalen Öffentlichkeit ein (Plaskow 2005, 36; 58).[17] Hinzu tritt das Plädoyer für die Integration der Erfahrungen von Homosexuellen, Lesben und Transsexuellen, wie sie sich aus dem *Talmud* rekonstruieren lassen (Drinkwater, Lesser und Schneer 2009). In einigen neueren Reformentwürfen spielt auch die jüdische Mystik eine besondere Rolle: So wird die entfremdete Situation der Frauen als Exil (hebr. *galut*) verstanden. Vor dem Hintergrund der kabbalistischen[18] Deutung des Exils als Entfremdung der ‚weiblichen' von der ‚männlichen' Seite *in* Gott wäre dann die Heilung der Geschlechterbeziehungen als geradezu theurgischer[19] Akt auf dem Wege der Instandsetzung der Welt (*tikkun olam*) zu interpretieren: Um die zerrütteten Geschlechterbeziehungen der Menschen zu heilen, muss zunächst das defiziente Verhältnis der weiblichen und männlichen Seite *in* Gott in Ordnung gebracht werden (Robberechts 2011).

# 6 Geschlechtsspezifische Transzendenz-Vorstellungen

## Welches Geschlecht hat Gott?

Da Verbformen im Hebräischen weibliche und männliche Formen haben, wird die männliche Darstellung Gottes in der *Bibel* grammatisch kenntlich: In den Gebeten

---

17 Bereits 1992 veröffentlichte Judith Plaskow einen Entwurf feministisch-jüdischer Theologie mit dem bezeichnenden Titel „*Und wieder stehen wir am Sinai*".
18 Als Kabbala (hebräisch wörtlich „Überlieferung") wird seit dem Mittelalter die „verborgene Weisheit" des Judentums bezeichnet – häufig spricht man in Abgrenzung zu den auf das jüdische Recht bezogenen Traditionen im *Talmud* auch von „jüdischer Mystik".
19 Durch theurgische Akte wirken die Betenden in die innergöttliche Welt ein.

der *Bibel* (und synagogaler Praxis) wird Gott männlich angesprochen – als „Schöpfer", „König", „Hirte" (*Psalm* 23, 1; *Psalm* 80, 2), „Töpfer" (*Das Buch Jesaja* 64, 7), „Arzt" (*Exodus* 15, 26) und „Kriegsmann" (*Exodus* 15, 3). Daneben heißt es aber auch, dass er sein Volk „tröstet wie einen seine Mutter tröstet" (*Jesaja* 66, 13); zudem stand Gott die in der *Bibel* als weiblich gedachte Weisheit bei der Schöpfung zur Seite (*Sprichwörter* 8).[20] Im Mittelalter betonte die philosophische Reflexion, dass Gott über die Geschlechtlichkeit wie über alle menschlichen Eigenschaften erhaben sei. Zugleich wurde die anthropomorphe Rede von Gott aber beibehalten und weiterentwickelt.

## Gott als Liebhaber

Wo sein Verhältnis zu Israel im Bild der Ehe dargestellt wird, wird Gott durchgängig männlich, Israel weiblich gedacht. Die Ehe des Propheten Hosea (8. Jh. v. chr. Z.) mit einer Prostituierten dient hier als Zeichen, um Gottes Werben um sein Volk, vor allem aber, um die Sünde des Volkes zu verdeutlichen, das „vom Herrn weg der Hurerei nachläuft" (*Das Buch Hosea* 1, 2). Unter dem Einfluss dieser Prophetie steht auch die Aufnahme des *Hohenliedes* in den Kanon. Dieser Text, der vordergründig ohne theologische Bezüge auskommt, war ursprünglich eine Sammlung profaner Liebeslieder, die König Salomo mit seiner Geliebten in gleichberechtigter erotischer Partnerschaft zeigen. Der *Talmud* zeigt, dass die Schule Hillels unter dem Einfluss Rabbi Akibas und gegen den Widerspruch der Schule Schammais dafür sorgte, dass dieser umstrittene Text in die *Bibel* aufgenommen wurde. Diese Entscheidung war nur unter der Voraussetzung der allegorischen Auslegung durchsetzbar, die das Lied als Darstellung der Gottesbeziehung Israels interpretierte.[21]

## Weibliche Gottesbilder im *Talmud*

Neben männlichen finden sich im *Talmud* auch weibliche Gottesbilder. Der *Talmud* spricht vom Schöpfer im Zusammenhang mit den „Wehen des Messias" (nach *Jeremia* 30, 6–7) und präzisiert, dass er die Hände in die Hüften stemmt „wie eine Gebärende".[22] Besonders wirksam wurde die in rabbinischen Schriften entstandene Vorstellung, dass Gott nach der Zerstörung des zweiten Jerusalemer Tempels

---

20 Zu den weiblichen Aspekten Gottes in der jüdischen *Bibel* siehe: Gorges-Braunwarth 2002; Keel 2010 und Maier 2007.
21 b*Sanhedrin* 101a, übers. v. Goldschmidt 1996, 9: 85.
22 b*Sanhedrin* 98b, übers. v. Goldschmidt 1996, 9: 72.

durch die Römer im Jahre 70 n. chr. Z. als göttliche Einwohnung (Schechina) mit ins Exil zog und dort auf die Rückkehr ins Gelobte Land wartet. Diese wohl von Anfang an als weiblich gedachte göttliche Hypostase wurde seit dem Hochmittelalter auch ausdrücklich als Frau angesprochen und trat in Interaktion mit den männlichen Hypostasen Gottes. Die Vorstellung von der Schechina, in der Kabbala zu einem System von zehn Emanationen (hebr. *sefirot*) Gottes ausgebildet, geht von einer Verschiedenheit in Gott selbst aus, die mit der christlichen Trinitätslehre vergleichbar ist. Diese Differenziertheit in Gott ist nicht nur hierarchisch von oben nach unten gegliedert, sondern auch gendermäßig konnotiert. Weibliche *Sefirot*, vor allem die unterste (zehnte) *Sefira*, die als Königsherrschaft (*Malchut*) bezeichnet wird, stehen männlichen Emanationen gegenüber. Im *Buch Sohar* (14. Jahrhundert n. chr. Z.) wird die unterste *Sefira*, der Passivität und Mangel zugeschrieben werden, *ha-isha ha-eljona* genannt, die „obere Frau" oder „himmlische Donna" (Scholem 1977, 177). Als solche ist sie Partnerin des *hieros Gamos* (der „heiligen Hochzeit") mit den männlich gedachten Elementen im *Sefirot*-System, vor allem der sechsten und neunten *Sefira*. In der mystischen Frömmigkeit ist die Schechina nahe bei den Menschen, steht ihnen in der Not bei und weint mit ihnen.

## Literatur

*Der Babylonische Talmud*, 12 Bde., übers. v. Lazarus Goldschmidt. 1996 [1929–1936]. 4. Aufl. Darmstadt: Wissenschaftliche Buchgesellschaft.
Börner-Klein, Dagmar. 2007. *Gefährdete Braut und schöne Witwe*. Wiesbaden: Marix.
Boyarin, Daniel. 1994. *A Radical Jew. Paul and the Politics of Identity*. Berkeley/CA: University of California Press.
Boyarin, Daniel. 1997. *Unheroic Conduct. The Rise of Heterosexuality and the Invention of the Jewish Man*. Berkeley/CA: University of California Press.
Boyarin, Daniel. 2002. „Tricksters, Martyrs and Collaborators. Diaspora and the Gendered Politics of Resistance." In *Powers of Diaspora. Two Essays on the Relevance of Jewish Culture*, hg. v. Daniel Boyarin and Jonathan Boyarin. Minneapolis/MN: University of Minnesota Press.
Boyarin, Daniel. 2012. *Socrates and the Fat Rabbis*. Chicago: University of Chicago Press.
Drinkwater, Gregg, Joshua Lesser und David Shneer. 2009. *Torah Queeres. Weekly Commentaries on the Hebrew Bible*. New York/NY: New York University Press.
Eidelberg, Shlomo und David Derovan. 2007. „Gershom ben Judah Me'or Ha-Golah." In *Encyclopaedia Judaica* 7, hg. v. Fred Skolnik und Michael Berenbaum, 551–552. 2. Aufl. Detroit/MI: Macmillan Reference USA.
Gorges-Braunwarth, Susanne. 2002. „*Frauenbilder – Weisheitsbilder – Gottesbilder" in Spr 1–9. Die personifizierte Weisheit im Gottesbild der nachexilischen Zeit*. Münster u. a.: LIT Verlag.
Fischer, Irmtraud. 2000. *Gottesstreiterinnen*. 2. bearb. Aufl. Stuttgart: Kohlhammer.
Glückel von Hameln. *Memoiren*, aus dem Jüdisch-Deutschen übers. v. Bertha Pappenheim. 1994. Weinheim: Beltz.
Heschel, Susannah, Hg. 1983. *On Being a Jewish Feminist*. New York/NY: Schocken.

Ilan, Tal. 2006. *Silencing the Queen. The Literary Histories of Shelamzion and Other Jewish Women.* Tübingen: Mohr Siebeck.
*Israels Gebete*, übers. und erläutert v. Samson Raphael Hirsch. 1987. Frankfurt/M.: Ernst Rosenzweig.
Jeansonne, Sharon Pace. 1990. *The Women of Genesis: From Sarah to Potiphar's Wife.* Minneapolis/MN: Fortress Press.
Kaplan, Marion A. 1997. *Jüdisches Bürgertum. Frau, Familie und Identität im Kaiserreich.* Studien zur jüdischen Geschichte 3. Hamburg: Dölling & Galitz.
Keel, Othmar. 2010. *Gott weiblich. Eine verborgene Seite des biblischen Gottes.* 2. leicht veränderte Aufl. Gütersloh: Gütersloher Verlagshaus.
Lässig, Simone. 2004. *Jüdische Wege ins Bürgertum. Kulturelles Kapital und sozialer Aufstieg im 19. Jahrhundert.* Göttingen: Vandenhoeck & Ruprecht.
Maier, Christl M. 2007. „Weisheit (Personifkation) (AT)." In *wibilex. Wissenschaftliches Bibellexikon im Internet.* https://www.bibelwissenschaft.de/stichwort/34659 [20.06.2022].
Marienberg, Evyatar. 2012. *La Baraïtha de-Niddah. Un texte juif pseudo-talmudique sur les lois religieuses relatifes à la menstruation.* Turnhout: Brepols.
Molter, Sebastian. 2021. *Homosexualität und orthodoxes Judentum.* Münster: LIT Verlag.
Morgenstern, Matthias. 2014. „Dehors ou dedans? Les femmes dans le Beth Midrash dans la littérature rabbinique. L'exemple de Berouria." In *Comment faire des études-genres avec de la littérature. Masquereading*, hg. v. Guyonne Leduc, 161–170. Paris: L'Harmattan.
Morgenstern, Matthias. 2022. *Die große Genesis-Dichtung. Juden und Christen im Gespräch über das erste Buch der Bibel im Midrasch Genesis Rabba.* Paderborn: Schöningh.
*Nidda. Die Menstruierende. Talmud Yerushalmi* VI. *Seder Toharot* VI/1, übers. v. Matthias Morgenstern. 2006. Tübingen: Mohr Siebeck.
Niewöhner, Friedrich. 1997. „Jüdischer Nietzscheanismus seit 1888." In *Jüdischer Nietzscheanismus*, hg. v. Werner Stegmaier und Daniel Krochmalnik, 17–31. Monographien und Texte zur Nietzsche-Forschung 36. Berlin: De Gruyter.
Oryszczuk, Stephen. 2018. „The Jewish Parents Cutting out the Bris." In *The Times of Israel*, 28. February 2018. https://www.jewishnews.co.uk/the-jewish-parents-cutting-out-the-bris [20.06.2022].
Plaskow, Judith. 1992. *Und wieder stehen wir am Sinai. Eine jüdisch-feministische Theologie* (= *Standing Again at Sinai*, 1991). Luzern: Edition Exodus.
Plaskow, Judith. 2005. *The Coming of Lilith. Essays on Feminism, Judaism, and Sexual Ethics*, 1972–2003. Boston/MA: Beacon Press.
Robberechts, Edouard. 2011. „Die Beziehungen von Mann und Frau in der Kabbala." In *Männlich und weiblich schuf Er sie*, hg. v. Matthias Morgenstern, Christian Boudignon und Christiane Tietz, 139–170. Göttingen: Vandenhoeck & Ruprecht.
Scholem, Gershom. 1977. *Von der mystischen Gestalt der Gottheit.* Frankfurt/M.: Suhrkamp.
Schreiner, Stefan. 2001. „Der Messias kommt zuerst nach Polen. Jakob Franks Idee von Polen als gelobtem Land und ihre Vorgeschichte." In *Judaica* 57, 242–268.
Wasserfall, Rahel R., Hg. 1999. *Women and Water. Menstruation in Jewish Life and Law.* Hanover/NH: Brandeis University Press.
Wilke, Carsten. 2004. „‚Das Princip der jüdischen Ehe.' Eine Rabbinerkontroverse aus dem 19. Jahrhundert." In *Der Differenz auf der Spur. Frauen und Gender in Aschkenas*, hg. v. Christiane E. Müller und Andrea Schatz, 177–200. Minima Judaica 4. Berlin: Metropol.

## Weiterführende Literatur

Boyarin, Daniel. 1995. *Carnal Israel. Reading Sex in Talmudic Culture.* Berkeley/CA: University of California Press.
Morgenstern, Matthias. 2014. *Judentum und Gender.* Münster: LIT Verlag.
Peskowitz, Miriam. 1991. *Spinning Fantasies. Rabbis, Gender, and History.* Berkeley/CA: University of California Press.
Schäfer, Peter. 2008. *Weibliche Gottesbilder im Judentum und Christentum.* Berlin: Verlag der Weltreligionen.
Ilan, Tal, Tamara Or, Dorothea M. Salzer, Christiane Steuer und Irina Wandrey, Hg. 2007. *A Feminist Commentary on the Babylonian Talmud.* Tübingen: Mohr Siebeck.
Wegner, Judith Romney. 1993. *Chattel or Person? The Status of Women in the Mishnah.* Oxford: Oxford University Press.

Theresia Heimerl
# II.12 Christentum: katholisch

Wann beginnt das „katholische" Christentum? Seinem eigenen Verständnis nach mit der Einsetzung des Apostels Petrus, also vor 2000 Jahren. Doch ist das Christentum bis zur ersten großen konfessionellen Trennung im Jahr 1054 oder bis zur Reformation in der frühen Neuzeit ein einheitlich katholisches Christentum? Umgekehrt ist es gerade aufgrund des hohen Stellenwertes, den die Tradition im Katholizismus innehat, unmöglich, in einem Beitrag zu Geschlecht(ern) im katholischen Christentum erst mit der Differenzierung in reformierte Kirchen und katholische Kirche zu beginnen. Im Folgenden wird daher versucht, die zentralen Themen rund um Geschlechterrollen und –konstruktionen, wie sie in der katholischen religiösen Lehre und Tradition seit deren Abgrenzung von reformierten Deutungen des Christentums gelehrt, wahrgenommen und gelebt wurden, in den Fokus zu rücken. Dabei wird deutlich werden, dass diese spezifisch katholischen Interpretationen oft, wenn auch nicht immer, ältere, bis in die christliche Spätantike oder das Mittelalter zurückreichende Deutungsstränge aufgreifen und weiterentwickeln.

## 1 Männer und Frauen, geistliche Männer und geistliche Frauen: Die vier Geschlechter des katholischen Christentums

Wer in jüngeren lehramtlichen Dokumenten, das heißt in autoritativ vom Papst als oberster Instanz veröffentlichten Texten, liest, kann leicht den Eindruck bekommen, die für die katholische Theologie zentralste binäre Differenz sei jene von Mann und Frau. Diese wird spätestens seit dem Schreiben *Über die Zusammenarbeit von Mann und Frau in der Kirche und in der Welt* an die deutschen Bischöfe aus dem Jahr 2004 ganz offen als von Gender und feministischer Forschung bedroht angesehen (*Über die Zusammenarbeit* I, 2). Dennoch ist innerhalb der katholischen Tradition bis heute eine andere Unterscheidung von noch größerer Relevanz: Laien und geistliche Personen. Die katholische Lehre führt damit eine zumindest ab dem 3. Jahrhundert praktizierte Differenzierung fort, welche jene Frauen und Männer, die ein ganz auf Gott ausgerichtetes Leben unter Verzicht auf weltliche Verbindungen inklusive der Ehe und weltliche Verpflichtungen führen, von jenen Christinnen und Christen, die im Rahmen der Strukturen ihrer jeweiligen Gesellschaft leben, unterscheidet. Diese Differenz wird bereits in der christlichen Spätantike zumindest idealiter mit der Differenz von Laie (männlich wie weiblich) und Kleriker vermischt. Als Kleriker gelten alle, die ein sogenanntes Weiheamt innehaben, also rituell in den neuen klerikalen Status erhoben wurden. Während Letzteres im westlichen Christentum nur für Männer nachweisbar ist, gibt es die Traditionen des exklusiven religiösen Lebens bereits seit ihren Anfängen sowohl für Männer wie für Frauen. Bereits am Übergang zum Mittelalter werden beide besonderen Lebensformen, jene des Klerikers wie jene des Asketismus, die zumeist kollektiv in eigenen Institutionen wie Klöstern, aber auch individuell praktiziert werden, als eigener ‚geistlicher' Stand zusammengefasst. Diese Unterscheidung ist derart tiefgreifend, dass sie vom Mittelalter bis in das 20. Jahrhundert hinein als fundamentale Differenz wahrgenommen wird, die gewissermaßen für jedes der traditionellen Geschlechter zwei Formen generiert: Eine geistliche Frau und eine weltlich lebende Frau sowie einen geistlichen und einen weltlich lebenden Mann.

Die meisten zentralen Elemente dessen, was wir heute als katholisches Christentum kennen, wurden von männlichen wie weiblichen Angehörigen des geistlichen Standes geprägt – gerade auch die verschiedenen Aspekte von Geschlecht. Wenn etwa eine Frau wie Mechthild von Magdeburg im 13. Jahrhundert mystische Theologie schreibt und darin sehr ausdrücklich und provokant Geschlecht als theologische Kategorie bis hin zur Trinität thematisiert, so tut sie dies im Selbstbewusstsein einer gottgeweihten Jungfrau, die sich in einer Himmelsvision selbst in der Nähe der Apostel und weit vor allen verheirateten Frauen sieht (Schmidt 1995, IV, 24, 16–20). Das asketische Leben als geistliche Frau verwischt mitunter auch die Geschlechterdifferenz in einem hohen Maße: Seit der christlichen Antike begegnet der Topos der Asketin, die sich als (geistlicher) Mann ausgibt und deren Geschlecht erst bei ihrem Tod bemerkt wird. Die Überlieferung männlicher Autoren schwankt zwischen Skepsis und Bewunderung, es darf aber nicht übersehen werden, dass diesem Narrativ immer die unhinterfragte Annahme der Superiorität des männlichen Geschlechts zugrunde liegt. Das geistliche asketische Leben kann eine Frau sogar so ‚erhöhen', dass sie zum Mann wird, so die Botschaft dieser Tradition (Aspegren 1990, 99–114).

Das katholische Spezifikum eines eigenen religiösen Standes, das rituell und auch metaphysisch aufgeladen wird, wenn die Differenz als „dem Wesen, nicht nur dem Grade nach"[1] beschrieben wird, schafft in gewisser Weise zwei weitere Geschlechter, die sich in ihrem Selbstverständnis einander näher fühlen als Männern oder Frauen im weltlichen Stand. Insbesondere die Lebensentwürfe solcher geistlichen Frauen waren in den letzten Jahrzehnten Gegenstand intensiver Forschung, da hier in patriarchalen Gesellschaftsstrukturen der Spätantike, des Mittelalters

---

1 *Lumen Gentium* 10, zit. nach Denzinger und Hünermann 2017, 1104.

und der Neuzeit bis in das 19. Jahrhundert alternative Lebensformen von Frauen sichtbar werden, die diesen unverkennbar ein hohes Maß an Emanzipation von den Strukturen ihrer Umwelt ermöglichten. Dennoch sind diese alternativen Lebensentwürfe nicht als ‚Frauenbewegung' im modernen Sinn zu lesen, da die Intention immer das gottgeweihte Leben oder gar die mystische Einheit mit Gott waren, was den Sonderstatus der geistlichen Frau ohne familiäre Verpflichtungen und mit einer gewissen Autorität innerhalb der katholischen Welt mit sich brachte (Dinzelbacher 1993, 27–76).

Ein näherer Blick auf solche Frauenbiographien zeigt deutlich, wie sehr die Differenz von herkömmlichen, weltlichen Frauenleben zur Neukonstruktion als geistliche Frau dient: So ist etwa die affirmative Ablehnung bereits bestehender Mutterschaft unter Inkaufnahme des Todes des eigenen Kindes ein Topos, der sich bei der Märtyrerin Perpetua im Nordafrika des 2. Jahrhunderts ebenso findet wie bei der Heiligen Margareta von Cortona im 13. Jahrhundert. Für Männer, die den geistlichen Stand wählen, sind vergleichbare Narrative deutlich weniger dramatisch; hier wird entweder, wie bei Augustinus von Hippo (354–430), die Abkehr von der eigenen Sexualität und damit einer weiblichen Gefährtin betont oder die materielle Versorgung von Ehefrau und gemeinsamen Kindern wie bei Klaus von der Flüe (15. Jahrhundert).

So entstehen für Männer wie Frauen sehr unterschiedliche Geschlechterbilder je nach Standeszugehörigkeit, wobei die geistliche Identität oft durch die Negierung konstitutiver Elemente der jeweiligen ‚weltlichen' normativen Geschlechtsidentität geschieht. Diese alternativen Geschlechterbilder finden bis heute in alternativen Kleidervorschriften wie der bodenlangen Soutane bzw. dem Mönchshabit oder der Ordenstracht mit Haube oder Schleier ihren Ausdruck, die sowohl für Männer wie Frauen gegenwärtig in Widerspruch zur gewohnten Erscheinung der Geschlechter in westlichem Kontext stehen und insbesondere in Bezug auf die Konstruktion von Männlichkeit ein Irritationsmoment darstellen, das im Kontrast zur katholischen Lehre von der eindeutigen Binarität der Geschlechter steht.

## 2 Die mehrfache Hierarchie der Geschlechter

Die hier beschriebenen Stände sind bis zum zweiten Vatikanischen Konzil klar hierarchisch geordnet, der geistliche Stand erhebt seine Angehörigen zunächst einmal unabhängig von ihrem biologischen Geschlecht über die Männer und Frauen des weltlichen Standes. Diese Hierarchisierung ermöglichte es geistlichen Frauen, Aufgaben und Ämter zu übernehmen, die in den sie umgebenden Gesellschaften Männern vorbehalten waren bis hin zu Leitungsfunktionen in religiösen

Institutionen mit Öffentlichkeitscharakter wie etwa katholischen Schulen im 19. Jahrhundert.

Gleichzeitig hat das katholische Christentum eine Hierarchie von Mann und Frau nicht nur bis in die Mitte des 20. Jahrhunderts nicht in Frage gestellt, sondern aktiv in seiner Lehre befördert. Die Interpretation des Augustinus von Hippo von der intellektuellen Unterlegenheit der Frau, der sich seiner Meinung nach der Sündenfall verdankt (*De civitate Dei* XIV, 11), wurde von Thomas von Aquin unter Aufgriff aristotelischer Ideen systematisiert und prägte die katholische Theologie ebenso wie ihre pastorale Praxis (Børresen 1995, 30–34; 171–178). Diese ‚gottgegebene' Hierarchie der Geschlechter greift innerhalb der jeweiligen Ordnungen, sodass Männer geistlichen Standes an der Spitze der doppelten Hierarchie stehen und Frauen ohne Zugehörigkeit zu diesem Stand am anderen Ende der Hierarchie angesiedelt werden. Diese doppelte Geschlechterhierarchie spiegelt sich in den Führungsstrukturen der katholischen Kirche wieder: Viele Leitungsämter sind bis heute an die Priesterweihe gebunden und damit Männern des geistlichen Standes vorbehalten; ‚weltliche' Frauen finden sich erst nach dem zweiten Vatikanum in kirchlichen Funktionen, wobei gerade in den ersten Jahrzehnten des 21. Jahrhunderts sich hier im deutschsprachigen Raum immer stärkere Veränderungen abzuzeichnen beginnen und zentrale Ämter der mittleren Führungsebene zunehmend mit solchen Frauen besetzt werden. Die über Jahrhunderte tradierte mehrfache Hierarchie der Geschlechter sieht sich gegenwärtig im westlichen Katholizismus mit der Tatsache konfrontiert, dass die Zahl der Mitglieder des geistlichen Standes bei Männern wie insbesondere bei Frauen stark abnimmt und gleichzeitig Geschlechterhierarchien im öffentlichen Diskurs in Frage gestellt werden.

## 3 Körperkonzepte und Sexualität

Das katholische Christentum zeichnet sich durch eine hohe Präsenz von Körperlichkeit in seinen Praktiken und Ikonographien aus. Die Sensualität des Katholizismus mit seiner oft haptischen Reliquienverehrung, den vielen ausladenden Körperdarstellungen in Kirchen insbesondere des 17. und 18. Jahrhunderts sowie die Lehre von der Transsubstantiation, also die Verwandlung von Brot und Wein zu Fleisch und Blut Christi während der Eucharistiefeier, sind zentrale Abgrenzungsmomente gegenüber reformierten Traditionen. Diese katholische Präsenz des Körpers ist ein Nachhall der frühchristlichen Betonung des Körpers als Teil des Heilsgeschehens in Abgrenzung zu dualistischen Bewegungen der Spätantike. Im Spannungsfeld zwischen alttestamentlicher Anthropologie und gnostischem Manichäismus wird der Körper Ort der Auseinandersetzung zwischen Heilsordnung und Gefährdung, wobei insbesondere das sexuelle Begehren als Ausdruck sündhafter Unordnung verstanden wird (Augustinus, *De peccatorum meritis et remissione* 22, 36). Der weibliche Körper steht in diesem patriarchalen hierarchischen Ordnungsdenken sowohl für den Körper und seine Anfälligkeit zur Sünde schlechthin, andererseits als Gefahr für männliche Ordnung als Objekt des Begehrens und schließlich haftet dem weiblichen Körper trotz Absage an kultische Reinheitsvorstellungen noch weit in die Neuzeit und frühe Moderne hinein in der katholischen Tradition das Odium der Unreinheit an (Ammicht-Quinn 2000, 121–124; 320–328). Diese mehrfache Lesbarkeit des Körpers generiert ein hohes Maß an Ambivalenz, wenn der Körper gerade in seiner Heilsnotwendigkeit hinsichtlich seiner Sündhaftigkeit unter permanente Beobachtung gerät.

Die katholischen Körpertexte und -ikonographien erzählen die Überwindung der Sündenanfälligkeit und damit der Rettung zum Heil insbesondere an weiblichen Körpern wie jenem der (biblisch nicht belegten) Figur Maria Magdalenas, oder frühchristlicher Märtyrerinnen. Sie dürfen als einzige weibliche Körper nackt dargestellt werden und offenbaren eine hohe Ambiguität zwischen sadomasochistischem Voyeurismus und weiblicher Prominenz im Heilsgeschehen (Heimerl 2014). Diese Ambivalenz gilt für jeden geschlechtlichen Körper, allerdings sind die autoritativen Texte des katholischen Christentums bis in die Gegenwart von einem männlich-klerikalen Blick geprägt, der den weiblichen Körper und seine Sexualität entweder als Gefährdung kriminalisiert oder als durch männliches Begehren gefährdet versteht, vor dem moralische Normen ihn schützen sollen. Eindrücklich wird dieser männliche Diskurs über den weiblichen Körper an dem lehramtlichen Schreiben *Humanae vitae* aus dem Jahr 1968 illustriert, wo hormonelle Kontrazeption mit dem Argument verboten wird, Männer würden ohne Angst vor unerwünschter Fortpflanzung ihren Trieb ungehindert ausleben und Frauen nicht mehr wertschätzen (*Humanae vitae* 17); die Aufsicht über die weibliche Sexualität wird ausdrücklich Männern in gesellschaftlichen Führungspositionen übertragen: Priestern, Lehrern, Ärzten, Politikern (*Humanae vitae* 23–24; 27 f.). Sexualität gehört bis in die Gegenwart zu den offiziell in der katholischen Kirche am stärksten reglementierten Lebensbereichen: Jede Form von Sexualität, die nicht potentiell für die Fortpflanzung offen ist, wird abgelehnt, was jede Form von gleichgeschlechtlicher sexueller Aktivität inkludiert und ein strikt binäres Geschlechtermodell voraussetzt (*Katechismus der Katholischen Kirche* 2007, 2357–2359). Diese strenge Normierung von Sexualität hat seit den 1960er-Jahren des 20. Jahrhunderts zu starker interner Kritik geführt sowie zu einer Abkehr vieler Frauen und auch Männer vom katholischen Christentum als wesentlichstes Moment beigetragen (Ammicht-Quinn 2000, 337–345).

# 4 Geschlechtsspezifische Transzendenzvorstellungen

Das katholische Christentum kennt – anders als reformierte Formen – eine ausgeprägte und auch lehramtlich festgelegte Marienverehrung. Die Mutter Jesu, wie sie die biblischen Texte erwähnen, wird bereits im Mittelalter zu einer äußerst mächtigen Figur der christlichen Glaubenswelt. Maria bleibt zwar in der theologischen Lehre immer eindeutig Mensch, wird aber 1854 mit dem besonderen Attribut der unbefleckten Empfängnis, das heißt der Vorstellung, als einziger Mensch überhaupt ohne Erbsünde empfangen worden zu sein, ausgestattet und 1950 wird die bereits seit dem Mittelalter präsente Vorstellung von der leiblichen Aufnahme Marias in den Himmel offiziell als Glaubenssatz (Dogma) verkündet. Aus religionswissenschaftlicher Perspektive ist die Rolle Marias im Katholizismus jene einer transzendenten Gestalt, wie sie Göttinnen in polytheistischen Religionssystemen innehaben, gleichzuhalten. Überdeutlich zeigt sich dies etwa am Beispiel der ägyptischen Isis, die im gesamten Imperium Romanum verehrt wurde und deren Ikonographie als stillende Mutter des Horusknaben in Darstellungen der *Maria lactans* ihre Fortsetzung findet (Langener 1996, 260–275).

Dennoch offenbaren die Lehre und die religiöse Praxis rund um Maria den ambivalenten Umgang der katholischen Tradition mit Frauen und Geschlechterrollen: Maria wird in ihrer doppelten Rolle als Jungfrau und Mutter bis in die lehramtlichen Schreiben des späten 20. Jahrhunderts hinein allen Frauen als unerreichbares Vorbild gepriesen, dem weder geistliche Frauen noch Ehefrauen und Mütter jemals gerecht werden können. Die Marienverehrung durch geistliche Männer von Bernhard von Clairvaux bis Papst Johannes Paul II. gibt Zeugnis über eine sehr spezifische Form transzendierter Erotik, die gleichzeitig reale weibliche Sexualität problematisiert. Umgekehrt gibt es in der Tradition der Frauenmystik vom Spätmittelalter bis in das 20. Jahrhundert Gottesdarstellungen und -erfahrungen, die ein nicht minder erotisiertes Bild von Jesus als himmlischem Bräutigam und Liebhaber zeichnen. Alternative erotische Ausrichtungen finden sich in diesen geschlechtsspezifischen Transzendenzvorstellungen kaum, und wenn, dann allenfalls in spätmittelalterlicher, ausgeprägter Christusminne durch einzelne männliche Mystiker wie Rupert von Deutz oder Heinrich Seuse (Dinzelbacher 1994, 103–105; 295–310). Weibliche Marienverehrung basiert in der volkstümlichen Frömmigkeit oft auf Identifikation. Leitend ist dann die Vorstellung von einer mächtigen Frau, die als Geschlechtsgenossin die alltäglichen Nöte und Sorgen verstehen kann. Im 21. Jahrhundert erfährt die Gestalt Marias in feministischen katholischen Kreisen eine Neudeutung, die sie aus männlicher Deutungsmacht und der damit verbundenen Ambivalenz des unerreichbaren weiblichen Ideals zu lösen versucht.

## 5 Feministische Perspektiven

Das katholische Christentum hat immer wieder kritische Beiträge zu einer Neudeutung von Geschlecht und Geschlechterrollen durch Frauen erfahren. Exemplarisch zu nennen sind hier Elisabeth Gössmann, Elisabeth Schüssler-Fiorenza und Marie-Theres Wacker, die einen neuen Blick auf die Quellentexte und Tradition lehren (Gössmann 2000; Schüssler-Fiorenza 1993; Wacker 1991). Gegenwärtig wird die Diskrepanz zwischen weitestgehender rechtlicher und gesellschaftlicher Gleichstellung in der westlichen Welt und dem strikten Ausschluss von Frauen von der Priesterweihe und damit fast allen Leitungsämtern besonders deutlich und steht im Zentrum verschiedener feministischer Bestrebungen innerhalb der katholischen Kirche. Festzuhalten bleibt für das katholische Christentum aber, dass es, anders als reformierte oder auch orthodoxe christliche Kirchen, sich explizit als weltweite Institution mit einheitlichen Lehren und Normen verstehen will und daher Änderungen gerade in den Bereichen Geschlechterrollen und -konstruktionen nicht zuletzt mit Verweis auf unterschiedliche kulturelle Kontexte von der zentralen Leitung im Vatikan zurückgewiesen werden.

## Literatur

Ammicht-Quinn, Regina. 2000. *Körper – Religion – Sexualität. Theologische Reflexionen zur Ethik der Geschlechter.* 2. Aufl. Mainz: Grünewald.

Aspegren, Kerstin. 1990. *The Male Woman. A Feminine Ideal in the Early Church.* Stockholm: Almqvist & Wiksell International.

Augustinus, Aurelius. *De civitate Dei,* hg. v. Bernhard Dombart und Joseph Kalb. 1955. Corpus Christianorum Scriptorum Latinorum 48. Turnhoult: Brepols.

Augustinus, Aurelius. *De peccatorum meritis et remissione,* hg. v. F. Tempsky. 1913. Corpus Christianorum Scriptorum Latinorum 60. Turnhoult: Brepols.

Børresen, Kari. 1995. *Subordination and Equivalence. The Nature and Role of Woman in Augustine and Thomas Aquinas.* Mainz: Grünewald.

Dinzelbacher, Peter. 1993. *Mittelalterliche Frauenmystik.* Paderborn: Schöningh.

Dinzelbacher, Peter. 1994. *Christliche Mystik im Abendland.* Paderborn: Schöningh.

Denzinger, Heinrich und Peter Hünermann, Hg. 2017. *Kompendium der Glaubensbekenntnisse und kirchlichen Lehrentscheidungen.* 45. Aufl. Freiburg u. a.: Herder.

Gössmann, Elisabeth. 2000. *Eva – Gottes Meisterwerk.* 2. Aufl. München: Iudicium.

Heimerl, Theresia. 2014. „Der Körper der Märtyrerin und des Märtyrers. Erzählungen von geschauter Gewalt als fromme Triebbefriedigung?" In *Tabu, Trauma und Triebbefriedigung. Aspekte erlittener und geschauter Gewalt,* hg. v. Johannes Gießauf, Andrea Penz und Peter Wiesflecker, 233–243. Graz: Universitätsverlag.

*Humanae vitae. Über die Weitergabe des Lebens.* Enzyklika seiner Heiligkeit Paul PP. VI. 1968. http://www.vatican.va/content/paul-vi/de/encyclicals/documents/hf_p-vi_enc_25071968_humanae-vitae.html [31.08.2022].

*Katechismus der Katholischen Kirche*, hg. v. der Katholischen Kirche. 2007. München u. a.: St. Benno-Verlag; Freiburg/Schw.: Paulusverlag.

Langener, Lucia. 1996. *Isis lactans – Maria lactans. Untersuchungen zur koptischen Ikonographie.* Altenberge: Oros.

Mechthild von Magdeburg. 1995. *Das fließende Licht der Gottheit,* hg. v. Margot Schmidt. 2., neu bearb. Übersetzung. Stuttgart; Bad Cannstatt: Frommann-Holzboog.

Schüssler-Fiorenza, Elisabeth. 1993. *Zu ihrem Gedächtnis ... eine feministisch-theologische Rekonstruktion der christlichen Ursprünge.* 2. Aufl. Gütersloh: Kaiser.

Wacker, Marie-Theres. 1991. *Der eine Gott und die Göttin. Gottesvorstellungen des biblischen Israels im Horizont feministischer Theologie.* Freiburg u. a.: Herder.

*Schreiben an die Bischöfe der Katholischen Kirche über die Zusammenarbeit von Mann und Frau in der Kirche und in der Welt.* https://www.vatican.va/roman_curia/congregations/cfaith/documents/rc_con_cfaith_doc_20040731_collaboration_ge.html [31.08.2022].

## Weiterführende Literatur

Gössmann, Elisabeth, Hg. 2002. *Wörterbuch der feministischen Theologie.* 2. Aufl. Gütersloh: Gütersloher Verlagshaus.

Jensen, Anne. 2003. *Gottes selbstbewusste Töchter. Frauenemanzipation im frühen Christentum?* 2. Aufl. Münster: LIT Verlag.

Raming, Ida. 1989. *Frauenbewegung und Kirche. Bilanz eines 25jährigen Kampfes für Gleichberechtigung und Befreiung der Frau seit dem Zweiten Vatikanischen Konzil.* Weinheim: Deutscher Studienverlag.

Ute Gause
# II.13 Christentum: protestantisch

In der folgenden Darstellung wird zum einen eine Fraueneigengeschichte anhand bereits erfolgter Forschung rekonstruiert, die sich dem Anspruch verpflichtet sieht, Frauen als Protagonistinnen des Protestantismus sichtbar zu machen. Zwar wird damit vermeintlich eine Essentialisierung gemäß der Geschlechterbinarität der heterosexuellen Matrix vorgenommen, aber auf die Weise kann die Dominanz ‚männlicher' Akteure strategisch durch Sichtbarmachung ‚der Frau' aufgebrochen werden (Bauer und Gause 2020, 283 f.). Zum anderen werden ausgewählte egalisierende dekonstruktivistische Ansätze von historischen Geschlechtervorstellungen aufgezeigt, die es im Verlauf der evangelischen Christentumsgeschichte an vielen Stellen gegeben hat.

## 1 Reformation

Mit der Reformation als Beginn protestantischen Christentums sind gravierende Statusveränderungen für Männer und Frauen verknüpft. Zum einen wird das Zölibat – sowohl als geforderte Lebensform der Priester wie des klösterlichen Lebens – abgeschafft, sodass die Ehe, näherhin die ‚Priesterehe', zu einem Signum der reformatorischen Bewegung wird. Mit dem Zölibat verbundene Un/Reinheitsvorstellungen werden aufgegeben (Gause 2013, 326–338). Virilität wurde als zum vollgültigen Menschsein gehörend neu bewertet, als gottgegebene Kraft, die ausschließlich in einem strikt heterosexuellen Rahmen, innerhalb einer monogamen Ehe, gelebt werden durfte. Dies gilt auch für Frauen. Die Vorstellung von der während und nach einer Geburt als ‚unrein' geltenden Frau wird aufgegeben. Als eigentlicher ‚Beruf' der Frau wird ihre Fähigkeit zu Schwangerschaft und Geburt als gottgefälliges Werk betont (Gause 2019, 83–84). Die im Gefolge dieser Neubewertungen entstehende *Oeconomia- oder Hausväterliteratur* (Menius [1529] 2012, 35–139) zeigt, wie mit genau definierten Rollen für die Geschlechter Heteronormativität christlich-idealtypisch konstruiert wurde. Trotz einer dargestellten Komplementarität der Aufgabenbereiche von Mann und Frau bleibt die vorgeblich biblisch begründbare Unterordnung der Frau unter den Mann erhalten. Die Gebets- und Andachtsliteratur der Zeit spiegelt jedoch das Bemühen, die Ehe als Schutzraum zu etablieren, indem den Männern Rücksichtnahme und gewaltfreier Umgang mit den Frauen eingeschärft und die gemeinsame elterliche Sorge für die Kinder betont wird (Schweiglin 1580, 360[b]).

Luthers Forderung nach einem „Priestertum aller Gläubigen/Getauften" innerhalb der Frühphase der Reformation motiviert Frauen, sich aktiv für die Reformation einzusetzen. An der Flugschriftenautorin Argula von Grumbach (1492–1556/57), die zwischen 1523/24 in Bayern mit mehreren Veröffentlichungen hervortrat, und der Ehefrau des Reformators Matthäus Zell Katharina Zell, geb. Schütz (1497/98–1562), in Straßburg, die unter anderem eine Apologie ihrer Ehe und der Priesterehe überhaupt publizierte, wird sichtbar, dass auch zahlreiche weitere Frauen für die theologischen Intentionen der Reformation eintraten (Kommer 2013; Labouvie 2019; Rademacher-Braick 2017). Die „Lehrerin" Magdalena Heymair (1535–1586) erstellte beispielsweise eigenes, an biblischen Inhalten orientiertes Lehrmaterial für den Unterricht, das vielfach neu aufgelegt wurde. An ihr wird deutlich, dass das Bildungsideal der Reformation umgesetzt wurde: Alle Menschen, auch Mädchen und Frauen, sollten die *Bibel* selbst lesen können.

## 2 Konfessionalisierung: Orthodoxie, Pietismus, Aufklärung

Mit der Konfessionalisierung und Etablierung des Luthertums nach dem Augsburger Religionsfrieden 1555 beginnt die Phase der sogenannten *altprotestantischen Orthodoxie*. Nach Abschluss der Reformation entwickelt sie als Bewegung eine Universitätstheologie der ‚reinen Lehre'. Obwohl Frauen qua Geschlecht vom Studium ausgeschlossen waren, blieb adligen Frauen, einflussreichen Fürstinnen oder Interimsherrscherinnen die Möglichkeit, vor allem Frömmigkeitsliteratur (Lieder, Meditationen, Trostschriften) zu veröffentlichen und so literarisch wirksam zu werden. Bedeutsam war das literarische Schaffen der Freifrau Henriette Catharina von Gersdorf (1648–1726), die 1665 anonym eine lyrische Passionsschrift veröffentlichte. Ihre fast 900 Druckseiten umfassenden weiteren Werke, unter anderem zahlreiche Lieder, die in kirchlichen Gesangbüchern Verbreitung fanden, erschienen posthum 1729. Daneben trat sie als Mäzenin der Mädchen- und Frauenbildung im Pietismus hervor.

Sie beeinflusste durch die christliche Erziehung ihres Enkels Nikolaus Ludwig Graf von Zinzendorf (1700–1760) die Frömmigkeit der später entstehenden Herrnhuter Brüdergemeine, auch wenn die im folgenden dargestellten Entwicklungen genuin auf Zinzendorf selbst zurückzuführen sind. Die Herrnhuter Brüdergemeine zeichnete sich durch eine spezifische Ehereligion aus, die der Sexualität (innerhalb der Ehe) sakramentale Qualität zuwies und gegen eine Intellektualisierung von Religion deren sinnliche Erfahrbarkeit betont. Zinzendorfs *17 Ehepuncte* von 1740, in der die Ehe als Visualisierung des Leibes Christi verstanden wird (Vogt 2009, 378), bindet eheliche Sexualität und Christusmystik zusammen: Der Ehemann vertritt als „Vizechrist" – d.h. stellvertretend für Christus – beim Geschlechtsverkehr Christus, die Frau die Gemeinde. So können sich auf der konkreten zwischenmenschlichen bzw. sexuellen Ebene Mann und Frau mit Christus verbinden. Allen Menschen werden in geistlicher Hinsicht ‚weibliche' Seelen zugeschrieben, die sich als zukünftige Ehefrau mit Christus verbinden müssen – dieser Vorgang erfährt in der ausgeübten Sexualität eine Vorwegnahme. Der Mann hat in der Ehe Diener der Frau zu sein, genauso wie Christus Diener der Menschen ist. Durch die emanzipierenden, egalisierenden und brautmystischen Elemente (Bauer 2020, 186 f.) durchbrach die solcherart praktizierte Frömmigkeit und Sexualität damalige Normen und wurde von den orthodoxen Gegnern Zinzendorfs massiv angegriffen.

Im 18. Jahrhundert entstehen Netzwerke ‚gelehrter' Frauen. 1706 erschien Johann Caspar Ebertis *Eröffnetes Cabinet deß gelehrten Frauenzimmers*, das 600 Frauen auflistet, bei denen er hervorhebt, dass sie Griechisch, Latein und Hebräisch beherrschten. Unter den dortigen Dichterinnen befinden sich zahlreiche Frauen, die Frömmigkeitsliteratur veröffentlichen, die sich zum Teil ausschließlich an Frauen – Aemilie Juliane von Schwarzburg-Rudolstadt (1673–1707) –, zum Teil an Frauen und Männer richteten: Catharina Regina von Greiffenberg (1633–1694), Madame Jeanne Marie Guyon (1648–1717). Es erfolgte eine europäische transdenominationale und transnationale Rezeption, durchaus auch von Männern. Diese Korrespondenznetzwerke sind vergleichsweise schlecht erschlossen. Sichtbar wird jedoch, dass innerhalb des Pietismus als der bedeutendsten protestantischen Frömmigkeitsbewegung im 17. und 18. Jahrhundert Frauen eine wichtige Position einnahmen, hier vor allem Johanna Eleonore Petersen, deren Werke „von Anfang an durch einen biblisch-exegetisch ausgerichteten Schwerpunkt charakterisiert" (Albrecht 2005, 127) sind. Im Pietismus finden sich vielfältige Ehespekulationen, die von einer Ablehnung der Ehe als konträr zur *unio mystica* mit Christus (Johann Georg Gichtel 1638–1710) bis zu der Idee einer Nachempfindung der *unio mystica* innerhalb von Ehe und praktizierter Sexualität (Gottfried Arnold 1666–1714) reichen (Breul 2014, 248–256).

# 3 Das 19. Jahrhundert: Erste Berufsmöglichkeiten für Frauen

Im 19. Jahrhundert wird eine Naturalisierung geschlechtsspezifischer Eigenschaften und Aufgaben vorgenommen, die Frauen erneut auf Ehe, Familie und Mütterlichkeit reduzieren will. Im Protestantismus beginnt mit der Etablierung des Berufs der Diakonisse, die in eheloser Gemeinschaft mit anderen Schwestern in einem Mutterhaus lebt und unter anderem in Krankenhäusern, Gemeinden und Kleinkinderschulen arbeitet, seit 1836 eine akzeptierte Berufstätigkeit protestantischer Frauen, die jedoch an rigide Normen gebunden ist und in der die Schwestern kein Gehalt bekommen, sondern vom Mutterhaus in ihre Arbeitsstationen ausgesandt werden, für die die Diakonissenanstalt ein Gehalt aushandelt. Dafür werden die Schwestern in Krankheit und später im Ruhestand vom Mutterhaus versorgt. Faktisch wurde der Beruf der Diakonisse ein Aufstiegsberuf für Frauen aus unteren und bäuerlichen Schichten. Er eröffnete zumindest den Weg in eine akzeptierte und gesicherte Berufstätigkeit protestantischer Frauen, der eine Alternative zur Ehe bot.

1896 hielt die später zum Katholizismus konvertierende evangelische Frauenrechtlerin Elisabeth Gnauck-Kühne (1850–1917) einen Vortrag auf dem Evangelisch-Sozialen Kongress, in dem sie dafür plädierte, den bürgerlichen Frauen Berufstätigkeit zu ermöglichen und die wirtschaftliche Situation der Arbeiterinnen zu verbessern (Kaiser 1985, 36–39). Die konfessionelle Frauenbewegung – 1899 gründete sich der Deutsch-Evangelische Frauenbund – trat zunächst nur für ein kommunales bzw. kirchliches Wahlrecht der Frauen ein, forderte jedoch auch Berufsausbildung und Berufstätigkeit von Frauen, verbunden mit dem Argument, dass das einer „geistigen Mütterlichkeit" entspräche. Über diese Konstruktion gewann die faktische Gleichstellung im evangelischen Christentum an Boden und bereitete langfristig auch den Weg zur gleichberechtigten Teilhabe am Pfarramt vor.

## 4 Das 20. Jahrhundert: Der Weg zur Gleichstellung von Frauen in kirchlichen Ämtern

Im 20. Jahrhundert begannen Frauen evangelische Theologie zu studieren. Einzige Abschlussmöglichkeit war zunächst die Promotion. Die Möglichkeit, ein kirchliches Examen abzulegen und damit Zugang zum Pfarramt zu erhalten, gab es zunächst nicht. Seit 1927 war dann in der Kirche der Altpreußischen Union (APU) ein kirchlicher Abschluss für Frauen vorgesehen. Sie wurden – obwohl akademisch ausgebildete Theologinnen – als „Vikarinnen" eingesegnet, nicht ordiniert und konnten in einem Vertrags- oder Beamtenverhältnis eingestellt werden. Sowohl in der Dienstbezeichnung, in der Bezahlung als auch in der Einsetzung ins Amt geschah keine Gleichstellung mit den männlichen Pfarrerkollegen. Die Vikarinnen durften keine Sakramente verwalten. Zusätzlich galt für sie die Zölibatsklausel: Frauen, die heirateten, mussten den Beruf aufgeben. In anderen Landeskirchen wurden diese theologisch ausgebildeten Frauen als „Pfarramtshelferin" oder „Pfarramtsgehilfin" bezeichnet.

Im Zweiten Weltkrieg übernahmen viele Vikarinnen den vollen Dienst in Kirchengemeinden, wurden jedoch nicht ordiniert (Herbrecht 1997, 393–417). Auch nach dem Krieg wurden sie nicht zum Pfarramt zugelassen, sondern erhielten in den meisten Landeskirchen gegen Ende der 1940er Jahre den Titel „Pfarrvikarin". In den Kirchengesetzen der APU von 1952/53 wird von dem „Amt der Vikarin in einer besonderen Gestalt" gesprochen. Die Vikarin wird als Pfarrvikarin ordiniert und bekommt ihren Tätigkeitsbereich vorgeschrieben. Sie hat nur mit Antrag eine Stimme im Gemeindekirchenrat. Sie muss, wenn sie heiratet, das Amt verlassen. Von der Arbeit der Theologinnen wird weiterhin als „kirchlicher Dienst besonderer Art" oder als „geistliches Amt besonderer Art" gesprochen, d.h. in der Nachkriegszeit wurden den Theologinnen erneut Beschränkungen auferlegt. Die Theologinnen arbeiteten in Sonderpfarrstellen im Bereich der Landeskirchlichen Frauenarbeit, der Krankenhaus- und Gefängnisseelsorge, als Kreiskatechetinnen und Stadtvikarinnen – das reguläre Gemeindepfarramt blieb ihnen vorbehalten. Die faktische Gleichstellung wurde erstmals 1962 innerhalb der Kirche der APU auf dem Gebiet der DDR erreicht (Kuhlmann 2007, 150). Die Diskussionen um das volle Pfarramt hielten unterdes an. Am 1. Januar 1978 kam es schließlich zur rechtlichen Gleichstellung der Frau in allen Gliedkirchen der Evangelischen Kirche in Deutschland (EKD), bis auf die lutherische Landeskirche von Schaumburg-Lippe, die die Frauenordination erst 1991 einführte (Kuhlmann 2007, 150). Im Vergleich mit anderen christlichen Kirchen und Denominationen haben die deutschen evangelischen Landeskirchen eine progressive Haltung eingenommen, die weder gesamteuropäisch oder gar weltweit verwirklicht ist.

Innerhalb der seit den 1970er Jahren entstehenden feministischen Theologie[1] werden zunehmend die Frauen der *Bibel*, weibliche Gottesbilder und eine Theologie der Befreiung zu Leitbildern. An Evangelisch-Theologischen Fakultäten nehmen feministische Theologie und Genderforschung nach wie vor nur Randpositionen ein, haben aber in den letzten Jahrzehnten umfangreiche Grundlagenforschung geleistet.[2]

---

[1] Beispielsweise Dorothee Sölle (1929–2003); Elisabeth Moltmann-Wendel (1926–2016); Luise Schottroff (1934–2015).
[2] Siehe u.a. Fischer 2009–; Gause 2006; Gössmann 1984–2004.

## 5 Dekonstruktionen und Egalisierung durch Transzendenz

Das Christentum zeichnet sich seit seiner Entstehung durch geschlechtstranszendierende Impulse aus, auch wenn im normierenden Schrifttum die Geschlechterbinarität aufrechterhalten wird. Bereits die Taufe als Initiationsritus ist inklusiv (das sogenannte „Priestertum aller Gläubigen/aller Getauften"), genau wie das Abendmahl. Der biblische Bezug auf *Galater* 3, 28 („Da ist nicht Jude noch Grieche, weder Mann noch Frau, sondern ihr seid allzumal einer in Christus") dient innerhalb der Kirchengeschichte durchgängig als Orientierung für die Forderung nach Teilhabe von Frauen. Ein wichtiger Faktor der Egalisierung stellt zudem das Transzendenzverhältnis dar, bis zur Aufklärung bildet der mystische Gedanke einer *unio* mit Christus ein wichtiges Element der Frömmigkeit. Die Innigkeit der Beziehung drückt sich dabei häufiger in erotischen Bildern aus, wie beispielsweise im Bild des „himmlischen Liebeskusses", den die Seele Christus als ihrem Seelenbräutigam gibt. Die Epoche der Aufklärung markiert einen Bruch. Eine Naturalisierung der „Geschlechtscharaktere" wird von der konfessionellen Frauenbewegung insofern aufgegriffen als von der „geistigen Mütterlichkeit" die Rede ist. Religiös beziehen sich die Frauen des 19. Jahrhunderts weniger auf die Aufklärung als vielmehr auf die Erweckungsbewegung, die wiederum eine intensive Christusfrömmigkeit pflegte.

Insofern kann konstatiert werden, dass zwar theologischerseits der Protestantismus mit seiner Konzentration auf Predigt und Theologie jahrhundertlang Frauen von der Partizipation an Universität und Kirche ausschloss, auf der frömmigkeitlichen Ebene Frauen jedoch durchgängig präsent und aktiv waren. Die egalisierenden Tendenzen der Frömmigkeit waren weder ein Sonderphänomen ausschließlich bei Frauen noch durch die Aufklärung obsolet geworden, auch wenn eine offizielle patriarchalische Grundtendenz durchgängig vorhanden war.

## Literatur

Albrecht, Ruth. 2005. *Johanna Eleonora Petersen. Theologische Schriftstellerin des frühen Pietismus.* Arbeiten zur Geschichte des Pietismus 45. Göttingen: Vandenhoeck & Ruprecht.

Bauer, Benedikt. 2020. „,Du hast gebrannt, den Bräutigam zu umfassen.' Brautmystik und Wundenkult sowie deren Implikationen für die Männlichkeitskonstruktionen in der Herrnhuter Brüdergemeine." In *Opening Pandora's Box. Gender, Macht und Religion*, hg. v. Benedikt Bauer, Kristina Göthling-Zimpel und Anna-Katharina Höpflinger, 181–206. Göttingen: Vandenhoeck & Ruprecht.

Bauer, Benedikt und Gause, Ute. 2020. „Judith Butler und die (protestantische) Kirchengeschichte." In *Judith Butler und die Theologie. Herausforderung und Rezeption*, hg. v. Bernhard Grümme und Gunda Werner, 273–286. Bielefeld: transcript Verlag.
Breul, Wolfgang und Stefania Salvadori, Hg. 2014. *Geschlechtlichkeit und Ehe im Pietismus*. Edition Pietismustexte 5. Leipzig: Evangelische Verlagsanstalt.
Gause, Ute. 2006. *Kirchengeschichte und Genderforschung. Eine Einführung in protestantischer Perspektive*. Tübingen: Mohr Siebeck.
Gause, Ute. 2013. „Durchsetzung neuer Männlichkeit. Ehe und Reformation." In *Evangelische Theologie* 73, 326–338.
Gause, Ute. 2019. „Geschlechterkonstruktionen der Reformation – Wandel, Konstanz, Interdependenzen." In *Glaube und Geschlecht – Gender Reformation*, hg. v. Eva Labouvie, 75–86. Weimar u. a.: Böhlau.
Herbrecht, Dagmar, Härter, Ilse und Hannelore Erhart, Hg. 1997. *Der Streit um die Frauenordination in der Bekennenden Kirche. Quellentexte zu ihrer Geschichte im Zweiten Weltkrieg*. Neukirchen-Vluyn: Neukirchener.
Kaiser, Jochen-Christoph, Hg. 1985. *Frauen in der Kirche. Evangelische Frauenverbände im Spannungsfeld von Kirche und Gesellschaft 1850–1945. Quellen und Materialien*. Geschichtsdidaktik: Studien, Materialien 27. Düsseldorf: Schwann.
Kommer, Dorothee. 2013. *Reformatorische Flugschriften von Frauen. Flugschriftenautorinnen der frühen Reformationszeit und ihre Sicht von Geistlichkeit*. Arbeiten zur Kirchen- und Theologiegeschichte 40. Leipzig: Evangelische Verlagsanstalt.
Kuhlmann, Helga. 2007. „Protestantismus, Frauenbewegung und Frauenordination." In *Umbrüche. Der deutsche Protestantismus und die sozialen Bewegungen in den 1960er und 70er Jahren*, hg. von Siegfried Hermle, Claudia Lepp und Harry Oelke, 147–162. Göttingen: Vandenhoeck & Ruprecht.
Labouvie, Eva, Hg. 2019. *Glaube und Geschlecht – Gender Reformation*. Weimar u. a.: Böhlau.
Menius, Justus. 2012. *Ehe und Familie im Geist des Luthertums. Die Oeconomia Christiana des Justus Menius*, hg. v. Ute Gause und Stephanie Scholz. Historisch-theologische Genderforschung 6. Leipzig: Evangelische Verlagsanstalt.
Rademacher-Braick, Wilma. 2017. *Frei und selbstbewusst. Reformatorische Theologie in Texten von Frauen (1523–1558)*. St. Ingbert: Röhrig Universitätsverlag.
Schweiglin, Jeremias. 1580. *Ein trefflicher Schöner/Lere und Trostspiegel/Auß Gottes Wort (etc.) Für christliche schwangere, ge/berende Frawen*. Frankfurt/M.: Feyeraband.
Vogt, Peter. 2009. „,Ehereligion' – religiös konzeptionierte Sexualität bei Zinzendorf." In *Alter Adam und Neue Kreatur. Pietismus und Anthropologie*, hg. von Udo Sträter, 371–378. Tübingen: Max Niemeyer Verlag.

# Weiterführende Literatur

Fischer, Irmtraud, Mercedes Navarro Puerto, Adriana Valerio und Mary Ann Beavis, Hg. 2009–. *Die Bibel und die Frauen. Eine exegetisch-kulturgeschichtliche Enzyklopädie*. 15 Bde. Stuttgart: Kohlhammer.
Gause, Ute, Angela Berlis, Jochen-Christoph Kaiser und Gury Schneider-Ludorff, Hg. 2005–. *Historisch-theologische Genderforschung*. 8 Bde. Leipzig: Evangelische Verlagsanstalt.
Gössmann, Elisabeth, Hg. 1984–2004. *Archiv für philosophie- und theologiegeschichtliche Frauenforschung*. 8 Bde. München: iudicium.

Karle, Isolde. 2006. ‚*Da ist nicht mehr Mann noch Frau …*'. *Theologie jenseits der Geschlechterdifferenz*. Gütersloh: Gütersloher Verlagshaus.
Mager, Inge, Hg. 2005. *Frauen-Profile des Luthertums. Lebensgeschichten im 20. Jahrhundert.* Gütersloh: Gütersloher Verlagshaus.

Eva Synek
# II.14 Christentum: orthodox

## 1 Innerorthodoxe Diversität

Aus orthodoxer Sicht hat „die menschliche Natur zwei Existenzweisen, die männliche und die weibliche. […] Mann und Frau haben gemäß der einen menschlichen Natur die gleiche Möglichkeit, auf dem durch Christus eröffneten Weg zu gehen." (Maksimov 2013, 83 f.). Gender wird von religiös gebundenen Wissenschaftler*innen durchaus als hilfreiche analytische Kategorie benutzt und hat als solche in die orthodoxe theologische Reflexion Eingang gefunden. Zugleich gibt es aber auch eine Tendenz zur Homophobie in Verbindung mit der Dämonisierung aller Gendertheorien. Diese geht häufig Hand in Hand mit der Beschwörung eines hierarchischen Gesellschafts- und Familienmodells mit geschlechtsspezifischer Rollenverteilung, das mittels biblischer Quellen wie dem *Brief an die Epheser* oder dem *Ersten Petrusbrief* legitimiert wird. So heißt es etwa in einem Einführungswerk zur theologischen Anthropologie (Lorgus und Maksimov 2013, 236): „dem Mann obliegen die geistliche Leitung, die Entwicklung, Sicherung und Versorgung aller Familienmitglieder. Der Frau obliegen die Ordnung der Beziehungen, die Sorge, Liebe und Achtsamkeit sowie die emotionale und geistliche Unterstützung des Mannes und der Kinder".

Dass die Realität solche Klischees oft Lügen straft, wissen natürlich auch seine hartnäckigsten Verfechter: Während sie oft in einem Atemzug den „Zerfall der patriarchalen Familienstruktur" (Lorgus und Maksimov 2013, 236), Emanzipation, Feminismus, Gendertheorien und das Infragestellen normativer Heterosexualität beklagen, versuchen andere orthodoxe Theolog*innen den Anschluss an die Moderne zu gewinnen, unterschiedliche Lebensformen wie egalitäre(re) Familienstrukturen zu bejahen und geschlechtsspezifische Stereotypen zu hinterfragen. Damit bietet die zeitgenössische Orthodoxie nicht nur bezüglich des pastoralen Umgangs mit LGBTQIA[+]-Personen ein Bild hoher Diversität. Neben dem Festhalten an traditionalistischen Frauen- und Männerbildern gehören Egalisierungstendenzen heute genauso zur orthodoxen Realität wie feministische Transformationen (Karras 2006, 527). Das 2020 veröffentlichte Sozialdokument des Ökumenischen Patriarchats zeigt, dass die gegen Ende des 20. Jahrhunderts noch eher zaghaft artikulierten Anliegen einer Minderheit kritischer Frauen (Liveris 2005) und LGBTQIA[+]-Personen (Cherniak, Gerassimenko und Brinkschöder 2016) inzwischen auch einen gewissen Einfluss auf den lehramtlichen Diskurs gewonnen haben:

> All the paths of adulthood [gemeint sind: Ehe von Mann und Frau, monastisches Leben, ein Leben als Single] are open equally to every individual, and in each the Orthodox Church affirms the full equality and dignity of each human person created in the image and likeness of God. While the Church acknowledges that men and women have different life experiences, and incarnate human nature in distinct fashions, it must reject any suggestion that one surpasses the other in spiritual dignity. As St. Basil noted of men and women: 'The natures are alike of equal honor, the virtues are equal, the struggle equal, the judgment alike.' And as St. Gregory the Theologian affirmed: 'The same Creator for man and woman, for both of them the same clay, the same image, the same law, the same death, and the same resurrection.' That said, the inequality of men and women in almost every sphere of life is one of the tragic realities of our fallen world.[1]

Gleichgeschlechtliche Sexualbeziehungen (als Lebensform für Christ*innen) werden zwar auch in diesem Dokument nicht vorgesehen, anders als seitens der Russischen Orthodoxen Kirche wird aber explizit jegliche Diskriminierung abgelehnt. Weiters sieht das Sozialdokument des Ökumenischen Patriarchats für orthodoxe Christ*innen explizit drei mögliche Lebensformen vor – gegenüber dem bisherigen Mainstream auch jene von Singles.

Historisch als vorherrschendes Rollenmodell durchgesetzt hat sich im orthodoxen Christentum jenes von Eheleuten und Eltern. Im *Handwörterbuch Theologische Anthropologie* (Lorgus und Maksimov 2013, 235f.) postulieren russische Theologen beachtlicher Weise sogar, die Orthodoxie sehe „im Eheleben die einzige Möglichkeit der vollen Realisierung der dem Menschen von Gott gegebenen unterschiedlichen Gaben von Mann und Frau". In der Spätantike mussten Ehe und sexuelle Beziehungen von der Großkirche dagegen noch gegen die im Osten stark ausgeprägten enkratitischen Tendenzen als für Christ*innen überhaupt zulässige Optionen verteidigt werden. Höchste Wertschätzung erfuhr lebenslange Jungfräulichkeit.

## 2 Gleichheit und Differenz der Geschlechter

Hagiographische Rollenmodelle für Eheleute sind rar. Dafür bietet der orthodoxe Heiligenkalender durchaus Frauen und Männer als Vorbildgestalten an, die um eines asketischen Lebens willen ihre Kinder und/oder den Ehepartner/die Ehepartnerin verlassen haben. Es fehlt hier auch nicht an Transvestitinnen[2], Eunuchen

---

[1] *For the Life of the World*, § 29.
[2] „Nuns disguised as monks" wie zum Beispiel Maria/Marinos, englische Übersetzung der Vita in Talbot 1996, 7–12, oder Matrona v. Perge, englische Übersetzung der Vita in Talbot 1996, 18–64; Patlagean 1976.

(Wado 2006) und heiligen Närrinnen und Narren, wie Xenia von Petersburg, die durch ihr völlig unangepasstes Verhalten die zeitgenössische Gesellschaft provozierten.

Wenn zeitgenössische orthodoxe Theologie überkommene Stereotypen aufzubrechen versucht, kann auf solche Traditionen rekurriert werden. Aber auch jene Kirchenväter, die bereits in der Spätantike die eschatologische Bedeutung von Sex und Gender in Frage gestellt haben, bieten Anknüpfungspunkte.[3] Allerdings werden entsprechende anthropologische Entwürfe auch kritisch hinterfragt, insofern eine (Über)betonung der eschatologischen Ebene leicht auf Kosten der irdischen, durch körperliche Diversität geprägten Existenzweise gehen kann (McDowell 2017, 257 f.).

In der Praxis folgen weder aus der Betonung der „fundamentale[n] Gleichheit der Würde der Geschlechter" (so nicht zuletzt die im Vergleich mit dem Sozialdokument des Ökumenischen Patriarchats wesentlich konservativere Sozialkonzeption der Russischen Orthodoxen Kirche von 2000) wie der rezenten Erweiterung kirchlicher Wirkungsfelder für Frauen notwendiger Weise gleiche Rechte. Solche werden inzwischen in der Regel zwar dort gewährleistet, wo die Kirchenverfassungen die Mitwirkung von Laien in der Kirchenverwaltung und/oder Wahlrechte vorsehen.

Von weit höherer Praxisrelevanz sind für die meisten Frauen aber das in liturgischen Texten und Kirchenrecht verankerte starke Bluttabu, das menstruierenden Frauen und Wöchnerinnen den Zugang zu den *Sacra* untersagt (Synek 2006), die traditionelle Raumaufteilung der Kirche (Frauen/Männerseite, Restriktionen für Frauen, was den Zutritt zum Altarraum betrifft) sowie Dresscodes im Kontext des Kirchenbesuchs (Kizenko 2013, 607). Kritische Frauen haben schon länger die grundsätzliche theologische Problematik traditioneller Unreinheitsvorstellungen und mit diesen in Verbindung stehender Gebetsformulare und lokal variierender Praktiken aufgezeigt. Die Sozialenzyklika des Ökumenischen Patriarchats hat diese Anliegen prinzipiell positiv aufgenommen. Die Hierarchie der Kirchen Mittel-Osteuropas waren dagegen bislang meist nur zu partiellen Adaptionen der alten Normen bereit (zum Beispiel Erlaubnis zum Betreten der Kirche für Frauen, die ihre Regel haben, aber weiterhin Ausschluss vom Eucharistieempfang in der Serbischen Orthodoxen Kirche).

---

[3] Vgl. beispielsweise Athanasopoulou-Kypriou 2017, 221–229.

## 3 Ämter für Frauen und sonstige Möglichkeiten eines aktiven kirchlichen Engagements

Asketisch lebende Frauen konnten in der Vergangenheit eher eine aktive kirchliche Rolle spielen als verheiratete Frauen. Sie hatten und haben (insbesondere als Vorsteherinnen von Klöstern) Leitungsfunktionen inne, übernahmen bereits in byzantinischer Zeit im Gottesdienst im normalen Pfarrkontext Männern vorbehaltene liturgische Funktionen, tradier/t/en und vermittel/t/en religiöses Wissen und waren und sind gegebenenfalls einflussreiche Seelsorgerinnen (was sich nicht notwendiger Weise auf die Insassen eines Klosters und auch nicht unbedingt auf Angehörige des eigenen Geschlechts beschränkt/e). Da geistliche Reife nicht als Frage des Geschlechts gilt, konnte und kann der geistliche Vater durchaus auch eine Mutter sein.

Zum Teil verstehen sich heutige Nonnen als Erbinnen der Diakoninnen. Wenn seit dem 19. Jahrhundert die Wiederbelebung des Diakonats für Frauen diskutiert und in Einzelfällen damit auch bereits experimentiert wurde und wird (Synek 2019), geht es unter anderem um die Frage der Zugangsbedingungen. In byzantinischer Zeit waren diese geschlechtsspezifisch normiert. Für Frauen wurden nicht nur höhere Altersgrenzen als für Männer, sondern auch zölibatäres Leben eingefordert. Dagegen war und ist der männliche Pfarrklerus regelmäßig verheiratet, die Weihe bildet zwar ein Ehehindernis, die Ehe aber (mit Ausnahme der Bischofsweihe) grundsätzlich kein Weihehindernis. Kizenko (2013, 600) beschreibt „clerical life" treffend als „a family business, that they [weibliche Familienmitglieder] cannot fully enter." Faktisch spielte und spielt vor allem die Priesterfrau (*pappadia, presbytera, matushka*), gegebenenfalls aber auch die Töchter von Priestern (zum Beispiel als Chorleiterin) im Gemeindekontext – ähnlich wie die evangelische Pfarrfrau – zumeist eine wichtige Rolle, erhält dafür aber keinen besonderen kirchlichen Segen.

Letzteres ist in der Regel auch dort der Fall, wo Frauen als Lektorinnen oder Psalmistinnen zum Einsatz kommen, was in der Russischen Orthodoxen Kirche bereits ein am Landeskonzil von 1917 verhandeltes Anliegen war (Prokschi 2000). Während der kommunistischen Repression, als das kirchliche Leben vor allem von älteren Frauen getragen wurde, fand eine entsprechende Praxis zum Teil auch Eingang in die orthodoxen Balkankirchen. Heute umfasst die Möglichkeit aktiver kirchlicher Partizipation für Laienfrauen neben dem bereits im 19. Jahrhundert in Russland starken und heute auch insbesondere in Weißrussland, Rumänien, Griechenland und Albanien wichtigen sozial-karitativen Sektor immer öfter weitere Bereiche außerhalb des liturgischen Kontexts, so zum Beispiel kirchliche Medienarbeit, die Erteilung schulischen Religionsunterrichts, die Mitarbeit in der kirchlichen Verwaltung und gelegentlich auch die Theologenausbildung.

Die Diskussion um den Ausschluss von Frauen vom Priesteramt wird meistens immer noch als ein aus der christlichen Ökumene importiertes, nicht genuin orthodoxes Problem abgeblockt. Kritische Theolog*innen üben daran scharfe Kritik (Karras 2017, 85–97), ohne deswegen notwendigerweise auch für die Weihe von Frauen zu optieren. Jedenfalls wird in der orthodoxen Tradition nicht die ontologische Weiheunfähigkeit von Frauen postuliert. Der weibliche Diakonat, dessen Erneuerung das Ökumenische Patriarchat und das Patriarchat von Alexandrien ausdrücklich bejahen, hat eine alte Tradition.

## 4 Marienbild, Marienverehrung und Gottesbilder

Die starke Rückbindung orthodoxer Theologie und Liturgie an die Patristik wirkt sich nicht zuletzt bei der Verehrung von Maria, der Mutter Jesu, die insgesamt ihre Wurzeln im christlichen Osten hat, aus. Stärker als in der katholischen Tradition blieb die Theotokos (Muttergottes) ein Modell für die gesamte Menschheit, nicht nur für Frauen. Das verhindert aber nicht, dass sie für viele Frauen doch eine besondere Bedeutung hat, wenn es um ihr Alltagsleben geht, vor allem in Bezug auf Familie und Mutterschaft. Auch wenn das Ideal der jungfräulichen Mutter nicht als Rollenmodell für ‚normale' Frauen taugt, identifizieren sich doch viele mit ihr als Frau, Mutter, Schwester. Sie erwarten von ihr Verständnis für ihre Anliegen und scheinen sich mit diesen leichter an sie zu wenden als unmittelbar an Gott/Christus. „She thus functions both as a mirror of human identification and a source of divine protection" (Vuola 2019, 137). Bereits der bis heute beliebte Akathistos-Hymnus aus dem 7. Jahrhundert (Peltomaa 2001) betont die Rolle der Panhagia („Allheilige") als mächtige Beschützerin. Sie muss allerdings auch wie bereits in der Spätantike als Kronzeugin für den Ausschluss von Frauen vom Priesteramt herhalten.[4]

Im Rückgriff auf die griechische Patristik (so beispielsweise Clemens von Alexandrien, Johannes Chrysostomus, Synesios von Kyrene), aber auch jüngere genuin orthodoxe Autor*innen,[5] haben einzelne[6] schließlich begonnen, aufzuzeigen, dass die heute vielen hochgradig suspekte Verwendung weiblicher Gottesbilder

---

4 So etwa im Abschlussdokument der interorthodoxen Theologenkonferenz von Rhodos 1988, Abschnitt IV: Limouris 1992, 25.
5 Beispielsweise Gregor Palamas oder im 19. Jahrhundert Johannes von Kronstadt und die mit diesem in einem engen Kontakt stehende russische Äbtissin Taisija von Leushino/Marija Solopova.
6 Vgl. beispielsweise Clapsis 2017, 67–83.

in Hinblick auf die orthodoxe Tradition genauso wenig wie der Genderbegriff zum Popanz stilisiert werden muss.

Auch in der Vergangenheit wurde bereits von Gott unter Zuhilfenahme weiblicher Bilder gesprochen, „to understand God in light of some of the characteristics associated with mothering and simultaneously to affirm that God, in some significant and essential manner, is *not* a mother. The image of God as Mother may be seen as a partial, but perhaps illuminating way of speaking of certain aspects of God's relationship to the world" (Clapsis 1992, 110–111).

# Literatur

Athanasopoulou-Kypriou, Spyridoula. 2017. „Women's Ordination and the Eschatological Body. Towards an Orthodox Anthropology beyond Sexual Difference." In *Deaconesses, the Ordination of Women and Orthodox Theology,* hg. v. Petros Vassiliadis, Niki Papageorgiou und Eleni Kasselouri-Hatzivassiliadi, 221–229. Cambridge: Cambridge Scholars Publishing.

Cherniak, Misha, Olga Gerassimenko und Michael Brinkschröder, Hg. 2017. *„For I Am Wonderfully Made." Texts on Eastern Orthodoxy and LGBT Inclusion.* o. O.: Esuberanza Publishing.

Clapsis, Emmanuel. 2017. „Naming God in Orthodox Tradition. *Neither Male nor Female."* In *Deaconesses, the Ordination of Women and Orthodox Theology,* hg. v. Petros Vassiliadis, Niki Papageorgiou und Eleni Kasselouri-Hatzivassiliadi, 67–83. Cambridge: Cambridge Scholars Publishing.

Clapsis, Emmanuel. 1992. „Naming God: An Orthodox View." In *The Ecumenical Review* 44, 100–112.

*For the Life of the World. Toward a Social Ethos of the Orthodox Church. Sozialdokument des Ökumenischen Patriarchats.* 2020. https://www.goarch.org/social-ethos?p_p_id=56_INSTANCE_km0Xa4sy69OV&p_p_lifecycle=0&p_p_state=normal&p_p_mode=view&p_p_col_id=column-1&p_p_col_count=1&_56_INSTANCE_km0Xa4sy69OV_languageId=en_US [09. 04. 2021].

Karras, Valerie. 2006. „An Orthodox Perspective on Feminist Theology." In *Encyclopedia of Women and Religion in North America* 2, hg. v. Rosemary Skinner Keller und Rosemary Radford Ruether, 523–530. Bloomington; Indianapolis/IN: Indiana University Press.

Karras, Valerie 2017. „Theological Presuppositions and Logical Fallacies in Much of the Contemporary Discussion on the Ordination of Women." In *Deaconesses, the Ordination of Women and Orthodox Theology,* hg. v. Petros Vassiliadis, Niki Papageorgiou und Eleni Kasselouri-Hatzivassiliadi, 85–97. Cambridge: Cambridge Scholars Publishing.

Kizenko, Nadieszda. 2013. „Feminized Patriarchy? Orthodoxy and Gender in Post-Soviet Russia." In *Journal of Women in Culture and Society* 38, 595–621.

Limouris, Gennadios, Hg. 1992. *The Place of the Woman in the Orthodox Church and the Question of the Ordination of Women.* Interorthodox Symposium Rhodos, Greece. Katerini: Tertios.

Liveris, Leonie B. 2005. *Ancient Taboos and Gender Prejudice. Challenges for Orthodox Women and the Church.* Ashgate New Critical Thinking in Religion, Theology and Biblical Studies. Aldershot/Hants; Burlington/VT: Ashgate.

Lorgus, Andrej und Georgij Maksimov. 2013. „Familie (orthodox)." In *Handwörterbuch Theologische Anthropologie. Römisch-katholisch – Russisch-orthodox. Eine Gegenüberstellung,* hg. v. Bertram Stubenrauch und Andrej Lorgus, 233–239. Freiburg u. a.: Herder.

Maksimov, Georgij. 2013. „Mann / Frau (orthodox)." In *Handwörterbuch Theologische Anthropologie. Römisch-katholisch – Russisch-orthodox. Eine Gegenüberstellung*, hg. v. Bertram Stubenrauch und Andrej Lorgus, 83–92. Freiburg u. a.: Herder.

McDowell, Maria Gwyn. 2017. „Unique Bodies, Unique Gifts. Towards a Liturgy That Deifies." In *Deaconesses, the Ordination of Women and Orthodox Theology*, hg. v. Petros Vassiliadis, Niki Papageorgiou und Eleni Kasselouri-Hatzivassiliadi, 255–273. Cambridge: Cambridge Scholars Publishing.

Patlagean, Evelyn. 1976. „L'histoire de la femme deguisée en moine et l'évolution de la sainteté feminine à Byzance." In *Studi Medievali* 3, 597–623.

Peltomaa, Leena Mari. 2001. *The Image of the Virgin Mary in the Akathistos Hymn*. The Medieval Mediterranean 35. Leiden: Brill.

Prokschi, Rudolf. 2000. „Die Rolle der Frau in der Kirche – Ein intensiv diskutiertes Thema auf dem Landeskonzil der Russischen Orthodoxen Kirche von 1917/18." In *Ostkirchliche Studien* 49, 105–144.

Synek, Eva. 2006. „Wer aber nicht völlig rein ist an Seele und Leib..." *Reinheitstabus im Orthodoxen Kirchenrecht*. Kanon Sonderheft 1. Egling: Kovar.

Synek, Eva. 2019. „Diakoninnen? Historische Anknüpfungspunkte und kanonische Grundlagen in der orthodoxen Tradition." In *Österreichisches Archiv für Recht & Religion*, 133–152.

Talbot, Alice-Mary, Hg. 1996. *Holy Women of Byzantium. Ten Saints' Lives in English Translation*. Washington/D.C.: Dumbarton Oaks.

Thesing, Josef und Rudolf Uertz, Hg. 2001. *Die Grundlagen der Sozialdoktrin der Russisch-Orthodoxen Kirche. Deutsche Übersetzung mit Einführung und Kommentar*. Sankt Augustin: Konrad-Adenauer-Stiftung.

Vuola, Elina. 2019. *The Virgin Mary Across Cultures. Devotion among Costa Rican Catholic and Finnish Orthodox Women*. London; New York: Routledge.

Wado, Hiroshi. 2006. „'Eunuchen um des himmlischen Königsreichs willen' in Byzanz." In *Orient* 41, 5–19.

## Weiterführende Literatur:

Kupari, Helena und Elina Vuola, Hg. 2020. *Orthodox Christianity and Gender. Dynamics of Tradition, Culture and Lived Practice*. London; New York: Routledge.

Synek, Eva, Hg. 2005. *Frauenrollen und Frauenrechte in der europäischen Orthodoxie*. Kanon 17. Egling: Kovar.

Thomas, Gabrielle und Elena Narinskaya, Hg. 2020. *Women and Ordination in the Orthodox Church. Explorations in Theology and Practice*. Eugene/OR: Wipf and Stock Publishers.

Doris Decker und Yasmin Amin
# II.15 Islam

Geschichtsschreibung ist ein umstrittenes und umkämpftes Terrain, und es heißt nicht ohne Grund, dass die Deutungsmacht über die Vergangenheit die Kontrolle über die Gegenwart garantiert. Seit ihren Anfängen wurde Geschichtsschreibung funktionalisiert und zur Legitimation und Rechtfertigung genutzt. So greift so gut wie jede Ideologie auf historische Argumente zurück, um ihre Position zu stützen. Auch die Religionsgeschichte des Islam ist umkämpft, wird sie doch seit ihren Anfängen zur Etablierung und Festigung politischer, rechtlicher und gesellschaftlicher Ordnungen herangezogen. Die Nutzung der Vergangenheit als Referenz beispielsweise des klassischen Rechts ist ein Phänomen in allen muslimischen Staaten etwa hinsichtlich des Familienrechts. Konzeptionen von Geschlecht und Geschlechterbeziehungen sind dabei normativ für die islamische Gesetzgebung in Bereichen wie Heirat, Scheidung und Erbschaft.

Mittlerweile widmen sich zahlreiche akademische Disziplinen der Religionsgeschichte des Islam mit Blick auf Geschlecht, und das Studium der Frau im Islam hat sich in den letzten Jahrzehnten stark ausgeweitet. Nachdem in der ersten Hälfte des 20. Jahrhunderts mit dem androzentrischen Blick auf die Geschichte des Islam gebrochen wurde, wurde bis in die 1980er Jahre vorrangig nach der Frau in der islamischen Geschichte, der Frauenbewegung in der arabisch-islamischen Welt und der Stellung und Rolle der Frau im Islam gefragt. Seit den 1990er Jahren werden neben Arbeiten zur Frau im Islam Themenfelder wie Sexualität, Familie, Recht, Heirat und Scheidung fokussiert. In diesem Kontext bietet eine Begutachtung normativer islamischer Vorschriften über Geschlechterrollen oft den Rahmen für eine Verortung spezifischer Praktiken in verschiedenen Regionen und Gesellschaften und unterschiedlichen historischen Epochen. Gleichzeitig hat sich die akademische Aufmerksamkeit verstärkt darauf konzentriert, was über muslimische Frauen überhaupt gewusst und in Erfahrung gebracht werden kann. Eine neue Komplexität auf dem Gebiet wurde beispielsweise im Fall historischer Studien durch eine Analyse von Gerichtsakten erreicht (El-Azhary Sonbol 2004; Shaham 2010). Den größten Raum nehmen epochenspezifische Studien ein, in denen es um Frauen am Herrscherhof und ihren Zugang zu Macht, um religiöses Wissen und Bildung (siehe Abb. 12), Sklaverei, das religiöse Stiftungswesen und religiöse Praktiken geht (Abbott 1946; Mernissi 1993; Haeri 2020). Diese Studien haben gezeigt, dass generalisierende Aussagen über das Leben von Frauen bzw. Geschlechtersysteme – gleich welcher Epoche – kaum getroffen werden können. Im Verlauf der Kolonialzeit wurde die Präsentation muslimischer Frauen als eingesperrt und unterdrückt benutzt, um imperialistische Bestrebungen nach Veränderung und Kontrolle muslimischer

Kulturen zu unterstützen. Das Fortbestehen solcher Einstellungen und Begründungen haben später eine Reihe von Studien kritisiert (Kandiyoti 1991; Ahmed 1992; Robinson-Dunn 2006). Darüber hinaus spiegeln bestimmte Arbeiten zu Frauen und Geschlecht im Islam apologetische oder reformistische Tendenzen innerhalb des zeitgenössischen islamischen Denkens oder analysieren solche Tendenzen aus einer akademischen Perspektive. Während Konzeptionen des männlichen Geschlechts und von Männlichkeit, Queer-Theorien und andere Dimensionen von Geschlechterrollen, wie sie im islamischen Denken und in islamischen Gesellschaften dargestellt und umgesetzt werden, von der Forschung noch wenig bearbeitet wurden, hat die Bedeutung intersektionaler Ansätze zugenommen, da Studien verdeutlicht haben, dass Geschlecht mit anderen Kategorien wie Status, Religion, Verwandtschaft usw. zusammenläuft.

Die Quellenlage zur Religionsgeschichte des Islam ist problematisch, da das Material eine lange und komplexe Entstehungsgeschichte aufweist und sich eine zeitliche Kluft zwischen dem Beginn des Islam im frühen 7. Jahrhundert und den ersten Texten darüber auftut – die ältesten Texte werden auf Gelehrte des 8. und 9. Jahrhunderts zurückgeführt. Aktuell wird nicht mehr davon ausgegangen, dass die Quellen unbedingt historische Fakten liefern und es hat sich ein vorsichtiger Umgang mit ihnen durchgesetzt, indem auf den Subtext geachtet wird, der mehr über den soziokulturellen und historischen Kontext der jeweiligen Zeit aussagt, in der der Text verfasst wurde, als über die Zeit, von der er behauptet zu berichten. Neben einem ganzes Bündel an Textgattungen[1] wie biographische Lexika, Historiographien, Rechtsabhandlungen usw., die zur Geschichtsrekonstruktion zur Verfügung stehen, werden der *Koran* und die *Ḥadīṯ*-Sammlungen[2] als ‚islamische Kerntexte' betrachtet. Da viele der Berichte im Zusammenhang mit dem Leben des Propheten und seinen Nachkommen hagiographisch überformt und legendenhaft sind, gilt es, aufmerksam zu registrieren, was die Quellen unter Berücksichtigung ihres komplexen Entstehungsprozesses und soziokulturellen Umfeldes mitteilen.

Es folgt nun ein Einblick in sechs thematische Aspekte, die um islamische Geschlechterkonzeptionen und -ordnungen kursieren.

---

[1] Die Religionsgeschichte des Islam lässt sich auch über visuelle und materielle Kultur rekonstruieren, worauf im beschränkten Rahmen des Beitrags nicht eingegangen werden kann.
[2] Mit *Ḥadīṯ* werden Berichte über die Aussagen und Handlungen des islamischen Propheten Muḥammad bezeichnet.

## 1 Frauen im Frühislam

Gemäß den Quellen des 8. und 9. Jahrhunderts haben Frauen im Entstehungs- und Vermittlungsprozess des Islam im frühen 7. Jahrhundert gewichtige Rollen gespielt. Besonders im Bereich des religiösen Wissens werden sie als aktiv agierende Subjekte dargestellt und es werden unzählige Frauen genannt, die das, was der Prophet verkündete, rezipierten und vermittelten. Die geschilderten Interaktionen sind vielfältig: Frauen befragten den Propheten zu unterschiedlichen Themen, beteiligten sich an theologischen Debatten und eigneten sich einen umfangreichen Wissensbestand an, den sie kritisch hinterfragten. Frauen nahmen an den Predigten und Gebeten des Propheten teil und gaben das Gehörte wieder. Insbesondere die Offenbarung war Gegenstand intellektueller Reflexion und Deutung. Frauen lernten *Koran*-Verse auswendig, rezitierten sie und verwiesen auf sie, um ihre Ansichten zu konsolidieren. Daneben wird ihnen auch ein breites Handlungsspektrum im gesellschaftspolitischen und ökonomischen Lebensbereich zugestanden, was sie als autonom und emanzipiert denkende und handelnde Personen erscheinen lässt.

Aus der Tatsache, dass sich solche Bilder erhalten haben, kann gefolgert werden, dass es für die Überlieferer bis zum 9. Jahrhundert unproblematisch war, dass Frauen religiös gebildet waren, Lehrtätigkeiten übernahmen, Berufe wie Juristin oder Marktinspektorin ausübten und emanzipiert agierten. Denn Frauen, die ökonomisch unabhängig, selbstbestimmt in der Partnerwahl und politische Beraterinnen waren oder sich für ihre Belange einsetzten, wurden nicht abqualifiziert. Die Texte des 8. und 9. Jahrhunderts präsentieren damit durchaus ein Gedankengut, das feministische Aspekte birgt, die für gewöhnlich ins 20. Jahrhundert verortet werden. Allerdings sind die Frauenbilder heterogen und neben gebildeten und emanzipierten Frauen werden Frauen auch – wenn auch in der Unterzahl – als zurückhaltend und kontrolliert beschrieben oder ihnen werden Restriktionen auferlegt (Decker 2013a; Sayeed 2013).

Beispielsweise wird über die Prophetenfrau ʿĀʾiša berichtet, dass sie ihren Mann, den islamischen Propheten Muḥammad, zum *ǧihād*[3] fragte: „O Gesandter Gottes, sollen wir Frauen nicht mit euch Männern in die kriegerischen Überfälle ziehen und die Ungläubigen bekriegen?" Er antwortete: „Für euch Frauen ist der

---

3 Während der Prophet in Medina war, griff er, um sich und seine Gemeinschaft gegen äußere Widerstände zu schützen, zu Waffengewalt, deren Verdienst im *Koran* erwähnt wird. Derjenige, der am *ǧihād* teilnahm – damals verstanden als kriegerische, territoriale Ausbreitung –, konnte innerhalb der muslimischen Gemeinschaft einen höheren Rang beanspruchen. Ursprünglich bedeutet *ǧihād* „Anstrengung".

**Abb. 12:** Lebhaft gestikulierend disputieren eine Frau und ein Šayḫ („spiritueller Sufi-Meister") miteinander. Persische Miniatur. Iran, um 1700. © GRASSI Museum für Angewandte Kunst, Leipzig, Inv. Nr. B.1911.10 c. (Foto: Esther Hoyer).

beste und schönste ǧihād die Wallfahrt, die pflichtmäßige Wallfahrt."[4] ʿĀʾiša fügte in ihrer Erzählung hinzu, dass sie nach dieser Aussage von Muḥammad keine Wallfahrt mehr ausgelassen habe. Es verwundert, dass der Prophet Frauen die Wallfahrt zu einem Ersatz für den kriegerischen ǧihād erklärte, waren doch laut zahlreicher Berichte Frauen aktiv an den Schlachten des Propheten beteiligt, ob im Kampf oder in der Versorgung der Verwundeten (Kruk 2014). Ein Blick auf die innerislamischen Auseinandersetzungen nach dem Tod des Propheten kann diesen scheinbaren Widerspruch klären, denn die Texte reflektieren vielmehr Konflikte frühislamischer Gruppierungen und belegen, welches theologische Konzept, das die religiöse Praxis von Frauen normiert, im Lauf der Zeit durchgesetzt wurde. Legitimiert wurde das theologische Konzept, indem es in das frühe 7. Jahrhundert zurückprojiziert wurde. Sich widersprechende Verhaltenskonventionen bezeugen dabei einen Prozess der Modifikation von gesellschaftlich akzeptablen Normen und Konventionen. Die Prophetenfrau ʿĀʾiša jedenfalls erfüllte diese theologische Norm bereits vorbildlich, da sie laut ihrer Angaben nicht mehr von der Wallfahrt abgelassen habe. Damit fungiert sie – wie so oft – als vorbildhafte Muslimin.

Anhand eines Vergleichs der Darstellungen von Frauen in den Quellen des 8. Jahrhunderts mit denen des 9. Jahrhunderts wird ein ganz bestimmter Wandel in den weiblichen Geschlechterkonzeptionen ersichtlich, der in besonderer Weise durch religiöse Veränderungs- und Identitätsbildungsprozesse bedingt wurde. Dabei zeigt sich die Wechselwirkung zwischen Religion und Geschlecht darin, dass Frauendarstellungen weniger davon geprägt sind, dass es sich um Frauen handelt, als davon, wie es um ihre religiöse Orientierung bestellt ist.[5] In den älteren Quellen aus dem 8. Jahrhundert werden Frauen des altarabischen Kults sowie Gegnerinnen Muḥammads benannt und Unterschiede zwischen ihnen und den Musliminnen hervorgehoben. In jüngeren Quellen aus dem 9. Jahrhundert wird nicht mehr oder kaum an Gegnerinnen und religiöse Spezialistinnen des altarabischen Kults (wie Wahrsagerinnen) erinnert und im Gegenzug die Musliminnen und ihre Taten für den Islam gepriesen und idealisiert sowie die Erinnerungen an sie erweitert. Veranschaulicht wird dies in zahlreichen Aussagen von Frauen, überzeugt von dem zu sein, was Muḥammad predigte, oder in ihren Handlungen, sich ihm anzuschließen, auch wenn sie dafür Entbehrungen, Anfeindungen oder den Tod in Kauf nehmen mussten. Wenn Denk- oder Handlungsaktivitäten von Frauen beschränkt oder un-

---

4 Vgl. al-Buḫārī (A). Ṣaḥīḥ 28, 26, hg. v. Krehl 1862, 1, 465, übers. v. Decker. Für eine englische Übersetzung der Quellenstelle siehe al-Buḫārī (B). Ṣaḥīḥ 28, 26, übers. v. Khan 1997, 3, 65.
5 Diese These kann auch in anderen Zusammenhängen bestätigt werden: Im Kontext frühislamischer Theologie zeigt sich, dass der Fokus der Tradenten bei der Gestaltung der Überlieferung auf den religiösen Positionen der Akteure und Akteurinnen und nicht auf den Geschlechterkonzeptionen lag (Decker 2019).

terbunden wurden, dann nicht aufgrund ihres Geschlechts, sondern aufgrund ihrer Zugehörigkeit zum altarabischen Kult und ihrer diesbezüglichen Rollen als religiöse Funktionsträgerinnen (Decker 2021). Solche literarisch konstruierten Geschlechterrollen stehen im Dienst der Abgrenzung zwischen vorislamischen Normen- und Wertesystemen und der Herausbildung wie Festigung einer islamischen Identität (Decker 2013b; El Cheikh 2015).

In Quellen ab dem 10. Jahrhundert kommt es zu immer stärkeren Brüchen in den Darstellungen der frühislamischen Zeit und ihrer Persönlichkeiten. Bei einer diachronen Untersuchung von zeitlich unterschiedlichen Texten zu gleichen Ereignissen kristallisieren sich differierende Narrative heraus wie in Überlieferungen über Umm Waraqa, eine der ersten Musliminnen, die Besitzerin eines Anwesens mit eigenem Gebetsrufer war und den *Koran* auswendig konnte. Ibn Saʿd berichtet, dass Muḥammad ihr befohlen habe, ihre Hausgemeinschaft im Gebet anzuführen, was sie dann regelmäßig getan habe.[6] Verschiedene Indizien weisen darauf hin, dass es sich bei der Gruppe, die Umm Waraqa im Gebet anführte, um eine gemischtgeschlechtliche Gruppe gehandelt hat. Betrachtet man Berichte späterer Zeiten zu ihr, zeigt sich, dass die Texte verändert wurden. Einzelne Berichte wurden ausgelassen oder erweitert: So wurde Umm Waraqa das Vorbeten nicht mehr „befohlen", sondern „erlaubt", oder das Thema wurde schlichtweg nicht mehr erwähnt. Spätestens ab dem 15. Jahrhundert betrachteten die meisten Juristen und Theologen das Vorbeten einer Frau vor einer gemischtgeschlechtlichen Gruppe als unpassende weibliche Rolle. Bei einem Vergleich eines Berichts von Ibn Saʿd aus dem 9. Jahrhundert mit einer Arbeit von Ibn Ḥaǧar al-ʿAsqalānī aus dem 15. Jahrhundert zeigt sich, wie Letzterer die Überlieferungen zu Umm Waraqa dahingehend verändert hat, dass sie nicht mehr als Vorbeterin erscheint. Mit redaktionellen Eingriffen hat Ibn Ḥaǧar die Berichte über die Frühzeit des Islam mit Vorstellungen seiner eigenen Zeit über das Idealbild einer Frau in Einklang gebracht (Afsaruddin 2002). Damit projizierte er seine Ansichten auf das frühe 7. Jahrhundert zurück. Konservative Gelehrte, die patriarchale und hierarchische Gesellschaftsstrukturen etablieren oder sichern wollten, zogen jenen Bericht heran, um dafür zu argumentieren, dass Frauen von religiösen Ämtern ausgeschlossen und ins Haus verbannt werden sollten (Calderini 2013). Die Offenlegung solcher Transformationen stellt den historischen Wert der Überlieferungen und folglich ihre Autorität in Frage. Ebenso werden die komplexen Spannungen zwischen dem Überlieferungsprozess und den gelebten Praktiken in der islamischen Interpretationstradition deutlich. Inhaltlich spiegeln die Texte nicht Geschehnisse des frühen

---

6 Ibn Saʿd. *Ṭabaqāt* 8 (A), hg. v. Brockemann 1904, 335. Für eine englische Übersetzung der Quellenstelle siehe Ibn Saʿd. *Ṭabaqāt* 8 (B), übers. v. Bewley 1997, 365. Siehe auch Katz 2014.

7. Jahrhunderts wider, sondern zeigen, um welche Konventionen in ihrer jeweiligen Zeit und Region gerungen wurde und welche Narrative sich, wenn auch nur zeitweise, durchsetzen konnten. Die Kompilationen konzipieren Geschlechterkonzeptionen durch die Brille ihrer jeweiligen Zeit und projizieren diese geschichtlich zurück.

Die Auswahl an Forschungsbeispielen zum Frühislam legt einige der Einflussfaktoren auf die literarische Gestaltung der Geschlechterkonzeptionen offen, was gleichsam die Funktionen literarischer Gestaltung erkennen lässt wie beispielsweise Identitätsbildung und -stabilisierung. Eine ganze Reihe von Forschungsarbeiten (auch unabhängig vom Thema Geschlecht) zeigt bereits, dass Kompilationen, die vorgeben, über Ereignisse aus dem frühen 7. Jahrhundert zu berichten, oft Denkkonzepte anderer Zeiten, Rückprojizierungen späterer Erlebnissituationen oder idealisierte Verzerrungen der vergangenen Epochen und ihrer Persönlichkeiten beinhalten und keine authentischen Zeugnisse über Geschichte darstellen. In der Forschungsliteratur werden die Kompilatoren selbst als „Geiseln" (Ahmed 1992, 82) ihrer Gesellschaft bezeichnet, was bedeutet, dass sie dominiert waren vom Gedankengut ihres eigenen kulturellen Kontexts. Es kam zu redaktionellen Eingriffen, Manipulationen und Fälschungen wie von nach Legitimität strebenden Herrscherdynastien, vom sich etablierenden islamischen Rechtssystem oder von theologisch rivalisierenden Gruppierungen. Durch eine damit erwirkte Rückprojizierung in die Zeit des Propheten sollten sowohl theologische und rechtliche Ansichten als auch aktuelle oder intendierte Geschlechter- und Gesellschaftsordnungen legitimiert werden. So wurden Überlieferungen in Folge veränderter Normen und Werte redaktionell überarbeitet und neuen, erwarteten oder gewünschten Vorstellungen späterer Zeiten angepasst (Beinhauer-Köhler 2002, Decker 2013a; 2013b; 2019; El Cheikh 2015).

## 2 Frauen und das Weibliche in der islamischen Mystik

Seit Beginn des 20. Jahrhunderts wurden Frauen und das Weibliche in der islamischen Mystik, im Sufismus, untersucht. Die früheste Studie hat Margaret Smith über die Mystikerin Rābiʿa al-ʿAdawīya (ca. 714–801) verfasst (Smith 1928). Weitere Studien zu Frauen in der islamischen Mystik folgten ab den 1980er Jahren (Schimmel 1996; Cornell 2019).

Aus der Sicht des Sufismus verkehrte sich die dominierende gesellschaftliche Wertung des Mannes als über der Frau stehend in ihr Gegenteil, was sich darin zeigt, wenn Rābiʿa ihre männlichen Kollegen an intellektueller Wahrnehmung und spiritueller Kraft übersteigt. In den Sufi-Narrativen über Rābiʿa wird das Verständnis, dass Biologie und Sexualität die Beziehung zwischen den Geschlechtern regelt, verworfen. Dies waren Gründe dafür, warum es vielen Frauen im Sufismus nicht nur ermöglicht wurde, ein unabhängiges und selbstbestimmtes Leben zu führen, sondern auch Anerkennung zu finden sowie die Möglichkeit, spirituelle Führerinnen zu werden.

> In its transcendence over the mundane, Sufism allows women to engage with the divine on a level where all creatures are equal, where one is free from the effects of stereotypical treatment, and where issues of gender equality are not given prominence of place. (Haddad 2005, 116).

Unter den Sufis stechen besonders die Sichtweisen des berühmten Philosophen und Mystikers Ibn al-ʿArabī (1165–1240) heraus, der die gesamte Schöpfung in Bezug auf Gott als ontologisch weiblich betrachtete. Ibn al-ʿArabī entwickelte die Vorstellung der femininen Dimension des Göttlichen und der Komplementarität der Geschlechter und war der Ansicht, dass Adam der erste weibliche Mensch war, weil Eva aus seiner Seite erschaffen wurde. Er interpretierte „the creative Breath of Mercy" (Ahmed 1991, 70), eine Komponente des Göttlichen selbst, als feminin. Das Wort für Barmherzigkeit, *raḥma* (Barmherzigkeit), ist grammatikalisch weiblich und etymologisch verwandt mit dem Wort *raḥam*, was „Gebärmutter" bedeutet. Man kann also sagen, dass Gottes Gnade und Barmherzigkeit alles Existierende umfassen und nähren, so wie der Mutterleib anfangs jeden Menschen umfasst, nährt und schützt.

Seine Überlegungen führten ihn dazu, dass er eine Gesetzesvision artikulierte, die mehr als nur die Gleichstellung der Geschlechter beinhaltete. Es ging ihm darum, Gesellschaften zu ermöglichen, die die spirituelle Verfeinerung des menschlichen Charakters fördern – und dieser Verfeinerung war die Gleichstellung der Geschlechter intrinsisch. Die Präsenz des Weiblichen in der Sufi-Tradition hat zwei Aspekte. Da ist zunächst der metaphysische Aspekt, d.h. die Rolle, die das weibliche Prinzip in symbolischen und mystischen Interpretationen der Natur Gottes und der Welt spielt. Der zweite Aspekt ist die Rolle, die Frauen auf dem mystischen Pfad bei der Entwicklung des Sufismus gespielt haben. Frauen wurden mit *nafs*, dem niederen Selbst, in Verbindung gebracht, das die *dunyā*, die Welt und ihre Versuchungen, repräsentiert und versucht, den reinen Geist zu verführen. Die männliche Identifizierung spiritueller Verwirklichung wird durch die Verwendung des Begriffs *raǧulīya* oder „Männlichkeit" unter mystischen Denkern, einschließlich Ibn ʿArabī, gefördert, um sich auf diejenigen zu beziehen, die die höchste spirituelle Stufe erreicht haben, den Zustand des *al-insān al-kāmil* oder des perfekten Menschen (Murata 1995, 268). Während Ibn ʿArabī festhält, dass er diesen Begriff nicht in einem geschlechtsspezifischen Sinn verwende und dass sowohl Frauen als auch Männer diesen Zustand spiritueller „Männlichkeit" erreichen können, ist es bezeichnend, dass der Begriff selbst das geschlechtsspezifische arabische Wort für „Mann" enthält. Der Begriff *raǧul*, der Mann in einem rein männlichen Sinne bedeutet, ist nicht derselbe wie der Begriff *insān*, der in der Bezeichnung *al-insān al-kāmil* verwendet wird. *Insān* ist nicht geschlechtsspezifisch. Es bezieht sich auf den Menschen im universellen Sinne; somit hat jeder Mensch – männlich oder weiblich – das Potenzial, den Zustand des „perfekten Mannes" zu erreichen. Daraus entstand die Sufi-Idee, dass „jede Frau auf dem Sufi-Weg ein Mann ist" (Dakake 2006, 137). Daher müssten sich Frauen bestimmte männliche Tugenden aneignen, die ihrer Natur nicht angeboren seien wie zum Beispiel Distanziertheit, Tapferkeit, Standhaftigkeit und ein Mangel an lähmender Sentimentalität, während Männer weibliche Tugenden wie Hingabe, Barmherzigkeit, Mitgefühl und Fürsorge erwerben sollten. Maria Massi Dakake (2006, 140) argumentiert, dass wenn „jede Frau auf dem Sufi-Weg ein Mann ist", dann müsste – zumindest aus dieser Perspektive – auch jeder Mann auf dem Weg, eine ‚Frau' sein, was bedeutet, dass ein Mann die positiven weiblichen Elemente erwerben muss, die das ursprüngliche Selbst, in der anfänglichen Trennung von Mann und Frau, die „aus einem einzigen Wesen" kamen, wie im *Koran*-Vers 4:1 beschrieben ist, verloren hat. Es sollte angemerkt werden, dass für Ibn ʿArabī, vielleicht mehr als für jeden anderen großen Sufi-Denker, Frauen sowohl in seinen metaphysischen Darlegungen als auch in seinem praktischen spirituellen Leben eine positive und herausragende Rolle spielen – da er selbst von seinen weiblichen Sufi-Meistern und Gefährtinnen tief beeinflusst wurde, und eine Reihe von weiblichen Schülerinnen eingeweiht hatte (Schimmel 1996, 42–45).

Mit seinen juristischen Überlegungen lieferte er einen Präzedenzfall für die Auswahl einer geschlechteregalitären Ethik zur Reform des traditionellen Rechts in den Bereichen Zeugenaussagen von Frauen, Kleidung und der Leitung von Gemeinschaftsgebeten (Shaikh 2012). Auch heute inspiriert Ibn al-ʿArabī noch sufistische Frauen wie beispielsweise Sherin Khankan, die seit 2016 als erste Imamin Dänemarks in der Maryam-Moschee in Kopenhagen vor Frauen das Freitagsgebet leitet.

## 3 Die Ahnherrin der Schia im religionspolitischen Machtkampf

Dass Tradierungsmuster und -inhalte von kultur- und zeitspezifischen Eigenheiten bestimmt sind und Geschlechterkonzeptionen für religionspolitische Zwecke instrumentalisiert werden, zeigt sich in besonderer Weise an zeitgenössischen Re-Interpretationen historischer Figuren wie Fāṭima, der Tochter des Propheten und Ehefrau ʿAlīs, des für die Schiiten rechtmäßigen Nachfolgers Muḥammads.

Anfang der 1990er Jahre entzündete sich unter schiitischen Gelehrten eine heftige Debatte, als der im Libanon lebende Großayatollah Muḥammad Ḥusayn Faḍlallāh (1935–2010) den historischen Gehalt einiger Überlieferungen über Fāṭima in Frage stellte. Zwar pries er sie als das höchste Beispiel menschlicher Vollkommenheit unter den muslimischen Frauen, da sie bescheiden gelebt und ihr Leben nur Gott gewidmet und sich stets auf dem Weg des Islam befunden habe, weshalb sich die Gläubigen sie zum Vorbild nehmen sollten, doch hielt er die weitschweifigen Legenden über sie und die mit ihr in Verbindung gebrachten übernatürlichen Phänomene für fragwürdig und äußerte Vorsicht bezüglich des historischen Gehalts einiger Berichte (Faḍlallāh 2013, 7–17). Obwohl bereits vor ihm Gelehrte die Historizität einiger Überlieferungen zu Fāṭima in Frage gestellt und sogar bestritten hatten, kam es gerade nach Faḍlallāhs Äußerungen zu einem heftigen und über Jahre andauernden Streit unter Gelehrten. Kritiker bezweifelten Faḍlallāhs Gelehrsamkeit und Loyalität gegenüber der Schia. Prediger riefen dazu auf, ihn zu meiden, in Beirut wurden seine Bücher aus den Buchhandlungen verbannt und in Iran wurden seine Arbeiten zensiert. Er wurde sogar der Apostasie bezichtigt. Seine Gegner, die besonders die mythischen Aspekte Fāṭimas verteidigten, verfassten ganze Bücher als Antwort auf seine Ansichten. Als problematisch wurde seine Position insbesondere deshalb erachtet, da die Überlieferungen, die er nicht uneingeschränkt als historisch anerkannte, eine zentrale Rolle in der traditionellen schiitischen Hagiographie spielen. Mit seinen Äußerungen stellte er deren Glaubwürdigkeit generell in Frage. Zudem nimmt Fāṭima innerhalb der Schia eine besondere Stellung ein, da sie zu den 14 Unfehlbaren gehöre und so vor Irrtum und Sünde gefeit sei.[7]

Die Islamwissenschaftlerin Verena Klemm hat sich ausführlich mit den Fāṭima-Bildern befasst und gezeigt, wie die eher unspektakulären Berichte der frühen islamischen Quellen zu ihr im Verlauf der Zeit mit zahlreichen Legenden, Wundern und fantastischen Motiven ausgeschmückt wurden. Fāṭima wurde zu einer „spirituellen Persönlichkeit" umgedeutet, und historische und mythische Elemente flossen ineinander. Einen Höhepunkt der legendenhaften Ausschmückung erfuhr ihr Bild bei dem schiitischen Gelehrten al-Kulaynī (879–941). Dieser berichtet, dass sie gleich bei ihrer Geburt das Glaubensbekenntnis gesprochen habe und ein Licht von

---

7 Muḥammad, Fāṭima und die zwölf Imame werden in der Zwölfer-Schia als „unfehlbar" (maʿṣūm) angesehen. Ihre Aussagen genießen von daher uneingeschränkte Autorität und bilden die Grundlage des schiitischen Rechts.

ihr ausgegangen sei, das die ganze Erde erleuchtet habe. Fantastische Motive treten in fast allen Berichten über sie hinzu, so auch bei ihrer Hochzeit und ihrem Tod. Muḥammad sei nach ihrer Geburt von einem Engel verkündet worden, dass sie ʿAlī heiraten und nicht menstruieren werde. Sogar während der Geburten ihrer Kinder habe sie kein Blut verloren. Fāṭimas weibliche Körperfunktionen und ihre Sexualität wurden, so Klemm (2002, 74), in den Überlieferungen getilgt, um sie zu einer Idealgestalt zu wandeln.

Diskussionen um Fāṭima kristallisierten sich auch in den 1980er Jahren im Anschluss an die Islamische Revolution in Iran heraus, als das Bild von Fāṭima eine Um- und Neudeutung als ‚Musterfrau' erfuhr. Der Revolutionsführer Ruhollah Khomeini funktionalisierte das Bild von Fāṭima in seiner eigenen Weise. Er betonte ihre Hingabe gegenüber ihrem Vater und Ehemann, die Frauen als Vorbild dienen sollte, und vertrat die Ansicht, sie habe es vorgezogen, sich aus dem öffentlichen Leben zurückzuziehen. Faḍlallāh hingegen diente sie gerade als Beispiel für die Legitimation der Partizipation von Frauen am politischen und somit öffentlichen Leben, denn sie könne Frauen anleiten, eine ‚Person' und nicht einfach eine ‚Frau' zu sein. Für Faḍlallāh war Fāṭima auch nicht nur ein Vorbild für Frauen, wie bei Khomeini, sondern für Frauen und Männer. Vordergründig lässt sich hier erkennen, dass Geschlechterkonzeptionen stark von der Position und den Intentionen des jeweiligen Gelehrten abhängen und dass im Konflikt um Fāṭima theologische Differenzen zwischen religiösen Autoritäten innerhalb der Schia eine Rolle spielten. Hintergründig ging es in der Debatte aber um einen religionspolitischen Machtkampf, der von iranischen Staatsklerikern und hochrangigen Rechtsgelehrten aus dem Irak geführt wurde, die einen Konkurrenten aus dem Libanon fürchteten. Ein Kampf, bei dem es letztlich um die Kontrolle über die Schiiten im Libanon und um das höchste Amt der schiitischen Theologie ging, das erhebliche finanzielle Einnahmen und immensen sozialen und politischen Einfluss bedeutete. Nach dem Tod der weltweit wichtigsten Autoritäten, Ruhollah Khomeini 1989 und Abū al-Qāsim al-Ḫūʾī 1992, begann der Kampf um das Amt, indem die Anwärter auch durch Re-Interpretationen von Geschlechterkonzeptionen um Ansehen und Anhängerschaft wetteiferten.

Mittlerweile gibt es weitere Studien, nicht nur über Fāṭima, sondern auch über deren Tochter Zaynab und andere weibliche Autoritäten in der schiitischen Tradition (Clohessy 2020; Künkler und Stewart 2021).

## 4 Abseits fixer Geschlechtergrenzen

Studien zur Religionsgeschichte des Islam, die sich mit Geschlecht abseits fixer Geschlechtergrenzen oder binärer Konzeptionen beschäftigen, sind bisher überschaubar. Es geht darin beispielsweise um die Stellung der[8] ḫunṯā („Zwitter", „Hermaphrodit", „Intersexueller") und um den muḫannaṯ („Transsexueller", „Transvestit", „Homosexueller").[9] Die verschiedenen Übersetzungen weisen auf Interpretationsschwierigkeiten sowie auf einen oft fehlenden Kontext zum besseren Verständnis hin. Auf drei Studien, die Intersexualität und Transvestitismus thematisieren, wird hier eingegangen: Sanders Untersuchung (1991) mittelalterlicher Rechtsschriften über das Phänomen der ḫunṯā und Rowsons Studien (1991, 2003) zu den muḫannaṯūn und ġulāmīyāt frühislamischer Zeit.

Im islamischen Mittelalter war Intersexualität eine sichtbare Lebensform. Dies lässt sich aus Rechtsschriften ableiten, in denen diskutiert wurde, wie das Geschlecht von Personen bestimmt werden kann, die biologisch weder eindeutig Mann noch Frau waren (ḫunṯā), und welche Regeln und Bestimmungen für sie galten. Die ḫunṯā stellte nach Ansicht einiger Rechtsgelehrter ein Problem in einer Gesellschaft dar, in der die Grenzen zwischen den Geschlechtern (Mann und Frau) fest bestimmt und in kosmischen Vorstellungen und Sozialstrukturen eingebettet waren.[10] Interaktionen von Männern und Frauen, die von erwarteten Verhaltensweisen für Männlichkeit und Weiblichkeit abwichen, konnten als Bedrohung der sozialen Ordnung aufgefasst werden. Der ḫunṯā blieben in der Regel manche Bereiche wie Heirat verschlossen, denn nur ein geschlechtlich bestimmter Mensch konnte ‚Ehemann' oder ‚Ehefrau' sein. Schließlich galten für Männer und Frauen unterschiedliche Regeln und Bestimmungen. Die ḫunṯā bedeutete Unklarheiten bezüglich ritueller Praxis und Rechtsprechung. Einige Rechtsgelehrte betrachteten es deshalb als eine dringliche Aufgabe, das Geschlecht der ḫunṯā zu bestimmen, um sie in rechtliche, soziale und religiöse Strukturen eingliedern zu können.[11] Nach ihren Vorstellungen war dies möglich, da jeder Mensch – unabhängig seiner Physis – ein Geschlecht hatte, männlich oder weiblich war, beides zugleich war unmöglich. War ein Mensch geschlechtlich dennoch unbestimmbar, spielte es bei den Überlegungen der Gelehrten eine gravierende Rolle, dass die ḫunṯā nicht in die männliche Domäne eindringen und männliche Privilegien genießen konnte. Dies wurde bei-

---

**8** Das feminine Genus, das sich ausschließlich auf das grammatische Geschlecht von ḫunṯā bezieht, wird verwendet, da das grammatische Genus des arabischen Begriffs feminin ist.
**9** Siehe Cilardo 1986, beide Begriffe haben die Wurzel ḫ-n-ṯ; muḫannaṯ leitet sich von ḫunṯā ab.
**10** Der *Koran* spricht nur von einem weiblichen und einem männlichen Geschlecht (Freimark 1970, 94). Für eine ‚Gegenperspektive', die eine Zeitgeistdiagnose des islamischen Mittelalters entwirft, in der weitaus ambiguitätstoleranter gedacht und gehandelt wurde, siehe Bauer 2011.
**11** Für den religiös-rechtlichen Diskurs mag sich dies (zeitweise) so ergeben haben, jedoch war jener laut Bauer (2011) nicht der die gesamte Gesellschaft bestimmende Diskurs, und zudem konnten verschiedene Diskurse nebeneinander mit gänzlich unterschiedlichen Ansichten bestehen, ohne sich gegenseitig auszumerzen.

spielsweise garantiert, indem sie beim Gebet zwischen Männer und Frauen positioniert wurde, sodass Grenzen und Hierarchien zwischen den Geschlechtern eingehalten wurden. Der Umgang mit der *ḫunṯā* war zwar weniger problematisch, wenn es um Segregation und räumliche Verhältnisse ging, aber zum Beispiel komplizierter bei der Erbschaftspraxis, wo die Regel galt, dass eine *ḫunṯā* so viel wie eine Frau erbt.[12] Diese Regel wurde bevorzugt, da Juristen befürchteten, eine Unklarheit des Geschlechts könne ausgenutzt werden wie im Fall von Müttern, die behaupten, das Kind sei männlich, wenn es um das Erbe geht. So konnte ein einzelnes unbestimmtes Geschlecht die soziale Ordnung bedrohen, da es Auswirkung auf die Position anderer hatte. Indem ein nicht geschlechtlich bestimmter Körper bestimmt wurde, wurde zugleich auch der wichtigste bestimmt: der soziale Körper (Sanders 1991).

Eine gewisse Flexibilität hinsichtlich Geschlechterrollen konnte Rowson für die vor- und frühislamische arabische Gesellschaft nachweisen. Er fand Belege für die Existenz einer Form von öffentlich anerkannter und institutionalisierter Effemination oder Transvestitismus bei Männern (*muḫannaṯūn*, male cross-gender roles). Das Phänomen des *muḫannaṯ* war bereits zur Zeit des Propheten bekannt, der Crossdressing verboten haben soll. Im Gegensatz zu anderen Männern durften *muḫannaṯūn* mit Frauen Umgang pflegen, unter der Voraussetzung, kein sexuelles Interesse an ihnen zu haben. Oft fungierten sie als Heiratsvermittler oder, weniger legal, als Kuppler. Sie spielten eine wichtige Rolle bei der Entwicklung der arabischen Musik in Mekka und Medina, wo sie zu den berühmtesten Sängern und Instrumentalisten zählten. Gerade in frühumayyadischer Zeit genossen sie für ungefähr zwei Generationen Sichtbarkeit und Prestige. Obwohl sie wiederholt vom Herrschaftshaus verfolgt wurden, beruhten solche Maßnahmen nicht auf ihrem sexuellen Status, sondern auf ihren Aktivitäten als Musiker und Kuppler, wobei ihnen vorgeworfen wurde, die Moral der Gesellschaft und insbesondere die der Frauen zu korrumpieren. Die Verfolgung unter dem Kalifen Sulaymān (reg. 715–717) setzte diesen Aktivitäten ein Ende. Im 9. Jahrhundert kam es am abbasidischen Kalifenhof in Bagdad erneut zu einem männlichen (*muḫannaṯūn*) und weiblichen (*ġulāmīyāt*[13]). Transvestitismus in der Form eines beruflichen Entertainments. Ab dieser Zeit trat die sexuelle Identität der *muḫannaṯūn* ins Interesse – sie galten als passiv homosexuell, weshalb ihr gesellschaftlicher Status wahrscheinlich sank. Die Institution der *ġulāmīya* war laut Rowson ein Gewerbe, das sich am männlichen sexuellen Geschmack orientierte und nicht an dem von Frauen, die sich damit le-

---

12 Das islamische Gesetz sieht es vor, dass eine Tochter halb so viel wie ihr Bruder erbt.
13 Es finden sich zwar bereits Anekdoten in der Umayyadenzeit von Frauen, die sich als Männer kleideten, doch sind diese nicht gleich der späteren *ġulāmīyāt*, außerdem fehlt der Terminus (Rowson 2003, 47).

diglich den Lebensunterhalt sicherten. Die *ġulāmīyāt* und *muḫannaṯūn* fungierten als Subversion der rigiden Hierarchien der Geschlechterstruktur, was dem Vergnügen derjenigen diente, die zu der an der Spitze der Hierarchie etablierten Geschlechterkategorie gehörten: den sexuell aktiven männlichen Erwachsenen (Rowson 1991; 2003).

## 5 Recht, Autorität und *Koran*-Exegese

Das islamische Recht leitet sich aus Interpretationen religiöser Texte ab und basiert zu einem großen Teil auf dem *Koran* und dem *Ḥadīṯ*. Zwar gibt es unter Rechtsgelehrten keinen Konsens über ‚eine' islamische Gesetzesordnung, doch bieten die Interpretationsversuche zumindest eine Grundlage zur Regelung des sozialen und rituellen Lebens. Muslimische Wissenschaftler*innen versuchen mittlerweile die aus den Rechtsquellen abgeleiteten früheren androzentrischen rechtlichen Bestimmungen neu zu interpretieren und auch teilweise zu entkräften (Reda und Amin 2020). Angefangen mit einer geschlechteregalitären *Koran*-Interpretation fand die ‚erste Welle' gegen Ende des ersten Jahrzehnts des neuen Jahrtausends statt. Die Interpret*innen zielten nicht nur darauf ab, patriarchalische Interpretationen des Islam zu vergleichen, sondern auch die methodischen und erkenntnistheoretischen Werkzeuge der früheren Generationen der Gelehrten kritisch zu diskutieren. Während der vormodernen Ära war *Koran*-Exegese ein Privileg, das muslimischen Theologen und Juristen vorbehalten war – mit anderen Worten, es war größtenteils ein männliches Vorrecht. Obwohl die weiblichen Gefährten von Muḥammad und seine Ehefrauen eine relevante Rolle bei der Übermittlung der Tradition des Propheten (*Ḥadīṯ*), einem grundlegenden Werkzeug für die *Koran*-Exegese, gespielt haben, nahm die Beteiligung der Frauen an der Produktion religiösen Wissens während der klassischen Ära des Islam dramatisch ab. Die Gründe dafür und die Auswirkungen auf die Geschlechterverhältnisse sowie die Entwicklungen im Rechtsbereich werden kontrovers diskutiert. Diese Marginalisierung und ganz allgemein der patriarchalische Kontext, in dem klassische *Koran*-Kommentare geschrieben wurden, veranlasste muslimische Gelehrte, den *Koran* als Sanktionierung einer hierarchischen Sichtweise der Geschlechterverhältnisse zu betrachten, in der Männer Frauen überlegen sind und Autorität über sie ausüben (Bauer 2015).

Das Gebiet der durch Frauen betriebene *Koran*-Exegese liegt an der Schnittstelle von Frauenstudien und *Koran*-Studien, und Forscher*innen haben sich ihm bis dato aus einer Vielzahl von Perspektiven und Hintergründen genähert. Die Arbeiten von Amina Wadud (1999) und Asma Barlas (2002) werden weithin als wegweisende Werke in Bezug auf geschlechtsneutrale *Koran*-Kommentare angesehen. Die neuen Generationen von Exeget*innen haben von den Methoden und Argumenten profitiert, die von ihren Vorgänger*innen entwickelt wurden, und bauen auf diesem Erbe auf, um neue exegetische Ansätze zu entwickeln. In einigen Fällen wurde den exegetischen Versuchen kritische Reflexionen angeschlossen, die sich mit den methodologischen und erkenntnistheoretischen Annahmen des Prozesses der *Koran*-Interpretation selbst befassen, weshalb es nicht ausschließlich bei *Koran*-Exegesen geblieben ist. Von Forschungsseite her befassen sich deshalb zahlreiche Wissenschaftler*innen nicht nur mit den Interpretationen der koranischen Verse (zum Beispiel über Sexualität und Ehe) aus der klassischen Jurisprudenz, sondern auch mit den neu vorangetriebenen exegetischen Versuchen moderner feministischer Kommentare (Schneider und Edres 2008; Ali 2010). Der *Koran*-Vers 4:34 wird beispielsweise häufig von patriarchalischen Exegeten als klarste Textgrundlage für die angenommene islamische Normativität hierarchischer Geschlechterverhältnisse angeführt, bis zu dem Punkt, dass er von Kritiker*innen als „Schlagvers" bezeichnet wird. Feministische *Koran*-Interpret*innen haben daher diesem Vers und den darin enthaltenen problematischen Begriffen und deren Auswirkungen auf das islamische Recht besondere Aufmerksamkeit geschenkt. Zwei Monographien widmen sich diesem Thema umfangreich und untersuchen die Genealogie der Interpretationen dieses Verses sowohl in der klassischen als auch in der modernen *Koran*-Kommentar- und Rechtsliteratur (Chaudhry 2013; Morrow 2020).

Die durch zahlreiche Wissenschaftler*innen getroffene Feststellung eines quantitativen und qualitativen Mangels feministischer Arbeiten an Ḥadīṯ-Literatur beförderte zudem weitere Forschungen und trieb gleichzeitig methodologische Überlegungen voran. In den letzten Jahren wurden einige bemerkenswerte Werke geschrieben, um die Lücken in den feministischen Studien der Sunna[14] zu schließen, systematisch Ḥadīṯ-Literatur zu analysieren und deren Auswirkungen auf das islamische Recht zu Themen wie politische Autorität, Zeugenaussagen, Gesetze zum Personenstand, Ehe und Polygynie kritisch zu hinterfragen (Barazangi 2015). Ein gewichtiger Punkt, der von großer Bedeutung für das Leben von Frauen ist und der mittlerweile sowohl von der Seite der Forschung als auch von der Seite feministischer Exeget*innen immer stärker wahrgenommen wird, ist, dass Rechtsfindungsprozesse innerhalb der islamischen Rechtsschulen von großer Pluralität geprägt sind, die flexible Umgangsweisen mit erteilten Rechten ermöglichen wie zum Beispiel im Fall des Sorgerechts, wo eine Klage erhebende Frau bei Unzufriedenheit

---

**14** *Sunna* bedeutet „gewohnte Handlung" oder „eingeführter Brauch". Im Islam ist damit die prophetische Tradition, die überlieferten Worte und Handlungen des Propheten gemeint, die nach dem *Koran* als zweite Quelle religiöser Normen angesehen werden.

einfach zu einem Richter einer anderen Rechtsschule wechselte. Neben deskriptiven Ansätzen stellen in diesem Kontext einige Studien bestehende Rechtspositionen in Frage und befürworten Reformen. Thematisch geht es beispielsweise um klassisches und zeitgenössisches Recht und Frauen, mittelalterliche sunnitische und schiitische Ehen und die „Ehe auf Zeit". Dabei spielen die folgenden Fragen eine Rolle: Wie fördert das islamische Recht innerhalb der Grenzen von Eheverträgen die sexuelle Befriedigung von Frauen oder welche Erfahrungen haben Frauen mit islamischen Gerichten in der Vormoderne? Weiterhin wird Kritik an wörtlichen Interpretationen des *Korans* und der *Ḥadīṯe*, am modernen islamischen Recht (sowohl aus theoretischer als auch aus realitätsbezogener Perspektive) sowie an gesetzlichen Postulaten geübt, die häufig eine ungleiche Behandlung von Geschlechtern nach sich ziehen (Esposito 2001; Mir-Hosseini, al-Sharmani und Rumminger 2015).

## 6 Zeitgenössische Bildungsbewegungen

Muslimische Gesellschaften haben die Tradition der Vermittlung von islamischem Grundwissen sowohl an männliche als auch an weibliche Kinder weitgehend bewahrt, doch für Frauen fand diese Ausbildung traditionell zu Hause statt. Das formelle Studium islamischer Texte in einer Moschee oder Madrasa[15] war weitgehend ein Vorrecht von Männern. In der Frühzeit des Islam waren Frauen, wie bereits erwähnt, an der Weitergabe religiösen Wissens beteiligt, insbesondere was die Überlieferungen über den Propheten betrifft, aber ihre Beteiligung blieb sporadisch und hörte im 16. Jahrhundert vollständig auf. Seit den 1970er Jahren hat das formelle Studium islamischer Texte unter muslimischen Frauen jedoch eine große Wiederbelebung erfahren. Dies geschieht sogar in Regionen ohne eine solche Vorgeschichte wie etwa in Südasien. Diese Bewegungen nehmen unterschiedliche Formen an: Madrasas für Frauen, Islam-Schulen und informelle Studienkreise. Über die verschiedenen regionalen Kontexte hinweg können diese unterschiedlichen Plattformen in die Kategorien ‚formell' und ‚informell' eingeteilt werden. Die formellen Bildungsplattformen folgen einem festgelegten Lehrplan, führen Prüfungen durch und stellen formelle Zeugnisse oder Zertifikate aus. Die informellen Plattformen, die hauptsächlich als wöchentliche oder zweiwöchentliche Studienkreise in Wohnungen oder Moscheen organisiert werden, nehmen eine lockere Struktur an. Der Unterricht auf diesen verschiedenen Plattformen konzentriert sich hauptsächlich auf das Studium des *Korans* (sowohl *Koran*-Rezitation, als auch *Ko*-

---

15 *Koran*-Schule oder religiöse Schule bzw. eine Schule, in der Islamwissenschaften unterrichtet werden.

*ran*-Exegese), gefolgt vom Studium des *Ḥadīṯ*. In den formalen Plattformen umfasst der Lehrplan auch grundlegende Texte der Dogmatik, Theologie und des islamischen Rechts. Die Entstehung und Ausbreitung dieser Bewegungen haben zu zwei wesentlichen Fragen geführt. Erstens: Welchen Einfluss haben diese Bewegungen auf die Handlungsfähigkeit von Frauen? Zweitens: Wenn Frauen Fachwissen über den Islam erwerben, werden sie die Autorität der Religionsgelehrten herausfordern und islamische Texte durch eine feministische Sichtweise neu interpretieren?

Bisherige Beobachtungen deuten darauf hin, dass Frauen in diesen Bildungsbewegungen im Gegensatz zu islamischen Feministinnen die klassischen Interpretationen und die wichtigsten klassischen oder traditionellen islamischen Regeln zu Geschlechterbeziehungen aktiv verteidigen und sich gegen feministische Positionen wenden. Aber ebenso versuchen diese Frauen kreative Wege zu finden, um dem Kern der Tradition treu zu bleiben und sich gleichzeitig aktiv mit den modernen Realitäten auseinanderzusetzen, indem sie sich auf die Pluralität der islamischen Rechtsbegründungen stützen. Die Bewegungen unterscheiden sich von Frauengruppen politischer islamischer Gruppierungen oder Parteien wie der der Salafisten oder Muslimbruderschaft, denn sie konzentrieren sich ausschließlich auf Bildung und sind sowohl im sunnitischen, als auch im schiitischen Kontext tätig, aber sie sind nicht politisch aktiv. Die Frauen, die islamische Bildungsbewegungen leiten und andere muslimische Frauen mit moderner Bildung anziehen, sind selbst oft Akademikerinnen. Sie demonstrieren ihre Fähigkeit nicht nur dadurch, indem sie sich mit islamischen Themen, sondern auch mit modernen Wissenschaften befassen. Zudem arbeiten die Wissenschaftlerinnen in solchen Bildungsbewegungen wie beispielsweise Musawah im Gegensatz zu islamischen Feministinnen mit männlichen Gelehrten zusammen oder werden sogar von ihnen unterstützt.

Forschungen über die weiblichen islamischen Bildungsbewegungen sind vor allem seit Beginn des 21. Jahrhunderts durchgeführt worden – somit relativ ‚neu'. Zuvor konzentrierten sich Studien Jahrzehnte lang auf die Auseinandersetzung muslimischer Frauen mit religiösen Texten. Aktuellere Arbeiten haben sich stattdessen darauf konzentriert, die Beiträge von Frauen selbst zur Bewahrung der traditionellen islamischen Wissenschaften sowohl in historischen, als auch in zeitgenössischen Perioden abzubilden, wie zum Beispiel eine Arbeit über Nana Asma'u, Tochter von Usman dan Fodiyo, Gründer des Sokoto-Imperiums im 19. Jahrhundert in Westafrika (Asma'u 1997) oder Untersuchungen, die die moderne Entstehung von Frauenmoscheen systematisch erfassen, indem sie sich mit der Verkörperung frommen Verhaltens unter Frauen in der Moschee oder in Frauenmoscheen überhaupt befassen (Jaschok und Shui 2000). Andere Studien zeigen zum Beispiel, wie Frauen in diesen Bewegungen, obwohl sie islamische Geschlechternormen respektieren, Argumente verwenden und auf Debatten verweisen, um islamische Regeln mit zeitgenössischen Realitäten in Bezug zu setzen. Insbesondere

Frauen aus besser gebildeten und elitären sozioökonomischen Verhältnissen setzen sich mit Texten auf eine Weise auseinander, die es ihnen ermöglicht, mit modernen Institutionen in Kontakt zu bleiben, während sie gleichzeitig grundlegende islamische Regeln respektieren (Bano und Kalmbach 2012). Die Herangehensweisen und Argumentationen der Frauen, die diese weiblichen islamischen Bildungsbewegungen leiten und daran teilnehmen, unterscheiden sich deutlich von denen islamischer Feministinnen der ‚ersten Welle', die versucht haben, die islamischen Texte unter Bezugnahme auf einen säkularen feministischen Rahmen neu zu interpretieren.

## 7 Ausblick

Anhand der Forschungsbeispiele und der Aufdeckung der narrativen Vielfalt der Überlieferungen wird deutlich, dass sich an der Retrospektive der Quellen kaum ein homogenes Geschichtsbild nachzeichnen lässt. Vielmehr ist eine ausgeprägte Uneinigkeit über Themen auszumachen, weshalb Generalisierungen bezüglich der Religionsgeschichte des Islam mit der Perspektive auf Geschlecht und Geschlechterbeziehungen prinzipiell zu hinterfragen sind. Ein wichtiger Meilenstein der Forschung ist, dass mit der Unsichtbarkeit und Marginalisierung von Frauen in der Religionsgeschichte des Islam gebrochen und vieles von dem, was allgemein über muslimische Frauen angenommen wurde, wie fehlende Handlungsmacht oder geringe Aktivitäten in weiten gesellschaftlichen Bereichen, revidiert wurde. Die Perspektive auf die Stellung und Rolle der Frau im Islam konnte dahingehend justiert werden, dass Frauen in den Quellen als religiöse Subjekte, als in der islamischen Geschichte aktiv handelnde, denkende und fühlende Personen wahrgenommen werden. Die Ausweitung der Forschung auf zeitgenössische weibliche Bildungsbewegungen im Islam und deren Umgang und Auseinandersetzung mit dem islamischen Erbe eröffnet neue Forschungsfragen und -perspektiven, die ebenfalls Frauen als handelnde Subjekte in den Blick nehmen. Eine Verlagerung des Fokus von Frauen auf Geschlecht hat (bisher) allerdings nicht stattgefunden. Für zukünftige Forschungen gilt es deshalb, sowohl den Blick auf Männlichkeitskonzepte weiter zu verfolgen, als auch auf Geschlechterkonzeptionen abseits von Binaritäten auszuweiten, denn durch die Geschlechterforschung ergibt sich nicht nur eine neue Perspektive, sondern bestehende Thesen können überprüft, das Feld des Wissens restrukturiert und neue Erkenntnisse über Geschichte ermittelt werden, was Gegenwärtiges nicht unberührt lassen wird.

# Literatur

Abbott, Nabia. 1946. *Two Queens of Bagdad. Mother and Wife of Hārūn al-Rashīd.* Chicago/IL: Cambridge University Press.
Afsaruddin, Asma. 2002. „Reconstituting Women's Lives. Gender and the Poetics of Narrative in Medieval Biographical Collections." In *Muslim World* 92, 461–480.
Ahmed, Leila. 1992. *Women and Gender in Islam. Historical Roots of a Modern Debate.* New Haven/CT: Yale University Press.
Ahmed, Leila. 1991. „Early Islam and the Position of Women. The Problem of Interpretation." In *Women in Middle Eastern History. Shifting Boundaries in Sex and Gender,* hg. v. Nikki R. Keddie und Beth Baron, 58–73. New Haven/CT: Yale University Press.
al-Buḫārī. *Ṣaḥīḥ* (A): Buḫārī, Muḥammad Ibn-Islmāʿīl al-. *Recueil des Traditions Mahométanes par Abou Abdallah Mohammed ibn Ismaïl el-Bokhâri,* hg. v. M. Ludolf Krehl. 1862–1908. 4 Bde. Leiden: Brill.
al-Buḫārī. *Ṣaḥīḥ* (B): *The Translation of the Meanings of Sahīh al-Bukhārī,* übers. v. Muhammad Muhsin Khan. 1997. 9 Bde. Riyadh: Maktaba Dar us Salam.
Ali, Kecia. 2010. *Marriage and Slavery in Early Islam.* London: Harvard University Press.
Asmaʾu, Nana. *Collected Works of Nana Asmaʾu, Daughter of Usman dan Fodiyo* (1793–1864), hg. v. Jean Boyd. 1997. East Lansing/MI: Michigan State University Press.
Bano, Masooda und Hilary Kalmbach, Hg. 2012. *Women, Leadership and Mosques. Changes in Contemporary Islamic Authority.* Leiden; Boston: Brill.
Barazangi, Nimat Hafez. 2015. *Woman's Identity and Rethinking the Hadith.* New York/NY: Taylor & Francis.
Bauer, Karen. 2015. *Gender Hierarchy in the Qurʾān. Medieval Interpretations, Modern Responses.* New York/NY: Cambridge University Press.
Bauer, Thomas. 2011. *Die Kultur der Ambiguität. Eine andere Geschichte des Islams.* Berlin: Verlag der Weltreligionen.
Beinhauer-Köhler, Bärbel. 2002. *Fāṭima bint Muḥammad. Metamorphosen einer frühislamischen Frauengestalt.* Wiesbaden: Harrassowitz.
Calderini, Simonetta. 2013. „Classical Sources on the Permissibility of Female Imams. An Analysis of Some Ḥadīths about Umm Waraqa." In *Sources and Approaches across Disciplines in Near Eastern Studies,* hg. v. Verena Klemm, 53–70. Leuven: Peeters.
Chaudhry, Ayesha S. 2013. *Domestic Violence and the Islamic Tradition. Ethics, Law, and the Muslim Discourse on Gender.* Oxford: Oxford University Press.
Cilardo, Agostino. 1986. „Historical Development of the Legal Doctrine Relative to the Position of the Hermaphrodite in the Islamic Law." In *The Search* 2, 128–170.
Clohessy, Christopher Paul. 2020. *Half of My Heart. The Narratives of Zaynab, Daughter of ʿAlī.* Piscataway: Gorgias Press LLC.
Cornell, Rkia Elaroui. 2019. *Rabiʿa from Narrative to Myth. The Many Faces of Islam's Most Famous Woman Saint, Rabiʿa al-ʿAdawiyya.* La Vergne/TN: Oneworld Publications.
Dakake, Maria. 2006. „Walking upon the Path of God Like Men? Women and the Feminine in the Islamic Mystical Tradition." In *Sufism. Love and Wisdom,* hg. v. Roger Gaetani und Jean-Louis Michon, 131–151. Bloomington/IN: World Wisdom Press.
Decker, Doris. 2013a. *Frauen als Trägerinnen religiösen Wissens. Konzeptionen von Frauenbildern in frühislamischen Überlieferungen bis zum 9. Jahrhundert.* Stuttgart: Kohlhammer.
Decker, Doris. 2013b. „Frauen zwischen Selbst- und Fremdbestimmung. Wandel weiblicher Geschlechterkonstruktionen in religiösen Veränderungsprozessen am Beispiel frühislamischer

Überlieferungen." In *Doing Gender – Doing Religion. Fallstudien zur Intersektionalität im frühen Judentum, Christentum und Islam*, hg. v. Ute E. Eisen, Christine Gerber und Angela Standhartinger, 193–223. Tübingen: Mohr Siebeck.

Decker, Doris. 2019. „Theologische Reflexionen von Frauen im Frühislam. Umgang mit religiöser Vielfahlt und Differenz in arabisch-islamischer Literatur bis zum 9. Jahrhundert." In *Rationalität in der Islamischen Theologie. Band I: Die klassische Periode*, hg. v. Maha El Kaisy-Friemuth, Reza Hajatpour und Mohammed Abdel Rahem, 35–66. Berlin; Boston/MA: De Gruyter.

Decker, Doris. 2021. „Wandel weiblicher religiöser Autorität im Frühislam. Geschlechterkonzeptionen und religiöse Veränderungsprozesse in frühislamischer Historiographie und Aḥādīṯ-Sammlungen." In *Marburg Journal of Religion* 23, 1–45.

El Cheikh, Nadia Maria. 2015. *Women, Islam, and Abbasid Identity*. London: Harvard University Press.

El-Azhary Sonbol, Amira. 2004. „Women in Sharia Courts. A Historical and Methodological Discussion." In *Fordham International Law Journal's Issue Islam and the Law* 27, 225–253.

Esposito, John L. 2001. *Women in Muslim Family Law*. New York/NY: Syracuse University Press

Faḍlallāh, Muḥammad Ḥusayn. 2013. „Nafḥa min ḏikā az-Zahrāʾ. Vortrag in der Ǧamʿīya Usrat at-Taʾāḫī, Beirut." In *Fāṭima az-zahrāʾ*, hg. v. Muḥammad Ḥusayn Faḍlallāh, 7–17. Beirut: al-Markaz al-Islāmī aṯ-Ṯaqāfī.

Freimark, Peter. 1970. „Zur Stellung des Zwitters im rabbinischen und islamischen Recht." In *Zeitschrift der Deutschen Morgenländischen Gesellschaft* 120, 84–102.

Haddad, Yvonne. 2005. „The Study of Women in Islam and the West: A Select Bibliography." In *Hawwa* 3, 111–157.

Haeri, Shahla. 2020. *The Unforgettable Queens of Islam. Succession, Authority, Gender*. Cambridge; New York/NY: Cambridge University Press.

Ibn Saʿd. *Ṭabaqāt* 8 (A): Ibn Saad. *Biographien Muhammeds, seiner Gefährten und der späteren Träger des Islams bis zum Jahre 230 der Flucht. 8. Biographien der Frauen*, hg. v. Carl Brockelmann. 1904. Leiden: Brill.

Ibn Saʿd. *Ṭabaqāt* 8 (B): Ibn Saʿd, Muhammad. *The Women of Madina*, übers. v. Aisha Bewley. 1997. London: Ta-Ha Publisher.

Jaschok, Maria und Jingjun Shui, Hg. 2000. *The History of Women's Mosques in Chinese Islam. A Mosque of Their Own*. Richmond, Surrey: Curzon.

Kandiyoti, Deniz, Hg. 1991. *Women, Islam and the State*. London: Palgrave Macmillan.

Katz, Marion Holmes. 2014. *Women in the Mosque. A History of Legal Thought and Social Practice*. New York/NY: Columbia University Press.

Klemm, Verena. 2002. „Die frühe islamische Erzählung von Fāṭima bint Muḥammad. Vom ḫabar zur Legende." In *Der Islam* 79, 47–86.

Kruk, Remke. 2014. *The Warrior Women of Islam. Female Empowerment in Arabic Popular Literature*. London: I. B.Tauris.

Künkler, Mirjam und Devin J. Stewart, Hg. 2021. *Female Religious Authority in Shiʾi Islam. Past and Present*. Edinburgh: Edinburgh University Press.

Mernissi, Fatima. 1993. *The Forgotten Queens of Islam*. Minneapolis/MN: University of Minnesota Press.

Mir-Hosseini, Ziba; Al-Sharmani, Mulki und Jana Rumminger, Hg. 2015. *Men in Charge? Rethinking Authority in Muslim Legal Tradition*. London: Oneworld Publications.

Morrow, John Andrew. 2020. *The Most Controversial Qurʾanic Verse. Why 4:34 Does Not Promote Violence Against Women*. New York/NY; London: Hamilton Books.

Murata, Sachiko. 1995. *The Tao of Islam. A Sourcebook on Gender Relationships in Islamic Thought*. Albany/NY: SUNY Press.

Reda, Nevin und Yasmin Amin, Hg. 2020. *Islamic Interpretive Tradition and Gender Justice. Processes of Canonization, Subversion, and Change.* Toronto: McGill-Queen's University Press.
Robinson-Dunn, Diane. 2006. *The Harem, Slavery and British Imperial Culture. Anglo-Muslim Relations in the Late Nineteenth Century.* Manchester: Manchester University Press.
Rowson, Everett K. 1991. „The Effeminates of Early Medina." In *Journal of the American Oriental Society* 111, 671–693.
Rowson, Everett K. 2003. „Gender Irregularity as Entertainment. Institutionalized Transvestism at the Caliphal Court in Medieval Baghdad." In *Gender and Difference in the Middle Ages*, hg. v. Sharon A. Farmer und Carol Braun Pasternack, 45–72. Minneapolis/MN: University of Minnesota Press.
Sanders, Paula. 1991. „Gendering the Ungendered Body. Hermaphrodites in Medieval Islamic Law." In *Women in Middle Eastern History. Shifting Boundaries in Sex and Gender*, hg. v. Nikki R. Keddie und Beth Baron, 74–95. New Haven/CT: Yale University Press.
Sayeed, Asma. 2013. *Women and the Transmission of Religious Knowledge in Islam.* Cambridge: Cambridge University Press.
Schimmel, Annemarie. 1996. *Meine Seele ist eine Frau. Das Weibliche im Islam.* München: Kösel.
Schneider, Irene und Nijmi Edres, Hg. 2018. *Uses of the Past. Sharīʿa and Gender in Legal Theory and Practice in Palestine and Israel.* Wiesbaden: Harrassowitz.
Shaham, Ron. 2010. *The Expert Witness in Islamic Courts. Medicine and Crafts in the Service of Law.* Chicago/IL: University of Chicago Press.
Shaikh, Saʿdiyya. 2012. *Sufi Narratives of Intimacy. Ibn ʿArabī, Gender, and Sexuality.* Chapel Hill/NC: University of North Carolina Press.

## Weiterführende Literatur

Joseph, Suad, Hg. 2003–2007. *Encyclopedia of Women & Islamic Cultures.* 6 Bde. Leiden: Brill.
Kimball, Michelle und Barbara R. von Schlegell, Hg. 1997. *Muslim Women Throughout the World. A Bibliography.* Boulder/CO: Lynne Rienner Publishers.
Mernissi, Fatima. 2002 [1987]. *Der politische Harem. Mohammed und die Frauen.* Freiburg/B.: Herder.
Myrne, Pernilla. 2020. *Female Sexuality in the Early Medieval Islamic World. Gender and Sex in Arabic Literature.* New York/NY: I. B. Tauris.
Stowasser, Barbara. 1994. *Women in the Qurʾan, Traditions, and Interpretation.* New York/NY: Oxford University Press.

Marta Domínguez Díaz
# II.16 Sufism

The relationship of women with Sufism awakes a significant amount of interest, both among Muslims and non-Muslims, as well as among academics and religious practitioners. Until quite recently, scholars considered Sufism to grant women degrees of agency (both in the exercise of their faith and in terms of authority) unseen in non-Sufi Islamic traditions. Part of these claims were based on the prominent role women may have had in the formative period of this religious tradition. In modern times, the argument of the Sufi exceptionality with regards to female religious agency has been at a times used by Muslim women as an argument in defence of claims for a more prominent role of women in religion (used as a form of historical validation) when facing their critics. Yet, scholars have more recently begun to add nuance to our understanding of the past, by coming to consider two main aspects; first, that we may have overestimated the degree of agency and the centrality of medieval female Muslim mystics, and second, that Sufism rather than an anomaly within the Islamic tradition, should be better considered as an integral part of it (Knysh 2019), being women's forms of participation in Sufism attuned with theirs in non-Sufi Islamic traditions.

## 1 Gender in Medieval Sufism

The Sufi tradition has an ambivalent position with regards to gender, on the one hand, it oftentimes renders both God and the human soul as genderless, and on the other, Sufi writings and experience has in its majority obeyed to an androcentric and patriarchal understanding of society and religion. Sufi literature is normally inclined to categorise existence into sets of antagonist categories, such as hidden and apparent, or, spiritual and material and in those descriptions the feminine gender is usually equated with the latter (Abdel-Latif forthcoming). Shaikh (2012) explains that the androcentric character of most Sufi literature renders a non-sexist reading of Sufism arduous, as more often than not, women have been depicted as inferior, as well as intellectually and spiritually less capable – the exception to that trend is offered by the famous mystic Ibn 'Arabī (d. 240) who suggests that women are better qualified spiritually, and that God is most perfectly witnessed by them (Shaikh 2012, 173).

One of the problems academics highlight when assessing the role women played in the development of Sufism is that all what we know about them, are accounts written by men, in most cases in a later period. In reality, it is very little what we know about these earlier women as they are seldom mentioned in the sources (Sylvers 2015, 24). What recent scholarship seems to largely agree on is that the women's marginalization in early (but also later) Islamic literature does not mean they were not present or active in mystical congregations, but rather, that there were efforts directed towards controlling them, aiming, specially, at restricting their public life (Holmes Katz 2013, 177–214) one in which, later on, the figure of the otherworldly female mystic, secluded and silent, would work as a powerful and useful emblem. The liberal usage of these historical figures by modern Muslim women, give to this story a twist, as the female representations that were once used to develop idealised portrayals of otherworldly Muslim female identity are nowadays used to reclaim religious agency and surpass restrictions of a gendered nature.

When women are mentioned in Medieval Sufism, they normally appear as accompanying figures of more notable Sufi men. Most of the cases, depict women of exceptional religious devoutness (Dakake 2007; Sylvers 2010), what sometimes granted them the right to subvert social norms applicable to others, such as those of marriage (Ouguir 2020). For example, feminine practices such as pious weeping, could entail for a woman attaining unusual degrees of religious authority, as well as being freed from a number of gender expectations.[1] One such a devout woman was the 8$^{th}$ century Sha'wāna al-Uballa, who it is said that led mixed gender congregations in which the attendees would reach ecstasy through *samā'* (spiritual music) (Sylvers 2015, 24). There is also evidence of the existence of female religious scholars (Azad 2013) and of religious activity in the form of mixed gender religious gatherings both for worship and for the study of religious subjects (Sylvers 2015, 46) as well as women who travelled in the search for (religious) knowledge. Given that religious gathering and travelling was something more commonly done by Sufi men, there is also evidence of the negative scrutiny that surrounded those gatherings and of the harassment faced by female solo-travellers (Sylvers 2015, 60–70).

## 2 Gender and Mystical Love

One of the areas in which the ungendered nature of God and of the human soul have been called into question is in ideas about mystical love. All the practices

---

[1] Intense religious devoutness, such as that involved in pious weeping, has been considered in Islam a mystical practice, thence, its attributed relation to Sufism, although in many cases, the weepers may not be part to any established Sufi Order or might have belonged to a time in which they did not yet exist (Jones 2012).

of the Sufis are oriented towards one single goal, that is to reach a state of union with the divine, what is oftentimes expressed as divine or mystical love. The commonest expression of this form of love is as a union between the Sufi (God's seeker) and God in which the former is depicted as a female bride and the latter as male, whether the seeker is male (as in the majority of cases) or female (Dakake 2007). In other instances, albeit widely condemned by most of the tradition, Sufi literature refers to homosexual pederasty as a metaphor of the divine union in which God is manifested in the (considered divine) beauty of a young male (e.g. ʿAyn al-Qudāt Hamadhānī, d. 1131; Yūsuf bin Husayn, d. 916; or, Awḥad al-Dīn Kirmānī, d. 1238) (Abdel-Latif forthcoming).

## 3 Rābiʿa al-ʿAdawiyya and Other Early Female Mystics (Seventh to Tenth Centuries)

Of the historical (or perhaps semi-legendary) figures that have made Sufism being commonly connected to a feminine religious devotion is Rābiʿa al-ʿAdawiyya al-Qaysiyya (d. 801 CE), also known as Rābiʿa of Basra, one of the most important ones. A key figure among the founding ascetics of the Sufi tradition, she is well-known for her doctrine about love and is adored as the vivid image of pure religious devotion. This results from a story about her in which she was made free from slavery when her master saw a shining light stemming from her head, a proof of her Godly devotion and her unmediated relation with the divine. She is also often used to legitimise the use of music with religious purposes in Islam, something on which there has always been and still is a heated debate about. This is because in another story she is depicted as a morally loose woman who would make an earning singing in weddings (an activity typically considered lavish from a religious perspective) and that one day in her singing she found herself miraculous singing to Allah instead than to the newlywed, a moment that hallmarked her transformation from sin to piety and the beginning of her life as a mystic, at the relatively advanced age of thirty-six.[2]

There are however serious doubts on whether she (along with other early female mystics such as the Egyptian Dhūʾn-Nūn al-Misrī, d. 859 CE) really existed. After all, all what we know about them come from hagiographical literature

---

[2] The early orientalist Margaret Smith (2010) has one of the most comprehensive studies on Rabiʿa and other female mystics; on Rabiʿa, see also Ahmed (1992, 96–98).

that was produced about two centuries later.[3] However, beyond the mere fact on whether these precise persons did or did not exist, we need to read the accounts as representations of devout women that develop idealised images of the feminine. For example, there is more accounts of devoutness of women who engaged in recurrent fasting and in intense, long-lasting praying sessions. What the literature thus seems to indicate is that women (or at least some women) engaged actively in religious practices. It also indicates that Islam in its ascetic variant, provided ideational frames for the conceptualisation of gender roles in society and of morality, and that religious literature served to convey the limits and possibilities of socially sanctioned behaviours.

## 4 Female Marginalisation in Sufi Orders and beyond

Once Sufism becomes a more established tradition and Sufi Orders (the religious institutions characteristic of Sufism) emerge around the eleventh century as a hallmark of this institutionalisation, we see women playing a more diverse (albeit still largely marginalized) role. However, most of the Sufi phenomena in which women have participated took place outside of institutional settings and not within the formal structure of Orders. Still there is some (even if scarce) evidence of women participating in the mostly androcentric world of institutionalised Sufism. For example, there is historical evidence of female-only shrines in the formative period of Sufi Orders, in places such as Aleppo, Baghdad and Mecca (Karamustafa 2007, 126). And, in the thirteenth and fourteenth centuries there seem to be hints of wealthy women as being donors to Sufi shaykhs and to economically support their lodges, as well as of being recognised disciples of Sufi saints (De Nicola 2014). We find accounts of women such as Niẓām Khātūn, who is said to have taken a role of authority, having been a disciple of the famous Sufi master, Rūmī, and who would not only attend but organise a session of Sufi music with her master and other disciples (De Nicola 2014, 154).

It is still very little what we know about these women, as most studies on the period have overlooked them, yet, for the little we know, sources mention them as receiving and imparting religious knowledge, being and having religious disciples (Ouguir 2020), participating in Sufi rituals and appearing as relatives of great Sufi

---

[3] Three are the main authors worth mentioning in this regard, Abū 'Abd al-Rahmān Sulamī (d. 1021), Abū'l Qāsim 'Abd al-Karīm b. Hawāzin al-Qushayrī (d. 1072) and Farīd ad-Dīn Muhammad b. 'Attar (d. 1221).

men, as enhancing their genealogical mystical credentials; this includes the role of being among those who have transmitted the stories that narrate the miracles of certain Sufi masters, events that are key in the authentication of the masters' mystical attributes (De Nicola 2014).

The accounts that depict females as being relevant to the Sufi tradition exist across time, yet, they need to be seen as having the relative importance they have within their contexts, and even if cases of Sufi women acting in different capacities become more recurrent over time, they still are a quite marginal part of the wider male-dominated religious tradition. It is however clear that once we get closer to modern times, their significance increases. Studies on modern Islam support the idea that in Sufism women have found a religious space they own (Dwyer 1978). We know that in modern times, women more often take female saints as role models of piety, in religious scholarship (Rory Dickson, Sharify-Funk and Shobhana Xavier 2018, 92) or as saintly figures other women venerate (Pemberton 2006). Women are habitually majority in shrines and have a central role in the catering and organization of religious events, sometimes being the sole organizers of festivities, they collect the money, prepare the food, invite, receive and cater for other pilgrims (Domínguez Díaz 2015). In modern times, Sufi groups and organizations have sometimes given Muslim women a degree of authority unseen in other Islamic communities. In this regard, remarkable are the examples of few religious organizations with no male counterpart, such as in the case of Syria's Qubaysiyya.

Today, Sufi women, as in the rest of groups of the revivalist spectrum, tend to have an active role in religious proselytization (*da'wā*), the organization of ritual gatherings, reading groups and other religious activities. On the other hand, it should be said that most Sufi orders and organizations follow a traditional understanding of gender, one in which the leadership is only attained by men, and women can just lead women – only congregations – in most cases, Sufi gatherings are gender segregated. Finding women in leadership positions is still a rarity (Birchok 2016). In general, Sufism does have a conservative view on gender and although the groups can be in this regard very diverse, there is plenty of Sufism's gender attitudes resembling those of other revival movements such as Salafism. Overall it seems fair to suggest that Sufism operates quite in line with the rest of the Islamic tradition, representing a part of that wider and very diverse religious phenomena, and not an oddity within it, as previously thought. The study of gender in Sufism is a good indication of how Islam, as a monotheistic religion serves societies to both reify and contest established social norms on the relations between men and women, yet, the degree of sexual and gender dissent within this religious tradition still represents a small proportion of the whole.

# Bibliography

Abdel-Latif, Sarah. (forthcoming). "Gender in Sufism." *Oxford Research Encyclopedia of Religion*. Oxford: Oxford University Press.

Ahmed, Leila. 1992. *Women and Gender in Islam: Historical Roots of a Modern Debate*. New Haven/CT: Yale University Press.

Azad, Arezou. 2013. "Female Mystics in Mediaeval Islam: The Quiet Legacy." In *Journal of the Economic and Social History of the Orient* 56, 53–88.

Birchok, Daniel Andrew. 2016. "Women, Genealogical Inheritance and Sufi Authority: The Female Saints of Seunagan, Indonesia." In *Asian Studies Review* 40, 583–599.

Dakake, Maria. 2007. ",Guest of the Inmost Heart': Conceptions of the Divine Beloved Among Early Sufı Women." In *Comparative Islamic Studies* 3, 72–97.

De Nicola, Bruno. 2014. "The Ladies of Rūm: A Hagiographic View of Women in Thirteenth-and Fourteenth-Century Anatolia." In *Sufi Studies* 3, 132–156.

Domínguez Díaz, Marta. 2015. *Women in Sufism: Female Religiosities in a Transnational Order.* London; New York/NY: Routledge.

Dwyer, Daisy Hilse. 1978. *Images and Self-Images: Male and Female in Morocco*. New York/NY: Columbia University Press.

Holmes Katz, Marion. 2013. *Prayer in Islamic Thought and Practice*. Cambridge: Cambridge University Press.

Jones, Linda, G. 2012. ",He Cried and Made Others Cry': Crying as a Sign of Pietistic Authenticity or Deception in Medieval Islamic Preaching." In *Crying in the Middle Ages, Tears of History*, ed. by Elina Gertsman, 132–165. London; New York/NY: Routledge.

Karamustafa, Ahmet T. 2007. *Sufism*. Edinburgh: Edinburgh University Press.

Knysh, Alexander. 2019. *Sufism: a New History of Islamic Mysticism*. Princeton/NJ: Princeton University Press.

Ouguir, Aziza. 2020. *Female Religious Agents in Morocco: Old Practices and New Perspectives*. Leiden; Boston/MA: Brill.

Pemberton, Kelly. 2006. "Women Pirs, Saintly Succession, and Spiritual Guidance in South Asian Sufism." In *The Muslim World* 96, 61–87.

Rory Dickson, William, Meena Sharify-Funk and Shobhana Xavier Merin. 2018. *Unveiling Sufism: From Manhattan to Mecca*. London; New York/NY: Routledge.

Shaikh, Saʿdiyya. 2012. *Sufi Narratives of Intimacy: Ibn Arabi, Gender, and Sexuality*. Chapel Hill/NC: University of North Carolina Press.

Silvers, Laury. 2010. ",God Loves Me': the Theological Content and Context of Early Pious and Sufi Women's Sayings on Love." In *Islamic Studies* 30, 33–59.

Silvers, Laury. 2015. "Early Pious, Mystic Sufi Women." In *The Cambridge Companion to Sufism*, ed. by Lloyd Ridgeon, 24–52. Cambridge: Cambridge University Press.

Smith, Margaret. 2010 [1928]. *Rabi'a The Mystic and Her Fellow-Saints in Islam*. Cambridge: Cambridge University Press.

## Further Reading

Elaroui Cornell, Rkia. 2019. *Rabi'a, from Narrative to Myth: The Many Faces of Islam's Most Famous Woman Saint.* London: Oneworld academic.

Schimmel, Annemarie. 2003. *My Soul Is a Woman: The Feminine in Islam.* London: Bloomsbury Publishing.

Areshpreet Wedech
# II.17 Sikhismus

## 1 Gleichstellung der Geschlechter

Der Sikhismus (*sikhi*), der von Guru Nanak (1469–1539) begründet wurde, entstand in Indien als ein Weg (*panth*) gegen das bekannte religiöse Establishment in der Auseinandersetzung mit hinduistischen Traditionen und dem Islam sowie unter dem Einfluss des Sufismus und der *Bhakti*-Gläubigkeit, um aus dem Kreislauf der Wiedergeburten auszubrechen und Erlösung (*mukti*) zu erlangen. Guru Nanaks Weg wird als für alle Menschen zugänglich gedacht, denn er lehnte nicht nur das Kastensystem ab, sondern setzte sich auch für die Gleichheit aller Menschen, unabhängig ihres Geschlechts oder ihrer Kastenzugehörigkeit, ein, da im Sikhismus alle Menschen vom Wesen her als gleichwertig betrachtet werden, denn alle werden von demselben Trennungsschmerz geplagt: Der Trennung von Gott und der Sehnsucht nach der Wiedervereinigung. Ein wichtiges Charakteristikum ist der egalitäre Gedanke, denn unabhängig von Stand und Kaste sowie Geschlecht können Männer und Frauen, als Teil der Gesellschaft und in der Familie lebend, von diesem Kreislauf erlöst werden.

Aufgrund einer Frömmigkeit, in der einzig und allein die persönliche Beziehung jedes Individuums zu Gott zentral ist, gibt es keine Vermittlerrolle. Sowohl Männern als auch Frauen steht es frei, als Granthis[1] einen Gurdwara[2] zu verwalten und aus dem *Sri Guru Granth Sahib* zu lesen.[3] Der *Sri Guru Granth Sahib* (SGGS) ist das Heilige Buch, das bzw. der für die Sikhs die Verkörperung ihrer zehn lebenden Gurus darstellt und als ewiger lebender Guru verehrt wird. Der Text des *Sri Guru Granth Sahibs* wird *dhur ki ban* (Rede von Akal Purakh[4]) oder *gurbani* (Rede der Gurus) genannt und stellt die höchste spirituelle Autorität im Sikhismus dar. Der *Sri Guru Granth Sahib* stellt eine Sammlung von Schriften verschiedener Autoren aus

---

**1** *Granth* bedeutet „Buch". *Granthi* ist die Person, die von der Administration des jeweiligen Gurdwaras eingesetzt wird, aus dem *Sri Guru Granth Sahib* vorliest sowie für alle religiöse Belange verantwortlich ist.
**2** Gurdwara („Tor zum Guru") ist die Gebetsstätte der Sikhs.
**3** Artikel VIII (b) sieht vor, dass alle Sikhs, sowohl Männer als auch Frauen so gut gebildet sein sollen, dass sie den *Sri Guru Granth Sahib* lesen können.
**4** Akal Purakh = zeitloses Wesen.

unterschiedlichen zeitlichen Epochen und Regionen dar,[5] deren Sprache der *sant bhasha*[6] zugeordnet wird.

Des Weiteren gibt es weltliche Autoritäten, die mächtigste hierbei ist das Oberhaupt (Jathedar) des Akal Takhts (Sitz des zeitlosen Wesens) in Amritsar. Insgesamt gibt es fünf Takhts. All diese Ämter werden von Männern bekleidet (Jakobsh 2021, 69–70).

Eine weitere Institution ist das Shiromani Gurdwara Parbandhak Committee (SGPC), das für die Verwaltung und Administration der Sikh-Gurdwaras, Bildungseinrichtungen, Spitäler, sowie anderer Liegenschaften in Punjab zuständig ist. Es wird seit seinem Bestehen im Jahre 1925 von Frauen und Männern aktiv und passiv gewählt. Von den 170 wählbaren Sitzen, sind 30 Plätze für Frauen reserviert. Von 1999 bis 2005 war Bibi Jagir Kaur die erste weibliche Präsidentin des SGPC, die seit 2020 erneut diese Funktion innehat.

Weibliche Partizipation in Religion, Gesellschaft und Politik spiegelt auch das Selbstverständnis vom Sikhismus der Reformbewegung Singh Sabha Movement wider, die maßgeblich an der Gründung der SGPC beteiligt war. Diese Reformbewegung entstand nach der Eingliederung des Sikh-Reichs ins British-Empire[7] und berief sich auf ihre distinkte Sikh-Identität (Shanker 1994, 201–202). Das Singh Sabha Movement wandte sich gegen die jahrzehntelange Assimilation mit den Riten und Traditionen des Hinduismus, deren Ursache der Kontrollverlust der Sikhs über ihre religiösen Einrichtungen seit der Zeit der Gurus bis zur Entstehung des Sikh-Empires unter Maharaja Ranjit Singh war. Das Ziel der Reformbewegung war es, die externen Einflüsse aus ihrer religiösen Praxis zu eliminieren, die Macht über ihre religiösen Institutionen wiederzuerlangen und die Rückbesinnung auf die Botschaft der Gurus anzustreben (Wedech 2017, 70–71). Als ein bedeutendes Differenzmerkmal, um sich vom Hinduismus abzugrenzen, wurde die Gleichberechtigung der Frau herangezogen und ausgehend davon die Bildung der Mädchen forciert (Jakobsh 2003, 186–199). So gründete Bibi Harnam Kaur mit ihrem Mann Bhai Takht Singh nicht nur Schulen für Mädchen, sondern gab auch literarische sowie sozialkritische Magazine für Frauen heraus (Wedech 2017, 70).

---

5 Neben den Schriften von fünf Sikh-Gurus finden sich auch Dichtungen verschiedener Heiliger (oftmals aus niederen Kasten), die sich zur Bhakti-Bewegung einordnen lassen (z. B. Kabir, Ravidas, Namdev), aber auch Sufi-Heiliger wie Sheikh Farid. Die ältesten Teile stammen aus dem 12. Jahrhundert, während die jüngsten dem neunten Guru, Guru Tegh Bahadur (1621–1675) zuzuordnen sind. Die Autorschaft ist sehr sorgfältig überliefert.

6 *sant bhasha* bedeutet „die Sprache der Heiligen" und diente als Lingua Franca für die mittelalterlichen Dichterheiligen in Nordindien. Hinzu kam, dass diese Sprache, anders als das Sanskrit, von gewöhnlichen Menschen verstanden wurde.

7 *sabha* bedeutet Versammlung. 1873 wurde die erste Singh Sabha in Amritsar gegründet.

## 2 Transzendenzvorstellung

Obwohl der Sikhismus streng monotheistisch ist, gibt es keinen männlichen Schöpfergott, denn Akal Purakh oder Waheguru wird als form- und gestaltlos (*nirguna*) betrachtet, sodass es über den Kategorien ‚männlich' oder ‚weiblich' steht. Dies kommt explizit im Mulmantar, das die Quintessenz des *Sri Guru Granth Sahib* und des Sikhismus darstellt und eine Charakterisierung Akal Purakhs ist, zum Vorschein:

> Es gibt einen Waheguru. Wahegurus Name ist wahr. Waheguru ist der Schöpfer. Waheguru ist furchtlos. Waheguru hat keine Feindschaften. Waheguru ist unsterblich. Waheguru wird nicht (wieder-)geboren. Waheguru hat sich selbst geschaffen. Nur durch die Gnade des Gurus kann Waheguru erlangt werden.[8]

Im *Sri Guru Granth Sahib* finden sich unzählige Verse, in welchen Akal Purakh in unterschiedlichen Verwandtschaftsverhältnissen gepriesen wird. Obwohl es sich um mehrheitlich männlich kodierte Bezeichnungen handelt, kommen auch weibliche Ausdrücke vor: „Du bist mein Vater, du bist meine Mutter. Du bist meine Verwandtschaft, du bist mein Bruder." (*SGGS*, 103), sowie: „Du bist unsere Mutter und Vater, wir sind deine Kinder." (*SGGS*, 268). Des Weiteren finden sich ebenfalls Verse, die Ähnlichkeiten zur Vorstellung von der mystischen Hochzeit zwischen Gott und Mensch in der jüdisch-christlichen Tradition aufweisen. Akal Purakh wird in diesem Kontext männlich personifiziert und als der Bräutigam betrachtet, während die menschliche Seele die Rolle der Braut einnimmt.

> I would rather be cut apart by a saw, than have You turn Your back on me. [...]
> I am a sacrifice to You – please, turn Your face to me, O Beloved Lord.
> Why have You turned Your back to me? Why have You killed me?
> Even if You cut my body apart, I shall not pull my limbs away from You.
> You are the Husband Lord, and I am the soul-bride.
> Between You and I, there is no other.
> Even if my body falls, I shall not break my bonds of love with You.[9]

---

[8] Eigene Übersetzung, *SGGS*, 1.
[9] *SGGS*, 484.

## 3 Frauen in der Sikh-Geschichte

Als erste Sikh überhaupt gilt Bebe Nanaki, die ältere Schwester des Gründers, Guru Nanak, da sie verstand, dass es sich bei ihm um keinen gewöhnlichen Menschen handelte und ihn unterstützte. Die Ehefrau des zweiten Gurus, Mata Khivi, half diesem bei der Etablierung der neuen religiösen Bewegung und wirkte in der Gemeinschaftsküche (*guru ka langar*) mit. Deren Tochter, Bibi Amro, war maßgeblich dafür verantwortlich, dass sich der spätere dritte Guru, Guru Amar Das, dem Sikhismus zuwandte. Dieser war es auch, der Reformen und Maßnahmen durchsetzte, um eine Gleichstellung beider Geschlechter zu erzielen. So verbot er die alte Tradition der Witwenverbrennung (*satī*) und die Verschleierung der Frauen (*purdah*). Frauen sollten am religiösen Leben partizipieren und wurden dazu angehalten, an der Gemeinschaft der Religiösen (*sangat*) teilzunehmen (vgl. Kaur 2005, 18–21). Darüber hinaus organisierte Guru Amar Das seinen Einflussbereich in Verwaltungseinheiten (Manji-Piri-System) und wählte für diese politisch-religiösen Aufgaben ebenfalls Frauen (Jhutti-Johal 2011, 37). Auch in der späteren Guruzeit waren Frauen wichtige Figuren in der Geschichte des Sikhismus, die wie etwa Mata Bhag Kaur von ‚traditionellen' Geschlechterrollen abwichen und zu den Waffen griffen (Singh und Singh 2012, 119–120).

Die Mutter des Khalsas[10], der 1699 von Guru Gobind Singh begründet wurde, ist Mata Sahib Kaur, da sie bei der Entstehung des Initiationsritus dem Unsterblichkeitsnektar (*amrit*) Zuckerplätzchen hinzugab (Jhutti-Johal 2011, 38). Der Initiationsritus ist für Männer und Frauen einheitlich, ebenfalls gibt es einen für beide Geschlechter gleichermaßen verbindlichen Verhaltenskodex (Rehat Maryada). Die Vornamen sind geschlechtsneutral gehalten. Ferner steht es den Frauen frei, einen Turban, der zumeist irrtümlich nur männlich kodiert wird, zu tragen (Rehat Maryada, Article XVI (t)). Während in der Vergangenheit nur sehr wenige Frauen einen Turban trugen und stattdessen ihr Haupt mit einem Schleier (*chunni, dupatta*) bedeckten, bevorzugen vor allem junge Frauen der zweiten und dritten Generation in der Diaspora den Turban, um damit ihrem Verständnis von weiblicher Sikh-Identität einen Ausdruck zu verleihen (Jakobsh 2015, 45–47). Nach 9/11 wurden Frauen, die eine *chunni* trugen, mit Muslimen verwechselt und entschlossen sich, einen Turban zu tragen, während Männer mit einem Turban für Muslime gehalten

---

10 Der *khalsa* (die „Reinen") ist eine Gemeinschaft, die von Guru Gobind Singh 1699 in Anandpur Sahib begründet wurde. Hierbei wurde das erste Mal der Initiationsritus *amrit sanchar* oder *khande di pahul* ausgeführt. Nachdem er fünf Sikhs, die verschiedenen Kasten angehörten initiierte, ließ er sich selbst von ihnen initiieren. Der Initiationsritus ist für alle Sikhs, Frauen und Männer, obligatorisch.

wurden. Viele Untersuchungen befassen sich mit dem männlichen Sikh, während die Diskriminierung, die die Sikh-Frauen erleiden, in der Forschung nicht einmal eine Marginale darstellt (Singh 2020, 153–156).

## 4 Ablehnung von weiblicher Unreinheit und Mitgiftpraxis

> They are not called pure, who sit down after merely washing their bodies.
> So does falsehood dwell in the mouth of the false; they suffer forever, again and again.
> As a woman has her periods, month after month,
> Only they are pure, O Nanak, within whose minds the Lord abides.[11]

Das Reinheitskonzept des Hinduismus ablehnend wird Un/Reinheit im Sikhismus von der Körperlichkeit getrennt und als etwas Spirituelles aufgefasst. Der Körper kann nicht rein sein, dies kann nur die *atma* (Seele). Des Weiteren werden Menstruation, Geburt und Tod als notwendige natürliche Phänomene betrachtet, wodurch der weibliche Körper und die weibliche Sexualität enttabuisiert werden. Dadurch wird das Bild der menstruierenden Frau in ein anderes Licht gerückt, da Unreinheit anders definiert wird und demnach Menstruation keine Kategorie im Sikhismus bildet, die für Un/Reinheit ausschlaggebend ist. Rein sind alle, die nach Akal Purakhs Befehl (*hukam*) leben und seiner gedenken (*nam simran*).

> Give me the Lord as my wedding gown, and the Lord as my glory, to accomplish my works. […]
> Any other dowry, which the self-willed manmukhs offer for show, is only false egotism and a worthless display.
> O my father, please give me the Name of the Lord God as my wedding gift and dowry.[12]

Die kulturellen Einflüsse sowie die patriarchalen Strukturen, in welchen der Ehre (*izzat*) ein hoher Stellenwert zugemessen wird, führen zu einer dem Mann untergeordneten Rolle in der Gesellschaft. Ferner werden Mädchen aufgrund der Mitgift-Praxis als eine finanzielle Bürde betrachtet. In der Rehat Maryada (Article XVIII, (l)) wird Mitgift verboten und ist auch laut der indischen Verfassung (Dowry Prohibition Act, 1961) gesetzeswidrig.

---

11 *SGGS*, 472.
12 *SGGS*, 79.

## 5 Ein Schritt zurück – Der Wunsch nach einer Refeminisierung

> From woman, man is born; within woman, man is conceived; to woman he is engaged and married.
> Woman becomes his friend; through woman, the future generations come.
> When his woman dies, he seeks another woman; to woman he is bound.
> So why call her bad? From her, kings are born.
> From woman, woman is born; without woman, there would be no one at all.[13]

Nichtdestotrotz ist es Frauen im Harimandir Sahib (aber in keinem anderen Gurdwara) verboten, aus dem *Sri Guru Granth Sahib* zu rezitieren, zu singen, mit der Sänfte des *Sri Guru Granth Sahibs* in der Früh und am Abend mitzugehen oder *seva* (Gemeinschaftsdienst) im Hauptgebetsraum zu leisten. Der Höhepunkt war 2003, als zwei initiierte Sikh-Frauen mit der Sänfte des *Sri Guru Granth Sahibs* mitgehen wollten, aber von den anderen (männlichen) *sevadars* daran gehindert wurden, obwohl ein seit 1996 geltender Hukamnama (Erlass) sie dazu befähigte. 2005 erließ Bibi Jagir Kaur den Erlass, dass Frauen die Sänfte berühren, mitgehen, an der Morgenzeremonie teilnehmen und auch im Hauptgebetsraum singen dürfen. Dieser Erlass wurde in demselben Jahr von den Granthis des Harmandir Sahibs aufgehoben (Jhutti-Johal 2011, 47–48).

Dieses Verbot ist zwar weder mit dem *Sri Guru Granth Sahib* noch mit der Rehat Maryada vereinbar, aber man beruft sich hier auf die alten Traditionen und Konventionen, die von den Mahants (Hindu-Priester) installiert wurden. Der Harimandir Sahib befand sich seit dem neunten Guru nicht mehr unter dem unmittelbaren Einflussbereich der Sikhs, weswegen er in einen Hindu-Schrein verwandelt wurde und die Mahants ihren eigenen Praktiken nachgingen (Singh 2000, 72). In Ermangelung einer anderen Begründung für das Verbot, wird auf diese geschichtliche Phase rekurriert: „It is a conventional practice and is hard to change." (Singh 2000, 72). Dabei handelt es sich beim Harimandir Sahib um den geschichtsträchtigsten Ort im Sikhismus, der in seiner Architektur die Philosophie der Gurus widerspiegelt: Die vier Türen symbolisieren die vier Himmelsrichtungen und damit zugleich eine Einladung an die vier traditionellen Gesellschaftsklassen, den Harimandir Sahib aufzusuchen und referieren somit auf den egalitären Zugang zum Sikhismus (Jakobsh 2012, 57–58).

---

13 *SGGS*, 473.

Im Gegensatz dazu stehen nicht nur viele dörfliche Gurdwaras in Indien, in denen Frauen sehr wohl Aufgaben (*seva*)[14] übernehmen und Präsenz zeigen, sondern auch die unterschiedlichen Diaspora-Gemeinschaften, in welchen Gleichberechtigung und Geschlechterrollen anders ausgelebt und verhandelt werden. In einem Gurdwara in Italien hat sich eine Gruppe von jungen Frauen zusammengeschlossen, die nicht nur musizieren (*kirtan*), rezitieren (dies steht sowohl in Indien als auch in der Diaspora den Frauen in nahezu jedem Gurdwara frei), sondern auch noch das Abschlussgebet (*ardas*) rezitieren, dem Sri Guru Granth Sahib Luft zufächern und die Abendzeremonie (*sukhasan*) selbst ausführen, in welcher der Sri Guru Granth Sahib zu Bett (*sach khand*)[15] gebracht und zur Ruhe gelegt wird (Bertolani 2020, 1f.). Auch in Österreich dürfen Frauen musizieren, rezitieren und auch an den anderen religiösen Zeremonien aktiv mitwirken. (Rennhofer 2006, 527–528).

In diesem Zusammenhang stehen auch die Bemühungen vieler jüngerer Frauen um eine Rückbesinnung und Re-Transformation der Riten und Bräuche mit dem Ziel, mehr weibliche Präsenz in der religiös-gesellschaftlichen Wirklichkeit zu zeigen und einen Schritt zurück zu den Wurzeln und zur Lehre zu gehen (Singh 2000; Bertolani 2020).

## Literatur

Bertolani, Barbara. 2020. „Women and Sikhism in Theory and Practice: Normative Discourses, Seva Performances, and Agency in the Case Study of Some Young Sikh Women in Northern Italy." In *Religions* 11, 91. *Sri Guru Granth Sahib* (*SGGS*). https://www.searchgurbani.com [22.11.2022].
Jacobsh, Doris. 2003. *Relocating Gender in Sikh History*. Delhi.
Jacobsh, Doris. 2015. „Seeking the Image of ‚Unmarked' Sikh Women: Text, Sacred Stitches, Turban." In *Religion and Gender* 5, 35–51.
Jakobsh, Doris R. 2012. *Sikhism. Dimensions of Asian Spirituality*. Honolulu: University of Hawai'i Press.
Jhutti-Johal, Jagbir, *Sikhism Today*. London: Bloomsbury Publishing Plc. *Rehat Maryada:* http://sgpc.net/sikh-rehat-maryada-in-english [22.11.2022].
Kaur, Bhupinder. 2005. *Status of Women in Sikhism*. Amritsar: Shiromani Gurdwara Parbandhak Committee.
Rennhofer, Martina. 2009. *Rolle, Status und Selbstverständnis sikhistischer Frauen in Indien und Österreich*. Graz (unveröffentlichte Dissertation).

---

**14** *Seva* ist der freiwillige Dienst in der Gemeinschaft und kann vielfältig sein. Darunter fällt Kochen, Putzen, Servieren, Geschirr abwaschen, Unterrichten der Kinder aber auch Rezitieren, dem *Guru Granth Sahib* Luft zufächern, etc.
**15** *Sach khand* in diesem Kontext ist der Raum, in welchem der *Sri Guru Granth Sahib* nach der Abendzeremonie gebettet wird und von welchem Raum das Heilige Buch im Rahmen der Morgenzeremonie in den Hauptgebetsraum *darbar* gebracht wird.

Shanker, Rajkumari. 1994. Women in Sikhism. In *Religion and Women,* hg. v. Arvind Sharma, 183–210. Albany/NY: SUNY Press.
Singh, Jaspal Kaur. 2020. *Violence and Resistance in Sikh Gendered Identity.* London u. a.: Routledge.
Singh, Kirpal und Kharak Singh, Hg. 2012. *History of the Sikhs and their Religion. I. The Guru Period (1469–1708 CE).* 2. Aufl. Amritsar: Shiromani Gurdwara Parbandhak Committee.
Singh, Nikky-Guninder Kaur. 1993. *Feminine Principle in the Sikh Vision of the Transcendent.* Cambridge.
Singh, Nikky-Guninder Kaur. 2000. „Why Did I Not Light the Fire? Refeminization or Ritual in Sikhism." In *Journal of Feminist Studies in Religion* 16, 63–85.
Singh, Nikky-Guninder Kaur. 2005. *The Birth of the Khalsa. A Feminist Re-Memory of Sikh Identity.* Albany/NY: SUNY Press.
Wedech, Areshpreet. 2017. *Ernst Trumpp (1828–1885) und die Übersetzung des Guru Granth Sahibs im kolonialen Indien.* Wien (unveröffentlichte Masterarbeit).

Bärbel Beinhauer-Köhler
# II.18 Bahā'ī

## 1 Entwicklung von Gender-Debatten

Die Bahā'ī-Religion hat sich innerhalb ihrer etwas mehr als 150-jährigen Geschichte (Smith 2008; Hutter 2009) im Hinblick auf ihre Geschlechterkonstruktionen deutlich verändert. Aus einem sufisch und eschatologisch geprägten Milieu der iranischen Schia und der Bābī-Bewegung[1] hervorgehend folgten die Ausbreitung im Mittleren und Nahen Osten sowie um das Jahr 1900 die weltweite Verbreitung. Bereits im 19. Jahrhundert wurden islamische Modernismusdiskurse inklusive Neujustierungen von Geschlechterrollen aufgegriffen (Brookshaw/Parviz 2008, 3). Heutige religionsinterne Positionen bewegen sich als Teil globaler Debatten moderner Gesellschaften in einem Spannungsfeld von traditionellen, liberalen und progressiven Rollenverständnissen; örtliche Gemeinden sind heterogen und gängige Konzepte können individuell variiert werden. In jedem Fall ist ein Genderdiskurs schon früh und fortwährend Teil von Debatten. Dass die Bahā'ī grundsätzlich die Idee der Einheit der Menschheit hochhalten, wirkt sich auf den Umgang mit diesen Fragen aus.

Erste Konstruktionen basieren auf den Aussagen Mīrzā Ḥusain 'Alī Nūrīs (1817–1892), genannt Bahā'ullāh[2], „Die Herrlichkeit Gottes". Als Religionsstifter erfüllte er die Erwartung der vorausgehenden Bābī-Bewegung nach der Wiederkehr des verborgenen Imams der Schia, der dann in der eigenen heilsgeschichtlichen Interpretation ab 1863 als neuer Prophet und Manifestation Gottes galt. Insofern haben seine Aussagen Gewicht. Er selbst spiegelt dabei sich verändernde Geschlechterkonstruktionen: Einerseits finden sich in seinem Offenbarungsbuch *al-Kitāb al-Aqdas* noch Anlehnungen an die islamische Möglichkeit zur Polygynie (Bahā'u'llāh

---

[1] Letztere ist die Vorläuferreligion der Bahā'ī mit einem eigenen Propheten, dem Bāb („Tor"), eigentlich as-Saiyid 'Alī Muḥammad Šīrāzī (1819–1859), der das Kommen des in der Schia erwarteten Mahdī verkündete. Mystische Gruppen waren in der Region und Zeit ein gängiges soziales Phänomen, im Hintergrund der Bābī werden die Šaiḫī gesehen, heterodoxe zwölfschiitische Sufis in naher Erwartung des Endzeitbringers, sowie die sogenannte Ḥurifīya, die Buchstabenmystik und Zeichendeutung kultivierte. In diesen religiös emotionalisierten und tendenziell heteronomen Kreisen fand der Bāb seine ersten Anhänger.
[2] Die Transkription folgt der Deutschen Morgenländischen Gesellschaft und bei Literaturverweisen der deutschen Schreibweise der Bahā'ī.

2000, #63³). Andererseits band er in seinem jahrzehntelangen Exil und Hausarrest – die Bahā'ī galten aus der Perspektive islamischer Herrscher als Apostasiebewegung – nach Stationen in Bagdad und Edirne in Akka im Rahmen reicher Korrespondenz mit seinem Heimatland Iran auch Frauen an die neue Religion (Brookshaw 2008, 50). Er befürwortete ihre Bildung und ihr gesellschaftliches, öffentliches Engagement als Schlüssel für die Verbesserung damaliger Lebensstandards.

Sein Sohn 'Abdu'l-Bahā (1844–1921) setzte sich für um 1900 entstehende Mädchenschulen ein (Moomen 2008, 99 f.) und betonte die Idee der Gleichwertigkeit und Gleichberechtigung von Männern und Frauen (Hutter 2009, 168) als wichtige Grundannahme einer auf Einheit der Menschheit zielenden Gemeinschaft, die sukzessive durch friedliches Bemühen auf die Welt wirken sollte. Er führte folgende Metapher auf Bahā'ullāh zurück:

> Die Menschenwelt hat zwei Flügel: Den einen bilden die Frauen, den anderen die Männer. Erst wenn beide Flügel gleichmäßig entwickelt sind, kann der Vogel fliegen. Bleibt ein Flügel schwächlich, so ist kein Flug möglich. Erst wenn die Frauenwelt der Männerwelt beim Erwerb von Tugenden und Vollkommenheiten gleichkommt, sind Erfolg und Gedeihen so erreicht werden, wie es sein soll. ('Abdu'l-Bahā 1992, #227:18).

Gleichzeitig ging man von tendenziell unterschiedlichen Aufgaben und Fähigkeiten der Geschlechter aus, nach denen der Mann den Unterhalt bestritt und die Frau die Kinder erzog (Forschungsabteilung des Universalen Hauses der Gerechtigkeit 1986, 45–58⁴). Dem lag eine biologistische Konstruktion und Zuschreibung bestimmter Eigenschaften wie Gewalt zu Männlichkeit und Liebe und Dienst zu Weiblichkeit zugrunde:

> In der Vergangenheit wurde die Welt durch Gewalt regiert, und der Mann herrschte aufgrund seiner stärkeren und mehr zum Angriff neigenden körperlichen und verstandesmäßigen Eigenschaften über die Frau. Aber schon neigt sich die Waage, Gewalt verliert ihr Gewicht und geistige Regsamkeit, Intuition und die geistigen Eigenschaften der Liebe und des Dienens, in welchen die Frau stark ist, gewinnen an Einfluß.⁵

---

3 Autorisierte Bahā'ī-Übersetzungen arbeiten mit international vergleichbaren Abschnitten aus Originalquellen, hier als # gekennzeichnet. Die dortige Erläuterung 89 enthält 'Abdu'l-Bahās, seinem Vater zugeschriebene Interpretation dessen als eigentliche Monogamie, eine ähnliche Denkfigur wie in der liberalen islamischen *Koran*-Exegese zu Sure 4:3.
4 Das dortige Kapitel „Gleichberechtigung und Familie" endet mit entsprechenden Verlautbarungen des Universalen Hauses der Gerechtigkeit aus den 1980er Jahren.
5 'Abdu'l-Bahā zit. nach Esslemont 1986, 173, einer vielfach neu aufgelegten Einführung in die Bahā'ī-Religion.

Im zeitlichen Umfeld des 1. Weltkrieges bedeuteten solche Formulierungen eine positive Wertschätzung von Frauen in der Hoffnung, der Welt zu mehr Frieden und Empathie zu verhelfen. Dies eröffnete Spielräume für ihr Engagement in Gemeinden sowie die offizielle Partizipation in örtlichen und Nationalen Geistigen Räten. Über die Jahrzehnte dürften sich analog zu internationalen Diskursen die Selbstbilder von Frauen und Männern auch darüber hinaus dynamisiert haben. In jüngster Zeit wird beispielsweise greifbar, dass die Idee des binären Geschlechts wie in vielen Gesellschaften hinterfragt wird, dokumentiert in den digital zur Verfügung stehenden Publikationen der Bahá'í-Library online. Diese digitale Bibliothek zeugt von einem Wunsch nach Sichtbarwerdung interner Debatten, die auch den Faktor Geschlecht umfassen.

## 2 Ontologische Vorstellungen von Geschlecht

Das oben skizzierte biologistische Muster prägte eine grundsätzlich binäre Konstruktion. ,Männer' und ,Frauen' finden in der Ehe und gesellschaftlichen Keimzelle der Familie ihre Bestimmung: die Fortpflanzung und Erziehung von Nachkommenschaft und fortschreitende geistige Erziehung der Menschheit im Sinne des Bahá'í-Glaubens. Scheidung ist zwar prinzipiell denkbar und für beide Partner durchführbar (Bahá'u'lláh u. a. 1991), jedoch mit Verweis auf den Willen Gottes und hohen Wert der Familie nicht erwünscht. Ehekrisen können in den örtlichen Gemeinden ein Thema für wohlmeinende Kommentare werden; der Idee der Einheit gemäß sind zumindest Versuche zu erwarten, eine Scheidung zu verhindern.

In dieser Konstruktion ist offiziell weder Raum für Homosexualität noch für ein ,drittes' Geschlecht und entsprechende Identitäten werden als Verhaftetsein in der irdischen Sphäre und animalischen menschlichen Natur abgewertet. Dennoch brechen sich jüngst entsprechende gesellschaftliche Debatten auch innerhalb der Bahá'í Bahn und verweisen auf die kritische Auseinandersetzung queerer Personen mit normativ wirkenden, eine Einheit der zweigeschlechtlichen Menschheit beschwörenden Grundsätzen; d.h. interne Stimmen hinterfragen die geschilderten, etablierten Konstruktionen idealer Männlichkeit und Weiblichkeit und Familie (Reini und Hieber 1996; Universal House of Justice 2012; Langer 2014).

Körperkonzepte bestehen grundsätzlich geschlechtsübergreifend und bauen auf einen gesunden Körper. Schon vergleichsweise früh spiegelte sich dies im Iran in Maßnahmen im Gesundheitsbereich, die mit Fortschritt und Zivilisation assoziiert wurden (Fazel und Foadi 2008, 122; 129–132). Der vergängliche Körper soll gesund gehalten werden und zwar als ein Träger der ewigen verständigen Seele (*nafs nāṭiqa*), die es zu kultivieren und Gott anzunähern gilt (Smith 2008, 117–123). Wege dazu sind Praktiken wie das Gebet, Fasten, der Verzicht auf Alkohol und ausschließlich eheliche Sexualität. Die individuelle Seele ist Teil einer Kosmologie und Lichtmetaphysik: Licht und Leuchten sind Zeichen einer großen Nähe zu Gott oder seiner Manifestation, siehe der Name Bahā'ullāh, wörtlich „der Glanz Gottes". Zu diesen allgemeinen Zügen einer geschlechtsübergreifenden Anthropologie kommen die benannten ontologisch begründeten Zuschreibungen zum ‚Wesen' von Frauen und Männern.

## 3 Vorbildfunktion und religiöses Engagement

Neben den erwähnten männlichen Protagonisten werden auch einige Frauengestalten der ersten Generationen besonders verehrt. Hierzu zählt, noch als Anhängerin des Bahā'ullāh als Verkünder vorausgehenden Bāb, Fāṭima Barāġānī (1814–1852) mit Ehrennamen Ṭāhirih, „die Reine"[6], oder Qurrat al-'Ain, „Augenfreude" (Najmajer 1981[7]; Stümpel 1998). Sie wird als Vorkämpferin erinnert, die öffentlich den Schleier ablegte und als Anhängerin einer aus islamischer Perspektive häretischen Neureligion hingerichtet wurde. Die Tochter Bahā'ullāhs, Bahīyih Khānum, mit deutschem Ehrennahmen „Das große heilige Blatt" (1846–1932), lebte ledig und der neuen Religion verschrieben in fortwährender Nähe der drei ersten männlichen Führungsfiguren und gilt als Stütze der Familie und Stabilisatorin der gesamten Gemeinschaft. Sie wird in zahlreichen Veröffentlichungen der Bahā'ī gewürdigt (Khan 2005; Beinhauer-Köhler 2002, 15). Ähnliches gilt auch für Rūhīyih Khānum, mit Mädchennamen Mary Maxwell (1910–2000), die aus Kanada stammende Frau Shoghi Effendis, als selbstloses und spirituell hoch entwickeltes Mitglied der Familie. Sie trat verstärkt durch eigene Publikationen und als Filmproduzentin hervor und bereiste als Repräsentantin die internationale Bahā'ī-Gemeinschaft. Ihr Bild wird durch die sie überhöhende Publikation ihrer Vertrauten geprägt, die das Narrativ ihrer Beseeltheit durch den „*holy spirit*" betont. (Nakhjavani 2000; Beinhauer-Köhler 2002, 15; 16). Frauen fungieren in diesem Rahmen als religiöse Akteurinnen und Gott nahe Orientierungsfiguren.

Frauen sind zudem engagierte Mitglieder lokaler und Nationaler Geistiger Räte, die Meinungsbildungsprozesse begleiten. Mit Recht wird der Freiraum betont, der sich für Frauen eröffnete, weil die Bahā'ī lokale religiöse Funktionsträger und

---

6 Ein gängiger Frauenname, der im Islam mit der Prophetentochter Fāṭima assoziiert wird. Es ist davon auszugehen, dass in der Übertragung auf Fāṭima Barāġānī im zunächst islamisch geprägten Umfeld entsprechende, positive Konnotationen anklangen. Qurrat al-'Ain war als koranische Wendung und Mädchenname ebenfalls Teil eines islamischen Zeichensystems.
7 Die notwendig knappen Literaturverweise inkludieren wie hier nicht nur wissenschaftliche Literatur, sondern auch Werke interner Historio- und Hagiographie mit Quellenstatus.

Autoritäten zugunsten einer eigenständigen spirituellen Entwicklung ihrer Mitglieder ablehnen (Khan und Khan 2003, 9). Dies stößt allerdings auf eine Grenze, wenn es um Partizipation bei der weltweiten Leitung geht. Diese autoritative Funktion wurde zunächst in der Familie Bahā'ullāhs vererbt. Shoghi Effendi (1897–1957), als drittes Oberhaupt der ‚Hüter' und Sachwalter des Erbes von Vater und Großvater, verlagerte diese in das posthum 1963 erstmals zusammen getretene Universale Haus der Gerechtigkeit in Haifa, zusammengesetzt aus neun gewählten, maskulinen Repräsentanten weltweiter Nationaler Geistiger Räte (Hutter 2009, 55).

## 4 Gottesvorstellungen

Gott wird amorph und verborgen oder im Sinne einer Lichtmetaphysik gedacht. Hinzu kommen aus der menschlichen Welt entlehnte geschlechtsspezifische Attribute. Dies resultiert aus der Idee der irdischen Manifestation Gottes in Form der prophetischen Offenbarer. Der Eine Gott ist unter anderem als Moses, Jesus, Muḥammad und Bahā'ullāh und damit als Mann erschienen. Der Topos der „Zwillingsoffenbarer" Bāb und Bahā'ullāh geht in die gleiche Richtung (Beinhauer-Köhler 2011, 272–274). Dies dürfte sich auf die Gottesvorstellungen auswirken und auch auf Erfahrungen der religiösen Kommunikation.

Zudem lassen sich mit Mutterschaft verbundene Zuschreibungen zum Gottesbild wie das Nähren mit Milch finden, etwa in einem Sendschreiben Bahā'ullāhs,[8] ähnlich biblischen Stellen wie *Der erste Petrusbrief* 2, 2. Die vernunftbegabte Seele, *nafs nāṭiqa*, der wie schon in der islamischen Mystik kosmologisch mit Gott verbundene und in seiner Richtung kultivierbare Part im Menschen, ist grammatikalisch feminin konstruiert und erinnert an die jüdische *shekhina* oder griechische *sophia*. Sie alle sind in metaphysischen, religionsphilosophischen Spekulationen als immaterielle Hypostasen nahe bei Gott gedeutet. Gleichzeitig scheint die Reflexion geschlechtsspezifischer Aspekte von Gottesbildern bei den Bahā'ī bisher geringer ausgeprägt (Wilson 1996; Beinhauer-Köhler 2011, 274–277).

---

8 „O Menschenkinder! Die Worte werden geoffenbart der Fassungskraft gemäß, damit die Anfänger Fortschritte machen können. Die Milch muß im richtigen Verhältnis gegeben werden, damit der Säugling der Welt in das Reich der Größe gelange und in den Hof der Einheit geführt werde." (Esslemont 1986, 144).

## Literatur

Abdu'l-Bahá. 1992. *Briefe und Botschaften.* Hofheim-Langenhain: Bahá'í-Verlag.
Bahá'u'lláh. 2000. *Der Kitáb-i-Aqdas. Das heiligste Buch.* Hofheim-Langenhain: Bahá'í-Verlag.
Bahá'u'lláh, Abdu'l-Bahá, Shoghi Effendi und Universal House of Justice. 1991. „Divorce." In *Compilation of Compilations* 1, 235–244. Mona Vale: Baha'i Publications Australia. http://bahai-library.com/compilation_discouraging_divorce [04.02.2022].
Beinhauer-Köhler, Bärbel. 2002. „Züge der Hagiographie der Bahā'ī." In *Zeitschrift für Religionswissenschaft* 10, 3–17.
Beinhauer-Köhler, Bärbel. 2011. „Genderimplikationen im Gottesbild der Bahā'ī." In *Geschlechtergerechtigkeit. Herausforderung der Religionen*, hg. v. Christoph Elsas, Edith Franke und Angela Standhartinger, 269–280. Berlin: EB Verlag.
Brookshaw, Dominic Parviz und Seena B. Fazel, Hg. 2008. *The Baha'is of Iran. Socio-historical Studies.* London; New York/NY: Routledge.
Brookshaw, Dominic Parviz. 2008. „Instructive Encouragement. Tablets of Baha'ullah and 'Abdu'l-Baha to Baha'i-women in Iran and India." In *The Baha'is of Iran. Socio-historical Studies*, hg. v. ders. und Seena B. Fazel, 49–93. London; New York/NY: Routledge.
Esslemont, John E. 1986 [1923]. *Bahá'ulláh und das neue Zeitalter.* Hofheim-Langenhain: Bahá'í-Verlag.
Fazel, Seena B. und Minou Foadi. 2008. „Baha'i Health Initiatives in Iran. A Preliminary Survey." In *The Baha'is of Iran. Socio-historical Studies*, hg. v. Dominic Parviz Brookshaw und Seena B. Fazel, 122–140. London; New York/NY: Routledge.
Forschungsabteilung des Universalen Hauses der Gerechtigkeit. 1986. *Frauen.* Hofheim-Langenhain: Bahá'í- Verlag.
Hutter, Manfred. 2009. *Handbuch Bahai. Geschichte – Theologie – Gesellschaftsbezug.* Stuttgart: Kohlhammer.
Khan, Janet A. und Peter J. Khan. 2003. *Advancement of Women. A Bahá'í-Perspective.* Wilmette/IL: Bahá'í Publishing Trust.
Khan, Janet A. 2005. *Prophet's Daughter. The Life and Legacy of Bahíyyih Khánum, Outstanding Heroine of The Bahá'í Faith.* Wilmette/IL: Bahá'í Publishing Trust.
Langer, Hanna A. 2014. *I Don't Want to Be Tāhirih. Homosexuality in the Bahā'ī Religion.* Hamburg: tredition.
Najmájer, Marie von 1981 [1874]. *Qurret-ül-Eyn. Ein Bild aus Persiens Neuzeit in sechs Gesängen.* Wien: Nationaler Geistiger Rat der Baha'i in Österreich [Verlag von P. Rosner].
Nakhjavani, Violette. 2000. *Tribute to Amatu'l-Baha Rúhíyyih Khánum.* Ottawa: Bahá'í Canada Publications & Nine Pines Publishing.
Moomen, Mojan. 2008. „Baha'i Schools in Iran." In *The Baha'is of Iran. Socio-historical Studies*, hg. v. Dominic Parviz Brookshaw und Seena B. Fazel, 94–121. London; New York/NY: Routledge.
Reini, Roger und Darren Hiebert, Hg. 1996. *Bahai Writings on Homosexuality. By Bahá'u'lláh, Abdu'l-Bahá, Shoghi Effendi, and Universal House of Justice.* https://bahai-library.com/compilation_reini_homosexuality [04.02.2022].
Smith, Peter. 2008. *An Introduction to the Baha'i Faith.* Cambridge: Cambridge University Press.
Stümpel, Isabel. 1998. „Ṭāhira Qurrat al-'Ain." In *Iran im 19. Jahrhundert und die Entstehung der Bahā'ī-Religion*, hg. v. Johann Christoph Bürgel und Isabel Schayani, 127–143. Hildesheim u. a.: Georg Olms Verlag.
Universal House of Justice. 2012. *Transsexuality.* https://bahai-library.com/uhj_transsexuality [04.02.2022].

Wilson, Morgan. 1996. *Feminism, Men and the Bahá'í Faith.* Rosebery: Association for Baha'i Studies Australia.

Rosemary A. Joyce
# II.19 Mesoamerican Religions

Mesoamerica is the term for a territory extending from central Mexico to Honduras and El Salvador, occupied by a group of connected, yet independent, societies prior to European colonization. Residents of this area spoke languages belonging to different families, including the Nahuatl of the Mexica or Aztecs, Zapotec and Mixtec, and multiple Maya languages. They created city-states that at an extreme became the tribute empire dominated by the Mexica in the 16th century. Over the more than 3000 years of recorded history of settlements in this region, religions shared distinctive characteristics due to a long history of interaction and a common ontological and cosmological framework (Monaghan 2000).

## 1 Ontology of Emergence and Fluid Gender

Central to Mesoamerican culture was an ontology of emergence, according to which aspects of being were not fixed, but fluid, developing over time. This is as true for non-humans as it was for humans. Thus, Spanish sources in the 16th century recorded masculine and feminine deities related to the ideologically central maize plant, and the moon could be portrayed as a series of supernatural beings (Joyce 2001, 176–200). In keeping with this ontology, gender was an emergent property of humans, one which continued developing through life and even after death (Joyce 2000; 2001, 177–179). The Mexica or Aztecs of Mexico described newborn children as like minerals or other precious non-human substances, needing to be crafted by adults into adults of distinct genders (Joyce 2000, 475–480). As they aged, adults merged back into a single category of elders with little differentiation. Ancestors formed a composite category undifferentiated by sex in many Mesoamerican societies. Ancestors were called mother-fathers in colonial K'iche' Maya texts, and in descendant societies today religious specialists who practice divination are also called mother-fathers.

The Mesoamerican gender spectrum included beings incorporating both masculine and feminine characteristics, as well as beings that shifted in femininity/masculinity on regular cycles, like the maize plant. In the individual human life course, gender polarization was most marked in representation of the young adult years. At that point, especially in the most hierarchical societies, such as those of the Mexica, male-female heterosexual couples were encouraged to create families and contribute to the continuity of the kin group, city, and state (Burkhart 1997; Joyce 2000, 479f.). But even at this moment of greatest gender polarization,

∂ Open Access. © 2024 bei den Autorinnen und Autoren, publiziert von De Gruyter. Dieses Werk ist lizenziert unter einer Creative Commons Namensnennung – Nicht kommerziell – Keine Bearbeitung 4.0 International Lizenz. https://doi.org/10.1515/9783110697407-028

some religious participants were celibate men and women whose lives and even appearances were much less differentiated, who swept temples, burned incense, and carried out rituals. In contrast to the convergence of action and appearance of these celibate religious practitioners which de-emphasized sexual difference, in some contexts, Mexica political authority invoked a combination of polar masculine and feminine abilities. Certain male Mexica authorities, leaders in ritual, were named with a title, Cihuacoatl (literally "woman serpent") that suggested these men encompassed the spectrum of gender. These men with feminine ascription were paired in governance with a masculine leader, the Tlatoani ("Speaker"), modeling the complementarity of polar genders that was critical for religious practice to be effective as well.

Indigenous understandings of the life of humans and nonhumans were linked. Like humans, plants, animals, and some crafted things were understood to possess animate potential, animating essences, spirits, or souls. These animating essences were multiple and could be shared, including by human and non-human beings. Human beings were shaped by the cooperation of living people, ancestors, and other entities, who contributed distinct substances to making the person, including non-corporeal aspects of the person, spirits or souls (Gillespie 2002; McKeever Furst 1995). One of the ways that different entities were linked was through ancestry or descent. Substances were passed on from one generation to another through biological reproduction, but also through practices such as use of sweat baths, and sharing of food. In some Mesoamerican societies, ancestral names were passed down, implying a form of intergenerational transfer of being. Different entities could be linked by having a common birth date (Monaghan 1998, 137–139).

In many Mesoamerican societies, individual humans had some kind of relationship of substance with an animal through one of these spirit beings. The Maya categorical name for these beings associates them with sleeping or dreaming (Houston and Stuart 1989). Contemporary Maya people understand that during sleep, their spirits can separate from their bodies. Spirits like this can be recognized as agents in religious practices. They do not divide along lines of sexuality.

Mesoamerican people understood that the death of the human being ended the development of their individual body. But bodily death did not end the development of the person or the network of other beings linked to the person. The various animating essences, spirits or souls could continue to act after the death of the body (Gillespie 2002). This laid the groundwork for religious practices aimed at enlisting dead family members, ancestors, in support of the living. The ancestors so invoked consisted of the commingled men and women who the K'iche' Maya call mothers-fathers. The actions of human women were critical in Mesoamerican ontology in conjunction with actions of human men, and of the network of nonhumans to which each human was connected.

## 2 Women as Religious Subjects

Many entities portrayed in Mesoamerican images that appear to be supernatural beings or deities have clothing and ornaments also worn by human women. Thus, scholars understand that beings with male and female gender were both important in cosmology. Enumerating female deities can be challenging. In the case of the well-documented 16th century Mexica, it is possible to identify a large number of feminine divinities mentioned in Spanish colonial texts: Chalchiuitlicue, patron of earthly waters, Huixtocihuatl, the goddess of salt, Mayahuel, the patron of the maguey plant, and more complex figures such as Tlazolteotl, a patron of spinning and steambaths who was later characterized as concerned with sin, or Coyolxauhqui, elder sister and rival of the sun god. Many of these feminine divinities have aspects of masculinity combined with feminine features, or, as in the case of maize deities, form series with different apparent genders (Joyce 2000, 165–175).

The existence of feminine divinities would not by itself establish that women were key participants in religion. In visual art from before 1000 BCE to the 16th century, human women are shown participating in religious actions (Abb. 13).

Because most preserved images are stone sculptures that adorn political monuments, the appearance of men and women is strongly related to local norms of political leadership, with more men depicted than women. It is quite common, however, for women to be featured as co-participants in religious actions even on political monuments of states that largely excluded women from rule, often with distinctive actions ascribed them, such as offering ritual implements or ritual drinks.

In a few cases, distinctive religious actions are only carried out by beings marked as feminine. An example is a set of images from Classic Maya societies in which a female figure confronts a person emerging from the mouth of a hovering serpent (Joyce 2001, 84–88). These appear on carved stone monuments put in place by the ruling family of Yaxchilan, such as the famous Lintels 15 and 25, and also on ceramic vessels that likely contained beverages consumed in ritual practices. The occasion of at least some of these religious rituals is a date recorded as near the birth of an heir, possibly a naming or other life initiating event. Naming ceremonies described for the 16th century Mexica involved divination of future gendered lives for newborn infants by the elderly woman who served as midwife (Joyce 2000, 476 f.).

In the central locations from which political control was exercised over city-states, gender difference commonly entered into religious practice. Gender complementarity – the participation of people of distinct genders – was required in some rituals for them to be complete. This can again be illustrated with the carved

**Abb. 13:** Image of a woman pouring a ritual libation, painted on a cylindrical vase used for ritual drinking, Ulúa Valley, Honduras, ca. 750–850 CE (Photo credit: Museo de San Pedro Sula. Photograph by Russell N. Sheptak).

monuments from Classic Maya Yaxchilan. Lintel 24 depicts a male figure holding a burning torch standing at the side of a woman whose frontal posture shows she is the focal person in this scene. Kneeling on the ground, this richly dressed woman draws a rope with spines through her tongue, depositing the blood on paper in a basket in front of her (Joyce 2001, 62). In the same building, another sculpture, Lintel 26, again shows complementary actions by the male and female. In this case, the male figure is focal, as indicated by his frontal posture. Facing him is a standing woman, richly dressed, who holds a feline head that the forms part of the man's ritual costume. In other sculptures from Yaxchilan, such as Lintel 1, a man dressed in elaborate costume, described in accompanying text as dancing, is attended by a woman holding a wrapped bundle containing ritual implements (Joyce 2001, 61).

Mexica religion also involved gender complementarity. Processions required the participation of both young men and women, dancing and singing in unison or call-and-response (Joyce 2001, 157–160). Over the annual cycle of religious rituals in the Mexica capital city described in 16th century documents assembled by Bernardino de Sahagun, known today as the *Florentine Codex*, male and female religious specialists led different events, some dedicated to feminine deities (Joyce 2001, 166–168). The annual calendar was divided into 18 months. In each month, public processions, dances, and sacrifices were led by religious practitioners. These festivals had names and themes that related to the cycle of seasonal rainfall, planting, growth, and harvesting of maize, the staple crop. Paired months foregrounded deities of different gender related to the same phenomena. Thus, stages in the growth of maize were celebrated in two consecutive months, with the personification of the corn ear as a male deity, Centeotl, central to ceremonies in the month of Tozoztontli, and of the corn plant as female, Chicomecoatl, in the following month of Huey Tozoztli. Impersonators of the female deity of salt, Huixtocihuatl, were the focus of sacrifice in the month of Tecuiltontli, followed by the sacrifice of impersonators of Xilonen, a corn deity of ambiguous gender, in Huey Tecuilhuitl. Late in the year, approximately in September, the month of Ochpanitzli or "Sweeping" was marked by festivities related to the old goddess Toci, and the sacrifice of impersonators of the maize goddess. In the depth of winter, approximately January, the month of Tititl was marked by veneration of Ilamateuctli, "Old Woman Noble". In the twelve other months, although male deities were often central, ceremonies involved men and women participating. This interdependency is recognized in preserved speeches from Mexica documents that equate women's work with the participation of men in ritualized raids, together maintaining Mexica society (Burkhart 1997).

## 3 Religious Practices and Gender

From its earliest history, Mesoamerican peoples used a restricted set of religious practices to animate substances, to initiate cycles of change in the nature of entities, and to align entities in more harmonious forms through religious practices. One of the earliest forms of religious practice, evident in multiple areas before 1000 BC, involved the use of modeled ceramic figurines. A majority appear to be either feminine images or of ambiguous gender. In some villages, such as those of early Honduras, figurines may have been used in rituals of the life cycle, helping guide the transformation of children, primarily female children, into youths and youths into adults and elders (Joyce 2001, 35–38). In other villages in the ancestral Zapotec area of Mexico, it has been suggested that figurines were made by women to facilitate their contact with female ancestors (Marcus 1998). The shared concept is that fired clay images were imbued with activity, potentially participating as non-human agents in religious rituals themselves.

The early religious practices involving figurines took place in or near houses, which were also the site of burial of the dead, a practice reflecting religious concepts of continued existence of the human as ancestor. In a growing number of villages, after 1000 BCE, a sector of the settlement was constructed as a stage for more visible religious practices than these domestic observances. These new constructions produced processional and performative spaces that provide evidence of shared religious practices. They routinely combined platforms constructed to contain or cover the burials of select individuals (men and women) with adjacent open spaces, often demarcated by monuments carved with imagery of human figures engaged in religious actions (Joyce 2001, 38–48).

Performative spaces like these were the places where Mesoamerican men and women carried out dance-dramas, wearing costumes or masks that linked dancers with mythical or non-human beings (Looper 2009). Some dances, even today, involve cross-gender performances, most often with men dressing in feminine costume. Mortuary shrines built over the tombs of selected ancestral persons, both men and women, were sites for commemorative incense burning rituals (Stuart 1998).

## 4 Conclusion

Mesoamerican religious traditions continue today in the practices of the descendants of the ancient Maya, Mixtec, Zapotec, and Mexica. In their decolonial account of the long tradition of Mesoamerican cosmology, ritual, and religion, Maarten Jansen and Gabina Aurora Pérez Jiménez (2017) argue that a narrative of the supernatural Grandmother of the steambath is a primordial aspect of shared Mesoamerican religion. They point to continued emphasis on the emergence of phenomena, on their fluctuation, and on the need for religious action to maintain the world in harmony. Humans are connected to a network of other beings. They are required to honor the ancestors as their contribution to maintaining harmony. The places where contact with ancestral beings is possible are the sites of religious ritual. Central to the emergence of the human is the naming ceremony that establishes not just a label, but the spiritual identity that links the person to other human and nonhuman entities.

Because they draw on the contemporary practices of descendant communities, Jansen and Pérez Jiménez (2017) are able to demonstrate that the placement of offerings at significant places on the landscape is understood as part of a process of exchanges linking humans and more-than-human entities. They describe one famous tomb at the site of Monte Alban, in the Mexican state of Oaxaca, as containing ancestral bundles employed in religious rituals of connection with ancestors, both male and female, whose histories were recorded in indigenous manuscripts. Consistent with the ontology of emergence that characterizes Mesoamerican societies, the continuation of the world is dependent on the proper practice of religious observances by men and women acting together, in relation to the merged ancestors. Interdependency of humans and nonhumans, represented centrally by the cooperation of human men and women in ritual action, is critical. The required gender complementarity authorizes women's participation in religion.

## Bibliography

Burkhart, Louise. 1997. "Mexica Women on the ‚Home Front': Housework and Religion in Aztec Mexico." In *Indian Women of Early Mexico*, ed. by Susan Schroeder, Stephanie Wood, and Robert Haskett, 25–54. Norman/OK: University of Oklahoma Press.

Gillespie, Susan D. 2002. "Body and Soul among the Maya: Keeping the Spirits in Place." In *The Space and Place of Death*, ed. by Helaine Silverman and David Small. Archeological Papers of the American Anthropological Association 11, 67–78. Washington, D.C.: American Anthropological Association.

Houston, Stephen and David Stuart. 1989. "The Way Glyph: Evidence for ‚Co-essences' Among the Classic Maya." In *Research Reports on Ancient Maya Writing* 30, 1–16.

Jansen, Maarten and Gabina Aurora Pérez Jiménez, 2017. *Time and the Ancestors: Aztec and Mixtec Ritual Art*. Leiden; Boston/MA: Brill.

Joyce, Rosemary A. 2000. "Girling the Girl and Boying the Boy: The Production of Adulthood in Ancient Mesoamerica." In *World Archaeology* 31, 473–83.

Joyce, Rosemary A. 2001. *Gender and Power in Prehispanic Mesoamerica*. Austin/TX: University of Texas Press.

Looper, Matthew. 2009. *To Be Like Gods: Dance in Ancient Maya Civilization.* Austin/TX: University of Texas Press.

Marcus, Joyce. 1998. *Women's Ritual in Formative Oaxaca: Figurine-making, Divination, Death and the Ancestors.* Memoir 33. Ann Arbor/MI: Museum of Anthropology, University of Michigan.

McKeever Furst, Jill L., 1995. *The Natural History of the Soul in Ancient Mesoamerica.* New Haven/CT: Yale University Press.

Monaghan, John D. 1998. "The Person, Destiny, and the Construction of Difference in Mesoamerica." In *RES: Anthropology and Aesthetics* 33, 137–46.

Monaghan, John D. 2000. "Theology and History in the Study of Mesoamerican Religions." In *Supplement to the Handbook of Middle American Indians 6: Ethnology*, ed. by John D. Monaghan, 24–49. Austin/TX: University of Texas Press.

Stuart, David. 1998. ",The Fire Enters His House': Architecture and Ritual in Classic Maya Texts." In *Function and Meaning in Classic Maya Architecture*, ed. by Stephen Houston, 373–425. Washington, D.C.: Dumbarton Oaks.

## Further Reading

Gonlin, Nancy and Jon C. Lohse, eds. 2007. *Commoner Ritual and Ideology in Ancient Mesoamerica.* Boulder/CO: University Press of Colorado.

Mock, Shirley B., ed. 1998. *The Sowing and the Dawning: Termination, Dedication, and Transformation in the Archaeological and Ethnographic Record of Mesoamerica.* Albuquerque/NM: University of New Mexico Press.

Plunket, Patricia, ed. 2002. *Domestic Ritual in Ancient Mesoamerica.* Monograph 46. Los Angeles/CA: Cotsen Institute of Archaeology, UCLA.

Prufer, Keith M. and James E. Brady, eds. 2005. *Stone Houses and Earth Lords: Maya Religion in the Cave Context.* Boulder/CO: University Press of Colorado.

Bettina E. Schmidt
# II.20 Yoruba-Religion

Die indigenen Religionen in Afrika wurden lange unter dem Begriff *African Traditional Religion* (ATR) zusammengefasst (Mbiti 1969). Mit der Zeit setzte sich das Verständnis durch, dass die Religionen zu vielfältig sind, um mit einem Sammelbegriff bezeichnet zu werden. Die Yoruba-Religion ist ein Beispiel von unzähligen indigenen Religionen auf dem afrikanischen Kontinent. Yoruba ist eine ethnisch-linguistische Bezeichnung einer Ethnie im Südwesten von Nigeria, Benin und Togo, welche heute ungefähr 20 Millionen Personen umfasst. Die Yoruba-Sprache ist allerdings weiter verbreitet und wird von vielen Menschen unterschiedlicher ethnischer Zugehörigkeit als Zweitsprache gesprochen. Die Ethnie hat eine lange, historisch belegte Verbindung zur Region. So verweist Pemberton (2005) aufgrund archäologischer und linguistischer Belege auf eine Präsenz in der Region im 5. Jahrhundert v. chr. Z. Es gibt Belege für die Existenz eines Yoruba-Stadtreiches im 9. Jahrhundert n. chr. Z. Das Zentrum war die Stadt Ile-Ife, wo über die nächsten fünf Jahrhunderte bemerkenswerte Terrakotta- und Bronze-Skulpturen produziert wurden. Seit dem 17. Jahrhundert geriet die Region zunehmend unter fremde Einflüsse, zuerst von Seiten muslimischer Händler und Eroberer, dann europäischer Sklavenhändler. Im 19. Jahrhundert tauchten verstärkt christliche Missionare in der Region auf, die im 20. Jahrhundert Teil des britischen Kolonialreiches wurde.

Die Yoruba-Religion ist besonders bedeutsam, da viele afro-amerikanische Religionen so stark von der Yoruba-Religion beeinflusst wurden, dass einige Gläubige in Amerika ihre Religion auch als Yoruba identifizieren. Das ist allerdings irreführend, denn trotz Ähnlichkeiten zwischen afro-amerikanischen Religionen und der Yoruba-Religion haben sie sich im 19. und 20. Jahrhundert unterschiedlich entwickelt. Eine Gemeinsamkeit bilden allerdings die fluiden Geschlechterrollen. Die Yoruba-Religion basiert auf einer integrierten Kosmologie, in der Menschen, Ahnen und Götter zusammen existieren. Das Universum wird als fluid beschrieben und besteht aus unterschiedlichen Ebenen, deren Wesen miteinander interagieren. Übernatürliche Wesen wie die *Orishas* und die Ahnen beeinflussen die Ebene und das Schicksal der Menschen. Die Rituale sind eine zentrale Methode, wie die Menschen die Götter und Ahnen überreden können, ihnen zu helfen. Zentraler Aspekt ist dabei *ashe*, die Lebensenergie. Sie durchdringt das Universum und ist Garant aller Schöpfung (Pemberton 2005). Bei Geburt erhalten alle Lebewesen *Ashe* und verbrauchen es von nun an unentwegt. Wenn der Gehalt von *Ashe* zu niedrig wird, besteht die Gefahr von Krankheiten oder anderweitigen Problemen. *Ashe* kann durch die Teilnahme an Ritualen und der Durchführung besonderer Opferrituale wiedergewonnen werden. *Ashe* verbindet somit alle Wesen miteinander,

Menschen und Ahnen sowie die *Orishas*. Wenn jemand die Ahnen oder *Orishas* vernachlässigt, sinkt *Ashe*, wenn jemand aber die *Orishas* und Ahnen korrekt verehrt, steigt *Ashe*.

# 1 ‚Vermännlichung' der Yoruba-Religion

Die Gegenwart von Islam und Christentum beeinflusste die Religion der Yoruba vor allem in Hinblick auf die Geschlechterordnung. So war eine der zentralen Veränderungen die Identifizierung eines männlichen Schöpfergottes, der über den nun zunehmend geschlechtlich definierten Göttern, den *Orishas*, platziert wurde. Wenngleich es weiterhin umstritten ist, ob die Verehrung eines Schöpfergottes von Missionaren eingeführt wurde, so ist der Einfluss auf die Geschlechtsattribution der *Orishas* heute unbestritten. Wie Oyeronke Olajuba (2003) schreibt, waren die ursprünglichen Geschlechterkonstruktionen überaus komplex und fluid, bis sie unter dem Einfluss des Christentums statisch fixiert wurden. So weist Oyèrónké Oyêwùmí darauf hin, dass die Yoruba-Sprache nicht über die binäre Geschlechterzuordnung in männlich und weiblich verfügt hatte, welche westliche Sprachen charakterisieren. Sie beschreibt die Sprache sogar als frei jeglicher geschlechtlichen Zuordnung (1997, 29), wobei ‚geschlechterlos' allerdings nicht androgyn oder ambivalent gegenüber dem Geschlecht bedeutet. Vielmehr bedeutet geschlechtslos laut Oyêwùmí (1997, 174), dass menschliche Attribute nicht als geschlechtsspezifisch kategorisiert wurden.

Die Einführung klarer geschlechtlicher Zuordnungen hatte auch soziale Auswirkungen wie Matory zeigt (1993). So konnten bis zum 17. Jahrhundert Frauen politische und militärische Rollen im Oyo-Reich ausfüllen und sogar über königliche Macht verfügen. Mit dem Zusammenbruch des Oyo-Reiches 1830 veränderte sich allerdings die Stellung der Frauen, welche zunehmend marginalisiert wurden. Oyêwùmí (1997, 141) geht noch weiter und schreibt, dass sich durch die Einflüsse des Christentums eine männliche Voreingenommenheit in der Yoruba-Religion etablierte, die letztendlich zu einer Vermännlichung der Religion führte. Jegliche Beschreibung der heutigen Yoruba-Religion ist daher keine historische Darstellung, sondern repräsentiert die Gegenwart als Resultat der historischen Entwicklung.

# 2 Orishas und Geschlechterrollen

Die *Orishas* stehen im Zentrum der Religionsausübung. Olodumare wird oftmals als Hochgott oder Schöpfergott beschrieben, wenngleich die Schöpfung der Welt auf Oduduwa und die Schöpfung der Menschen auf Obatala zurückgeführt wird. Das

Yoruba-Pantheon hat eine unbestimmte Anzahl von *Orishas* (Pemberton 2005 verweist auf 401, während Olupona 2011 von 201 schreibt). Wenngleich einige *Orishas* auf Menschen zurückgeführt werden, die erst im Tod zu *Orishas* wurden, werden *Orishas* oftmals als Manifestationen von Olodumare beschrieben. Während Olodumare ursprünglich ohne eindeutige Geschlechtsidentifikation beschrieben wurde, hat der Einfluss der Missionare zu einer Vermännlichung geführt und Olodumare wurde zum Vater im Himmel, dem Äquivalent des christlichen Gottes. Und auch die *Orishas*, die ursprünglich ihr Geschlecht wechseln konnten, sind nun in der Regel mit einem Geschlecht identifiziert. Weibliche *Orishas* werden zudem heute als weniger mächtig angesehen, so wie auch bei den Ahnen die Bedeutung der Vorväter die der Mütter überdeckt (Oyêwùmí 1997, 141). Dennoch darf nicht übersehen werden, dass sowohl weibliche als auch männliche *Orishas* wichtig sind. Laut Olajuba (2005) beinhalten die Mythen um die *Orishas* wichtige Rollenmodelle für Frauen und Männer, nicht nur für religiöse Rollen, sondern auch soziale wie beispielsweise Fürsorge, Kampfbereitschaft oder Verführung, aber auch berufliche wie Ackerbau, Jagd und Fischerei. Hier allerdings ist eine der Konsequenzen des islamischen und christlichen Einflusses zu sehen, da Frauen zunehmend in den häuslichen Bereich gedrängt wurden und auch weibliche *Orishas* zunehmend mit mütterlichen Rollen identifiziert wurden. Als wichtigste Rolle der Frauen wird heutzutage der Beitrag zur sexuellen Reproduktion angesehen.

Eine Ausnahme ist bis heute die Geisterbesessenheit. Wenngleich die politische Bedeutung der Geisterbesessenheit zurückgegangen ist, spielt sie dennoch eine zentrale Rolle in der Religionsausübung, die zunehmend unter die Kontrolle von Frauen und marginalisierten Männern gefallen ist (Matory 1993, 70). Die Besessenheit ist wie das Orakel eine zentrale Form der Kommunikation zwischen Menschen und *Orishas*. Während allerdings die Kommunikation mittels Orakel von Priestern ausgeübt wird, können die *Orishas* direkt angesprochen werden, wenn sie einen menschlichen Körper in Besitz nehmen. Und hier dominieren Frauen als Medium für die Kommunikation mit den *Orishas*.

Das bekannteste Orakel ist *Ifa*, das Staewen und Schönberg (1982) als das Wort der Götter bezeichnen. Es wurde bereits von Frobenius (1926) erwähnt und später von Bascom (1969) und anderen ausführlicher studiert. Das *Ifa*-Orakel wird von den traditionell männlichen Priestern, den *Babalawos*, gedeutet, die in ihrer Ausbildung die Legenden, Zeichen und Zahlen-Kombinationen auswendig lernen, mit denen sie dann die Antwort der *Orishas* auf die Fragen ihrer Klienten ermitteln und deuten. Obwohl seit einigen Jahren auch Frauen in *Ifa* ausgebildet werden, steht *Ifa* weiterhin unter die Autorität männlicher Priester. Allerdings gibt es neben *Ifa* andere Orakelformen, die von Priestern beider Geschlechter gedeutet werden. Wenngleich in der Literatur *Ifa* als das zentrale Element, welches die Yoruba vereint, beschrieben wird, darf die Bedeutung der anderen Divinationspraktiken nicht unterschätzt werden. Aufgrund der integrierten Kosmologie ist die Kommunikation zwischen *Orishas* und Menschen zentral. So werden die *Orishas* bei Problemen und vor wichtigen Lebensentscheidungen konsultiert. Diese Konsultationen sind allerdings nicht nur über das *Ifa*-Orakel möglich, sondern auch mittels anderer Orakelformen. Wie bereits Staewen und Schönberg (1982) feststellten, nimmt die zentrale Funktion des *Ifa* als moralischer Leitfaden der Yoruba ab (1982, 22). Die Bedeutung der *Orishas* allerdings – und damit auch die Bedeutung der Kommunikation mit ihnen – ist weiterhin gegeben.

## Literatur

Bascom, William. 1969. *Ifa Divination*. Bloomington/IN; London: Indiana University Press.
Frobenius, Leo. 1926. *Die atlantische Götterlehre*. Jena: Diederichs.
Matory, James L. 1993. „Government by Seduction. History and the Tropes of 'Mounting' in Oyo-Yoruba Religion." In *Modernity and Its Malcontents*, hg. v. John Comaroff und Jean Comaroff, 58–85. Chicago/IL: University of Chicago Press.
Mbiti, John S. 1969. *African Religions & Philosophy*. London, Ibadan: Heinemann.
Olajuba, Oyindamola. 2005. „Gender and Religion. Gender and African Religious Traditions." In *Encyclopedia of Religion* 5, hg. v. Lindsay Jones, 3400–3406. 2. Aufl. Detroit/MI u. a.: Macmillan Reference USA. An Imprint of Thomson Gale.
Olajuba, Oyindamola. 2003. *Women in the Yoruba Religious Sphere*. Albany/NY: SUNY Press.
Olupona, Jacob K. 2011. *City of 201 Gods. Ilé-Ifè in Time, Space, and the Imagination*. Berkeley/CA: University of California Press.
Oyêwùmí, Oyèrónke. 1997. *The Invention of Women. Making an African Sense of Western Gender Discourses*. Minneapolis/MN: University of Minnesota Press.
Pemberton, John. 2005. „Yoruba Religion." In *Encyclopedia of Religion* 14, hg. v. Lindsay Jones, 9909–9912. 2. Aufl. Detroit/MI u. a.: Macmillan Reference USA. An Imprint of Thomson Gale.
Staewen, Christoph und Friderun Schönberg. 1982. *Ifa, das Wort der Götter. Orakeltexte der Yoruba in Nigeria*. Studien zur Kulturkunde 59. Wiesbaden: Steiner Verlag.

## Weiterführende Literatur

Matory, James L. 2005. *Sex and the Empire That Is No More. Gender and the Politics of Metaphor in Oyo-Yoruba Religion*. New York/NY; London: Berghahn Book.
Olupona, Jacob K. und Terry Rey, Hg. 2008. *Òrìṣà Devotion as World Religion. The Globalization of Yorùbá Religious Culture*. Madison/WI: The University of Wisconsin Press.
Oyèrónké Oládémo. 2022. *Women in Yoruba Religions*. New York/NY: New York University Press.

Bettina E. Schmidt
# II.21 Afro-Amerikanische Religionen

Afro-amerikanische Religionen entstanden im Kontext des transatlantischen Sklavenhandels. Ihre Wurzeln gehen auf afrikanische traditionelle Religionen zurück, vor allem – aber nicht nur – auf die westafrikanische Yoruba-Religion. Aufgrund der Unterdrückung während der Sklaverei wurden die Glaubensinhalte und Praktiken allerdings adaptiert. Insbesondere in den ehemaligen katholischen europäischen Kolonien in der Karibik und Südamerika verbanden sich afrikanische Glaubenselemente mit Aspekten des europäischen Volkskatholizismus wie der Heiligenverehrung. Katholische Heilige nahmen den Platz afrikanischer Götter ein, vor allem wenn sich Elemente der Hagiographie ähnelten. Auch in ehemals protestantisch geprägten Kolonien in der Karibik und Nordamerika passten sich die afrikanischen Traditionen aufgrund der Bedingungen der Sklaverei an, dort allerdings ohne die Duldung vonseiten der Kirche, sondern verfolgt als Hexerei oder versteckt als Kräutermedizin. Trotz aller Verfolgung hatten sich nach dem Ende der Sklaverei in den Amerikas zahlreiche afro-amerikanische Religionen etabliert. Die bis heute bekanntesten finden sich in Brasilien, Haiti, Kuba, Trinidad und Tobago, und Jamaika. Aber auch in den USA werden afro-amerikanische Religionen praktiziert. Zu den populärsten gehören heutzutage Vodou in Haiti, Santería (auch Lukumi Religion oder Orisha-Religion genannt) in Kuba und den USA, Candomblé und Umbanda in Brasilien und die Orisha-Religion in Trinidad und Tobago. Obeah in Jamaika gehört ebenfalls dazu, wenn auch oftmals als Magie kategorisiert.[1]

## 1 Glaubensinhalte

Die Glaubensinhalte der heutigen afro-amerikanischen Religionen basieren auf Elementen verschiedener indigener Religionen Afrikas. Der Kosmos besteht aus organischen Wesen (Menschen, Tiere und Pflanzen) sowie transzendenten Wesen, den Göttern und Geistern. Dazu zählen auch Ahnengeister sowie Geister, die Naturerscheinungen zugerechnet werden (beispielsweise Quellen, Wälder oder einzelne Bäume). In der Regel werden diese Götter und Geister heutzutage als geschlechtliche anthropomorphe Wesen beschrieben und somit als weibliche oder

---

[1] In Jamaika wurde Obeah 1760 mittels eines Anti-Obeah-Gesetzes von der damaligen britischen Kolonialregierung verboten. Dieses Gesetz wurde auch in anderen britischen Kolonien erlassen und besteht in einigen noch heute. Siehe dazu Götz 1995.

männliche Götter und Geister identifiziert. Allerdings argumentiert Oyèrónké Oyêwùmí (1997), dass diese zweigeschlechtliche Identifizierung auf dem Einfluss der europäischen Kolonisten und Missionare beruht.[2] Die heutigen afro-amerikanischen Religionen verfügen über vielschichtige Mythologien, in denen Götter und Göttinnen gleichermaßen eine zentrale Rolle spielen, denn sie können das Schicksal der Menschen beeinflussen. Diese *Orishas* (nach der Yoruba-Tradition benannt) oder *Lwas* (in der haitianischen Tradition)[3] werden meistens als Kreationen des Schöpfers des Universums betrachtet, d.h. dem Schöpfergott untergeordnet.

Die gemeinsame Existenz der Menschen, Götter und Geister ist zentraler Bestandteil afro-amerikanischer Religionen. Menschen und transzendente Wesen teilen den Kosmos und sind voneinander abhängig. Alles Leben benötigt spirituelle Energie (oftmals *Ashe*[4] genannt), welche vom universellen Schöpfer verteilt wird. Dieser Schöpfer wird zwar mitunter als geschlechtsneutral beschrieben, aber überwiegend als männlich, analog zum christlichen Gott. Alle religiösen Praktiken zielen darauf ab, den Gehalt von *Ashe* in Balance zu halten und jeglichen Verlust auszugleichen. Die Teilnahme an Ritualen hilft *Ashe* zu gewinnen, was besonders im Fall von Krankheit als lebenswichtig angesehen wird. Die Vernachlässigung der Verehrung der Götter und Geister hingegen beschleunigt den Verlust von *Ashe*. Die Balance von *Ashe* hängt von der Reziprozität zwischen den transzendentalen Wesen (Göttern und Geistern) und den Menschen ab. Gläubige müssen bestimmte Obligationen gegenüber den Göttern und Geistern erfüllen, um ihre spirituelle Energie zu gewinnen oder zu behalten. Schwindet *Ashe*, so dezimiert das die Lebensenergie mit schwerwiegenden Konsequenzen. Ein Mensch mit geringer *Ashe* erkrankt oder leidet an psychischen und emotionalen Problemen, mitunter werden auch soziale und wirtschaftliche Probleme auf den Verlust von *Ashe* zurückgeführt. Abhilfe kann auf mehreren Wegen erfolgen, beispielsweise durch Opfer an die Götter und Geister, Teilnahme an bestimmten Ritualen oder sogar die Initiation als Priester und Priesterinnen.

## 2 Die Priesterschaft

Die Priesterschaft ist von zentraler Bedeutung in afro-amerikanischen Religionen. Nicht nur im Falle von Problemen werden Priester und Priesterinnen konsultiert, sondern sie leiten die Mitglieder ihrer Gemeinschaften auch in allen Lebensent-

---

2 Siehe den Beitrag zur Yoruba-Religion in diesem Band.
3 Es gibt nicht nur eine Reihe von Schreibweisen (*orishas, orichas, orixa*) sondern auch zahlreiche andere Begriffe. So stehen im haitianischen Vodou *Lwa* im Mittelpunkt der Verehrung.
4 Auch *ache* oder *axe* geschrieben.

scheidungen. Sie werden außerdem als Bewahrer des sakralen Wissens angesehen, welches auf Afrika, auf die Zeit vor dem Sklavenhandel, zurückgeführt wird. Da während der Sklaverei afrikanische Religionen nur im Verborgenen praktiziert werden konnten, und Wissen nur im geheimen weitergegeben werden konnte, sehen einige Priester heutiger afro-amerikanischer Religionen ihr Wissen als authentischer als heutige afrikanische Religionen an, da diese durch Kolonisierung und Missionierung korrumpiert wurden. Andererseits ist Wissen durch die Unterdrückung während der Sklaverei verloren gegangen, oder wurde mit anderen Elementen vermischt oder angepasst.

Das Verbot der Religionsausübung während der Sklaverei, die Diskriminierung aufgrund des bis heute weit verbreiteten Rassismus sowie die patriarchalische Geschlechterorientierung des Christentums hatte schwerwiegenden Einfluss auf die Geschlechterorientierung afro-amerikanischer Religionen sowie deren Erforschung im 20. Jahrhundert. Weibliche Sklaven wurden in der Regel kaum beachtet und ihre Rolle – abgesehen als Opfer von Vergewaltigungen – lange übersehen (Bush 1990). Und auch nach dem Ende der Sklaverei, als Anfang des 20. Jahrhunderts Forscher und Forscherinnen in Kuba und Brasilien erstmals die Traditionen der afrikanischstämmigen Bevölkerung zu erforschen begannen, wurden mehrheitlich Männer und deren Praktiken untersucht. Dieser diskriminierende Fokus mündete in einer verzerrten Darstellung der afro-amerikanischen Praktiken. Beispielsweise führten die ersten wissenschaftlichen Publikationen von Fernando Ortiz (1906) und Lydia Cabrera (1954) über afro-kubanische Folklore dazu, dass Santería als eine Religion beschrieben wurde, die von männlichen sogenannten hohen Priestern, den *babalawos*, dominiert ist. Erst in den letzten Jahrzehnten setzte sich die Erkenntnis durch, dass es neben den *babalawos* eine andere Kategorie von Priestern und Priesterinnen gibt, die ebenfalls wichtige Funktionen innehaben. So kümmern sie sich um alltägliche Probleme und werden regelmäßig konsultiert, während das sogenannte *Ifa*-Orakel, das von Priestern gedeutet wird, oftmals nur einmal im Jahr bezüglich der Zukunft befragt wird (Clark 2005).

In die gegensätzliche Richtung ging die Forschung über afro-brasilianische Religionen, die lange von einer frauenzentrierten Darstellung von Candomblé und anderen Religionen bestimmt war. Ausschlaggebend war hier die Forschung von Ruth Landes und ihr Buch *City of Women* (1947), in dem sie Candomblé in Salvador de Bahia als matriarchales Zentrum präsentierte. J. Lorand Matory (2005) kritisiert diese Darstellung und verweist auf die Präsenz männlicher Priester, nicht nur heute, sondern bereits zu der Zeit, als Landes in Brasilien forschte (Schmidt 2010).

Im Mittelpunkt der bis heute andauernden Kontroverse bezüglich der Charakterisierung afro-amerikanischer Religionen als matriarchale Religionen (beispielsweise Cohen 2007) steht die Rolle der Priester und Priesterinnen. Wenngleich Gläubige in der Regel betonen, dass die Götter keinen Unterschied zwischen den

Geschlechtern machen, wird Geisterbesessenheit, die unabhängig vom Priestersein möglich ist, oftmals als weibliche Praktik dargestellt. Wenn Männer in Trance fallen, repräsentieren sie Autorität und Moral, wenn Frauen von Geistern besessen werden, widersetzen sie sich der Ordnung und praktizieren peripherale Rituale (Lewis 1971). Diese Zweiteilung ignoriert den gesellschaftlichen Kontext und den Einfluss politischer und sozialer Faktoren auf Geschlechterrollen. So führte das Verbot afro-amerikanischer Religionen in den meisten karibischen und lateinamerikanischen Staaten dazu, dass sie bis weit in das 20. Jahrhundert hinein als illegale Praktik diskriminiert, lediglich als Folklore bezeichnet oder mitunter sogar als schwarze Magie polizeilich verfolgt wurden. Erst als es möglich wurde, afro-amerikanische Religionsgemeinschaften als Kirchen zu registrieren, hat sich das Image verbessert, was sich wiederum auf die Geschlechterhierarchie auswirkte. Wenngleich die Initiation in das Priesteramt Männern und Frauen somit gleichermaßen offenstand, bevorzugten Männer Ämter in der Verwaltung der Religionsgemeinschaften oder aber Positionen in Kirchen oder Verbänden, bis sich die soziale Stellung der Priester verbesserte (Schmidt 2016, 50–57). Frauen allerdings hatten oftmals aufgrund der patriarchalischen Gesellschaftsstrukturen keine Alternative und übernahmen auch angesichts drohender Verfolgung leitende Priesterrollen.

## 3 Geschlechtervielfalt und Geschlechterfluidität

Afro-amerikanische Religionen haben nicht nur Frauen Raum für Selbstverwirklichung gegeben, sondern auch der LGBTQIA⁺-Gemeinschaft. Zahlreiche afro-amerikanische Religionen weisen eine Akzeptanz von Homosexualität auf, und haben unter Mitgliedern und auch Priestern eine große Anzahl homosexueller Männer. Vermutlich finden sich auch homosexuelle Frauen in afro-amerikanischen Religionen, aber es gibt kaum Angaben dazu. In der afro-brasilianischen Religion Umbanda haben freizügige Sexualität und variable Sexualitätspartner sogar eine Patronin in der Figur der Pombagira, die mitunter als Prostituierte, aber auch als Zigeunerin beschrieben wird und deren Erotik sich in der Besessenheit mit obszöner Gestik manifestiert (Thiele 2006) (Abb. 14).

Die Geisterbesessenheit[5] illustriert die Geschlechterfluidität afro-amerikanischer Religionen am eindrucksvollsten. Die Götter manifestieren sich in den Körpern ihrer Gläubigen ohne Rücksicht auf Geschlechtergrenzen. Männliche *Orishas* manifestieren sich in weiblichen und männlichen Körpern, das gilt auch für

---

5 Zur umstrittenen Terminologie der Geisterbesessenheit siehe Johnson 2011.

**Abb. 14:** Frauen als Pombagira gekleidet, 11. April 2010 in São Paulo (Foto: Bettina E. Schmidt).

weibliche *Orishas*. Es gibt in den meisten afro-amerikanischen Religionen kein Verbot bestimmter Geschlechter oder sexueller Orientierungen.

Diese Fluidität schließt sogar die Welt der Götter mit ein, denn in Kuba wird die Heilige Barbara als katholische Repräsentation des *Orisha* Shango verehrt, einem überaus männlichen Gott, deren Mythen angefüllt von Berichten sexueller Eroberungen sind.

## Literatur

Bush, Barbara. 1990. *Slave Women in Caribbean Society, 1650–1838.* Bloomington/IN: Indiana University Press.
Cabrera, Lydia. 1954. *El Monte.* Miami/FL: Ediciones Universal.
Clark, Mary A. 2005. *Where Men Are Wives and Mothers Rule.* Gainesville/FL: University Press of Florida.
Cohen, Emma. 2007. *The Mind Possessed. The Cognition of Spirit Possession in an Afro-Brazilian Religious Tradition.* Oxford: Oxford University Press.
Götz, Nicole. 1995. *Obeah – Hexerei in der Karibik – zwischen Macht und Ohnmacht.* Frankfurt/M.: Peter Lang Verlag.
Johnson, Paul. 2011. „An Atlantic Genealogy of ‚Spirit Possession'." In *Comparative Studies in Society and History* 53, 393–425.
Landes, Ruth. 1947. *The City of Women.* New York/NY: Macmillan.
Lewis, Ioan M. 2013 [1971]. *Ecstatic Religion. A Study of Shamanism and Spirit Possession.* London; New York/NY: Routledge.
Matory, James L. 2005. *Black Atlantic Religion: Tradition, Transnationalism, and Matriarchy in the Afro-Brazilian Candomblé.* Princeton/NJ: Princeton University Press.
Ortiz, Fernando. 1906. *Los Negros Brujos.* Miami/FL: Ediciones Universal.
Oyêwùmí, Oyèrónké. 1997. *The Invention of Women. Making an African Sense of Western Gender Discourses.* Minneapolis/MN: University of Minnesota Press.
Schmidt, Bettina E. 2010. „Possessed Women in the African Diaspora. Gender Difference in Spirit Possession Rituals." In *Spirit Possession and Trance. New Interdisciplinary Perspectives*, hg. v. Bettina E. Schmidt und Lucy Huskinson, 97–116. Continuum Advances in Religious Studies Series. London: Continuum.
Schmidt, Bettina E. 2016. *Spirits and Trance in Brazil. Anthropology of Religious Experiences.* London: Bloomsbury.
Thiele, Maria E. 2006. *Trickster, Transvestiten und Ciganas. Pombagira und die Erotik in den afrobrasilianischen Religionen.* Leipzig: Leipziger Universitätsverlag.

## Weiterführende Literatur

Olupona, Jacob K. und Terry Rey, Hg. 2008. *Òrìṣà Devotion as World Religion. The Globalization of Yorùbá Religious Culture.* Madison/WI: The University of Wisconsin Press.
Oládémo, Oyèrónké. 2022. *Women in Yoruba Religions.* New York/NY: New York University Press.
Strongman, Roberto. 2019. *Queering Black Atlantic Religions. Transcorporeality in Candomblé, Santería, and Vodou.* Durham; London: Duke University Press.
Castor, N. Fadeke. 2017. *Spiritual Citizenship. Transnational Pathways from Black Power to Ifá in Trinidad.* Durham; London: Duke University Press.

Sabine Lang
# II.22 Indigene Traditionen in Nordamerika

## 1 Mehr als nur zwei Geschlechter

In allen Gesellschaften tragen religiöse Überlieferungen wesentlich dazu bei, das Verhalten der Angehörigen einer Kultur zu formen und bestimmte Verhaltensweisen entweder zu legitimieren oder als kulturell unerwünscht zu definieren. Neben Ursprungsgeschichten, welche die Entstehung der Welt und der Dinge erklären, die sich heute auf ihr befinden, gibt es weitere orale Traditionen, die kulturelles Wissen von Generation zu Generation weitergeben. Wie überall sonst erstrecken sich diese Überlieferungen auch in indigenen Kulturen Nordamerikas auf alle Bereiche der Gesellschaft und schließen die Rollen der Geschlechter und sexuelles Verhalten mit ein. Sogar die Anzahl der Geschlechter, die in der Ursprungsgeschichte einer Kultur entstehen, kann unterschiedlich ausfallen. Werden in der christlichen Ursprungsgeschichte (*Das Buch Genesis* 1, 27) nur zwei Geschlechter geschaffen, so sind es in religiösen Überlieferungen nordamerikanischer indigener Kulturen bisweilen drei oder vier. Die hierdurch legitimierte Anerkennung von mehr als nur zwei sozialen Geschlechtern (*genders*) wird in der Ethnologie als *gender variability* bezeichnet.

Bei aller Unterschiedlichkeit der über 500 indigenen Kulturen, die es bei Eintreffen der Europäer*innen auf dem Subkontinent gab, lässt sich eine Gemeinsamkeit feststellen: Es finden sich dort häufig Weltbilder, in denen sich vieles im Bereich des Irdischen und Übernatürlichen in zwei oder mehr Gestalten zugleich manifestieren kann. So ist der Gedanke, dass manche Menschen Weibliches und Männliches in sich vereinen, nur ein weiterer Aspekt der vielen Transformationen und Ambiguitäten, die ein zentrales Thema indigener Weltsichten und oraler Traditionen in Nordamerika waren und teils auch heute noch sind. Vor dem Hintergrund solcher Weltbilder verwundert es nicht, dass ‚Mannfrauen' und ‚Frauenmänner'[1] in vielen indigenen Kulturen Nordamerikas keineswegs als deviant, sondern als Teil der übernatürlich festgelegten und legitimierten natürlichen Ordnung wahrgenommen wurden und Akzeptanz, bisweilen sogar besondere Wertschätzung genossen (Lang 1997b) (Abb. 15.). Das Phänomen ist nicht mit der

---

[1] Unter ‚Mannfrauen' werden hier biologisch weibliche Personen verstanden, die ganz oder teilweise die kulturell definierte Männerrolle übernehmen; bei ‚Frauenmännern' handelt es sich um biologisch männliche Personen, die sich gemäß den kulturell definierten Mustern weiblich verhalten und gänzlich oder teilweise für die kulturell definierte Frauenrolle entscheiden.

westlichen Kategorie des *transgender* gleichzusetzen, da Fraumänner und Mannfrauen nicht innerhalb eines binären Geschlechtersystems von einem zum anderen Geschlecht (*gender*) wechseln, sondern ihr hervorstechendes Charakteristikum eine Art Doppelgeschlechtlichkeit ist, was sich auch in den indigenen Bezeichnungen für sie niederschlägt. So heißen Fraumänner etwa bei den im Großen Becken ansässigen Shoshone *tainna wa'ippe*, „Fraumann", bei den Cheyenne der Plains *heemaneh*, „halb Mann, halb Frau" oder bei den Crow, die ebenfalls im Plains-Gebiet leben, *bate*, „weder Mann noch Frau" (Steward 1941, 385; Grinnell 1962, 45; Holder 1889, 623). Es fällt auf, dass diese Bezeichnungen auf die binären Kategorien ‚Frau' und ‚Mann' Bezug nehmen. Nichtsdestoweniger wurden Fraumänner und Mannfrauen in den indigenen Kulturen Nordamerikas als eigenständige Geschlechter gesehen, als Personen, die sich bezüglich ihrer Geschlechtszugehörigkeit von Männern und Frauen unterschieden. Insofern klingt eine Geschlechterbinarität zwar in der Terminologie an, wird aber in der Konzeption eines über diese Binarität hinausgehenden Geschlechtersystems überwunden.

**Abb. 15:** Frauen und Fraumänner der Timucua in Florida beim Sammeln von Nahrung. Stich von J. T. de Bry, *West-Indische Reisen*, Zweites Buch, 1591, Tafel 23.

Bisweilen wird in anthropologischen Texten des 19. und 20. Jahrhunderts das Phänomen auch unter „Transvestitismus" oder „institutionalisierte Homosexualität" gefasst.² Aber auch diese von westlichen Konzepten geprägten Kategorien werden indigenen Definitionen von Geschlecht und Sexualität nicht gerecht. Wesentliches Merkmal ‚dritter' und ‚vierter' Geschlechter ist zum einen nicht Kleidung, sondern eine oft bereits im frühen Kindesalter ausgeprägte Neigung zu Tätigkeiten des biologisch ‚anderen' Geschlechts vor dem Hintergrund einer überall bestehenden geschlechtlichen Arbeitsteilung. Zum anderen galten Beziehungen von Mannfrauen mit Frauen und von Fraumännern mit Männern in indigenen Gesellschaften Nordamerikas innerhalb von Systemen, die über die Mann-Frau-Dichotomie hinausgehen, nicht als homosexuell, sondern als heterosexuell, da die Beteiligten unterschiedlichen sozialen Geschlechtern (*genders*) angehören.

## 2 Übernatürliche Prototypen

Vor dem Hintergrund einer Weltsicht, die sich vergegenwärtigt und anerkennt, dass die Schöpfung nicht notwendigerweise alles auf der Welt in binären Kategorien hinterlassen hat, werden Menschen, die eine Kombination von Merkmalen beider Geschlechter an den Tag legen, häufig als Personen gewürdigt, die auf die eine oder andere Weise vom Übernatürlichen berührt worden sind. Es ist daher nicht überraschend, dass es in manchen oralen Traditionen auch übernatürliche Wesen gibt, die Männliches und Weibliches in sich vereinen. Sie können Kulturheroen, Trickster oder andere übernatürliche Prototypen sein, die eine Erklärung dafür bieten, warum es Mannfrauen und Fraumänner gibt, und dadurch deren Existenz legitimieren und deren kulturell definierte Rollen mitgestalten (Lang 1997b, 31–33).

Der Trickster (eine Kombination aus Kulturbringer und ‚göttlichem Schelm') nimmt für gewöhnlich die Gestalt einer Frau an, um Widersachern einen Streich zu spielen, sie zu demütigen oder zu bestrafen. Dies wird bisweilen als Erklärung und Legitimation dafür herangezogen, warum auch menschliche Knaben oder Männer Kleidung, Tätigkeiten und kulturell als ‚weiblich' geltende Persönlichkeitszüge annehmen (Lang 1997b, 31).

Aber es gibt auch dauerhaft doppelgeschlechtliche Übernatürliche, wie etwa den Hermaphroditen „Sx'ints" bei den Nuxalk (Bella Coola) an der Nordwestküste. Mythisch überlieferte Episoden aus seinem/ihrem Leben wurden in Tänzen dargestellt, und Sx'ints galt gewissermaßen als Prototyp und Schutzpatron*in menschlicher Fraumänner und Mannfrauen, die ebenfalls als *sx'ints* bezeichnet

---

2 Eine Aufzählung sämtlicher diesbezüglicher Quellen würde den Rahmen dieses Aufsatzes sprengen, jedoch findet sich eine eingehende Diskussion unterschiedlicher Interpretationsansätze zu *gender variability* bei Lang 1998, 17–47.

wurden (McIlwraith 1948, 1, 45 f.; 2, 147–148; 179; 184–186). Ähnlich verhält es sich mit den *nádleeh* der Diné (Navajo) im Südwesten der USA. Den Überlieferungen zufolge gebar die erste von den Gottheiten (*diyin dine'e*) geschaffene Frau zunächst ein männliches und ein weibliches Androgyn – zwei *nádleeh* – als Zwillingspaar, erst dann ein Mädchen und einen Jungen (Matthews 1897, 69–70). In der Ursprungsgeschichte der Diné spielen die beiden *nádleeh* eine wichtige Rolle als Vermittler zwischen Männern und Frauen. Menschliche *nádleeh* – worunter sowohl Hermaphroditen und Intersexe, als auch Frauenmänner und Mannfrauen fallen – werden von jeher mit Wohlstand und Glück assoziiert (Hill 1935) und entsprechend noch heute in manchen Familien, die der traditionellen Religion treu geblieben sind, willkommen geheißen und geachtet.[3]

## 3 Visionen, Träume und spezielle Rollen

Religiöse Vorstellungen der Maricopa im südlichen Arizona leiten über zu einem anderen Aspekt, der in vielen indigenen Kulturen Nordamerikas eine große Rolle spielte: die zusätzliche Legitimierung von *gender variability* durch Visionen oder Träume übernatürlichen Ursprungs. Träumten beispielsweise junge Mädchen der Yuma im Gebiet des Colorado-Flusses von Waffen, so bedeutete dies, dass sie fortan als Mannfrauen leben sollten (Forde 1931, 157). Auch bei den Lillooet in British Columbia wiesen Geistwesen anlässlich einer Visionssuche in der Pubertät manchen Mädchen den Weg in das Leben einer Mannfrau (Teit 1906, 267).[4] In den beiden heiligen Bergen der Maricopa wiederum residiert jeweils ein übernatürlicher Frauenmann (*yesa'an*). Träumte ein Mann oder Junge vom heiligen Berg oder dem Frauenmann, der darin lebte, so wurde er selbst ein *yesa'an* (Spier 1933, 242). In anderen Fällen waren es weibliche Mondgottheiten, die ihren Einfluss auf männliche jugendliche Visionssuchende geltend machten (Lang 1998, 64 f.; 226 f.; 229; 231 f.; 300). Solche Träume oder visionäre Erscheinungen, zumeist in der Pubertät, wurden vielerorts zur Begründung eines Geschlechterwechsels herangezogen. Sie kamen übrigens keineswegs überraschend, denn Mannfrauen und Frauenmänner zeigten meist schon als Kinder eine Neigung zu Tätigkeiten und Habitus des biologisch

---

3 Dies ergaben u. a. Beobachtungen und Gespräche mit Diné im Verlauf mehrerer Aufenthalte der Verfasserin auf dem Navajo-Reservat in New Mexico zwischen 1992 und 2017.
4 Über Mannfrauen gibt es deutlich weniger Berichte als über Frauenmänner. Ob dies daran liegt, dass ihre Rollen in indigenen Kulturen Nordamerikas seltener institutionalisiert wurden, oder daran, dass Ethnograph*innen sie nicht von Männern unterscheiden konnten (was der Verfasserin während ihrer diesbezüglichen Feldforschung von manchen Gewährsleuten als Grund genannt wurde), lässt sich schwer beurteilen (Lang 1998, 43–46).

‚anderen' Geschlechts – nicht immer zum Wohlgefallen ihrer Familie. War diese Neigung dann jedoch übernatürlich legitimiert, häufig durch ein Erlebnis während der Visionssuche, die junge Menschen auf der Suche nach übernatürlichem Schutz unternahmen, so wagten die Mitglieder einer Gemeinschaft nicht, sich dem Willen mächtiger Geistwesen zu widersetzen. Was sonst passieren konnte, erzählt eine Geschichte der Mandan vom oberen Missouri, die Anfang der 1830er Jahre von dem Forschungsreisenden Maximilian Prinz zu Wied aufgezeichnet wurde: Man wollte dort einst einen Mann davon abbringen, die Rolle eines *mihdäckä* (Fraumannes) anzunehmen, „es kam zum heftigen Streit, in dessen Folge das Mannweib erschossen wurde; statt des Leichnams fand man einen Haufen Steine, in welchem der tödliche Pfeil steckte. Seitdem will sich niemand in diese Angelegenheit mischen, die man von den höheren Mächten eingesetzt und beschützt sieht" (Wied o. J., 72).

Aufgrund ihrer Doppelgeschlechtlichkeit und/oder besonderen Beziehung zur Welt des Übernatürlichen erhielten Mannfrauen und Fraumänner bisweilen spezielle Rollen zugeteilt. Sie fungierten beispielsweise als Heiratsvermittler*innen, waren Heiler*innen, hatten besondere Aufgaben innerhalb von Ritualen und Zeremonien oder verliehen Kindern Namen, die als besonders glückbringend galten. In vielen anderen Fällen hatten sie solche besonderen Rollen nicht inne, sondern lebten als ganz gewöhnliche Mitglieder in ihrer Gesellschaft. Berichte über ausgeprägt negative Einstellungen ihnen gegenüber scheinen meist eher Vorurteilen europäischer Beobachter*innen zu entspringen als der Haltung der indigenen Gemeinschaften selbst (Lang 1998, 311–322).

## 4 *Gender variability* heute

Heute sind Fraumänner und Mannfrauen aus den indigenen Gesellschaften Nordamerikas weitgehend verschwunden. Eine große Rolle spielten dabei ab der zweiten Hälfte des 19. Jahrhunderts Internate, die von den Regierungen der USA und Kanadas sowie im Auftrag dieser Regierungen von christlichen Missionen betrieben wurden, teils bis in die 1950er Jahre hinein. In diese Schulen, oft weit entfernt von ihren heimischen Reservaten, wurden indigene Kinder vielfach zwangsweise verbracht. Sie sollten dort gemäß dem Wertesystem der dominanten ‚weißen' Gesellschaft umerzogen und christianisiert werden, wozu ihnen ihre Sprachen und Kulturen – einschließlich ihrer Religionen – mit physischer und psychischer Gewalt ausgetrieben wurden. Besonders ihre Einstellung zu *gender variability* und den damit oft verbundenen vermeintlich gleichgeschlechtlichen Beziehungen änderte sich dadurch dauerhaft. Als indigenes religiöses Brauchtum ab den 1960er Jahren im Zuge der Bürgerrechtsbewegungen eine Renaissance erlebte, blieben die Traditionen der *gender variability* davon ausgeschlossen.

Vor allem auf den Reservaten hatte sich eine ausgeprägte Homophobie etabliert, die sich nicht nur auf die wenigen noch existierenden Mannfrauen und Fraumänner auswirkt, sondern auch auf *Native Americans*, die sich als LGBTQIA⁺ identifizieren. Dies führte ab den 1970er Jahren zu einer Abwanderung lesbischer, schwuler, bi- und transsexueller Menschen von den Reservaten in die Städte, vor allem in liberale Metropolen wie San Francisco, wo sie Organisationen gründeten, um ihrem Ruf nach Akzeptanz in den urbanen und Reservats-*communities* Gehör zu verschaffen. Hierbei bezogen sie sich auf die Fraumänner und Mannfrauen, die sie als ihre Vorgänger*innen in den indigenen Kulturen Nordamerikas sahen, und prägten Ende der 1980er Jahre für sich die Bezeichnung „two-spirit", die auf die Traditionen von *gender variability* in den Stammeskulturen anspielt. Dies hat zur Herausbildung einer übergreifenden, sozusagen ‚pan-indianischen' LGBTQIA⁺-Identität geführt, in der sich Menschen aus unterschiedlichsten indigenen Gruppen der USA und Kanadas wiederfinden. Die Hoffnung, durch diesen Bezug auf die traditionelle Akzeptanz geschlechtlicher Diversität zugleich auch die Homophobie in den indigenen *communities* vermindern zu können, hat sich demgegenüber nur begrenzt erfüllt (Lang 1997a, 107–114).

## Literatur

Forde, C. Daryll. 1931. „Ethnography of the Yuma Indians." In *University of California Publications in American Archaeology and Ethnology* 28, 83–278.
Grinnell, George B. 1962. *The Cheyenne Indians* 2. New York/NY: Cooper Square.
Hill, Willard W. 1935. „The Status of the Hermaphrodite and Transvestite in Navajo Culture." In *American Anthropologist* 37, 273–79.
Holder, A. B. 1889. „The Bote. Description of a Peculiar Sexual Perversion Found among the North American Indians." In *The New York Medical Journal* 50, 623–25.
Lang, Sabine. 1998. *Men as Women, Women as Men. Changing Gender in Native American Cultures.* Austin/TX: University of Texas Press.
Lang, Sabine. 1997a. „Various Kinds of Two-Spirit People." In *Two-Spirit People. Native American Gender Identity, Sexuality, and Spirituality*, hg.v. Sue-Ellen Jacobs, Wesley Thomas und Sabine Lang, 100–118. Urbana/OH; Chicago/MI: University of Chicago Press.
Lang, Sabine. 1997b. „Zwillingshermaphroditen und androgyne Götter. Geschlechtliche Ambivalenz in oralen Traditionen indianischer Kulturen." In *kuckuck. notizen zur alltagskultur und volkskunde* 1, 29–34.
Matthews, Washington. 1897. „Navaho Legends." *Memoirs of the American Folk-Lore Society* 5. Boston/MA; New York/NY: Houghton, Mifflin & Company.
McIlwraith, T. F. 1948. *The Bella Coola Indians.* 2 Bde. Toronto: University of Toronto Press.
Spier, Leslie. 1933. *Yuman Tribes of the Gila River.* Chicago/MI: University of Chicago Press.
Steward, Julian H. 1941. „Culture Element Distributions 13: Nevada Shoshone." In *Anthropological Records* 4, 209–359.

Teit, James. 1906. „The Lillooet Indians" *Memoirs of the American Museum of Natural History* 4 und 5. New York/NY: American Museum of Natural History.

Wied, Maximilian Prinz zu. O. J. [1839–1841]. *Reise in das Innere Nordamerika* 2. Koblenz: Rhenania.

## Weiterführende Literatur

Lang, Sabine, Hg. 2016. „Native American Men-Women, Lesbians, Two-Spirits. Contemporary and Historical Perspectives." Sonderheft des *Journal of Lesbian Studies* 20, 299–323.

Driskill, Qwo-Li, Chris Finley, Brian Joseph Gilley und Scott Lauris Morgensen, Hg. 2011. *Queer Indigenous Studies. Critical Interventions in Theory, Politics, and Literature.* Tucson/AZ: University of Arizona Press.

Lukas K. Pokorny
# II.23 Musok: koreanischer Schamanismus

## 1 Ein weibliches Phänomen?

Die erstmalige Verwendung des Schamanismus-Begriffs für das gegenständliche Phänomen reicht in das Jahr 1895 zurück. Wiewohl seit Jahrzehnten vielfach unter anderem aufgrund seiner Schablonenhaftigkeit kritisiert, fungiert die Bezeichnung bis heute als *terminus principalis* – der „koreanische Schamanismus" also. Eher selten begegnet man hingegen dem Ausdruck „Muismus"; allerdings stößt man jüngst auch in westlicher Literatur vermehrt auf den Begriff „Musok", der in diesem Kapitel den Vorzug erhält. Musok ist die gängigste Bezeichnung in Korea selbst, sowohl emisch als auch im akademischen Jargon.[1] In der Umgangssprache findet sich zudem häufig die historisch verankerte, abschätzige Zuweisung als *misin* (Aberglaube). Musok, eine Begriffsschöpfung aus den 1920er Jahren, ist eine Kombination aus *mu* und *sok* (Brauchtum) und lässt sich mit „Brauchtum/Tradition der Mu" übersetzen.

Das sinokoreanische *mu* verweist auf eine Person (semantisch mehrheitlich weiblich), die als Ritualspezialist*in kommunikative Bande zwischen Himmel und Erde, zwischen der Welt der Geister und der Welt der Lebenden herzustellen und zu verwalten vermag. Diese Bedeutung lässt sich auch aus dem Schriftzeichen *mu* 巫 selbst erschließen, das zwei durch eine vertikale Linie getrennte Personen zeigt, die sich zwischen zwei horizontalen Linien befinden. Die horizontalen Linien symbolisieren vermutlich Himmel und Erde, die vertikale Linie deren Interdependenz, und die zwei Personen die Bewohner*innen beider Gefilde.

Etymologisch wird von *mu* (Chinesisch: *wū*) oft eine Verwandtschaft zu *mu* 舞 (*wǔ*; tanzen) angenommen, ein Schriftzeichen das in shāng- und frühzhōu-zeitlichen Varianten vermutlich eine Frau in Ritualkleidung darstellt. Weitere Etymologien umfassen etwa *mu* 誣 (*wū*; täuschen) und *mo* 母 (*mǔ*; Mutter/weiblich) oder das Altpersische *maguš* (ein Priester der [vor-]zoroastrischen Tradition).

Jene vermittelnde Instanz zwischen Diesseits und Jenseits sei also eine Mu, oder Modernkoreanisch, eine „Mudang". Mudang ist einerseits ein generischer Überbegriff, andererseits spezifiziert er rein weibliche Praktizierende oder aber Praktizierende aus dem nördlichen und zentralen Südkorea.[2] Als Gegenbegriff für

---
[1] Wenngleich es auch dort so manche kritischen Stimmen gibt, die die koloniale Prägungsgeschichte des Begriffs hervorheben.
[2] Ursprünglich verweist der Begriff auf einen Mu-Schrein.

männliche Praktizierende dient hauptsächlich „Paksu". Die Bezeichnung Mudang besitzt im Koreanischen bisweilen einen despektierlichen Unterton, weshalb als generische (Selbst-)Bezeichnung zunehmend auf „Mansin" (wörtlich: „zehntausend Geister") ausgewichen wird.[3] Darüber hinaus existieren dutzende regionale Begriffsvarianten wie „Myŏngdu", „Simbang", „Posal" (wörtlich: „Bodhisattva"), oder „Tan'gol". Letzterer Ausdruck wird gleichermaßen für die Musok-Klientel verwendet. Praktizierende werden landläufig in zwei Gruppen unterteilt: Jene, die Besessenheit erfahren (*kangsin mu*) sowie jene, die einer Musok-Erblinie entstammen und keine Besessenheit erfahren (*sesŭp mu*). Die Übergänge sind fließend und die Trennung nicht immer aufrecht zu erhalten. Überdies ist die traditionelle regionale Verortung – *kangsin mu* im Norden, *sesŭp mu* im Süden – mittlerweile überholt. Die Zahl an *kangsin mu* nimmt in allen Regionen zu, während die Zahl an *sesŭp mu* schwindet.

Musok ist überwiegend ein weibliches Phänomen.[4] Schätzungsweise 80–90% der Praktizierenden sind weiblich, wie auch die Klientel vornehmlich aus Frauen besteht. Lee (2009, 189) meint demgemäß, dass historisch betrachtet „Musok nicht nur von Frauen bewahrt, sondern speziell für Frauen zu Diensten gestellt wurde." Aktuelle Schätzungen gehen davon aus, dass es in Südkorea bei einer Bevölkerung von rund 51.7 Millionen (Stand: 2019), zwischen 200.000 und 300.000 Praktizierende gibt. Eine Gallup-Umfrage aus dem Jahr 1995 verweist außerdem darauf, dass immerhin 38% der Südkoreaner*innen Leistungen aus dem Musok-Portfolio bezogen hätten.

## 2 Die koreanische Urreligion?

Nationalistische Identitätsfindungsprozesse in den 1970er und 1980er Jahren ließen Musok nachdrücklich als genuin koreanische Urreligion erscheinen; ein nicht haltbares Paradigma, das von Gelehrten während der japanischen Kolonialzeit (1910–1945) grundgelegt wurde. So sei bereits der göttliche Ahnherr der koreanischen Zivilisation, Tan'gun, selbst ein Mu-König gewesen. Tatsächlich finden sich quellenkundliche Erwähnungen der Mu erst knapp 3000 Jahre nach der mythischen Gründung des ersten koreanischen Königreichs (2333 v. chr. Z.) in chinesischen

---

3 Wobei „Mansin" im Speziellen wiederum eine bestimmte Form an Praktizierenden – jene, die im Rahmen von Besessenheitspraxis operieren – meint.
4 Frauen wird in Südkorea (wie auch anderswo) oft eine größere Empfänglichkeit für Spirituelles, wie etwa mediumistische Talente, zugedacht. Howard (2008, 328) vermutet, dass dies in ihrer Empfängnisfähigkeit begründet sein könnte. In Erbtraditionen des Musok (*sesŭp mu*) werde zudem weiblicher Nachwuchs bevorzugt (Howard 2008, 333).

Fremdzuschreibungen. Jahrhunderte später treffen wir auf die ersten (ex post-) Nennungen aus koreanischer Feder, enthalten im aus der Mitte des 12. Jahrhunderts stammenden *Samguk sagi* (Chronik der Drei Königreiche) und dem rund 150 Jahre jüngeren *Samguk yusa* (Legenden der Drei Königreiche). Diese frühesten Quellen, die allesamt das Zeitalter der Drei Königreiche (*samguk sidae*; 57 v. chr. Z.–668) ins Auge fassen, geben jedoch nur sehr wenig Aufschluss über die Praxis und Vorstellungswelt der Mu. Das Verhältnis dieser historischen Tradition zum heutigen Musok lässt sich daher nicht bestimmen. Klar ist, dass die archaische, sich wandelnde Mu-Tradition selbst jenseits der sie prägenden „Drei Lehren" (*samgyo*) – Buddhismus, Daoismus, Konfuzianismus – eine religiöse Akteurin unter vielen war (McBride II 2006). Gegen Ende der Koryŏ- (918–1392) und speziell während der Chosŏn-Dynastie (1392–1910) werden die Konturen und Inhalte deutlicher und münden allmählich in dem, was heute als Musok gefasst wird.

Die funktionale Verbindungsachse von der Mu-Tradition des koreanischen Altertums bis zu Musok in der Moderne ergibt sich allenfalls – wie gleichsam durch das Schriftzeichen markiert – aus der intermediären Dimension der Ritualpraxis. Musok inhärent ist der gesellschaftliche Harmoniegedanke, wie er exponiert auch in den Drei Lehren unterschiedliche Ausgestaltung erfährt. In der Vorstellung des Musok gründet Harmonie auf dem Einklang zwischen der Welt der Menschen und der Welt der Geister. Letztere wird neben den Geistern der Verstorbenen, von einer reichen Palette an Zwischenwesen wie Buddhas und Bodhisattvas, Gottheiten und Engel, Heroen und Weise, aber etwa auch Naturkräften bevölkert. Die Praktizierenden erhalten diesen Einklang. Rituale (*kut*) dienen dessen Bewahrung und (Wieder-)Herstellung. Sie richten sich an die Gemeinschaft im Großen (etwa Dorf) wie im Kleinen (Familie) und an die Bedürfnisse Einzelner. Brüche im sozialen Geschehen und der individuellen Lebenswelt mögen aus Tod, Krankheit, Naturereignisse, berufliche und ökonomische Notlagen, und private Konflikte resultieren, die im Ritual eruiert, bearbeitet und idealerweise behoben werden können. Ob nun von Geistwesen besessen (*kangsin mu*) oder nicht (*sesŭp mu*), ihre Mittler*innentätigkeit zeitigt Einklang zwischen den Welten oder schafft zumindest Verständnis für die kausalen Verflechtungen sowie lebensweltliche Hintergründe.

## 3 Zwischen Ächtung und Ermächtigung

Ambivalent zeigt sich die Rezeption von Musok im heutigen Südkorea. Einerseits unterliegt Musok anhaltender gesellschaftlicher Ächtung,[5] andererseits erhält es im

---

5 Diese lässt sich im Kern bis ins 12. Jahrhundert zurückverfolgen und steht mit dem Erstarken

Stillen durchaus regen Zuspruch, was die beeindruckenden Zahlen an Praktizierenden und Klient*innen verdeutlichen. Zwar wird die folkloristische Dimension mit Blick auf bestimmte Großrituale und Praktizierende kulturpolitisch befördert,[6] die Graswurzelpraxis in ihrem religiösen (mitunter betont wirtschaftlich ausgerichteten; Yun 2019) Selbstverständnis stößt hingegen in weiten Teilen der Bevölkerung auf Unverständnis und Spott, Argwohn und zuweilen Empörung. Musok sei die randständige ‚Religion' ungebildeter Frauen und der Unprivilegierten, geprägt von Irrationalität, Gaukelspiel und Geldtreiberei – ein wiederkehrender Vorwurfsreigen selbst in wissenschaftlichen Kreisen, zumal in Südkorea.

In der Tat stellt Musok einen Kontrapunkt dar. Jahrhunderte des rigiden konfuzianischen Wertekorsetts haben tiefe Spuren im südkoreanischen Gesellschaftsmodell hinterlassen. Das Verhältnis der Geschlechter ist patriarchal arrangiert: die Domäne der Frau sei das Zu Hause, die des Mannes die Welt außerhalb (*namjuwoe yŏjunae*). Jene, die wider gängige Rollenerwartungen handeln, werden häufig sozial sanktioniert und in ihrer persönlichen wie beruflichen Entfaltung gehemmt. Musok operiert traditionell innerhalb dieser paternalistisch normierten Lebenswelt, schafft jedoch Inversionsräume in welchen mit der stereotypen Lebensrealität gebrochen werden mag. Klient*innen und Praktizierende (vornehmlich im Zustand der Besessenheit) artikulieren Momente struktureller und biographischer Unterdrückung und mögen kraft ihrer unverhohlenen Kritik das konventionelle Machtgefüge temporär auf den Kopf stellen. Die Praktizierenden etablieren mitunter Anklageforen erfahrener Drangsal, augenscheinlich eingerichtet und orchestriert nach dem Willen übernatürlicher Wesen, die emotionale/spirituelle Erleichterung schaffen. Die Inversionsräume dienen einer sozialpsychologischen Hygiene; sie erlauben den Partizipierenden eine sanktionsfreie Abkehr von und Abrechnung mit den gesellschaftlichen Gepflogenheiten, sind Echokammern für erfahrenes Unrecht und Unglück, die die Klientinnen ins Zentrum des familiären Geschehens rücken. Rituale (*kut*) verstärken die Rolle der Klientinnen als Haushaltsverwalterinnen. Nicht nur ihre Person mag therapeutisch verhandelt werden, sondern eine breite Themenlandschaft, die den familiären Kosmos durchwirkt. Sie setzen Themen wie den Bildungserfolg der Kinder, das berufliche Fortkommen des Ehemanns oder gesundheitliche Übel einzelner Familienmitglieder auf die Tagesordnung in der Hoffnung auf spirituelle/mediumistische Intervention (Lee 2009). *Kut* bilden ferner

---

konfuzianischer Gesellschaftsentwürfe in Verbindung. Weitergetragen werden Ressentiments dieser Tage vor allem von christlicher Seite (Walraven 2019).

6 Mit der Aufnahme des *Yŏngdŭng* (i. e., eine Windgöttin) *kut* auf die UNESCO-Liste für immaterielles Kulturerbe im Jahr 2009 erhält ein wiederkehrendes Großritual erstmals internationale Anerkennung. Das im zweiten Monat nach dem Mondkalender stattfindende Ritual richtet sich an unterschiedliche Gottheiten mit der Bitte um ruhige See und reichen Fang.

vor allem für ältere Frauen den Rahmen zu geselliger Ausgelassenheit, sich eine Auszeit von Verpflichtungen und Erwartungen zu nehmen.

Gleichermaßen schaffen *kut* weibliche Machtsphären für die Praktizierenden, die „gelenkt" (*kangsin mu*) oder „nicht gelenkt" (*sesŭp mu*) den Handlungsstrang hauptverantwortlich inszenieren. Während Frauen in anderen Bereichen sozialer Interaktion bedingt durch tradierte Moralvorschriften landläufig zurückstecken, beherrschen sie im *kut* das performative und ästhetische Geschehen. Hinzu tritt eine ökonomische Ermächtigung. Weibliche Praktizierende finden in Musok eine selbstständige Einkommensmöglichkeit – wenn auch teilweise um den Preis einer gesellschaftlichen Ausgrenzung. Auch in dieser Hinsicht verkehrt sich die Norm: Die Remuneration der Dienstleistungen weiblicher Praktizierender ist oftmals höher als jene männlicher Kollegen.

Musok eröffnet Praktizierenden ebenso die Möglichkeit Geschlechteridentitäten zu wechseln: Weibliche Praktizierende, die in männliche Rollen schlüpfen und vice versa, d.h. Transvestitismus/Crossdressing und entsprechende stereotype Handlungsweisen sind in *kut* nichts Unübliches. Während Gender- und sexuelle Antinormativität in Südkorea mit einem Stigma belegt sind, bietet Musok – speziell in der Tradition der *kangsin mu* – einen die ‚Devianz' legitimierenden Kontext: Sie sei höheren Mächten geschuldet (Sarfati 2020).

## Literatur

Howard, Keith. 2008. „Why Should Korean Shamans Be Women?" In *Korea: The Past and the Present. Selected Papers from the British Association for Korean Studies BAKS Papers Series, 1991-2005*, hg. v. Susan Pares und Jim E. Hoare, 325–335. Folkestone: Global Oriental.
Lee, Jonghyun. 2009. „Shamanism and Its Emancipatory Power for Korean Women." In *Affilia: Journal of Women and Social Work* 24, 186–198.
McBride II, Richard D. 2006. „What is the Ancient Korean Religion?" In *Acta Koreana* 9, 1–30.
Sarfati, Liona. 2020. „Healing through Gender Inversion in Korean Possession Trance Rituals." In *The Drama Review* 64, 16–32.
Walraven, Boudewijn C. A. 2019. „A Meeting of Extremes. The Symbiosis of Confucians and Shamans." In *Dao Companion to Korean Confucian Philosophy*, hg. v. Young-chan Ro, 311–335. Dordrecht: Springer.
Yun, Kyoim. 2019. *The Shaman's Wages. Trading in Ritual on Cheju Island*. Seattle/WA: University of Washington Press.

## Weiterführende Literatur

Howard, Keith, Hg. 1998. *Korean Shamanism. Revivals, Survivals, and Change.* Seoul: The Royal Asiatic Society, Korea Branch.

Kendall, Laurel. 1985. *Shamans, Housewives, and Other Restless Spirits.* Honolulu/HI: University of Hawaiʻi Press.

Susan Starr Sered
# II.24 Religion of the Ryūkyūs. An Ethnographic Introduction

Eight middle-age and elderly women enter the *kami-ya*-village shrine. They sit on *tatami* mats on the floor and chat. One of the women instructs a male assistant to light incense and place it on the altar. This woman, flanked on either side by her associates, turns toward the set of three rocks arranged on the altar and pours *sake* over the rocks. All of the women kneel, press their hands together and quietly murmur prayers. The eight women then file outside where a bus provided by the Town Hall drives them to the beginning of a trail leading into the jungle. After fifteen minutes of steady climbing, they pause at a clearing. The women take out five-piece white robes from the bags they have been carrying, and quietly don the robes.

The eight *kami-sama*[1] continue their trek into the increasingly dark jungle, finally reaching the sacred grove. There are two stone benches where they sit and weave crowns of leaves and vines to put on their heads. One of the *kami-sama* goes further into the sacred grove, stopping at a small stone altar on which rest six conch shells. She squats in front of the shells, prays briefly, and ‚feeds' rice and sake into the opening of each shell. She returns and joins her fellow *kami-sama* at the benches, taking her place on the center seat. They sip sake, pray briefly and quietly, and hike back to the bus.

The bus driver takes the eight *kami-sama* to the edge of the village, and the *kami-sama* walk to the village square where they are met by clan members and by the village headman, who bows and pours sake for each *kami-sama*. After a small meal the *kami-sama* rise, take off the white robes and hang the crowns of leaves on special nails in the village square.

Eight middle-aged and elderly women then walk home to prepare food for their families, to weed their vegetable gardens, to do their housework.

---

[1] The Japanese word *kami* is usually translated as "god". However, since *kami* encompasses a much larger range of meanings than does the English ‚god', I prefer to translate it loosely as "divinity" or "spiritual energy". *Sama* is an honorary suffix appended to names or titles. The women described in this excerpt typically are referred to as "priestesses" in English translations. However, I believe that the term *kami-sama* should be understood literally: There is no existential difference between *kami-sama* and humans – the "priestesses" are embodied *kami-sama*.

Open Access. © 2024 bei den Autorinnen und Autoren, publiziert von De Gruyter. Dieses Werk ist lizenziert unter einer Creative Commons Namensnennung – Nicht kommerziell – Keine Bearbeitung 4.0 International Lizenz. https://doi.org/10.1515/9783110697407-033

# 1 A Religion Dominated by Women

Scattered throughout the contemporary world there are a small number of religions in which the majority of members and leaders are women who are independent of any kind of overarching male-dominated religious framework. Typically, these religions are considered marginal, subordinate or secondary in the societies in which they are located (Sered 1994). Only on the Ryukyu Islands do women lead the official, mainstream religion. On these islands women are the acknowledged and respected leaders of the publicly-supported and publicly-funded indigenous religion in which both men and women participate.

In Ryukyuan villages priestesses (*noro* and *kaminchu*) perform rituals on behalf of the community. Some of these rituals take place in the jungle, in the sacred grove, where villagers cannot watch. Other rituals take place at the village square, in full sight of the community, and with the assistance of the village headman. Each clan has several priestesses who pray for the clan at public and private ceremonies. Within the household the senior woman is responsible for rites directed toward the household *kami-sama.* In addition, a variety of independent practitioners – *ogami* (prayer) people and *yuta* (shaman-type practitioners) – communicate with *kami-sama* and ancestors on behalf of village families. These practitioners, almost all of whom are women, include both lay, unpaid grandmothers and well-paid professionals.

# 2 Background: Henza Village

Okinawa is the largest of 160 islands of the Ryukyu Archipelago which stretches from the southern Japanese island of Kyushu to the island of Taiwan. Over the centuries, these islands survived extensive culture contact with Chinese, Japanese and Korean sailors and rulers, as well as with Buddhist, Shintō and Christian missionaries and proponents of Chinese ancestor worship. In 1879 Okinawa was forcibly annexed by the emerging Japanese empire. After World War II the United States gained control of Okinawa and constructed multiple large military bases on the island. Okinawa has since ‚reverted' to Japanese rule but most of the American bases have remained. Okinawans speak a distinct language, though it is quickly disappearing due to Japanese control of schools, government agencies, and more.

In 1994–1995, together with my husband and four children, I had the honor and pleasure of living on the small Ryukyuan island of Henza located off the coast of the main island of Okinawa (Sered 1999). Henza is an island village of approximately 1800 residents. Thoroughly modern in terms of electricity, cars, roads and schools, villagers continue to take pride in traditional identity, rituals and relationships.

Henza is very much defined by the village. The traditional village was an endogenous, tightly knit community until well into the past century. Even today there is a strong feeling of kinship among residents of Henza, including those who emigrated to Japan, Hawaii or elsewhere. In the past the village formed a single production unit for agriculture and taxation; it was a religious collective, and an endogamous unit for marriage. The basic unit of reference was the family, not the individual. Children were socialized for mutual interdependence and people were expected to honor their responsibilities and obligations. Propriety, mutual assistance, compromise, and deference to community are still some of the principal features of life in Henza and other Okinawan villages. Henza's residents generally dislike conflict and violence, and have a strong aversion to both American and Japanese martial cultures. Rules of social behavior tend not to be codified or reified, and divergence – as long as it is not aggressive – is barely noticed, at least in Henza.

Villagers express pride in their shared group identity of being *yasashii*. This term, in Henza, is used in broader ways than in standard Japanese, where *yasashii* simply means "easy" or "gentle". For Henza villagers, being *yasashii* encodes easy-goingness, non-violence, having a "good heart", avoiding quarrels and conflict, not being pushy, not having strong opinions, and being tolerant of people who are different. These personality traits reflect and are reflected in a variety of social stances and cosmological beliefs. For example, villagers almost never say that a certain behavior or opinion is absolutely right or wrong, there are no taboos, and hierarchy is usually minimal, temporary, and insignificant. People are believed naturally to be good and healthy, villagers rarely complain about ill health, and life expectancy is unusually long.

Villagers' religious practices are unsystematized and non-compulsory. Henza culture includes a wide variety of old and new, communal and personal, formal and idiosyncratic rituals. Requiring or forbidding participation in particular rituals would be construed as highly non-*yasashi*.

## 3 *Kami-sama*

The (Japanese) word which roughly can be translated as god (*kami-sama*) is neither masculine nor feminine, neither singular nor plural, and nothing in Henza liturgy or material culture serves to portray *kami-sama* as one or the other.

In conversations with villagers as well as priestesses, it was made clear to me that in their view divinity (*kami-sama*) is not perceived as a discrete entity, existentially distinct from, or situated outside of everyday reality. Rather, *kami-sama* is/ are a vague spiritual force potentially present anywhere. As we saw in the introductory ritual, humans can be *kami-sama* and human-*kami-sama* can be plain old housewives; there is no ontological distinction between divine and human. *Kami-sama* is / are felt to be totally immanent, and *kami-sama* presence can be summoned into enhanced immediacy through rituals like the donning of white robes.

*Kami-sama* are never described by villagers as powerful. Power over others is neither respected in social and political relationships, nor worshipped in *kami*. The *kami* do not make rules for behavior, or punish or reward people. All *kami* are understood to have the same rank – there is no ‚chief' *kami*.

While some *kami* are thought to be male and some to be female, there is neither content nor meaning associated with *kami*'s gender identity; male and female *kami* do not have male or female roles or personalities. Villagers seem to hold a vague ideology that both male and female *kami*, like male and female people, are necessary, but this ideology is not particularly elaborated upon or enforced either politically or symbolically.

# 4 Gender Complementarity

Henza's residents do not embrace or advance an elaborated gender ideology. Villagers offer no ideology to promote or enforce gendered social roles. *Kami-sama* are not called upon as arbiters of gender arrangements and are not involved in rituals such as weddings that mark gender.

More broadly, villagers explain that the living help their ancestors and the ancestors help the living, that men go to sea and women work on the farms and that both are necessary, and that there are both male and female *kami-sama* just like there are male and female people. Male and female, death and life, leader and laity, good and bad, and human and *kami* are not understood as natural or essential polarities. Whatever gender differences villagers acknowledge tend to be explained in terms of socialization rather than nature.

Although men and women typically do different jobs, there is a great deal of flexibility and men sometimes do jobs that women usually do and vice versa. Marriage is fairly loose and virginity is not considered a value. Villagers sometimes say that "men are the boss," but male dominance – such as it is – seems to be limited to the political domain. Men hold political leadership roles, but the Henza village council and headman in actual fact have very little power.

Many Henza rituals strive toward social and cosmic harmony, toward smoothing out or clearing up rough spots, and toward dramatizing themes of complementarity and balance.

One of the most striking rituals that I witnessed in Henza is the annual village tug of war (*tsunna-hiki*). As is the case in many parts of Southeast Asia, this ritual begins with men and women lining up on opposite sides of an enormous rope that stretches along a full block in the center of the village. The rope itself, woven from rice fibers by village men over a period of several months, is incredibly heavy and represents an enormous amount of detailed labor.

While in other places in Southeast Asia one side is supposed to win in order to ensure good crops or good fortune, in Henza something rather different happens. After tugging with all of their strength – grunting and sweating – for five or ten minutes during which the rope does not budge, participants switch to the opposite ends of the rope. Again, everyone pulls as hard as they can, and not much happens to the rope – sending a clear physical message that neither male nor female is stronger. Then, just in case participants might get the idea that gender binaries are somehow natural or important, another switch is called. This time, people who live in the eastern part of the village go to one end of the rope and face those who live on the western. Thus, after working hard to pull against one another, men and women now cooperate. In the next round, the west and east dwellers switch sides of the rope for a final pull. At the end, the consensus is the neither side ‚won'.

In a final gesture of deconstruction, as villagers mill around and congratulate one another on a ritual well done, some of older women take out tools to hack up the rope. The same rope that had been painstakingly woven by men for the *tsunna-hiki* will now be appreciated for use as mulch in women's vegetable gardens.[2]

# Bibliography

Sered, Susan Starr. 1994. *Priestess, Mother, Sacred Sister: Religions Dominated by Women.* New York/NY: Oxford University Press.

Sered, Susan Starr. 1997. "Symbolic Illnesses, Real Handprints, and Other Bodily Marks: Autobiographies of Okinawan Priestesses and Shamans." In *Ethos* 25, 408–427.

Sered, Susan Starr. 1998. "De-Gendering Religious Leadership: Sociological Discourse in an Okinawan Village." In *Journal of the American Academy of Religion* 66, 589–611.

---

[2] Acknowledgment: The material in this chapter initially appeared in Sered, Susan. 1999. *Women of the Sacred Groves. Divine Priestesses of Okinawa*, 3–22. New York/NY: Oxford University Press.

## Further Reading

Kawahashi, Noriko. 2017. "Embodied Divinity and the Gift: The Case of Okinawan Kaminchu." In *Women, Religion, and the Gift. An Abundance of Riches*, ed. by Morny Joy, 87–102. Sophia Studies in Cross-cultural Philosophy of Traditions and Cultures 17. New York/NY: Springer.

Lebra, William P. 1966. *Okinawan Religion: Belief, Ritual, and Social Structure*. Honolulu/HI: University of Hawai'i Press.

Isabelle Prochaska-Meyer
# II.25 Die Religion der Ryūkyūs. Ein religionsgeschichtlicher Überblick

Okinawa, die südlichste Präfektur Japans, unterscheidet sich in vielerlei Hinsicht von den japanischen Hauptinseln. Geographisch liegt die Ryūkyū-Inselgruppe näher zu Taiwan als zu Tokyo und war bis 1972 unter US-amerikanischer Administration; in der Gegenwart ist ein Großteil US-amerikanischer Militärbasen in Asien hier stationiert. Die Unterschiede zu Hauptjapan zeigen sich auch in der Religion. Heilige Stätten, *utaki* genannt, sind Naturplätze ohne Sakralarchitektur (Abb. 16). In der Vergangenheit war es nur Frauen gestattet ein *utaki* zu betreten. Zurückzuführen sind die Unterschiede in Okinawas Kultur auf die Geschichte als Königreich Ryūkyū, das vom 15. bis zum späten 19. Jahrhundert existierte und enge Kontakte mit anderen ostasiatischen Ländern hatte. Dieses Königreich pflegte auch eine autochthone Religion, in der Frauen als Priesterinnen eine zentrale Rolle spielten.

In der Gegenwart ist die Zahl der religiösen Spezialistinnen, die für die Gemeinschaft Rituale durchführen, stark gesunken (für ein Fallbeispiel siehe den Beitrag von Sered), doch sieht man im religiösen Alltag, dass Frauen wichtige Aufgaben übernehmen: Innerhalb der (traditionellen) Familie richtet das älteste weibliche Familienmitglied Gebete für das Wohl der Familie an die „Herdgottheit" (*hi nu kan*) in der Küche, repräsentiert durch ein einfaches Gefäß für Räucherwerk und kleine Opfergaben. Die Familien(groß)mutter ist meist auch zuständig für den buddhistischen Ahnenaltar und die Verehrung der Ahnentafeln, die eine starke Ausrichtung an der Patrilinie hat, d. h. ihrer eingeheirateten Familienlinie. In Zeiten von Krisen eines bestimmten Familienmitglieds kann es sein, dass sie eine spirituelle Heilerin (*yuta*) für eine Konsultation aufsucht, um ein individuelles Problem zu klären, für das sie eine übernatürliche Ursache vermutet. Im größeren Verwandtschaftskreis gibt es die Position der Klan-Priesterin (*kudi*), die für zyklische Rituale an heiligen Orten zuständig ist, um für das Wohl ihrer Sippschaft (d.h. der Verwandtschaftsgruppe ihrer Herkunftsfamilie) zu beten.

## 1 *Onarigami* – Die spirituelle Überlegenheit der Frauen

Die Dominanz von Frauen in religiösen Angelegenheiten lässt sich auf das sogenannte *onarigami*-Konzept zurückführen. *Onarigami* setzt sich aus *onari* (Schwester) und *kami* (Gottheit) zusammen, und wird als „Schwesterngottheit" oder allge-

**Abb. 16:** Die heilige Stätte Seifa Utaki in Nanjô, Süd-Okinawa (Foto: Isabelle Prochaska 2007).

mein als „heilige Frau" übersetzt. Viele Gedichte und Legenden zeugen von Beispielen, in denen die Schwesterngottheit besungen wird, oft in Gestalt eines Schmetterlings oder Vogels, der auf hoher See erscheint. Die Männer des Königreiches Ryūkyū waren aktiv im Seehandel mit anderen ostasiatischen Ländern, vor allem mit China, tätig und der Schutz der *onarigami* wurde speziell in der Seefahrt als wichtig erachtet, die nicht ungefährlich war. In einer bekannten Erzählung erleidet ein Mann Schiffbruch und kann seine Ehefrau retten, während jedoch seine Schwester dabei umkommt. Von seinen Gemeinschaftsmitgliedern wird er danach gerügt, warum er nicht seine Schwester zuerst gerettet habe, denn die Ehefrau könne man jederzeit neu bekommen – die eigene Schwester aber nicht (Akamine 1998, 135).

Das *onarigami*-Konzept weist auf zwei wichtige Aspekte hin: Zum einen, dass Frauen Männern spirituell überlegen sein sollen;[1] zum anderen betont die Bruder-Schwester-Beziehung die starke Bindung der Frau zu ihrer Herkunftsfamilie.

## 2 Duale Machtaufteilung zur Zeit des Königreiches Ryūkyū

Unter der Regentschaft von König Shō Shin (r. 1477–1526) wurde die Staatsreligion institutionalisiert, in der Frauen religiöse Aufgaben leiteten. Lokale Priesterinnen (*noro*) wurden vom königlichen Hof mit einem offiziellen Dokument anerkannt, und sie erhielten überdies ein Grundstück und ein Gehalt. Ihre Funktion galt bis zum Lebensende und wurde in den meisten Fällen in der väterlichen Verwandtschaftslinie, d. h. an die eigene Tochter oder die Tochter des Bruders, weitergegeben. Mit dieser Struktur lag die Leitung der religiösen Bereiche bei Frauen, parallel dazu leiteten Männer die politischen Angelegenheiten. Die höchste Priesterin Kikoe Oogimi war eine weibliche Verwandte des Königs. Sie hatte ihre Initiationszeremonie im Seifa Utaki, einer heiligen Naturstätte im Süden der Hauptinsel Okinawa (siehe Abb. 16).[2] Mit Ausnahme des Königs durften nur Frauen den innersten Teil dieser heiligen Stätte betreten.

Ab dem 17. Jahrhundert allerdings verlor die Position der religiösen Frauen durch den stärkeren Einfluss der königlichen Berater immer mehr an Bedeutung. Diese Berater, die konfuzianistisch geprägt waren und nach denen Frauen sich Männern unterzuordnen hatten, traten für die Schwächung der indigenen Staatsreligion ein und taten die Zeremonien der Priesterinnen als Aberglaube ab. Bei-

---

[1] Es wird allerdings betont, dass dieses Konzept erst in der Zeit des Königreiches Ryūkyū etabliert wurde (Yoshie 2004, 103 f.). Der okinawanische Volkskundler Masanobu Akamine wendet auch ein, inwiefern man von „Überlegenheit" sprechen kann, wenn die spirituellen Fähigkeiten der Frauen dazu ausgerichtet sind, ihre männlichen Mitmenschen zu beschützen (Akamine 2006).
[2] Die heilige Stätte Seifa Utaki ist seit 2000 UNESCO Weltkulturerbestätte (Rots 2020).

spielsweise wurde unter dem Berater Shō Shōken (1617–1675) der Rang der höchsten Priesterin, deren Position bisher gleichrangig war mit dem König und oberhalb der Königin, auf den Rang unter der Braut des Kronprinzen herabgestuft (Wacker 2000, 43). Durch zusätzliche buddhistische Einflüsse rückte der Ahnenkult in den Fokus der religiösen Praktiken, und damit einhergehend die Betonung der Patrilinie.

Durch die Abschaffung des Königreiches Ryūkyū und die Inkorporation in das japanische Reich 1879 wurde auch die offizielle Staatreligion endgültig abgeschafft. In vielen Gemeinden führten die Priesterinnen die zyklischen Rituale für das Wohl der Gemeinschaft zwar weiter durch, aber aufgrund der mangelnden Nachfolge ist in der Gegenwart ihre Zahl sehr stark gesunken. Während meiner Feldforschung auf Okinawa (2005–2007) beispielsweise konnte ich an einem Neujahrs-Pilgerrundgang einer Gemeinde teilnehmen, bei dem für das Wohl der Gemeindemitglieder an verschiedenen Orten, wie *utaki* und ehemaligen Brunnen, gebetet und Opferspeisen und Räucherwerk dargebracht wurden. Da jedoch die *noro*-Priesterin im Altersheim war und die Rituale nicht mehr ausführen konnte, leitete stattdessen der männliche Gemeindevorstand in Begleitung von Mitarbeitern und Mitarbeiterinnen des Gemeindeamtes die Gebete (Prochaska-Meyer 2013, 95).

Neben den Priesterinnen, die für die Gebete und Zeremonien für die Gemeinschaft zuständig sind, gibt es Frauen, von denen gesagt wird, dass sie mit Ahnen und *kami* kommunizieren können und die in verschiedenen individuellen Problemsituationen aufgesucht werden. Diese Frauen werden *yuta* genannt, und man könnte ihre Rolle mit der einer Geistheilerin oder Schamanin gleichsetzen. Anders als bei den *noro*-Priesterinnen, wird ihre Position nicht in der Verwandtschaftsgruppe weitergegeben, sondern ihrer Tätigkeit als Heilerin geht stets eine Berufung (meist ausgedrückt durch eine sogenannte Initiationskrankheit) voraus. Sind Priesterinnen respektierte, anerkannte Mitglieder der Gemeinschaft, so waren *yuta* in der Vergangenheit mehrheitlich der Kritik ausgesetzt. Auch die Heilerinnen erlebten ab dem 17. Jahrhundert durch die stärker werdenden konfuzianistischen Einflüsse eine harsche Kritik und ihre Praktiken wurden als rückständiger Aberglaube verurteilt.

Während von den religiösen Spezialistinnen die *noro*-Priesterinnen nur noch vereinzelt in einigen Gemeinschaften aktiv sind, existieren die spirituellen Heilerinnen *yuta*, die keiner institutionellen Struktur angehörig und für individuelle Angelegenheiten zuständig sind, nach wie vor. Man kann in den letzten Jahrzehnten sogar eine Aufwertung ihres Images beobachten (Prochaska-Meyer 2013, 71 f.).

## 3 Yuta – Spirituelle Heilerinnen: Initiation, Praxis und Kosmologie

Die Frau konsultiert eine *yuta* und der Mann amüsiert sich mit Freudenmädchen. Diese schlechten Angewohnheiten werden sich niemals bessern. (Redensart in Okinawa)

*Yuta* wurden und werden oft negativ assoziiert, verbunden mit der Vorstellung, dass sie Menschen in die Irre führen, indem sie die Hilflosigkeit ihrer Klientel ausnützen und sie finanziell ausbeuten. Der Name „yuta" ist auch derogativ und spirituelle Heilerinnen sowie ihre Klientinnen vermeiden den Begriff *yuta* (außer, sie beziehen sich auf eine ‚falsche' Heilerin), sondern verwenden andere Bezeichnungen, wie *sensei* („Lehrerin"), *munushiri* („Allwissende") oder *kaminchu* („kami-Mensch").[3] Mit letzterem Namen wird auch eine Priesterin, die für die Gemeinschaft Rituale durchführt, adressiert.

*Yuta* sind spirituelle Heilerinnen, die häufig schon in jungen Jahren durch halluzinatorische Erfahrungen oder hellseherische Fähigkeiten aufgefallen sind und in ihrem sozialen Umfeld als „mit hoher spiritueller Kraft geboren" (*saadaka'nmari*) charakterisiert wurden. Ein wichtiges Merkmal in ihrer Biografie ist die Tatsache, dass sie diese Tätigkeit nicht bewusst gewählt haben. Vielmehr begann ihre Beschäftigung mit spirituellen Angelegenheiten nach einer gewissen ‚Berufung', die häufig als Krise und Trennung vom ‚normalen' Leben empfunden wurde, etwa durch halluzinatorische Begegnungen mit Verstorbenen oder Aufforderungen zur spirituellen Lehre in ihren Träumen. Deshalb befindet sich die angehende *yuta* zuerst in der Rolle als Klientin, die eine spirituelle Heilerin aufsucht, um sich selbst zu heilen. Die Symptome zu Beginn der Initiationszeit werden auch als metaphysische Krankheit gesehen, und es sind oft ältere Frauen im sozialen Umfeld der Betroffenen, die diese Anzeichen als sogenanntes *kamidaari* (*kami*-Krankheit oder „heilige Krankheit") kennzeichnen. Viele *yuta* berichten auch, dass sie zuerst Expert*innen der Schulmedizin aufgesucht hätten, um die übernatürlichen Symptome zu behandeln. Oft treffen diese Krisen auf eine Zeit, in der die Frauen als junge Familienmutter mit Kindererziehung, Arbeit und Haushalt beschäftigt sind, und in vielen Biografien von *yuta* tritt eine Unterbrechung der Initiationsphase ein, bei der um die Aufschiebung der spirituellen Lehre gebeten wird, bis die Kindererziehung abgeschlossen ist.

---

[3] Im Japanischen (bzw. Okinawanischen) sind die Bezeichnungen *sensei* und *munushiri* geschlechtsneutral. Da aber die Mehrheit der spirituellen Heiler*innen weiblich ist, gebe ich hier die weibliche Form an. In meiner Monographie zu spirituellen Heilerinnen verwende ich den Begriff *kaminchu* (Prochaska-Meyer 2013).

Eine wichtige Aufgabe einer *yuta* sind spirituelle Konsultationen (*hanji*), beispielsweise zu Neujahr, bei der sie die Klientin über das Schicksal der Familienmitglieder im neuen Jahr informiert, oder bei nicht abklingenden körperlichen Beschwerden oder ungewöhnlichen Träumen. Ein anderer Bereich ist die Durchführung von beispielsweise Besänftigungsritualen für Verstorbene oder Ritualen zur spirituellen Reinigung des Hausgrundstücks (siehe Abb. 17). In vielen Fällen wird eine metaphysische Störung als ein Zeichen von Ahnen interpretiert, die sich aufgrund von mangelnder ritueller Praxis bemerkbar machen. Auch kann eine Krise zurückgeführt werden auf eine Missachtung der Regeln hinsichtlich der Ahnentafeln.[4]

## 4 *Noro* versus *yuta* – Öffentliche Priesterin versus private Geistheilerin

Von frühen Okinawa-Forschern wurde das Thema der Priesterinnen in der Religion Okinawas durch eine romantische (und androzentrische) Linse betrachtet, und der Brauch eine Geistheilerin aufzusuchen stets als abergläubische, rückständige Sitte beschrieben. Der „Vater der Okinawa-Studien", Fuyū Iha (1876–1947) forschte zu Geschichte und Kultur seiner Heimatpräfektur und machte es sich zur Aufgabe, Okinawa zu modernisieren, indem er sich vor allem für die Bildung von Frauen engagierte. In Bezug auf spirituelle Heilerinnen merkt er an: „Es ist nicht übertrieben zu behaupten, dass die alten Frauen Okinawas, in deren Leben *yuta* eine wichtige Rolle spielen, den modernen Frauen um 2000 Jahre nachhinken." (Iha 1993, 342)

In den 1930er und 1940er Jahren versuchten die Behörden vergeblich, in der sogenannten *yuta*-Jagd die Heilerinnen aus der okinawanischen Gesellschaft zu verbannen. Der Sozialanthropologe Allen argumentiert, dass ihre Funktion besonders nach dem Zweiten Weltkrieg an Bedeutung gewann, da sie durch Besänftigungsrituale für die im Krieg Verstorbenen einen wichtigen Beitrag in der Trauerarbeit der Hinterbliebenen leisteten (Allen 2017). Ab den 1960er Jahren erscheinen vermehrt Studien zum „Schamanismus Okinawas", und *yuta* werden als

---

4 Die Ahnentafeln werden üblicherweise im Haushalt des ältesten Sohnes verehrt. Eine Familie ohne Söhne kann ihre Ahnentafeln an einen zweitgeborenen Sohn in der näheren patrilinearen Verwandtschaft weitergeben. Diese Ideologie mit der Betonung auf die Patrilinie und den erstgeborenen Sohn als Nachfolger ist eine strenge Regel, auf die *yuta* hinweisen, wenngleich es auch regionale Unterschiede gibt. Nach dieser Anschauung dürfen Frauen weder die Ahnentafeln weiterführen noch als Hauptahnin verehrt werden (Prochaska-Meyer 2013, 101–104).

**Abb. 17:** Spirituelle Heilerin (rechts) bei einem Bet-Ritual für ihre Klientin (links) in Shuri (Foto: Isabelle Prochaska 2007).

wichtige religiöse Spezialistinnen gesehen, die für das Verständnis des Volksglaubens wesentlich sind. Immer häufiger sieht man auch die Figur der *yuta* als Repräsentantin des kulturell-spirituellen Erbes Okinawas in Film und Literatur (Shiotsuki 2015). Bei diesen fiktiven Darstellungen wird die *yuta* meist als eine autoritäre, ältere Frau dargestellt.[5] Seit den 2000er Jahren finden sich vermehrt Publikationen, die von spirituellen Heilerinnen selbst verfasst sind, sowie auch Ratgeber für zyklische Zeremonien im Haushalt. Dies zeigt, dass die spirituellen Themen, für die *yuta* stehen und die in der Vergangenheit mehrheitlich als rückständig gebrandmarkt wurden, immer mehr im positiven Licht gesehen werden und eine Aufwertung erfahren.

## Literatur

Akamine, Masanobu 赤嶺政信. 1998. *Shima no miru yume. Okinawa minzokugaku sanpo* シマの見る夢：沖縄民俗学散歩 [Träume über die Insel. Volkskundliche Spaziergänge über Okinawa]. Naha: Bōdāinku.

Akamine, Masanobu. 2006. „Okinawan Religion As Seen from a Gender Perspective." Vortrag, *5th International Conference on Okinawan Studies* (14.–16. 9. 2006). Venedig: Ca' Foscari Universität.

Allen, Matthew. 2017. „The Shaman Hunts and the Postwar Revival and Reinvention of Okinawan Shamanism." In *Japan Forum* 29, 218–235.

Iha, Fuyū 伊波普猷. 1993 [1913]. „Yuta no rekishi-teki kenkyū ユタの歴史的研究." [Geschichtliche Forschung zu *yuta*] In *Iha Fuyū zenshū* 9 伊波普猷全集 9巻 [Iha Fuyū Gesamtwerke 9], 342–366. 2. Aufl. Tokyo: Heibonsha.

Prochaska, Isabelle. 2012. „Okinawa, Insel der Alten? Die *obaa* zwischen Klischee und Wirklichkeit." In *MINIKOMI – Austrian Journal of Japanese Studies* 82, 33–38.

Prochaska-Meyer, Isabelle. 2013. *Kaminchu. Spirituelle Heilerinnen in Okinawa*. Vienna Studies on East Asia 2. Wien: Praesens Verlag.

Rots, Aike P. 2020. „Whose Sacred Site? Contesting World Heritage at Sēfa Utaki." In *Sacred Heritage in Japan*, hg. v. Aike P. Rots und Mark Teeuwen, 87–112. New York/NY: Routledge.

Shiotsuki, Ryōko. 2015. „Shamanism as a Symbol for Okinawan-ness. Identity Politics in Japanese Films and Literature Depicting Okinawa." In *40 years since reversion. Negotiating the Okinawan Difference in Japan Today*. Beiträge zur Japanologie 44, hg. v. Ina Hein und Isabelle Prochaska-Meyer, 219–239. Wien: Institut für Ostasienwissenschaften/Japanologie.

Wacker, Monika. 2000. *Onarigami. Die heilige Frau in Okinawa*. Frankfurt/M.: Lang.

Yoshie, Akiko 義江明子. 2004. *Kodai joseishi e no shōtai. „Imo no chikara" o koete* 古代女性史への招待：「妹の力」を超えて [Einladung zur Frauengeschichte des Altertums. Über „Die Kraft der Frauen" hinaus]. Tokyo: Yoshikawa Kōbunkan.

---

5 Im Zuge des sogenannten Okinawa-Booms ab den 1990er Jahren, bei dem die südlichste Präfektur als Inselparadies touristisch vermarktet wurde, erscheint in vielen populärkulturellen Produktionen (Film, Literatur, Manga) das Bild der ‚herrischen' Oma als typische okinawanische Figur – wohl auch als geeignete Repräsentantin der Langlebigkeit, für die die Frauen Okinawas weltweit bekannt sind (Prochaska 2012).

## Weiterführende Literatur

Kawahashi, Noriko. 1992. *Kaminchu. Divine Women of Okinawa.* Ph. D. Dissertation. Princeton/MA: Princeton University.
Prochaska, Isabelle. 2013. „Kaminchu. Mittlerinnen zwischen Diesseits und Jenseits. Spirituelle Heilung in Okinawa/Japan." In *Heilung in den Religionen*, hg. v. Veronika Futterknecht, Michaela Noseck-Licul und Manfred Kremser, 245–261. Wien; Berlin: LIT Verlag.
Wacker, Monika. 2003. „Onarigami. Holy Women in the Twentieth Century." In *Japanese Journal of Religious Studies* 30, 339–359.

Benjamin Heimann und Carmen Trautner
# II.26 Die Hare-Krishna-Bewegung

## 1 Herkunft der Hare-Krishna-Bewegung

Die Hare-Krishna-Bewegung ist eine indische Religionsform, in deren Zentrum die Verehrung des Gottes Kṛṣṇa steht. Die Bewegung entstand im 16. Jahrhundert in Bengalen, im Nord-Osten Indiens. Ihr Begründer, Kṛṣṇa Caitanya (1486–1534), soll bereits zu Lebzeiten als göttliche Person verehrt worden sein. Nach seiner Einweihung in den *mahā-mantra*[1], „Hare Krishna Hare Krishna Krishna Krishna Hare Hare, Hare Rama Hare Rama Rama Rama Hare Hare", erfährt er spontan ekstatische Zustände. War er zuvor ein streitbarer Gelehrter mit eigener Grammatikschule, so wurde er über Nacht zu einem Devotee (*bhakta*), der nur noch über Kṛṣṇa hören, sprechen und singen wollte. In seinem engeren Umfeld wurden esoterische Aspekte der Kṛṣṇa-Legende diskutiert, wie sie insbesondere im *Bhāgavata-Purāṇa* (ca. 7.–9. Jahrhundert) zu finden sind. Dem breiteren Publikum predigte er das Heil durch das (laute) Singen und (leise) Chanten des *mahā-mantras*. Die Namen Gottes (Kṛṣṇa-Viṣṇus) seien das wirksamste Mittel im aktuellen Zeitalter (*kali-yuga*), um Befreiung (*mokṣa*) von den Leiden des materiell-körperlichen Daseins zu erlangen (*Caitanya-Caritāmṛta*, Ādi 17.21). Darüber hinaus könne der *mahā-mantra* ein noch höheres Ergebnis erzielen, eine direkte Beziehung zu Kṛṣṇa in dessen transzendentem Reich.

## 2 Theologische Grundlagen

Die von Gott ausgehende und von ihm kontrollierte Energie (*śakti*) transformiert sich und nimmt je nach Funktion verschiedene Formen an. Grundsätzlich hat diese Energie drei Aspekte (*Caitanya-Caritāmṛta*, Madhya 20.111). Die innere Energie bildet die transzendente Welt, in der alles ewig, bewusst und freudvoll ist. Die äußere Energie bildet die materielle, unbelebte Welt. Die dritte Art von Energie liegt zwischen diesen beiden und ist die Grundlage der einzelnen Lebewesen, *jīva* (*Caitanya-Caritāmṛta*, Madhya 20.108). Diese bestehen aus einem vergänglichen Körper und der individuellen Seele. Den verkörperten Lebewesen ist ihre spirituelle Natur unbekannt, sie wandeln daher in einem Kreislauf von Wiedergeburten

---

[1] Ein *mantra* besteht aus Klangsilben, gewöhnlich ein Vers oder auch nur Silben (z. B. *om*), deren Vertonung oder Erinnerung sakrale Wirkkraft zugeschrieben wird.

(saṁsāra). Das Meditieren über Kṛṣṇa mit Liebe und Hingabe (bhakti) soll das Bewusstsein weg von den Sinnesobjekten hin zu der spirituellen Identität als Seele führen. Befreit von jeglicher Tendenz, innerhalb der materiellen Welt genießen zu wollen, entwickelt sich eine direkte Beziehung zu Gott. Nach den Lehren Caitanyas ist die Liebe der Kuhhirtenmädchen (gopīs) die höchste Form der Gottesliebe, die bereits im Bewusstsein der männlichen und weiblichen Praktizierenden auf der Erde erfahren werden kann. Caitanya verdeutlichte, dass der zeitweilige Körper, verstanden im heteronormativen Konzept als Mann oder Frau, kein Hindernis darstelle, um das spirituelle Ziel zu erlangen (Bhaktivinoda 2012, 427; Knott 2004, 296). Da die Seele als eine śakti gilt und in ihrer Beziehung zu Gott grundsätzlich weiblich ist, ist das körperliche Geschlecht für Devotees theologisch zunächst sekundär.

## 3 Weltweite Verbreitung der Hare-Krishna-Bewegung durch die ISKCON

Die Kṛṣṇa-Verehrung im kolonialen Bengalen des 19. Jahrhunderts war für unorthodoxe Abwandlungen bekannt und genoss daher unter den Briten und den gebildeten Bengalen einen schlechten Ruf. Ein indischer Beamter der Kolonialregierung namens Bhaktivinoda Thakura (1838–1914) versuchte diesen Eindruck zu ändern, indem er alte Manuskripte sammelte und herausbrachte, sowie eigene Lieder und Bücher verfasste, sowohl in Bengali als auch erstmalig in Englisch. Einer seiner Söhne, Bhaktisiddhanta Sarasvati (1874–1937), setzte diese Mission fort, gründete einen Mönchsorden (gauḍīya maṭha) und sandte bereits Anfang der 1930er Jahre Missionare nach England und Deutschland. Während diese ersten internationalen Missionsversuche nur geringen Erfolg verzeichneten, gelang es einem seiner Schüler, Srila Prabhupada (Bhaktivedanta Swami, 1896–1977), 1966 in den USA die International Society for Krishna Consciousness (ISKCON) zu gründen, die es in wenigen Jahren schaffte, die Bewegung Caitanyas weltweit bekannt zu machen. Nach seinem Verscheiden übernahm die Leitung der Bewegung ein aus elf Männern bestehendes Gremium, die Governing Body Commission (GBC).

## 4 Genderkritische Betrachtung der ISKCON im historischen Verlauf

Lorenz (2004) untersuchte die schriftlich getätigten Äußerungen Prabhupadas bezüglich Frauen und stellte fest, dass 80 % von ihnen abwertend oder essentialisierend sind. Frauen werden darin beschrieben als weniger intelligent, nicht vertrauenswürdig, lustvoll und somit eine Gefahr für das spirituelle Wachstum männlicher Devotees. Diese Konstruktion von Weiblichkeit und Frausein scheint bereits zu Lebzeiten des Gründers vielerorts in der ISKCON patriarchale Strukturen begünstigt zu haben. Die erwartete Gehorsamkeit im Eheleben, die Limitierung auf häusliche Aufgaben oder sogar die mit Gewalt erzwungene räumliche Segregation im Tempel sind Beispiele für deren Auswirkungen (Lorenz 2004, 121–123; Rochford 2007, 126–130). Demgegenüber stehen die durchaus positiven Erfahrungen der weiblichen Devotees, die direkten Kontakt mit Prabhupada hatten (Rochford 2007, 126 f.). Deren Berichte, sowie Briefverkehr, belegen, dass Prabhupada ihnen nahezu gleiche Rechte, Pflichten und Aufgaben übertrug, wie den Männern. Prabhupada brach zudem mit in Indien üblichen Standards und unterwies Frauen in der Verehrung der Gottgestalten auf dem Altar (Valpey 2004, 52). Für Prabhupada waren seine Schülerinnen keine gewöhnlichen Frauen, sondern *Vaiṣṇavīs*, Viṣṇus weibliche Verehrer, die grundsätzlich verschieden seien von gewöhnlichen, nämlich materialistischen Frauen (Knott 2004, 296). Der Wandel zu Ungunsten der Frauen vollzog sich in der Mitte der 1970er Jahre, als die Zahl der Mönche, *brahmacarīs* und *sannyasīs*, in der ISKCON stark anstieg (Knott 2004, 301; Rochford 2007, 116 f.). Die ausschließlich männlichen Mönche benutzten Prabhupadas Aussagen über Frauen, um ihre eigene Position der Dominanz zu etablieren oder abzusichern (Rochford 2007, 126 f.).

## 5 *Spiritual Culture* und Feminismus in ISKCON

Identität und Positionierung von Geschlechtern und deren Rollen werden in der Bewegung seit ihren Anfängen in den 1960er Jahren ausgehandelt. Eine aktuelle Sammelveröffentlichung von (Beleg-) Texten und Stellungnahmen zur Sichtbarkeit von Frauen, deren Rollen und Kämpfe für ihre Rechte im historischen Verlauf bis zur Gegenwart verdeutlicht dies (Dasi 2020). Bereits vor der Gründung des Women's Ministry im Jahre 1996 erhoben Devotees ihre Stimmen gegen die (institutionelle) Benachteiligung und mangelnde Wertschätzung von Frauen. Konservative Devotees sahen in diesen kritischen Äußerungen oft einen Angriff auf die Bewegung seitens materiell-weltlicher Ideologien, wie der Emanzipation oder des Feminismus (Knott 2004, 302–310).

Exemplarisch für die unterschiedlichen Positionen innerhalb der Bewegung sollen hier zwei entgegengesetzte Positionen vorgestellt werden. Vertreter*innen der *spiritual culture* postulieren die Abkehr von der materiellen Welt und dem Leben nach dem Vorbild der vedischen Kultur. In diesem Verständnis sind zwar die spirituellen Seelen gleichwertig, die materiellen Körper jedoch unterschiedlich.

Diese Differenz drückt sich unter anderem in klar umrissenen Geschlechterrollen und deren Pflichten aus. Während eines Retreats[2] zum Leben in der *spiritual culture* von Devaki Devi Dasi 2013 wurde die Notwendigkeit von definierten und regulierten Geschlechterrollen mit dem daraus resultierenden Wohlergehen für alle Mitglieder der Gesellschaft begründet. Unreguliertes Verhalten würde, wie im Straßenverkehr, zu Störungen der/des Einzelnen sowie des Zusammenlebens führen. Während des Workshops wurden neben Belegen aus Prabhupadas Schriften auch passende Verhaltensweisen und Kleidung für eine *Vaishnavi* (einen weiblichen Devotee) in Rollenspielen thematisiert. Bei der Befragung der Teilnehmenden zeigte sich mehrheitlich eine Erleichterung, da durch die klaren Anweisungen eine Entlastung erfahren wurde. Diese zeigte sich zum Beispiel in dem Fokus auf *carework* in dem Bewusstsein, dass diese Art von Tätigkeiten für den weiblichen Körper bestimmt sei. Die Frage nach ritueller Partizipation durch weibliche Devotees, beispielsweise als einweihende Gurus (*dīkṣā-guru*), löste die Referentin, indem sie dem weiblichen Körper eine emotionale Natur zuwies, die für die eher rationalen Aufgaben des *dīkṣā-gurus* hinderlich sei – jedoch für die Rolle als Mutter, verstanden als erster unterweisender (*śikṣā*)-Guru, geeignet.[3] Das Tätigkeitsfeld von Frauen wird sichtlich eingeschränkt auf den familiären und häuslichen Bereich. Zugrunde liegt hier das vermeintliche Idealbild aus der vedischen Kultur[4], wonach Frauen besonders schutzbedürftig seien (Radha Dasi 2020).

Eine ganz andere Sichtweise findet sich in einer Strömung innerhalb der ISKCON unter dem Namen Krishna West, 2014 begründet von Hridayananda Goswami. Sie versteht sich als ein spirituelles Projekt innerhalb von und für ISKCON und zielt auf die Verbreitung einer spirituellen Praxis ohne die Aufgabe bzw. Übernahme kultureller Identitäten (Trautner 2018, 79). Die Negation einer spezifischen kultu-

---

2 Das Retreat „Exploring the Roots of Spiritual Culture" fand vom 2.8.–6.8.2013 in Goloka Dhama/ Abentheuer unter der Leitung von Devaki Devi Das statt. Zusammen mit 16 anderen cis-Frauen im Alter von 17–54 Jahren lernte und arbeitete ich (C.T.) an diesen Tagen bei diesem Seminar als Teilnehmerin mit. Meine Rolle als Forscherin legte ich offen. Wir behandelten zwei große Abschnitte: „Women in Spiritual Culture" und „Marriage in Spiritual Culture".

3 Devaki Devi Dasi fokussierte zudem bei der Diskussion um die Möglichkeit eines weiblichen einweihenden Gurus bei der ISKCON die Bedeutsamkeit der Mutterrolle (verstanden als die erste und wichtigste lehrende Person für ein Kind), um zu begründen, dass Frauen nicht als einweihende Gurus notwendig sind.

4 Abweichend von dem Verständnis, dass die vedische Literatur mit den vier *Vedas* beginnt und den *Upaniṣaden* endet, wird in der ISKCON (und den verwandten Zweigen des *gauḍīya maṭha*) jegliche Literatur als vedisch bezeichnet, die sich mit Gotteserkenntnis befasst, also auch die *Purāṇas* und die Werke der Nachfolger Caitanyas (siehe: https://vedabase.io/en/library/bg/15/15/). Prabhupada selber verweist an die (post-)vedische *Manu-saṃhitā* (9.3), um die Schutzbedürftigkeit von Frauen zu belegen (siehe: https://vedabase.io/en/library/bg/16/7/).

rellen – hier verstanden als indische oder vedische – Identität ist auch für das Verständnis von Geschlechterrollen tragend. 2020 veröffentlichte Hridayananda Goswami einen Artikel über die Unterdrückung von Frauen in der ISKCON und kommt zu dem Schluss, dass die traditionelle Einteilung in „Gesellschaftsklassen" (*varṇas*) zunächst unbedeutsam ist und somit die Ausübung von religiösen, rituellen, institutionellen wie auch familiären Ämtern/Rollen auf der jeweiligen Natur des Devotees basiert. Wenn die jeweilige Natur und Fähigkeit eines weiblichen Devotees das spirituelle Führen als Guru oder die Administration eines Tempels ist, erscheint für ihn das Verwehren dieser Tätigkeiten wie ein Gewaltakt gegenüber Frauen unter dem Vorwand ihrer angeblichen Schutzbedürftigkeit (Goswami 2020, 463–465).

## 6 Ausblick

Durch eine Resolution der GBC von 2019 ist es innerhalb der ISKCON nun auch weiblichen Devotees möglich, als einweihende Gurus ernannt zu werden. Trotz damit verbundenen zusätzlichen Anforderungen ist darin ein Erfolg jahrzehntelanger feministischer Bestrebungen zu sehen. Inwieweit diese institutionelle Markierung und die weiterhin global praktizierten Kurse zur vedischen Lebensführung zukünftig maßgebend für den Dialog von konträren Positionen innerhalb der Bewegung sind oder trennend wirken, sind erkenntnisreiche Fragen zur weiteren Erforschung der ISKCON.

## Literatur

Bryant, Edwyn F. 2017. *Bhakti Yoga. Tales and Teachings from the Bhagavata Purana.* New York/NY: North Point Press.

Dasi, Pranada Devi, Hg. 2020. *The Emergence of Women's Voices in ISKCON. A Collection of Letters, Articles, Papers, and Conference Reports from 1988 to 2020.* Woods Mill/VA: Bookwrights Press.

Dasi, Radha. 2020. „The Roles of Vaishnavis in ISKCON." In *The Emergence of Women's Voices in ISKCON. A Collection of Letters, Articles, Papers, and Conference Reports from 1988 to 2020*, hg. v. Pranada Devi Dasi, 446–458. Woods Mill/VA: Bookwrights Press.

Goswami, Hridayananda. „The Suppression of Women in ISKCON." In *The Emergence of Women's Voices in ISKCON. A Collection of Letters, Articles, Papers, and Conference Reports from 1988 to 2020*, hg. v. Pranada Devi Dasi, 463–465. Woods Mill/VA: Bookwrights Press.

Kavirāja, Kṛṣṇadāsa. *Caitanya-Caritāmṛta*, übers. v. A. C. Bhaktivedanta Swami Prabhupada. https://www.vedabase.com/en/cc [25.10.2020].

Knott, Kim. 2004. „Healing the Heart of ISKCON. The Place of Women." In *The Hare Krishna Movement: The Postcharismatic Fate of a Religious Transplant*, hg. v. Edwin F. Bryant und Maria Ekstrand, 291–311. New York/NY: Columbia University Press.

Lorenz, Ekkehard. 2004a. „The Guru, Mayavadins, and Women. Tracing the Origins of Selected Polemical Statements in the Work of A. C. Bhaktivedanta Swami." In *The Hare Krishna Movement. The Postcharismatic Fate of a Religious Transplant*, hg. v. Edwin F. Bryant und Maria Ekstrand, 112–128. New York/NY: Columbia University Press.

Lorenz, Ekkehard. 2004b. „Race, Monarchy, and Gender. Bhaktivedanta Swami's Social Experiment". In *The Hare Krishna Movement. The Postcharismatic Fate of a Religious Transplant*, hg. v. Edwin F. Bryant und Maria Ekstrand, 347–390. New York/NY: Columbia University Press.

Prabhupāda, A.C. Bhaktivedanta Swami. o. J. *Bhagavad-gita, As It Is*. 15.15 – purport. https://vedabase.io/en/library/bg/15/15 [03.05.2022].

Prabhupāda, A.C. Bhaktivedanta Swami. o. J. *Bhagavad-gita, As It Is*. 16.7 – purport. https://vedabase.io/en/library/bg/16/7 [03.05.2022].

Rochford Jr., E. Burke. 2007. *Hare Krishna Transformed.* New York/NY, London: New York University Press.

Trautner, Carmen. 2013. *Feldforschungsnotizen zum Retreat von Devaki Devi Dasi bei Goloka Dhama e.V. in Abentheuer/Deutschland vom 2.–6.8.2013.*

Trautner, Carmen. 2018. „Von Pizza, Pakora und kultureller Anarchie. Wohin Krishna West sich bewegt". In *Verwandlungen. Vom Über-Setzen religiöser Signifikanten in der Moderne*, hg. v. Stefanie Burkhardt und Simon Wiesgickl, 79–82. Stuttgart: Kohlhammer.

Valpey, Kenneth. 2004. „Krishna in Mleccha Desh. ISKCON Temple Worship in Historical Perspective". In *The Hare Krishna Movement. The Postcharismatic Fate of a Religious Transplant*, hg. v. Edwin F. Bryant und Maria Ekstrand, 45–60. New York/NY: Columbia University Press.

## Internetquellen

ISKCON. *GBC Resolutions.* 2019. https://gbc.iskcon.org/wp-content/uploads/2019/12/MGM-2019-GBC-Resolutions-v4-1.pdf [04.04.2021].

## Weiterführende Literatur

Muster, Nori J. 1997. *Betrayal of the Spirit. My Life behind the Headlines of the Hare Krishna Movement.* Urbana/IL: University of Illinois Press.

Neubert, Frank. 2010. *Krishnabewusstsein. Die International Society for Krishna Consciousness (ISKCON), Hare Krishna Bewegung.* Marburg: REMID.

Rosen, Steven J., Hg. 1996. *Vaiṣṇavī. Women and the Worship of Krishna.* Delhi: Motilal Banarsidass.

Lukas K. Pokorny
# II.27 Sōka Gakkai

Die Sōka Gakkai (Gesellschaft zur Schaffung von Werten) ist die größte buddhistische Einzelorganisation Japans mit Filialen in 192 Ländern und geschätzten zehn bis zwölf Millionen Praktizierenden weltweit. Vor ihrer formellen Gründung im Jahr 1937 in Tokyo als Sōka Kyōiku Gakkai (Gesellschaft für Erziehung zur Schaffung von Werten), trat die Gemeinschaft bereits ab 1930 als loser Zusammenschluss von Pädagogen in Erscheinung. Als Schlüsselfigur fungierte ihr Gründer, Makiguchi Tsunesaburō (1871–1944), dessen pädagogisches Programm einer „Schaffung von Werten" (*kachi sōzō*) zunehmend buddhistisch durchwaltet wurde. Während des Pazifikkrieges (1941–1945) wurde die Gemeinschaft, deren Führungsriege sich in Opposition gegen den Staatsshintō brachte, behördlich zerschlagen – Makiguchi starb in Gefängnishaft. Nach Ende des Krieges reaktivierte sein engster Vertrauter, Toda Jōsei (1900–1958), die Sōka Gakkai und betonte markanter als zuvor ihren Nichiren-buddhistischen Charakter als Laienbewegung der konservativen Ordensgemeinschaft Nichiren Shōshū. Getragen durch eine rege und straff orchestrierte (bisweilen kontroversiell wahrgenommene) Missionstätigkeit (*kōsen rufu*), erfuhr die Sōka Gakkai in den folgenden Jahrzehnten, vor allem unter Todas Nachfolger, Ikeda Daisaku (1928–2023), ein beispielloses Wachstum. Das in einem gewissen Spannungsverhältnis zum verfassungsrechtlich verordneten Laizismus stehende politische Engagement seit den 1950er Jahren,[1] tat sein Übriges die Sōka Gakkai in medialen Misskredit zu bringen, der teils bis zur Gegenwart nachhallt. Ende 1960 schlug die Sōka Gakkai offiziell einen Internationalisierungskurs ein,[2] der in der Gründung der globalen Dachorganisation Soka Gakkai International (SGI) im Jahr 1975 kulminierte. Der Exkommunikation durch die Nichiren Shōshū 1991 zum Trotz, gelang es der Sōka Gakkai sich als einer der weltweit federführenden Exponenten des Engagierten Buddhismus zu positionieren. Bis heute eminent für das Selbst-

---

[1] Die 1964 gegründete und ab 1970 zwar formell eigenständige wenngleich eng mit der Sōka Gakkai verbundene Kōmeitō (Gerechtigkeitspartei), zählt heute als langjähriger Juniorpartner innerhalb der Koalitionsregierung zu einer wesentlichen politischen Akteurin im Land.
[2] Die Anfänge der Sōka Gakkai im deutschsprachigen Raum reichen zurück in die späten 1950er (Deutschland) und frühen bzw. späten 1960er Jahre (Schweiz/Österreich). „Soka Gakkai International-Deutschland (SGI-D) e.V." umfasst heute nach Eigenangaben rund 7500 Praktizierende. In Österreich, wo „Österreich Soka Gakkai International – Verein zur Förderung von Frieden, Kultur und Erziehung" seit 2001 Mitglied der Österreichischen Buddhistischen Religionsgesellschaft ist, sowie der Schweiz soll es jeweils knapp 1000 Praktizierende geben.

verständnis der Gemeinschaft ist die Person Ikedas, das buddhistische Rollenmodell schlechthin für Praktizierende (Fisker-Nielsen 2018).

## 1 Die soteriologische Gleichstellung von Mann und Frau

Die Vorstellungswelt der Sōka Gakkai definiert sich hauptsächlich im Rahmen des Nichirenismus, einer im Kern japanozentrischen Spielart des Buddhismus. Eine spezielle Gewandung erhält die Lehre Sōka Gakkais insbesondere durch Ikedas humanistisch geprägte Lesart. Praktizierende rekurrieren in ihrer Lektüre zentral auf drei aufeinander aufbauende Quellenmaterialen. An der Basis befindet sich das *Lotus-Sūtra*, gefolgt von Nichirens (1222–1282) umfangreichem Schrifttum (*Gosho*) und Ikedas immensem Oeuvre. Des Letzteren Systematisierungen und Kommentare sind für Praktizierende wegweisend. Nichiren besitzt in dem auf ihn gerichteten Traditionsstrang nicht nur die Rolle eines großen Reformers, sondern er personifiziere den wahren, ursprünglichen Buddha (*honbutsu*). Sein Aufbegehren gegen den buddhistischen Mainstream habe einen Paradigmenwechsel gezeigt. Unter diesem Vorzeichen wird etwa auch Nichirens Frauenbild verstanden. In der Tat wendete sich Nichiren, mit wenigen Abstrichen, gegen die im Kamakura-zeitlichen (1185–1333) Buddhismus vorherrschende Misogynie, die Frauen als der Erleuchtung unfähig und männlichem Erleuchtungsstreben gegenüber hinderlich bis dämonisch-feindselig brandmarkte (Mori 2003; Rodd 1979). Er erkannte im zwölften Abschnitt des *Lotus-Sūtra* den eindeutigen Beleg dafür, dass Frauen Männern in ihrem Erleuchtungsgeschick völlig gleichgestellt seien. Das sogenannte *Devadatta*-Kapitel berichtet von des Buddha vortrefflichsten Schüler Śāriputra. Dieser stellt das vorgebliche Erleuchtungspotential der Tochter eines Nāga[3]-Königs mit Verweis auf die Beschmutztheit des weiblichen Körpers und dessen generelles Unvermögen den Dharma zu entfalten in Abrede, woraufhin das Nāga-Mädchen vor allen Anwesenden (sich in einen Mann verwandelnd) Buddhaschaft erlangt. Entgegen der damals gängigen Interpretation der Textstelle resümiert Nichiren, dass die Mannwerdung keine Erleuchtungsnotwendigkeit markiere. Buddhaschaft habe das Mädchen vielmehr bereits in ihrem tierischen Körper erzielt; die Mannwerdung sei lediglich der besseren Nachvollziehbarkeit für die einer enggeführten Erleuchtungsvorstellung anhängenden Umstehenden geschuldet (Kurihara 2003). Ikeda erkennt in dieser Episode eine fundamentale Bestätigung wesentlicher Aspekte der Lehre Nichirens und mehr noch den *locus classicus* soteriologischer Gleichstellung.

---

3 Ein schlangenartiges Geschöpf oder Drache.

Die Mannwerdung sei – in Einklang mit Nichiren – zunächst als „geschicktes Mittel" (*hōben*) zu begreifen, das die volle Erleuchtungskraft jedes Menschen auch denen (Śariputra) klar demonstriere (und damit deren Empfänglichkeit gegenüber dem Dharma letztlich erweitere), die bestimmten festgefahrenen, soziokulturell-geprägten Verständniskategorien unterlägen. Überdies verweise die Episode auf die heilstiftende Natur des *Lotus-Sūtra* insgesamt. Nach dem Verständnis der Sōka Gakkai (und des Nichirenismus im Allgemeinen) sei das *Lotus-Sūtra* der Gipfelpunkt der Lehre Buddhas, gewissermaßen die in Text geronnene Buddhaschaft selbst, die im Titel (*daimoku*) des *Sūtra* in wenigen Worten nochmals eine Zuspitzung erfahre. Den Titel in Ehrbezeugung zu rezitieren – namu Myōhorengekyō („Verehrung dem Sūtra der Lotus-Blume des Wundersamen Gesetzes") – wird daher von Praktizierenden als das maßgeblichste Instrument der eigenen Praxis betrachtet. Das „Chanten", hier miteingeschlossen auch das sogenannte *Gongyō*,[4] sei zentrales Vehikel der „menschlichen Revolution" (*ningen kakumei*), also der Selbstkultivierung hin zur Buddhaschaft. Die Buddhaschaft wiederum wird in der Sōka Gakkai nicht als irreversibler Heilszustand aufgefasst, sondern als ein durch Orthopraxis zu bewahrendes Gemüt hehrsten Mitempfindens (*daihi*) und Lebensfreude (*kōfuku*), das jederzeit in Abtausch mit einem anderen der neun ineinander verschachtelten Gemütszustände treten könne. Der sich aus dem Chanten ergebende heilswirksame Impuls gestatte es den Praktizierenden selbstreflexiv gestärkt, die eigene „Buddha-Natur" (*busshō*), d.h. das jedem Menschen innewohnende Erleuchtungspotential, freizulegen. Die Erleuchtungsgeschichte des Nāga-Mädchens sei demnach eine Parabel, die unbedingte, grenzenlose Möglichkeit der Buddhawerdung des Menschen kraft innigen Vertrauens in die Wirkmacht des *Lotus-Sūtra* zu veranschaulichen. Unterschiede in Ethnizität, Alter, Geschlecht, körperlicher Verfasstheit, sexueller Identität wie Lebensweise spielen dabei keine Rolle. Einzig der Wille zähle, die menschliche Revolution in sich selbst umzusetzen und, damit einhergehend, auch andere mitfühlend und wertschätzend in ihrer Selbstverwirklichung respektive Buddhawerdung zu unterstützen. Der höchste Ausdruck von Emanzipation sei nach Ikeda ein Leben in jenem Gemütszustand von Glückseligkeit zu leben, gelöst von den (gefühlten) Zwängen soziokulturell-normierter Rollenzuschreibungen.

---

4 Gemeint ist die Rezitation von Teilen des zweiten und sechzehnten Abschnittes des Lotus-Sūtra.

## 2 Komplementäre Geschlechterrollen und Egalisierungstendenzen

Die theoretisch markierte Gleichstellung männlicher und weiblicher Erleuchtungsfähigkeit wird auch lebensweltlich mit Nachdruck vertreten.[5] Hingegen folgen Lebensentwürfe und Rollenbilder, speziell im ostasiatischen Kerngebiet der Sōka Gakkai (Japan, Südkorea), grundsätzlich weiterhin traditionellen, patriarchal verankerten Vorgaben: die Frau als „berufsmäßige Hausfrau" (sengyō shufu) qua moderne Variante der konfuzianisch inspirierten, Meiji-zeitlichen (1868–1912) Maxime „gute Ehefrau, weise Mutter" (ryōsai kenbo). In ihrer Verantwortung stehe das innerfamiliäre Wohl durch besonnene Haushaltung und tugendstiftende Kindererziehung. Sie schaffe mithin die Infrastruktur für die berufliche Entfaltung des Mannes, dessen Erwerbstätigkeit den Kreis schließe. Die modelhafte Verkörperung dieser klassischen Verhältnisbestimmung findet sich in der Sōka Gakkai im Ehepaar Ikeda. Ikeda Kaneko (geb. 1932), seit Jahrzehnten in ihrer Rolle stilisiert, fällt allerdings noch ein weiteres wesentliches Attribut zu, nämlich der hingebungsvolle Einsatz um kōsen rufu, d.h. die Aufrechterhaltung und Förderung gemeinschaftlicher Aktivitäten. Tatsächlich sind es vor allem weibliche Mitglieder, die seit Todas Präsidentschaft die treibende Kraft für den Erfolg der Sōka Gakkai (wie auch der Kōmeitō) darstellen und als solche von Leiterpersönlichkeiten kontinuierlich gerühmt werden. In diesem Sinne proklamierte auch Ikeda, dass das 21. Jahrhundert jenes der Frauen werden müsse. Frauen nämlich seien Garanten eines friedvollen Zusammenlebens; wider Leid und Unterdrückung in der Geschichte, hätten sie sich stets als Hoffnungsträgerinnen für eine Welt des Friedens erwiesen. Der buddhistische Humanismus verkörpere sich schlechthin in der Frau in ihrem leidenschaftlichen Engagement für Familie und Gesellschaft. Im emischen Verständnis gilt der weibliche Praxiseifer auch in Hinblick auf die persönliche Kultivierung – das Chanten – als vorbildhaft. Ikeda erkor einen der wichtigsten Feiertage – den „Tag der Sōka Gakkai" am 3. Mai[6] – gleichzeitig zum „Muttertag der Sōka Gakkai" in Würdigung der Rolle der Frau innerhalb der Gemeinschaft. Die zweifellos herausragende systemische Bedeutung weiblicher Mitglieder – nach Alter/Ehestand organisiert in die Junge Frauen- und die Frauen-Abteilung – findet jedoch formell kaum Niederschlag im leitenden Verwaltungsgefüge der Sōka Gakkai. Frauen bilden die Mehrheit aktiver Mitglieder, sind aber außerhalb lokaler Administrationsein-

---

5 Wiewohl noch in den 1950er Jahren ein Paternalismus dominierte, etwa mit Blick auf vermeintliche sittliche Defizite, die den Erleuchtungsweg der Frau steiniger mache.
6 An diesem Tag in den Jahren 1951 und 1960 wurden Toda und Ikeda feierlich in das Amt des Präsidenten eingeführt.

heiten und den beiden Frauenabteilungen bis heute so gut wie nicht präsent (McLaughlin 2019, 137–169; Fisker-Nielsen 2012, 137–169).

Als global verzweigte Gemeinschaft mit bald einhundertjähriger, dynamischer Geschichte, ist die Sōka Gakkai soziologisch äußerst vielschichtig. International wie auch vermehrt in der jüngeren Generation Japans werden vom Sōka Gakkai-Mainstream durchaus abweichende Lebensentwürfe erkundet und gepflegt. Eine wachsende Zahl junger Frauen (aber auch Männer) strebt danach sich wider gesellschaftlicher Normierungen (à la *sengyō shufu*) biographisch zu entfalten. Strukturelle Egalisierungstendenzen – wie in der SGI Europa schon weitgehend umgesetzt – sind ebenso in Japan erkennbar. LGBTQIA$^+$-Diskurse und -Identitäten erfahren auf Graswurzelebene gesteigertes Interesse, zumal sie doktrinell nicht diskreditiert sind. Wenngleich Konservatismen und Selbstbezüglichkeiten die Sōka Gakkai-Lebenswelt (vor allem in Japan) nach wie vor merklich abstecken, schuf Ikedas seit Jahrzehnten ausgebaute Theorie eines Engagierten Buddhismus die Grundlage mit neuen Lebensrealitäten Schritt zu halten.

## Literatur

Fisker-Nielsen, Anne Mette. 2012. *Religion and Politics in Contemporary Japan. Soka Gakkai Youth and Komeito*. London; New York/NY: Routledge.

Fisker-Nielsen, Anne Mette. 2018. „Sōka Gakkai." In *Handbook of East Asian New Religious Movements*, hg. v. Lukas Pokorny und Franz Winter, 109–27. Leiden und Boston/MA: Brill.

Kurihara, Toshie. 2003. „A History of Women in Japanese Buddhism. Nichiren's Perspectives on the Enlightenment of Women." In *Journal of Oriental Studies* 13, 94–118.

McLaughlin, Levi. 2019. *Soka Gakkai's Human Revolution. The Rise of a Mimetic Nation in Modern Japan*. Honolulu, HI: University of Hawai'i Press.

Mori, Ichiu. 2003. „Nichiren's View of Women." In *Japanese Journal of Religious Studies* 30, 279–290.

Rodd, Laurel Rasplica. 1979. „Nichiren's Teachings to Women." In *Selected Papers in Asian Studies New Series* 5, 1–20.

Lukas K. Pokorny
# II.28 Vereinigungsbewegung

Die Bezeichnung „Vereinigungsbewegung" (VB) verweist auf eine religiöse Kerngemeinschaft samt zahlreicher damit verbundener Organisationen, Initiativen, und wirtschaftlichen Unternehmen. Jene religiöse Kerngemeinschaft firmiert mit Pausen seit 1994 (formell: 1996) als „Familienföderation für Weltfrieden und Vereinigung" (*Segye P'yŏnghwa T'ongil Kajŏng Yŏnhap*).[1] Die VB wurde 1954 im südkoreanischen Seoul von Mun Sŏn-myŏng (1920–2012; Sun Myung Moon) gegründet. Rasch folgte eine Internationalisierung: Japan (1958), USA (1959), Deutschland (1963).[2] 1971 verlegte Mun den Hauptsitz der VB für mehr als drei Jahrzehnte in die USA. Heute ist die VB in 194 Ländern der Welt vertreten und hat geschätzte 300.000 Mitglieder, davon (mit Stand 2014) 922 in Deutschland, 480 in Österreich, 171 in der Schweiz und 22 in Luxemburg. Das unifikatorische Kerngebiet umfasst Südkorea und Japan. In den 1970er und 1980er Jahren erhielt die VB aufgrund ihrer öffentlichen Exponiertheit – getragen etwa durch umfangreiche Missionsaktivitäten – enorme mediale Sichtbarkeit und mithin das Stigma einer ‚gefährlichen Sekte'. Sie wurde zu einer der meistbeforschten religiösen Gemeinschaften und Stein des Anstoßes für so manche religionsrechtliche Entwicklungen der letzten Jahrzehnte. Mit Muns Tod im Jahr 2012 übernahm dessen Frau Han Hak-cha (geb. 1943; Hak Ja Han) die Leitung. Konfrontiert mit innerfamiliär getragenen Abspaltungen führt Han die VB seitdem in neue theologische Fahrwasser (Pokorny 2018).[3]

---

[1] Zuvor: „Spirituelle Gemeinschaft für die Vereinigung der Weltchristenheit" (1954–1994) und „Vereinigungskirche" (2009–2013). „Vereinigungskirche" dient seit jeher als informelle Bezeichnung, extern und bisweilen auch (wie etwa bis zuletzt der Ausdruck „FamFed") intern. In der zumeist englischsprachigen religionswissenschaftlichen Literatur sind die Begriffe „Unifikationismus" sowie „Unifikationist*innen" gebräuchlich. Grundsätzlich pejorativen Charakter, wenngleich intern mitunter auch selbstironisch verwendet, hat die Bezeichnung „Moonie". Der Ausdruck „Moon-Bewegung", wie hie und da gerne im journalistischen Bereich herangezogen, wird intern als despektierlich abgelehnt. Gleiches gilt selbstredend für „Moon-Sekte".
[2] Von Deutschland gelangte ein erster Missionar nach Österreich (1965). Von dort wiederum in die Schweiz (1968) sowie nach Luxemburg (1969) und Liechtenstein (1973).
[3] In Österreich besitzt die VB qua „Vereinigungskirche" seit 2015 den Status einer staatlich eingetragenen religiösen Bekenntnisgemeinschaft. In Deutschland operiert sie als eingetragener Verein („Familienföderation für Weltfrieden und Vereinigung e.V.").

## 1 Vereinigungstheologische Grundlagen

Die VB entfaltete sich vor dem Hintergrund betont koreazentrisch-messianischer Diskurse innerhalb des koreanischen Protestantismus der 1930er und 1940er Jahre. Die anfänglich dezidiert christliche Orientierung wandelte sich in den letzten Jahrzehnten zu einem Selbstverständnis, das sich der eigenen Distinktheit besinnt; eine Identität am Schnittpunkt von Christentum und koreanisch-religiösem Erbe (insbesondere Konfuzianismus Musok). Die Vereinigungstheologie fußt im Kern auf einer sexualisierenden Neudeutung des biblischen Sündenfalles. Den Verständnishorizont bildet das sogenannte „Schöpfungsprinzip" (*ch'angjo wŏlli*), in welchem auch das soteriologisch eminente Verhältnis von Mann und Frau definiert ist. Gott – emisch: Himmlische Eltern (*hanŭl pumonim*) – sei das schöpferische, ewige und aus sich selbst existierende Absolute, aus dem eine das Sein durchwirkende Kraft ströme. Diese verleihe allem Seienden das Bedürfnis zur Komplementarität, der sich auch Gott in gewisser Hinsicht unterwerfe. Die Schöpfung, allen voran der Mensch, sei demnach Gottes Versuch selbstauferlegter Komplementierung, nämlich die Verschränkung von Körperlosigkeit (Gott) und Körperlichkeit (Sein). Der Mensch als idealer Objektpartner verkörpere Gottes duale Wesensnatur in Form der zwei Geschlechter. Es sei in der Folge an Adam und Eva gewesen unter der Anleitung des Erzengels Nusiel (Luzifer), die Komplementierung mit sich selbst und Gott im Rahmen des sogenannten „Vier-Positionen-Fundamentes" (*sawi kidae*) umzusetzen. Diese familiäre Vereinigung von (1) Ehemann, (2) Ehefrau und (3) Kind(ern) in Liebe ausgerichtet auf (4) Gott, hätte das „Königreich des Himmels auf Erden und im Himmel" oder „Cheon Il Guk" (*chŏnilguk*) realisiert und der Menschheit immerwährende „Freiheit, Frieden, Vereinigung und Glückseligkeit" ermöglicht. Ein Sündenfall in zwei Etappen mit Eva in dessen Zentrum habe die Verwirklichung des „Schöpfungsideals" (*ch'angjo isang*) jedoch verhindert (Pokorny 2017b). Zunächst habe sich Eva dem Erzengel in einer sexuellen Vereinigung auf geistiger Ebene hingegeben. Dieser „Geistige Fall" habe sie schließlich bewogen Adam vorehelich zu verführen, was die geistige Befleckung durch den nun gefallenen Erzengel (Satan) ins Körperliche überführt und mithin den „Physischen Fall" gezeitigt habe. Als nunmehriger Teil der „Blutlinie Satans" hätten Adam und Eva das Gefallensein dem Menschengeschlecht vererbt. Aus vereinigungstheologischer Perspektive war es sexuelles Fehlverhalten des edenischen Urpaares, das ein pervertiertes, auf Satan gegründetes Vier-Positionen-Fundament errichtete und so die Welt dem Chaos anheimfallen ließ. Die Herrschaft Satans sei wegen der Unbedingtheit das Schöpfungsprinzip zu erfüllen aber nur von befristeter Dauer gewesen. Während es Jesus im vorzeitigen Tod am Kreuze ehe- und kinderlos versagt geblieben sei, die notwendige Korrektur des sündenfrei getragenen Vier-Positionen-

Fundaments durchzuführen, sei es Mun und Han als seinen Nachfolgern in ihrem jahrzehntelangen Wirken triumphal gelungen. Ihr fortgesetztes durch eine Vielzahl an feierlichen Proklamationen begleitetes heilstiftendes Handeln habe daher im Februar 2013 letztlich Cheon Il Guk aus der Taufe gehoben, das sich seitdem, befördert durch die Missionstätigkeit, unaufhaltsam „substantiell" verfestige.

So wie das Vier-Positionen-Fundament Gott (Subjekt) und Mensch (Objekt) komplementiere – ersterer empfange Freude, letzterer hehre Liebe – komplementiere es auch Ehemann und Ehefrau. Erst die aus Liebe resultierende, von Gott gesegnete eheliche Zweisamkeit von Mann und Frau eröffne die Möglichkeit zu spiritueller Vervollkommnung. Der Mann, der den „Samen des Lebens" spende, übernehme dabei die „Subjekt"- (*chuch'e*), die Frau, die den Samen empfange und austrage, die „Objektposition" (*taesang*), sich orientierend am idealen Lebensentwurf der „Wahren Eltern des Himmels, der Erde und der Menschheit" (*ch'ŏnjiin ch'am pumonim*), d. h. Mun und Han.

## 2 Zur Ordnung der Geschlechter im „Zeitalter der Frau"

Der in dieser Weise vereinigungstheologisch festgemachte Dualismus speist sich aus der traditionell-koreanisch (konfuzianisch geprägten) patriarchalen Familienkultur, und sanktioniert mithin ein ebensolches Rollenverständnis der Geschlechter. Die Ehefrau artikuliert sich in „Tugenden" wie Fügsamkeit, mütterliche Aufopferung, eine nach außen gerichtete Passivität und Unbeirrbarkeit in der Unterstützung des Ehemannes. Letzterer hingegen tritt als umsichtiger Ernährer, fürsorglicher Beschützer, Mentor und unerschütterliches Haupt der Familie auf. Allesamt Qualitäten, welche Unifikationist*innen im „Wahren Vater" (*ch'am abŏnim*) und in der „Wahren Mutter" (*ch'am ŏmŏnim*) in Vollendung verkörpert sehen, wobei bis heute insbesondere ihr Erscheinungsbild und Auftreten während der Blütezeit der VB in den 1960er bis 1980er Jahren nachhallt. Mun und Han dienen als Rollenmodelle, sittlich-religiöse Pioniere und Heilsgaranten.

Ab den frühen 1990er Jahren setzte eine merkliche Transformation des vereinigungstheologischen Androzentrismus ein. Eine markante Zäsur stellt die Ausrufung des „Zeitalters der Frau" (*yŏsŏng sidae*) im Jahr 1992 dar. Bereits zwei Jahre zuvor würdigte Mun Han als „zweite Gründerin" der VB und „Befreierin der Frauen", die das edenische Fehlverhalten der Urmutter Eva wiedergutmachen konnte. Jahrzehnte der spirituellen Erziehung und durchaus harschen Behandlung durch Mun hätte Han schließlich ihre zugewiesene Rolle als Wahre Mutter vollumfänglich einnehmen lassen (Abb. 18). Sie sei fortan ihrem Ehemann spirituell gleichwertig gestellt – obgleich dies von Mun zu späterer Zeit bisweilen relativiert wurde – und verbinde sich mit diesem zum Messias. Als Wahre Mutter sei Han repräsentativ für alle Frauen, die in ihre Fußstapfen tretend, künftig in maßgeblicher Rolle „einer Welt von Krieg, Gewalt, Unterdrückung, Ausbeutung und Verbrechen eine Ende setzen [...] und eine ideale Welt voll Friede, Liebe und Freiheit errichten" würden (Pokorny 2017a). Die 1992 gegründete „Frauenföderation für Weltfrieden" sollte hierfür als Speerspitze dienen. Mit einem sichtlich alternden Mun gelangte Han zunehmend und insbesondere ab den 2000er Jahren zu neuer Sichtbarkeit innerhalb der VB. Nach dem Tod Muns im Jahr 2012 kam es darüber hinaus zu bemerkenswerten theologischen wie organisatorischen Entwicklungen. Zum einen erfuhr Han eine fortgesetzte soteriologische Profilierung – gar Mun überflügelnd – die sie letztlich als „Gottes eingeborene Tochter" (toksaengnyŏ) ausweist; d.h. die göttliche Vorsehung zur Verwirklichung des Schöpfungsideals, und somit etwa auch die Geschichte des Christentums, münde im Kommen Hans als sündenlose Erlöserin der sündengeplagten Menschheit. Zum anderen, teilweise als Folge der neuen theologischen Stoßrichtung, erfolgte ein personeller Umbau der innerfamiliären Führungsriege, in welcher etwa der als Nachfolger inaugurierte siebente Sohn entmachtet und die fünfte Tochter, Mun Sŏn-jin (geb. 1976), als Präsidentin der Familienföderation für Weltfrieden und Vereinigung eingesetzt wurde.

Hans soteriologische Evolution verstärkte zwar schismatische Tendenzen und verursacht auch in der VB vereinzelt Unverständnis, wird im Allgemeinen aber von Kernmitgliedern durchaus als wichtiges emanzipatorisches Signal gewertet, das ganz im Sinne der von Mun Anfang der 1990er Jahre angestoßenen Überwindung eines Androzentrismus stehe. Trotz dieser veritablen „gynozentrischen Wende" innerhalb der Vereinigungstheologie,[4] mangelt es allerdings an lebensweltlicher Umsetzung. Klassische Rollenverhältnisse werden fortgeführt, zumal die VB nach wie vor einerseits axiologisch getragen wird im Geiste eines christlichen Konservatismus von Mitgliedern der ersten Generation, und andererseits primär im patriarchal geprägten Südkorea und Japan beheimatet ist (Lowney 2015: 188).

# 3 Schlussbemerkungen oder die Wichtigkeit des „absoluten Geschlechts"

Die Verteidigung bestimmter traditioneller Werte und eine generelle Ablehnung von LGBTQIA⁺-Identitäten und (sexuellen) Lebensweisen erklären sich emisch

---

4 Vor dieser Folie wurde von Han etwa feierlich die traditionelle Bezeichnung für Gott – „Himmlischer Vater" (hanŭl abŏnim) – durch die Anrede „Himmlische Eltern" ersetzt.

**Abb. 18:** Eine Statue Han Hak-chas im Zentrum der Vereinigungsbewegung in Südkorea aus dem Jahr 2020 (lizenzfrei).

speziell durch das oben skizzierte Konzept der Komplementarität von Mann und Frau qua Ebenbild Gottes. Mun betrachtete die Geschlechtsorgane von Ehemann und Ehefrau in gegenseitiger Obhut befindlich. Eine missbräuchliche Verwendung (des Partners heiligstes Eigentum) zerstöre nicht nur das Ehegebäude – verstanden als der einzig legitime Ort sexueller Vereinigung – sondern wiederhole den Sündenfall im Kleinen, konterkariere demnach das Schöpfungsideal und wirke gegen die Errichtung Cheon Il Guks. Sexualität als Kulminationspunkt gelebter gebender Liebe ermächtige den Menschen prinzipiell Heil zu erlangen durch die Schaffung und Veredelung des Vier-Positionen-Fundamentes. Gleichermaßen berge sie aber eine enorme Verantwortung. Wie einst ihre Zweckentfremdung durch Eva und Adam Dies- und Jenseits ins Unheil geführt habe, trage im unifikatorischen Sinne „falsch" ausgerichtete Sexualität noch heute die Saat des Bösen in die Welt. Dem zu begegnen bedeute an der Wurzel das sogenannte „absolute Geschlecht" (*chŏldae-sŏng*) zu wahren, die nach der Vereinigungsethik fundamentale Verpflichtung von Unifikationist*innen Sexualität ausschließlich im Rahmen einer (von Gott gesegneten) heterosexuellen Ehe selbstlos zu leben.

# Literatur

Lowney, Kathleen S. 2015 [1992]. *Passport to Heaven. Gender Roles in the Unification Church.* London; New York/NY: Routledge.

Pokorny, Lukas. 2018. „The Unification Movement." In *Handbook of East Asian New Religious Movements*, hg. v. Lukas Pokorny und Franz Winter, 321–42. Leiden; Boston/MA: Brill.

Pokorny, Lukas. 2017a. „A Feminising Revolution. The Unification Movement and the ‚Age of Women'." In *Interdisciplinary Journal for Religion and Transformation in Contemporary Society* 5: 214–34.

Pokorny, Lukas. 2017b. „‚Nusiel Unbound'. The Archangel and the Fall in Unification Thought." In *Fall Narratives: An Interdisciplinary Perspective*, hg. v. Zohar Hadromi-Allouche und Áine Larkin, 90–104. London; New York/NY: Routledge.

## Weiterführende Literatur

Chryssides, George D. 1991. *The Advent of Sun Myung Moon. The Origins, Beliefs and Practices of the Unification Church.* Basingstoke/Hampshire: Macmillan.

Kehrer, Günter, Hg. 1981. *Das Entstehen einer neuen Religion. Das Beispiel der Vereinigungskirche.* München: Kösel-Verlag.

Manon Hedenborg White
# II.29 Western Esotericism

The term 'Western esotericism' refers to a complex of genealogically linked religious currents originating in late antiquity, which emphasize an intuitive, experiential knowledge ('*gnosis*') beyond faith and rational inquiry. These include, but are not limited to, late antique theurgy, Neoplatonism, and Hermetism; the 'occult sciences' (astrology, alchemy, and magic); Renaissance Hermeticism; Christian theosophy; Freemasonry; nineteenth-century occultism and Spiritualism; Neopaganism, Satanism, and 'New Age' spirituality. From the sixteenth century, many of these currents have been rejected as heretical, superstitious, or irrational by mainstream religious and intellectual institutions in the 'West' (Hanegraaff 2012).

Alongside the increased dominance of the "two-sex model" (Laqueur 1990) of biological sexual dimorphism in modernity, alternative models of gender informed by complex, hierarchical cosmologies and fluid models of the self as a mirror of the cosmos have continued to flourish in Western esotericism. Though not always progressive in a modern sense, the positioning of esotericists outside the modern intellectual mainstream appears to have rendered many esoteric currents attractive to people seeking to challenge the gender-political *status quo*. A condensed and selective history, this essay will highlight both continuities and shifts.

## 1 Divine Androgyny and Fluid Bodies: Western Esotericism in Antiquity Through Early Modernity

The study of Western esotericism has been described as a "complex reception-history" (Burns 2021, 22) of a body of texts originating in the Gnostic, Hermetic, and Neoplatonic currents flourishing in the Greco-Roman world during the first centuries CE, which emphasized belief in the progressive ascent of the soul towards deification or union with God. Several Hermetic (referencing their mythologized author, the syncretic Hermes Trismegistus) texts suggest the idea of an androgynous Godhead. However, views on male-female sexuality diverged in the *Hermetica* – from being seen as linked to a fall from a higher state to heterosexual union being seen as a mirror of divine androgyny (Van den Broek 2008). Around 1460, Marsilio Ficino's (1433–1499) Latin translation of the *Hermetica* sparked a revival among Renaissance intellectuals who fused Christian revelation with classical thinking and (in some cases) Jewish Kabbalah. Inspired by platonic metaphysics,

Renaissance Hermeticists such as Ficino and Giordano Bruno (1548–1600) held ambivalent views on *eros* as both a potentially corrupting and salvific force (Hanegraaff 2008).

While the Reformation coincided with a de-emphasis on feminine imagery (which had increased in prominence during the Middle Ages in the form of the Virgin Mary and the female saints), Mariological piety continued to flourish among esoteric thinkers. Building on the Christian tradition of portraying divine wisdom (*sophia*) as feminine, mystical philosopher Jacob Böhme (1575–1624) espoused the idea of a female divine aspect and taught that the original humans were androgynous, in the image of the dual-gendered Godhead. In the seventeenth century, Behmenist groups invoked Sophia to justify models of living beyond traditional marriage (including both celibacy and sacramental sex) (Gibbons 1996; Martin 2020).

Alchemical traditions, flourishing since antiquity, provide a fruitful example of the complexity of gender in Western esotericism. Though not a monolithic tradition, alchemy centers on the transmutation of base metal into nobler substances, including precious metals and the Philosopher's stone. Women were involved in early-modern alchemy both as practitioners and theorists. In alchemical imagery, male and female bodies represent alchemical elements, concepts, and processes, and alchemical texts are also replete with hermaphroditic and androgynous imagery as well as of bodies shifting gender. However, scholars have stressed that alchemical images of women's work or hermaphroditic bodies are metaphors not necessarily related to social life, cautioning against reading such imagery as indicative of egalitarian and inclusive views on women or intersex persons (for example Warlick 2002; Nummedal 2021).

## 2 Fraternal Orders and the Rise of the Feminist Occult: Western Esotericism in Modernity

The eighteenth century witnessed an increase of esoteric organization in the form of fraternal orders, such as Freemasonry, centered on the gradual revelation of secret teachings through a series of staged initiation rituals. Snoek (2011, 244 f.) notes that although Freemasonry is often considered a "male thing", women were initiated into French masonry via so-called Adoption Lodges from the first half of the eighteenth century and indicates the great number of feminists involved in female and "mixed" masonic orders around the year 1900 (Snoek 2008, 4–8). While mainstream masonry in Britain remained open only to males, several mixed orders were founded in the late-nineteenth century which were indebted to masonry.

The Hermetic Order of the Golden Dawn, an influential ritual magical order founded by three Freemasons and Rosicrucians, initiated women alongside men. Golden Dawn co-founder Samuel Liddell "MacGregor" Mathers (1854–1918) viewed divinity as dual-gendered, and women formed more than a third of order members in general and almost half the membership of the "Second" or "Inner" order (Bogdan 2008, 254). Owen (2004, 87–90) has suggested a link between *fin-de-siècle* practical occultism and "New Woman" sensibilities, noting that magical orders such as the Golden Dawn encouraged women to hone masculinized characteristics of willpower and erudition.

Undoubtedly paving the way for the strong presence of women as occult leaders around the year 1900 (at least in the Anglophone world), female Spiritualist mediums since the mid-nineteenth century had acted both as religious leaders and public speakers, many advocating for progressive politics (Owen 1989). The Theosophical Society, co-founded in 1875 by Helena Petrovna Blavatsky (1831–1891), attracted feminists through its utopian aspirations, and provided a forum for non-normative beliefs about gender. One of Theosophy's most radical feminist voices was Frances Swiney (1847–1922), who proposed a hierarchical, gendered ontology with woman as the only sex; males representing an inferior stage of spiritual evolution (Dixon 2001, 167–172).

Another mixed order, arising from the irregular and high-degree masonic networks of Central Europe, was Ordo Templi Orientis (O.T.O.). The order's policy of initiating women alongside men was likely linked to its teachings around sexual magic, taught by its founder Theodor Reuss (1855–1923) as the key to all Hermetic and masonic systems (Reuss 1912, 21). The principal architect of O.T.O.'s sexual magic as known today, however, was the British occultist Aleister Crowley (1875–1947). Formerly an initiate of the Golden Dawn, Crowley had founded the religion Thelema (Greek for "will") in 1904 with the reception of an inspired text, *The Book of the Law*, which proclaimed the dictum: "Do what thou wilt shall be the whole of the Law". Crowley became the British head of O.T.O. in 1912 (assuming international headship after Reuss's death). Openly bisexual and critical of conservative sexual mores, Crowley advocated sexual freedom regardless of gender or orientation. He challenged hegemonic views on femininity by lauding the goddess Babalon (inspired by a favorable reinterpretation of the Whore of Babylon, *The Revelation of John* 17)[1] as a feminine ideal (Hedenborg White 2020). Like many occultists of the

---

**1** The biblical book *The Revelation of John* describes a succession of visions experienced by the seer, John. One of these visions features a scarlet-clad woman astride a great beast, referred to as "Babylon the Great" and "Mother of Harlots and Abominations of the Earth". One of the primary antagonists of the texts, scholars have interpreted her as a metaphor for pagan Rome, viewed through the eyes of the early Christians.

time, Crowley also lauded inner androgyny (for example, Crowley 1996, 202 f.). However, Crowley's views on gender were complex. For instance, Crowley's theory of sexual magic, as elaborated in some of his instructions for the Ninth Degree of O.T.O. (associated with heterosexual sex magic), holds that the magical intention fueling the operation is transmitted via the masculine sexual fluids, while the female practitioner nurtures and gives form to the male magician's will (Hedenborg White 2020, 89 f.). However, magical theory and practice could diverge in early Thelema, as historical sources show several of Crowley's female magical partners took highly active ritual roles in sexual magic (Hedenborg White 2021). Nevertheless, Crowley's emphasis on semen as the sex magical substance *par excellence* elicited critique from his erstwhile secretary and disciple, Kenneth Grant (1924–2011). An initiate of Indian Tantra, Grant proposed a revised system of sexual magic emphasizing the activity and skill of the woman sex magician (Hedenborg White 2020, 165–167).

Though a notable facet of *fin-de-siècle* occultism was its strong preponderance of women, female leadership in occult orders was far from uncontested, and women occultists and mediums balanced leadership roles with vexed norms of femininity (Owen 2004, 72; 91; Lowry 2017; Hedenborg White 2021). Moreover, the progressive tendencies of Anglophone occultism were not universal; with women playing a considerably more marginalized role in the Italian occult (Giudice 2022, 8 f.).

## 3 Queer Astrology and the Esoteric Self: Western Esotericism in the Late-Twentieth and Twenty-First Century

Previous research has highlighted the strong participation of women in twentieth- and twenty-first century esotericism, especially Neopagan witchcraft and ‚New Age' spirituality. Inspired by Romanticist re-evaluation of Greco-Roman paganism and reworkings of the historical witch figure, civil servant Gerald B. Gardner (1884–1964) popularized Wicca as a duotheistic mystery religion centered on the veneration of sexuality and the natural world. Wicca reached the U.S. in 1967, blending with the women's movement, environmentalism, and pacifism and birthing a feminist, eco-conscious witchcraft through the work of voices such as Z Budapest (b. 1940) and Miriam Simos, alias Starhawk (b. 1951). These ideas transmitted back to the U.K. through figures such as Doreen Valiente (1922–1999) and Monica Sjöö (1938–2005) (Feraro 2020, 125–138, 174–182). Though women have had a strong presence as participants and leaders of modern witchcraft, some Neopagan voices

– including Starhawk (1999, 20) – have critiqued early Wicca for reproducing gender stereotypes.

In the late-twentieth century, Western esotericism entered the mainstream via ‚New Age' spirituality (Hanegraaff 1998). The greater preponderance of women in this milieu has been suggested as an effect of spirituality providing new, exploratory models of selfhood harmonizing conflicting role expectations of women in the late-modern West (Woodhead 2006). While ‚New Age' spirituality has been critiqued for reproducing gender essentialism, this critique may need to be revised as leftist feminist and queer youth are increasingly embracing individualized forms of tarot, astrology, and magic as part of an "antitraditionalist" rethinking of the self (Winstanley-Smith 2021). Several of the occult currents of the *fin-de-siècle*, still active, have similarly been shaped by broader shifts in gender and sexuality. Wiccan voices have challenged traditional notions of gender polarity from queer and trans perspectives, and the 1980s on have seen the growth of literature by women and LGBTQIA⁺ practitioners on Thelema and sexual magic, frequently drawing on feminist and queer perspectives (Hedenborg White 2020, 199–202, 229–258).

# 4 Concluding Thoughts

The complex, hierarchical, and interlinked cosmologies espoused by esotericists from antiquity until today challenge modern understandings of biological sexual dimorphism. Through the idea of the individual human being as a microcosmic reflection of creation, notions of a dual-gendered Godhead have coincided with ideas of both sacred sexuality and divine androgyny, and esoteric notions of spiritual ascent have often been gendered (whether advancement is viewed in terms of gender balance, transcendence, or in honing masculinity or femininity specifically).

However, the symbolic and social levels do not always coincide. Esoteric thinkers who have valorized the divine feminine have not always advocated for egalitarian male-female relationships and it is anachronistic to speak of an esoteric feminism prior to the nineteenth century, when esoteric notions of the divine feminine were explicitly invoked to advocate for women's rights. While several women are credited as pioneers of ancient and early-modern esotericism – including alchemists Mary the Prophetess, described by Zosimos of Panopolis (3rd c. CE), and Perenelle Flamel (1320–1497) – women are numerically eclipsed by male esotericists in the historical record. This reflects both material and scholarly bias – issues of literacy and education access mean women are historically under-represented as authors and readers of learned texts (a key source for the study of Western esotericism); further, scholarly tendencies to emphasize learned esoteric texts above practices and materiality have (unwittingly) contributed to the obscuration of women (as well as poor and non-white people, Hale 2021). Similarly, despite the preponderance of symbolism related to gender transcendence in historical esotericism, it is only in the twentieth century that beliefs in sacred androgyny have been articulated as part of a political mobilization for queer, trans, or intersex rights.

# Bibliography

Bogdan, Henrik. 2008. "Women in the Hermetic Order of the Golden Dawn: Nineteenth Century Occultist Initiation from a Gender Perspective." In *Women's Agency in Mixed and Female Masonic Orders*, ed. by Jan A. M. Snoek and Alexandra Heidle, 245–264. Leiden; Boston: Brill.

Burns, Dylan. 2021. "Receptions of Revelations: A Future for the Study of Esotericism and Antiquity." In *New Approaches to the Study of Esotericism*, ed. by Egil Asprem and Julian Strube, 20–44. Leiden; Boston: Brill.

Crowley, Aleister. 1996. *Commentaries to the Holy Books and Other Papers*. York Beach: Samuel Weiser.

Dixon, Joy. 2001. *Divine Feminine. Theosophy and Feminism in England*. Baltimore/MD: Johns Hopkins University Press.

Feraro, Shai. 2020. *Women and Gender Issues in British Paganism, 1945–1990*. Leiden; Boston: Palgrave Macmillan.

Gibbons, B.J. 1996. *Gender in Mystical and Occult Thought: Behmenism and Its Development in England*. New York/NY: Cambridge University Press.

Giudice, Christian. 2022. *Occult Imperium: Arturo Reghini, Roman Traditionalism, and the Anti-Modern Reaction in Fascist Italy*. New York/NY: Oxford University Press.

Hale, Amy. 2021. "Introduction." In *Essays on Women in Western Esotericism: Beyond Seeresses and Sea Priestesses*, ed. by Amy Hale, 1–18. Cham: Palgrave Macmillan.

Hanegraaff, Wouter J. 1996. *New Age Religion and Western Culture: Esotericism in the Mirror of Secular Thought*. Leiden; Boston: Brill.

Hanegraaff, Wouter J. 2008. "Under the Mantle of Love: The Mystical Eroticisms of Marsilio Ficino and Giordano Bruno." In *Hidden Intercourse: Eros and Sexuality in the History of Western Esotericism*, ed. by Wouter J. Hanegraaff and Jeffrey J. Kripal, 175–207. Leiden; Boston: Brill.

Hanegraaff, Wouter J. 2012. *Esotericism and the Academy: Rejected Knowledge in Western Culture*. Cambridge: Cambridge University Press.

Hedenborg White, Manon. 2020. *The Eloquent Blood: The Goddess Babalon and the Construction of Femininities in Western Esotericism*. New York/NY: Oxford University Press.

Hedenborg White, Manon. 2021. "Proximal Authority: The Changing Role of Leah Hirsig in Aleister Crowley's Thelema, 1919–1930." In *Aries: Journal for the Study of Western Esotericism* 21, 69–93.

Laqueur, Thomas. 1990. *Making Sex: Body and Gender from the Greeks to Freud*. Cambridge/MA: Harvard University Press.

Lowry, Elizabeth Schleber. 2017. *Invisible Hosts: Performing the Nineteenth-Century Spirit Medium's Autobiography*. Albany/NY: SUNY Press.

Martin, Lucinda. 2020. "Jacob Böhme and the Spiritualist Reformation of Gender Exemplified by the Correspondence of Anna Magdalena Francke and the Angelic Brethren." In *Daphnis* 48, 214–246.

Nummedal, Tara. 2021. "Alchemical Bodies: Discursive and Material Visions." In *Early Modern Women: An Interdisciplinary Journal* 15, 121–132.
Owen, Alex. 1989. *The Darkened Room: Women, Power, and Spiritualism in Late Victorian England.* London: Virago.
Owen, Alex. 2004. *The Place of Enchantment: British Occultism and the Culture of the Modern.* Chicago/IL: University of Chicago Press.
Reuss, Theodor. 1912. I.N.R.I. / *Jubilæums-Ausgabe der Oriflamme.* London; Berlin: privately published.
Snoek, Jan A. M. 2008. "Introduction." In *Women's Agency in Mixed and Female Masonic Orders*, ed. by Jan A. M. Snoek and Alexandra Heidle, 1–19. Leiden; Boston: Brill.
Snoek, Jan A. M. 2011. *Initiating Women in Freemasonry: The Adoption Rite.* Texts and Studies in Western Esotericism 13. Leiden; Boston: Brill.
Starhawk. 1999 [1989]. *The Spiral Dance: A Rebirth of the Ancient Religion of the Great Goddess.* 20th Anniversary Edition. San Francisco/CA: HarperCollins.
Van den Broek, Roelof. 2008. "Sexuality and Sexual Symbolism in Hermetic and Gnostic Thought and Practice (Second-Fourth Centuries)." In *Hidden Intercourse: Eros and Sexuality in the History of Western Esotericism*, ed. by Wouter J. Hanegraaff and Jeffrey J. Kripal, 1–21. Leiden; Boston: Brill.
Warlick, M. E. 2002. "Moon Sisters: Women and Alchemical Imagery." In *The Golden Egg: Alchemy in Art and Literature*, ed. by Alexandra Lembert and Elmar Schenkel, 183–197. Cambridge: Galda + Wilch.
Winstanley-Smith, Alexa. 2021. "Queer Political Astrology: Problems and Potentials." In *GLQ: A Journal of Lesbian and Gay Studies* 27, 103–120.
Woodhead, Linda. 2006. "Why So Many Women in Holistic Spirituality?" A Puzzle Revisited. In *The Sociology of Spirituality*, ed. by Kieran Flanagan and Peter Jupp. Aldershot: Ashgate.

# Further reading

Urban, Hugh B. 2006. *Magia Sexualis: Sex, Magic, and Liberation in Modern Western Esotericism.* Berkeley/CA: University of California Press.

Donate Pahnke McIntosh
## II.30 Feministische Spiritualität und Göttin-Religion

Die Feministische Spiritualität in westlichen Gesellschaften entwickelte sich in den 1960er bis 1980er Jahren im Zuge der zweiten Frauenbewegung. Die Emanzipation in politischer und sozialer Hinsicht ging einher mit der Emanzipation im religiösen Bereich. Zu Beginn hatte die Bewegung zwei unterschiedliche Bereiche: Es entwickelten sich Formen feministischer Spiritualität sowohl innerhalb des Christentums, zum Beispiel in evangelischen Seminarhäusern, als auch im freien Feld paganer Religiosität[1], zum Beispiel in Frauenbildungshäusern und privaten Gruppen. In Christentum und Kirche entstand die Feministische Theologie, die durch *Bibel-* und Patriarchatskritik neue, ‚weibliche' Akzente in der Theorie und Praxis christlichen Glaubens setzen wollte. Radikal war die Stimme der Theologin und Philosophin Mary Daly (1928–2010), die den Zusammenhang zwischen religiösem Patriarchalismus und sozialer Frauenentwertung aufzeigte und zugleich die Institution Christentum als solche in Frage stellte: „Wo Gott männlich ist, muss das Männliche Gott sein" (Daly 1988 [1973]). Daneben waren Dalys Abhandlungen zum Thema Ethik Gegenstand zahlreicher Diskussionen in verschiedenen Teilen der Gesellschaft (Pahnke 1991). In ihrem Buch *Gyn/Ökologie* (Daly 1991 [1978]) analysiert sie die frauenzerstörerischen Praktiken unterschiedlicher Kulturkreise wie Witwenverbrennung in Indien, Füßeeinbinden in China, Genitalverstümmelungen in Afrika und Hexenverfolgung in Europa; zudem setzt sie die amerikanische Gynäkologie der letzten hundert Jahre in Vergleich zur Nazi-Medizin. Ihre Analyse patriarchaler Ethik und ähnliche Publikationen trugen maßgeblich zur Entstehung einer feministischen Ethik bei (Gilligan 1999 [1982]).

Zugleich eröffneten historisch-kritische Frauenstudien im Bereich des Alten Testaments und seines Umfeldes einen ersten feministischen Zugang zu historischen Göttinnen und ihren Kulturen (Wacker 1987). Diese Studien entstanden nicht nur im christlich-theologischen Umfeld, sondern auch in der jüdischen feministi-

---

1 Unter Paganismus bzw. Neopaganismus sind in Europa solche Bewegungen zu verstehen, die sich in ihren Glaubens- und Praxisformen an den indigenen Religionen des alten (vorchristlichen) Europas orientieren. Es gibt sie in jedem europäischen Land. Die pagane Bewegung der USA hat außerdem Elemente der indigenen Bevölkerung Amerikas und anderer Bevölkerungsgruppen aufgenommen. Inmitten der großen Vielfalt paganer Religionen ist die Hexenreligion (Wicca) die bekannteste und am meisten verbreitete. Eine Dachorganisation paganer Denominationen ist die Pagan Federation International (PFI) mit Niederlassungen in 34 Ländern (https://www.paganfederation.org/; https://www.pfi-deutschland.de/).

∂ Open Access. © 2024 bei den Autorinnen und Autoren, publiziert von De Gruyter. [CC BY-NC-ND] Dieses Werk ist lizenziert unter einer Creative Commons Namensnennung – Nicht kommerziell – Keine Bearbeitung 4.0 International Lizenz. https://doi.org/10.1515/9783110697407-039

schen Theologie, allen voran das bahnbrechende Werk „*Und wieder stehen wir am Sinai*" von Judith Plaskow (1992).

Die pagane Frauenbewegung war anfänglich vor allem durch die neu entstandene Wicca-Religion inspiriert. Gute Einführungen zur Wicca-Religion bieten beispielsweise Vivianne Crowley (2004), Britta Rensing (2008) und Birgit Neger (2009). Die Idee einer Großen Göttin, die nicht jenseits der Welt existiert, sondern die der Welt immanent ist, ja die Welt *ist*, fand in den westlichen Ländern schnell begeisterte Anhängerinnen und auch Anhänger (Christ 1997). Ich beziehe mich im Folgenden beispielhaft auf die Hexenreligion als am meisten verbreitete Facette Feministischer Spiritualität.

## 1 Hexenreligion und Große Göttin

Die Ursprünge der Hexenreligion liegen in dem Glauben an die Existenz einer Hexentradition vom Neolithikum bis heute, wie sie zuerst vor allem von der britischen Anthropologin und Ägyptologin Margaret Murray (1863–1963) in ihrem berühmt gewordenen Buch *The Witch-Cult of Western Europe* (Murray 1921) beschrieben wurde. Auch wenn sich Murrays Thesen wissenschaftlich nicht halten ließen, hatten sie doch eine starke Anziehungskraft für Menschen, die nach einer Alternative zum Christentum suchten. Von Murray stammt auch die heute noch gängige Bezeichnung von Hexenkreisen als *Coven*, die unter der Leitung einer Hohepriesterin und eines Hohepriesters die *Große Göttin* und den *Gehörnten Gott* verehrten (Murray 1930). Murray war bekannt mit dem Briten Gerald Gardner (1884–1964), auf den sie inspirierend wirkte.

Gardner wurde nach eigenen Angaben 1939 in eine geheime Hexengruppe initiiert. 1953 lernte Gardner die Britin Doreen Valiente (1922–1999) kennen und initiierte sie in seinen Coven, wo sie bald Hohepriesterin wurde. 1954 erschien unter Mitarbeit von Doreen Valiente Gardners berühmt gewordenes Buch *Witchcraft Today* (Gardner 2004), das bis heute vielfach als die Geburtsstunde des modernen Hexenkults betrachtet wird. Die noch heute aktive Tradition nennt sich Gardnerian Wicca. Doreen Valiente wurde ihrerseits eine sehr bekannte Autorin von Büchern über die Hexenkunst. Von ihr stammen zahlreiche Ritualgrundlagen und Praxistexte der Wicca, darunter *The Charge of the Goddess* (Valiente 1973), ein bis heute unter Hexen sehr beliebter Text. Der wichtigste ethische Grundsatz der Wicca-Religion, die *Wiccan Rede*, lautet: „Do what thou willt an it harm none" und findet bis heute in der Mehrheit neopaganer Traditionen Anerkennung. Ein wichtiger Adept und späterer Konkurrent Gardners war Alex Sanders (1926–1988), der eine eigene Wicca-Traditionslinie, das Alexandrian Wicca, gründete. Anhänger von Gardner brachten in den 1960er Jahren die Wicca-Religion in die USA. In der weiteren Entwicklung bildeten sich neben der allgemeinen Wicca-Religion, in der die Große Göttin und der Gehörnte Gott verehrt werden, Wicca-Frauengruppen aus, die sich ausschließlich auf die Göttin, nicht aber auf den Gott konzentrieren (Dianic Wicca). Eine ihrer wichtigsten Vertreterinnen ist Zsuzsanna Budapest (geb. 1940) (Budapest 2006 [1979]). In der Wicca-Religion wird die Göttin in dreifacher Form als Jungfrau, Mutter und Alte Weise verehrt, korrelierend zu den Mondphasen Neuer Mond, Vollmond und Alter Mond/Schwarzmond. In keiner einzigen Variante der Hexenreligion wird die Gestalt des Satans verehrt, wie es zuweilen von Außenstehenden unterstellt wird, die irrtümlich oder absichtlich die Gestalt des Gehörnten Gottes mit Satan gleichsetzen.

Parallel zur Verbreitung der Wicca-Religion, jedoch unabhängig von ihr, entstand im Rahmen der spirituellen Frauenbewegung auch in Deutschland eine schnell wachsende, vielfältige Göttinkultur. Bekannte Autorinnen in Deutschland sind vor allem Luisa Francia (geb. 1949) (Francia 1986), Judith Jannberg (geb. 1938) (Jannberg 1983), Ute Schiran (1946–2013) (Schiran 1988) und Heide Göttner-Abendroth (geb. 1941) (Göttner-Abendroth 2011). Interessant ist, dass von hier wiederum starke Impulse auf die christliche Frauenbewegung übersprangen, was einerseits dazu führen konnte, dass nun christliche Frauen „die Göttin neben das Kreuz" stellten (Franke 2002), was aber andererseits für zwei evangelische Theologinnen zu formellen Lehrzuchtverfahren führte (Sorge 1988, Voss 2001). Exemplarisch wird das Leiden an der Kirche und die „Entdeckung" der Göttin von der Schweizer Autorin Ursa Krattiger (geb. 1946) beschrieben (Krattiger 1983). In England bildete sich um die Britin Kathy Jones (geb. 1955) eine Gemeinschaft, die in Glastonbury einen Goddess Temple gründete.[2] Dort wird jährlich eine viel beachtete internationale Göttin-Konferenz veranstaltet, die inzwischen auch Ableger in anderen Ländern hat.[3]

In den USA breitete sich die Hexenreligion in den Aufbruchsjahren der 1968er und im Zuge der neuen Frauenbewegung schnell aus. Das Zentrum lag und liegt bis heute in San Francisco, wo verschiedene Coven unterschiedlicher Richtungen entstanden. Zu einem von ihnen gehörte die Psychologin Starhawk (Miriam Simos, geb. 1951), deren Bücher über die Hexenreligion maßgeblich zur Verbreitung der Bewegung beitrugen. Ihr erstes Buch *Der Hexenkult als Ur-Religion der Großen Göttin. Magische Übungen, Rituale und Anrufungen* (*The Spiral Dance*), erschienen 1979, wurde in zahlreiche Sprachen übersetzt (Starhawk 1999). Das Erscheinen des Buches kann als die Geburtsstunde des Reclaiming-Collective bezeichnet werden, einer Gruppe, die sich sehr schnell vergrößerte und später unter dem Namen

---

2 https://goddesstemple.co.uk/.
3 https://goddessconference.com/.

Reclaiming-Community weltweite Bedeutung erlangte. Da die Reclaiming-Community in besonderer Weise den spirituellen mit dem feministisch-politischen Aspekt verknüpft und auf diese Weise den Bezug auf die Große Göttin in ökopolitischen Aktionen zum Ausdruck bringt, kann sie als feministischer Zweig der Earth Based Religions[4] betrachtet werden und sei deshalb hier besonders hervorgehoben. Eine hervorragende Einführung zum Zusammenhang Feministischer Spiritualität und Politik bietet Charlene Spretnaks Anthologie *The Politics of Women's Spirituality* (Spretnak 1982).

## 2 Reclaiming

Die Reclaiming-Community[5] zählt zu den besonders schnell wachsenden Hexentraditionen. Einen Insider-Überblick bieten Sabina Magliocco (2004) und Jone Salomonsen (2002). Entstanden in den 1970er Jahren, gibt es heute 39 Niederlassungen in den USA, sieben in Kanada, eine in Südamerika (Brasilien), zwei in Australien und vier in Europa (Deutschland, Großbritannien, Niederlande und Spanien). In den einzelnen Niederlassungen sammelt sich wiederum eine Vielzahl von Witchcamp-Communities[6], privaten Coven und Kreisen, die regelmäßig öffentliche Rituale im Jahreskreis anbieten. In diesen Ritualen werden, wie im Großteil paganer Traditionen, die teils aus dem Keltischen stammenden Hexenfeste Brigid (2. Februar), Beltane (30. April), Ostara (Frühlingsäquinox), Mittsommer, Lammas (2. August), Mabon (Herbstäquinox), Samhain/Halloween (31. Oktober) und Jule (Mittwinter) gefeiert.

Die Reclaiming-Community gehört zu den wenigen paganen Traditionen, die sich selbst explizit als feministisch bezeichnen. In den *Principles of Unity*, einer Art Verfassung, die sich die Gemeinschaft gegeben hat,[7] heißt es:

---

[4] Als Earth Based Religion bzw. Earth Religion bezeichnen sich polytheistische oder pantheistische Gruppen, in deren Weltanschauung alle Lebewesen (Pflanzen, Tiere, Menschen), alle Natur sowie der ganze Kosmos einen Geist besitzen, zu dem der menschliche Geist in Verbindung treten kann. „All matter, energy, and life are an interconnected unity of which we are an inseparable part. We rejoice in our existence and seek to participate ever more deeply in this unity through knowledge, celebration, meditation, empathy, love, ethical action and art. We are an integral part of Nature, which we should cherish, revere and preserve in all its magnificent beauty and diversity." Statement der *Principles of Scientific Pantheism* (https://www.pantheism.net/manifest).
[5] www.reclaiming.org.
[6] https://reclaimingcollective.wordpress.com/witchcamps.
[7] https://reclaimingcollective.wordpress.com/principles-of-unity. Im Einzelnen ausgeführt in Starhawk 2001.

The values of the Reclaiming tradition stem from our understanding that the earth is alive and all of life is sacred and interconnected. We see the Goddess as immanent in the earth's cycles of birth, growth, death, decay and regeneration.

Our feminism includes a radical analysis of power, seeing all systems of oppression as interrelated, rooted in structures of domination and control.

Indes nennen sich bei weitem nicht alle Menschen, die Rituale der Göttin praktizieren, selbst Hexen. Das ist auch in Reclaiming nicht anders, obwohl es in den Principles of Unity heißt: „We are an evolving, dynamic tradition and proudly call ourselves Witches." Da jedoch das Wort *Witch*/Hexe aus seinem historischen Kontext heraus und aus allgemein bekannten Texten der *Bibel* und einer Reihe von Märchen einfach immer noch zu stark pejorativ vorbelastet ist, wird auf die Verwendung als Selbstbezeichnung jedoch in praktischen Alltagszusammenhängen oft verzichtet.

# 3 ‚Thealogie' weiblicher Heiligkeit

In der Hexenreligion bildet die Reclaiming-Community insofern eine Ausnahme, als hier die Möglichkeiten der Verehrung von Gottheiten und göttlichen Wesen nahezu unbegrenzt sind. In den Gründungsjahren der Bewegung stand vor allem die Verehrung der Großen Göttin im Vordergrund. Lange hatten die Frauen unter den herabwürdigenden Verhältnissen jüdisch-christlich-patriarchaler Kirchen und Religionsgemeinschaften gelitten. Die Degradierung als das zweite, dem erstgeschaffenen Mann dienende Geschlecht, als das vom Bösen verführbare Geschlecht, durch das Sünde und Tod in die Welt gekommen sei, als das des Priesteramtes unwürdige Geschlecht, das in der Gemeinde schweigen solle, hatte tiefe Spuren in den Seelen hinterlassen. Dass es später Pastorinnen und Rabbinerinnen gab, änderte an diesen Entwertungserfahrungen nichts. Umso größer war das Bedürfnis nach weiblicher Macht und Heiligkeit. Die oben beschriebene ‚Entdeckung' weiblicher Religionsgeschichte, gewissermaßen die „*HerStory*" der Frauen (im Gegensatz zu der Allgemeingültigkeit beanspruchenden frauenfeindlichen „*HisStory*") mit ihrer Fülle an Göttinnen, Priesterinnen und Schamaninnen, Heilerinnen und Künstlerinnen eröffnete das Tor zu einem ganz neuen, eigenen Blick auf Theologie und Ritualpraxis. Eine neue ‚Thealogie' der Göttin entstand, in der sie vor allem in den Gestalten der Jungen (Jungfrau) Göttin, der lebensspendenden und nährenden Muttergöttin und der Alten Weisen Göttin beschrieben wurde und wird. Diese Dreieinigkeit wird in Beziehung gesetzt zu den drei Nornen der nordischen Mythologie mit den Tätigkeiten des Beginnens (Jungfrau/Urd), des Erhaltens (Mutter/Verdandi) und des Beendens (Alte Weise/Skuld), auch zu sehen als Vergangenheit, Gegenwart und Zukunft. Damit korrespondieren die ebenfalls als Dreiheit gesehenen Mondphasen des zunehmenden Mondes, des Vollmondes und des abnehmenden bzw. Dunkelmondes. Die Mondkraft, seit jeher dem Weiblichen zugeordnet, stand und steht im Mittelpunkt vieler Hexenrituale. Ein sehr bekannt gewordener, 1979 erstmals aufgestellter Überblick über die Hexen- und Heidenszene in den USA wurde von der Journalistin Margot Adler (1946–2014) verfasst und trägt den bezeichnenden Titel *Drawing Down the Moon* (Adler 1979).

## 4 Göttinnen, Götter und *Mysterious Ones*

Bald stellte sich heraus, dass nicht nur Frauen nach neuen, nicht-hierarchischen und nicht-patriarchalen Formen der Spiritualität suchten. Mehr und mehr Männer gesellten sich zur Reclaiming-Community, und neben den Frauenkreisen gab es zunehmend gemischte Coven.[8]

Auch die Männer feierten in der zunächst stark an die Wicca-Religion angelehnten Ritualpraxis vor allem die Große Göttin, daneben aber auch den Gehörnten Gott. Ausgehend von der Zusammensetzung der Kreise und den Bedürfnissen der Beteiligten sollte sich das Spektrum jedoch schon bald beträchtlich erweitern. Heute können nicht nur Gottheiten aus allen Epochen und Lokalitäten verehrt werden, sondern darüber hinaus alle als heilig wahrgenommenen Entitäten: „We include those who honor Mysterious Ones, Goddesses, and Gods of myriad expressions, genders, and states of being, remembering that mystery goes beyond form."[9] Neben anthropomorphen Gestalten des Heiligen können also auch Sterne und Steine, Berge und Seen, Bäume und Krafttiere, Feen und andere mythische Wesen verehrt werden sowie, grundlegend in jedem Ritual, die heiligen fünf Elemente Erde, Luft, Feuer, Wasser und die Mitte/das Zentrum/die Quintessenz. All diese Entitäten werden gesehen als Erscheinungsformen der Göttin, die die Welt und das Universum ist, auch bezeichnet als das Große Mysterium des Heiligen (*Mystery*). Es liegt auf der Hand, dass sich in dieser polytheistischen und pantheistischen Fülle in der Gemeinschaft keine wie auch immer geartete Orthodoxie ausbilden konnte. Wenn jede Person ihre eigene spirituelle Autorität ist, hat niemand das Recht, jemand anders vorzuschreiben, was sie/er zu glauben oder zu praktizieren hat. Dies spiegelt sich in den *Principles of Unity* wider: „Each of us embodies the divine. Our ultimate

---

8 Heute würde ich auf der Basis meiner Feldforschung das Geschlechterverhältnis in der Gemeinschaft auf ca. 70% Frauen zu 30% Männern schätzen. Aufgrund der Offenheit der Zugehörigkeitsstrukturen (es gibt keine formelle Mitgliedschaft) liegen verlässliche Zahlen nicht vor.
9 https://reclaimingcollective.wordpress.com/principles-of-unity.

spiritual authority is within, and we need no other person to interpret the sacred to us. We foster the questioning attitude, and honor intellectual, spiritual and creative freedom."[10]

## 5 Priesterinnen, Priester und Ritualpraxis

Dieser maximalen Freiheit im Glauben entspricht eine ebensolche Freiheit in der Ritualpraxis. Eine Besonderheit von Reclaiming-Ritualen besteht in dem Bemühen um größtmögliche Partizipation aller am Ritual beteiligten Frauen und Männer. An manchen Ritualen nehmen auch Kinder jeden Alters teil. Die Position der Ritualleitung („*priestessing*") besitzt zwar eine gewisse Autorität, ist jedoch nicht mit der Amtsautorität patriarchaler Religionen zu verwechseln und steht grundsätzlich jeder und jedem offen. Zur Priesterin bzw. zum Priester werden in der Regel diejenigen berufen, die diese Funktion besonders gut beherrschen. Private Coven feiern gelegentlich auch mit rotierender Leitung.

Grundsätzlich sind jede Person und jeder Kreis frei darin, wie sie ihre Rituale gestalten wollen. In aller Regel richten sich die gewählten (oder bei Bedarf neu erschaffenen) liturgischen Elemente nach der Intention des Rituals, also nach dem, was je nach Grund oder Anlass mit dem Ritual erreicht werden soll. Es würde an dieser Stelle zu weit führen, einzelne Beispiele aufzulisten. Jedoch lässt sich sagen, dass sich aus der Praxis heraus im Laufe der Zeit eine ritualpraktische Grundstruktur in der Reclaiming-Community etabliert hat, die in ähnlicher Weise allgemein in paganen Gruppen Anwendung findet. Sie besteht aus einem Ritualablauf mit Reinigung, Erdung, Kreisschließen, Invokationen, Zelebrieren des Fokus des jeweiligen Rituals, Devokationen, Kreisöffnen (Pahnke McIntosh 2011). Wie diese Struktur dann inhaltlich gefüllt wird, steht im Prinzip jeder Person und jeder Gruppe frei, unter Einhaltung bestimmter legaler und ethischer Grenzen. So wird Machtmissbrauch in psychologischer, sexueller oder spiritueller Hinsicht nicht geduldet, ebenso wenig der Gebrauch bewusstseinserweiternder oder Rausch induzierender Drogen. Das typische ekstatische Element der Reclaiming-Ritualpraxis speist sich allein aus einer Vielzahl unterschiedlicher Trancetechniken, basierend auf Atem, Trommeln, Chanten, Tanz und aktiver Imagination. Weiterhin gilt es als ausgesprochen unangemessen, sich die Gottheiten anderer lebender Religionen wie beispielsweise indigener Völker ‚anzueignen'. Hier wird auf ein Maximum an Respekt gegenüber den religiösen Inhalten und Praktiken anderer Kulturen geachtet, was manchmal dazu führt, dass Reclaimer sich vor Ort in ebendiesen Praktiken

---

10 https://reclaimingcollective.wordpress.com/principles-of-unity.

ausbilden lassen und die Erlaubnis einholen, damit weiterzuarbeiten. Andersherum kommt es vor, dass Angehörige indigener Religionen in Rituale eingeladen werden und Workshops geben.

Ein besonderes Merkmal in allen öffentlichen, aber auch vielen privaten Reclaiming-Ritualen ist der sogenannte Spiraltanz. Bei diesem von einer Priesterin angeführten Tanz fassen sich die Teilnehmenden an den Händen und schreiten in einem großflächigen Spiralmuster vorwärts, wobei sie singen und von Trommeln begleitet werden. Die Wendungen des Musters führen dazu, dass im Laufe des Tanzes jede/r einzelne allen anderen ins Gesicht schauen kann, wodurch ein besonderes Moment der Verbindung entsteht. Besonders eindrücklich kann dies im jährlich zu Halloween stattfindenden *Spiral-Dance-Ritual* in San Francisco erlebt werden, in dem sich regelmäßig ca. tausend Personen versammeln.[11] Es gibt dazu sogar ein Video auf Youtube.[12]

Zusammenfassend lässt sich sagen, dass innerhalb des Spektrums von Religion und Spiritualität in westlichen Gesellschaften die Göttin-zentrierten Religionsformen und hier besonders die Reclaiming-Community am weitesten darin fortgeschritten sind, den Bedürfnissen nach einer nicht-patriarchalen, non-hierarchischen und grundlegend partizipativen Form von Glauben und Praxis nachzukommen, geleitet von der Vision, eine neue Kultur von Frieden und Gerechtigkeit zu erschaffen.

## Literatur

Adler, Margot. 1997 [1979]. *Drawing Down the Moon. Witches, Druids, Goddess-Worshippers, and Other Pagans in America Today.* Durchges. u. erw. Auf. New York/NY: Penguin Books.
Budapest, Zsuzsanna. 2006. *Herrin der Dunkelheit, Königin des Lichts. Das praktische Anleitungsbuch für die neuen Hexen* (= *The Holy Book of Womens' Mysteries. Feminist Witchcraft, Goddess Rituals, Spellcasting and Other Womanly Art*, 1979). Darmstadt: Schirner.
Christ, Carol. 1997. *Rebirth of the Goddess. Finding Meaning in Feminist Spirituality.* Reading/MA u. a.: Addison-Wesley Publishing Company.
Crowley, Vivianne. 2004. *Wicca. Die Alte Religion im neuen Zeitalter* (= *WICCA: The Old Religion in the New Age*, 1989). Bad Ischl: Edition Ananael, Verlag M. Sperlhofer.
Daly, Mary. 1988. *Jenseits von Gottvater, Sohn & Co. Aufbruch zu einer Philosophie der Frauenbefreiung* (= *Beyond God the Father: Toward a Philosophy of Womens' Liberation* 1973). München: Frauenoffensive.
Daly, Mary. 1991. *Gyn/Ökologie. Eine Meta-Ethik des radikalen Feminismus* (= *Gyn/Ecology. The Metaethics of Radical Feminism*, 1978). München: Frauenoffensive.

---

11 https://www.reclaimingspiraldance.org.
12 https://www.youtube.com/watch?v=5k8EU4TeBXM.

Francia, Luisa. 1986. *Mond, Tanz, Magie.* München: Frauenoffensive.
Franke, Edith. 2002. *Die Göttin neben dem Kreuz. Zur Entwicklung und Bedeutung weiblicher Gottesvorstellungen bei kirchlich-christlich und feministisch geprägten Frauen.* Marburg: diagonal-Verlag.
Gardner, Gerald. 2004. *Ursprung und Wirklichkeit der Hexen. Einleitung von Margaret Murray* (= *Witchcraft Today.* 1954). Obernkirchen: Alraunen Verlag.
Gilligan, Carol. 1999. *Die andere Stimme. Lebenskonflikte und Moral der Frau* (= *In a Different Voice: Psychological Theory and Women's Development*, 1982). München: Piper.
Göttner-Abendroth, Heide. 2011 [1980]. *Die Göttin und ihr Heros. Die matriarchalen Religionen in Mythos, Märchen und Dichtung.* Stuttgart: Kohlhammer.
Jannberg, Judith. 1983. *Ich bin eine Hexe. Erfahrungen und Gedanken*, aufgeschrieben v. Gisela Meussling. Bonn: Verlag Gisela Meussling.
Krattiger, Ursa. 1983. *Die perlmutterne Mönchin. Reise in eine weibliche Spiritualität.* Zürich: Kreuz Verlag.
Magliocco, Sabina. 2004. *Witching Culture. Folklore and Neo-Paganism in America.* Philadelphia/PA: University of Pennsylvania Press.
Murray, Margaret. 1921. *The Witch-Cult of Western Europe.* Oxford: Oxford University Press.
Murray, Margaret. 1930. *God of the Witches.* London: Faber & Faber.
Neger, Birgit. 2009. *Moderne Hexen und Wicca. Aufzeichnungen über eine magische Lebenswelt von heute.* Wien u. a.: Böhlau Verlag.
Pahnke, Donate. 1991. *Ethik und Geschlecht. Menschenbild und Religion in Patriarchat und Feminismus.* Marburg: diagonal-Verlag.
Pahnke McIntosh, Donate. 2011. *Wir sind ein Kreis. Die schönsten Rituallieder in deutscher Sprache. Mit einer ausführlichen theoretischen Einleitung.* Rüsselsheim: Christel-Göttert-Verlag.
Plaskow, Judith. 1992. *Und wieder stehen wir am Sinai. Eine jüdisch-feministische Theologie* (= *Standing Again at Sinai. Judaism from a Feminist Perspective*, 1991). Luzern: Edition Exo.
Rensing, Britta. 2009. *Die Wicca-Religion. Theologie, Rituale, Ethik.* Marburg: Tectum Verlag.
Salomonsen, Jone. 2002. *Enchanted Feminism. The Reclaiming Witches of San Francisco.* London; New York/NY: Routledge.
Sorge, Elga. 1988. *Religion und Frau. Weibliche Spiritualität im Christentum.* Stuttgart: Kohlhammer.
Spretnak, Charlene, Hg. 1982. *The Politics of Women's Spirituality. Essays on the Rise of Spiritual Power Within the Feminist Movement.* Mit Beiträgen von Marija Gimbutas, Starhawk, Merlin Stone, Carol Christ, Robin Morgan, Margot Adler, Mary Daly, Naomi Goldenberg u. a. New York/NY: Bantam Doubleday.
Starhawk. 1999. *Der Hexenkult als Ur-Religion der Großen Göttin. Magische Übungen, Rituale und Anrufungen* (= *The Spiral Dance. A Rebirth of the Ancient Religion of the Great Goddess*, 1979). München: Goldmann.
Starhawk und Hilary Valentine. 2001. *Die zwölf wilden Schwäne. Eine Reise ins Reich der Magie. Rituale, Übungen, Ausbildung* (= *The Twelve White Swans. A Journey to the Realm of Magic, Healing, and Action. Rituals, Exercises, and Magical Training in the Reclaiming Tradition*, 2000). Freiburg: Bauer.
Valiente, Doreen. 1973. *An ABC of Witchcraft Past and Present.* London: Robert Hale.
Voss, Jutta 2001: *Das Schwarzmondtabu. Die kulturelle Bedeutung des weiblichen Zyklus.* Stuttgart: Kreuz.
Wacker, Marie-Theres. 1987. *Der Gott der Männer und die Frauen.* Düsseldorf: Patmos-Verlag.

## Internetquellen

https://www.goddessconference.com [21.08.2022]. (Goddess Conference).
https://www.goddesstemple.co.uk [21.08.2022]. (Goddess Temple Glastonbury).
https://www.reclaiming.org [21.08.2022]. (Reclaiming Community).
https://www.reclaimingcollective.wordpress.com/principles-of-unity [21.08.2022]. (Reclaiming Principles of Unity).
https://www.reclaimingspiraldance.org [21.08.2022]. (Reclaiming Spiral Dance Ritual).
https://www.youtube.com/watch?v=5k8EU4TeBXM [21.08.2022]. (Reclaiming Spiral Dance Video).
https://www.reclaimingcollective.wordpress.com/witchcamps [21.08.2022]. (Reclaiming Witchcamps).
https://www.paganfederation.org [21.08.2022]. (Pagan Federation International).
https://pfi-deutschland.de [21.08.2022]. (Pagan Federation Deutschland).
https://www.pantheism.net/manifest [21.08.2022]. (World Pantheism Statement).

Johannes Endler
# II.31 Holistisches Milieu

## 1 Alternative Spiritualität und holistisches Milieu: eine Frauendomäne

Etablierte Kirchen und andere religiöse Einrichtungen mit verbindlicher Zugehörigkeit verlieren heute zunehmend ihre Mitglieder. Stattdessen gibt es neue Formen individueller Spiritualität, die man nicht mehr ohne weiteres in einem herkömmlichen Sinn als religiös identifizieren kann (grundlegend Luckmann 1967). Interessierte können verschiedene Angebote miteinander kombinieren und als Klientin und Klient religiös-therapeutische Dienstleistungen in Anspruch nehmen. Alternative Spiritualität ist ein Versuch, dieses Phänomen begrifflich zu fassen (Mohrmann 2010; Siegers 2012; Endler 2019). Als holistisches Milieu bezeichnet man die Gesamtheit der alternativ-spirituellen Aktivitäten und die sozialen Kreise, in denen diese ausgeübt werden, und dazu weite Bereiche der Alternativ- und Komplementärheilkunde und der Wellnesskultur (Heelas und Woodhead 2005). Dazu gehören etwa Heilfasten und Homöopathie ebenso wie transpersonale Psychotherapie, Reiki, Yoga und Astrologie. Gemeinsam ist den Akteuren, dass sie von ihrem Selbstverständnis her den ‚ganzen Menschen' in den Blick nehmen und in einem umfassenden Sinn nach Gesundheit und Wohlbefinden (*well-being*) streben. Etwa 2–8 % der europäisch-nordamerikanischen Bevölkerung beschäftigen sich über einen längeren Zeitraum hinweg intensiv mit holistischen Praktiken, wobei die Zahl derer, die Angebote nur selten und versuchsweise ausprobieren, ungleich höher ist.

Die 2005 von Paul Heelas und Linda Woodhead veröffentlichte *Kendal Studie* stellt einen Meilenstein in der religionswissenschaftlichen Erforschung des holistischen Milieus dar. Die Feldstudien in einer englischen Kleinstadt ergaben, dass es sich bei etwa 80 % der Personen, die holistische Aktivitäten anbieten und in Anspruch nehmen, um Frauen handelt.[1] Für dieses Phänomen gibt es verschiedene Erklärungsansätze.

---

1 Houtman und Aupers, 2008 sowie Höllinger und Tripold, 2012, kommen zu ähnlichen Ergebnissen.

## 2 Wertschätzung und Subversion traditioneller Weiblichkeitsbilder

Die Dominanz von Frauen wird weitgehend mit einer Theorie der modernen Identitätsarbeit und mit der Art, wie Repräsentationen des weiblichen Selbst im holistischen Milieu verhandelt werden, begründet. In diesem Sinn gehen Eeva Sointu und Linda Woodhead (2008) von einem gesamtgesellschaftlichen *subjective turn* aus, bei dem Menschen danach streben, authentisch zu sein, sich selbst treu zu bleiben und eigene Entscheidungen zu treffen (Taylor 1989). Ihre zentrale These lautet, dass im Kontext holistischer Spiritualität traditionelle Praktiken und Diskurse von Weiblichkeit zugleich legitimiert und unterlaufen werden, weshalb die entsprechenden Praktiken für Frauen besonders attraktiv sind. Insbesondere könne die Spannung zwischen „für andere leben" und „für sich selbst leben", welche Frauen seit den 1960er Jahren vor große Herausforderungen stelle, ausgehandelt werden.[2]

Nach Sointu und Woodhead (2008, 268 f.) werden im holistischen Milieu traditionelle Repräsentationen von Weiblichkeit legitimiert, indem Tätigkeiten im Zusammenhang mit Beziehungsarbeit und Pflege eine hohe Wertschätzung erfahren. Von Frauen heißt es hier, dass sie eine natürliche Fähigkeit besitzen, anderen zu helfen. Sie seien in der Lage, ihre Gefühle zu offenbaren und andere dabei zu begleiten, Zugang zu ihren eigenen Gefühlen zu finden, was aus ‚ganzheitlicher' Sicht von großer Wichtigkeit sei. Zudem spielt der Körper, seine Wahrnehmung, Erscheinung und Gesundheit in holistischen Praktiken eine wichtige Rolle. Viele Menschen wenden sich erstmalig ganzheitlichen Ansätzen zu, weil sie körperliche Beschwerden haben und von der Schulmedizin enttäuscht sind. Aus holistischer Sicht kann man über den Körper das eigene Innenleben erschließen und sich damit auch auf den Weg der emotionalen und spirituellen Heilung begeben. „I could lie there and say 'I'm fine there's no problems, everything's going really well' but my body would tell another story" (Sointu und Woodhead 2008, 265) beschreibt eine Klientin ihre Erfahrung. Das Sich-Kümmern (*to care*) um den eigenen Körper und die Körper anderer Menschen, ob im Zusammenhang mit der Pflege Kranker, oder im Rahmen der Kultivierung von Schönheit, gilt ebenfalls als traditionell weibliche Aufgabe, die man in ganzheitlichen Kreisen wertschätze und auch ökonomisch verwerten könne.

---

2 Vor allem Frauen der Mittelklasse seien seit den 1960er Jahren in neuer Weise dazu angehalten, neben dem traditionell weiblich konnotierten *„self for others"* ein männlich konnotiertes *„self for itself"* in ihre Identität zu integrieren (Beck und Beck-Gernsheim 2002, 54–84).

Subversives Potential sehen die Autorinnen hingegen in der im holistischen Milieu oft wiederholten Botschaft, man müsse erst für sich selbst sorgen, bevor man anderen helfen könne. Dazu gehöre, körperliche und emotionale Wünsche nicht zu unterdrücken und sich Genuss zu gönnen, ohne dabei ein ‚schlechtes Gewissen' zu haben. Wo Autoren, die dem Milieu eher ablehnend gegenüberstehen (Lasch 1980 oder Bellah u. a. 1985) Narzissmus und einen Mangel an sozialem und politischem Engagement orten, sehen Sointu und Woodhead ein spezifisch weibliches Aufbegehren gegen traditionelle Rollenmuster, in denen Frauen stets das Wohl anderer im Blick haben sollen. „The 'pampered' woman lying in a scented bath thinking about her own well-being rather than that of her dependents is genuinely subversive of traditional gender roles and social order" (2008, 273). Die Ermutigung, sich nicht gänzlich für andere aufzuopfern, sondern auf die eigenen Bedürfnisse zu achten, könne insbesondere für Frauen befreiend sein und neue Wege eröffnen.

## 3 Wunsch nach Überwindung von Ungleichheiten

Eine Analyse der relevanten Literatur durch Yael Keshet und Dalit Simchai (2014)[3] legt nahe, dass die meisten Autorinnen und Autoren ähnlich wie Sointu und Woodhead davon ausgehen, dass das Milieu für Frauen besonders attraktiv ist, weil dort traditionell weibliche Eigenschaften und Tätigkeiten positiv konnotiert sind und zugleich emanzipatorische Ansätze vorliegen. Darüber hinaus identifizieren Keshet und Simchai Faktoren, die das Potential zu sozialem Wandel hemmen und gegenderte Benachteiligungen festigen.

Den Autorinnen zufolge verfügt das Milieu kaum über politische Unterstützung und legitimitätsstiftende Institutionen, es mangelt weitgehend an Professionalisierung und die Entlohnung ist – wie bei vielen anderen ‚weiblichen' Tätigkeitsfeldern auch – eher gering.[4] Viele Frauen im holistischen Milieu arbeiten ohnehin nur in Teilzeit und sind daher auf Unterstützung – etwa durch ihre Männer – angewiesen. Frauen schlagen zum Teil auch deswegen ‚holistische Karrieren' ein, weil ihnen die finanziellen Ressourcen und die soziale Unterstützung für eine umfangreichere medizinische Ausbildung fehlen. Bei ganzheitlichen Heilweisen, die ein aufwendi-

---

3 Keshet und Simchai identifizieren zwischen 2000 und 2013 insgesamt 114 soziologische und anthropologische Artikel, welche sich mit der Genderfrage im Bereich der Komplementär- und Alternativmedizin (CAM) sowie der holistischen Spiritualität befassen und wählen davon 27 Artikel zur genaueren Analyse aus.
4 Zu einer anderen Einschätzung kommen etwa Vertreterinnen und Vertreter der „Skeptikerbewegung", welche die hohen Einnahmen „esoterischer" Unternehmer und Unternehmerinnen anprangern (beispielsweise Fischler 2013).

geres Training erfordern, wie etwa Chiropraktik und Osteopathie, finden sich – wohl auch aus diesem Grund – mehr Männer als bei ‚niederschwelligeren' Methoden wie Aromatherapie.

## 4 Das Desinteresse der Männer

Einen weiteren Aspekt bringen Marta Trzebiatowska und Steve Bruce (2012; 2013) ein. Sie gehen von der Beobachtung aus, dass sich unter den Personen, die holistische Angebote nur wenige Male in Anspruch nehmen, etwas mehr Frauen als Männer befinden, dass sich der *gender gap* aber unter denjenigen, die sich intensiv mit entsprechenden Praktiken beschäftigen, deutlich vergrößert. Männer probieren holistische Aktivitäten zwar aus, bleiben aber seltener dabei. Trzebiatowska und Bruce stellen das *gender puzzle* gewissermaßen auf den Kopf und wollen wissen, wieso das Milieu auf Männer tendenziell weniger anziehend wirkt als auf Frauen. Ihnen zufolge könnte die Erklärung ganz einfach darin liegen, dass die meisten holistischen Angebote von Frauen speziell für Frauen konzipiert sind. Die Art und Weise, wie Angebote präsentiert werden, „as extensions of the perfumery, beauty parlor, and health spa" (2012, 73) und spirituelle Praktiken, die sich etwa explizit auf die Erweckung weiblicher Energien beziehen, entsprechen nicht dem traditionellen Männerbild, den Vorstellungen davon, wie ein Mann sein und was er tun sollte. Männer „would need to embrace an alternative or non-hegemonic masculinity in order to engage fully in holistic spiritualities, which can often be read as unmanly, effeminate, and therefore inferior, by other men. For men, the costs of serious involvement are higher than for women." (2013, 32). Indem Männer alternative Spiritualität mit Weiblichkeit verbinden und ablehnen, demonstrieren sie ihre normative Männlichkeit. Zudem sind Männer generell weniger offen für Aktivitäten, die zu mehr Gesundheit und Wohlbefinden führen sollen (Courtenay 2000). Sie neigen dazu, sich ungesünder zu ernähren, seltener medizinische Einrichtungen aufzusuchen etc., da dies nicht dem männlichen Stereotyp entspricht – und sind noch viel weniger dazu bereit, alternative oder spirituelle Wege der Gesundheitspflege zu beschreiten.

## 5 Weiterführende Fragen

Holistische und alternativ-spirituelle Akteurinnen und Akteure betrachten sich selbst als emanzipiert und kritisch gegenüber geschlechterbezogenen Ungerechtigkeiten. Dieses Bild findet sich teilweise auch in der akademischen Forschung. Wie oben angedeutet wird ganzheitliche Spiritualität zugleich immer wieder kritisiert und belächelt, möglicherweise gerade weil Rationalität und politische Ambitionen, die man dem Milieu oftmals abspricht, hegemonial männlich konnotiert sind. Dagegen werden Emotionalität, die Fähigkeit, authentische Beziehungen einzugehen und andere traditionell weibliche Eigenschaften im Feld geschätzt, was einhellig als ein Grund dafür genannt wird, dass mehrheitlich Frauen involviert sind.

Dieser Befund und die obigen Ausführungen werfen Fragen auf, die derzeit nicht eindeutig beantwortet werden können. Erstens ist unklar, welche Vorstellungen von Weiblichkeit und Männlichkeit in der alternativen Spiritualität tatsächlich dominieren und ob es neben essentialistischen Zuschreibungen, die von einem feststehenden Wesen von Frau und Mann ausgehen, auch Ansätze gibt, die diese scharfe Grenzziehung und die damit verbundenen sozialen Rollen in Frage stellen.

Zweitens fällt auf, dass die genannten positiv bewerteten ‚weiblichen' Eigenschaften das Ideal einer weißen Mittelschicht widerspiegeln und es stellt sich die Frage, welche Rolle nicht-weiße und sozial schlechter gestellte Frauen in diesem Diskurs spielen.

Drittens wären quantitative Studien mit einem expliziten Genderfokus wünschenswert, unter anderem, um die angesprochene wirtschaftliche Situation der Akteurinnen und die Sozialstruktur des Feldes, etwa hinsichtlich geschlechtsspezifischer Unterschiede zwischen Führungspersonen und ‚einfachen' Praktizierenden, vertiefend zu untersuchen.

Schließlich ist es fraglich, inwiefern das ‚subversive' Element der alternativen Spiritualität, bei dem Frauen sich – zumindest für einen Abend lang – ganz um sich selbst kümmern können, nicht auch als Teil einer neoliberalen Verwertungslogik verstanden werden kann. In dieser Perspektive sind das duftende Bad und die Entspannungsübung auch ein von internalisierten gesellschaftlichen Ansprüchen getragener Versuch, sich selbst zu optimieren, um in der Welt der Wirtschaft und des Wettkampfs bestehen zu können.

## Literatur

Aupers, Stef und Dick Houtman. 2008. „The Spiritual Revolution and the New Age Gender Puzzle. The Sacralisation of the Self in Late Modernity (1980–2000)." In *Women and Religion in the West. Challenging Secularization*, hg. v. Kristin Aune, Sonya Sharma und Giselle Vincent, 9–118. London und New York/NY: Routledge.

Beck, Ulrich und Elisabeth Beck-Gernsheim. 2002. *Invidualization, Institutionalized Individualism and Its Social and Political Consequences.* London: Sage.

Bellah, Robert N., Richard Madsen, William M. Sullivan, Ann Swidler und Steven M. Tipton. 1985. *Habits of the Heart. Individualism and Commitment in American Life.* Berkeley/CA: University of California Press.

Bruce, Steve und Marta Trzebiatowska. 2012. *Why Are Women More Religious Than Men?* Oxford: Oxford University Press.
Bruce, Steve und Marta Trzebiatowska. 2013. „'It's All for Girls': Re-Visiting the Gender Gap in New Age Spiritualities." In *Studia Religiologica* 46, 17–33.
Courtenay, Will. 2000. „Constructions of Masculinity and Their Influence on Men's Well-Being. A Theory of Gender and Health." In *Social Science & Medicine* 50, 1385–1401.
Endler, Johannes. 2019. „Alternative Spiritualität zwischen Nabelschau und sozialem Engagement." In *Spiritual Care* 8, 155–165.
Fischler, Johannes. 2013. *New Cage: Esoterik 2.0. Wie sie die Köpfe leert und die Kassen füllt.* Graz: Molden.
Heelas, Paul und Linda Woodhead. 2005. *The Spiritual Revolution. Why Religion Is Giving Way to Spirituality.* Oxford u.a.: Blackwell.
Höllinger Franz und Thomas Tripold. 2012. *Ganzheitliches Leben. Das holistische Milieu zwischen neuer Spiritualität und postmoderner Wellness-Kultur.* Bielefeld: transcript Verlag.
Keshet, Yael und Dalit Simchai. 2014. „The 'Gender Puzzle' of Alternative Medicine and Holistic Spirituality. A Literature Review." In *Social Science & Medicine* 113, 77–86.
Lasch, Christopher. 1980. *Das Zeitalter des Narzissmus.* München: Steinhausen.
Luckmann, Thomas. 1967. *Die unsichtbare Religion.* Frankfurt/M.: Suhrkamp.
Mohrmann, Ruth, Hg. 2010. *Alternative Spiritualität heute.* Münster u.a.: Waxmann.
Siegers, Pascal. 2012. *Alternative Spiritualitäten. Neue Formen des Glaubens in Europa: Eine empirische Analyse.* Frankfurt/M. u.a.: Campus.
Sointu, Eeva und Linda Woodhead. 2008. „Spirituality, Gender, and Expressive Selfhood." In *Journal for the Scientific Study of Religion* 47, 259–276.
Taylor, Charles. 1989. *Sources of the Self.* Cambridge/MA: Harvard University Press.

## Weiterführende Literatur

Woodhead, Linda. 2007. „Why So Many Women in Holistic Spirituality? A Puzzle Revisited." In *A Sociology of Spirituality*, hg. v. Kieran Flanagan und Peter Jupp, 115–126. Farnham: Ashgate.
Woodhead, Linda. 2008. „'Because I'm Worth It'. Religion and Women's Changing Lives in the West." In *Women and Religion in the West. Challenging Secularization*, hg. v. Kristin Aune, Sonya Sharma und Giselle Vincent, 147–164. London und New York/NY: Routledge.
Brenton, Joslyn und Sinikka Elliott. 2014. „Undoing Gender? The Case of Complementary and Alternative Medicine." In *Sociology of Health & Illness* 36, 91–107.

Teil III **Zentrale systematische Konzepte**

Birgit Heller und Edith Franke
# III.1 Geschlechterrollen und religiöse Autorität

## 1 Religiöse Autorität von Frauen: Präsenz, Marginalisierung und Wiederaneignung

Ein Blick auf die Repräsentanz von Frauen in religiösen Ämtern und ihre Partizipation an religiöser Autorität zeigt ein höchst heterogenes und auch widersprüchliches Bild.

Die Religionsgeschichte bietet reichhaltige Beispiele weiblich konnotierter Autorität. In den Religionen des Alten Orients und anderen Religionen der Vergangenheit (wie der griechischen, römischen, keltischen oder germanischen Religion) konnten auch Frauen vielfältige Rollen religiöser Autorität einnehmen: Sie fungierten als Schamaninnen, Priesterinnen, Seherinnen, Prophetinnen, Lehrerinnen, Heilerinnen oder Medien. Bis heute ist diese Rollenvielfalt in zahlreichen indigenen Religionen, in lokalen und alltagsreligiösen Randtraditionen (Sered 1994), aber auch in neuen religiösen Bewegungen (Palmer 1994; Vance 2015) sowie im Kontext moderner Spiritualität (Woodhead 2007) üblich. Zeugnisse spirituell außerordentlich erfahrener Frauen finden sich zudem in allen Phasen der Religionsgeschichte und in vielen Regionen der Welt. Diese Beispiele belegen, dass das Ausüben wichtiger religiöser Rollen und die Weitergabe religiöser Lehren durch Frauen weithin akzeptiert wurden und werden. Darüber hinaus zeigt die verbreitete Existenz machtvoller Göttinnen mit sehr unterschiedlichen, teilweise umfassenden Wirkungsbereichen, dass weibliche Autorität auf der Ebene der religiösen Symbole präsent ist. Allerdings steht die weibliche Symbolisierung von Transzendenz in keinem linearen Zusammenhang mit der religiösen Autorität von Frauen. Aus der Tatsache, dass Göttinnen verehrt werden, kann nicht abgeleitet werden, dass Frauen wichtige religiöse Rollen einnehmen können.[1]

Auffällig ist, dass religionshistorisch immer dann, wenn sich religiöse Bewegungen formieren, organisieren und komplexe Institutionen herausbilden, Frauen aus dem repräsentativen, öffentlichen Bereich von Religion nahezu verschwinden: Sie bekleiden dann keine einflussreichen religiösen Ämter mehr und vertreten die Gruppe nicht mehr nach außen. Auch wenn Frauen in den Gründungsphasen von Religionen bedeutende Rollen eingenommen haben, sind sie nach der Etablierung

---

1 Siehe dazu ausführlicher Kap. III.5.

von Religionen in der Regel nicht mehr an der offiziellen Tradierung und Vermittlung der Lehre beteiligt und partizipieren kaum an Deutungsprozessen und Kanonbildungen. Die Entwicklung von religiösen Organisationen und Institutionen ist ganz offensichtlich eng mit einer systematischen Marginalisierung von Frauen verbunden. In vielen religiösen Traditionen werden Frauen vor allem Aufgaben im privaten, familiären Bereich zugewiesen, wie beispielsweise die religiöse Erziehung von Kindern, die Durchführung von familiären, häuslichen Ritualen oder die Rolle der engagierten Anhängerin und ehrenamtlich Tätigen. Diese Beobachtung gilt insbesondere für Judentum, Christentum, Islam, Hinduismus, Buddhismus und Konfuzianismus. In der Geschichte dieser Religionen konnten Frauen, wenn überhaupt, nur in einem bescheidenen Ausmaß Rollen religiöser Autorität ausüben.

In den christlichen Kirchen in Deutschland übernehmen Frauen nach wie vor den weitaus größten Teil (ca. 70%) der ehrenamtlichen Tätigkeit, sind jedoch in hohen religiösen Ämtern kirchlicher Institutionen auch zu Beginn des 21. Jahrhunderts nicht (in der römisch-katholischen Kirche) vertreten oder deutlich unterrepräsentiert. Im römisch-katholischen und orthodoxen Christentum sind Frauen grundsätzlich nicht zum Amt der Priesterin zugelassen. Katholische Frauen, die sich zur Priesterin berufen fühlen, müssen auf andere Rollen, wie zum Beispiel die der Diakonin oder Lehrerin ausweichen, oder in eine andere Denomination wechseln.[2] Die weltweit erste Rabbinerin, Regina Jonas, wurde 1935 in Berlin ordiniert; sie wurde 1944 in Auschwitz ermordet. Erst 75 Jahre später wurde in Deutschland erneut eine Rabbinerin (Alina Treiger in Oldenburg) ordiniert. Nach Auskunft des Jüdischen Museums Berlin sind inzwischen fünf Rabbinerinnen in Deutschland tätig – und damit gegenüber ihren männlichen Amtskollegen deutlich in der Minderheit.[3] Auch die Leitung des islamischen Freitagsgebets wird fast ausschließlich Männern zugestanden. Für Deutschland werden im Jahr 2008 13 Vorbeterinnen angegeben; seit 2017 ist die türkisch-stämmige Juristin Seyran Ateş in der von ihr mitgegründeten liberalen Ibn Rushd-Goethe Moschee in Berlin als Imamin tätig.[4]

---

[2] Julia Lacey konvertierte aus diesem Grund zum Anglikanischen Christentum und übt dort seit 2021 das Amt einer Priesterin aus: https://www.katholisch.de/artikel/29505-berufung-priesterin-von-der-katholischen-zur-anglikanischen-kirche#print.

[3] https://www.jmberlin.de/frage-des-monats-welche-rolle-spielen-gender-themen. Laut der Webseite des Zentralrats der Juden in Deutschland sind 2016 insgesamt 71 Rabbinerinnen und Rabbiner in jüdischen Gemeinden in Deutschland tätig: https://www.zentralratderjuden.de/service/faq.

[4] So in einem Artikel der Deutschen Welle vom 02.11.2008 zu Imaminnen in Deutschland: https://www.dw.com/de/der-ruf-der-muezzinin-weibliche-imame-in-deutschland/a-3750565. Siehe auch die Webseite der Ibn Rushd-Goethe Moschee: https://www.ibn-rushd-goethe-moschee.de.

Zunehmend lassen sich in allen Religionen weltweit Bestrebungen erkennen, dass sich Frauen selbst zu religiöser Autorität befähigt und ermächtigt sehen und auch repräsentative religiöse Ämter und Rollen übernehmen. In protestantischen Kirchen werden Bischofs-Ämter in steigender Anzahl von Frauen ausgeübt, (Geist-)Heilerinnen und neopagane Priesterinnen zur Durchführung von religiösen Ritualen und spiritueller Ausbildung sind zahlreich zu finden[5] und auch die Zunahme von Frauenmoscheen, wie die von Sherin Khankan in Kopenhagen gegründete Mariam-Moschee[6], in der Frauen als Imaminnen fungieren oder das selbstbewusste Auftreten ordinierter buddhistischer Frauen im gegenwärtigen Japan (Schrimpf 2021) sind Ausdruck der Entwicklung, dass Frauen Anerkennung als religiösen Autoritäten entgegengebracht wird. Weltweite Beachtung erlangte die afro-amerikanische Islamwissenschaftlerin Amina Wadud, die 1972 zum Islam konvertierte und die als Professorin an der Islamischen Universität in Malaysia und später an der Virginia Commonwealth University in Richmond tätig war. Sie ist für ihre feministische Auseinandersetzung mit dem Islam (*Qur'an and Woman. Rereading the Sacred Text from a Women's Perspective* 1992; *Inside the Gender Jihad. Women's Reform in Islam* 2006) international bekannt geworden und erlangte großes Aufsehen – aber auch viel Kritik –, weil sie 2005 in New York das Freitagsgebet vor einer gemischten islamischen Gemeinschaft leitete. Amina Wadud und andere Vorbeterinnen berufen sich auch auf historische Beispiele religiöser Autorität von muslimischen Frauen. Neuere religionswissenschaftliche Forschungen machen es sich zur Aufgabe, zu zeigen, dass Frauen auch im frühen Islam bereits als religiöse Autoritäten auftraten (Decker 2021) oder dass es Imaminnen bereits im 19. Jahrhundert in China, Ende des 20. Jahrhunderts in Kanada sowie weibliche Predigerinnen (*murshidats*) in Algerien oder Marokko gegeben hat und gibt (Ennaji 2013).

In den offiziellen Geschichtsschreibungen von Religionen werden das prominente Wirken religiöser Frauen und ihre Bedeutung für die Herausbildung religiöser Formationsprozesse und Lehren jedoch meist ausklammert. Entsprechend war auch die Religionsforschung lange nicht darauf ausgerichtet, die Rolle und Relevanz religiöser Autorität von Frauen in der Religionsgeschichte zu erforschen. Herkömmliche Religionsforschung hat ausführliche Daten über prominente männliche Stifter, Reformatoren, Lehrer, Theologen und Heilige erhoben und analysiert, religiöse Frauenrollen aber kaum beachtet. Das gilt gleichermaßen für Angehörige eines sogenannten ‚dritten' Geschlechts oder weiterer Geschlechter, die in

---

5 So beispielsweise Sigrid Ernst, die Heilpraktikerin, Yogalehrerin und Priesterin von Brighde: https://naturheilpraxis-kiel.com/priesterin.
6 https://www.mariammoskeen.com/; siehe auch das Interview des SRF mit Sherin Khankan: https://www.srf.ch/kultur/gesellschaft-religion/interview-mit-sherin-khankan-islamische-frauen-sind-die-imame-von-morgen.

etlichen indigenen Kulturen Rollen religiöser Autorität – beispielsweise als Heiler*innen, oder Ritualexpert*innen – innehatten oder innehaben. Darüber hinaus nehmen insbesondere im hinduistischen und islamischen Kontext Angehörige verschiedener Transgender-Gemeinschaften rituelle Funktionen ein. Sie sind unter dem Sammelnamen Hijras bekannt und in Südasien, Pakistan und Bangladesh verbreitet. Obwohl ihnen eine gewisse religiöse Autorität zugeschrieben wird, sind sie vielfach mit ambivalenten Einstellungen und Diskriminierungen konfrontiert (Hossain 2012; Syed 2020). Um der Verhältnisbestimmung von religiöser Autorität und Geschlecht auf die Spur zu kommen und Wirkungsmechanismen der Exklusion und Marginalisierung religiöser Autorität von Frauen kritisch analysieren zu können, wird im folgenden Abschnitt ein Blick auf die grundlegende Bedeutung und Funktion von religiöser Autorität geworfen.

## 2 Funktion und Konzepte religiöser Autorität

Für den Zusammenhalt und die Identifikation einer religiösen Gemeinschaft gilt die Anerkennung einer Autorität, wie beispielsweise der Bezug auf den Buddha oder den *Koran*, als wesentlicher Faktor (Seiwert 1986, 5f.). Aufgrund der geteilten Akzeptanz religiöser Autorität wird innerhalb von religiösen Deutungssystemen Einverständnis über die Gültigkeit von Lehrinhalten, religiösen Ordnungen und Werten erreicht. Religiöse Autoritäten fungieren somit als machtvolle Instanzen zur Begründung und Legitimation sozialer und religiöser Ordnungen und Normen, einschließlich Geschlechterordnungen und -rollen. Eine besondere Relevanz erhält dabei der Bezug auf „absolute Autoritäten", die als nicht mehr hinterfragbare Instanzen die irreversible Gültigkeit von Wissen garantieren (Seiwert 1981, 83). Als absolute Autoritäten können Gottheiten, aber auch heilige Schriften, Mythen oder Religionsstifter*innen gelten. Deren Aussagen und Haltungen zu Geschlechterrollen gelten entsprechend als unbestreitbar wahr und nicht veränderbar; sie können nur noch interpretiert oder ergänzt werden (Seiwert 1981, 86).

Aus Geschlechterperspektive betrachtet sind die religionshistorisch als absolut und gottgegeben verstandenen Autoritäten zentral, wenn es um die Übertragung von religiösen Rollen sowie die damit verknüpften stereotypen Konnotationen geht. Dabei gewinnen Fragen, wer, wann religiöse Ämter einnehmen oder ausüben darf, ebenso wie Fragen nach der Anerkennung und Resonanz auf religiöse Autorität eine hohe Relevanz. Bruce Lincoln hat für eine kritische religionswissenschaftliche Auseinandersetzung mit den Axiomen und Konsequenzen im Umgang mit religiöser Autorität wichtige Fragen formuliert: Wer ist bzw. gilt als fähig, mit Autorität zu sprechen? Wo und wie wird autoritatives Sprechen produziert? Welchen Effekt hat solches Sprechen bei denen, an die es adressiert ist? Welche Antworten werden erwartet und welche sind erlaubt? Welche Konsequenzen können unvorhergesehene und unzulässige Reaktionen auf den Aufbau, die Ausübung und die Aufrechterhaltung von Autorität haben (Lincoln 1994, 2)? Mit dieser deutlichen Kontextualisierung und Situierung von autoritativen Geltungsansprüchen wird der Blick auf Begrenzungen von Gültigkeiten sowie die diskursive Bestätigung oder Aberkennung von Autorität gelenkt und Raum für die kritische Analyse der Zuweisungs- und Herstellungsprozesse geschlechtsspezifischer Autorität und religiöser Rollen eröffnet.

In dem Artikel „Autorität" im *Metzler Lexikon Religion* stellt Matthias Pilger-Strohl den wichtigen Unterschied zwischen persönlicher und formaler Autorität heraus und betont, dass Trägerinnen und Trägern von persönlicher Autorität freiwillig „Ansehen, Vollmacht und Würde" sowie vertrauensvolle Akzeptanz und Loyalität bis hin zu Gehorsam entgegengebracht werden können. Diese können jedoch auch erschüttert und aberkannt werden. Während persönliche Autorität immer wieder erworben und bestätigt werden muss, seien formale Autoritäten von bestimmten Gruppen oder Institutionen (wie etwa Recht, Theologie, religiöse Ämter) sehr viel stärker mit der Ausübung von Herrschaft verbunden und können Autorität mit Macht durchsetzen (Pilger-Strohl 1999, 120). In den Religionen erfolge meist eine freiwillige Anerkennung von Autorität durch den persönlichen Akt des Glaubens. Die Entstehung der Institution des Papsttums sei jedoch ein „Prototyp für persönliche *und* institutionalisierte Autorität" (Pilger-Strohl 1999, 121).

Damit wird deutlich, dass Schriften, Gottheiten oder Persönlichkeiten als Gemeinschaft und Identität stiftende religiöse Autoritäten fungieren können, denen Gläubige freiwillig, loyal und vertrauensvoll Anerkennung schenken. Sie können aber auch als Ausgangspunkt für die Entwicklung formaler, institutionalisierter Ordnungs- und Herrschaftssysteme fungieren, der Legitimation und Durchsetzung strikter Ordnungen und Hierarchien dienen und für die Begründung von Sanktionen gegenüber der Verletzung religiöser Normen verwendet werden.

Die Religionsgeschichte ist voll von Ambivalenzen, wenn sich der Blick auf das Verhältnis von religiöser Autorität und Geschlechterrollen richtet: Machtvolle Göttinnen, einflussreiche Prophetinnen sowie Priesterinnen in früher und jüngster Zeit, gehören ebenso zur Religionsgeschichte wie die weitreichende Exklusion von Frauen aus religiösen Ämtern. Zwar sprechen religiöse Texte, wie beispielsweise der *Koran* oder die *Bibel*, von einer religiösen Gleichwertigkeit der Geschlechter, in der islamischen und christlichen Tradition und ihren Institutionen wird Frauen aber der Zugang zu repräsentativen religiösen Rollen und Ämtern verwehrt. In den dominant gewordenen Auslegungstraditionen wird ihnen sogar die Fähigkeit dazu abgesprochen.

Es darf jedoch nicht außer Acht gelassen werden, dass für Gläubige die Existenz und Wirksamkeit von Gottheiten und transzendenten Kräften sowie die Überzeugungskraft von heiligen Schriften und ihren Auslegungstraditionen zwar vielfach als wahr, evident und nicht hinterfragbar gelten, dass die Reichweite und Akzeptanz von religiöser Autorität jedoch auch innerhalb von Religionen immer wieder in Frage gestellt wird. Religiöse Reformbewegungen, innerreligiöse Kritiken, Konkurrenzen um religiöse Deutungsmacht und kritische Anfragen und Revisionen religiöser Organisationen und Institutionen sowie ihrer Dogmen und Theologiebildung durch neue, non-konforme Bewegungen und Personen lassen die Instabilität und Diskursivität von religiöser Autorität sehr deutlich erkennen.

Spätestens seit Foucaults kritischer Analyse von Macht(-verhältnissen), wird der Blick zeitgenössischer Forschung noch stärker auf die soziale Konstruktion von Autorität gerichtet, die eng mit der gesellschaftlichen Produktion von Wissen und Diskursen verknüpft ist. Autorität selbst gilt als ein Aspekt des Diskurses, der immer wieder neu ausgehandelt werden muss (Lincoln 1994, 2). Entsprechend kritischer und instabiler werden auch die Gültigkeitsansprüche institutionalisierter Erscheinungsformen von Autorität wahrgenommen und wird die Rolle religiöser Autoritäten in der Produktion von Wissen und in öffentlichen Debatten sowohl religionshistorisch als auch zeitgenössisch untersucht (beispielsweise Decker 2013 und Schrimpf 2021).

## 3 Polarisierung religiöser Pflichten und Rollen von Frauen

Die traditionellen, normativen Auffassungen über Rechte und Pflichten der Geschlechter basieren weitgehend auf dem Modell der polaren Geschlechterrollen einer heterosexuell und hierarchisch orientierten Gesellschaftsordnung. Hinduismus, Buddhismus, Konfuzianismus, Judentum, Christentum und Islam legitimieren eindeutig die männliche Dominanz außerhalb des Hauses. Insbesondere die wichtige Rolle der Mutter für die Bewahrung der Patrilinie führt zu starker männlicher, religiös legitimierter Kontrolle der Frau. Frauen werden zu Treue, Gehorsam und Unterordnung unter den Ehemann angehalten. Der Ehemann kann in diesem Zusammenhang einen göttlichen Status erhalten: So soll die treue Hindu-Frau ihren Gatten wie einen Gott verehren (*Manusmṛti* 5, 154). Judentum, Christentum und Islam untermauern die männliche Vormacht mit der Schöpfungsordnung, mit dem Mythologem von der Erst-Erschaffung des Mannes bzw. seiner besonderen Auszeichnung (*Das Buch Genesis* 2, 18–22 und Sure 4, 34). Aufgrund strikter Kontrolle der Frau in jeder Lebensphase durch Vater, Ehemann, Sohn oder Bruder wird die Reinheit der Abstammungslinie gewährleistet. In diesem Zusammenhang stehen auch die zahlreichen Sonderregeln für Frauen in der Form besonderer Kleidungsvorschriften oder der gezielten Einschränkung der Bewegungsfreiheit. Damit verbunden ist der hohe Stellenwert der Jungfräulichkeit und die strenge Bestrafung des Ehebruchs – vor allem von Seiten der Ehefrau. Der Ehebruch von Seiten des Mannes mit einer unverheirateten Frau oder einer Prostituierten wird teilweise milder geahndet oder sogar toleriert. Die religiöse Bedeutung der Frau basiert zu einem großen Teil auf ihrer Rolle als Mutter (von Söhnen). Als Mutter wird die Frau teilweise überschwänglich verehrt, sowohl nach hinduistischer als auch nach muslimischer Überlieferung übertrifft die Verehrung der Mutter die des Vaters um ein Vielfaches. Allerdings hängt die hinduistische Mutterverehrung – anders als im Islam – mit der Verehrung einer göttlichen Muttergestalt zusammen.

Buddhismus, Christentum und Islam weisen als prinzipiell universale Religionen Ähnlichkeiten auf und betonen die Gleichheit der Menschen im Hinblick auf ihre Heilsfähigkeit und die persönliche Erfahrung. Die Familie besitzt angesichts der neu entstehenden Gruppe nur sekundäre Bedeutung. Daher wird auch die Rolle der Frau als Mutter unterschiedlich akzentuiert. Während im Islam das Muster der patriarchal geprägten Mutterverehrung weitgehend vorherrscht, kommt der Mutterrolle der Frau im Buddhismus so gut wie keine Bedeutung zu. Geschlechtsverkehr und Geburt sind die zentralen Symbole für die Verhaftung im Geburtenkreislauf, für den Durst nach Dasein. Insofern die Befreiung aus dem Geburtenkreislauf im Zentrum des buddhistischen Weges steht, kann Mutterschaft nicht positiv besetzt sein. Aus der Einsicht in die Vergänglichkeit und Leidverstrickung menschlicher Existenz resultiert eine monastische oder zumindest sexuell enthaltsame Lebensweise. Fortpflanzung kann lediglich als Möglichkeit für die Unterstützung von Lebewesen, die die befreiende Einsicht noch nicht erlangt haben, positiv erscheinen. Die Legenden, die über die Geburt des Siddhārtha Gautama, des späteren Buddha, berichten, setzen einen Maßstab für die ideale Empfängnis und Geburt. Demnach empfängt die Königin Māyāvatī den künftigen Buddha nicht mittels Geschlechtsverkehr, sondern in einer Vision. Sie träumt, dass er in der Form eines kleinen weißen Elefanten in ihren Schoß eingeht. Auch die Geburt vollzieht sich nicht auf dem üblichen Weg, da das Kind aus der Seite seiner jungfräulichen Mutter heraustritt. Auch wenn die Mutterrolle in ihrer Bedeutung für die Patrilinie in den monastisch geprägten buddhistischen Traditionen nicht betont wird, muss weibliche Sexualität aufgrund der damit verbundenen Anhaftung an den Geburtenkreislauf dennoch kontrolliert werden. Daher wird die Geschlechterhierarchie beispielsweise in den Zusatzregeln für den Nonnenorden (pa. *garudhammas*) deutlich festgeschrieben: Selbst die höchststehende buddhistische Nonne muss sich dem rangniedrigsten Mönch unterordnen (Hüsken 1997, 345–360).

Das Christentum nimmt in gewisser Weise eine Mittelstellung zwischen der Akzentuierung der Mutterrolle und ihrer Relativierung ein. Seit frühchristlicher Zeit haben religiöse Autoritäten die jungfräuliche Lebensweise für Frauen prinzipiell höher bewertet als die Mutterrolle. Im Marienkult wurde das Ideal der Jungfräulichkeit mit der Verehrung der Gottesmutter verknüpft. Zweifellos stehen hier alte Göttinnen-Traditionen – wie etwa die ägyptische Göttin Isis, die bis weit in die nachchristliche Zeit hinein in Süd- und Mitteleuropa verehrt wurde – im Hintergrund. Es ist bekannt, dass sich viele berühmte Marienheiligtümer an Kultplätzen befinden, die zuvor verschiedenen Göttinnen geweiht waren. Nicht umsonst ist Maria als „die geheime Göttin im Christentum" bezeichnet worden (Mulack 1986). Allerdings stellt die Ikone der Muttergottes ein unerreichbares Ideal für sterbliche Frauen dar, denn das Modell der jungfräulichen Mutter entzieht sich der Möglichkeit zur Nachahmung. Urbild der Frau ist die sündige Eva, die nur durch das Ideal der sexuell enthaltsamen Jungfrau/Nonne bezwungen werden kann.

## 4 Religiöse Autorität und Ämter für Frauen?

In den jeweiligen Entstehungsphasen der großen Religionen waren Frauen aktiv beteiligt und konnten verschiedene Rollen einnehmen. Im Alten Israel spielten nicht nur die Erzväter, sondern auch die Erzmütter eine bedeutende Rolle; es gab Richterinnen, Prophetinnen und Heldinnen. Genauso sind in der altindischen Überlieferung Seherinnen bekannt, die die göttliche Offenbarung schauten, vereinzelt werden auch Asketinnen und Lehrerinnen erwähnt. Viele Frauen folgten dem Ruf Buddhas oder unterstützten ihn tatkräftig. Eine berühmte und oft zitierte Erzählung präsentiert eine Frau namens Kisā Gotamī als Modell für den typischen Weg eines Menschen, den die Erfahrung des Todes (in diesem Fall des Kindes) in die Nachfolge Buddhas führt. Die Geschichte ist in verschiedenen Versionen überliefert, unter anderem auch in den sogenannten *Therīgāthā*, den Liedern der erleuchteten Nonnen.[7] Diese Texte stammen aus der Frühzeit des Buddhismus und zählen zu den ältesten schriftlichen Frauenzeugnissen der Religionsgeschichte. Zum Jüngerkreis von Jesus Christus gehörten zwar keine Frauen, sie bildeten jedoch einen wesentlichen Teil seiner Gefolgschaft; Frauen waren die ersten Zeuginnen der Auferstehung und in frühchristlicher Zeit konnten sie sowohl religiöse Ämter ausüben (wie etwa die Apostelin Thekla) oder auch durch das Martyrium zu hohen Ehren gelangen. Die Frauen Mohammeds übten nicht nur großen Einfluss auf ihn aus, sondern spielten darüber hinaus eine wichtige Rolle in der Überlieferung. Nach der Gründungsphase wurden Frauen in diesen Religionen in deutlich untergeordnete Funktionen zurückgedrängt.

---

7 *Therīgāthā* 213–223, übers. v. Norman 2015, 26 f.

Die religiösen Traditionen weisen starke Ähnlichkeiten, aber auch Besonderheiten hinsichtlich der Stellung von Frauen auf. Auch innerhalb einer Religion sind in den einzelnen historischen Epochen, in verschiedenen Ländern und Richtungen durchaus unterschiedliche Sichtweisen und Praktiken verbreitet. Beispielsweise zählen Frauen im traditionellen Judentum grundsätzlich nicht zum Minjan, der Mindestzahl von zehn Betern, die notwendig ist, um einen Gemeindegottesdienst in der Synagoge abhalten zu können. In der Orthodoxie muss der Minjan bis heute aus zehn Männern bestehen. Frauen ist es verboten, Gebetsriemen zu tragen oder eine *Tora*-Lesung zu übernehmen. Da sie nicht zur Einhaltung aller Gebote verpflichtet sind, können sie auch keine kultischen Funktionen für andere übernehmen. Frauen sind von der vollen Erfüllung der *Tora*, von religiösen Rollen oder Leitungsfunktionen ausgeschlossen. Die rabbinische Literatur ist von Männern für Männer verfasst. Frauen werden vorwiegend als Problemfälle für männliches Leben behandelt. Es gibt kein weibliches Pendant zum *Talmud*-Gelehrten. Dennoch ist in der Spätantike durchaus ein aktives religiöses Leben (Synagogenbesuch) von Frauen bezeugt, zumindest einzelne Frauen konnten auch öffentliche Rollen einnehmen. Antike römische und griechische Inschriften beinhalten manchmal Titel für jüdische Frauen. Während die Bezeichnung „Mutter der Synagoge" als Ehrentitel gedeutet wird, meint *archisynagogissa* die weibliche Form des Vorstands der Synagoge. Dieses wichtige Amt, das vorwiegend durch administrative Funktionen gekennzeichnet war, konnte auch von Frauen ausgeübt werden (Taitz, Henry und Tallan 2003, 17 f.). Im Mittelalter sind auch rituelle Tätigkeiten von Frauen belegt: Die Tätigkeiten als Lehrerinnen und Gebetsleiterinnen waren allerdings auf weibliche Gruppen beschränkt. Ab der Mitte des 20. Jahrhunderts begannen einige Gemeinden im Reformjudentum und im konservativen Judentum Frauen zum Minjan zu zählen und allmählich das Amt des Rabbinats für Frauen zu öffnen; Rabbinerinnen bilden jedoch bis heute eine kleine Minderheit.

Einen Zugang zu gewissen religiösen Ämtern ermöglichen protestantische und buddhistische Richtungen. Obwohl die Hauptrichtungen des Protestantismus bis in die jüngste Zeit von männlicher Dominanz charakterisiert sind, gibt es in den Freikirchen viele Beispiele von Frauen in Leitungsrollen. So traten im 17. Jahrhundert verschiedene puritanische Gruppierungen in Nordamerika für die gleichen religiösen Rechte von Frauen in der Verkündigung und der Kirchenleitung ein. Ann Lee gründete im 18. Jahrhundert in Nordamerika die christliche Freikirche der Shaker.

In den buddhistischen Richtungen gestaltet sich der Zugang von Frauen zu religiöser Autorität ambivalent. Obwohl die Lieder der erleuchteten Nonnen Teil der frühen Tradition sind, spiegelt die Struktur der religiösen Organisation von Anfang an die soziale Nachrangigkeit von Frauen. Nach der Überlieferung entstand der buddhistische Nonnenorden erst nach dem anfänglichen Widerstand Buddhas.

Mit der Einrichtung des Nonnenordens war für ihn der beschleunigte Verfall der buddhistischen Lehre besiegelt. In der Zeit der muslimischen Eroberungen und der Zerstörung der buddhistischen Klöster in Indien ist die Sukzessionslinie der Nonnenorden, die traditionelle Kette der Nachfolge, abgerissen. Innerhalb der Theravāda-Tradition und des tibetischen Buddhismus ringen Frauen seit Jahrzehnten um die Anerkennung als vollordinierte Nonnen. Obwohl mittlerweile in beiden Richtungen viele erfolgreiche Schritte unternommen wurden und die Zahl der Nonnen steigt, gibt es bis heute keine einheitliche Haltung unter den männlichen Autoritäten und in den entscheidenden Institutionen der verschiedenen buddhistisch geprägten Länder.[8] In Thailand beispielsweise verweigert der Höchste Buddhistische Rat noch immer die Anerkennung der Nonnen-Ordination, obwohl Bhikkhuni Dhammananda, vormals Chatsurman Kabilsingh, als erste vollgültig geweihte Nonne der thailändischen Theravāda-Tradition seit 2003 das bislang einzige Frauenkloster in Bangkok leitet.[9]

In der Richtung des Mahāyāna-Buddhismus existieren hingegen bis heute anerkannte Nonnenorden. Da die Grundlage der empirischen Wirklichkeit als „leer" betrachtet wird, gelten auch Geschlechtsunterschiede prinzipiell als leer und unwesentlich. Dennoch zählt das männliche Geschlecht zu den Kennzeichen des religiös vollendeten Menschen (Schuster 1981, 27). In etlichen einflussreichen Texten wurde die Auffassung vertreten, dass Frauen die letzten Stufen der spirituellen Vollendung überhaupt nicht oder nur durch die Geschlechtsumwandlung erreichen könnten (Paul 1979, 166–181). Erleuchtung ist nach diesen Standpunkten an das männliche Geschlecht gebunden. Für eine spirituell hoch entwickelte Frau bedeutet das, dass sie – um die Erleuchtung zu erlangen – noch einmal als Mann wiedergeboren werden muss oder unter Umständen bereits im aktuellen Leben eine spontane Geschlechtsumwandlung erfährt.

Die Traditionen des Tantrismus (im Kontext des Hinduismus und des Buddhismus) und des chinesischen Daoismus sind sich ähnlich hinsichtlich der Bedeutung weiblicher Symbolik und darin, dass sie Frauen Rollen religiöser Autorität – wie Lehrerin, Ritualpartnerin, Schamanin – zuerkennen. Allerdings wurden Frauen im Rahmen des Tantrismus zumindest teilweise für die Belange der männlichen Befreiung instrumentalisiert. Auch wenn Ansätze für eine religiöse Geschlechtergleichheit bestehen, so führte diese nicht zu einer Neugestaltung der sozialen Struktur. Weder Tantrismus noch Daoismus sprengen den patriarchalen

---

8 Für die Entwicklung in verschiedenen buddhistischen Ländern siehe Mohr und Tsedroen 2010.
9 Bhikkhuni Dhammananda empfing die Weihe von einem Theravāda-Mönch in Sri Lanka, siehe Dhammananda 2016.

Rahmen und die ausgeprägte weibliche Symbolik fungiert als religiöse Kompensation für die reale männliche Dominanz in der Gesellschaft.

Zusammenfassend lässt sich festhalten, dass trotz gradueller Unterschiede hinsichtlich des Zugangs von Frauen zu bestimmten religiösen Rollen, die sowohl zwischen den einzelnen Religionen als auch innerhalb einer Religion bestehen können, die wichtigen Ämter und Leitungsfunktionen überwiegend von den männlichen Anhängern beansprucht wurden und werden. In der Vergangenheit wurde der Ausschluss von Frauen von religiösen Rollen und Ämtern häufig mit den ‚unreinen' biologischen Funktionen der Menstruation und Geburt begründet und/ oder mit der spezifisch weiblichen Natur, vor allem gleichgesetzt mit Schwäche, Triebhaftigkeit und geringer Vernunft bzw. Bildung; in der Gegenwart wird mit der Tradition argumentiert.

## 5 Moderne Reformen und ihre Grenzen

Erst unter dem Einfluss der Moderne und den gesellschaftlich veränderten Geschlechterrollen knüpfen Reformbewegungen in den traditionell patriarchalen Religionen an geschlechtsegalitäre Elemente der jeweiligen Tradition an, um mehr oder weniger erfolgreiche Veränderungen hinsichtlich Status und Rollen von Frauen in Gang zu setzen. Fundiert durch feministische Theologien und Reflexionsprozesse, haben sich Frauen mittlerweile selbst den Zugang zu religiösen Rollen erkämpft, die mit Autorität und Interpretationsmacht im Umgang mit der religiösen Überlieferung ausgestattet sind. Das sind Rollen wie die der Theologin, Lehrerin oder Rabbinerin.

Innerhalb des Judentums und des Christentums haben sich in den letzten Jahrzehnten facettenreiche feministische Theologien entwickelt.[10] Auch im Islam haben Frauen längst begonnen ihre Rolle, das geschichtliche Erbe und ihr religiöses Selbstverständnis zu reflektieren (Hassan 1994; Wadud 2006). Nicht zuletzt durch die wachsende Zahl westlicher Buddhistinnen ist die Rolle von Frauen in den buddhistischen Traditionen zu einem wichtigen Thema geworden (Tsomo 1991; Tsomo 2004). Am Beispiel des modernen Hinduismus sollen die vielfältigen Entwicklungen etwas näher illustriert werden. Hier hat zwar bis jetzt nur ansatzweise eine kritisch-feministische Auseinandersetzung mit der Tradition stattgefunden, es finden sich aber verschiedene Modelle weiblicher Emanzipation bezogen auf die traditionell für Frauen vorgesehenen Rollen und Normen. Dabei zeigt sich, dass Frauen seit dem frühen 20. Jahrhundert jene Rollen religiöser Autorität, die in der

---

10 Zwei Beispiele aus der Fülle der Literatur: Plaskow 1992; Halkes 1985.

klassisch-brahmanischen Tradition Männern vorbehalten war, für sich reklamieren. Es ist dies vor allem die Rolle der *saṃnyāsinī*, der Entsagerin, aber auch die Rolle der Lehrerin. Obwohl das traditionell männliche Priestertum in seinen verschiedenen Varianten nach wie vor die Norm bildet, gibt es mittlerweile zahlreiche Ausnahmen (Narayanan 2005). Beispielsweise werden im Bundesstaat Maharashtra seit den 1930er Jahren Frauen als Priesterinnen ausgebildet. Gegenwärtig existieren mehrere Schulen und die Zahl der ausgebildeten Frauen ist rapid gestiegen. Es wird berichtet, dass Priesterinnen populär sind, es wird ihnen größeres Vertrauen entgegengebracht, weil sie als verlässlich und moderat in finanziellen Forderungen gelten (Patton 2005, 17). Allerdings bezieht sich die Tätigkeit von Frauen weitgehend auf häusliche Rituale, im öffentlichen Raum sind sie nach wie vor selten anzutreffen. Die Zunahme des Frauenpriestertums wird darüber hinaus auch mit dem Mangel an männlichen Priestern in Zusammenhang gebracht.

In etlichen modernen hinduistischen Bewegungen hat sich eine Anzahl von Frauen in den letzten Jahrzehnten den Zugang zu Wissen und religiösen Leitungsfunktionen erobert. Im Rahmen dieser Anstrengungen spielt der Rückbezug auf die Tradition der gelehrten *brahmavādinīs* eine große Rolle. Hindu-Frauen haben damit ihre Forderungen legitimiert – etwa nach der Gründung eines eigenen weiblichen Ordens innerhalb der populären Ramakrishna-Bewegung. In einer hinduistischen Reformbewegung, die an eine 800 Jahre alte Tradition anknüpft, wurde 1996 das erste weibliche Oberhaupt in das Amt des Mahājagadguru, des „großen Weltenlehrers" inthronisiert, wobei dieser Titel als Äquivalent zu ‚Papst' betrachtet wird (Heller 1999, 219–224).

Diesen Aufbruch der Frauen belegt auch eine interreligiöse Studie zu Leitungsfunktionen von Frauen, die sich auf die Religionsgemeinschaften Judentum, Christentum und Islam beschränkt, aber in den Kernaussagen durchaus auch auf Entwicklungen im Hinduismus und Buddhismus übertragbar ist. Die Studie, die in der Schweiz durchgeführt und im April 2011 abgeschlossen wurde, endet mit den Worten:

> Trotz unterschiedlicher Schwerpunkte und Anliegen: Immer mehr jüdische, christliche und muslimische Frauen brechen das Interpretationsmonopol der Männer in ihren Religionsgemeinschaften auf und legen die religiösen Quellen selber aus; sie wollen ihre Religionsgemeinschaften aktiv mitgestalten, ihre religiösen Erfahrungen und ihre fachlichen Kompetenzen einbringen und die Entwicklungen mitbestimmen. Mit den Frauen wird (auch) in Zukunft zu rechnen sein. (Gierau Pieck u. a. 2011, 95).

## Literatur

Decker, Doris. 2021. „Wandel weiblicher religiöser Autorität im Frühislam." In *Marburg Journal of Religion* 23, 1–45.

Decker, Doris. 2013. „Frauen zwischen Selbst- und Fremdbestimmung. Wandel weiblicher Geschlechterkonstruktionen in religiösen Veränderungsprozessen am Beispiel frühislamischer Überlieferungen." In *Doing Gender – Doing Religion. Fallstudien zur Intersektionalität im frühen Judentum, Christentum und Islam*, hg. v. Ute E. Eisen, Christine Gerber und Angela Standhartinger, 193–223. Tübingen: Mohr Siebek.

Dhammanandah, Bhikkuni. 2016. „A Journey To Be a Theravada Bhikkhuni." November 12, 2016. In *Alliance for Bhikkhunis*. http://present.bhikkhuni.net/dhammananda-bhikkhuni [06.04.2023].

Ennaji, Moha. 2013. „Women and Religious Knowledge: Focus on Muslim Women Preachers." In *Women and Knowledge in the Mediterranean*, hg. v. Fatima Sadiqi, 165–176. London; New York/NY: Routledge.

Gierau Pieck, Gabrielle, Amira Hafner-Al Jabaji, Rifa'at Lenzin, Eva Pruschy, Heidi Rudolf, Doris Strahm und Reinhild Traitler. 2011. *Rabbinerinnen, Kantorinnen, Imaminnen, Muftis, Pfarrerinnen, Bischöfinnen, Kirchenrätinnen… Leitungsfunktionen von Frauen, im Judentum, im Christentum und im Islam. Eine Studie des Interreligiösen Think-Tank*. https://www.interrelthinktank.ch/index.php/texte/texte-des-interreligioesen-think-tank-2/ item/download/35_06bae2cdba17028310e11461408fc1fd [05.04.2023].

Halkes, Catharina J. M. 1985 [1980]. *Gott hat nicht nur starke Söhne. Grundzüge einer feministischen Theologie*. 4. Aufl. Gütersloh: Gütersloher Verlags-Haus Mohn.

Hassan, Riffat. 1994 [1991]. „Muslim Women and Post-Patriarchal Islam." In *After Patriarchy. Feminist Transformations of the World Religions*, hg. v. Paula M. Cooey, William R. Eakin und Jay B. McDaniel, 39–64. 5. Aufl. Maryknoll/NY: Orbis Books.

Heller, Birgit. 1999. *Heilige Mutter und Gottesbraut. Frauenemanzipation im modernen Hinduismus*. Frauenforschung 39. Wien: Frauenverlag.

Hossain, Adnan. 2012. „Beyond Emasculation. Being Muslim and Becoming Hijra in South Asia." In *Asian Studies Review* 36, 495–513.

Hüsken, Ute. 1997. *Die Vorschriften für die buddhistische Nonnengemeinde im Vīnaya-Piṭaka der Theravādin*. Monographien zur indischen Archäologie, Kunst und Philologie 11. Berlin: Reimer.

Lincoln, Bruce. 1994. *Authority: Construction and Corrosion*. Chicago/IL; London: University of Chicago Press.

Mohr, Thea und Jampa Tsedroen, Hg. 2010. *Dignity and Discipline. Reviving Full Ordination for Buddhist Nuns*. Hamburg: Studienstiftung für Buddhismus.

Mulack, Christa. 1986. *Maria. Die geheime Göttin im Christentum*. 2. Aufl. Stuttgart: Kreuz.

Narayanan, Vasudha. 2005. „Gender and Priesthood in Hindu Traditions." In *Journal of Hindu Christian Studies* 18, 22–31. https://doi.org/10.7825/2164-6279.1341 [19.01.2023].

Palmer, Susan Jean. 1994. *Moon Sisters, Krishna Mothers, Rajneesh Lovers. Women's Roles in New Religions*. Syracuse/NY: Syracuse University Press.

Patton, Laurie. 2005."Can Women Be Priests? Brief Notes toward an Argument from the Ancient Hindu World." In *Journal of Hindu-Christian Studies* 18, 17–21.

Paul, Diana Y. 1979. *Women in Buddhism. Images of the Feminine in Mahāyāna Tradition*, Berkeley/CA: Asian Humanities Press.

Plaskow, Judith. 1992. *Und wieder stehen wir am Sinai. Eine jüdisch-feministische Theologie* (= *Standing Again at Sinai*, 1990). Luzern: Genossenschaft Edition Exodus.

Schuster, Nancy. 1981. „Changing the Female Body. Wise Women and the Bodhisattva Career in Some Mahāratnakūṭasūtras." In *The Journal of the International Association of Buddhist Studies* 4, 24–69.

Schrimpf, Monika. 2021. „Boundary Work and Religious Authority among Ordained Buddhist Women in Contemporary Japan." In *Japan Review* 36, 139–164.

Seiwert, Hubert. 1981. „‚Religiöse Bedeutung' als wissenschaftliche Kategorie." In *The Annual Review of the Social Sciences of Religion* 5, 57–99.

Seiwert, Hubert. 1986. „What Constitutes the Identity of a Religion?" In *Identity Issues and World Religions. Selected Proceedings of the 15th Congress of the International Association for the History of Religions,* hg. v. Victor C. Hayes, 1–7. Bedford Park/IL: Sturt Campus.

Sered, Susan Starr. 1994. *Priestess, Mother, Sacred Sister. Religions Dominated by Women.* New York/NY; Oxford: Oxford University Press.

Syed, Renate. 2019. „Hijras. India's Third Gender between Discrimination and Recognition." In *Gender and Violence in Historical and Contemporary Perspectives. Situating India,* hg. v. Jyoti Atwal und Iris Flessenkämper, 169–182. London: Routledge India.

Taitz, Emily, Sondra Henry und Cheryl Tallan. 2003. *The JPS Guide to Jewish Women. 600 B.C.E. to 1900 C.E.* Philadelphia/PA: Jewish Publication Society.

*Therīgāthā: The Elders' Verses II. Therīgāthā,* übers. v. Kenneth R. Norman. 2015. 2. Aufl. Lancaster: Pali Text Society.

Tsomo, Karma L., Hg. 1991. *Töchter des Buddha. Leben und Alltag spiritueller Frauen im Buddhismus heute* (= *Sakyadhītā – Daughters of the Buddha,* 1988). München: Diederichs.

Tsomo, Karma Lekshe, Hg. 2004. *Buddhist Women and Social Justice. Ideals, Challenges, and Achievements.* Albany/NY: SUNY Press.

Vance, Laura. 2015. *Women in New Religions.* New York/NY: New York University Press.

Wadud, Amina. 1992. *Qur'an and Woman. Rereading the Sacred Text from a Women's Perspective.* Kuala Lumpur: Penerbit Fajar Bakti.

Wadud, Amina. 2006. *Inside the Gender Jihad. Women's Reform in Islam.* Oxford: Oneworld.

Woodhead, Linda. 2007. „Why So Many Women in Holistic Spirituality? A Puzzle Revisited." In *A Sociology of Spirituality,* hg. v. Kieran Flanagan und Peter Jupp, 115–125. Basingstoke/Hampshire: Palgrave Macmillan.

# Internetquellen

https://www.katholisch.de/artikel/29505-berufung-priesterin-von-der-katholischen-zur-anglikanischen-kirche#print [31.03.2023]. (Webseite der anglikanischen Priesterin Julia Lacy).

https://www.jmberlin.de/frage-des-monats-welche-rolle-spielen-gender-themen [31.03.23]. (Webseite des Jüdischen Museums Berlin).

https://www.zentralratderjuden.de/service/faq [07.04.23]. (Webseite des Zentralrats der Juden in Deutschland).

https://www.dw.com/de/der-ruf-der-muezzinin-weibliche-imame-in-deutschland/a-3750565 [06.04.23]. (Webseite der Deutschen Welle).

https://www.ibn-rushd-goethe-moschee.de [06.04.23]. (Webseite der Ibn Rushd-Goethe Moschee).

https://naturheilpraxis-kiel.com/priesterin [31.03.23]. (Webseite von Sigrid Ernst, der Heilpraktikerin, Yogalehrerin und Priesterin der Brighde).

https://www.mariammoskeen.com [31.1.23]. (Webseite der Mariam-Moschee, Kopenhagen).

https://www.srf.ch/kultur/gesellschaft-religion/interview-mit-sherin-khankan-islamische-frauen-sind-die-imame-von-morgen [31.1.23]. (Webseite des Schweizerischen Rundfunks).

## Weiterführende Literatur

Coakley, John W. 2006. *Women, Men, and Spiritual Power: Female Saints and Their Male Collaborators.* New York/NY: Columbia University Press.

Künkler, Mirjam und Devin J. Stewart. 2021. *Female Religious Authority in Shi'i Islam: Past and Present.* Edinburgh: Edinburgh University Press.

Puttick, Elizabeth und Peter B. Clarke, Hg. 1993. *Women as Teachers and Disciples in Traditional and New Religions.* London: Mellen.

Birgit Heller
# III.2 Geschlechterstereotype

Wichtige Einsichten in die symbolische und normative Konstruktion der Geschlechter ergeben sich aus der Untersuchung von geschlechtsspezifischen Bildern, die in religiösen Traditionen vorherrschen und als religiös-kulturelle Stereotype bzw. Ideale wirksam werden und normative Ordnungen prägen. In vielen klassischen Studien (Burkert 1997) bis hin zur Szene der modernen Männerspiritualität (Arnold 1994; Rohr 2006) werden wild-aggressive Aspekte in der Gestalt von Jäger, Krieger und Held als ideale, religiös untermauerte Männerbilder hervorgehoben. Im Kontext religiöser Autorität nehmen Figuren wie Priester, Magier, Asket und Weiser/Lehrer Spitzenpositionen ein, die überwiegend mit dem männlichen Geschlecht verknüpft werden. Zum Bereich idealisierter Tätigkeiten von männlichen Gottheiten, aber auch von mächtigen Männern zählen Schöpfung, Gründung der Lebensordnung, Stiftung der kulturellen Errungenschaften und insbesondere auch Opferrituale. Als typische Symbole männlicher Sakralität gelten Himmel, Berge, Donner, Regen oder gehörnte Tiere (Klaiman 2005, 5758). Ordnung, Stabilität, Größe, Stärke, Transzendenz und Licht werden als männliche sakrale Werte und Eigenschaften verstanden. Dass es sich hier weitgehend um Konstrukte und Stereotype handelt, wird im Rahmen der Männer- und Geschlechterforschung sehr deutlich. Teilweise sind diese Stereotype erst in einer einseitigen Darstellung der Religionsgeschichte entstanden, teilweise finden sich die entsprechenden Vorlagen in den religiösen Traditionen selbst.

Als typische Symbole weiblicher Sakralität gelten Erde, Höhlen, Wasser, Brunnen und Vegetation sowie Eigenschaften wie Fruchtbarkeit und Fürsorge, aber auch Chaos, Zerstörung, Dunkelheit und Wandel (Falk 2005). Die komplexe Symbolik einer weiblich personifizierten Schöpfungs-, Transformations- und Todesmacht spielt zwar in verschiedenen frühen Religionen eine bedeutende Rolle, verschwindet aber in den großen Religionen der Gegenwart weitgehend in den Hintergrund. Betont werden nun Passivität und Hingabe sowie die weiblichen Idealbilder der gehorsamen Tochter bzw. reinen Jungfrau und der ergebenen Ehefrau; ihre Bezugspole sind jeweils männlich. Die Bedeutung der weiblichen Ideale liegt primär in ihrer Funktionalität für männliche Personen, von denen sie jeweils abhängig sind. Insofern besitzt die weibliche Existenz keinen Selbstwert, sondern ist von der männlichen abgeleitet. Auf der Ebene der religiösen Symbolik werden der Jungfrau teilweise besondere Kräfte und eine gewisse Autonomie zugeschrieben. Die Frau als Mutter gilt überwiegend als Objekt der Verehrung und kann auch als göttliche Gestalt glorifiziert werden. Im Gegensatz dazu steht das Konstrukt von der Gefahr durch die dunkle, zerstörerische weibliche Macht, das

Open Access. © 2024 bei den Autorinnen und Autoren, publiziert von De Gruyter. Dieses Werk ist lizenziert unter einer Creative Commons Namensnennung – Nicht kommerziell – Keine Bearbeitung 4.0 International Lizenz. https://doi.org/10.1515/9783110697407-042

sich als Stereotyp von der triebhaften Frau als Verführerin nachhaltig auf religiöskulturelle Einstellungen gegenüber Frauen ausgewirkt hat. Die Stereotype von der Verführerin und der unwissenden Frau hängen eng zusammen und werden im Folgenden kurz skizziert. Im Anschluss daran wird das Stereotyp vom ‚weibischen' Mann behandelt, das häufig in der Auseinandersetzung mit Menschen begegnet, die zwar im Rahmen eines binären Geschlechtersystems als Männer kategorisiert werden, aber nicht dem vorherrschenden Männlichkeitsideal entsprechen.

## Das Stereotyp von der weiblichen Triebhaftigkeit und der Frau als Verführerin

Die Frau gilt in vielen religiösen Traditionen als Verkörperung der Sinnlichkeit und Triebhaftigkeit und wird besonders (aber nicht nur) im asketischen Milieu verschiedener Religionen negativ bewertet. Die Gefahr, die vom weiblichen Körper und seiner angeblich engen Verbindung mit triebhafter Sexualität und Geburt ausgeht, wird als Heils-Hindernis für ein spirituelles Leben betrachtet. Entsprechend gilt Askese im Sinn sexueller Entsagung als Voraussetzung für religiöse Vervollkommnung.

In den Traditionen der abrahamitischen Religionen hat sich vor allem die biblische Erzählung von der Erschaffung und dem Sündenfall des ersten Menschenpaares (*Das Buch Genesis* 1–3) nachhaltig auf das Stereotyp der Frau als Verführerin ausgewirkt. So lastet der Philosoph Philo von Alexandria (zwischen 20/ 10 v. chr. Z.–40/50 n. chr. Z.), ein bedeutender Vertreter des hellenistischen Diaspora-Judentums, in seinem *Genesis*-Kommentar den Sündenfall dem unvollkommenen und verabscheuungswürdigen Wesen der Frau an, die er als Symbol für Sinnlichkeit betrachtet (Kvam, Schearing und Ziegler 1999, 41–42; 65). Im Mann hingegen sieht er das Symbol der Vernunft. Dementsprechend weist er dem Mann Unsterblichkeit und alles, was gut ist, zu, der Frau aber Tod und alles, was schlecht ist. Im Kontrast zu diesem deutlichen Geschlechterdualismus finden sich in der rabbinischen Überlieferung vielfältige und widersprüchliche Aussagen über Eva (Kvam, Schearing und Ziegler 1999, 71–73). Obwohl sich die rabbinische Eva als eine Mischung aus abwertenden und weniger abwertenden bis positiven Zuschreibungen präsentiert, ist sie auch durch das Bild von Eva der Verführerin gekennzeichnet. Maimonides, der bedeutendste und einflussreiche jüdische Philosoph des Mittelalters, identifiziert die Schlange mit Satan, der Eva verführt; als Instrument Satans füge sie Adam Schaden zu und sei für seinen Tod verantwortlich (Kvam, Schearing und Ziegler, 1999, 219). In der jüdischen Überlieferung ranken sich zudem zahlreiche Legenden um den weiblichen Dämon Lilith (Sholem und Heschel 2007). So erscheint Lilith als die erste, ungehorsame Frau Adams, die sich magischer Praktiken bedient, als ein Schreckgespenst weiblicher Verführungskraft und als Kindermörderin.

Bereits in der frühen christlichen Überlieferung wird die Unterordnung der Frau unter den Mann mit Evas sekundärer Erschaffung sowie ihrer Verführbarkeit und dem dadurch bedingten Sündenfall begründet:

> Eine Frau soll sich still und in aller Unterordnung belehren lassen. Dass eine Frau lehrt, erlaube ich nicht, auch nicht, dass sie über ihren Mann herrscht; sie soll sich still verhalten. Denn zuerst wurde Adam erschaffen, danach Eva. Und nicht Adam wurde verführt, sondern die Frau ließ sich verführen und kam zu Fall.[1]

In einer Mahnschrift fordert der christliche Kirchenvater Tertullian (nach 150 – nach 220) die Frauen auf, sich bescheiden und sittsam zu kleiden. Jede Frau sei eine Eva, die Sünde und Tod in die Welt bringe. Für Tertullian ist die Frau deshalb „der Eingang des Teufels".[2] Von dieser Aussage lässt sich eine gerade Linie zum *Malleus Malleficarum* („Der Hexenhammer" des Dominikaners Heinrich Kramer, Erstdruck 1487), dem bedeutendsten Handbuch der Kirche für Hexenjäger, ziehen. Der lateinische Titel macht bereits deutlich, dass die Zielrichtung des Buches auf Frauen zugespitzt ist, die – so wird argumentiert – durch ihre physischen und psychischen Defekte anfällig für die Versuchung des Teufels seien. Eine Schlüsselrolle nimmt die der Frau angelastete unersättliche sexuelle Begierde ein, die sich besonders im Liebeszauber manifestiere.[3]

Laut *Koran* sind Adam und Eva zwar gemeinsam für den Sündenfall verantwortlich (Sure 7, 19–24), diese Sicht ändert sich aber in einem großen Teil der exegetischen Traditionen und volkstümlichen Legenden, die der Frau die Verantwortung für Adams Sünde zuschieben (Kvam, Schearing und Ziegler 1999, 158 f.). Eva (arabisch Ḥawwā') ist diejenige, die sich verführen lässt und daraufhin Adam verführt; sie gilt als moralisch schwaches und mangelhaftes Wesen. Darüber hinaus ist in der islamischen Überlieferung eine zweite Sündenfallgeschichte verbreitet, in der Eva einen Pakt mit Iblis (dem Satan) schließt und einen Sohn nach ihm benennt. Damit wird Eva nicht nur als religiös-moralisch minderwertig abgestempelt, sondern auch – ähnlich wie Lilith im Judentum – dämonisiert (Spellberg 1996, 314–318).

Das Stereotyp von der Frau als Verführerin ist nicht auf die abrahamitischen Religionen beschränkt. In der *Manusmṛti*, dem bedeutendsten hinduistischen Werk über die Lebensordnung und die Verhaltensnormen, wird gewarnt:

---

1 *Der erste Brief an Timotheus* 2, 11–14, Einheitsübersetzung der *Bibel* 2016.
2 Tertullian. *Über den weiblichen Putz*, zit. nach: Jensen 2002, 211.
3 Ein großer Teil der Delikte, die den Hexen vorgeworfen werden, bezieht sich auf Schadenszauber in Form von Liebes- und Impotenz-Zauber, vgl. dazu Kramer 2000.

> Die Natur der Frauen ist hier auf Erden das Verderben der Männer; deshalb sind die Umsichtigen in Gegenwart ausgelassener Frauen nicht arglos. Denn eine übermütige Frau kann in dieser Welt nicht nur einen Unwissenden, sondern sogar einen Wissenden vom rechten Weg abbringen und ihn zum Sklaven von Lust und Wut machen.[4]

Noch weitaus abfälligere Äußerungen über das Wesen der Frau sind in dem gleichnamigen Abschnitt (skt. *strīdharma*, „Das Wesen der Frau") im Epos *Mahābhārata* festgehalten: Der Frauen Leichtsinn ist die Wurzel aller Fehler; ihre Begierde ist unersättlich; sie sind Tod, Unterwelt, Höllenmaul, des Messers Schneide, Gift, Schlange, Feuer in einem.[5]

Auch in den buddhistischen Traditionen finden sich analoge Vorstellungen und Äußerungen. So dominiert die vertraute Polemik, die den Frauen Leichtfertigkeit, Begierde und Täuschung vorwirft, beispielsweise in einer populären Erzählung namens *Udayanavatsarājaparivartaḥ* (Die Erzählung vom König Udayana von Vatsa), die zu einer Schriftensammlung des Mahāyāna-Buddhismus gehört. Frauen sind nach diesem Text verabscheuenswerter als eine tote Schlange oder ein toter Hund. Es heißt, dass Frauen wie Fischer sind, die die Männer mit ihrem Netz fangen – das Messer der Frauen sei daher mehr zu fürchten als das der Mörder (Paul 1979, 43). Auch wenn derart misogyne Aussagen nicht die vorherrschende Haltung gegenüber Frauen in der buddhistischen Literatur repräsentieren, hat sich das Bild von der Frau als bedrohlicher Quelle allen Übels besonders in asketisch-monastischen Kreisen festgesetzt (Faure 2003, 60–62). Darüber hinaus findet sich der Prototyp destruktiver weiblicher Verführungskraft in der Legende vom Leben des historischen Buddha.[6] Demnach sendet Māra, der den Tod sowie den todbringenden Daseinsdurst verkörpert und der Gestalt des Satans in den abrahamitischen Religionen gleicht, seine Töchter – Personifikationen von Leidenschaft, Missgunst und Begierde – aus, um die Erleuchtung Buddhas zu verhindern. Es wird ausführlich beschrieben, wie die Töchter des Māra die zweiunddreißig verschiedenen sinnlich-körperlichen Verführungskünste der Frauen entfalten. Aufgelistet wird unter anderem: das Öffnen der roten Lippen, Tanzen, Singen, Enthüllen der verschleierten Gesichter, Offerieren der halbbedeckten Brüste, Entblößen der Schenkel, tiefes Seufzen, sich Darbieten in der Gestalt von Jungfrauen oder Einladen zu Liebesfreuden. Doch der Bodhisattva (der künftige Buddha) – so heißt es – bleibt

---

4 *Manusmṛti*, 2, 213 f., übers. v. *Michaels* 2010, 42.
5 Der ganze Abschnitt ist enthalten in *Mahābhārata* 13, 38–43, übers. v. Meyer 1915, 371–373.
6 Die legendenhafte Ausgestaltung der Lebensbeschreibung Buddhas ist in verschiedenen Versionen überliefert. Die Versuchung Buddhas durch die Töchter des Māra wird ausführlich in der Buddha-Biographie *Lalitavistara* geschildert; die wichtigsten Passagen finden sich bei Waldschmidt 1982, 159–164.

standhaft und unerschütterlich, weil seine Sinne bezähmt sind und der Geist gebändigt ist. Im Gegenzug verkündet er, dass, wer den Körper als unrein und vergänglich betrachtet, nicht in die Gewalt der Frauen gerät. Daraufhin resignieren die Töchter Māras und antworten dem Vater, der sie zur Rede stellt, dass der Bodhisattva zweifellos wisse, wie viele Laster Frauen besitzen und sein Sinn von Begierden frei sei. Diese Versuchungsgeschichte wurde – nicht zuletzt wegen der vielfältigen ikonographischen Darstellungen – im volkstümlichen Buddhismus breit rezipiert.

Es ist offenkundig, dass das Stereotyp von der Frau als Verführerin mehr Licht auf die Ängste und Triebgebundenheit seiner männlichen Erzeuger wirft als auf die sogenannte weibliche Natur. Teilweise wird die männliche Begierde durchaus als Fehler wahrgenommen, der aber häufig durch die Vermeidung der Auslöserin der Begierde korrigiert wird, was zu Ausschluss-Praktiken gegenüber Frauen aus zentralen religiösen Bereichen führt. Anders als Männer werden Frauen als wesenhaft schlecht, als Verkörperung animalischer Sinnlichkeit betrachtet. Das einseitige Frauenbild, das sich in all diesen Texten zeigt, spiegelt keinesfalls die einzige und zwangsläufig vorherrschende Sicht auf Frauen. Populäre Erzählungen, wie die zuvor erwähnten Lilith-Legenden, die islamischen Sündenfall-Legenden oder die Erzählung vom König Udayana, die das weibliche Geschlecht mit negativen Aspekten verknüpfen, tradieren und untermauern aber abwertende Einstellungen gegenüber Frauen. Sie sind in ihren Auswirkungen zumindest dem zeitgenössischen Akt des Mobbings vergleichbar und haben Vorurteile genährt und verbreitet. Häufig genug hat das Bild der Verführerin auch als ideologische Basis für Diskriminierungen und Gewaltanwendung gegenüber Frauen gedient.

## Das Stereotyp von der unwissenden Frau

Die Stereotype von der Verführerin und von der unwissenden Frau sind eng miteinander verknüpft. Die der Frau zugeschriebene Triebhaftigkeit mit den dazu gehörenden charakterlichen Defiziten wie Wankelmütigkeit, Leichtsinn, Untreue oder Genusssucht, dient dazu, den Ausschluss von Frauen vom religiösen Wissen zu rechtfertigen. Quer durch die großen religiösen Traditionen werden weibliche Sexualität und weiblicher Körper der Welt des Geistes diametral entgegengesetzt. Da die Frau mit ihren Körperfunktionen identifiziert wird, gelten Geburt, Kinder und Küche als ihre Domäne. Um sie nicht von den Aufgaben in diesen weiblich definierten Tätigkeitsfeldern ‚abzuhalten', sind sie vom aufwändigen Erwerb religiösen Wissens in den patriarchalen religiösen Traditionen ausgeschlossen oder zumindest darin eingeschränkt. Buddhismus und Christentum ermöglichen Frauen, die sich für eine monastische Lebensweise entscheiden, einen gewissen Zugang zu

Bildung, allerdings begrenzt, ohne Lehrerlaubnis und mit geringem Respekt versehen. Religiös gebildete Frauen spielten zwar in der Anfangsphase des Islam und in der Mystik gemäß den Quellen eine gewichtige Rolle, die Produktion religiösen Wissens wurde jedoch seit früher Zeit durch eine männliche Gelehrtentradition dominiert.

Explizit vom religiösen Wissen ausgeschlossen werden Frauen im Judentum und im klassisch-brahmanischen Hinduismus (Heller 1999). So wurden jüdische Frauen vom Studium der *Tora* „befreit", obwohl dieses nach der Zerstörung des Tempels in Jerusalem ins Zentrum jüdischen Lebens rückte und als das wichtigste aller Gebote eingestuft wurde. Das rabbinische Judentum förderte eine sozio-religiöse Kultur, in der Bildung der höchste Wert beigemessen wurde, an der Frauen aber kaum teilhaben konnten. Entsprechend einer rigiden Funktionsteilung für Frauen und Männer galt das Haus als Domäne der Frau.[7] Hauswirtschaftliche Fähigkeiten waren für die Frau charakteristisch, sie wurde aber auch darauf reduziert, wie es der folgende Ausspruch zum Ausdruck bringt: „Weisheit dem Weibe nur bei der Spindel".[8] Nach der Überlieferung wies Rabbi Eliezer mit diesen Worten die Frage einer gelehrten Frau zurück, die ihm eine Frage bezogen auf die Erzählung des Auszugs Israels aus Ägypten stellte. Die Arbeit an der Spindel war für Frauen nicht nur typisch, sondern galt als Synonym für Bildungslosigkeit.

Zum *Tora*-Studium von Frauen gab es offenbar in frührabbinischer Zeit unterschiedliche Sichtweisen, wie die Diskussion im *Talmud*-Traktat *Soṭa* zeigt. Der Traktat behandelt den Umgang mit einer Ehebruchverdächtigen. Sie soll einem Bitterwasser-Ordal ausgesetzt werden, um ihre Schuld zu prüfen. Ist sie schuldig, so wird ihr Gesicht gelb, die Augen treten hervor und die Adern schwellen ihr an. Hat sie aber ein Verdienst, kann die Wirkung bis zu drei Jahre zurückgehalten werden. Daraus folgerte Rabbi Ben Azai, dass man verpflichtet sei, seine Tochter die *Tora* zu lehren, damit sie, wenn sie trinken muss, wisse, dass das Verdienst ihr beistehe. Rabbi Eliezer hingegen vertrat die Auffassung: „Wer seine Tochter Thora lehrt, der lehrt sie Ausschweifung."[9] Mit dieser Aussage ist wahrscheinlich gemeint, dass die Kenntnis der Wirkung des Verdienstes Frauen zu einem zügellosen Sexualverhalten führen würde (Wegner 1988, 162). Dafür spricht auch der anschließende Vorwurf von Rabbi Jehoshua, dass Frauen die Befriedigung ihrer sexuellen Begierde sogar dem Reichtum vorziehen. In der weiteren Tradition setzte sich jedenfalls das Verbot des *Tora*-Studiums für Frauen durch.

---

7 Zur Identifikation von Frau und Haus siehe den Talmud-Traktat *bSchabbat* 118b, übers. v. Goldschmidt 1996, 1, 800.
8 *bJoma* 66b, übers. v. Goldschmidt 1996, 3, 181–182.
9 *Soṭa* 3, 4, übers. v. Bietenhard 1956, 71.

Die mittelalterliche Legende von der gelehrten Beruria unterstreicht exemplarisch die Ansicht, dass Bildung auf das flatterhafte Wesen der Frau keinen Einfluss habe. Unter den wenigen gebildeten Frauen, die im *Talmud* erwähnt werden, nimmt Beruria die prominenteste Stellung ein. In der Tradition gilt sie als Tochter des Rabbi Hananyah ben Teradyon und als Frau des berühmten Rabbi Meir. Sie soll im 2. Jahrhundert n. chr. Z. in Palästina gelebt haben. Die Quellen attestieren ihr ein beträchtliches Maß an formeller rabbinischer Ausbildung und Gelehrsamkeit, die die Exegese und Interpretation biblischer Texte umfasste. Sowohl die historische Einordnung als auch die Familienbeziehungen Berurias sind umstritten. Nach der Legende, die das erste Mal im 11. Jahrhundert belegt ist, soll sie sich über den Ausspruch der Gelehrten lustig gemacht haben, dass Frauen flatterhaft sind (Goodblatt 1977, 220). Um sie von der Richtigkeit der Aussage zu überzeugen, wies ihr Ehemann, Rabbi Meir, einen seiner Schüler an, sie zur Untreue zu verführen. Nachdem dieser sie viele Tage bedrängt hatte, willigte sie ein. Als ihr der Sachverhalt klar wurde, erhängte sie sich.

Was Forscherinnen und Forscher aus der Beruria-Überlieferung folgern, lässt sich grob zwei unterschiedlichen Auffassungen zuordnen (Kraemer 1992, 98–99): Für die einen ist Beruria ein Beweis dafür, dass zumindest einige Frauen die *Tora* studieren konnten. Die anderen sehen in ihr nur eine Fiktion, die die Absurdität eines solchen Unternehmens aufzeigen soll. Die letztere Sichtweise entspricht jedenfalls der mittelalterlichen Einschätzung von Beruria, die in ihr eine Warnung und einen Beweis für die Gefahren sieht, die (auch) von einer gelehrten Frau ausgehen. So lässt sich der Ausschluss von der religiösen Bildung rechtfertigen, der dazu führte, dass die unwissenden Frauen bis weit ins 20. Jahrhundert im Kult nicht vollberechtigt waren; in der Orthodoxie ist das bis heute der Fall.

Auch im klassisch-brahmanischen Hinduismus ist Frauen der Zugang zum religiösen Wissen versperrt (Heller 2021, 310–314), erst seit dem 20. Jahrhundert sind Veränderungen zu beobachten (Narayanan 2005). Das religiöse Wissen ist im *Veda* (abgeleitet von skt. *vid,* „wissen"), der ältesten Quelle der späteren hinduistischen Traditionen enthalten. Die Knaben der drei oberen Gesellschaftsschichten sollten im Alter zwischen sieben und zwölf Jahren mit der Zeremonie des *upanayana* zum *Veda*-Studium aufgenommen werden. Mit diesem Ritus wurden die Knaben in die Gemeinschaft, in das *Veda*-Studium und in die Praxis des täglichen Feueropfers initiiert. In dieser sogenannten zweiten, wahrhaften Geburt erhielten sie eine neue Identität. Erst die Geburt aus dem *Veda*, dem heiligen Wissen, erschuf das volle Mitglied der Gesellschaft. In der vedischen Zeit wurde die religiöse Initiation zumindest teilweise auch für Mädchen durchgeführt und vereinzelt werden auch gebildete religiöse Frauen namentlich erwähnt. Darüber hinaus beweist die Existenz der Begriffe *ācāryā* und *upādhyāyā,* mit der Bedeutung „Lehrerin", dass die alten Grammatiker mit der Existenz gebildeter Frauen offenbar vertraut waren.[10] Im Zusammenhang mit einem Ritus für den, der sich einen Sohn wünscht, der die drei *Veden* beherrscht, ist auch ein Ritus belegt für den, der sich eine gebildete (skt. *paṇḍita*) Tochter wünscht.[11] Etwa 1200 Jahre später – im 8. Jahrhundert n. chr. Z. – wird diese Bildung als Geschicklichkeit in der Hausarbeit interpretiert (Leslie 1983, 97), obwohl das Wort „Pandit" bis heute den brahmanischen Gelehrten bezeichnet.

Diese Unfähigkeit, sich eine gebildete Frau anders als eine geschickte Hausfrau vorzustellen, setzt einen Prozess voraus, der sich ansatzweise in den Texten spiegelt. Bereits in frühen vedischen Texten findet sich die Formulierung: „Die Gattin ist das Haus"[12]. Die häusliche Orientierung der Frau war hier bereits das vorherrschende Rollenmodell, auch wenn einigen Frauen andere Möglichkeiten offenstanden. Zum generellen Ausschluss von Frauen vom *Veda*-Studium im klassischbrahmanischen Hinduismus haben sowohl frauenfeindliche Stereotype (wie die Verführerin) als auch die geschlechtsspezifische Funktionalisierung beigetragen. Für Hindu-Frauen stellt das Studium der heiligen Schriften nach der klassischbrahmanischen Tradition kein religiöses Verdienst dar, weil ihre Religion im Dienst am Ehemann besteht. An die Stelle der Initiation, die alle Knaben – mit Ausnahme der untersten sozialen Klasse – zum Schriftstudium berechtigte, trat für Mädchen das Hochzeitsritual. Aus dieser Perspektive sind Frauen keine vollwertigen Mitglieder der Hindu-Gesellschaft; ihre Unwissenheit macht sie rituell inkompetent und unfähig zum eigenständigen Vollzug der vedischen Opferriten. Die theoretische Auseinandersetzung um die Beteiligung der Frau am Opfer wird in der Ritualwissenschaft etwa 500 Jahre n. chr. Z. mit den Worten kommentiert: „Die Frau ist dem Mann nicht gleich. Der Opferer ist ein Mann und wissend, seine Gattin eine Frau und unwissend [skt. *āvidya*, B. H.]."[13]

Das Verbot des *Veda*-Studiums verhinderte Frauenbildung. Der Wissensmangel wurde aber in weiterer Folge als weiblicher Makel betrachtet, aus dem eine religiöse Minderwertigkeit von Frauen abgeleitet wurde. Nach Auffassung der *Manusmṛti*, der die größte Bedeutung unter den normativen Texten der klassisch-brahmanischen Tradition zukommt, sind Riten für Frauen ohne die heiligen vedischen Mantras („Verse") zu vollziehen (*Manusmṛti* 9, 18). Frauen werden in ritueller Hinsicht mit Śūdras, der untersten Gesellschaftsschicht, gleichgestellt. Die Frau verkörpert Unwissenheit (skt. *āvidya*) und Verblendung.

Das männliche Monopol auf Wissen hat in vielen Religionen zu einem minderwertigen religiösen Status von Frauen geführt. Aus dem faktischen Bildungs-

---

10 Siehe Böthlingk und Roth 1990, 606 und 987 mit Quellenverweisen.
11 *Bṛhadāraṇyaka-Upaniṣad* 6, 4, 17, übers. v. Rump 2013, 191.
12 *Ṛg-Veda* 3, 53, 4, übers. v. Geldner 2003, 393.
13 *Śabara-Bhāṣya*, übers. v. Jha 1973, 993.

verbot resultierte ein geringer Bildungsstand, der Frauen den Makel der Unwissenheit und Minderwertigkeit eintrug. Unwissenheit wurde letztendlich als eine weibliche Charakterschwäche festgeschrieben, die wiederum den Ausschluss vom religiösen Wissen und andere Diskriminierungen rechtfertigte. Rollen mit religiöser Autorität und Leitungsfunktionen, aber auch die Vollberechtigung im Kult sowie die Produktion der autoritativen Texttradition waren damit automatisch Männern vorbehalten. Verbote oder Einschränkungen für den Erwerb religiösen Wissens haben die Stimmen der Frauen zum Schweigen gebracht und wesentlich zu ihrer Marginalisierung beigetragen.

Das Stereotyp von der unwissenden Frau steht allerdings merkwürdig unvermittelt und geradezu konträr neben den zahlreichen weiblich personifizierten göttlichen Gestalten des Wissens und der Weisheit. Beispielsweise wird die hinduistische Göttin Sarasvatī als „Kraft des Wissens" bezeichnet. Sie ist die Quelle und Beschützerin der Künste und Wissenschaften, vermittelt aber auch die spirituelle Weisheit, die aus der Welt der Unwissenheit befreit. Auch im tibetischen Buddhismus zeigt sich die Weisheit in weiblichen göttlichen Symbolgestalten. Die jüdisch-christliche Tradition preist „Frau Weisheit" als Schwester, Freundin, Braut und geliebtes Kind Gottes. Im Mittelalter knüpfen mystische Traditionen im Judentum und im Christentum an diese Vorstellung an und betrachten sie als weibliches göttliches Prinzip, das integraler Bestandteil des Gottesbildes ist. Dieser Widerspruch zeigt sehr deutlich, dass die Wertschätzung des weiblichen Geschlechts auf der religiösen Symbolebene im Gegensatz zur Einstellung und zum Status von Frauen in der sozialen Wirklichkeit stehen kann. Die wenigen, aber deutlichen Quellen zu weiblicher Gelehrsamkeit und Weisheit[14] wurden in der männlich dominierten Religions- und Theologiegeschichte an den Rand gedrängt bzw. auf die Ebene mythischer Weiblichkeit reduziert.

## Das Stereotyp vom ‚weibischen' Mann

Das Phänomen des Geschlechtswechsels ist in vielen Kulturen – historisch und aktuell – belegt. Der Wechsel des Geschlechts bezieht sich zum einen auf die äußere Erscheinung mit körperlichen Veränderungen (etwa Kastration) sowie ohne körperliche Veränderungen (etwa Transvestitismus/Crossdressing) und zum anderen auf die soziale Geschlechterrolle und das entsprechende Verhalten. Die zahlreichen Beispiele von anatomisch weiblichen Menschen, die einen Wechsel zum männlichen Geschlecht vollzogen haben (in älterer Terminologie: F-T-M, *female to male*,

---

14 Vgl. dazu die diversen Beispiele in den religionsgeschichtlichen Beiträgen.

heute eher Transmänner),[15] haben in den jeweiligen Kulturen, aber auch in der einschlägigen Forschung meist weniger Aufmerksamkeit erhalten als die umgekehrte Bewegung. Daher scheinen Transformationen eines anatomisch männlichen Menschen in Richtung des weiblich definierten Geschlechts (M-T-F, *male to female* bzw. heute Transfrauen) zu überwiegen (Nanda 2000, 7 f.). Es ist unklar, ob das sichtbare Übergewicht des Geschlechtswechsels von ‚männlich' zu ‚weiblich' nur eine Frage verzerrter (androzentrischer) Wahrnehmung ist, oder ob dieses Ungleichgewicht auch andere Erklärungen erfordert.

Prinzipiell gibt es einen gravierenden Unterschied zwischen den beiden Versionen: Während Frauen, die zu Männern werden, in männerdominierten Gesellschaften die Privilegien der männlichen Geschlechterrolle erlangen können, verlieren Männer, die zu Frauen werden, ihren höherwertigen Status. Das Motiv von der ‚männlichen' Frau taucht in vielen religiösen Traditionen in zwei Varianten auf: Zum einen als Zuschreibung von außen, die eine besondere Wertschätzung für die hervorragende Spiritualität einer Person ausdrückt, die deshalb dem Wesen nach nur ein Mann sein kann; zum anderen als bewusste Annahme einer männlichen Identität, um die Grenzen der weiblichen Geschlechterrolle überschreiten zu können.[16] Im Gegensatz dazu können Transfrauen zwar religiös bedeutsam sein, weil ihnen besondere Kräfte zugesprochen werden, allerdings sind sie gleichzeitig oft gefürchtet und sozial verachtet.[17] Der ‚weibische' Mann bedroht das Bild patriarchaler Männlichkeit, weil er sich in der Geschlechterhierarchie nach unten begibt und sich selbst erniedrigt. Vermutlich ist das auch einer der maßgeblichen Gründe, warum im Kontext homosexueller Beziehungen jener Partner, der die passive, stereotypisch weibliche Rolle einnimmt, vielfach mehr verachtet wird bzw. warum Homosexualität zwischen Männern etwa in der Geschichte der patriarchal geprägten abrahamitischen Religionen weitaus drastischer sanktioniert wird. Abweichungen von der normativen Männlichkeit – und in geringerem Ausmaß auch von der normativen Weiblichkeit – werden in den großen Religionen der Gegenwart entweder generell abgelehnt und bestraft oder zwar nicht geschätzt, aber zumindest toleriert und auch mit eigenen Begriffen erfasst.

---

15 Für Beispiele aus verschiedenen Kulturen siehe Shaw 2005, 6–11.
16 Für Beispiele aus der frühen christlichen Kirche siehe Torjesen 1996, für den hinduistischen und buddhistischen Kontext siehe Humes 1996.
17 Vom Geschlechtswechsel innerhalb eines binären Geschlechtersystems unterscheidet sich die in indigenen Kulturen belegte Geschlechtervielfalt, vgl. dazu den Beitrag von Sabine Lang in diesem Band. Obwohl beispielsweise auch im alten Indien das Konzept eines ‚dritten' Geschlechts verankert war, wurden und werden Personen, die dieser Kategorie zugezählt werden, verachtet. Anders als in den erwähnten indigenen Kulturen ist in Indien Heterosexualität in Kombination mit dem binären Geschlechtersystem die erwünschte Norm.

Das Thema Transsexualität/Transgender ist nicht erst in jüngster Zeit Gegenstand einer breiten gesellschaftlichen Diskussion geworden. In den jüdisch-rabbinischen Quellen finden sich ausführliche Beschreibungen und Vorschriften für Menschen mit Auffälligkeiten, die sich auf ihr Geschlecht beziehen. Als Begriffe werden erwähnt: *androgynous, tumtum, saris,'ajlonit*, wobei nur bei der letztgenannten Bezeichnung ein explizit weibliches Ausgangsgeschlecht angenommen wird. Im Vordergrund steht hier die eindeutige Zuordnung in die Kategorie männlich oder weiblich, um die damit verbundenen spezifischen gesetzlichen Vorschriften zu identifizieren. So wird der sogenannte *saris* (meist übersetzt mit „Eunuch") zwar als eine Person mit weiblichen Eigenschaften (etwa weibliche Stimme, bartlos, ohne Körperbehaarung) beschrieben, gilt aber als Mann (Lev 2007, 305), wenngleich als ‚beschädigter', abnormaler Mann, der sexuell dysfunktional ist und sich nicht fortpflanzen kann. Abweichungen von der ‚normalen' Männlichkeit werden primär mit femininen körperlichen Merkmalen, nicht mit femininen Charakterzügen verknüpft. Was den Umgang mit Personen anbelangt, die aufgrund ihrer genitalen Ausstattung weder als Mann noch als Frau eingestuft werden können (genannt *androgynous* oder *tumtum*), so ist auch hier das rabbinische Interesse an einer eindeutigen Klassifikation zentral, um die entsprechenden geschlechtsspezifischen Verpflichtungen zu klären. Zu diesem Vorgang der Vereindeutigung des Geschlechts existieren drei Auffassungen: Die Festlegung auf das männliche Geschlecht wird empfohlen; das männliche Geschlecht wird bevorzugt, aber es ist erlaubt, das weibliche Geschlecht zu fixieren; die Festlegung auf das weibliche Geschlecht ist verboten (Cohen 1999).

Eine besondere Aufmerksamkeit für Geschlechtsabweichungen lässt sich in hinduistischen und buddhistischen Traditionen feststellen. In Indien existieren bereits seit 3000 Jahren Begriffe, die die Abweichung von der normativen männlichen Rolle in verschiedener Hinsicht definieren: als Abweichung von der jeweils normativ männlichen Anatomie oder mentaler Verfassung, sexueller Orientierung oder des sozialen Verhaltens. Die Vorstellung sexueller Zweideutigkeit ist bereits in Texten der vedischen Zeit belegt und wurde in den ersten Jahrhunderten n. chr. Z. zum Konzept des *tṛtīyā prakṛti* weiterentwickelt, eines „dritten Geschlechts", das neben dem männlichen und dem weiblichen Geschlecht existiert (Syed 2003). Nach der altindischen medizinischen Theorie handelt es sich um ein natürliches Phänomen, das bereits zum Zeitpunkt der Zeugung festgelegt wird. Es wird mit dem Mischungsverhältnis der elterlichen Zeugungssubstanzen oder ihrer minderwertigen Qualität erklärt oder aber auf das Fehlverhalten der Eltern beim Geschlechtsverkehr zurückgeführt: Wenn der Mann mit seiner Ehefrau als ‚Frau' verkehrt – er nimmt die weibliche Position ein und liegt unten, während sie oben liegt –, dann entsteht ein anatomisch männliches Kind mit weiblicher Gestik und Gestalt (Syed 2003, 75).

Es existieren verschiedene, synonym verwendete Bezeichnungen für Angehörige des sogenannten dritten Geschlechts. Auch wenn für sie unter anderem der Begriff *napuṃsaka,* „weder männlich noch weiblich" verwendet wurde, wurden sie fast immer als defekte Männer betrachtet. Zum dritten Geschlecht zählten überwiegend anatomisch männliche Menschen, deren Geschlechtsorgane als unvollkommen galten, die weibliche Kleidung, Schmuck und Frisur trugen, feminines Verhalten imitierten, nicht heirateten und keine Nachkommen zeugten. Sie wurden durch die indische Geschichte hindurch als feige, weibisch und schwach angesehen und als impotente Männer verachtet – bei Aufzählungen werden sie häufig zusammen mit körperlich und geistig behinderten Menschen genannt. Besonders aussagekräftig ist der Sanskrit-Terminus *klība,* zusammengehörig mit *klaibya,* Schwäche, die als angeborene Eigenschaft des weiblichen Geschlechts gilt (Syed 2003, 85). Der Begriff *klība* bezeichnet einen unmännlichen, also weibischen Schwächling und inkludiert die damit verbundenen Zuschreibungen von Feigheit und Dummheit. Diese Menschen wurden als unrein betrachtet und daher von Opfern und Ritualen ausgeschlossen. Erbrechtlich wurden sie – genauso wie psychisch erkrankte und körperlich oder kognitiv beeinträchtigte Menschen - mit kriminellen Personen gleichgesetzt. Für ihre Existenz werden in der religiösen Literatur verschiedene Gründe angegeben, darunter die Ansicht, dass sexuelle Vergehen oder Gewaltanwendung in einem vergangenen Leben mit dem Verlust der Männlichkeit und damit der Nachkommenschaft im Rahmen einer folgenden Wiedergeburt bestraft werden (Syed 2003, 95–96).

Die verschiedenen Gemeinschaften, die heute zur Kategorie des dritten Geschlechts gezählt werden, sind mit ähnlichen Stereotypen und Vorurteilen wie in der altindischen Zeit konfrontiert. So werden etwa den Hijras zwar spirituelle Kräfte zugeschrieben, aber dennoch fristen sie ihr Dasein verachtet am Rand der Gesellschaft. Das Selbstverständnis zeitgenössischer Hijras folgt dem traditionellen indischen Konzept vom dritten Geschlecht, das dem binären Modell von Geschlecht widerspricht. Hijras verstehen sich nicht als Männer, die versuchen eine Frau zu sein, sondern als ein eigenständiges (drittes) Geschlecht (Syed 2016).

Im Gegensatz dazu tauchen im Rahmen der hinduistischen *Bhakti*-Bewegungen[18] Gruppierungen auf, die mit Transgender-Phänomenen im Rahmen der Geschlechterbinarität verknüpft sind. Generell nehmen männliche Verehrer des Gottes Kṛṣṇa die traditionell weibliche Geschlechterrolle an. Sie setzen sich zu der männlich personifizierten Gottheit in der Rolle der hingebungsvollen weiblichen Geliebten bzw. Braut in Beziehung. Ihr mythologisches Vorbild ist Rādhā, die bevorzugte Geliebte Kṛṣṇas, die selbst als Göttin verehrt wird. Überwiegend handelt es

---

18 Für *Bhakti*-Bewegungen ist die liebende Hingabe an eine personale Gottheit zentral.

sich bei der Übernahme der weiblichen Rolle um ein rein spirituelles Verständnis, das voraussetzt, dass die gefühlvolle Hingabe eine wesentliche Qualität des weiblichen Geschlechts darstellt. Es finden sich aber auch kleinere Gemeinschaften, wie die sogenannten Sakhībhāvas, die im 17. und 18. Jahrhundert zahlreicher gewesen sein sollen und heute nur mehr selten anzutreffen sind. Die Sakhībhāvas verstehen sich als Freundinnen Rādhās, der sie dienen. Sie interpretieren ihre weibliche Rolle nicht nur als spirituellen Modus, sondern drücken sie in Kleidung, äußerem Erscheinungsbild und Verhalten aus. Es wird ihnen nachgesagt, dass sie den Prozess der Menstruation imitieren und sich teilweise auch der Kastration unterziehen (Bhava 2012, 73). Es gibt kaum Forschung über die Sakhībhāvas; gelegentlich wird darauf hingewiesen, dass sie in der indischen Gesellschaft kein hohes Ansehen genießen, was angesichts der Stellung der Hijras sehr wahrscheinlich ist.

In den buddhistischen Quellen spielt das Phänomen der Geschlechtsabweichung vor allem im Rahmen der Ordensregeln eine größere Rolle. Als Standard-Kategorie für eine Person mit Anomalien betreffend die Geschlechtsorgane oder das Sexualverhalten, wird der Begriff *paṇḍaka* verwendet (Zwilling 1992; Gyatso 2003). In diversen Listen werden sowohl weibliche als auch männliche *paṇḍakas* beschrieben, die aufgrund ihrer Defekte von der Ordination in den buddhistischen Orden ausgeschlossen sind. Im Fokus der Aufmerksamkeit stehen allerdings jene Personen, die vom männlichen Geschlecht und von der normativen männlichen Geschlechterrolle abweichen. Was sie so inakzeptabel und verwerflich macht, sind die ihnen zugeschriebenen Charakterzüge: voller schmutziger Leidenschaften; beherrscht von ihrer Libido und dem Verlangen nach Liebhabern wie Prostituierte; ohne Sinn für Scham. Auf diese Weise rückt der *paṇḍaka* in die Nähe der stereotypen schlechten Frau (Zwilling 1992, 205). Die sexuelle Instabilität des *paṇḍaka* macht ihn zu einem Spiegel monastischer Fantasien über Frauen. Die den Frauen vorgeworfene fehlende sexuelle Kontrolle und Schwäche, die auch den *paṇḍaka* charakterisiert, lässt ihn zu einer Karikatur weiblicher Unzulänglichkeit werden (Gyatso 2003, 111–114).

# Literatur

Arnold, Patrick M. 1994. *Männliche Spiritualität. Der Weg zur Stärke.* München: Kösel.
Der Babylonische Talmud, 12 Bde., übers. v. Lazarus Goldschmidt. 1996 [1929–1936]. 4. Aufl. Darmstadt: Wissenschaftliche Buchgesellschaft.
Bhava, Sakhi. 2012. *Transgender Spirituality. Man into Goddess.* North Charleston/SC: CreateSpace Independent Publishing Platform.
*Die Bibel. Altes und Neues Testament. Einheitsübersetzung*, hg. im Auftrag der Bischöfe Deutschlands. 2016. Freiburg/B. u. a.: Herder.

Böthlingk, Otto und Rudolph Roth. 1990 [1855–1875]. *Sanskrit-Wörterbuch 1. Die Vocale*, hg. v. der Kaiserlichen Akademie der Wissenschaften. Delhi: Motilal Banarsidass.

Br̥hadāraṇyaka-Upaniṣad: *Upanishaden 4. Brihad-aranyaka-upanishad*, übers. v. Kabita Rump. 2013. Münster: LIT Verlag.

Burkert, Walter. 2013 [1972]. *Homo necans. Interpretationen altgriechischer Opferriten und Mythen*. 2. um ein Nachw. erw. Aufl. Berlin u. a.: De Gruyter.

Cohen, Alfred. 1999. „Tumtum and Androgynous." In *Journal of Halacha & Contemporary Society* 37. http://www.daat.ac.il/daat/english/journal/cohen-1.htm [07.12.2022].

Falk, Nancy Auer. 2005. „Feminine Sacrality." In *Encyclopedia of Religion* 5, hg. v. Lindsay Jones, 3014–3023. 2. Aufl. Detroit/MI u. a.: Macmillan Reference USA. An Imprint of Thomson Gale.

Faure, Bernard. 2003. *The Power of Denial. Buddhism, Purity, and Gender*. Buddhisms: A Princeton University Press Series 9. Princeton/NJ u. a.: Princeton University Press.

Goodblatt, David. 1977. „The Beruriah Traditions." In *Persons and Institutions in Early Rabbinic Judaism*, hg. v. William S. Green, 207–235. Missoula/MT: Scholars Press.

Gyatso, Janet. 2003. „One Plus One Makes Three: Buddhist Gender, Monasticism, and the Law of the Non-Excluded Middle." In *History of Religions* 43, 89–115.

Heller, Birgit. 1999. „,Der Frauen Weisheit ist nur bei der Spindel.' Zur Geschichte weiblicher Interpretationskompetenz im Hinduismus und Judentum." In *Zeitschrift für Religions- und Geistesgeschichte* 51, 289–300.

Heller, Birgit. 2021. „Wissen, Weisheit und Geschlecht. Ambivalente Geschlechtskonstruktionen in Hindu-Religionen." In *Handbuch Gender und Religion*, hg. v. Anna-Katharina Höpflinger, Ann Jeffers und Daria Pezzoli-Olgiati, 307–325. 2. überarb. und erw. Aufl. Göttingen: Vandenhoeck & Ruprecht.

Humes, Cynthia. 1996. „Becoming Male. Salvation through Gender Modification in Hinduism and Buddhism." In *Gender Reversals and Gender Cultures. Anthropological and Historical Perspectives*, hg. v. Sabrina Petra Ramet, 123–137. London; New York: Routledge.

Jensen, Anne. 2002. *Frauen im frühen Christentum*. Bern u. a.: Lang.

Klaiman, M. H. 2005. „Masculine Sacrality." In *Encyclopedia of Religion* 9, hg. v. Lindsay Jones, 5758–5763. 2. Aufl. Detroit/MI u. a.: Macmillan Reference USA. An Imprint of Thomson Gale.

*Der Koran*. 2011, übers. v. Adel Theodor Khoury unter Mitwirkung v. Muhammad Salim Abdullah. 5. Aufl. Gütersloh: Gütersloher Verlagshaus.

Kraemer, Ross Shephard. 1992. *Her Share of the Blessings. Women's Religions among Pagans, Jews, and Christians in the Greco-Roman World*. Oxford; New York/NY: Oxford University Press.

Kramer, Heinrich (Institoris). *Der Hexenhammer. Malleus Maleficarum*, hg. v. Behringer, Wolfgang und Günter Jerouschek. 2000. Kommentierte Neuübersetzung. München: Deutscher Taschenbuch Verlag.

Kvam, Kristen E., Linda S. Schearing und Valarie H. Ziegler. 1999. *Eve and Adam. Jewish, Christian, and Muslim Readings on Genesis and Gender*. Bloomington/IN: Indiana University Press.

*Lalitavistara: Die Legende vom Leben des Buddha*, übers. v. Ernst Waldschmidt. 1982 [1929]. Graz: Verlag für Sammler.

Leslie, Julia. 1983. „Essence and Existence. Women and Religion in Ancient Indian Texts." In *Women's Religious Experience*, hg. v. Pat Holden, 89–112. Totowa/NJ: Barns and Noble Books.

Lev, Sarra. 2007. „How the Aylonit Got Her Sex." In *AJS Review. The Journal of the Association for Jewish Studies* 31, 297–316.

*Manusmr̥ti. Manus Gesetzbuch*, übers. und hg. v. Axel Michaels unter Mitarbeit v. Anand Mishra. 2010. Berlin: Verlag der Weltreligionen im Insel Verlag.

Meyer, Johann Jakob. 1915. *Das Weib im altindischen Epos. Ein Beitrag zur indischen und vergleichenden Kulturgeschichte.* Leipzig: Heims.
Nanda, Serena. 2000. *Gender Diversity. Crosscultural Variations.* Prospect Heights/IL: Waveland Press.
Narayanan, Vasudha. 2005. „Gender and Priesthood in Hindu Traditions." In *Journal of Hindu Christian Studies* 18, 22–31. https://doi.org/10.7825/2164-6279.1341 [22. 01. 2023].
Paul, Diane Y. 1979. *Women in Buddhism. Images of the Feminine in Mahāyāna Tradition.* Berkeley/CA: Asian Humanities Press.
Ṛg-Veda: *Der Rig-Veda*, übers. v. Karl F. Geldner. 2003 [1852–1929]. Harvard Oriental Series 33. Cambridge/MA u. a.: Harvard University Press.
Rohr, Richard. 2006. *Vom wilden Mann zum weisen Mann* (= *From Wild Man to Wise Man*, 2005). München: Claudius.
Shaw, Alison und Shirley Ardener. 2005. *Changing Sex and Bending Gender.* New York/NY: Berghahn Books.
*Śabara-Bhāṣya*, übers. v. Ganganatha Jha. 1973. Baroda: Oriental Institute.
Sholem, Gershom und Susannah Heschel. 2007. „Lilith." In *Encyclopaedia Judaica* 13, hg. v. Michael Berenbaum und Fred Skolnik, 17–20. 2. Aufl. Detroit/MI: Macmillan Reference USA. An Imprint of Thomson Gale.
Smith, Brian K. 1986. „Ritual, Knowledge and Being. Initiation and Veda Study in Ancient India." In *Numen* 33, 65–89.
*Soṭa: Die Mischna 3. Seder: Naschim 6. Traktat: Soṭa* (*Die des Ehebruchs Verdächtige*), übers. v. Hans Bietenhard. 1956. Berlin u. a.: De Gruyter.
Spellberg, Denise A. 1996. „Writing the Unwritten Life of the Islamic Eve: Menstruation and the Demonization of Motherhood." In *International Journal of Middle East Studies* 28, 305–24.
Syed, Renate. 2003. „Tṛtīyā prakṛti. Das ‚Dritte Geschlecht' im Alten Indien." In *Asiatische Studien – Études Asiatiques: Zeitschrift der Schweizerischen Asiengesellschaft – Revue de la Société Suisse-Asie* 57, 63–120.
Syed, Renate. 2016. „Hijrās. India's Third Gender, or, Why Hijrās Are Not Transgender, but Cisgender." *Transsexualität in Theologie und Neurowissenschaften: Ergebnisse, Kontroversen, Perspektiven*, hg. v. Gerhard Schreiber, 233–244. Berlin u. a.: De Gruyter.
Torjesen, Karen. 1996. „Martyrs, Ascetics and Gnostics. Gender-Crossing in Early Christianity." In *Gender Reversals and Gender Cultures. Anthropological and Historical Perspectives*, hg. v. Sabrina Petra Ramet, 79–91. London; New York/NY: Routledge.
Wegner, Judith R. 1988. *Chattel or Person? The Status of Women in the Mishnah.* New York/NY u. a.: Oxford University Press.
Zwilling, Leonard. 1992. „Homosexuality As Seen in Indian Buddhist Texts." In *Buddhism, Sexuality and Gender*, hg. v. José Ignacio Cabezon, 203–214. Albany/NY: SUNY Press.

# Weiterführende Literatur

Gerster, Daniel und Michael Krüggeler. 2018. *God's Own Gender? Masculinities in World Religions.* Religion in der Gesellschaft 44. Baden-Baden: Ergon Verlag.
Hansen, Thomas Blom. 2009. „In Search of God's Hand: On Masculinity and Religion." In *Pieties and Gender*, hg. v. Lene Sjørup und Hilda Rømer Christensen, 124–142. Leiden; Boston: Brill.

Kloppenborg, Ria und Wouter J. Hanegraaff, Hg. 1995. *Female Stereotypes in Religious Traditions.* Leiden: Brill.

Birgit Heller und Edith Franke
# III.3 Körper

## 1 *Embodied Religion* und Geschlecht

Die Auffassung, dass Körperbilder auch ein Produkt von Religion sind und dass sich Religion ganz wesentlich über Körper ausdrückt, geht auf Mary Douglas zurück und ist Grundlage vieler zeitgenössischer Analysen der komplexen Beziehungen zwischen Religion, Körper und Geschlecht (unter anderem Coakley 1997; von Braun 1999; Höpflinger 2014). Für die menschliche Existenz ist der Körper unabdingbar: Er ist Medium der sozialen Interaktion und Kommunikation sowie Voraussetzung für die individuelle Wahrnehmung der Welt. Entsprechend ist er auch das Medium der religiösen Kommunikation, der Interaktion in der religiösen Gemeinschaft und Basis für die Relation von Menschen zum Göttlichen (Jonveaux 2014, 214). In der religiösen Praxis verkörpern sich religiöse Vorstellungen und damit auch die Beziehungen zwischen Menschen und Transzendenz (Coakley 1997, 8; ähnlich auch von Braun 1999; Greenberg 2018, xxiv). Der Begriff der *embodied religion* drückt diese enge Verflechtung von Körper und Religion aus und legt das Augenmerk darauf, dass religiöse Vorstellungen und Glaubenslehren sich unvermeidlich auch körperlich einschreiben.

Der Körper ist die Basis für das Erleben intensiver Gefühle – von Lust und Ekstase, aber auch von Schmerz und Trauer. Unauflöslich mit dem Körper und Körperpraktiken verbunden sind auch die Erfahrungen von sexueller Verschmelzung, von der Geburt neuen Lebens sowie von Krankheit, Altern und Tod. Insbesondere die Erfahrung der menschlichen Sterblichkeit machen den Körper zum zentralen Ort, an dem religiöse Heilsbotschaften ansetzen (von Braun 1999, 236).

Vor allem die differenzierenden Betrachtungsweisen von Kulturanthropologie und Geschlechterforschung haben deutlich gemacht, dass der Körper nicht im Sinn eines biologischen Substrats aufgefasst werden kann, das der Kultur voraus liegt und von ihr klar unterscheidbar ist. Es ist evident, dass der Körper selbst von der Kultur geformt wird.[1] Das betrifft etwa das Aussehen und Gewicht, die Art der Bewegung, das Erleben und Verhalten. All dies ist in sämtlichen Kulturen in zahlreichen Varianten, aber auch in vielen analogen Mustern sozial konstruiert und darüber hinaus geschlechtsspezifisch geprägt. Durch die jüngeren Debatten und Studien zu Transsexualität, Transgender und multiplen Geschlechtsidentitäten wurde das klassische Konzept der Geschlechterbinarität unhaltbar. Bei allem Be-

---

[1] Mit Bezug auf Bourdieu und Foucault z. B. Jonveaux 2014, 214.

Open Access. © 2024 bei den Autorinnen und Autoren, publiziert von De Gruyter. Dieses Werk ist lizenziert unter einer Creative Commons Namensnennung – Nicht kommerziell – Keine Bearbeitung 4.0 International Lizenz. https://doi.org/10.1515/9783110697407-043

mühen um Komplexität und Differenziertheit weichen die aktuellen Positionen zum Körper, aber auch zur Bedeutung des männlichen und weiblichen Geschlechts stark voneinander ab. Einerseits erscheinen der Körper und insbesondere seine sexuellen Dimensionen im Gefolge des radikalen Konstruktivismus als vernachlässigbare Größe. Andererseits betonen kritische Stimmen die Realität des Körpers (*corporeality*), des somatischen Erlebens bzw. *embodiment* als Bezugskategorie variabler sozialer Konstruktionen (Duden 2010, 608–612; Connell 2021, 47–51). De facto bilden weibliche und männliche Körper, ihre verschiedenen Funktionen und damit verbundene Zuweisungen von religiösen Rollen und Normen auch im Hinblick auf die Vielfalt von Geschlechterkonzeptionen einen bleibenden Referenzrahmen und durchziehen weite Teile der Religionsgeschichte sowie religiöse Konzepte und theologische Vorstellungen zum Verhältnis von Körper und Geschlecht.

## 2 Religiöse Ambivalenz gegenüber dem Körper

Der Körper ist das zentrale Medium spiritueller Erfahrung. Körper können als Orte verstanden werden, an denen das Göttliche präsent ist, beispielsweise im Modus von Besessenheit durch eine Gottheit in zahlreichen indigenen Traditionen oder durch Manifestation einer Gottheit in menschlicher Gestalt, etwa dem altägyptischen Pharao oder in der christlichen Vorstellung der Inkarnation. Körper können aber ebenso als Hindernis für religiöse Vervollkommnung und als Gegenpol zu einem (entkörperlichten) Status der Erleuchtung aufgefasst werden (Greenberg 2018, xxiv). So wird der Körper zum Ausgangspunkt für religiöse Praktiken und Vorstellungen, die ihn regulieren, kontrollieren, sanktionieren und – wie beispielsweise in der Askese – seine vollkommene Beherrschung bis hin zu seiner Auflösung anstreben. Seltener sind religiöse Körperpraktiken mit einem positiven Bezug auf den Körper und das Erleben von Sexualität und Lust verbunden. In Ansätzen lässt sich dies in tantrischen Praktiken, in der mystischen Literatur mit ihrer Sprache von der Erfahrung des Göttlichen in Bildern und Begriffen sexueller Lust oder in kultischen Feiern der körperlichen Vereinigung erkennen.[2]

Die ambivalente und oft negative Haltung zu Körperlichkeit zeigt sich deutlich im Umgang mit dem weiblichen Körper und den mit ihm verbundenen religiösen Ideen. Mit seiner Potenz, Leben zu schenken und damit Ort der Hervorbringung neuen Lebens bis hin zur Geburt von Gottheiten zu werden, gilt er als mächtig und verheißungsvoll in Hinblick auf die Bewahrung und Fortführung der sozialen und religiösen Gemeinschaft. Dies spiegelt sich teilweise in Symbolisierungen von

---

[2] Siehe dazu Kap. III.4.

Transzendenz in weiblicher Gestalt. Vorstellungen von der Manifestation bzw. rituellen Präsenz einer Gottheit – oft handelt es sich um Göttinnen – in weiblichen Körpern beziehen sich hingegen nicht nur auf die weiblich konnotierte Hervorbringung von Leben, sondern begründen Heilkräfte und religiöse Macht von Frauen (Erndl 2007). Ein herausragendes Beispiel für die Bedeutung des weiblichen Körpers als Quelle der Gotteserfahrung bietet das christliche Mittelalter, indem die körperlichen Erfahrungen von Frauen als Vereinigung mit Gott verstanden wurden (Bynum 1996, 199–201). Zugleich werden die Fragilität und Vergänglichkeit der menschlichen Existenz häufig gerade am weiblichen Körper festgemacht: Menstruation, Schwangerschaft und Geburt repräsentieren das endliche, nicht das ewige Leben; daher werden weibliche Körper abgewertet und oft strengeren religiösen Disziplinierungen, Regulierungen und Sanktionierungen unterworfen als männliche Körper.

Die ambivalente Haltung zum Körper spiegelt sich in vielen religiösen Konzepten, indem Körper und Geist, individueller sterblicher Körper und ewiger göttlicher Geist, einander entgegengesetzt werden. In dieser Gegenüberstellung wird der Körper sehr oft mit Weiblichkeit und der Geist mit Männlichkeit identifiziert. Religiöse Erlösungslehren, die auf einer Körper-Geist-Dichotomie basieren, richten sich auf die Überwindung von Sterblichkeit (= individuelle Körperlichkeit). Ziel ist ein körperloses Sein, beispielsweise im Sinn einer Teilhabe an einem ewigen, geistigen, kosmischen Prinzip (wie die hinduistische Vorstellung einer Einheit mit *brahman*) oder einer Verschmelzung mit Gott (in vielen mystischen Traditionen) oder eines Zustandes, der die Auflösung aller Bindungen an die irdische Realität voraussetzt (wie das buddhistische *nirvāṇa/nibbāna*). In solchen Konzepten geht es dann sowohl um die Beherrschung und Überwindung von Körperlichkeit als auch um die Kontrolle und Distinktion von Weiblichkeit, weiblichen Körpern und Frauen. Rituale und Praktiken sind in asketischen religiösen Traditionen – wie im christlichen oder buddhistischen Mönchswesen – auf die Regulierung und Disziplinierung von körperlichen, insbesondere sexuellen Strebungen ausgerichtet und zielen letztlich auf eine Überwindung oder Auslöschung der Bindung an die individuelle körperliche Existenz. Teilweise intendieren religiöse Vorschriften für den Umgang mit dem Körper – etwa in den jüdischen und islamischen Traditionen – auch außerhalb asketischer Milieus (zumindest zeitweise) körperliche Disziplin zugunsten einer übergeordneten spirituellen Orientierung.

Dabei kommt es sehr häufig nicht nur zu einer Dichotomisierung, sondern auch zu einer hierarchischen Unterscheidung weiblicher und männlicher Körper: In deren Folge haben Frauen und Männer nicht den gleichen Zugang zu religiösen Ämtern oder werden in Ritualen voneinander getrennt (Höpflinger 2014, 290).

Neben religiösen Konzepten zur Überwindung des sterblichen Körpers stehen Heilsvorstellungen, die die Bedeutung der Körperlichkeit hervorheben. In Judentum, Christentum und Islam spielt die Vorstellung einer leiblichen Auferstehung für das Weiterleben nach dem Tod eine zentrale Rolle. Die traditionellen Jenseitsvorstellungen sind in diesen Religionen von der Hoffnung auf die Wiedervereinigung der unsterblichen Seele mit dem Körper geprägt. Zum Schicksal und zur Frage der genauen Ausgestaltung dieses Auferstehungsleibes gibt es jedoch viele einander widersprechende Positionen. Beispielsweise wird einerseits in den Grundtexten des Christentums betont, dass es sich nicht um einen irdischen, sondern vielmehr um einen überirdischen, geistigen Leib handle (so etwa *Erster Brief an die Korinther* 15, 44), andererseits beziehen sich theologische Diskussionen im christlichen Mittelalter ganz konkret auf Überlegungen zu einer Kontinuität des individuellen sterblichen Körpers (Bynum 1996, 226–231). In diesem Zusammenhang wird auch die Frage nach dem Geschlecht des Auferstehungsleibes gestellt. In den christlichen Überlieferungen herrscht darüber keine Einigkeit. Während im frühen Christentum häufig die engelgleiche Geschlechtslosigkeit im Reich Gottes behauptet wurde, waren sich die Theologen im 13./14. Jahrhundert einig, dass die Menschen in zwei Geschlechtern auferstehen werden (Bynum 1996, 193) – was nichts daran änderte, dass das männliche Geschlecht als die vollkommenere Version des menschlichen Körpers betrachtet wurde. Dazu passt die Ansicht, dass Frauen in das Reich Gottes eingehen können, wenn sie männlich geworden sind (Jensen 2002, 241 f.). Hingegen belegt die römisch-katholische Vorstellung von der leiblichen Aufnahme Marias in den Himmel, dass es im Himmel zumindest eine Frau gibt, die allerdings als einzige ihres Geschlechts als frei von Sünde betrachtet wird.

## 3 Geschlechtsspezifische Körperordnungen

Körper bilden religiöse Vorstellungen und Ordnungen ab und fungieren zugleich strukturierend für die Ordnung der Welt (Jonveaux 2014, 216). Religiöse Spezialist*innen haben eine hohe Deutungsmacht über den ‚richtigen' Umgang mit dem Körper und zahllose religiöse Praktiken, wie beispielsweise bestimmte Haltungen im Gebet oder beim Betreten eines sakralen Raums, führen dazu, dass sich die religiöse Sozialisation körperlich einschreibt (Jonveaux 2014, 227–229) und zu geschlechtsspezifischen Körperwahrnehmungen und Körperhaltungen führt. Christina von Braun (2002, 133) spricht von der Codierung des Körpers durch soziale und religiöse Gemeinschaften, bei der der individuelle Körper zum Spiegelbild des kollektiven Körpers wird. Dies betrifft auch ganz wesentlich das Verständnis von Geschlecht und die Geschlechterordnung. Körperlichkeit ist entscheidend für die Markierung von Zugehörigkeit zu oder auch Abgrenzung von einer religiösen Gemeinschaft und betrifft ebenso die Positionierung innerhalb einer Religion. Anna-Katharina Höpflinger (2014, 287–291) weist darauf hin, dass in den Religionen spezifische Regulierungen darauf abzielen, eine Identifikation mit der religiösen Gemeinschaft zu erreichen, sie zu repräsentieren und ebenso Hierarchien und Geschlechterordnungen herzustellen und zu legitimieren. An den theologischen Debatten um *Das Buch Genesis* 2 und der daraus folgenden Interpretation der Sündhaftigkeit und Inferiorität des weiblichen Körpers werde zudem erkennbar, dass Geschlechterkonzepte nicht nur mit Körperkonzepten verbunden sind, sondern ganz evident auch mit Debatten um Normativität und Macht. So haben Schöpfungsmythen einen doppelten Effekt: Sie reflektieren einerseits die existierende Welt und mythologisieren und legitimieren andererseits die soziokulturellen Strukturen in der Geschlechterbeziehung. Der gegenderte Körper ist somit Basis für religiöse Konzepte und zugleich produzieren Religionen geschlechtsspezifische Vorstellungen, Bilder und Ideen des Körpers.

## 4 Geschlechtskörper und Un/Reinheit

In ihrer klassischen Studie „*Purity and Danger*" hat die Kulturanthropologin Mary Douglas (1988 [1966]) Vorstellungen von Reinheit und Unreinheit primär als Kategorien zur Herstellung kultureller Ordnung identifiziert. Ordnung ist demnach das Ergebnis von „Reinigung", nämlich von Trennungs- und Abgrenzungsprozessen, wobei Grenzüberschreitungen die Ordnung gefährden. Als das prototypische Modell eines abgegrenzten Systems ist insbesondere der Körper in vielen Kulturen mit Un/Reinheitsvorstellungen befrachtet. Der Körper wird verknüpft mit Schmerz, Alter, Krankheit und Tod – mit Endlichkeit und Unordnung. Vor allem die Körpergrenzen werden als von Unordnung bedroht wahrgenommen, besonders die Körperöffnungen und was sie passiert: Körperflüssigkeiten, Blut, Exkremente, Sexualsekrete, aber umgekehrt auch die Nahrung. Geschlechtsverkehr, Geburt und Tod gelten als körperliche Grenzüberschreitungen. Körperliche und spirituelle Reinheit hängen oft zusammen, können aber auch – wie etwa im Christentum, das die ‚innere' Reinheit betont, – stärker voneinander entkoppelt werden. Individuelle Körper symbolisieren zudem den Sozialkörper: Wenn eine Gemeinschaft sich nach außen abgrenzt, werden auch die Körpergrenzen ihrer Mitglieder einer strengen Kontrolle durch Reinheitsgebote unterworfen. Der Reinheitskodex dient daher zur Sicherstellung der sozialen und auch religiösen Identität.

Reinheitsvorschriften ziehen generell Grenzen, variieren aber kulturell und sind nicht universal gültig. In der Regel gelten Reinheitsnormen für beide Geschlechter. Der weibliche Körper mit seinen spezifischen (potentiellen) Funktionen wie Menstruation, Schwangerschaft und Geburt wird jedoch meist als anfälliger für Unreinheit betrachtet. Anders als die meisten Männer wurden und werden Frauen in vielen Kulturen und Religionen darüber hinaus generell mit dem Körper identifiziert.

Besonders anschaulich zeigt sich diese Verknüpfung im Kontext hinduistischer Religionsphilosophie. Die materielle Wirklichkeit (skt. *prakṛti*), inklusive des physischen Körpers, wird weiblich personifiziert, während das geistige Prinzip (skt. *puruṣa*, „Mensch, Mann, Geist") in männlicher Gestalt erscheint. In einer dichotomen Weltsicht stellt die Frau das jeweils andere von Geist/Ordnung/Unsterblichkeit dar, nämlich: Körper/Chaos/Tod. Während der tote Körper unabhängig vom Geschlecht verbreitet als verunreinigend angesehen wird, bildet die Unreinheit, die häufig mit dem Geburtsvorgang verbunden ist, ein Spezifikum des weiblichen Körpers. Illustrativ ist der Umgang mit der Wöchnerin, die zum Beispiel im Judentum sieben Tage (nach der Geburt eines Jungen) bzw. vierzehn Tage (nach der Geburt eines Mädchens) als unrein gilt (*Das Buch Levitikus* 12, 2; 5). In der katholischen und in der orthodoxen Kirche wurde bzw. wird die Wöchnerin erst nach dem Ritual der Aussegnung wieder als rein betrachtet (Roll 2003; Synek 2006). Der Ritus wurde in der katholischen Kirche bis 1960 praktiziert, in der Orthodoxie ist er bis heute lebendig.

Am einflussreichsten haben sich Vorstellungen über Menstruationsunreinheit auf Einstellungen zum weiblichen Körper – auch noch in modernen Gesellschaften (Hohage 1998) – ausgewirkt. Menstruation ist das Parade-Beispiel eines Blut-Tabus und gilt als gefährlich, weil sie nicht kontrollierbar ist, aber auch mit Tod (= erfolglose Empfängnis) verknüpft wird (Meyer 2005, 41; 123 f.). Menstruationsblut wird nicht nur deshalb in vielen Kulturen als unrein betrachtet, weil es – wie andere Körperausscheidungen – gesetzte Grenzen überschreitet und insofern als gefährlich für die soziokulturelle Ordnung eingestuft wird. Verglichen mit den routinemäßig oder in Ritualen auftretenden Formen des Blutens bei der Jagd, im Kampf oder im Rahmen von Opfern, die in den meisten Gesellschaften ein männliches Monopol bilden, nimmt die Monatsblutung von Frauen als symbolische Anomalie eine Sonderstellung ein (Buckley und Gottlieb 1988, 27). Menstruation ist nicht in allen Gesellschaften mit Unreinheit verknüpft, d. h. sie ist nicht universal negativ konnotiert (Buckley und Gottlieb 1988, 33). Sie wird jedoch in vielen religiösen Traditionen – im Judentum, Islam, teilweise im Christentum, in vedisch-hinduistischen Traditionen, aber auch im Buddhismus und Zoroastrismus – als unrein betrachtet.

Besonders extensiv sind die jüdischen Reinheitsvorschriften, die die Menstruation betreffen. Grundgelegt im *Talmud*-Traktat *Nidda*, „Die Menstruierende", besitzen sie bis heute im Judentum große Relevanz. Eine Frau gilt während ihrer Menstruation als *Nidda* und muss eine Vielzahl von Regeln einhalten, um die Familienreinheit zu gewährleisten. Der Begriff *Nidda* (von hebr. „absondern") entwickelt sich bereits innerbiblisch zu einer Grenzkategorie im Sinn der Kontamination und Absonderung, die Frauen mit Unreinheit in Verbindung bringt (Erbele-Küster 2008, 116–135). Prinzipiell können sich zwar beide Geschlechter verunreinigen, aber die verunreinigende Kraft, die von der physiologischen Menstruation ausgeht, wird mit pathologischen Ausflüssen beim Mann parallelisiert. Im rabbinischen Judentum erhält die weibliche Unreinheit eine dominante Bedeutung (Meachem 1999). Der *Talmud*-Traktat *Nidda* rückt die Familienreinheit verknüpft mit sexueller Enthaltsamkeit ins Zentrum. Für die Reinheit der Familie werden primär Frauen verantwortlich gemacht. Die *Nidda*-Zeitspanne wird erweitert von sieben (*Levitikus*) auf vierzehn Tage: Die sieben Tage der Periode und die sogenannten sieben weißen Tage, danach müssen Frauen die Mikwe, das rituelle Tauchbad, besuchen, um wieder als rein zu gelten. Diese Vorschriften bestimmen bis heute das Sexualleben von traditionellen jüdischen Ehepaaren: Körperliche Berührungen sind in der Zeit der Nidda verboten. Frauen sind überdies zumindest im orthodoxen Judentum aus dem öffentlichen und religiösen Gemeindeleben ausgeschlossen. Tempel- bzw. Moscheebesuch sind menstruierenden Frauen auch im traditionellen Hinduismus und im Islam untersagt.[3]

Der weibliche Körper ist ein Ort, an dem die Grenzen der Gemeinschaft, der normativen Ordnungen und Machtverhältnisse (zwischen den Geschlechtern, aber auch zwischen Männern) bevorzugt markiert, demonstriert, kontrolliert und stabilisiert werden. In diesem Zusammenhang spielen rigide Sexualnormen, Ideale der Jungfräulichkeit und der Familienehre sowie Kleidungsvorschriften eine wichtige Rolle. Religiös begründete Kontrollmechanismen, vor allem des weiblichen Körpers, betreffen aber auch Vorschriften des Tragens oder Bedeckens von Haaren, Körpermarkierungen (Griese 2017) oder das Verhalten im öffentlichen Raum (Greenberg 2018, xxii) bis hin zur Genitalverstümmelung von Frauen, bei der tradierte Normen teilweise auch religiös begründet werden (Asefaw 2007).

Zuschreibungen von Unreinheit und Unzucht gelten primär dem weiblichen Verhalten und der Präsentation des weiblichen Körpers. Im Umkehrschluss wird Frauen eine exemplarische Bedeutung als Repräsentantinnen von Reinheit zugewiesen, sie symbolisieren und stabilisieren die Ordnung des Geschlechterverhältnisses und darüber hinaus die soziale Ordnung – die in vielen religiösen Traditionen allerdings durch männliche Autorität kontrolliert oder auch sanktioniert wird.

---

3 Siehe beispielsweise https://islamfatwa.de/gottesdienste-ibadah/45-reinigung/al-haidh-menstruation-und-an-nifas-wochenfluss/1251-waehrend-menstruation-die-moschee-betreten. Im Sabarimala-Tempel, einem bedeutenden hinduistischen Wallfahrtsort in Kerala, war der Zutritt nicht nur für menstruierende Frauen, sondern generell für Frauen im gebärfähigen Alter verboten. Vor einigen Jahren haben Frauen begonnen, sich dagegen zu wehren und im Jahr 2018 ein entsprechendes Gerichtsurteil erwirkt, das den Tempelbesuch erlaubt, aber zu starken Protesten geführt hat (https://taz.de/Frauen-duerfen-Tempel-in-Indien-betreten/!5560135/).

## 5 Geschlechtsspezifische Kleiderordnungen und Körperpolitik

Die Novelle von Gottfried Keller „Kleider machen Leute", in der ein Schneiderlehrling aufgrund seiner Kleidung versehentlich für einen polnischen Grafen gehalten wird, veranschaulicht, wie bedeutsam die Körperbekleidung für die Definition sozialer Rollen ist. Angereichert mit einer Geschlechterperspektive wird deutlich, dass Kleidung ein wichtiges Instrument ist, um Geschlechterrollen zu definieren. Besonders eindrücklich bezeugt dies der dramatische Kampf um die Hose für Frauen, der am Ende des 18. Jahrhunderts in Europa entbrannte. Mitte des 19. Jahrhunderts scheiterte der Versuch, die Hose für Frauen in den USA einzuführen. Im Jahr 1868 setzte Papst Pius IX. die Hose für die Frau als „sittengefährdend" auf den Index. Bis ins 20. Jahrhundert war das Tragen von Hosen bei Frauen in westlichen Gesellschaften ein Signal der Grenzüberschreitung und mit Verboten (etwa in Schulen) belegt.

Kleidung definiert nicht nur den geschlechtlichen Körper, sondern markiert zugleich auch die Grenzen zwischen den Geschlechtern und dient der Aufrechterhaltung der Geschlechterordnung. Da insbesondere fundamentalistische Bewegungen wesentlich mit Grenzziehungen beschäftigt sind, spielt hier auch die Kleiderfrage eine wichtige Rolle. Fundamentalismus entsteht in einem Kontext, der durch sozialen Stress und Verunsicherung gekennzeichnet ist. Die destabilisierenden Kräfte werden bevorzugt am weiblichen Körper festgemacht, denn er ist (zumindest in patriarchal organisierten Gesellschaften) die Projektionsfläche für alle Bedrohungen der menschlichen Existenz, die sich der Kontrolle entziehen: Gefühl, Sexualität, Sünde, Unreinheit, Verfall, Sterblichkeit. Insofern erscheint ein hoher Grad religiös sanktionierter Kontrolle des weiblichen Körpers als notwendiger Nebeneffekt des Fundamentalismus (McCarthy Brown 1994). Die traditionelle Geschlechterordnung wird zum Garanten der Gesellschafts- und Weltordnung und die Welt gerät aus den Fugen, wenn Frauenkörper die Geschlechtergrenzen überschreiten. Das bezieht sich nicht nur auf die Kleidung. So gilt die Zigaretten rauchende Frau christlichen Fundamentalisten in den 1920er Jahren in den USA als Symbol des moralischen Verfalls (Bendroth 1993, 68 f.). Aber auch die unschickliche Frauenkleidung, konkret der kurze Rock, wird als Alarmzeichen interpretiert.

Der Vergleich zwischen dem christlichen Fundamentalismus in den USA und einer islamisch-fundamentalistischen Bewegung im Iran im 20. Jahrhundert zeigt, dass sich der kritisierte moralische Verfall der Gesellschaft vor allem auf den Niedergang der Sexualmoral bezieht. Es sind die sexuellen Aspekte des weiblichen Körpers, die ins Visier genommen werden. Als potentielle Verführerin des Mannes gefährdet die Frau sowohl die soziale Ordnung als auch das religiöse Heil. In einer

Zeitschrift des Moody Bible Institute aus dem Jahr 1922 wird davor gewarnt, dass die unbedeckten Frauenkörper Männer zu Sünde und Schwäche verführen: „Every man has a quantity of dynamite, or its equivalent, in him. The matches have, as a rule, been in the hands of the world's womanhood."[4] Ein ähnlich dramatisches Szenario wird in der Programmschrift der islamischen Gruppe Fedayan-i Islam aus dem Jahr 1950 entworfen: „Flames of passion rise from naked bodies of immoral women and burn humanity into ashes."[5] Als Mittel der Kontrolle werden in beiden Fällen strenge Dresscodes für Frauen propagiert: eine einheitliche und züchtige Frauenkleidung in Form des sogenannten „national costume" in den USA und die Verschleierung im Iran. Im Kampf für die traditionellen Ordnungsprinzipien werden Kleidervorschriften für Frauen verschärft und symbolisch überfrachtet. Sowohl die ‚Vermännlichung' des weiblichen Körpers als auch die verstärkte Sexualisierung durch Entblößung stellen Grenzverletzungen dar. Die Kontrolle des weiblichen Körpers dient der Demonstration und Bestätigung traditioneller Geschlechterrollen in fundamentalistischen Erneuerungsbewegungen.

Am Beispiel der Verhüllungspraktiken muslimischer Frauen – die von Kopftuch bis zur Ganzkörperbedeckung in Form der Burka inklusive Gesichtsschleier reichen – wird der vielschichtige symbolische Charakter von Kleiderordnungen und Körperpolitik besonders deutlich. Die sogenannten ‚Kopftuch-Debatten', die sich im Lauf der Zeit auf die Burka ausgeweitet haben, werden in Europa seit mehr als zwanzig Jahren geführt und haben nicht nur den westlichen Feminismus gespalten, sondern auch unbeabsichtigte Überschneidungen zwischen konservativen, rechtspopulistischen und säkular-liberalen Positionen hervorgebracht. Konservative Politiker*innen und Rechtspopulist*innen stilisieren sich seit längerer Zeit als Befreier*innen muslimischer Frauen. Debatten um die Bekleidung von Frauen dienen einerseits als Instrumente westlicher imperialistischer Interventionspolitik – etwa für militärische Interventionen wie in Afghanistan. Andererseits werden sie in Europa zur Abwehr von kultureller Diversität und Wertepluralismus eingesetzt (Dietze 2006, 225–230). Im Gegenzug dazu tendiert die multikulturalistisch eingestellte Linke, die sich den hegemonialen Diskursen konservativer sexueller Körperpolitik widersetzt, zur „Fetischisierung" kultureller Differenz und übergeht kontextuelle Unterschiede, wenn der ‚Schleier' generell als frei gewähltes Symbol kulturell-religiöser Identität betrachtet wird (Dietze 2006, 235 f.).

Für eine differenzierende Betrachtung der Verhüllungspraktiken weiblicher Körper und der Rolle, die Religion dabei einnimmt, ist die Kontextualisierung

---

4 A. R. Funderburk. 1922. „The Word of God on Women's Dress." In *Moody Bible Institute Monthly* 22, 759, zit. nach Bendroth 1993, 69.
5 Fedayan-i Islam. 1967. *Rahnemayi Haqaʿiq*, 9, zit. nach Riesebrodt 1990, 155.

entscheidend. Die Körperverhüllung stellt einerseits ein wesentliches Mittel der religiös legitimierten patriarchalen Geschlechterordnung dar. Beispiele aus der Türkei oder Indonesien zeigen, dass Kleiderordnungen im Rahmen von Re-Islamisierungsprozessen immer wieder mit Restriktionen und Ausgrenzungen von Frauen im öffentlichen Raum und einer Beschneidung ihrer gesellschaftlichen Partizipation verbunden sind (Sarıönder 1999). Frauen in Afghanistan und im Iran müssen diese Grenzziehung zwischen den Geschlechtern und die Ausgrenzung aus bestimmten Lebensräumen und Tätigkeitsfeldern anhand gewaltsam durchgesetzter Kleidungsvorschriften aktuell in drastischer, lebensbedrohlicher Weise erleben. Unter anderen Bedingungen eröffnen traditionelle Formen der Verhüllung jedoch Möglichkeiten der Grenzüberschreitung. So wird das Tragen eines Kopftuchs (*jilbab*) oder die Verhüllung des gesamten Körpers (*niqab*) von einigen muslimischen Frauen im heutigen Indonesien als nicht-westliches modisches Accessoire der Identifikation eingesetzt oder als Ausdruck einer religiös fundierten, selbstbewussten Partizipation im öffentlichen Leben verstanden (dazu beispielsweise Turmudi 2016). Frauen tragen ihre muslimische Identität demonstrativ in den öffentlichen Raum. In Migrationskontexten werden Selbstwertgefühle und religiös-kulturelle Identität gestärkt, indem Frauen zu Symbolen des Islam in der Öffentlichkeit werden. Zudem werden mit Hilfe der Körperbedeckung im Rahmen sich wandelnder weiblicher Identitätsprozesse traditionelle Freiheits- und Handlungsräume erweitert (Sahin 2014). Frauen, die die traditionelle Kleiderordnung akzeptieren, können auf diese Weise am öffentlichen Leben, an Bildung und an der Berufswelt partizipieren.

Die Praxis der Verschleierung ist mehrdeutig, sowohl Ausdruck der Nötigung als auch vielfältiger Motive einer freien Entscheidung. In Europa besteht die Gefahr der Konstruktion eindimensionaler Identitäten, indem verschleierte Frauen als Opfer religiös-patriarchaler Familienstrukturen oder als fundamentalistische Bedrohung für die säkulare Gesellschaft "Islamisierung" wahrgenommen werden (Fateh-Moghadam 2014, 184 f.). Staatliche Regulierungsversuche und strafrechtliche Verbote von Körperverhüllung, die mittlerweile in vielen europäischen Ländern existieren, sind als Ausdruck für Paternalismus und Moralismus zu verstehen (Fateh-Moghadam 2014). Auch wenn das Kopftuch bzw. der Hijab heute für viele Muslimas vor allem religiös-kulturellen Symbolcharakter hat oder sogar nur ein modisches Accessoire darstellt, bleibt ein Rest des ambivalenten Abgrenzungs-Phänomens erhalten. Es stellt sich die Frage, ob die (partielle) Verschleierung des weiblichen Körpers nicht immer auch als Ausdruck eines kontrollierenden Zugriffs auf Körperlichkeit von Frauen gesehen werden muss, der mit einer von außen gesetzten negativen Zuschreibung von (weiblicher) Sexualität verbunden ist. Vorschriften und Entscheidungen für irgendeine Form der Verhüllung des weiblichen Körpers werden nie nur individuell getroffen, sondern sind stets auch eingebunden in Machtstrukturen, Festschreibungen, Be- und Ausgrenzungsstrategien bei denen religiöse Begründungen und Praktiken in einem hohem Ausmaß Wirkungs- und Deutungsmacht zukommt. Die ägyptische Ärztin, Schriftstellerin und Feministin Nawal El Saadawi (1931–2021) bekämpfte jahrzehntelang neben den aggressiven Verletzungen des weiblichen Körpers (Genitalverstümmelung und Überprüfung der Jungfräulichkeit) auch die Praxis der Verschleierung. Sie lenkte allerdings den Blick auch auf die sogenannte Freiheit des nackten weiblichen Körpers im westlichen Kulturraum und betrachtete Verhüllung und Nacktheit als zwei Seiten einer Münze (Cooke 2015).

# 6 Religiöse Körperbilder: Heteronormativität und transformatives Potential

Die Relevanz und das komplexe Verhältnis von Körper und Religion drückt sich ebenso wie die ambivalente Haltung der Religionen zu Körperlichkeit in zahllosen Abbildungen religiös und geschlechtsspezifisch konnotierter Körper aus. Sie beziehen sich zum einen auf anthropomorphe Verkörperungen von Transzendenz in Form von Gottheiten in weiblicher, männlicher oder androgyner Gestalt, zum anderen auf religiös bedeutende Autoritäten (Religionsstifter*innen, religiös Lehrende, religiöse Amtspersonen) oder Gläubige, die in idealisierter, vorbildhafter Funktion religiös praktizierend oder auch in Hinblick auf Sanktionierungen bei der Übertretung religiöser Gebote oder Verbote dargestellt werden.

Insbesondere die Erforschung materieller Kultur von Religion, die sich nicht nur auf ikonografische Erzeugnisse wie Gemälde, Druckgrafiken und figürliche Darstellungen richtet, sondern auch Rituale und Ritualgegenstände sowie Architektur miteinbezieht, kann Aufschluss über normative geschlechtsspezifische religiöse Körperordnungen – und auch deren Transformation – geben.

Die jüdische und die christliche Bildtradition umfasst eine Fülle von Darstellungen glorifizierter Männlichkeit, beispielsweise in Gestalt der Propheten (Moses oder Jesus) oder auch von verherrlichten leidenden männlichen Körpern (der gekreuzigte Jesus Christus oder der von Pfeilen durchbohrte Heilige Sebastian). Abbildungen weiblicher Körperlichkeit thematisieren in diesen Traditionen vor allem die fast immer bedeckt dargestellte Maria als Mutter/Gottesmutter (zuweilen mit leicht entblößter Brust beim Stillen des Jesuskindes) oder die fast vollständig nackt dargestellte Eva, die für den Sündenfall der Menschheit verantwortlich gemacht wird. Der verführerischen Nacktheit der Eva stehen weibliche Heiligen- und Mariendarstellungen gegenüber, die in der Regel verhüllte weibliche Körper in einer zudem meist demütig gebeugten, unterwürfigen Haltung zeigen. Diese Darstellungen korrespondieren mit Abbildungen weiblicher Nacktheit in der Kunst, in der weibliche Körper in der Regel aus der Perspektive eines männlichen Blicks als schwach, passiv und für die sexuellen Bedürfnisse von Männern verfügbar, dargestellt werden und dem Muster westlich geprägter, weißer heteronormativer Sexualität folgen (Polinska 2000, 46). Entsprechend werden Frauen, die ihre körperliche Schönheit zeigen, für schuldig befunden, die Sexualität des Mannes nicht angemessen zu schützen (so beispielsweise Tertullian). Die Furcht vor dem weiblichen Körper, die sich – so Polinska – im *Malleus Maleficarum* (dt. Hexenhammer; erstmals gedruckt Ende des 15. Jahrhunderts) mit der Sprache von der unersättlichen Vagina ausdrückt, sei in eindrucksvolle visuelle Symbolisierungen umgewandelt worden, so beispielsweise in Gestalt weiblicher Dämonen oder Drachen. In eine ähnliche Richtung gehen aber auch Darstellungen weiblicher Märtyrerinnen, wie die der Heiligen Agatha, Barbara oder Agnes, die teilweise entkleidet und mit durch Folter verstümmelten Brüsten abgebildet werden (Polinska 2000, 48–51). Vor diesem Hintergrund wird das Bild einer vollbekleideten Frau, deren Körper verborgen ist und die ihre sexuellen Bedürfnisse unterdrückt, zum christlichen Idealbild einer ‚guten' Frau und weibliche Nacktheit als Objekt männlichen Begehrens adressiert.

In den religiösen Lehren von Christentum, Judentum und Islam wird das Göttliche immer wieder als die menschliche Körperlichkeit transzendierend formuliert – bis hin zu dem Verbot jeglicher anthropomorpher, körperlicher Symbolisierungen des Göttlichen in der Sprache und Ikonographie. Das Bilderverbot im Islam geht mit einer Missbilligung, teilweise sogar Ablehnung figurativer Kunst und der Darstellung von Körperlichkeit einher. Dies führt zwar zu einer weitreichenden Abwesenheit bildlicher Darstellungen geschlechtsspezifischer Körper, jedoch nicht zu einem unbefangenen oder weniger sanktionierenden Umgang mit dem weiblichen Körper in islamischen Traditionen. Wie in diesem Kapitel bereits beschrieben sind religiöse Rituale von zahlreichen Vorschriften zur Reinigung und zur Verhüllung insbesondere des weiblichen Körpers geprägt.

Religionshistorisch lassen sich im sogenannten Alten Orient, in der heute als Naher und Mittlerer Osten bezeichneten Region, aber auch in Europa in der Zeit vor der Entstehung von Judentum, Christentum und Islam vielfältige Zeugnisse (Abbildungen, Reliefs und Figuren) finden, die Gottheiten in weiblicher, oft auch nackter Körperlichkeit darstellen. Sie sind Ausdruck der Verbreitung und Prominenz von Göttinnen mit einer selbstbewussten und starken Körperlichkeit: so beispielsweise die in ganz Europa verbreiteten steinzeitlichen Frauenfiguren, die sumerische Inanna, die akkadische Ištar, Darstellungen der minoischen Kultur oder die Artemis von Ephesos.

In hinduistischen Traditionen sind Darstellungen von Gottheiten in weiblicher, auch nackter Körperlichkeit zwar verbreitet, sie lassen jedoch keine Rückschlüsse auf einen unbefangenen, wertschätzenden oder nicht-reglementierten Umgang mit weiblicher Körperlichkeit in der religiösen Praxis zu. Bemerkenswert ist jedoch, dass in Darstellungen hinduistischer Gottheiten, wie beispielsweise des Ardhanārīśvara, eine Verschmelzung einer männlichen und einer weiblichen Gottheit (Śiva und Pārvatī) abgebildet wird, indem der Körper der Gottheit halb männlich, halb weiblich gezeichnet wird.[6] Die ikonographischen oder figürlichen Darstellungen von der Zweigeschlechtlichkeit hinduistischer Gottheiten oder von der Vereinigung von weiblicher und männlicher Körperlichkeit in den Yab-Yum Figuren des tantrischen Buddhismus (Herrmann-Pfandt 1997) lassen erkennen, dass religiöse Symbolisierungen von Transzendenz und von Göttlichkeit auf Körperbilder zurückgreifen bzw. solche entwerfen, die heteronormative Körperlichkeit überschreiten. Ein ähnliches Motiv kann auch in den körperlich androgynen Darstellungsweisen des Bodhisattva Avalokiteśvara gesehen werden, der in der chinesischen Tradition des Buddhismus als Guanyin eine weiblich konnotierte Körperlichkeit aufweist (Lehnert 2014).

Im Zuge einer feministisch-kritischen Revision religionshistorischer Überlieferungen und auf der Suche nach alternativen religiösen Bildern weiblicher und männlicher Körperlichkeit richteten Forscher*innen ihren Blick auf oft marginalisierte oder übersehene Darstellungen, die die traditionellen heteronormativen Körperbilder brechen oder transformieren. Ein eindrucksvolles Beispiel für Abbildungen von Körperlichkeit, die vom Diktum normativer Zweigeschlechtlichkeit abweichen, ist beispielsweise die Ikonografie einer bärtigen Frau am Kreuz, der Heiligen Kümmernis (auch St. Uncumber/Wilgefortis) und den mit ihr verbundenen Verehrungspraktiken im europäischen Mittelalter bis hin zu zeitgenössischen Neuinterpretationen (Glockzin-Bever und Kraatz 2003).

Auch Lan Caihe, eine der acht Unsterblichen, – legendäre Figuren aus der daoistisch-vernakulären Tradition –, wird in ikonografischen Repräsentationen in körperlich unspezifischer Geschlechtlichkeit abgebildet. Die Legenden zu dieser Figur berichten von einem Tang-zeitlichen Jungen (7. bis 10. Jahrhundert), der in Frauenkleidern gereist sei und lokale Gesellschaften unterhalten habe. Ein Fotoauschnitt der Porzellan-Figur eines Lan Caihe findet sich auf dem Cover dieses Buches. Erkennbar ist Lan Caihe unter anderem an seinem Früchtekorb und floralen Motiven auf der Kleidung. Inwieweit die Gestalt der Heiligen Kümmernis oder des Lan Caihe mit historischen Verehrungspraktiken oder religiösen Rezeptionen verbunden waren, die von der Wertschätzung diverser Körperbilder geprägt waren, lässt sich nicht sagen. Aus dem gegenwärtigen Interesse an solchen, zur Heteronormativität gegenläufigen religiösen Körperbildern, das sowohl aus reli-

---

6 Siehe dazu ausführlicher Kap. III.5.

giöser Perspektive als auch von Seiten der Forschung festzustellen ist, kann jedoch geschlossen werden, dass diese Zeugnisse für religiöse Menschen ein Potential zur Transformation herkömmlicher religiöser Körperbilder haben können.

Mit einem Fokus auf die materielle Seite von Religion können insbesondere Quellen erhoben werden, die Rückschlüsse auf die Vielschichtigkeit, Diversität und auch Gegenläufigkeiten im Verhältnis von Körper, Religion und Geschlecht zulassen. Das Vorhandensein von Darstellungen nicht-binärer Körperlichkeit – ob eine halb männlich, halb weiblich symbolisierte indische Gottheit, ein androgyner Bodhisattva oder eine bärtige Frau am Kreuz – lässt den Wunsch nach religiösen Körperbildern erkennen, die normative weibliche und männliche Körperlichkeit brechen und transformieren. Inwieweit daraus religiöse Körperbilder, Glaubensvorstellungen und Praktiken entstehen, die soziale und religiöse Geschlechterordnungen nachhaltig verändern, hängt vor allem von den mit ihnen verbundenen Deutungstraditionen und Umsetzungen im religiösen und sozialen Alltag ab. Nur anhand von weiteren, kontextualisierten Forschungen können Erkenntnisse zur Reichweite und Umsetzung alternativer religiöser Körperbilder gewonnen werden.

## Literatur

Asefaw, Fana. 2007. *Weibliche Genitalbeschneidung (Female Genital Cutting, FGC). Eine Feldstudie unter besonderer Berücksichtigung der Hintergründe sowie der gesundheitlichen und psychosexuellen Folgen für Betroffene und Partner in Eritrea und Deutschland.* Dissertation. Berlin: Humboldt-Universität.

Bendroth, Margaret Lamberts. 1993. *Fundamentalism and Gender. 1875 to the Present.* New Haven/CO: Yale University Press.

Braun, Christina von. 1999. „Körper." In *Metzler Lexikon Religion. Gegenwart, Alltag, Medien.* 2, hg. v. Christoph Auffarth, Jutta Bernard und Hubert Mohr, 236–241. Stuttgart; Weimar: Metzler Verlag.

Braun, Christina von. 2002. „Die kulturelle Codierung des männlichen und des weiblichen Körpers." In *Concilium. Internationale Zeitschrift für Theologie* 38, 133–145.

Buckley Thomas und Alma Gottlieb. 1988. „A Critical Appraisal of Theories of Menstrual Symbolism." In *Blood Magic. The Anthropology of Menstruation*, hg. v. Thomas Buckley und Alma Gottlieb, 3–50. Berkeley/CA: University of California Press.

Bynum, Caroline Walker. 1996. *Fragmentierung und Erlösung. Geschlecht und Körper im Glauben des Mittelalters* (= *Fragmentation and Redemption*, 1991). Frankfurt/M.: Suhrkamp Verlag.

Coakley, Sarah, Hg. 1997. *Religion and the Body.* Cambridge Studies in Religious Traditions 8. Cambridge: Cambridge University Press.

Connell, Raewyn. 2021. *Gender. In World Perspective.* 4. Aufl. Cambridge/UK; Medford/MA: Polity.

Cooke, Rachel. 2015. „Nawal El Saadawi: ‚Do You Feel You Are Liberated? I Feel I Am Not.'" In *The Guardian* 11. Oktober. https://www.theguardian.com/books/2015/oct/11/nawal-el-saadawi-interview-do-you-feel-you-are-liberated-not [17. 05. 2023].

Dietze, Gabriele. 2006. „The Political Veil. Interconnected Discourses on Burquas and Headscarves in the US and in Europe." In *‚Holy War' and Gender. Violence In Religious Discourses/‚Gotteskrieg' und*

*Geschlecht. Gewaltdiskurse in der Religion*, hg. v. Christina von Braun u. a., 225–237. Berliner Gender Studies 2. Berlin: LIT Verlag.

Duden, Barbara. 2010. „Frauen-‚Körper': Erfahrung und Diskurs (1970–2004)." In *Handbuch Frauen- und Geschlechterforschung. Theorie, Methoden, Empirie*, hg. v. Ruth Becker und Beate Kortendiek, 601–615. 3. erw. und durchges. Aufl. Wiesbaden: VS Verlag für Sozialwissenschaften.

Erbele-Küster, Doris. 2008. *Körper und Geschlecht. Studien zur Anthropologie von Leviticus 12 und 15*. Wissenschaftliche Monographien zum Alten und Neuen Testament 121. Neukirchen-Vluyn: Neukirchener Verlag.

Erndl, Kathleen M. 2007. „The Play of the Mother. Possession and Power in Hindu Women's Goddess Rituals." In *Women's Lives, Women's Rituals in the Hindu Tradition*, hg. v. Tracy Pintchman, 149–158. Oxford u. a.: Oxford University Press.

Fateh-Moghadam, Bijan. 2014. „Religiös-weltanschauliche Neutralität und Geschlechterordnung. Strafrechtliche Burka-Verbote zwischen Paternalismus und Moralismus." In *„Als Mann und Frau schuf er sie." Religion und Geschlecht*, hg. v. Barbara Stollberg-Rilinger, 181–213. Religion und Politik 7. Würzburg: Ergon-Verlag.

Glockzin-Bever, Sigrid und Martin Kraatz, Hg. 2003. *Am Kreuz – eine Frau. Anfänge, Abhängigkeiten, Aktualisierungen*. Münster: LIT Verlag.

Griese, Laura. 2017. „Abgestempelt oder ausgezeichnet? – *Tilaka*-Stempel der Hindu-Traditionen." In *Objekte erzählen Religionsgeschichte(n)*, hg. v. Edith Franke, 48–61. Marburg: Philipps-Universität Marburg.

Greenberg, Yudit Kornberg. 2018. *The Body in Religion. Cross-Cultural Perspectives*. London; New York/NY: Bloomsbury Academic.

Herrmann-Pfandt, Adelheid. 1997. „Yab Yum Iconography and the Role of Women in Tibetan Tantric Buddhism." In *The Tibet Journal* 22, 12–34.

Höpflinger, Anna-Katharina. 2014. „The Circuit of Gender Constructions Interrelating Religion, Gender and Body." In *Commun(icat)ing Bodies. Body as a Medium in Religious Symbol Systems*, hg. v. Alexander D. Ornella, Stefanie Knauss und Anna-Katharina Höpflinger, 280–299. Baden-Baden: Nomos Verlag; Zürich: Pano Verlag.

Jensen, Anne. 2002. *Frauen im frühen Christentum*. Bern u. a.: Lang.

Hohage, Kristina. 1998. *Menstruation. Eine explorative Studie zur Geschichte und Bedeutung eines Tabus*. Schriftenreihe Socialia 31. Hamburg: Kovač.

Jonveaux, Isabelle. 2014. „Body as a Medium in Religion. A Sociology of the Religious Body." In *Commun(icat)ing Bodies. Body as a Medium in Religious Symbol Systems*, hg. v. Alexander Darius Ornella, Stefanie Knauss und Anna-Katharina Höpflinger, 213–234. Baden-Baden: Nomos Verlag; Zürich: Pano Verlag.

Lehnert, Martin. 2021. „Jenseits der Geschlechterpolarität? Religiöse Aspekte buddhistischer Auffassungen von sexueller Differenz." In *Handbuch Gender und Religion*. 2. überarb. und erw. Aufl., hg. v. Anna-Katharina Höpflinger, Ann Jeffers und Daria Pezzoli-Olgiati, 327–352. Göttingen: Vandenhoek & Ruprecht.

Polinska, Wioletta. 2000. „Dangerous Bodies. Women's Nakedness and Theology." In *Journal of Feminist Studies in Religion (JFSR)* 16, 45–62.

Mayroth, Natalie. 2019. „Frauen dürfen Tempel in Indien betreten. Proteste wegen Tempelbesuch." In *taz* 3. Januar 2019. https://taz.de/Frauen-duerfen-Tempel-in-Indien-betreten/!5560135 [15.05.2023].

McCarthy Brown, Karen. 1994. „Fundamentalism and the Control of Women." In *Fundamentalism and Gender*, hg. v. John Stratton Hawley, 175–201. New York/NY; Oxford: Oxford University Press.

Meachem, Tirẓah (leBeit Yoreh). 1999. „An Abbreviated History of the Development of the Jewish Menstrual Laws." In *Women and Water. Menstruation in Jewish Life and Law*, hg. v. Rachel R. Wasserfall, 23–39. Hanover/NH; London: Brandeis University Press.

Meyer, Melissa L. 2005. *Thicker Than Water. The Origins of Blood as Symbol and Ritual*. New York/NY: Routledge.

Riesebrodt, Martin. 1990. *Fundamentalismus als patriarchalische Protestbewegung. Amerikanische Protestanten (1910–28) und iranische Schiiten (1961–79) im Vergleich*. Tübingen: Mohr.

Roll, Susan K. 2003. „The Old Rite of the Churching of Women after Childbirth." In *Wholly Woman, Holy Blood. A Feminist Critique of Purity and Impurity*, hg. v. Kristin de Troyer, 117–142. Studies in Antiquity and Christianity. Harrisburg/PA u. a.: Trinity Press International.

Sahin, Reyhan. 2014. *Die Bedeutung des muslimischen Kopftuchs. Eine kleidungssemiotische Untersuchung Kopftuch tragender Musliminnen in der Bundesrepublik Deutschland* 1. Münster: LIT Verlag.

Sarıönder, Refika. 1999. „Frauen und Re-islamisierung in der Türkei und in Indonesien – ein Vergleich." In *Der neue Islam der Frauen. Weibliche Lebenspraxis in der globalisierten Moderne. Fallstudien aus Afrika, Asien und Europa*, hg. v. Ruth Klein-Hessling, Sigrid Nökel und Karin Werner, 175–199. Bielefeld: transcript Verlag.

Synek, Eva. 2006. *„Wer aber nicht völlig rein ist an Seele und Leib…" Reinheitstabus im Orthodoxen Kirchenrecht*. Egling: Edition Roman Kovar.

Turmudi, Endang. 2016. „The Passion of Jilbab: Socio-Cultural Transformation of Indonesian Muslim Women". In *International Journal of Scientific and Research Publications*, 6. 287–292.

## Internetquellen

https://islamfatwa.de/gottesdienste-ibadah/45-reinigung/al-haidh-menstruation-und-an-nifas-wochenfluss/1251-waehrend-menstruation-die-moschee-betreten [08. 05. 2023]. (Website einer Fatwa-Datenbank. Die Rechtsurteile stammen von sunnitischen Großgelehrten und empfohlenen Gelehrten der muslimischen Welt).

## Weiterführende Literatur

Cuffel, Alexandra, Ana Echevarria und Georgios T. Halkias, Hg. 2018. *Religious Boundaries for Sex, Gender, and Corporeality*. London; New York/NY: Routledge.

Hoel, Nina, Melissa M. Wilcox und Liz Wilson. 2021. *Religion, the Body, and Sexuality. An Introduction*. London; New York/NY: Routledge.

Krüger, Oliver und Weibel, Nadine, Hg. 2015. *Die Körper der Religion. Corps en religion*. CULTuREL 7. Zürich: Pano Verlag.

Birgit Heller
# III.4 Sexualität

Die Bezüge zwischen Religion und Sexualität sind vielfältig. Bereits in der Frage, was genau zu diesem Themenfeld gehört, scheiden sich die Geister – vor allem die religiösen, manchmal aber auch die wissenschaftlichen. Auch die Definitionen von Sexualität fallen in den religiösen Traditionen verschieden aus. Manchmal wird Sexualität ausschließlich auf die vaginale Penetration reduziert; meist wird Sexualität aber nicht nur als Geschlechtsverkehr definiert, sondern sehr weit gefasst: Beispielsweise, wenn generell der physische Kontakt zwischen Männern und Frauen eingeschränkt oder verhindert werden soll oder unbekleidete Körperteile bzw. gänzliche Nacktheit als Problem betrachtet werden (Endsjø 2011, 21–28).

Sexualität wird jedoch im Kontext von Religionen nicht nur als eine Frage der Regulierung oder der Moral thematisiert. Viele Mythen begründen den Ursprung bzw. die Fortdauer allen Lebens mit einem göttlichen Sexualakt. In etlichen rituellen und/oder meditativen Vollzügen bildet Sexualität ein wichtiges Instrument für Fruchtbarkeit und Wohlergehen oder aber für spirituelle Erfahrung und Erkenntnis. Als Metapher für die Vereinigung des Menschen mit einer personalen Gottheit spielt sie in verschiedenen Religionen eine wichtige Rolle.

In vielen religiösen Traditionen wird Sexualität nicht nur als eine biologisch-körperliche Kategorie verstanden, sondern umfasst ein weites Spektrum an Haltungen und sozialen Interaktionen: So sind etwa auch sexuelle Gedanken zu vermeiden oder sexuelle Begierde muss überwunden werden; der Zustand der Jungfräulichkeit oder die darauf basierende Familienehre muss bewahrt werden. Diese Beispiele zeigen, dass Sexualität häufig mit Vorstellungen von Un/Reinheit verknüpft wird. Allerdings geht es dabei eben nicht um körperliche Reinheit im Sinn von Sauberkeit, sondern primär um die Frage sozialer Ordnung und Macht. Es geht darum Grenzen zu markieren – zwischen dem Reinen und dem Unreinen, sehr oft zwischen den Geschlechtern, aber darüber hinaus auch zwischen der religiösen Elite und den Laien, zwischen Gläubigen und Ungläubigen, zwischen einer Gemeinschaft und den jeweils Anderen/den Fremden. Reinheit und Unreinheit sind einflussreiche kulturell-religiöse Kategorien, die dazu dienen, eine bestimmte Ordnung, aber darüber hinaus auch Identität und Macht zu schaffen und aufrecht zu erhalten. Die Verknüpfung von Unreinheit und Sexualität bedient verschiedene Ebenen von Ordnung und Status (beispielsweise die Überlegenheit einer religiösen Elite, die ihre Reinheit durch den Verzicht auf Sexualität bewahrt), insbesondere zieht sie Grenzen zwischen den Geschlechtern. Sexualität erweist sich dabei als bedeutsames kulturelles Konstrukt, das untrennbar mit sozialen Geschlechterrollen verbunden ist. Ein aussagekräftiges Beispiel für den Zusammenhang von Sexualität,

Open Access. © 2024 bei den Autorinnen und Autoren, publiziert von De Gruyter. Dieses Werk ist lizenziert unter einer Creative Commons Namensnennung – Nicht kommerziell – Keine Bearbeitung 4.0 International Lizenz. https://doi.org/10.1515/9783110697407-044

Unreinheit und Geschlechterrollen ist die religiöse Kultfähigkeit. So führt die Unreinheit, die dem weiblichen Sexualkörper besonders in Hinblick auf Menstruation und Geburt zugeschrieben wird, dazu, Frauen in der Ausübung des religiösen Kults einzuschränken und von tragenden Rollen auszuschließen.

Vor einem systematischen Überblick über die Bandbreite des Themenfelds sind drei grundlegende Aspekte für das Verhältnis von Religion und Sexualität zu betonen:

- Sexualität ist ein zentrales Thema religiöser Deutungssysteme. Sexualität ist ein Phänomen, dessen Bedeutung im Zusammenwirken von biologischer und physiologischer Bedingtheit, individueller Erfahrung und Praxis, gesellschaftlicher Institutionen und kultureller und religiöser Vorstellungen entsteht. Religionen sind an diesem Prozess als Deutungs- und Sinngebungsmodelle beteiligt (Grieser 2005, 289).
- In allen Religionen findet sich das ganze Spektrum an verschiedenen Einstellungen zu Sexualität, von den striktesten Vorschriften bis zu liberalen Haltungen. Allerdings gibt es jeweils Vorstellungen, die dominant werden, sich aber auch im Lauf der Zeit ändern können (Endsjø 2011, 17–21).
- Sexualität, vor allem die weibliche, unterliegt der sozialen Kontrolle, weil davon die Aufrechterhaltung und Stabilität der sozialen Ordnung abhängt (Stollberg-Rilinger 2018, 101). Sie besteht maßgeblich in der Weitergabe von wirtschaftlichen Ressourcen, von Rang, Status, Privilegien und Rechten. In diesem Feld spielen religiöse Sinn- und Orientierungssysteme eine zentrale Rolle für Haltungen zu und ethische Normen im Umgang mit Sexualität. Die Bedeutung von Sexualität lässt sich nicht von der Bedeutung und Normierung von sozialen Geschlechterrollen und Geschlechterbildern trennen.

# 1 ‚Heilige' Sexualität

Sexualität besitzt innerhalb der religiösen Vorstellungswelt einen großen Stellenwert. Weit verbreitet sind zum Beispiel Mythen, die die gesamte Welt aus einem Sexualakt zwischen Göttern und Göttinnen hervorgehen lassen, während andere von sexuellen Aktivitäten zwischen Göttern und Menschen erzählen, die verschiedene Interessen verfolgen. So sind etwa die amourösen Abenteuer des Zeus vielfach Selbstzweck und ein beliebtes Thema der europäischen Kunst, wohingegen Berichte von einer göttlichen Abstammung häufig dazu dienen, Könige oder Helden zu legitimieren.[1]

---

[1] Während sexuelle Kontakte zwischen Gott und Mensch in den abrahamitischen Religionen ausgeschlossen werden, finden sich in den Quellen durchaus Vorstellungen über Sexualität zwi-

Seit frühester Zeit ist die Verehrung der menschlichen Geschlechtsorgane belegt. In vielen Kulturen sind Darstellungen von Phallus und Vulva sowie Sexualriten verbreitet, die von Vertretern der klassischen Religionsphänomenologie vor allem mit Fruchtbarkeitskulten assoziiert wurden (zum Beispiel Heiler 1979, 102–103). Auch Phänomene wie die sogenannte ‚Heilige Hochzeit' und die ‚Kultprostitution'[2] wurden auf diese Weise interpretiert. Der Begriff der ‚Heiligen Hochzeit' stammt ursprünglich aus der griechischen Mythologie und bezeichnet dort die Vermählung eines Götterpaares (*hieros gamos*). Er wird als *terminus technicus* für die mythische oder rituelle Vereinigung eines Gottes und einer Göttin bzw. genereller zwischen einem göttlichen und einem menschlichen Wesen, besonders einer Göttin und einem König, verwendet (Bolle 2005, 317). Anknüpfend an das Werk von James George Frazer[3] wurde der Begriff ‚Heilige Hochzeit' zunächst unkritisch auf andere Kulturen übertragen und pauschal als Ritus zur Hervorbringung von Fruchtbarkeit gedeutet (Nissinen und Uro 2008, 1).

Forschungen zur ‚Heiligen Hochzeit' konzentrierten sich vor allem auf den Alten Orient und insbesondere auf die Kultur der Sumerer, wobei die Interpretationen bis heute stark voneinander abweichen (Lapinkivi 2008, 9–14). Die verallgemeinernde Interpretation als Fruchtbarkeitsritual wird zwar nicht mehr vertreten, es ist aber beispielsweise umstritten, ob der Begriff nur auf den Fall einer rituellen Inszenierung eingeschränkt werden sollte, ob sexuelle Aktivität dabei jemals eine Rolle spielte oder überhaupt nur symbolisch gemeint war. Ein großer Teil der Diskussion bezieht sich auf die Hochzeit der Göttin Inanna und ihren Partner, dem legendären Stadtfürsten Dumuzi (babylonisch-assyrisch: Tammuz) in der Kultur der Sumerer, wobei der jeweilige Herrscher die Rolle des Dumuzi im Kult einnahm. Ein Text aus dem Ende 3. Jahrtausends v. chr. Z. beschreibt den Höhepunkt der Thronbesteigung des neuen Königs (am Neujahrstag) mit den folgenden Worten:

---

schen Menschen und übernatürlichen Wesen, meist Dämonen bzw. dem Teufel. Diese Phantasien kennzeichnen die Versuchungsgeschichten von Heiligen und tauchen im sogenannten Hexenhammer, der einflussreichsten christlichen Handreichung für die Hexenverfolgung, als Anschuldigung des Beischlafs mit Dämonen auf.

2 Kultprostitution oder sakrale Prostitution soll nach den Beschreibungen von antiken Schriftstellern an Tempeln in Babylonien praktiziert worden sein, ob sie tatsächlich existiert hat, ist umstritten (siehe den Beitrag von Zomer in diesem Buch).

3 In seinem einflussreichen Werk *Der goldene Zweig* (1, 1977, 197–221) bezeichnet Frazer die Vorstellung von der geschlechtlichen Vereinigung zwischen Göttern und Göttinnen bzw. zwischen Göttern und Menschen als „heilige Ehe" und bezieht sie angefangen von alten Kulturen bis hin zu europäischen Volksfesten auf magische Riten und Bräuche zur Förderung der Fruchtbarkeit der Erde.

> Daß sie das Schicksal der Länder entscheide,
> daß sie am guten ersten Tag aufleuchte,
> am Schwarzmondtag die göttliche Ordnung vollende,
> bereitete man am Neumondtag, dem Tag der Kultfeiern,
> meiner Herrin das Lager [...]
> badet man meine Herrin für den Schoß des Königs,
> badet man sie für den Schoß Iddindagans,
> wäscht man die heilige Inanna,
> besprengt den Boden mit duftendem Zedernharz.
> Der König geht stolz erhobenen Hauptes zum heiligen Schoß,
> geht stolz erhobenen Hauptes zum Schoß Inannas [...]
> Ihren geliebten Gemahl umarmt sie,
> umarmt die heilige Inanna,
> erstrahlt auf dem Thron, dem großen Hochsitz, wie der Tag.
> Der König nimmt ihr zur Seite leuchtend wie die Sonne
> Platz auf dem Thron,
> in Überfluß, in Wonne und Freude tritt er vor sie,
> rüstet ihr ein Festmahl.[4]

Wie das zitierte Kultlied zeigt, diente diese ‚Heilige Hochzeit' dazu, die Herrschaft des Königs und die bestehende Weltordnung zu legitimieren. Die Texte zum Vorstellungskomplex der ‚Heiligen Hochzeit' sind zahlenmäßig, räumlich und zeitlich stark eingegrenzt. Sie besitzen keine einheitliche Struktur und gehörten zumindest nicht ausschließlich zu den Zeremonien der Thronbesteigung. Die beschriebene geschlechtliche Vereinigung von Inanna und Dumuzi diente nicht nur der Vergöttlichung des Königs, sondern muss auch als Symbol des Wohlergehens interpretiert werden. Der jeweilige König wurde von Inanna zum Hirten bestimmt, der nicht nur gerecht herrschen, sondern für die Fruchtbarkeit des ganzen Landes sorgen sollte. Im Zentrum steht der sexuell-erotische Aspekt der Göttin Inanna, ihr „heiliger Schoß". Wenn die Textquellen gemeinsam mit den Bildtraditionen des Alten Orients gelesen werden, entsteht ein wesentlich komplexeres Verständnis für die Bedeutung von Sexualität. Auf der Grundlage von Bildern und Texten hat Urs Winter (1983, 252–413) einen breiten Zyklus um die ‚Heilige Hochzeit' zusammengestellt, zu dem neben der sexuellen Vereinigung als wesentliche Elemente Musik, Gesang, Tanz und ein Festmahl gehören. Damit zusammenhängende Darstellungen sind vom frühen 3. Jahrtausend bis ins 1. Jahrtausend v. chr. Z. kontinuierlich belegt. Die große Anzahl von nackten Frauenfigürchen, von Koitus-Darstellungen auf Siegeln, Amuletten und Votivtäfelchen, zeigt, dass Sexualität im Alten Orient als wirkmächtiges religiöses Symbol aufgefasst wurde. Die verschiedenen Bildträger –

---

**4** *Lied auf Inanna und Iddindagan von Isin als Tammuz.* In *Sumerische und akkadische Hymnen und Gebete*, übers. v. Falkenstein und von Soden 1953, 97 f.

billige Terrakottatäfelchen genauso wie kostbare Siegel – vermitteln einen Eindruck von der Beliebtheit und Relevanz des Themas durch alle Gesellschaftsschichten hindurch.

In diesem weit gesteckten Rahmen der ‚Heiligen Hochzeit' finden Aspekte Platz, die weit über den Zusammenhang zwischen Sexualität und Fruchtbarkeit hinausweisen. Sumerische Textquellen, die die Liebesbeziehung zwischen Inanna und Dumuzi thematisieren, verknüpfen Sexualität mit Erotik, Intimität, Glück und Wohlstand (Pryke 2017, 43 f.). Bemerkenswert ist in diesem Kontext die selbstbewusste und aktive Sprechweise der Göttin Inanna. Sie bringt ihr sexuelles Begehren und ihre weibliche Genitalität deutlich zum Ausdruck, wenn sie ihren Geliebten einlädt, ihre Vulva zu „pflügen" (Pryke 2017, 35 f.). Zum Charakter dieser Texte passt ein Darstellungstyp der Göttin, der ihre erotisch-sexuelle Initiative hervorhebt: Die Göttin, die ihre Scham vor ihrem Partner entblößt und ihn offensichtlich dazu einlädt, mit ihr das Liebeslager zu teilen (Winter 1983, 291). Auch wenn Darstellungen sexueller Aktivität nicht immer mit religiöser Bedeutung aufgeladen waren und eventuell lediglich das alltägliche Leben abbildeten, zeigen häufig verwendete Nebenmotive (etwa der Skorpion als Attributtier einer Göttin), dass Sexualität (auch) als ein Teil der göttlichen Sphäre betrachtet wurde. Ikonographisch könnte die ‚Heilige Hochzeit' als eine Art Narrativ verstanden werden, in der die „Sakralisierung von Sexualität" (Winter 1983, 367 f.) ausgedrückt wurde.[5] Dementsprechend wäre Sexualität als ein heiliges, lebensspendendes Geschehen zu deuten, das den Menschen durch die Teilhabe an der Lebensfülle der verehrten Göttin Glück und umfassendes Wohlergehen garantierte.

## 2 Sexualität als Mittel zur Fortpflanzung oder Lustgewinn?

In den schriftlichen Überlieferungen der großen Religionen der Gegenwart wird Sexualität vor allem in ihrer Funktion für die Reproduktion thematisiert. Durch die Koppelung an die Ehe zwischen Männern und Frauen, Gebote zur Zeugung von Nachkommenschaft oder Einschränkungen in der Geburtenkontrolle wird Sexua-

---

5 Ganz im Gegensatz dazu stehen die jüngeren Interpretationsansätze im Sammelband von Nissinen und Uro (2008): Die ‚Heilige Hochzeit' wird auf der Basis fragwürdiger Vergleiche unterschiedlichster Kulturen vor allem als sexuelle Metapher der Gott-Mensch-Beziehung (näherhin der Vereinigung der menschlichen Seele mit Gott) gedeutet. Diese Ansicht wird von der normativen Idee geleitet, dass in der ‚Heiligen Hochzeit' die Überwindung des Dualismus zwischen menschlicher und kosmischer Existenz zum Ausdruck komme (Nissinen und Uro 2008, 3).

lität in den Dienst der Fortpflanzung gestellt. Teilweise wird der sexuellen Lust aber auch ein Eigenwert zuerkannt. Dies gilt in besonderer Weise für Judentum und Islam, die einer asketischen Lebensweise mit dem prinzipiellen Verzicht auf Sexualität – bis auf Randtraditionen – gleichermaßen negativ gegenüberstehen. Im Judentum wird die Bedeutung eines erfüllten Sexuallebens innerhalb der Ehe betont. Die Sexualwissenschaftlerin Ruth Westheimer (1996, 14), die in einer jüdisch-orthodoxen Familie in Deutschland aufwuchs, stellt fest: „Das Judentum ist sexfreundlich." Sie hebt hervor, dass Sex ein religiöses Gebot ist, das nicht nur der Fortpflanzung dient, sondern auch dem Vergnügen. Demnach ist der eheliche Hausfrieden nach rabbinischer Lehrtradition untrennbar mit gutem Sex verbunden, wobei Frauen genauso wie Männer ein Anrecht auf sexuelle Befriedigung haben. Nach Rabbi Shmuley Boteach (2003, 13) ist „koscherer Sex" die „Seele der Ehe". Er bezeichnet Sex als das wichtigste und einzige Mittel einen Mann und eine Frau ein Leben lang glücklich zusammenzuhalten (Boteach 2003, 23). Dennoch sind Lust und Fruchtbarkeit in der rabbinischen Tradition eng miteinander verbunden: Die Zeugung von Nachkommen ist für den Mann eine religiöse Pflicht. Empfängnisverhütung ist nur legitim, wenn die Gesundheit der Frau sie erfordert, obwohl jüdische Quellen belegen, dass sie in der Praxis weit verbreitet war (Endjø 2011, 73 f.; 79).

Im Islam wird Sexualität nur innerhalb der Ehe als legitim betrachtet. Der Vorteil der Ehe besteht in erster Linie in der Erzielung von Nachkommenschaft. Angesichts der Überzeugung, dass menschliches Handeln das gottgewollte Entstehen von Leben nicht verhindern kann, ist die islamische Tradition dennoch durch ein relativ entspanntes Verhältnis zur Geburtenkontrolle gekennzeichnet (Endjø 2011, 82 f.). Ein weiterer Vorteil der Ehe, der kaum weniger bedeutsam erscheint, liegt in der Triebbefriedigung als Schutz vor körperlicher Ausschweifung. Allerdings gilt die mit der Befriedigung verbundene Lust als Hinweis auf die verheißenen Wonnen des Paradieses.[6] So soll die empfundene sexuelle Lust das Verlangen nach ihrem vollkommenen, ewigen Genuss im Paradies wecken und dazu anspornen, Gott zu dienen und ein untadeliges Leben zu führen. Allerdings bedienen die androzentrischen Beschreibungen des Paradieses vor allem das sexuelle Begehren des Mannes, der auf eine dauerhafte Erfüllung seiner Bedürfnisse hoffen darf, während weibliches Begehren nicht thematisiert wird (Akashe-Böhme 2006, 70–75). Insofern herrscht im traditionellen Islam zwischen den Geschlechtern nicht nur im Hinblick auf die Bedeutung der Jungfräulichkeit der Braut, die Praxis der Polygamie oder der „Ehe auf Zeit" (Ende 1980) eine fundamentale Asymmetrie

---

6 al-Ghazālī. *Das Buch der Ehe*, übers. v. Bauer 2000, 48 f.

in der Sexualität, die von einem ungleich größeren Handlungsspielraum für Männer gekennzeichnet ist.

Die im Westen verbreitete Assoziation von hinduistischer Spiritualität und Askese ist einseitig. Zum einen wird in der Texttradition, die das ethisch-rechtliche menschliche Verhalten normiert, die Bedeutung von Nachkommenschaft betont. In diesem Zusammenhang stellt die Geburtenkontrolle zwar ein Problem dar, dennoch sind auch Texte überliefert, in denen verschiedene Methoden der Empfängnisverhütung empfohlen werden. Zum anderen gilt erotisch-sexueller Lustgewinn neben dem materiellen Wohlstand, der Orientierung an der Lebensordnung und der Befreiung aus dem Geburtenkreislauf nach dem klassisch-brahmanischen Hinduismus als eins der vier Daseinsziele des Menschen. Insofern steht die Abfassung von Lehrbüchern der erotischen Liebe (berühmt ist das *Kāmasūtra* aus dem 3. Jahrhundert n. chr. Z.). nicht im Widerspruch zur religiösen Überlieferung, auch wenn die dort vertretenen Ansichten über Geschlechterrollen oder gleichgeschlechtliches Begehren sowohl von den patriarchalen Geschlechterkonzepten der brahmanisch-hinduistischen Überlieferung als auch von den Konventionen ihrer Entstehungszeit teilweise abweichen (Doniger 2016, 151 f.). Nichtsdestotrotz ist das *Kāmasūtra* von einer androzentrischen Perspektive geprägt: Dem Mann ist außereheliche Sexualität mit gesellschaftlich niedriger gestellten Frauen sowie mit Prostituierten erlaubt; die Ehefrau darf sich zwar über die Untreue ihres Ehemannes beschweren, soll ihm aber nicht zu viele Vorwürfe machen.[7] Grundsätzlich nimmt die Zeugung von Söhnen in der Wertehierarchie der hinduistischen Gesellschaft einen wesentlich zentraleren Platz als das Streben nach sexueller Lusterfüllung ein. Die Frau gilt als ein Feld, das ihr Mann mit seinem Samen bestellt, um in seinem Sohn wiedergeboren zu werden.[8]

In der christlichen Tradition wird Sexualität, die nicht innerhalb der Ehe im Dienst der Fortpflanzung praktiziert wurde, seit der Zeit der Kirchenväter bis in die Zeit der modernen Theologie als unsittlich erachtet. Damit konform entwickelt sich seit dem Mittelalter die rigide Einstellung der römisch-katholischen Kirche zur Geburtenkontrolle. Die Bekräftigung der Ablehnung aller Formen der Empfängnisverhütung (besonders der neu entwickelten „Pille") durch Papst Paul VI. in der Enzyklika *Humanae Vitae* im Jahr 1968 führte zu Massenprotesten und in der Folge zum Auseinanderdriften zwischen der kirchlichen Lehrautorität und der Einstellung der Mehrheit der Gläubigen (Endsjø 2011, 78–81). Da der asketischen, sexuell enthaltsamen Lebensweise in der frühen Kirche der Vorzug eingeräumt wurde (Brown 1994) und Sexualität in der traditionellen Sexualmoral mit Sünde und Un-

---

7 *Kāmasūtra* 4.1.19, übers. v. Doniger 2006, 197 f.
8 *Manusmṛti* 9, 8 f.; 32 f., übers. v. Michaels 2010, 192; 195.

reinheit verknüpft ist, fehlen die Voraussetzungen für die Entfaltung einer erotischen Liebeskultur. Die protestantischen Kirchen vertreten hingegen mehrheitlich die Ansicht, dass Sex nicht nur der Fortpflanzung dient und Empfängnisverhütung legitim ist; davon abweichende Meinungen beziehen sich meist auf vorehelichen oder außerehelichen Geschlechtsverkehr.

Auch innerhalb der klassischen buddhistischen Texttradition besitzt die sexuell-erotische Lust keinen positiven Wert, stellt doch das sexuelle Begehren unter allen Formen des menschlichen Begehrens das zentrale Symbol für die Lebensgier und die Verhaftung im Geburtenkreislauf dar. Der Geburtenkreislauf und insofern auch die Sexualität, sind dem Heilsziel der Befreiung vom Leiden, das nur durch das Aufgeben von jeder Anhaftung erreicht werden kann, diametral entgegengesetzt. Dementsprechend ist Fortpflanzung kein Gebot. Auch Empfängnisverhütung ist ein relativ belangloses Thema und wird akzeptiert, solange kein Leben vernichtet wird. Sexuelle Enthaltsamkeit ist ein Grundwert der frühen monastischen Tradition des Buddhismus. Gemäß den Ordensregeln des *Pali-Kanons* führt jeder Akt sexueller Penetration zum Ausschluss aus dem Orden. Aus der Tatsache, dass die buddhistischen Ordensregeln detaillierte Beschreibungen sämtlicher Arten sexueller Aktivitäten enthalten, lässt sich immerhin schließen, dass die Verfasser mit der Vielfalt sexueller Bedürfnisse durchaus vertraut waren. Sexualität an sich wird nicht in allen buddhistischen Traditionen negativ beurteilt, sondern kann ganz verschiedene Funktionen erfüllen und auch zu einem Instrument auf dem Pfad zur Erleuchtung werden (Langenberg 2015). Allerdings spielen weder Fortpflanzung noch Lustgewinn in diesen Kontexten eine Rolle.

## 3 Regulierung von Sexualität

Auf den ersten Blick scheint der Fokus im Verhältnis von Religion und Sexualität auf der Regulierung von Sexualität zu liegen. Grundsätzlich haben alle menschlichen Gesellschaften Vorschriften für Sexualität entwickelt. Was die großen Religionen der Gegenwart verbindet, ist eine spezifisch entfaltete Sexualmoral, die der Regelung von Geschlechterbeziehungen dient, etwa durch diverse Sexualtabus und Verbote von vor- und außerehelicher Sexualität oder von Homosexualität, aber auch durch Vorschriften betreffend Ehe-, Scheidungs- und Familienrecht oder Geburtenkontrolle, dazu kommen Forderungen nach temporärer Enthaltsamkeit (beispielsweise für die Dauer der Menstruation, in Fastenzeiten oder im Rahmen von Trauerriten). Im Unterschied zum säkularen Strafrecht wird sexuelles Fehlverhalten laut religiöser Auffassungen auch im Leben nach dem Tod sanktioniert (durch diverse Torturen in der Hölle oder miserable Reinkarnationen).

Entsprechend ihren patriarchalen Strukturen wurde in allen großen Religionen der Gegenwart die Heterosexualität zur Norm erhoben, wobei vielfältige Verbote und Forderungen ein ‚korrektes' Sexualverhalten diktieren (Endsjø 2011, 51–119). Es ist festgelegt, wer mit wem, wann, wo, in welcher Weise und zu welchem Zweck Geschlechtsverkehr haben darf bzw. sich verweigern kann oder darauf verzichten muss. Häufig werden Unterschiede zwischen den Geschlechtern gemacht, beispielsweise ist außereheliche Sexualität für Frauen generell verboten, während verheirateten Männern Konkubinen oder mehrere Ehefrauen zugestanden werden; auch der Verkehr mit Prostituierten wird Großteils entweder akzeptiert oder es wird stillschweigend darüber hinweggesehen. Für Frauen ist es meist auch schwieriger, ihre Ehen aufzulösen, teilweise besitzen sie gar kein Recht dazu (so bis heute im orthodoxen Judentum). Die religiösen Ansprüche auf sexuelle Kontrolle ermöglichen eine tiefgreifende Einflussnahme auf den alltäglichen Lebensvollzug des Menschen.

Homosexualität wird überwiegend negativ bewertet, auch wenn sich von Zeit zu Zeit positivere Ansichten finden lassen (Endsjø 2011, 120–178). Was die Religionen jedoch voneinander unterscheidet, ist das Ausmaß der Beachtung und Bestrafung homosexuellen Verhaltens, wobei auffällt, dass lesbische Sexualität in den Texttraditionen generell weniger thematisiert und meist milder geahndet wird. Es gibt verschiedene Gründe dafür, warum gleichgeschlechtliche Beziehungen zwischen Frauen – zumindest in der Vormoderne – häufig ignoriert wurden: Weibliche Homosexualität wurde meist weniger ernstgenommen, weil im patriarchalen Kontext der sexuellen Penetration eine zentrale Bedeutung zukommt und andere sexuelle Handlungen häufig nicht als ‚richtiger' Sex gelten. Frauen können zudem keinen Samen vergießen und keinen (etwa im Christentum tabuisierten) Analverkehr ausüben. Darüber hinaus verletzt ein Mann, der sich in einer gleichgeschlechtlichen Beziehung (passiv) wie eine Frau verhält und eine sozial minderwertige Position einnimmt, das Bild patriarchaler Männlichkeit.

In den abrahamitischen Religionen entwickelten sich homophobe Einstellungen, die bis heute dominant sind. Sexuelle Handlungen zwischen Personen vorwiegend männlichen Geschlechts wurden verurteilt und zeitweise mit der Todesstrafe belegt (etwa in altisraelitischer Zeit: *Das Buch Levitikus* 20, 13; exzessiv im christlichen Mittelalter; aktuell in einigen islamischen Ländern wie Saudi-Arabien oder Afghanistan). Zu den Referenzquellen für die Ablehnung von Homosexualität gehört eine Erzählung im Ersten Testament, in der die Städte Sodom und Gomorrha von Gott vernichtet werden, weil die männlichen Einwohner gegen das Gastrecht verstoßen, indem sie sich an zwei fremden Männern sexuell vergehen wollen (*Das Buch Genesis* 19, 1–29). Nach dem *Ersten Testament* sollte homosexuelles Verhalten zwischen Männern mit dem Tod bestraft werden, im *Talmud* wurde es als widernatürlich gebrandmarkt. Einige jüdische Autoritäten dehnten die Ächtung auch auf lesbische Sexualität aus, wobei die Bestrafung aber dem Ehemann überlassen wurde, andere betrachteten gleichgeschlechtliche Sexualität zwischen Frauen nicht als realen Sex (Endsjø 2011, 142). Generell wurde homosexuelles Verhalten im rabbinischen Judentum jedoch wenig beachtet und nicht verfolgt. Heute gilt Homosexualität in der Orthodoxie als Sünde und wird im konservativen Judentum abgelehnt, eine offene Diskussion gibt es nur im Reformjudentum.

Im frühen Christentum stand Homosexualität zwar unter Strafe, die Sanktionen wurden aber vergleichsweise milde gehandhabt. Erst im mittelalterlichen Christentum diente eine rigide Sexualmoral als Mittel der Kontrolle: Homosexuelles Verhalten wurde im kirchlichen Recht als Abweichung von der Kirchendoktrin klassifiziert und als Ketzerei zu einem Kapitalverbrechen erklärt. Dementsprechend gibt es zahlreiche historische Belege für die Verfolgung von Menschen (hauptsächlich Männern, aber auch etlichen Frauen), die als sogenannte „Sodomiten" gefoltert, kastriert und hingerichtet wurden (Endsjø 2011, 144 f.). Der heutige lehramtliche Katholizismus empfiehlt Betroffenen den Verzicht auf Sexualität, wesentlich liberalere Haltungen finden sich aber mittlerweile im Protestantismus.

Im *Koran* kommt zwar die oben erwähnte Sodom-Erzählung an mehreren Stellen vor, ein Verbot homosexueller Handlungen zwischen Männern wird daraus aber erst im späten 8. Jahrhundert abgeleitet (Bauer 2013, 72–81).[9] Seither verurteilen zahlreiche islamische Gelehrte aller Rechtsschulen Geschlechtsverkehr (näherhin Analverkehr) zwischen Männern als schweres, teils todeswürdiges Vergehen, wobei die Strafvorschriften bis ins 20. Jahrhundert nur selten angewendet wurden. Die Ablehnung orientiert sich an extrem negativen Positionen, die sich in einigen Ḥadīṯ-Sammlungen finden, die von den Ḥadīṯ-Gelehrten als weniger authentische Überlieferung eingestuft wurden.[10] Insofern ist die Textbasis für das Verbot homosexuellen Verhaltens zwischen Männern im Islam schwach. In der islamischen Geschichte gibt es große Unterschiede zwischen den religiös-rechtlichen Auffassungen und der sozialen Akzeptanz von homosexueller Praxis: Teilweise wurde sie bestraft, oft aber auch toleriert; homoerotisches Begehren und homosexuelle Beziehungen zwischen Männern spielen in der mittelalterlichen arabischen Literatur für die Identität der kulturellen Elite eine wichtige Rolle (Sharlet 2010). Gleichgeschlechtliche Sexualität zwischen Frauen wird im *Koran* gar nicht erwähnt, ist aber in historischen Quellen belegt (Habib 2007, 47–62). Lesbische

---

9 Reformorientierte Muslime betonen heute, dass es in dieser Stelle gar nicht um homosexuelle Identität gehe, sondern dass sexuelle Ausschweifungen und die Ausübung homosexueller Gewalt verurteilt werden, siehe beispielsweise Murtaza 2017, 14–23.
10 Die Berichte über Taten und Aussprüche des Propheten Muḥammad und seiner Gefährten wurden von islamischen Gelehrten je nach dem Grad der ihnen zuerkannten Zuverlässigkeit in verschiedene Kategorien unterteilt.

Sexualität wurde zwar meist weniger beachtet, aber im späteren Mittelalter von islamischen Gelehrten analog mit männlicher Homosexualität als Unzucht verurteilt.

Mittlerweile sind weltweit jüdische, christliche und muslimische Interessensgemeinschaften entstanden;[11] es gibt theologische Reflexionen (eine lange Tradition hat bereits die christliche queere Theologie) und es gibt teilweise eigene Gotteshäuser, so etwa seit 2012 eine Moschee für homosexuelle Muslime in Paris[12]. All diese Aufbrüche und Initiativen beziehen sich heute nicht nur auf männliche Homosexualität, sondern inklusiv auf sämtliche Formen der sexuellen Identität.

Obwohl auch in den hinduistischen und buddhistischen Traditionen Heteronormativität vorherrscht, sind die Einstellungen zu Homosexualität nicht uneingeschränkt ablehnend, sondern ambivalent bis indifferent. Gleichgeschlechtliche Sexualität wurde weder verfolgt, noch schwer bestraft. In der brahmanisch-hinduistischen Texttradition wird vor allem der passive homosexuelle Mann verachtet; er gilt als defekt und impotent, weil er nicht dem Bild eines ‚richtigen' Mannes entspricht und keine Söhne zeugt. Die indische Geschichte ist von der Antike bis zur Gegenwart reich an literarischen Quellen für gleichgeschlechtliche Liebesbeziehungen zwischen Männern und zwischen Frauen (Vanita und Kidwai 2000), die zwar ambivalent beurteilt wurden, aber eine ausgeprägte Homophobie entstand erst unter britischer Herrschaft. In der Kolonialzeit wurde Homosexualität kriminalisiert. Nach einem Vorstoß im Jahr 2009 wurde das entsprechende Verbot im Jahr 2018 durch die indische Justiz endgültig aufgehoben.

Im Großteil der buddhistischen Traditionen gilt Homosexualität als Fehlverhalten. Homosexuelles Verhalten wird in den Ordensregeln diszipliniert, führt aber im Gegensatz zu heterosexuellen Vergehen nicht zum Ausschluss aus dem Orden. Eine Ausnahme bilden die toleranten Einstellungen gegenüber männlicher Homosexualität im mittelalterlichen ostasiatischen Buddhismus (Faure 1998, 207–240). Im japanischen Buddhismus wurde die Liebesbeziehung zwischen Mönchen sogar als Prozess der spirituellen Entwicklung beider Partner ästhetisiert. Weibliche Homosexualität ist zwar in verschiedenen Quellen belegt, aber erlangte in keiner buddhistischen Tradition dieselbe Bedeutsamkeit wie männliche Homosexualität.

---

11 Wie der queer-jüdische Verein Keshet in Berlin (https://keshetdeutschland.de/); der Verband European Forum of Lesbian, Gay, Bisexual and Transgender Christian Groups (https://www.lgbtchristians.eu/) oder die Organisation Muslims for Progressive Values (MPV: https://www.mpvusa.org/) mit Netzwerken in vielen Ländern. Es existieren auch viele Organisationen, die religionsübergreifend agieren.

12 Ludovic-Mohamed Zahed (2019), der Gründer der ersten inklusiven Moschee in Frankreich, beschreibt gleichgeschlechtliches Begehren zu allen Zeiten als Teil der arabisch-muslimischen Kulturen.

Sie wurde vergleichsweise negativer beurteilt, weil Frauen als Wesen gelten, die von sexueller Begierde beherrscht sind (Faure 1998, 81f.; 216f.). Das eigentliche Problem an der Sexualität besteht nach der dominanten buddhistischen Auffassung weniger in der Konstellation der Sexualpartner*innen, als in der Begierde, die mit jeder Form von Sexualität verknüpft ist und zu immer neuer Geburt führt.

## 4 Sexualität als Heils-Hindernis

Die Ansicht, dass sich Religion und Sexualität prinzipiell ausschließen, ist weit verbreitet. De facto sind insbesondere Buddhismus und Christentum seit den Anfängen vom Ideal sexueller Enthaltsamkeit als beste bzw. überlegene Lebensform geprägt. In der vedischen Religion hingegen, die als Vorläufer der späteren Hindu-Religionen zu betrachten ist, überwiegt die Orientierung an diesseitigen Daseinszielen, wobei die Gründung einer Familie mit zahlreichen Nachkommen (Söhnen) einen zentralen Stellenwert einnimmt. Im Übergang zur klassisch-hinduistischen Zeit entfaltet sich eine asketische Reformbewegung, deren Ideale einen starken Einfluss auf die Entwicklung der verschiedenen Hindu-Traditionen ausüben. Meist steht die Verwirklichung irdischer Daseinsziele inklusive Sexualität und Lebensweitergabe unvermittelt neben asketischer Weltabkehr oder die beiden Ausrichtungen werden verschiedenen Lebensphasen zugewiesen. So soll ein männlicher Hindu nach brahmanischer Lehrtradition zuerst seine sozialen Pflichten erfüllen – vor allem eine Familie gründen und Nachkommen zeugen –, bevor er sich als älterer Mann auf das transzendente Heil konzentriert und ein asketisches Leben aufnimmt.

In etlichen religiösen Traditionen ist sexuelle Enthaltsamkeit mit spezifischen religiösen Ämtern verknüpft. Dazu zählt etwa der Priester-Zölibat in der christlichen Westkirche (der allerdings erst im 12. Jahrhundert verpflichtend wurde) und später im Katholizismus. In der römischen Religion wird der Verzicht auf Sexualität von den Vestalinnen verlangt oder im Shintō von der Hohepriesterin der Göttin Amaterasu. In Judentum und Islam, aber auch in den meisten anderen Religionen wird unbefristete sexuelle Abstinenz jedoch nicht propagiert oder sogar abgelehnt; Im Lauf der Geschichte fühlt sich höchstens eine Minderheit innerhalb bestimmter asketischer Strömungen dazu verpflichtet.

In den einflussreichen asketisch-monastischen Traditionen von Hinduismus, Buddhismus und Christentum gilt Sexualität ausdrücklich als Heils-Hindernis. Sexualität wird gleichgesetzt mit Unwissenheit, Begierde und Anhaftung bzw. Sünde und Unreinheit und zumindest für die religiöse Elite abgelehnt, meist aber generell verurteilt. Sexuelle Enthaltsamkeit gilt als der beste, wenn nicht einzige, Weg zur Erlangung des Heilszustandes. Da die Frau stärker als der Mann mit Körperlichkeit,

Sexualität und Triebhaftigkeit identifiziert wird, erscheint hier das Bild der sexuellen Verführerin als Inbegriff der Bedrohung für den nach Heil suchenden Mann. Die Gleichsetzung von Frau, Körper und Sexualität bildet in letzter Konsequenz die Grundlage für die tendenziell vorherrschende religiöse Minderwertigkeit von Frauen in zahlreichen religiösen Traditionen. Das gilt allerdings auch für Religionen, die die sexuelle Enthaltsamkeit nicht als Ideal betrachten. Das Stereotyp von der Frau als sexueller Verführerin wurde auch außerhalb asketischer Strömungen breit rezipiert und spielt sowohl im Judentum als auch im Islam eine Rolle. Anders als in den monastisch geprägten Religionen wurde die Lösung des Problems unerwünschter weiblicher Triebhaftigkeit jedoch nicht in radikaler sexueller Enthaltsamkeit, sondern in Kontrolle gesucht.

Die asketisch-monastischen Texttraditionen von Hinduismus, Buddhismus und Christentum stimmen in dem Axiom, dass sich Sexualität und Spiritualität ausschließen, überein. Der weibliche Körper wird in diesem Zusammenhang nicht nur mit Sexualität gleichgesetzt, sondern ist Inbegriff einer Kraft, die die spirituelle Einsicht, Erleuchtung und Gottsuche des Mannes verhindert. Es finden sich viele Aussagen, die hinsichtlich des Abscheus vor dem weiblichen Körper und einer misogynen Grundhaltung vergleichbar sind. Am Beispiel eines berühmten hinduistischen Asketen, der bei allen persönlichen Eigenheiten typische Denkmuster asketischer Frauenfeindlichkeit aufweist, lässt sich der Umgang mit der bedrohlichen weiblichen Sexualität veranschaulichen.[13] Sexuelle Abstinenz allein scheint nicht die sexuelle Gefahr zu bannen, die die Frau insbesondere für den asketischen Mann darstellt, weil sich beispielsweise Begegnungen mit Frauen nicht vermeiden lassen. Von Ramakrishna, der im 19. Jahrhundert in Calcutta gelebt hat und der als einer der größten indischen Heiligen gilt, sind die folgenden Worte überliefert:

> ‚Woman and gold' alone is the obstacle to yoga. Always analyze what you see. What is there in the body of a woman? Only such things as blood, flesh, fat, entrails, and the like. Why should one love such a body?[14]

In den Unterweisungen für seine männlichen Schüler und Verehrer warnt Ramakrishna vor der Verblendung, die von der göttlichen Wirklichkeit ablenkt und an das weltliche Leben bindet. Dafür verwendet er häufig das Schlagwort *kāminī-kañcan*, „woman and gold". Der Begriff, der mit „woman" übersetzt wird, bedeutet wörtlich „eine von sexuellem Verlangen/Lust Erfüllte". Das für die Askese typische Geflecht von Sexualität, Körper und Frau wird durch die Dekonstruktion des weiblichen Körpers in Ekel übersetzt (Olivelle 1995). Für den Asketen bildet der

---

13 Ausführlich dazu Heller 1999, 122–133; 306–316.
14 Ramakrishna. *Kathāmṛta. The Gospel of Sri Ramakrishna*, übers. v. Swami Nikhilananda 2007, 113.

Körper ein Aggregat unreiner Substanzen und Aktivitäten, dazu zählt besonders die Sexualität. Indem man den Körper allgemein und den weiblichen Körper im Besonderen in seine Bestandteile wie Fleisch, Knochen, Blut und Eingeweide auflöst und mit Urin und Exkrementen assoziiert, entstehen die angestrebten Gefühle des Ekels.

Von jenen Anhängern, die sich für eine asketische Lebensweise entscheiden, fordert Ramakrishna, dass sie den Umgang mit Frauen meiden, sich nicht in ihrer Nähe aufhalten, nicht einmal das Bild einer Frau betrachten und nicht viel mit einer Frau sprechen, auch wenn sie noch so fromm ist. Obwohl Ramakrishna seinen verheirateten Anhängern gegenüber zwei Klassen von Frauen unterscheidet, den guten Ehefrauen, die ihre Männer spirituell unterstützen und den schlechten, die ihn vom spirituellen Leben abhalten, betont er, dass die Frau für einen Mann, der die spirituelle Vollendung noch nicht erreicht hat, prinzipiell eine Gefahr darstellt. Er selbst thematisiert die Angst, die er vor Frauen empfindet:

> I am very much afraid of women. When I look at one I feel as if a tigress were coming to devour me. Besides, I find that their bodies, their limbs, and even their pores are very large. This makes me look upon them as she-monsters. I used to be much more afraid of women than at present. I wouldn't allow one to come near me. Now I persuade my mind in various ways to look upon women as forms of the Blissful Mother.[15]

Hier wird die Entsexualisierung des weiblichen Geschlechts zum Mittel, um die Bedrohung, die von Frauen ausgeht, zu bewältigen. Das gelingt offenbar, wenn die Frau als Form der göttlichen Mutter betrachtet wird. Ramakrishna war selbst mit einer wesentlich jüngeren Frau verheiratet, soll aber die Ehe mit ihr nie vollzogen haben, sondern sie mit einem speziellen Ritual als vollkommene Manifestation der göttlichen Mutter verehrt haben.

## 5 Sexualität und Transzendenzerfahrung

Insofern Sexualität eine Grenzerfahrung darstellt, ist sie interessant für das Streben nach religiöser Transzendenz. So kommen im Rahmen von kultischen Handlungen ritualisierte Formen von Sexualität vor, bekannt dafür sind der hinduistische und buddhistische Tantrismus.[16] Für die verschiedenen Strömungen des Tantra ist das

---

15 Ramakrishna. *Kathāmṛta. The Gospel of Sri Ramakrishna*, übers. v. Swami Nikhilananda 2007, 593.
16 Ritualisierte Formen von Sexualität finden sich auch in der modernen westlichen Esoterik, siehe dazu den Beitrag von Hedenborg White in diesem Band.

Überschreiten von religiös tabuisierten Grenzen, wie das Essen von Fleisch, das Trinken von Alkohol und insbesondere Geschlechtsverkehr, charakteristisch.[17] In diesem Kontext werden Sexualflüssigkeiten als machtvolle Substanzen betrachtet und die heterosexuelle Erfahrung rückt ins Zentrum des menschlichen spirituellen Potenzials. Sexualität wird zum Instrument der spirituellen Befreiung und der Geschlechtsakt gilt als symbolischer Ausdruck für die Aufhebung der Dualität in der Erfahrung göttlicher Einheit. Häufig handelt es sich allerdings um Grenzüberschreitungen, die nur mental visualisiert und nicht real praktiziert werden. Selbst wenn es tatsächlich zum Geschlechtsverkehr kommt, findet er unter streng ritualisierten Rahmenbedingungen statt und sexuelle Befriedigung wird ausgeschlossen. Daher ist tantrische Sexualität eine höchst künstliche Angelegenheit, die nichts mit zwischenmenschlicher Beziehung zu tun hat und überwiegend aus einer männlichen Perspektive entworfen ist (Langenberg 2015, 282 f.). Das Machtgefälle zwischen den Geschlechtern (die beteiligten Frauen stammen aus niederen sozialen Schichten) begünstigt Instrumentalisierung, Ausbeutung und Missbrauch der Sexualpartnerinnen.

Auch wenn Sexualität nicht rituell praktiziert wird, kann sie als Metapher für die Vereinigung mit dem Göttlichen dienen. Die erotisch-sexuelle Mann-Frau-Beziehung wird in der sogenannten Brautmystik, die innerhalb der hinduistischen, christlichen und islamischen Mystik belegt ist, zum Symbol der Beziehung zwischen Gott und Mensch. Der Mensch, egal welchen Geschlechts, nimmt dabei stets die Rolle der Braut gegenüber einem männlich personifizierten personalen Gott ein. Mit erotisch-sexueller Metaphorik wird die Gotteserfahrung in verschiedenen Modalitäten wie Sehnsucht, Leidenschaft, Hingabe, aber auch Eifersucht und Trennungsschmerz und letztendlich als Erfahrung der Einheit, als *unio mystica*, beschrieben. Das Konzept der Gottesbraut legt es nahe, dass auch Frauen in diesem Kontext ein – verglichen mit anderen Traditionen – größeres religiöses Gewicht haben. So ist beispielsweise die Hindu-Mystikerin Mīrābāī, die im 16. Jahrhundert gelebt hat, eine der beliebtesten weiblichen Heiligen Indiens. Bis heute populär sind ihre poetischen Lieder, die sich an Kṛṣṇa, ihren einzigen Gott und Bräutigam, richten:

> Come to my house, stranger!
> Bodily pain will go, joy will dawn.
> Let us sing hymns together!
> The peacok has heard the thunder
> And is dancing in ecstasy!

---

[17] Ausführliche Einblicke in die Entwicklung, Konzepte und Praktiken des Tantrismus in Südasien bieten White 2003 sowie Wedemayer 2013, dessen Fokus auf buddhistischem Tantra liegt.

Come to my courtyard now!
The lotus expands
When it beholds the moon,
And great will be my joy, too,
When I can see Thee.
O my companion, I will feel cool
To the very pores of my skin.
Come to my courtyard, Mohan.[18]

Abgesehen von der Einbettung in kulturspezifisch gefärbte Bildsprache sind vergleichbare Texte auch von christlichen Mystikerinnen überliefert. So beschreibt etwa Mechthild von Magdeburg, die im 13. Jahrhundert gelebt hat, ihren Bräutigam Jesus mit den Worten:

O du gießender Gott in deiner Gabe,
O du fließender Gott in deiner Liebe,
O du brennender Gott in deinem Begehren,
O du schmelzender Gott in der Vereinigung mit deiner Liebsten,
O du an meinen Brüsten ruhender Gott,
Ohne dich kann ich nicht sein![19]

## Literatur

Akashe-Böhme, Farideh. 2006. *Sexualität und Körperpraxis im Islam*. Frankfurt/M.: Brandes & Apsel.
Alston, A. J. 1980. The Devotional Poems of Mīrābāī. Delhi: Motilal Banarsidass.
Bauer, Thomas, Bertold Höcker, Walter Homolka, Klaus Mertes und Jan Feddersen. 2013. *Religion und Homosexualität: Aktuelle Positionen*. Göttingen: Wallstein Verlag.
Bolle, Kees W. 2005. „Hieros gamos." In *Encyclopedia of Religion* 6, hg. v. Lindsay Jones, 317–321. Detroit/MI u. a.: Macmillan Reference USA. An Imprint of Thomson Gale.
Boteach, Shmuley. 2003. *Kosherer Sex. Leidenschaft und Intimität* (= *Kosher Sex. A Recipe for Passion and Intimacy*, 1999). Freiburg/B. u. a.: Herder.
Brown, Peter. 1994. *Die Keuschheit der Engel. Sexuelle Entsagung, Askese und Körperlichkeit am Anfang des Christentums* (= *The Body and Society. Men, Women and Sexual Renunciation in Early Christianity*, 1988). München: Deutscher Taschenbuch-Verlag.
Doniger, Wendy. 2016. *Redeeming the Kamasutra*. Oxford: Oxford University Press.
Ende, Werner. 1980. „Ehe auf Zeit (muta) in der innerislamischen Diskussion der Gegenwart." In *Die Welt des Islams* 20, 1–43.
Endsjø, Dag Øistein. 2011. *Sex and Religion. Teachings and Taboos in the History of World Faiths*. London: Reaktion Books.

---

[18] *The Devotional Poems of Mīrābāī*, zit. nach Alston 1980, 83 f.
[19] Mechthild von Magdeburg. *Das fließende Licht der Gottheit* I, 17, übers. v. Gisela Vollmann-Profe 2003, 37.

Faure, Bernard. 1998. *The Read Thread*. Princeton/MA: Princeton University Press.
Frazer, James George. 1977. *Der goldene Zweig. Eine Studie über Magie und Religion* (= *The Golden Bough*, 1890), 2 Bde. Frankfurt/M.: Ullstein.
Ghazālī, Abū Ḥāmid al-. *Das Buch der Ehe. Buch XII der Wiederbelebung der Religionswissenschaften (Iḥyāʾ ʿulūm ad-dīn)*, übers. v. Hans Bauer. 2005 [1917]. Kandern im Schwarzwald: Spohr.
Grieser, Alexandra. 2005. „Sexualität und Geschlechterrollen". In *Metzler Lexikon Religion. Gegenwart – Alltag – Medien*, hg. v. Christoph Auffarth, Jutta Bernard und Hubert Mohr, 289–296. Sonderausgabe. Stuttgart; Weimar: Metzler.
Habib, Samar. 2007. *Female Homosexuality in the Middle East. Histories and Representations*. New York/NY; London: Routledge.
Heiler, Friedrich. 1979. *Erscheinungsformen und Wesen der Religion*. 2. verb. Aufl. Stuttgart u. a.: Kohlhammer.
Heller, Birgit. 1999. *Heilige Mutter und Gottesbraut. Frauenemanzipation im modernen Hinduismus*. Reihe Frauenforschung 39. Wien: Milena Verlag.
*Kāmasūtra*: Vātsyāyana. *Kāmasūtra*, neu übers. und kommentiert v. Wendy Doniger und Sudhir Kakar, 2006 (= *Kāmasūtra*, 2002). Frankfurt/M.: Fischer-Taschenbuch-Verlag.
Langenberg, Amy Paris. 2015. „Sex and Sexuality in Buddhism: A Tetralemma." In *Religion Compass* 9, 277–286.
Lapinkivi, Pirjo. 2008. „The Sumerian Sacred Marriage and Its Aftermath in Later Sources". In *Sacred Marriages. The Divine-Human Sexual Metaphor from Sumer to Early Christianity*, hg. v. Martti Nissinen und Risto Uro, 7–35. Winona Lake/IN: Eisenbrauns.
*Manusmṛti. Manus Gesetzbuch*, übers. und hg. v. Axel Michaels unter Mitarbeit v. Anand Mishra. 2010. Berlin: Verlag der Weltreligionen im Insel Verlag.
Mechthild von Magdeburg. *Das fließende Licht der Gottheit*, hg. v. Gisela Vollmann-Profe. 2010. Berlin: Verlag der Weltreligionen im Insel Verlag.
Nissinen, Martti und Risto Uro. 2008. „Sacred Marriages, or the Divine-Human Sexual Metaphor: Introducing the Project." In *Sacred Marriages. The Divine-Human Sexual Metaphor from Sumer to Early Christianity*, hg. v. Martti Nissinen und Risto Uro, 1–6. Winona Lake/IN: Eisenbrauns.
Olivelle, Patrick. 1995. Deconstruction of the Body in Indian Asceticism. In *Asceticism*, hg. v. Vincent. L. Wimbush und Richard Valantasis, 188–210. New York/NY: Oxford University Press.
Pryke, Louise M. 2017. *Ishtar*. London; New York/NY: Routledge.
Ramakrishna. *Kathāmṛta. The Gospel of Sri Ramakrishna*, übers. v. Swami Nikhilananda. 2007 [1942]. 10. Aufl. New York/NY: Ramakrishna-Vivekananda Center.
Sharlet, Jocelyn. 2010. „Public Display of Affection. Male Homoerotic Desire and Sociability in Medieval Arabic Literature." In *Islam and Homoexuality* 1, hg. v. Samar Habib, 37–56. Santa Barbara/CA u. a.: ABC-CLIO.
Stollberg-Rilinger, Barbara. 2018. „Geschlecht und Religion." In *Gewalt und Geschlecht. Männlicher Krieg – Weiblicher Frieden?*, hg. v. Gorch Pieken, 97–103. Dresden: Sandstein Verlag.
*Sumerische und akkadische Hymnen und Gebete*, eingeleitet u. übertragen v. Adam Falkenstein und Walter von Soden. 1953. Die Bibliothek der Alten Welt. Reihe der Alte Orient. Zürich; Stuttgart: Artemis.
Vanita, Ruth und Saleem Kidwai, Hg. 2000. *Same-Sex Love in India. Readings from Literature and History*. New York/NY: Palgrave.
Wedemeyer, Christian K. 2013. *Making Sense of Tantric Buddhism. History, Semiology and Transgression in the Indian Traditions*. New York/NY: Columbia University Press.

Westheimer, Ruth und Jonathan Mark. 1996. *Himmlische Lust. Liebe und Sex in der jüdischen Kultur* (= *Heavenly Sex*, 1995). Frankfurt; New York/NY: Campus.

White, David Gordon. 2003. *Kiss of the Yoginī. Tantric Sex in Its South Asian Contexts.* Chicago/IL u.a.: University of Chicago Press.

Winter, Urs. 1983. *Frau und Göttin. Exegetische und ikonographische Studien zum weiblichen Gottesbild im Alten Israel und dessen Umwelt.* Orbis biblicus et orientalis 53. Freiburg/Schw.: Universitätsverlag; Göttingen: Vandenhoeck & Ruprecht.

Zahed, Ludovic-Mohamed. 2019. *Homosexuality, Transidentity, and Islam. A Study of Scripture Confronting the Politics of Gender and Sexuality.* Amsterdam: Amsterdam University Press.

# Internetquellen

https://www.lgbtchristians.eu [11.09.2022] (The European Forum of Lesbian, Gay, Bisexual and Transgender Christian Groups).
https://keshetdeutschland.de [11.09.2022] (Die jüdische LGBTQI*-Community in Deutschland).
https://www.mpvusa.org [11.09.2022] (Muslims for Progressive Values).

# Weiterführende Literatur

Boisvert, Donald L. und Jay Emerson Johnson, Hg. 2012. *Queer religion. Homosexuality in Modern Religious History* 1. Santa Barbara/CA: Praeger.

Hoel, Nina, Melissa M. Wilcox und Liz Wilson. 2021. *Religion, the Body and Sexuality: An Introduction.* London; New York/NY: Routledge.

Hunt, Stephen J. und Andrew K. T. Yip, Hg. 2012. *The Ashgate Research Companion to Contemporary Religion and Sexuality.* Farnham/Surrey; Burlington/VT: Ashgate.

Parrinder, Geoffrey. 2004. *Sexualität in den Religionen der Welt* (= *Sex in the World's Religions*, 1980). Düsseldorf: Patmos.

Renger, Almut-Barbara und Christoph Wulf, Hg. 2022. *Paragrana. Internationale Zeitschrift für Historische Anthropologie* 31: *Religion, Geschlecht und Sexualität.* Berlin: De Gruyter.

Birgit Heller
# III.5 Gottheit und Geschlecht

Transzendenz wird in der Religionsgeschichte unterschiedlich konzipiert. Vorstellungen einer unbestimmbaren, apersonalen göttlichen Wirklichkeit stehen neben gestalthaften Gottheiten. Personale Vorstellungen vom Göttlichen sind mit verschiedenen Erscheinungsformen verknüpft, die häufig der organischen Natur entnommen sind. Sowohl Pflanzen- als auch Tiergottheiten sind weit verbreitet, meist tauchen sie gemeinsam oder gemischt mit anthropomorphen Gestalten auf. Teilweise wird nur die Menschengestalt als göttliche Erscheinungsform betrachtet. Personale Gottheiten stehen in einem komplexen Bezugsgeflecht mit den menschlichen Lebensbedingungen. Unter den verschiedenen sozialen, politischen, sprachlichen sowie auf Natur und Umwelt bezogenen Faktoren spielt die Kategorie Geschlecht eine wesentliche Rolle für die Konkretisierung personaler Gottesvorstellungen, das gilt großteils auch für Pflanzen- und Tiergestalten.

Eine der wenigen Abhandlungen, die sich bereits vor dem Aufkommen der Geschlechterforschung ausführlicher mit der Frage nach dem Geschlecht der Gottheit auseinandersetzen, stammt von Alfred Bertholet (1868–1951) aus dem Jahr 1934. Bertholet vertritt die in der Schule der klassischen Religionsphänomenologie geläufige These, dass am Beginn der Religionsgeschichte das Erleben einer unpersönlichen, geschlechtslosen Macht steht (Bertholet 1934, 4; 25). Demnach stelle die Personifizierung des Göttlichen und die damit einhergehende geschlechtliche Differenzierung zwar eine sekundäre, aber durchaus bedeutungsvolle Entwicklungsstufe innerhalb der Religionsgeschichte dar. Bertholet thematisiert nicht nur das Auftreten von Göttern und Göttinnen, sondern verweist explizit auf Gottheiten, die ihr Geschlecht wechseln können bzw. sich in ihrer Geschlechtsidentität nicht eindeutig festlegen lassen, sowie auf die Verbindung von Gottheiten verschiedenen Geschlechts zu einem Paar. Das weit verbreitete Phänomen androgyner Gottheiten mit variantenreichen zweigeschlechtlichen Darstellungen interpretiert er als Versuch, der Gottheit Vollkommenheit zuzuschreiben (Bertholet 1934, 13–21). Diese Beobachtungen und eine Fülle religionshistorischer Beispiele, die zeigen, dass das Geschlecht einer Gottheit nicht mit einer bestimmten Wesensart gekoppelt ist, ergeben für Bertholet den „Eindruck einer ganz überraschenden Elastizität in Bezug auf die Geschlechtsauffassung der Gottheit" (Bertholet 1934, 15).

Was die Zuordnung bestimmter Naturphänomene oder sozialer Rollen und Funktionen zu männlich oder weiblich personifizierten Gottheiten betrifft, so kann teilweise zwar eine bestimmte Häufung, aber keine universale Gültigkeit festgestellt werden. Fast alle Phänomene, die mit dem Himmel (wie Sonne, Monde und Gestirne) und der Erde (wie Meer, Flüsse, Tiere und Pflanzen) verbunden sind, können einzelnen Gottheiten als Zuständigkeitsbereich oder typische Verkörperung zugewiesen sein. Himmelsgottheiten (wie der griechische Zeus oder der germanische Odin) und Sonnengottheiten (wie der ägyptische Re, der babylonisch-assyrische Šamaš oder der aztekische Huitzilopochtli) sind überwiegend männlich personifiziert, es gibt aber auch bedeutende Ausnahmen wie die ägyptische Himmelsgöttin Nut oder die japanische Sonnengöttin Amaterasu. Erdgottheiten werden in vielen Kulturen als primäre Lebensquelle betrachtet und teilweise explizit als „Mutter Erde" verehrt (Dieterich 1925). Das gilt etwa für die griechische Gaia oder für die Gestalt der römischen Tellus Mater, aber genauso für die altamerikanische „Erdmutter" Pachamama. Der ägyptische Erdgott Geb bildet einen wichtigen Gegenbeleg zu der Annahme, dass die weibliche Personifikation der Erde universal verbreitet ist.[1]

Sowohl die Beziehungen zwischen einzelnen Gottheiten als auch die Beziehungen zwischen Gottheiten und Menschen werden in Analogie zu zwischenmenschlichen Sozialbeziehungen, sozialen Rollen und Funktionen beschrieben. Viele soziale Rollen wie König*in, Schutzherr*in, Richter*in, Heiler*in, Kulturstifter*in werden auf Gottheiten unabhängig vom Geschlecht übertragen. Mit dem Geschlecht einer Gottheit ist jedenfalls keine Aussage über ihre Machtfülle verbunden. Zwischen der symbolischen und der sozialen Wirklichkeit bestehen vielfältige Zusammenhänge und Wechselwirkungen. Gottesbilder sind nicht nur Projektionen oder Spiegel von Menschenbildern. Das Geschlecht einer Gottheit kann sich in unterschiedlicher Weise auf den Status der Geschlechter und auf Geschlechterbeziehungen auswirken. Was sich zeigt, ist, dass geschlechtlich geprägte Bilder von Gottheiten als mächtige Symbole wirken, die sowohl traditionelle Geschlechterkonstrukte legitimieren und verstärken als auch deren dynamische Transformationen vorantreiben können.

# 1 Gottheiten und Geschlechterrollen

Die angebliche Priorität des Muttersymbols in der anthropomorphen Gottesvorstellung hat in der Vergangenheit viele männliche Forscher dazu geführt, das „Urphänomen des Muttergöttinnenkultes" zu postulieren.[2] Das Verständnis des Begriffs ‚Muttergöttin' ist jedoch uneinheitlich und insofern problematisch, als sich biologische (etwa ‚Gebärerin der Götter' oder ‚Menschenschöpferin') und soziale

---
1 Gegen eine unangemessene Universalisierung des Konzeptes von der ‚Mutter Erde' wendet sich der kritische Beitrag von Swain 1988.
2 Das Zitat stammt von Heiler 1979, 465. Vgl. dazu auch van der Leeuw (1956, 91 f.), der von der größeren „Mächtigkeit des Weibes" als Trägerin des Lebens spricht.

Elemente der Mutterrolle (angeführt werden beispielsweise Schutz, Pflege, Fürsorge und Hingabe), die kulturspezifisch und historisch beeinflusst sind, mischen.

In den frühen Schriftkulturen werden viele Göttinnen als ‚Mutter' bezeichnet.[3] Das gilt etwa für die babylonisch-assyrische Göttin Ištar, für die großen ägyptischen Göttinnen Hathor und Isis oder für die griechische Demeter, wobei die Bezeichnung allein noch keine Aussage über das Ausmaß der Bedeutung und die Entfaltung der Mutterrolle bezogen auf die jeweilige Göttin zulässt. Die Muttersymbolik findet sich auch den großen Religionen der Gegenwart: in vielen hinduistischen Göttinnen, in der buddhistischen Guanyin, aber auch in der katholischen Marienverehrung oder der muslimischen Fāṭima-Tradition. Als Spezialfall der religiösen Muttersymbolik ist die weit verbreitete Vorstellung von der ‚Mutter Erde' zu betrachten.

Die Mutterverehrung bildet jedoch nur eine Dimension der Göttinnen-Verehrung. Während die Muttersymbolik in der Religionsforschung allerdings hervorgehoben wurde, wurden Aspekte wie die aggressiv-kriegerische Macht, die etwa die babylonisch-assyrische Ištar und die phönizisch-kanaanäische Anat auszeichnen oder die Gelehrsamkeit und Weisheit der hinduistischen Sarasvatī vergleichsweise wenig beachtet. Die Interpretation der zahlreichen weiblichen Statuetten aus der Frühgeschichte ist bis heute umstritten. Obwohl die Kontinuität mancher Züge bis in die Zeit der frühen Schriftkulturen sowie ähnliche Phänomene in indigenen Religionen die Vermutung unterstützen, dass die Figuren zumindest teilweise als weibliche Gottheiten zu deuten sind, lässt die Vielfalt der Formen und Fundorte weder eine pauschale Deutung (beispielsweise als ‚Mutter Erde') noch ein einheitliches Konzept einer Muttergöttin zu (Preston 2005, 3583f.). Auf der Bildebene bringen nur Darstellungen von Frauen mit Kind die Muttersymbolik eindeutig zum Ausdruck, vielschichtiger sind jene Darstellungen, bei denen die Mutterfunktion beispielsweise aus betonten weiblichen Körpermerkmalen oder bestimmten Attributen wie vollen Krügen und dergleichen abgeleitet wird. An dieser Stelle entsteht ein fließender Übergang zur Fruchtbarkeitssymbolik, die allerdings nicht zwangsläufig an die Muttersymbolik gebunden sein muss (zum Beispiel Balz-Cochois 1992).

Fruchtbarkeit meint überdies nicht nur Fortpflanzung und Lebenssicherung durch ausreichende Nahrung, sondern kann sich in einem breiteren Sinn auf ein Leben in Fülle beziehen. So bettet die Bildsymbolik, die mit der sumerisch-akkadischen Göttin Inanna-Ištar[4] verbunden ist, den Aspekt der Fruchtbarkeit beson-

---

3 Vgl. dazu die zahlreichen Belege bei James 1959, der den Begriff allerdings zu undifferenziert und pauschal für die vielfältigen Phänomene der Göttinnen-Verehrung verwendet.
4 Inanna-Ištar gilt als die bedeutendste und „langlebigste" Gottheit Mesopotamiens (Pryke 2017, 3). Zahlreiche Schrift- und Bildquellen belegen die facettenreichen Züge dieser komplexen Göttin und umfassen eine Spanne von mehr als 3000 Jahren. Die sumerische Inanna ist die Vorgängerin der akkadischen (babylonisch-assyrischen) Ištar, mit der sie verschmolzen wurde.

ders anschaulich in den größeren Kontext von sexueller Lebenskraft und Erotik ein (Winter 1983, 252–413). Hier steht nicht die Mutterrolle der Göttin im Vordergrund, sondern sakral gedeutete Sexualität, die Überfluss, Wohlergehen, Reichtum und Lebenslust garantieren soll. Darüber hinaus spricht vieles dafür, dass die Wachstums- und Transformationskräfte, die vor allem Göttinnen (besonders der Mutter Erde oder mit ihr assoziierten Göttinnen), zugeschrieben werden, auch den physischen Tod umfassen und in neues Leben wandeln. Viele Göttinnen besitzen eine komplexe Gestalt, deren Züge weit über die soziale Mutterrolle hinausreichen. Die Kombination von Geburt/Schöpfung, Lebenserhaltung sowie Transformation des Todes macht Göttinnen zum Symbol für die große kosmische Macht des Lebens und des Todes. Allerdings wird diese Leben und Tod umfassende Symbolik in modifizierter Weise auch bedeutenden männlichen Gottheiten zugeschrieben. So sind etwa in den Hindu-Religionen die wichtigsten männlich personifizierten Götter Viṣṇu und Śiva in den jeweiligen Traditionen, in deren Zentrum sie stehen, durch die Grundfunktionen Schöpfer – Erhalter – Zerstörer als Ausdruck ihrer Allmacht charakterisiert.

Die Bezeichnung einer Göttin als ‚Mutter' ist nicht unbedingt ein Hindernis für die ihr gleichzeitig zugesprochene Jungfräulichkeit. Beispielsweise werden die phönizisch-kanaanäische Göttin Anat oder die babylonisch-assyrische Ištar als Jungfrau, Dirne und Mutter zugleich bezeichnet. Jungfräulichkeit meint in diesem Zusammenhang nicht sexuelle Unversehrtheit und Enthaltsamkeit, sondern scheint die Unabhängigkeit einer Göttin und einen Status besonderer Macht zu signalisieren (Iwersen 2005). Auch die hinduistische Göttin Durgā, die in sich die Macht aller männlichen Götter im Kampf gegen die Dämonen vereint, ist in diesem Sinn der Prototyp einer jungfräulichen, unabhängigen Göttin, wenngleich sie andererseits als mütterliche kosmische Königin und Partnerin Śivas betrachtet werden kann.

Die Vatersymbolik ist in der anthropomorphen Gottesvorstellung ebenfalls weit verbreitet. Oft gelten der männlich vorgestellte Himmel und die weiblich vorgestellte Erde als Urpaar, das in den Rollen von Vater und Mutter am Beginn der Erschaffung des Kosmos steht (Staudacher 1968). Teilweise bezieht sich die Vatersymbolik auf das besondere Verhältnis zwischen König und Gott. Durch die Vorstellung einer physischen Gottessohnschaft wird beispielsweise in Ägypten das Königtum legitimiert. Diese Idee findet sich – allerdings als geistiges Verhältnis – auch in der alt-israelitischen Königsideologie. Obwohl die *hebräische Bibel* insgesamt sehr zurückhaltend mit der Vateranrede Gottes ist, charakterisiert diese an etlichen Stellen in den prophetischen Schriften das Verhältnis von Jahwe und seinem Volk Israel. Im Christentum dominiert die Vatervorstellung das Gottesbild.[5]

---

5 Die Vorstellung von einem göttlichen Vater wurde in der christlich-feministischen Theologie stark

Allerdings beziehen sowohl jüdische als auch christliche Texttraditionen mütterliche Aspekte in das vorwiegend männlich geprägte Gottesbild mit ein. Die Anrede einer Gottheit als ‚Vater' und ‚Mutter' zugleich ist in verschiedenen Religionen belegt. Ein eindrückliches Beispiel für diese Rollenverschmelzung findet sich in der japanischen Neureligion Tenrikyō, in deren Zentrum der sogenannte „elterliche Gott" Oyagami steht (Laube 1978).

In vielen Religionen bildet die heterosexuelle Paarbeziehung ein Modell für Götterpaare, die als Liebes- oder Ehepaare erscheinen. Zahlreich sind die Beispiele aus den altorientalischen Religionen, der griechischen und römischen Religion, den keltischen und germanischen religiösen Traditionen, aber auch aus dem Shintō, den Hindu-Religionen, dem tantrischen Buddhismus oder den altamerikanischen Religionen. Im göttlichen Paar können sich kulturelle Geschlechterbeziehungen spiegeln und wiederum auf diese zurückwirken. So dient die Metapher des göttlichen Paares beispielsweise im hinduistischen Kontext als Modell für die Hingabe der Frau an den Ehemann. Obwohl heterosexuelle Beziehungen zwischen Götterpaaren überwiegen, sind auch homosexuelle Beziehungen zwischen Gottheiten belegt. Insbesondere die hinduistische Mythologie erweist sich als Fundgrube für dieses Phänomen (Pattanaik 2012, 61; 72–74).

In vielen religiösen Traditionen dient die Geschlechterbeziehung nicht nur als Modell für die Beziehung zwischen Gottheiten, sondern auch als Metapher für die Gott-Mensch-Beziehung. In der christlichen, hinduistischen und islamischen Brautmystik steht der Mensch beiderlei Geschlechts in der Rolle der Braut oder Ehefrau einem männlich personifizierten Gott gegenüber. Die Beziehung zwischen dem göttlichen Ehemann und seinem menschlichen Gegenüber reproduziert Geschlechterstereotypen, indem die weibliche Rolle, die jeder Mensch einnehmen soll, vor allem durch Hingabefähigkeit gekennzeichnet ist (Heller 2007). Die Vorstellung vom göttlichen Ehemann kann aber auch ein emanzipatives Potenzial entfalten und die sozial normierte weibliche Geschlechterrolle außer Kraft setzen. Die uneingeschränkte Bindung von Frauen an den einzigartigen göttlichen Ehemann führt teilweise zur radikalen Abwertung der ‚sterblichen' Ehemänner. Frauen, die Gott als ihren wahren Ehemann verehren, erhalten eine religiöse Legitimation zur Verweigerung ihrer sozialen Rolle als Ehefrau. Die soziale Abhängigkeit vom Mann wird durch die Bindung an den männlich personifizierten Gott ersetzt. Besonders illustrativ ist das Beispiel der Hindu-Mystikerin Akkamahādēvī, die im 12. Jahrhundert n. chr. Z. gelebt hat. Sie verlässt den ungewollten Ehemann und widmet sich der ausschließlichen Verehrung Śivas, den sie als ihren wahren Ehemann be-

---

kritisiert, weil sie für die religiöse Legitimierung patriarchaler Gesellschaftsstrukturen herangezogen wurde. Siehe dazu exemplarisch den Klassiker von Daly 1973.

trachtet. Akkamahādēvī wird von der zeitgleich entstandenen Reformbewegung der Liṅgāyats als spirituelle Autorität und Gründungsfigur anerkannt.

## 2 Göttinnen und Frauen

In den frühen Schriftkulturen sind männliche und weibliche Gottheiten mehr oder weniger ausgewogen vertreten, wobei sich die männlichen Gottheiten allmählich immer stärker durchsetzen. Judentum, Christentum und Islam sind – trotz einer theologisch behaupteten Geschlechtstranszendenz Gottes – durch dominant männliche Gottesbilder gekennzeichnet. Die Zurückdrängung der weiblichen Symbolik in der Gottesvorstellung wurde früher im Kontext religiöser Evolutionstheorien als Höherentwicklung vom materiell-weiblichen (Mutter-)Prinzip zum geistig-männlichen (Vater-)Prinzip gedeutet.[6] Die damit verbundene Einteilung der Religionen in sogenannte Vaterreligionen und Mutterreligionen, wobei das Vatersymbol für Zielorientierung und Geschichtsmächtigkeit, das Muttersymbol hingegen für Kreislauf und Lebensmacht steht (van der Leeuw 1977, 99), entspricht einem verbreiteten Geschlechterrollenklischee und nicht der religiösen Wirklichkeit.

Das kontinuierliche und vielgestaltige Phänomen der Göttinnen-Verehrung (Kinsley 1989; Olson 1990; Billington und Green 1996) ist weder durch eine Evolutionstheorie noch durch die Reduktion auf die Muttersymbolik erklärbar. Göttinnen sind nicht an einen bestimmten Funktionszusammenhang gebunden. Weibliche Gottheiten spielen eine zentrale Rolle in der Zivilisationsentwicklung im Mittelmeerraum, im Alten Orient, in Indien, China und Japan, wobei sie durch vielfältige Funktionen wie Erotik, Fruchtbarkeit, Schutz, Herrschaft, Krieg oder Weisheit ausgewiesen sind. Obwohl anthropomorphe und explizit weibliche Gottesbilder in der jüdischen, protestantischen und besonders in der islamischen Theologie kritisiert und teilweise vehement zurückgedrängt wurden, hat die Verehrung von Göttinnen bis heute nichts an ihrer Vitalität und Bedeutung verloren. Angeregt durch die verstärkte weibliche Identitätssuche in diversen feministischen Theologien und in der Feministischen Spiritualität (zum Beispiel Christ 1978; Ruether 1987) hat sich ab den 1970er Jahren sogar eine Neubelebung der Göttinnen-Verehrung unter Anknüpfung an verschiedenste religionsgeschichtliche Wurzeln vollzogen.

Die Existenz weiblicher Bilder und Verkörperungen des Göttlichen wirft die Frage auf, in welcher Beziehung die Göttinnen und die real lebenden Frauen stehen. In diesem Kontext wird seit langem der Zusammenhang zwischen der Verehrung von Göttinnen und dem Status von Frauen in der Gesellschaft diskutiert (King 1997;

---

6 Prominentester Vertreter dieser Theorie ist Johann Jakob Bachofen.

Wilke 2000). Insbesondere Matriarchatstheorien sind diesbezüglich von ideologischen Vorannahmen geprägt. Sowohl ältere religionssoziologische Ansätze[7] als auch prominente Vertreterinnen der modernen Strömung der Feministischen Spiritualität[8] postulieren einen linearen Zusammenhang zwischen einer Muttergöttin und matriarchalen Gesellschaftsformen. Ein Automatismus zwischen der Verehrung einer Muttergöttin bzw. einer mächtigen Göttin und der zentralen sozialen Bedeutung von Frauen ist aber genau so wenig belegbar wie das Matriarchat als universale Kulturstufe (Röder, Hummel und Kunz 1996).

Männliche Gottesbilder dienen häufig dazu, die männliche Dominanz im Zusammenleben der Geschlechter zu legitimieren. So wird etwa im Rahmen der christlichen Haustafel-Ethik[9] die Unterordnung von Frauen unter ihre Ehemänner damit begründet, dass der Mann gegenüber der Frau dieselbe Position wie der (männliche) Christus gegenüber der (weiblichen) Kirche einnimmt (*Der Brief an die Epheser* 5, 22–24). Die Zusammenhänge zwischen der Verehrung von Göttinnen und dem sozialen Status von Frauen erscheinen vergleichsweise kontrastreicher (Heller 2022). Göttinnen können herrschende gesellschaftliche Stereotype und Ideale modellhaft verstärken und autorisieren. Sie können spiegeln, was Frauen einer bestimmten kulturellen Überzeugung nach sind und/oder sein sollen. Sie können die traditionellen Geschlechterrollen legitimieren und zur Festschreibung bestehender Herrschaftsverhältnisse herangezogen werden. Göttinnen können sich aber auch als Kontrastfiguren auf ein menschliches Gegenüber beziehen und der sozialen Realität von Frauen manchmal geradezu diametral entgegengesetzt sein. Sie stellen beispielsweise ein unerreichbares Ideal dar, das sich sehr nachteilig auf konkretes Frauenleben auswirken kann. Als Gegenbilder zum kulturell normierten Frausein können Göttinnen allerdings auch alternative Modelle für weibliche Identitätsbildung anbieten, wenn sie als Symbole für machtvolle Potenziale von Frauen betrachtet werden. Weiblich (und auch männlich) geprägte Gottesvorstellungen wirken sich ganz unterschiedlich auf das Leben von Frauen und Männern aus. Es kommt vor allem darauf an, wer sich der Symbolik der Göttinnen in welchem Kontext bedient und wer in einer sozialen Gemeinschaft Deutungsmacht innehat.

Zwischen Göttin-Symbolik und dem hohen Status von Frauen besteht keine notwendige Korrelation. Die konträren Bezüge zwischen Göttinnen und Frauen lassen sich am Beispiel der Hindu-Religionen gut veranschaulichen. Zwischen dem symbolischen und dem realen Frauenbild liegt in der klassisch-brahmanischen Sicht eine tiefe Kluft, die durch ebenfalls vorhandene Bezüge nicht überwunden

---

7 Immens einflussreich war die Abhandlung von Johann J. Bachofen aus dem Jahr 1861.
8 Vgl. dazu insbesondere das Lebenswerk von Heide Göttner-Abendroth über das Matriarchat.
9 Die sogenannten „Haustafeln" regeln in der christlichen Antike das Verhältnis von Personen, die in einem gemeinsamen Haushalt leben.

wird. Während das symbolische Frauenbild autonome, ambivalente Göttinnen von untergeordneten, wohlwollenden Göttinnen unterscheidet, gilt das Wesen der realen Frau als grundsätzlich verdorben und der Kontrolle bedürftig. Der fundamentale Unterschied im Umgang mit den Konzepten von Göttin und biologischer Frau besteht darin, dass Autonomie und Kontrolle über die eigene Sexualität für Frauen nicht vorgesehen sind.

Im brahmanisch geprägten Hinduismus ist der Gegensatz zwischen extensiver Göttinnen-Verehrung und inferiorem Status von Frauen besonders auffällig. Allerdings spielt die Vorstellung, dass Frauen Manifestationen der Śakti sind, in der jüngeren hinduistischen Religionsgeschichte und indischen Politik eine wichtige Rolle und Frauen werden auch mit ‚wilden' Göttinnen wie Kālī oder Durgā assoziiert. Auch hier lassen sich multivalente Bedeutungen der Göttin-Symbolik erkennen. So inspiriert beispielsweise die Heilige Mutter Sarada Devi (1853–1920), die als Verkörperung der göttlichen Mutter Kālī verehrt wird, einerseits die religiöse Autonomie der Nonnen des nach ihr benannten Ordens Shri Sarada Math. Andererseits festigt sie als hingebungsvolle Partnerin des bekannten Mystikers Ramakrishna das Ideal der untergeordneten Ehefrau (Heller 1999, 317–324). Im zeitgenössischen politischen Aktivismus werden hinduistische Göttinnen (vor allem Durgā) sowohl zu militanten Identifikationsfiguren in hindu-nationalen Frauenorganisationen als auch zur feministischen Inspirationsquelle in Kampagnen gegen die Gewalt an Frauen (Smears 2019). Ob indische Göttinnen als mythische Frauenmodelle eine Quelle der Inspiration und Ermächtigung sein können oder primär Produkte männlicher Phantasien und Ideen über Frauen darstellen und erwünschte weibliche Qualitäten verkörpern, ob sie eine hierarchische Geschlechterordnung sanktionieren oder weibliche Identität und Handlungsmacht stiften, hängt vom Kontext und der Interpretation der Göttin-Symbolik ab.

## 3 Gott und Transgender

Die Terminologie, die in der Sexualwissenschaft für die Beschreibung der sexuellen Identität bzw. der sexuellen Orientierung verwendet wird, ist komplex und umfasst Bezeichnungen wie *homosexuell, heterosexuell, bisexuell, intersexuell, queer, transsexuell, cisgender, fluid gender, transgender usw.* Die Religionsgeschichte bietet reichhaltiges Material für eine Vielfalt von Transgender-Phänomenen, wobei der Terminus *Transgender* hier als Oberbegriff für verschiedene Formen des Geschlechterdiversität verwendet wird. Der Begriff lässt offen, ob ein Geschlechtswechsel vollzogen wird, ob männliches und weibliches Geschlecht kombiniert werden oder ob die Geschlechterdualität im Sinn fixer Kategorien transzendiert wird. Im Kontext religiöser Traditionen spielen vor allem die Phänomene des Geschlechtswechsels mit äußerlichen Konsequenzen (also etwa geschlechtsspezifisch konnotierter Kleidung bzw. Transvestitismus/Crossdressing) oder des Geschlechtswechsels mit körperlichen Veränderungen (wie Kastration), die Überschreitung der Geschlechterdualität sowie androgyne Vorstellungen bezogen auf Menschen und Gottheiten eine bedeutsame Rolle. Die Geschlechtsbestimmung und -symbolik von Gottheiten ist nicht immer eindeutig und entspricht teilweise nicht der binären Geschlechterkonstruktion. Im Folgenden liegt der Fokus auf den Geschlechtsvariationen von Gottheiten und ihren Wechselwirkungen mit der sozialen Praxis.

## Transsexuelle Gottheiten

Der Begriff transsexuell wird unterschiedlich definiert und bezieht sich hier auf einen Geschlechtswechsel im Rahmen der Geschlechterbinarität, entweder von Mann zu Frau oder von Frau zu Mann. Dem Anschein nach überwiegen die Transformationen eines anatomisch männlichen Menschen in Richtung des weiblich definierten Geschlechts, betreffend Körpermerkmale, äußere Erscheinung und soziale Rolle.[10] Geschlechtsschwankungen, die entweder keine eindeutige Geschlechtsbestimmung zulassen oder auf einem (vorübergehenden) Geschlechtswechsel beruhen, sind auch für etliche Gottheiten belegt. So wird etwa der transzendente Bodhisattva Avalokiteśvara in Ostasien in der weiblichen Gestalt der Guanyin (in China) bzw. Kannon (in Japan) verehrt; der altnordische Gott Loki wandelt sich häufig zur Frau und gebiert sogar Kinder (Bonnetain 2015, 396f.; 399). In den Hindu-Religionen nehmen Geschlechtstransformationen einen prominenten Platz ein.

Etliche Hindu-Mythen erzählen von einem Geschlechtswechsel der beiden großen männlich personifizierten Hindu-Gottheiten Śiva oder Viṣṇu von Mann zu Frau (Pattanaik 2012, 66–77). Der populärste Geschlechtswechsel wird Viṣṇu zugeschrieben, der die Gestalt der Mohinī annimmt. In dem berühmten Schöpfungsmythos von der Quirlung des Milchmeeres verbünden sich die beiden Göttergruppen, die sogenannten Devas und Asuras (die später dämonisiert wurden), mit dem Ziel den Trank der Unsterblichkeit zu erlangen, was ihnen auch gelingt. Als die Asuras sich des Trankes bemächtigen, werden sie von Viṣṇu, der die Devas unterstützt, ausgetrickst. Viṣṇu nähert sich den Asuras in der Gestalt einer wunderschönen Frau und erregt sie mit ihren sinnlichen Körperbewegungen. Die Asuras

---

10 Es ist unklar, ob das Übergewicht des Geschlechtswechsels von männlich zu weiblich eine Frage verzerrter Wahrnehmung ist, weil die umgekehrte Bewegung bislang eine geringere Aufmerksamkeit erfahren hat oder andere Erklärungen erfordert.

sind von ihrer Schönheit bezaubert, betört von ihrem lüsternen Lächeln und ihrer üppigen Figur. Und sie können nicht anders als ihr das Gefäß mit dem Unsterblichkeitstrank zu überlassen. Auf der einen Seite repräsentiert Mohinī das klassische Modell der Verführerin, sie ist die personifizierte Verblendung. Auf der anderen Seite kann sie auch als Transsexuelle betrachtet werden. Es gibt noch weitere wichtige Mythen, die sich um Mohinī drehen. Bekannt und oft ins Bild gesetzt ist eine Episode, in der Śiva Viṣṇu ersucht wieder seine Mohinī-Form anzunehmen. Viṣṇu entspricht der Bitte, woraufhin Śiva der Verführungskraft dieser Gestalt völlig verfällt und tatsächlich die wahre Identität Viṣṇus vergisst. Er rennt ihr nach und vergießt seinen Samen. Ein populäres Motiv der indischen Kunst ist Śiva, der Mohinī umarmt.

Die Erzählungen vom göttlichen Geschlechtswechsel haben verschiedene Bedeutungen. Das konkrete Beispiel der Mohinī-Tradition kann als Symbol für den Konflikt zwischen dem weltlich-sinnlichen Leben und dem spirituell-enthaltsamen Leben aufgefasst werden. In der normativen Hindu-Tradition der Brahmanen werden weltliches Leben, Sinnlichkeit, Triebhaftigkeit stets mit Frauen assoziiert. Insofern bestätigt die Gestalt der Mohinī das klassische weibliche Geschlechtsmuster. Weil Viṣṇu im Grunde eine männlich personifizierte Gottheit ist, repräsentiert Mohinī auch ein Symbol für Transsexualität, das in ein Setting homoerotischer Begegnungen zwischen Śiva und Viṣṇu eingewoben wird. Die interessante Frage, ob diese antiken göttlichen Vorbilder von Homosexualität zeitgenössische gleichgeschlechtliche Beziehungen legitimieren und befördern können, wird verschieden beantwortet. So greifen hinduistische Hijras (ein Dachbegriff für die heutigen Transgender-Gemeinschaften in Südasien, Pakistan und Bangladesh) auf diese Traditionen zurück, um ihre Existenz und Lebensweise zu rechtfertigen (Heller 2017, 248). Die indische Gender-Forscherin Ruth Vanita (2005, 87) weist darauf hin, dass die Erzählungen über den göttlichen Geschlechtswechsel das gleichgeschlechtliche Begehren in Indien in die gesellschaftlich akzeptablere Form des heterosexuellen Begehrens gießen. So gesehen können die göttlichen Vorbilder zwar Freiräume für Menschen schaffen, die nicht in den Rahmen traditioneller Heteronormativität passen, aber um den Preis, dass kulturelle Geschlechterstereotype (in der Form von weiblicher Körpermodellierung und weiblichem Verhalten) reproduziert werden (Pattanaik 2012, 133).

## Androgyne Gottheiten

Der Begriff androgyn bezieht sich auf ein Wesen, das in der körperlichen Gestalt gleichzeitig männlich und weiblich ist. In der religionsgeschichtlichen Forschung werden die Bezeichnungen Androgynie und Hermaphroditismus teilweise synonym verwendet. Es existieren verschiedene Bilder einer halb-männlichen und halbweiblichen Figur. Manchmal verläuft die Grenzlinie horizontal, meistens aber vertikal, wobei eine Seite, meist die linke, mit einer weiblichen Brust versehen ist. Mythologisch wird unterschieden zwischen Gestalten, die sich in männliche und weibliche Wesen zerteilen oder umgekehrt zu einer Einheit verschmelzen.[11]

Androgyne Gottheiten sind zwar nicht universal, aber weltweit in vielen Kulturen verbreitet, die beispielsweise indigene afrikanische Traditionen, aber auch die europäische Moderne umfassen.[12] In Indien sind Bilder des sogenannten Ardhanārīśvara in verschiedenen Variationen seit den ersten Jahrhunderten n. chr. Z. belegt. Diese Gestalt repräsentiert eine der populärsten Formen der Gottheit Śiva, der als der indische Androgyne schlechthin betrachtet wird (O'Flaherty 1980, 310). Der Name *ardhanārīśvara* heißt übersetzt „der Herr, der zur Hälfte Frau ist" und verleiht der männlichen und der weiblichen Gottheit, Śiva und Pārvatī, die in diesem Kombinations-Bild verschmolzen sind, einen jeweils anderen Status. Es handelt sich um ein grammatikalisch maskulines Substantiv für einen männlichen Androgynen. Das ist kein Zufall, sondern hängt mit der Tatsache zusammen, dass sich dieses Bild und seine Varianten im Kontext der idealen und realen Beziehungen zwischen Männern und Frauen entwickelt haben.

Die ikonographischen Darstellungen des Ardhanārīśvara enthalten bestimmte Merkmale, die sich quer durch Zeiten und Orte gleichen und auf diese Weise die kohärente Tradition eines Standard-Modells mit gewissen Variationen herstellen. Die rechte Hälfte des Bildes ist üblicherweise männlich, die linke weiblich gekennzeichnet. Neben Merkmalen, die geteilt werden (wie Ornamente, Ringe, Gürtel), gibt es auch geschlechtsspezifische Charakteristika, die sich in Kleidung, Ohrringen, Frisur und Farben, sowie in der körperlichen Präsentation ausdrücken: Śiva und Pārvatī teilen ein Gesicht und einen Körper, aber die männliche Hälfte weist männliche Körpercharakteristika wie flacher Brustkorb, breite Schulter, weniger ausgeprägte Taille und manchmal einen halben Phallus auf. Die weibliche Hälfte ist hauptsächlich charakterisiert durch eine gut entwickelte weibliche Brust, schmale Taille und im Vergleich zur männlichen Hälfte eine vollere Hüfte. Das dritte Auge Śivas, das Symbol der Weisheit, tritt in verschiedenen Formen auf, in Korrespondenz zum Bindu, dem Zeichen der verheirateten Frau, oder in der Mitte der Stirn geteilt von beiden Hälften. Śiva wird meist mit dem für ihn typischen Dreizack oder

---

11 Vgl. dazu und für einen typologischen Überblick O'Flaherty 1980, 283–309.
12 In einer ethnologischen Studie über Bisexualität hat Hermann Baumann (1955, 129–249) eine Vielzahl von Belegen für androgyne (von ihm auch bisexuell genannte) Gottheiten gesammelt, die einen Eindruck von der Verbreitung des Phänomens vermitteln, auch wenn Darstellung und Interpretation nicht mehr zeitgemäß sind.

einer Axt dargestellt. Pārvatī hingegen hält einen Spiegel, eine Blume oder einen Papagei in ihrer Hand.

Der Ardhanārīśvara ist ein Symbol mit unterschiedlichen Bedeutungen (Heller 2017). Die wichtigste spirituelle Bedeutung des androgynen Gottesbildes bezieht sich auf die Selbst-Realisierung und das Erlangen der endgültigen Befreiung aus dem Geburtenkreislauf. Das Verschmelzen von männlich und weiblich wird als Symbol der Nicht-Zweiheit verwendet, das die Überwindung des Todes und das Erreichen der Unsterblichkeit bezeichnet. Es geht um einen Prozess der Selbst-Transformation, der auch von der Aufhebung der Geschlechterbestimmungen begleitet ist. Die historischen Geschlechterkonzepte werden durch die Einsicht in die letztgültige göttliche Nicht-Zweiheit und der nicht-dualen Essenz des Selbst irrelevant. In diesem Sinn kann der Ardhanārīśvara als ein emanzipatorisches Symbol betrachtet werden, das Sexualität und Geschlecht transzendiert.

Neben dieser religiösen Bedeutung gilt das Bild als Symbol der Gleichheit und des Gleichgewichts zwischen den Geschlechtern. Diese Interpretation findet sich bei westlichen Feministinnen und modernen indischen Forscherinnen gleichermaßen. Westliche Feministinnen waren vor allem in den 1970er Jahren von androgynen Vorstellungen inspiriert. So wollte die Religionswissenschaftlerin Rita Gross (1977) durch eine androgyne Perspektive die androzentrischen Vorannahmen der religiösen Traditionen und ihrer Erforschung korrigieren. Sie bezieht sich explizit auf das androgyne Modell der Gottheit in Indien. Erst in jüngerer Zeit hat die indische Forscherin Neeta Yadav (2002) in einer Studie zum Ardhanārīśvara in Kunst und Literatur diese Figur als Verkörperung der wahren ehelichen Liebesbeziehung, als Symbol perfekter Harmonie und Gleichgewicht zwischen Śiva und Pārvatī idealisiert. Näher besehen erweist sich die Figur allerdings als ein Porträt der Gleichheitsillusion (Goldberg 2002, 112). Die bedingungslose Hingabe an den männlichen göttlichen Partner findet ihren höchsten Lohn, indem die Göttin zu seiner Hälfte wird.[13] Das Symbol des zu einer mannweiblichen Gestalt vereinten göttlichen Paares wird auch als Modell des menschlichen Paares herangezogen (Leslie 1989, 30). Allerdings täuscht die androgyne Form über das tatsächlich vorhandene Ungleichgewicht hinweg. Auf der göttlichen Ebene bleibt das männliche Prinzip, näherhin Śiva, dominant, auf der menschlichen Ebene impliziert die ideale Einheit des verheirateten Paares, dass sich Pflichten, Lebensziel und Identität der Frau gänzlich von ihrem Ehemann herleiten.

---

13 Es existieren auch Mythen und volkstümliche Traditionen, die erzählen, dass Śiva mit Pārvatī verschmolzen ist, um sie daran zu hindern, zornig zu werden und ihn zu verlassen. Untrennbar damit verbunden ist die Absicht ihre Macht zu begrenzen bzw. zu kanalisieren.

Aus den ikonographischen Merkmalen lässt sich deutlich erkennen, dass die Bilder des Ardhanārīśvara religiöse Bedeutung in einer Sprache vermitteln, die alles andere als geschlechtsneutral ist. Sie vermittelt Geschlechterstereotype. Obwohl die einzelnen Bilder im Ausmaß, in dem ein hierarchisches Verhältnis zwischen den Geschlechtern repräsentiert wird, variieren, liegt der Vorteil doch stets eindeutig auf der rechten, männlichen Seite. In der indischen Kultur wird die linke Hand und Seite üblicherweise mit etwas Niederem, mit Schwäche, Herabsetzung und Unreinheit verknüpft (die linke Hand dient der Körperhygiene, speziell im Bereich der Ausscheidungen, man isst daher ausschließlich mit der rechten Hand). Indem die männliche Seite der androgynen Gestalt auf der kulturell dominanten rechten Seite situiert wird, wird sie in eine privilegierte Autoritätsposition gebracht. Darüber hinaus teilen die weiblichen Kennzeichen, die mit dem häuslichen Leben (Bindu), sinnlicher Liebe (Papagei) oder weiblicher Eitelkeit (Spiegel) assoziiert sind, der weiblichen Hälfte einen zweitklassigen Status zu. Der Name Ardhanārīśvara und die ikonographischen Merkmale offenbaren gleichermaßen, dass dieses Bild auf der ungleichen Verteilung von Macht basiert. Für alle Fälle gilt, dass Pārvatī zur Hälfte des „Herrn, der halb Frau ist", also zur Hälfte seines Körpers wird.

Jüngere westliche Interpretationen der Androgynie beziehen sich zwar nicht direkt auf das Bild des Ardhanārīśvara, wenn man sie aber darauf anwendet, verleihen sie dem Bild eine neue Bedeutung. Sowohl im Kontext der feministischen Forschung als auch in Queer Studies bietet die Vorstellung der Androgynie ein Alternativ-Modell anstelle fixer Geschlechtsidentitäten. Vor diesem Hintergrund könnte der Ardhanārīśvara als Symbol für *fluid gender* betrachtet und genutzt werden, ein Gegenentwurf zu dem, was eindeutig festgelegt erscheint. Diese Gestalt ist wahren Sinn des Wortes *queer*, weil sie weder Mann noch Frau ist und sich der eindeutigen Definition entzieht. In dieser Weise gedeutet, kann das Bild eingesetzt werden, um binäre Geschlechterkonstrukte zu überwinden. Die Betonung liegt dann nicht auf Nicht-Zweiheit oder Geschlechtergleichheit, sondern auf der irritierenden Wirkung eines Symbols, das die normativen Grenzen von Sex und Gender überschreitet.

# Literatur

Bachofen, Johann J. 1993 [1861]. *Das Mutterrecht. Eine Untersuchung über die Gynaikokratie der alten Welt nach ihrer religiösen und rechtlichen Natur. Eine Auswahl*, hg. v. Hans-Jürgen Heinrichs. 8. Aufl. Frankfurt/M.: Suhrkamp.
Balz-Cochois, Helgard. 1992. *Inanna. Wesensbild und Kult einer unmütterlichen Göttin*. Gütersloh: Mohn.

Baumann, Hermann. 1955. *Das doppelte Geschlecht. Ethnologische Studien zur Bisexualität in Ritus und Mythos.* Berlin: Reimer.
Bertholet, Alfred. 1934. *Das Geschlecht der Gottheit.* Tübingen: J. C. B. Mohr.
Billington, Sandra und Miranda Green, Hg. 1996. *The Concept of the Goddess.* London; New York/NY: Routledge.
Bonnetain, Yvonne. 2015. *Loki. Beweger der Geschichten.* 2. Aufl. Meschede: Edition Roter Drache.
Christ, Carol. 1978. „Why Women Need the Goddess." In *Heresies: A Feminist Publication on Arts & Politics* 2, 8–13.
Daly, Mary. 1973. *Beyond God the Father. Toward a Philosophy of Women's Liberation.* Boston/MA: Beacon Press.
Dieterich, Albrecht. 1925 [1905]. *Mutter Erde. Ein Versuch über Volksreligion.* 3. erw. Aufl. Leipzig: Teubner.
Goldberg, Ellen. 2002. *The Lord Who Is Half Woman. Ardhanārīśvara in Indian and Feminist Perspective.* Albany/NY: SUNY Press.
Göttner-Abendroth, Heide. 1988–2019. *Das Matriarchat.* 3 Bde., Stuttgart u. a.: Kohlhammer.
Gross, Rita M. 1977. „Androcentrism and Androgyny in the Methodology of History of Religions." In Rita Gross. *Beyond Androcentrism. New Essays on Women and Religion,* 7–19. Missoula/MT: Scholars Press.
Heller, Birgit. 1999. *Heilige Mutter und Gottesbraut. Frauenemanzipation im modernen Hinduismus.* Wien: Milena Verlag.
Heller, Birgit. 2007. „The ‚Bride of God' as Religious Role in the Contexts of Hinduism and Christianity." In *Donne tra saperi e poteri nelle storia delle religioni,* hg. v. Sofia Boesch Gajano und Enzo Pace, 99–110. Brescia: Morcelliana.
Heller, Birgit. 2017. „Symbols of Emancipation? Images of God/dess, Devotees and Trans-sex/gender in Hindu Traditions." In *Interdisciplinary Journal for Religion and Transformation* 3, 235–257.
Heller, Birgit. 2022. „Göttinnen und ihre Beziehungen zu Frauen. Ein ambivalentes Verhältnis konkretisiert am Beispiel der hinduistischen Religionsgeschichte." In *L'Homme. Europäische Zeitschrift für Feministische Geschichtswissenschaft* 33, 39–56.
Heiler, Friedrich. 1979. *Erscheinungsformen und Wesen der Religion.* 2. verb. Aufl. Stuttgart u. a.: Kohlhammer.
Iwersen, Julia. 2005. „Virgin Goddess." In *Encyclopedia of Religion* 14, hg. v. Lindsay Jones, 9601–9606. Detroit/MI u. a.: Macmillan Reference USA. An Imprint of Thomson Gale.
James, Edwin O. 1959. *The Cult of the Mother-Goddess. An Archaeological and Documentary Study.* London: Thames and Hudson.
King, Karen, Hg. 1997. *Women and Goddess Traditions. In Antiquity and Today.* Minneapolis: Fortress Press.
Kinsley, David. 1989. *The Goddesses' Mirror. Visions of the Divine from East and West.* Albany/NY: SUNY Press.
Laube, Johannes. 1978. *Oyagami. Die heutige Gottesvorstellung der Tenrikyō.* Wiesbaden: Harrassowitz.
Leslie, Julia. 1989. *The Perfect Wife. The Orthodox Hindu Woman According to the Strīdharmapaddhati of Tryambakayajvan.* Delhi: Oxford University Press.
Leeuw, Gerardus van der. 1977. *Phänomenologie der Religion.* 4. Aufl. Tübingen: J. C. B. Mohr (Paul Siebeck).
O'Flaherty, Wendy Doniger. 1980. *Women, Androgynes, and Other Mythical Beasts.* Chikago/London: The University of Chikago Press.

Olson, Carl, Hg. 1990. *The Book of the Goddess: Past and Present. An Introduction to Her Religion.* New York/NY: Crossroad Publications.
Pattanaik, Devdutt. 2012. *The Man Who Was a Woman and Other Queer Tales from Hindu Lore.* New York/NY; London: Routledge.
Preston, James J. 2005. „Goddess Worship: An Overview." In *Encyclopedia of Religion* 6, hg. v. Lindsay Jones, 3583–3592. 2. Aufl. Detroit/MI u. a.: Macmillan Reference USA. An Imprint of Thomson Gale.
Pryke, Louise M. 2017. *Ishtar.* London; New York/NY: Routledge.
Robinson, Sandra P. 1985. „Hindu Paradigms of Women. Images and Values." In *Women, Religion and Social Change,* hg. v. Yvonne Yazbeck Haddad, 181–215. Albany/NY: SUNY Press.
Röder, Brigitte, Juliane Hummel und Brigitta Kunz. 1996. *Göttinnendämmerung. Das Matriarchat aus archäologischer Sicht.* München: Drömer Knaur.
Ruether, Rosemary R. 1987. *Frauenbilder – Gottesbilder. Feministische Erfahrungen in religionsgeschichtlichen Texten.* Gütersloh: Gütersloher Verlags-Haus Mohn.
Smears, Ali. 2019. „Mobilizing Shakti. Hindu Goddesses and Campaigns against Gender-based Violence." In *Religions* 10. https://doi.org/10.3390/rel10060381 [05. 07. 2022].
Staudacher, Willibald. 1968 [1942]. *Die Trennung von Himmel und Erde: ein vorgriechischer Schöpfungsmythus bei Hesiod und den Orphikern.* 2. Aufl. Darmstadt: Wissenschaftliche Buchgesellschaft.
Swain, Tony. 1988. „The Mother Earth Conspiracy: An Australian Episode." In *Numen* 38, 3–26.
Vanita, Ruth. 2005. *Love's Rite. Same-Sex Marriage in India and the West.* New York/NY; Houndsmill, Basingstoke/Hampshire: Palgrave Macmillan.
Winter, Urs. 1983. *Frau und Göttin. Exegetische und ikonographische Studien zum weiblichen Gottesbild im Alten Israel und dessen Umwelt.* Orbis biblicus et orientalis 53. Freiburg/Schw.: Universitäts-Verlag; Göttingen: Vandenhoeck & Ruprecht.
Wilke, Annette. 2000. „Wie im Himmel so auf Erden? Religiöse Symbolik und Weiblichkeitskonstruktion." In *Religion und Geschlechterverhältnisse,* hg. v. Ingrid Lukatis, Regina Sommer und Christof Wolf, 19–35. Opladen: Leske + Budrich.
Yadav, Neeta. 2001. *Ardhanārīśvara in Art and Literature.* New Delhi: D. K. Printworld.

## Weiterführende Literatur

Hiltebeitel, Alf und Kathleen M. Erndl, Hg. 2002. *Is the Goddess a Feminist? The Politics of South Asian Goddesses.* New Delhi: Oxford University Press.
Klinger, Elmar, Hg. 2002. *Die zwei Geschlechter und der eine Gott.* Würzburg: Echter.
Powers, John. 2018. „The Gendered Buddha: Neither God nor Man, but Supremely Manly." In *God's Own Gender? Masculinities in World Religions,* hg. v. Daniel Gerster und Michael Krüggeler, 245–264. Religion in der Gesellschaft 44. Baden-Baden: Ergon Verlag.
Ruether, Elisabeth Radford. 2005. *Goddesses and the Divine Feminine. A Western Religious History.* Berkeley/CA u. a.: University of California Press.

Birgit Heller
# III.6 Geschlechtsspezifische Unterschiede in der Religiosität

Die verschiedenen *Europäischen Wertestudien* (*EVS*),[1] der *Religionsmonitor* 2008 und andere Umfragen der letzten Jahrzehnte zeigen, dass in der Religiosität[2] hinsichtlich Selbsteinschätzung, Glaubensinhalten, religiöser Erfahrung oder religiöser Praxis geschlechtsspezifische Unterschiede existieren.[3] In allen Ländern Europas stufen sich mehr Frauen als Männer selbst als religiöse Person ein, teilweise klaffen die Werte ziemlich weit auseinander (*EVS* 1990–2017, F034).[4] In den meisten europäischen Ländern weichen die Geschlechter auch im Großteil der detaillierten Fragestellungen voneinander ab. Bis auf wenige Ausnahmen mit annäherndem Zahlengleichstand geben wesentlich mehr Frauen als Männer an, dass Religion in ihrem Leben „sehr wichtig" ist, teilweise sind die Zahlen bei Frauen sogar doppelt so hoch (*EVS* 1990–2017, A006). Der Prozentsatz derjenigen, die an Gott glauben, ist bei Frauen teilweise leicht, meist aber deutlich erhöht (*EVS* 1990–2017, F050). Auch der Glaube an ein Leben nach dem Tod ist bei Frauen in fast allen Ländern stärker ausgeprägt als bei Männern (*EVS* 1990–2017, F051). Besonders gravierend zeigen sich Geschlechtsunterschiede in der Frage: „Nehmen Sie sich manchmal Zeit für ein Gebet, zur Meditation, zur inneren Einkehr?" Der Anteil der Frauen, die diese Frage bejahen, liegt oft um 30 %, teilweise sogar um rund 45–50 % über dem Anteil der Männer.[5]

---

1 Für sämtliche Datensätze siehe *European Values Study* (*EVS*). *EVS Trend File* 1981–2017. Alle Datensätze der Wertestudien sind abrufbar und können selbst ausgewertet werden (https://europeanvaluesstudy.eu). Für die Datenauswertung, die in diesem Beitrag verwendet wird, danke ich Herrn Universitätsassistent Mag. Patrick Rohs BSc (Institut für Praktische Theologie, Universität Wien), der im Forschungsverbund Interdisziplinäre Werteforschung tätig ist.
2 In diesem Beitrag werden die Begriffe *Religiosität* und *Spiritualität* weitgehend synonym verwendet. Im Hinblick auf die modernen Formen alternativer Religiosität, die sich selbst von institutionalisierten Religionen abgrenzen, wird teilweise nur von Spiritualität gesprochen.
3 Im Unterschied zu der sprachlichen Gepflogenheit in diesem Band differenzieren die referierten Studien nur zwischen „Frau" und „Mann".
4 Dies gilt generell für alle vier bisher durchgeführten Befragungswellen, obwohl sich das prozentuelle Zahlenverhältnis zwischen Männern und Frauen in einzelnen Ländern durchaus etwas unterschiedlich entwickelt: teilweise nähert es sich in der jüngsten Welle stärker an, geschlechtsspezifische Effekte bleiben aber dennoch deutlich sichtbar.
5 Die Werte differieren beispielsweise in Portugal, Spanien, Österreich, Ungarn, Slowenien, Russland, in der Ukraine um rund 45–50 %. Da diese Frage im Jahr 2017 gestrichen wurde, beziehen sich die Angaben zu diesem Item auf die Befragungswelle im Jahr 2008, siehe *EVS* 1981–2017, F065.

∂ Open Access. © 2024 bei den Autorinnen und Autoren, publiziert von De Gruyter. [CC BY-NC-ND] Dieses Werk ist lizenziert unter einer Creative Commons Namensnennung – Nicht kommerziell – Keine Bearbeitung 4.0 International Lizenz. https://doi.org/10.1515/9783110697407-046

Ebenso weisen länderspezifische Untersuchungen die Geschlechtszugehörigkeit als wichtigen differenziellen Faktor aus. Aus den Erhebungen einer Langzeitstudie (1970–2010) zur Religion im Leben der Österreicher*innen geht beispielsweise hervor, dass Frauen weitaus häufiger als Männer außergewöhnliche religiöse Erfahrungen machen (Steinmair-Pösel und Zulehner 2011, 117). Der empirische Blick auf die moderne alternativ-religiöse/spirituelle Landschaft bzw. das holistische Milieu zeigt, dass Frauen dort die ganz große Mehrheit bilden.[6] Diese vielfältigen Befunde haben die sowohl in der religionssoziologischen als auch in der religionspsychologischen Fachliteratur vertretene These genährt, dass Frauen grundsätzlich – weltweit in allen Religionen und Kulturen der Vergangenheit und Gegenwart – religiöser als Männer sind.[7]

# 1 Sind Frauen religiöser als Männer? Eine neue/alte These

Der Blick in die ältere Religionsforschung zeigt, dass diese These an sich nicht neu ist. Es finden sich immer wieder Bemerkungen über eine stärkere Affinität von Frauen zu Religiosität und Transzendenz. So hat beispielsweise der Religionswissenschaftler Friedrich Heiler (1977, 9) in den 1930er Jahren die Entstehung und Verbreitung des weiblichen Priestertums in den alten Hochkulturen mit besonderen Kräften und Eigenschaften der Frau begründet. Die Frau sei besonders zum religiösen Dienst befähigt, weil sie in enger Beziehung zu geheimnisvollen und zugleich gefährlichen Mächten stehe, deren Wirken der „primitive Mensch" in den besonderen weiblichen Funktionen der Menstruation, Empfängnis und Geburt erkenne. Darüber hinaus würden sie ihre starke Sensibilität und Suggestibilität für das ekstatisch-visionäre Erleben angeblich noch geeigneter als den Mann machen. Die Frau werde als „erfüllt von übersinnlichen Kräften" verehrt und habe als Trägerin der göttlichen Kräfte mannigfaltige Funktionen wie „Medizinfrau", „Zauberin", „Seherin", „Weissagerin", „Schamanin" und „Kultpriesterin" inne (Heiler 1977, 9–46).

Anders als in den von Heiler genannten Beispielen sind in den großen Religionen der Gegenwart die Rollen religiöser Autorität selten mit Frauen besetzt, aber als weiblich konnotierte Eigenschaften wie Sensibilität, Begeisterungsfähigkeit und Suggestibilität gelten nach wie vor verbreitet als Voraussetzungen für eine stärker

---

6 Siehe dazu Kap. II. 31.
7 Zur Behauptung eines generellen Geschlechtsunterschieds hinsichtlich der Religiosität siehe die Literaturhinweise bei Klein, Keller und Traunmüller 2017, 99.

ausgeprägte Religiosität. Obwohl diese Argumentation deutlich von Geschlechterstereotypen geleitet ist, zeigen viele Beispiele aus der Religionsgeschichte bis heute, dass Frauen häufig eine besondere Affinität zu Trance-Zuständen besitzen, die den Kontakt mit göttlichen Geistwesen bzw. bestimmten Gottheiten ermöglichen.[8] In eine ähnliche Richtung weisen jüngere, in Österreich durchgeführte Studien, die Frauen eine höhere Bereitschaft für berührende Ereignisse (vor allem Geburt und Tod) und außeralltägliche Erfahrungen sowie ein erheblich größeres Interesse an alternativen spirituellen Praktiken (wie Meditation, Yoga, I Ging, Tarot etc.) attestieren (Steinmair-Pösel und Zulehner 2011, 117 f.). Eine weitere religionssoziologische Untersuchung stellt bei Frauen eine „stärkere religiöse Empfänglichkeit" als bei Männern fest, die auf Grund ihres rationaleren Zugangs zur Welt weniger empfänglich seien „für religiöse, magische und sonstige holistische Welterklärungen und Praktiken, die davon ausgehen, dass unser Leben von Kräften bestimmt ist, die wir nur zum Teil beeinflussen können" (Höllinger und Tripold 2011, 129 f.). Die hier herangezogene Erklärung für eine „stärkere religiöse Empfänglichkeit" von Frauen beruht allerdings nicht auf Studienergebnissen, sondern entspricht dem klassischen Geschlechterstereotyp weiblicher Irrationalität. Inwieweit sich diese geschlechtsspezifischen Tendenzen verändern, wenn sich binäre Geschlechterordnungen auch in religiösen Kontexten aufweichen, ist eine spannende Frage für die zukünftige Entwicklung.

## 2 Wie lässt sich der behauptete Geschlechtsunterschied in der Religiosität erklären?

In den letzten Jahrzehnten sind verschiedene psychologische und soziologische Theorien entwickelt worden, die einen vermeintlich universalen Geschlechtsunterschied in der Religiosität erklären sollen.[9] Meist wird er entweder an bestimmten als weiblich oder männlich konnotierten Persönlichkeitsmerkmalen festgemacht (psychologisch argumentierende Theorien) oder mit gesellschaftlich festgelegten Geschlechterrollen bzw. unterschiedlichen Sozialisationsbedingungen für Frauen und Männer verknüpft (religionssoziologische Erklärungsansätze).

---

[8] Siehe dazu Haywood 1983, 160–162; Schmidt 2006, 101 f. oder Pokorny zum koreanischen Mediumismus in diesem Band.
[9] Siehe dazu den Forschungsüberblick von Klein, Keller und Traunmüller 2017, 99–105.

Davon unterscheidet sich der in mancher Hinsicht vielversprechende Ansatz der *Gender Role Orientation*[10] insofern, als er keine allgemeinen biologischen Persönlichkeitsunterschiede zwischen Frauen und Männern postuliert, sondern die Geschlechterrollenorientierung unabhängig vom biologischen Geschlecht untersucht. Religiosität wird in diesem Rahmen als eine Funktion weiblicher Geschlechterrollenorientierung interpretiert. Damit verbunden ist die Annahme, dass die meisten Frauen den gesellschaftlichen Erwartungen an eine weibliche Geschlechterrolle entsprechen und die meisten Männer einer männlichen Geschlechterrolle. Woraus wiederum eine größere Affinität von Frauen, – aber auch einer gewissen Anzahl von Männern –, gegenüber Religion resultieren würde. Somit können mit dieser Theorie auch Unterschiede hinsichtlich der Religiosität innerhalb desselben Geschlechts erklärt werden. Insgesamt steht dieser Ansatz allerdings innerhalb eines Gedankengebäudes, das von einem dualistischen Konzept von Geschlecht und entsprechend spezifischen Zuordnungen ausgeht.

In der einschlägigen religionspsychologischen Literatur werden die Begriffe *feminin* und *maskulin* für Gender-Orientierungen verwendet, die sich deutlich von den biologischen Geschlechtszuschreibungen abheben sollen. Im Prinzip wird damit die englischsprachige Unterscheidung zwischen *female/male* (für biologische Geschlechtszuschreibungen) und *feminine/masculine* (für die Gender-Orientierung) im Deutschen imitiert. Obwohl diese Unterscheidung im Deutschen nicht schlüssig ist, weil der Begriff *feminin* sowohl für Aussagen über die Gender-Orientierung als auch für biologische Geschlechtszugehörigkeit verwendet wird, greift dieser Beitrag die fachliche Begrifflichkeit religionspsychologischer Forschung auf.

## 3 Kontextspezifische Geschlechtseffekte anstelle eines universalen Geschlechtsunterschieds

Die Kritik an der These eines universalen Geschlechtsunterschieds in der Religiosität besteht in zwei Einwänden (Klein, Keller und Traunmüller 2017, 105–107). Zum einen stützen sich die bisher vorliegenden Forschungsergebnisse überwiegend auf Studien, die im westlichen, christlich geprägten Kulturraum durchgeführt wurden. Zum anderen sind die Befragungen hinsichtlich der verwendeten Indikatoren für Religiosität zu wenig aussagekräftig. Meist wird Religiosität in den Untersuchungen auf wenige sehr allgemeine Items wie religiöse Selbsteinstufung oder die Häufigkeit von Kirchgang und Gebet bezogen, während religiöse Gefühle und die existenzielle Bedeutung von Religiosität wenig erfragt werden. Um die Frage auszuloten, ob und,

---

[10] Diese psychologische Theorie entsteht Anfang der 1990er Jahre, siehe Francis 1997, 87–96.

wenn ja, warum Frauen religiöser als Männer sind, ist es nötig, die hinsichtlich Zeit- und Kulturraum stark verengten psychologischen und sozialwissenschaftlichen Erhebungen kulturell, religiös und historisch zu kontextualisieren.

Es liegt nahe, davon auszugehen, dass ein Geschlechtsunterschied bezüglich der Religiosität von bestimmten gesellschaftlichen Bedingungen und einer spezifischen religiösen Kultur abhängt (Klein, Keller und Traunmüller 2017, 107). Nur der Blick in die Vielfalt der Kulturen und in die Religionsgeschichte kann hier ein differenzierteres Bild entstehen lassen. Diese Vorgangsweise wird allerdings dadurch erschwert, dass die historische und empirische Erforschung individueller, gelebter Religiosität einen eher neuen Forschungsansatz darstellt. Eine pauschale Antwort, die für alle Religionen und Kulturen gleichermaßen gültig wäre, ist angesichts innerreligiöser Vielfalt sowie regionaler, sozialer und historischer Diversität aber nicht zu erwarten. Der Versuch von Constantin Klein, Barbara Keller und Richard Traunmüller, die verschiedenen Erklärungsansätze für einen universalen Geschlechtsunterschied in der Religiosität anhand von Daten des weltweiten Religionsmonitor-Survey der Bertelsmann-Stiftung (erhoben im Jahr 2008)[11] zu überprüfen, hat im Fazit ergeben, dass die These eines *universellen* Geschlechtsunterschieds nicht zu halten ist.[12] Die verschiedenen geschlechtsspezifischen Befunde des Religionsmonitors, der verglichen mit anderen Untersuchungen viel komplexer angelegt ist und auch religiöse Gefühle, Ausdrucksformen und Einstellungen abfragt, bedürfen jedoch nach Auffassung von Klein, Keller und Traunmüller durchaus weiterführender, differenzierter und multikausaler Erklärungsansätze.

Obwohl sich keine der existierenden Thesen über Länder, Religionsgemeinschaften und Indikatoren hinweg einheitlich bestätigen ließ, konnten in christlich geprägten Ländern der westlichen Welt jedoch deutliche Geschlechtseffekte festgestellt werden. Diese Affinität zwischen weiblicher Geschlechterrolle und Religiosität wird mittlerweile verbreitet auf kulturspezifische Faktoren (beginnend in der bürgerlichen Epoche) wie die geschlechterspezifische Aufgabenteilung zwischen öffentlicher Erwerbsarbeit und privater Hausarbeit sowie die Annahme und

---

11 Der Religionsmonitor umfasst 21 Länder und Angehörige verschiedener Religionsgemeinschaften, wobei sich allerdings etwas mehr als die Hälfte der Befragten dem Christentum zurechnen, gefolgt von Islam (nicht ganz 20 %) und Judentum, Hinduismus, Buddhismus jeweils mit einstelligen Prozentsätzen.
12 Allerdings konnte die Theorie der *Gender Role Orientation* nicht überprüft werden, weil der Religionsmonitor keine Fragen zur Geschlechterrollenorientierung enthält (Klein, Keller und Traunmüller 2017, 109). Da dieser Ansatz aber nicht erklären könne, warum eine weibliche Geschlechterrollenorientierung mit höherer Religiosität verknüpft sein sollte und letztlich auf psychologische und sozialisatorische Effekte zurückverweise, halten Klein, Keller und Traunmüller das für verschmerzbar.

Betonung von Wesensunterschieden zwischen den Geschlechtern zurückgeführt. Die Aufteilung von Rationalität versus Gefühl auf die beiden Geschlechter und die gleichzeitige Koppelung von Religion und Gefühl im Zuge der europäischen Aufklärung erkläre, „wie Religiosität zu einem eminenten Bestandteil der weiblichen Geschlechterrolle in der westlichen Welt werden konnte" (Klein 2012, 17). Das Geschlechterrollenverständnis, das sich im Gefolge der Aufklärung entwickelte, gilt als maßgebliche Ursache dafür, dass die rational orientierten Männer das ‚gefühlsdominierte', ‚irrationale' Feld der Religion (näherhin des Christentums) den Frauen und ihrer privaten Welt überlassen haben. Folglich trägt der Säkularisierungsprozess als Emanzipation von religiöser Bindung ein vorwiegend männliches Gesicht und schafft die Voraussetzung für die sogenannte „Feminisierung der Religion" – vor allem des Christentums und bis zu einem gewissen Grad des Judentums – im 19. Jahrhundert (Ziemann 2009, 117–126).[13] Die Feminisierungsthese lässt sich im Sinn der stärkeren kirchlichen Präsenz und des steigenden Frömmigkeitsengagements von Frauen sowie der Bedeutung gefühlsbetonter und als feminin kategorisierter Kultformen belegen, allerdings darf sie nicht pauschal behauptet – die Hierarchie bleibt beispielsweise klar männlich – und als genereller Auszug der Männer aus der Kirche missverstanden werden (Ziemann 2009, 126–128).[14]

Zugleich muss darauf hingewiesen werden, dass der Säkularisierungsprozess zunächst zwar zu einer stärkeren Beteiligung von Frauen in den christlichen Kirchen geführt hat, aber in der Folge eine neue Gestalt angenommen hat. Seit etwa zwei Jahrzehnten verlassen auch Frauen – sogar in einem größeren Tempo als Männer – die Kirchen. Viele von ihnen wenden sich allerdings nicht prinzipiell von Religion ab, sondern engagieren sich in verschiedensten modernen Formen von alternativer Spiritualität (Aune, Sharma und Vincett 2008, 99–161). Die Religionssoziologin Linda Woodhead (2008) erblickt darin die Suche von Frauen nach Unterstützung und Bestätigung angesichts neuer sozialer Herausforderungen.[15] Es ginge vor allem um den Aufbau einer neuen Identität, die die traditionellen weiblichen Rollen in Haus- und Sorgearbeit mit dem autonomen Selbstanspruch der

---

**13** Einschränkend muss ergänzt werden, dass es zwar auch Belege für eine ‚Feminisierung' der Religion in den USA gibt, die massive Säkularisierung, die in Europa stattgefunden hat, sich aber nicht in gleicher Weise in den USA feststellen lässt.
**14** In diesem Zusammenhang wurde jüngst die Feminisierungsthese als Marginalisierung männlicher Religiosität im Christentum kritisiert. Im Gegenzug werden sogenannte Re-Maskulinisierungs-Prozesse im 19. und 20. Jahrhundert betont (z. B. Werner 2011).
**15** Diese Form der geschlechtsspezifischen Arbeitsteilung ist allerdings das Ergebnis einer bestimmten historischen Entwicklung in Europa und ist nicht universal verbreitet, wohingegen das dieser Aufgabenteilung zugrundeliegende Frauenbild der Selbsthingabe, Abhängigkeit und Unterwürfigkeit in vielen Kulturen verbreitet ist.

traditionell männlichen Arbeitswelt verbinde und die Spannung zwischen dem „Leben für andere" und dem „Leben für sich selbst" löse.

Ein weiterer deutlicher Geschlechtseffekt lässt sich nach den vorliegenden Studien für positive religiöse Emotionen beobachten. Nach dem Religionsmonitor weisen Frauen in allen untersuchten Religionsgemeinschaften mit Ausnahme der Hindu-Traditionen signifikant höhere Werte bei positiven Gefühlen Gott (oder etwas Göttlichem) gegenüber auf als Männer (Klein, Keller und Traunmüller 2017, 120–123). Frauen gaben häufiger als Männer an, Gefühle wie Freude, Liebe, Hoffnung oder Geborgenheit in Bezug auf Gott oder etwas Göttlichem zu empfinden. Nach Klein (2013, 84) weisen die vorgenommenen Analysen auf gewisse Gemeinsamkeiten in der Religiosität der drei abrahamitischen Religionen hin, die sie von Hinduismus und Buddhismus unterscheiden und zu einer tendenziell größeren Häufigkeit von Geschlechtsunterschieden innerhalb von Judentum, Christentum und Islam beitragen. Klein vermutet, dass die Verwandtschaft der drei Religionen und ihr ähnlich monotheistisch ausgerichtetes Gottesbild als ursächlich dafür anzusehen ist. Da die konsistentesten Befunde zu geschlechtsspezifischer Religiosität innerhalb von Judentum, Christentum und Islam für den Bereich der religiösen Gefühle vorliegen, hält er es für denkbar, „dass das Gottesbild der abrahamitischen Religionen – bei allen im Detail bestehenden Differenzen – eine emotionale Qualität besitzt, die Frauen womöglich in stärkerem Umfang anspricht als Männer" (Klein 2013, 84).

Die Religionsgeschichte liefert reichlich Belege dafür, dass die Dinge weitaus komplexer sind als diese beiden Argumentationsstränge hinsichtlich der feststellbaren Geschlechtseffekte für das Christentum und positive religiöse Emotionen erkennen lassen. Die Aufteilung von Rationalität und Gefühl auf die beiden Geschlechter ist nicht nur ein Produkt der europäischen Aufklärung – vor allem dann nicht, wenn die Kategorie Gefühl erweitert wird um Sinnlichkeit und Körperlichkeit. In den Traditionen der großen Religionen der Gegenwart wird Mann tendenziell mit Geist/Vernunft/Herrschaft und Frau mit Körper/Sinnlichkeit/Triebhaftigkeit/Unterordnung identifiziert. Von Emotionalität wird zwar in diesem Zusammenhang nicht explizit gesprochen, es ist aber evident, dass Gefühl stärker mit Sinnlichkeit als mit Rationalität gekoppelt ist. Es ist davon auszugehen, dass diese weit verbreiteten Geschlechterstereotype quer durch die Kulturen hindurch zur Ausformung von Religiositätsstilen beigetragen haben, die als feminin oder maskulin aufgefasst werden.

Was die emotionale Qualität des abrahamitischen Gottesbildes betrifft, so haben etwa die Hindu-Religionen mit den einflussreichen *Bhakti*-Traditionen durchaus Analoges zu bieten. *Bhakti* bedeutet so viel wie Teilhabe, Hingabe des Menschen an/zu einer bestimmten Gottheit. Die Beziehung zwischen Gott und Mensch ist nach dem Modell zwischenmenschlicher Beziehungen, vor allem aber der Liebesbeziehung zwischen Mann und Frau entworfen (Heller 2007). Alle Gläubigen nehmen gegenüber Gott die weibliche Geschlechterrolle ein. Gegenüber der verehrten Gottheit ist also jeder Mensch wie eine Frau und *beide* Geschlechter praktizieren eine hingebungsvolle, gefühlsbetonte Verehrung. Es ist daher wenig verwunderlich, dass die Ergebnisse des Religionsmonitors bei Hindus keinen signifikanten Geschlechtsunterschied in der Religiosität im Hinblick auf positive religiöse Gefühle in Bezug auf Gott/das Göttliche feststellen können.

## 4 Konzepte femininer und maskuliner Religiosität

Die These, dass Frauen religiöser als Männer sind, ist selbst dort, wo sie sich empirisch zu bestätigen scheint, plakativ, weil sie immer nur für einen bestimmten Prozentsatz von Frauen bzw. Männern gilt. Tatsächlich steht aber für viele Frauen – und auch für etliche Männer – das körperlich-geistig-seelische Wohlbefinden all jener Menschen, mit denen sie im alltäglichen Kontakt stehen, im Vordergrund ihrer religiösen Orientierung. Im Fokus des Glaubens, Denkens und Handelns dominiert nicht das weltferne, transzendente Heilige, sondern das alltägliche Leben mit seinen guten und schwierigen Seiten, die Heilung von Krankheit und Leid sowie die Beziehungen zu anderen Menschen und Lebewesen. Die Beziehung zum Göttlichen und das religiöse Handeln sind damit untrennbar verbunden. Insbesondere regional begrenzte religiöse Traditionen, die in unterschiedlichen kulturellen Kontexten von Frauen dominiert werden (Sered 1994), lassen eine stärkere Tendenz zur interpersonalen als zur individualistischen Ausrichtung erkennen. Frauenrituale reflektieren in diesen Traditionen, – aber auch innerhalb von männlich dominierten Religionen – in einem hohen Maß die interpersonale Orientierung der profanen Tätigkeiten von Frauen, die in vielen Gesellschaften in der Sorge für Kinder, alte Menschen, Sterbende, Tote und Trauernde besteht. Dahinter steht die Auffassung, dass alle Lebewesen miteinander verbunden sind. Typisch seien daher Riten der Solidarität, die die Bindungen zwischen Menschen stärken. Untypisch seien hingegen die klassischen Übergangsriten (van Gennep 1999), die mit der starken Betonung der Trennung eher maskuline spirituelle Muster als feminine spiegeln würden (Sered 1994, 138–141).

Auch Studien zur Religiosität in modernen westlichen Gesellschaften kommen vor dem Hintergrund der Annahme geschlechtsspezifischer Unterschiede – und zwar bezogen auf ein binäres Geschlechtermodell – zu dem Schluss, dass feminine Religion/Spiritualität beziehungsorientiert und alltagsbezogen sei, zentral sei dabei die Sorge füreinander (Woodhead 2003, 77–79). Maskuline Religiosität/Spiritualität hingegen gehe einher mit groß dimensionierten gesellschaftlich-politischen Visionen und Strategien der Machtentfaltung und das Idealbild des heiligen Menschen sei unabhängig, autonom und bindungslos. Beide Formen sind quer durch die Kulturen hindurch anzutreffen. Sie sind allerdings unterschiedlich gewichtet und auf die Geschlechter verteilt und werden in der Öffentlichkeit verschieden wahrgenommen, was mit den jeweiligen Bewertungen zu tun hat, die mit Gender-Orientierungen verknüpft sind. Wird der feminin kategorisierte, gefühlsbetonte Religionsstil – wie in den hinduistischen *Bhakti*-Traditionen – eindeutig als Ideal für alle Gläubigen bevorzugt, treten geschlechtsspezifische Unterschiede ganz in den Hintergrund, weil (gegenüber der Gottheit) eben alle die Frauenrolle einnehmen. *Bhakti*, Gottesliebe, wird von Frauen und Männern gleichermaßen praktiziert und Frauen erscheinen nicht als religiöser. Liegt maskuline Religiosität hoch im Kurs – was sich besonders bei expandierenden und politisch agierenden Religionen beobachten lässt – stehen die meisten Frauen fast unsichtbar am Rand, ihre Religiosität erregt keine Aufmerksamkeit. Wendet sich das öffentlich-männliche Interesse von Religion ab – beobachtbar im westlichen Kulturraum seit der Aufklärung –, werden Frauen für grundsätzlich religiöser als Männer gehalten.

Frauen sind also nicht religiöser als Männer, aber die hingebungsvolle, beziehungsorientierte, gefühlsbetonte Religiosität ist in der Regel weiblich konnotiert. Daraus ist allerdings nicht abzuleiten, dass Religion grundsätzlich eine weibliche Domäne ist. Religiosität kann feminin oder maskulin geprägt sein und auch die ‚feminine' religiöse Orientierung kann von beiden Geschlechtern eingenommen werden. Die religiösen Unterschiede zwischen Frauen und Männern beziehen sich auf verschiedene Gender-Orientierungen, die aber prinzipiell beiden Geschlechtern möglich sind. In diese Richtung denkt bereits Edward Thompson (1991), allerdings verknüpft er Religiosität einseitig mit der femininen Geschlechterrolle. Der Grund, warum Religiosität teils stärker mit Femininität und teils stärker mit Maskulinität korrelieren, muss in den jeweiligen religiös-kulturellen Kontexten gesucht werden. Unterschiede zwischen den Geschlechtern treten nicht deshalb weltweit auf, weil Frauen grundsätzlich religiöser sind. Die Frage ist eher, wie sich feminine und maskuline Religiosität in den einzelnen Religionen/Kulturen zueinander verhalten, wie sie gewichtet und bewertet sind und öffentlich wahrgenommen werden. Ganz grundsätzlich ist jedoch festzuhalten, dass diese Aufteilung einer essentiell weiblich oder männlich konzipierten Religiosität vor allem als Folge eines polarisierten Verständnisses von Geschlecht und einer heteronormativen Geschlechterordnung gesehen werden muss.

## 5 Geschlechtsspezifische religiöse Unterschiede

Auch wenn kein universal gültiger Geschlechtsunterschied in der Religiosität im Sinn einer unterschiedlich starken Ausprägung von Religiosität festzustellen ist, lassen sich durchaus geschlechtsspezifische Unterschiede in den einzelnen religiösen Traditionen beobachten, etwa in den bevorzugten religiösen Ausdrucksformen, im Hinblick auf bedeutsame religiöse Überzeugungen, in der Beschreibung von religiösen Erfahrungen und in der Ausübung religiöser Autorität. Wie in anderen Teilbereichen von Kultur basieren diese geschlechtsspezifischen Unterschiede in den Religionen auf einem Gemisch aus Geschlechterrollenorientierungen, rollenspezifischen Lebensbedingungen und soziokulturellen Erwartungen, die mit körperbezogenen Erfahrungsdimensionen verknüpft sind, aber auch aus religionsimmanenten Faktoren. Zusammenhänge zwischen soziokulturellen bzw. religiösen Vorstellungen, psychischen Mustern und physiologischen Voraussetzungen lassen sich am Beispiel der christlichen Mystik gut erkennen. Im christlich geprägten europäischen Spätmittelalter erhielt der Körper, der prinzipiell mit Frau gleichgesetzt wurde, eine außerordentliche religiöse Bedeutung (Bynum 1996, 148–225). Obwohl Körperlichkeit für Männer und Frauen (deutlich etwa im verbreiteten Reliquienkult) wichtig war, erlangte der weibliche Körper eine besondere religiöse Qualität. Mittelalterliche christliche Denker assoziierten Frau, Körper, Wollust, Schwäche und Irrationalität und im Gegenzug Mann, Geist, Vernunft, Stärke. Allerdings diente die Gleichsetzung von Frau und Körper nicht nur der Unterordnung des weiblichen Geschlechts und war nicht nur Inbegriff von Sünde und Verfall, sondern eröffnete auch einen besonderen Zugang zum Göttlichen. Mystikerinnen sahen zwischen dem Frauenkörper und dem inkarnierten, „Fleisch gewordenen" Gott einen Zusammenhang, insofern sich für sie in den weiblich-körperlichen Erfahrungen des Blutens, Nährens, Lebenspendens das Heilshandeln Jesu Christi spiegelte. Wie die mystischen Schriften dokumentieren, erlebten Mystikerinnen ihren Körper als Instrument der Gottesbegegnung. Frauen-Mystik zeigt sich als affektiv, sinnlich, unmittelbar und visionär, während die Beschreibungen männlicher Mystiker unpersönlicher, formalisierter und stärker an Erkenntnis als an Erlebnis orientiert sind. Zwar stehen Mystik von Frauen und Männern in keinem absoluten Gegensatz zueinander, aber auch jene Männer, die als besonders visionär und erlebnisorientiert gelten, verwendeten weiblich-körperliche Metaphern (Bynum 1996, 157).

Abgesehen von Geschlechtsunterschieden in bestimmten historischen Kontexten einzelner religiöser Traditionen lassen sich aber auch geschlechtsspezifische Besonderheiten traditionsübergreifend im Bereich der religiösen Praxis und der Rituale feststellen. Weltweit sind Lebensanfang und Lebensende – bezogen auf die Sorge für die Schwangeren, die Gebärenden und die Säuglinge sowie die Sterbenden und die Toten – meist in Frauenhänden.¹⁶ Die Zuständigkeit von Frauen für Geburt und Tod knüpft an das biologische Faktum der Gebärfähigkeit an, die in die dominant weibliche soziale Rolle der Sorge- und Pflegearbeit ausgedehnt wird. Frauen sind für die Geburt zuständig, aber auch für den Tod, insofern sie in den meisten traditionalen Kulturen die tragenden Rollen im Umgang mit Sterbenden, dem Leichnam und in den Trauerriten innehaben. Forschungsergebnisse aus der Kultur- und Sozialanthropologie zeigen, dass diese Bereiche durch sogenannte „*mothering rituals*", Bemutterungs-Rituale, gekennzeichnet sind. In traditionalen Kulturen werden häufig Analogien zwischen Geburtszeremonien und Totenritualen hergestellt: Der mütterliche Umgang mit dem sterbenden Menschen umfasst Geborgenheit, Trost, Fürsorge und Hilfestellung wie im Fall der Geburt und wird als universale Konstante betrachtet (Thomas 1997, 452 f.). Über den Tod hinaus bleibt das mütterliche Verhalten aufrecht: Der Leichnam wird wie ein Neugeborenes gewaschen, teilweise gesalbt und neu gekleidet.

Frauen spielen vor allem in jenen Teilen des Totenrituals eine Rolle, in denen die Verbindung zwischen den Lebenden und den Toten und die Riten der Solidarität im Vordergrund stehen. Es geht um die Versorgung des sterbenden und toten Menschen, um die Unterstützung der Überlebenden und die Bewahrung der Beziehung zu den Toten. Einen speziellen Platz im Rahmen der Totensorge nehmen die Trauerriten ein. Die Trauernden halten die Beziehung zu den Verstorbenen aufrecht, indem sie sich symbolisch mit ihnen identifizieren, sie in der kritischen Übergangsphase unterstützen und darüber hinaus mit ihnen in Kontakt bleiben. In einer der wenigen älteren Studien, die sich mit Trauersitten beschäftigen, wird behauptet, „dass die Frau allgemein in höherem Masse zur Trauer geeignet und verpflichtet ist als der Mann" (Meuli 1975a, 366 f.). Tatsächlich ist die Trauer von Frauen in vielen religiös-kulturellen Kontexten intensiver und mit mehr Tabus und Abstinenzen belegt als die Trauer von Männern. Die Verpflichtung zur Trauer kommt häufig in Geboten und Verboten zum Ausdruck, die sich speziell auf Frauen beziehen. Bezeichnend für die Kultur der Nyakyusa in Tanzania ist die Aussage: „The women wail and the men dance." (Huntington und Metcalf 1991, 36). Dieses Phänomen ist jedoch kein Einzelfall, sondern gilt auch für andere afrikanische Kulturen. Weit verbreitet ist das Phänomen eines speziellen Klagepersonals, das zumeist aus Klagefrauen – viel seltener auch aus Klagemännern – besteht (Stubbe 1985, 111 f.). Das Klagen der Frauen ist als professionelle Einrichtung besonders aus den Kulturen des Alten Orients, aus Ägypten, Babylonien und Israel bekannt. Die Tradition der Klagefrauen war aber auch in ganz Europa verbreitet und hat sich in

---

16 Davon ausgenommen ist beispielsweise die Waschung von Verstorbenen im Judentum und im Islam, die jeweils von Angehörigen desselben Geschlechts vollzogen werden muss.

entlegenen, ländlichen Gebieten teilweise bis zur Gegenwart erhalten. Gut dokumentiert sind beispielsweise die rituellen Klagetraditionen der balto-finnischen Völker, die fast zur Gänze in Frauenhand liegen und bis heute praktiziert werden (Utriainen 1998). Trauer ist weitgehend die Aufgabe der Frauen.

Ist nun aus der Tatsache, dass Frauen in vielen Kulturen zur Trauer verpflichtet sind, der Schluss zu ziehen, dass Frauen – anders als Männer – zur Trauer prädestiniert sind? Die Frage, ob es eine natürliche weibliche Trauerfähigkeit gibt, lässt sich nicht beantworten, weil die menschliche ‚Natur' immer schon soziokulturell geprägt ist. Was sich belegen lässt, ist eine lange, ambivalente Geschichte weiblicher Trauerzuständigkeit. Gerade im Fall der Trauer zeigt sich die Mixtur zwischen sozialer Aufgabe, kulturell entwickeltem Talent[17] und ideologischer Diskriminierung. Trauer wurde einerseits als Frauensache festgeschrieben und andererseits als Charakterschwäche abgewertet und ausgegrenzt. Frauen wurden nicht nur stärker zur Trauer verpflichtet, sondern teilweise wurden die als spezifisch weiblich festgeschriebenen Umgangsformen mit dem Tod streng begrenzt und als dysfunktional oder pathologisch eingestuft. Am Beispiel der griechischen Totenklage lassen sich allerdings auch typisch patriarchale Muster im Umgang mit Frauentrauer erkennen. Bereits seit dem 6. Jahrhundert v. chr. Z. gab es in Griechenland Versuche der Beschränkung weiblicher Trauer vonseiten des Staates (Holst-Warhaft 1995, 3 f.; 98 f.; 115). Das Trauerverhalten wurde durch männliche Protagonisten der herrschenden Kultur abgewertet und galt als etwas Weibliches, Schwaches und Würdeloses.

Versuche der Einschränkung oder Verhinderung der weiblichen Totenklage sind auch aus Christentum und Islam bekannt. Aus moralisch-theologischer Sicht erscheint die Totenklage als Ausdruck unangemessener Hoffnungslosigkeit und wird daher als Glaubensschwäche oder auch als ein ungebührliches Auflehnen gegen den Willen Gottes abgelehnt. Die expressiven Äußerungen der Trauer wurden bereits im frühen Islam zurückgewiesen (Paszehr 2018, 35–38). In der arabischen Welt wurde die Totenklage dennoch über die Jahrhunderte hinweg weiterhin praktiziert. Eine aktuelle Untersuchung in Jordanien hat ergeben, dass sich die negative Haltung zur Totenklage erst in jüngster Zeit durchgesetzt hat und die Praxis im Aussterben begriffen ist.

Das volkstümliche Märchen vom Tränenkrüglein oder Totenhemdchen, in dem ein totes Kind entweder einen Tränenkrug zu schleppen hat oder ein tränennasses Hemdchen tragen muss, repräsentiert im Kontext christlich geprägter Kultur einen Versuch, die weibliche Totenklage zu begrenzen (Meuli 1975b). Als älteste Fassung

---

[17] Die rituellen Klagelieder und die Trauerlyrik bilden einen herausragenden Bereich dominant weiblicher Kulturtätigkeit (Ecker 1999).

hat Jacob Grimm eine Erzählung nachgewiesen, die im 13. Jahrhundert von einem belgischen Dominikaners aufgezeichnet wurde und wiederum auf ältere Quellen zurückgeht. Dieses Märchen war Bestandteil sogenannter Exempel-Sammlungen für Predigt und Seelsorge und wurde durch mittelalterliche Leichen-Predigten über das ganze Gebiet des lateinischen Christentums verbreitet. In den Erzählvorlagen gilt die nutzlos weinende Mutter als eine Verrückte, die durch ihr unchristliches Verhalten den elenden Zustand ihres Kindes verschuldet. Das tote Kind ermahnt die Mutter, anstelle des Weinens Almosen zu geben und Messopfer für ihr Kind darbringen zu lassen.

# 6 Fazit

Untersuchungen, die sich mit dem ‚Rätsel' einer stärkeren Religiosität von Frauen im modernen christlich geprägten Europa bzw. in modernen westlichen Gesellschaften befassen, kommen zu dem Schluss, dass es dafür keine einfache Lösung gibt (Voas, McAndrew und Storm 2013, 281) und die Geschlechtsunterschiede als kumulativer Effekt vieler kleiner Unterschiede zu betrachten sind (Trzebiatowska und Bruce 2012, 176). Die Feminisierungsthese von Religion ist prinzipiell problematisch, wenn die Aufmerksamkeit ausschließlich auf Befunde für eine höhere Religiosität von Frauen gelenkt wird. Um verzerrte Wahrnehmungen zu vermeiden, müssten einerseits die Existenz religionsferner oder dezidiert areligiöser Frauen und andererseits Verschiebungen in der Religiosität von Männern dazu in Relation gesetzt werden.

Geschlechtsspezifische Unterschiede in den Religionen beruhen auf komplexen Hintergründen und lassen sich nicht mit einem einzigen theoretischen Ansatz erklären. Auch wenn die generalisierende Behauptung, dass Frauen religiöser als Männer sind, unhaltbar ist, deuten die vorliegenden Befunde auf das Vorhandensein von Geschlechtsunterschieden in verschiedenen religiösen Kontexten hin, die aus einem komplexen Zusammenspiel von Körpererfahrungen, psychischen Mustern und sozialen Geschlechterrollen entstehen. Erkennbare Unterschiede sind jedoch weder universal, noch statisch festgeschrieben, sondern unterliegen dynamischen Veränderungsprozessen. Selbst wenn sich signifikante Geschlechtseffekte zeigen, muss deutlich gemacht werden, dass der behauptete Unterschied nur jeweils für einen gewissen Prozentsatz von Frauen oder Männern zutrifft, der gemessen an der Gesamtbevölkerung sehr klein sein kann und insofern relativ unerheblich ist. Darüber hinaus muss betont werden, dass empirische Erhebungen von Geschlechtsunterschieden, die die Geschlechtervielfalt nicht berücksichtigen, auf einem überholten Theoriekonzept basieren.

## Literatur

Aune, Kristin, Sonya Sharma und Giselle Vincett, Hg. 2008. *Women and Religion in the West. Challenging Secularization.* Aldershot u. a.: Ashgate Publishing.

Blaschke, Olaf. 2017. „Religion ist weiblich. Religion ist männlich. Geschlechtsumwandlungen des Religiösen in historischer Perspektive." In *Religion und Geschlechterordnungen*, hg. v. Kornelia Sammet, Friederike Benthaus-Apel und Christel Gärtner, 79–97. Wiesbaden: Springer.

Bynum, Caroline Walker. 1996. *Fragmentierung und Erlösung. Geschlecht und Körper im Glauben des Mittelalters* (= *Fragmentation and Redemption*, 1991). Frankfurt/M.: Suhrkamp Verlag.

*European Values Study* (*EVS*). *EVS Trend File* 1981–2017. 2022, hg. v. GESIS, Köln. ZA7503 Datenfile Version 3.0.0. https://doi.org/10.4232/1.14021 [08.04.2023].

Ecker, Gisela, Hg. 1999. *Trauer tragen – Trauer zeigen: Inszenierungen der Geschlechter.* München: Fink.

Francis, Leslie J. 1997. „The Psychology of Gender Differences in Religion: A Review of Empirical Research." In *Religion* 27, 81–96.

Gennep, Arnold van. 1999 [1909]. *Übergangsriten* [= *Les rites de passage*]. Frankfurt/M.: Campus-Verlag.

Haywood, Carol Lois. 1983. „The Authority and Empowerment of Women among Spiritualist Groups." In *Journal of Scientific Study of Religion* 22, 157–166.

Heiler, Friedrich. 1977. *Die Frau in den Religionen der Menschheit.* Theologische Bibliothek Töpelmann 33. Berlin; New York/NY: De Gruyter.

Heller, Birgit. 2007. „The ‚Bride of God' as Religious Role in the Contexts of Hinduism and Christianity." In *Donne tra saperi e poteri nelle storia delle religioni*, hg. v. Sofia Boesch Gajano und Enzo Pace, 99–110. Brescia: Morcelliana.

Höllinger, Franz und Thomas Tripold. 2012. *Ganzheitliches Leben. Das holistische Milieu zwischen neuer Spiritualität und postmoderner Wellness-Kultur.* Bielefeld: transcript Verlag.

Holst-Warhaft, Gail. 1995. *Dangerous Voices. Women's Laments and Greek Literature.* London; New York/NY: Routledge.

Richard Huntington und Peter Metcalf. 1991 [1979]. *Celebrations of Death. The Anthropology of Mortuary Ritual.* 2. überarb. Aufl. Cambridge/MA: Cambridge University Press.

Klein, Constantin. 2012. „Fromme Frau, agnostischer Mann – sind Frauen grundsätzlich religiöser/spiritueller als Männer?" In *Spiritual Care* 2, 6–22.

Klein, Constantin. 2013. „Sind Frauen grundsätzlich religiöser als Männer? Zur Konstruktion eines universellen Geschlechtsunterschieds." In *Islam, Frauen und Europa. Islamischer Feminismus und Gender Jihad – neue Wege für Musliminnen in Europa*, hg. v. Ina Wunn und Mualla Selçuk, 58–84. Stuttgart: Kohlhammer.

Klein, Constantin, Barbara Keller und Richard Traunmüller. 2017. „Sind Frauen tatsächlich grundsätzlich religiöser als Männer? Internationale und interreligiöse Befunde auf Basis des Religionsmonitors 2008." In *Religion und Geschlechterordnungen*, hg. v. Kornelia Sammet, Friederike Benthaus-Apel und Christel Gärtner, 99–131. Wiesbaden: Springer.

Meuli, Karl. 1975a. „Das Weinen als Sitte." In Karl Meuli, *Gesammelte Schriften* 1, hg. v. Thomas Gelzer, 353–385. Basel: Schwabe & Co.

Meuli, Karl. 1975b. „Vom Tränenkrüglein, von Predigerbrüdern und vom Trösten." In Karl Meuli, *Gesammelte Schriften* 1, hg. v. Thomas Gelzer, 387–435. Basel: Schwabe & Co.

Paszehr, Ursula. 2018. *Die Totenklage in Jordanien. Dimensionen und Funktionen.* Baden-Baden: Ergon-Verlag.

Schmidt, Bettina E. 2006. „Geschlechterdifferenzen bei karibischen Religionen. Zur Relevanz von Priesterinnen bei der religiösen Heilung." In *Krankheit und Heilung. Gender – Religion – Medizin*, hg. v. Bernhard Heininger und Ruth Lindner, 87–109. Berlin: LIT Verlag.

Sered, Susan Starr. 1994. *Priestess, Mother, Sacred Sister. Religions Dominated by Women.* New York/NY; Oxford: Oxford University Press.

Steinmair-Pösel, Petra und Paul M. Zulehner. 2011. *Typisch Frau? Wie Frauen leben und glauben.* Linz: Welt der Frau Verlag.

Stubbe, Hannes. 1985. *Formen der Trauer. Eine kulturanthropologische Untersuchung.* Berlin: Reimer.

Thomas, Louis-Vincent. 2005. [1987]. „Funeral Rites. An Overview." In *Encyclopedia of Religion* 5, hg. v. Lindsay Jones, 3233–3241. 2. Aufl. Detroit/MI: Macmillan Reference USA. An Imprint of Thomson Gale.

Thompson, Edward H. 1991. „Beneath the Status Characteristic: Gender Variations in Religiousness." In *Journal for the Scientific Study of Religion* 30, 381–394.

Trzebiatowska, Marta und Steven Bruce. 2012. *Why Are Women More Religious Than Men?* Oxford: Oxford University Press.

Utriainen, Terhi. 1998. „Feminine and Masculine in the Study of Balto-Finnic Laments." In *Gender and Folklore. Perspectives on Finnish and Karelian Culture.* Studia Fennica: Folkloristica 4, hg. v. Satu Apo, Aili Nenola und Laura Stark-Arola, 175–200. Helsinki: Finnish Literature Society.

Voas, David, Siobhan McAndrew und Ingrid Storm. 2013. „Modernization and the Gender Gap in Religiosity: Evidence From Cross-National European Surveys." In *Kölner Zeitschrift für Soziologie und Sozialpsychologie* 65, 259–283.

Werner, Yvonne Maria, Hg. 2011. *Christian Masculinity. Men and Religion in Northern Europe in the 19th and 20th Centuries.* Leuven: Leuven University Press.

Woodhead, Linda. 2003. „Feminism and the Sociology of Religion. From Gender-Blindness to Gendered Difference." In *The Blackwell Companion to Sociology of Religion*, hg. v. Richard K. Fenn, 67–84. Oxford u. a.: Blackwell.

Woodhead, Linda. 2008. „‚Because I'm Worth It'. Religion and Women's Changing Lives in the West." In *Women and Religion in the West. Challenging Secularization*, hg. v. Kristin Aune, Sonya Sharma und Giselle Vincett, 147–161. Aldershot u. a.: Ashgate Publishing.

Ziemann, Benjamin. 2009. *Sozialgeschichte der Religion. Von der Reformation bis zur Gegenwart.* Frankfurt/M.; New York/NY: Campus-Verlag.

# Weiterführende Literatur

Keinänen, Marja-Liisa. 2016. „Feminist Reflections on the Study of the Feminization and Masculinization of Religion." In *Contemporary Encounters in Gender and Religion. European Perspectives*, hg. v. Lena Gemzöe, Marja-Liisa Keinänen und Avril Maddrell, 55–75. Cham: Palgrave Macmillan.

Sohn-Kronthaler, Michaela, Hg. 2016. *Feminisierung oder (Re)Maskulinisierung der Religion im 19. und 20. Jahrhundert? Forschungsbeiträge aus Christentum, Judentum und Islam.* Wien: Böhlau.

Teil IV **Religion, Geschlecht und Gesellschaft:
Interaktionen**

Birgit Heller
# IV.1 Gerechtigkeit

## 1 Woran misst sich Geschlechtergerechtigkeit?

Iustitia, die römische Göttin der Gerechtigkeit, steht mit verbundenen Augen da und hält in der Hand eine Waage, deren Schalen einen Gleichstand anzeigen. Bis heute ist die weiblich personifizierte Gerechtigkeit das typische Symbol des Rechtswesens in den ‚westlichen' Gesellschaften. Die verbundenen Augen symbolisieren Unbestechlichkeit und Unparteilichkeit, die Waage ist ein stabiles Element ihrer Darstellung (Degen 2008). Bezogen auf den Aspekt der Geschlechtergerechtigkeit kommt es darauf an, die Augenbinden abzulegen und das Ideal eines gerechten, ausgeglichenen Verhältnisses zwischen den Geschlechtern umzusetzen, das sich im Zugang zu allen wichtigen Entwicklungsmöglichkeiten und Ressourcen, in der Verteilung von Verantwortung und Macht und im Umgang miteinander ausdrückt. Gerechtigkeit zwischen den Geschlechtern bezieht sich auf gleiche Rechte und steht in einem breiten Horizont wechselseitiger Achtung, Würdigung und Zusammenarbeit für das Gemeinwohl der menschlichen Gemeinschaft. Entscheidend für die Forderung nach Geschlechtergerechtigkeit in verschiedenen Gesellschaften und Religionen ist der Maßstab, der für eine Bewertung herangezogen wird.

Als Maßstab, der universale Gültigkeit beansprucht, wird die *Allgemeine Erklärung der Menschenrechte* betrachtet, die am 10. Dezember 1948 von der Generalversammlung der Vereinten Nation verkündet wurde. Die Menschenrechte gelten als angeboren und wurden mit dem Ziel deklariert, die Würde und die Rechte jedes Menschen anzuerkennen und zu schützen. Freiheit und Gleichheit kennzeichnen die gemeinsame Ausgangsbasis für die Würde und Rechte aller Menschen. Der universale Anspruch der Menschenrechte wird jedoch seit vielen Jahren durch vielfältige Kritik aus der Sicht verschiedener religiöser, kultureller und weltanschaulicher Positionen relativiert (Bielefeldt 1999; Mügge 2017, 156–158).[1] So wird beispielsweise der Vorwurf erhoben, dass die Menschenrechte auf dem westlichen Konzept eines vorrangig rationalen und autonomen Individuums aufbauen und

---

[1] Besonders von islamischer Seite werden die Menschenrechte immer wieder als zu westlich-christlich geprägt kritisiert (Ceming 2010, 212–216). Es gibt drei islamische Menschenrechtserklärungen verschiedener islamischer Organisationen mit unterschiedlicher Reichweite. Am bedeutendsten ist die *Kairoer Erklärung der Menschenrechte im Islam*, die 1990 von der Organisation der Islamischen Konferenz (OIC, heute Organisation für Islamische Kooperation) verabschiedet und 2020 umfassend überarbeitet wurde.

imperialistisch auf andere Kulturen ausgedehnt werden. Zweifellos wird der Anspruch auf die universelle Gültigkeit der Menschenrechtserklärung von kultureller Diversität herausgefordert und muss sich kritischen Anfragen stellen. Allerdings kann nur ein universal gültiger Maßstab den gleichen Respekt vor allen Menschen sowie die Analyse und Kritik von Diskriminierungen ermöglichen. Auch wenn die Menschenrechte in mancher Hinsicht kulturgebunden sind und teilweise verkürzte oder einseitige Perspektiven beinhalten, wird mehrheitlich die Auffassung vertreten, den universalen Anspruch nicht aufzugeben, sondern kritisch weiterzuentwickeln.

Der „Fähigkeiten-Ansatz" (*Capabilities Approach*) der amerikanischen Philosophin Martha C. Nussbaum gilt als vielversprechendes Modell einer Weiterentwicklung, das bemüht ist, kulturelle Pluralität und partikulare Kontexte zu berücksichtigen (Mügge 2017, 15 f.). Nussbaum betrachtet kulturelle Diversität als zentrale Herausforderung für jeden universalen Ansatz und versucht ihr zu entsprechen, indem sie sich auf einen minimalen Maßstab beschränkt und Respekt vor verschiedenen Vorstellungen des Guten fordert. Ausgangspunkt für ihre Überlegungen sind „zentrale menschliche Fähigkeiten" (*Central Human Capabilities*) die so allgemein formuliert sind, dass Spielräume für kulturelle Pluralität offenbleiben (Nussbaum 2011, 101–112). Die Rede von *capabilities* und die entsprechende deutsche Übersetzung als „Fähigkeiten" ist insofern missverständlich, als Nussbaum nicht fordert, dass der Mensch seine vorhandenen Fähigkeiten entwickeln solle (Mügge 2017, 21 f.). Vielmehr geht es um die Ermöglichung jener Fähigkeiten bzw. Aspekte, die für ein gutes Leben zentral sind. Der Mensch soll durch den Staat zu einem guten Leben *be-fähigt* werden, indem die Voraussetzungen dafür geschaffen werden, dass ein Mensch seine Fähigkeiten entfalten, ausüben und ein gutes Leben gemäß den eigenen Vorstellungen vom Guten führen kann. Diesem Verständnis entspricht die Bezeichnung *Human Development Approach*, die von Nussbaum deshalb nicht anstelle von *Capability Approach* bevorzugt wird, weil sie ihren Ansatz sowohl auf Menschen als auch auf „nicht-menschliche Tiere" bezieht (Nussbaum 2011, 18 f.). Als Basis- oder Minimalkonzeption des Guten formuliert sie eine Liste von zehn Fähigkeiten (Leben; körperliche Gesundheit; körperliche Integrität; Sinne, Vorstellungskraft und Denken; Gefühle; praktische Vernunft; Zugehörigkeit; andere Spezies; Spiel; Kontrolle über die eigene Umwelt), die genauer erläutert werden. Diese zentralen oder „Grundfähigkeiten"[2] müssen allerdings durch Rechte

---

2 So Mügge 2017, entsprechend verwendet sie auch den Begriff „Grundbefähigung".

ergänzt werden, um die Dringlichkeit von Ansprüchen, die politisches Handeln erfordern, deutlich zu machen.³

Im Vergleich mit der UN-Menschenrechtsdeklaration ist der Fähigkeiten-Ansatz konkreter und breiter – nicht nur Rationalität, sondern ebenso Emotionalität und körperliche Bedürfnisse werden einbezogen, Individualität wird durch Zugehörigkeit ergänzt, anstelle des Anthropozentrismus wird die Interdependenz der Lebensformen betont. Nussbaums Ansatz hat nicht nur Zuspruch gefunden. Kritische Einwände beziehen sich beispielsweise darauf, dass die kulturelle und religiöse Pluralität nicht ernst genug genommen wird oder umgekehrt, dass die Bedrohung universaler Frauenrechte durch Religionen nicht ernst genug genommen wird (Mügge 2017, 16). Diese Vorwürfe, die aus einander entgegengesetzten Lagern kommen, offenbaren die Probleme, die mit jedem Ansatz verbunden sind, der zwischen Universalität und Pluralität zu vermitteln sucht. Martha Nussbaums Konzept ist grundsätzlich durch den Respekt von Religionen, aber gleichermaßen durch den Respekt gegenüber der individuellen Gewissensfreiheit gekennzeichnet (Mügge 2017, 171–218). Sie vertritt keine säkularistische Position, weist jedoch auf die ambivalente Rolle von Religionen hin, die einerseits zur menschlichen Grundbefähigung beitragen, sie andererseits aber auch behindern können. Martha Nussbaum unterscheidet sich mit diesen affirmativen Positionen zu Universalität und Freiheit sowie einer eher distanzierten Haltung gegenüber Religion von aktuellen postsäkularen und postkolonialen Denkansätzen, die die Säkularität generell und die Grenzziehung zu Religion vehement in Frage stellen.⁴ So setzt etwa die Kulturanthropologin Saba Mahmood (2012) den ‚westlichen', säkularen und feministischen Werten der Freiheit und Autonomie die Prinzipien der *„subject formation"* und *„agency"* von Frauen im islamischen Kontext entgegen. Anknüpfend an Mahmood hebt Ulrike Auga die Bedeutung von Religion als Raum der Ermächtigung hervor und stellt die Konzepte Subjektformation und Handlungsmacht als Alternativstrategien in den Diskurs um Menschenrechte (Auga 2020, 195). Mahmoods Begriff *„human flourishing"* betrachtet sie als eine Erweiterung der ethischen Grundidee des guten Lebens. Es bleibt offen, worin der Gewinn dieses Begriffswechsels besteht, aber auch wie Diskriminierungen kritisiert werden können, wenn universale Maßstäbe gänzlich wegfallen.

---

**3** Zum aktuellsten Entwurf dieser Liste vgl. Nussbaum 2011, 33 f. Zur Ergänzung von Fähigkeiten durch Rechte siehe die Querverweise auf verschiedene Werke von Nussbaum in Mügge 2017, 115.
**4** Für einen Überblick zu Religionskonzepten und Geschlechterperspektive in postsäkularen Debatten siehe Auga 2022.

## 2 Brennpunkt Frauenrechte

Kulturelle Vorbehalte und Widerstände formieren sich vor allem dann, wenn die Menschenrechte als Widerspruch zur je eigenen religiös-ethischen Tradition aufgefasst werden. Besonders oft entstehen Konflikte in Hinblick auf die in der *Allgemeinen Erklärung der Menschenrechte* verankerte Gleichberechtigung der Geschlechter. Forderungen nach Gleichberechtigung von Frauen kollidieren mit dem Anspruch auf die Anerkennung religiös-kultureller Differenz bzw. mit dem Recht auf Religionsfreiheit.[5] In diesem Zusammenhang ist die Entwicklung der *Kairoer Erklärung der Menschenrechte im Islam* aufschlussreich. Im Jahr 2020 wurde die 1990 beschlossene Erklärung umfassend überarbeitet. Die nun grundsätzlich festgehaltene Gleichberechtigung von Frauen und Männern wird allerdings mit dem Hinweis auf staatliche Gesetze relativiert (Bielefeldt 2022). Die Konfliktlinien zwischen verschiedenen Rechtsansprüchen sowie den damit verbundenen Interessen zeigen sich besonders deutlich in den anhaltenden Debatten um das ‚Kopftuch' (Berghahn und Rostock 2009) und zugespitzt um Verbote von muslimischen Ganzkörperverschleierungen. Vertreter*innen konservativer Politik setzen sich plötzlich – ganz gegenläufig zu ihren herkömmlichen Ansichten über Geschlechterrollen – für die Emanzipation und Gleichberechtigung muslimischer Frauen ein, indem sie das Tragen des Kopftuchs verbieten, während liberale Stimmen die Kleidungsvorschriften als Ausdruck der religiös-kulturellen Diversität/Differenz verteidigen. Der feministische Diskurs ist gespalten. Einerseits wird die offensichtliche politische Instrumentalisierung von muslimischen Frauen kritisiert und im Gegenzug das Recht von Frauen auf religiös-kulturelle Selbstbestimmung gefordert, andererseits wird hervorgehoben, dass religiöse Traditionen eine wesentliche Rolle für die Aufrechterhaltung einer heteronormativen Geschlechterordnung spielen, die häufig mit der Diskriminierung von Frauen einhergeht. Der Fokus auf verschiedene länderspezifische Kontexte und die Vielfalt der Positionen, die von muslimischen Frauen selbst eingenommen werden, könnte die Engführung der Symbol-Debatten, bei denen es häufig gar nicht um die betroffenen Frauen geht, zumindest erweitern.

Der Respekt vor kulturell-religiöser Diversität erfordert, dass in der Debatte um universale Frauenrechte die Vorstellungen und Lebensentwürfe von Frauen, die sich einer bestimmten Kultur bzw. Religion zugehörig fühlen, und ihre Entscheidungsfreiheit ernstgenommen werden. Im konkreten Fall von ‚Kopftuch' und

---

5 Cornelia Mügge (2017, 10) bezeichnet die Kontroverse um Frauenrechte und Religionsfreiheit als „ein Brennglas für die Problematik universaler Normen" und verweist auf zahlreiche Publikationen zu der Frage, ob und inwiefern religiöse Traditionen und Frauenrechte einander widersprechen bzw. miteinander vereinbar sind.

Ganzkörperverschleierung ist demnach entscheidend, welche Bedeutung diese Praxis für die betroffenen Frauen selbst hat. Ein fortlaufender Diskussionsprozess ist nötig, der Selbstreflexion und Offenheit für die kulturelle Gebundenheit eines vermeintlich universalen Maßstabs erfordert. In ihrer Analyse des Fähigkeiten-Ansatzes erläutert Cornelia Mügge die unterschiedlichen politischen Handlungserfordernisse, die Martha Nussbaum aus ihrem Konzept ableitet, an den Beispielen des Burka-Verbots und der weiblichen Genitalverstümmelung (Mügge 2017, 270–282). Während Nussbaum Verbote des Burka-Tragens zurückweist, fordert sie ein Verbot der weiblichen Genitalverstümmelung bei Minderjährigen. Entscheidend für diese Positionen sind im ersten Fall die Einschätzung von körperlichem Zwang versus vorausgesetzter Freiwilligkeit und im zweiten Fall die irreversible Schädigung von Grundfähigkeiten durch einen körperlichen Eingriff. Es bleibt offen, ob soziale und strukturelle Zwänge, die die Wahl- und Entscheidungsfreiheit von Frauen im Fall des Burka-Tragens beeinflussen, von Nussbaum nicht unterschätzt werden.

Prinzipiell muss die Frage gestellt werden, worin die diversen religiös begründeten Vorbehalte gegen Frauenrechte bestehen und wie sie begründet sind. Teilweise scheint die Zurückweisung weit mehr mit der Zementierung von hierarchischen Machtverhältnissen zu tun zu haben als mit unverrückbaren religiösen Lehren (Mayer 2003). Darüber hinaus ist die Berücksichtigung der Diversität von Geschlecht in der kritischen Auseinandersetzung von Religionen und Menschenrechten unumgänglich. Religiöse Gemeinschaften stehen vor der Herausforderung anstatt der weithin üblichen Orientierung an Heteronormativität die Rechte von nicht-binären Personen wahrzunehmen. Dafür können sie an ein Dokument anknüpfen, das im Jahr 2006 im indonesischen Yogyakarta von Menschenrechtsexpert*innen veröffentlicht wurde. Die sogenannten Yogyakarta Prinzipien zur Anwendung der Menschenrechte in Bezug auf die sexuelle Orientierung und geschlechtliche Identität formulieren konkrete Empfehlungen für einen diskriminierungsfreien Umgang mit nicht-binären Personen und zur Integration der LGBTQIA⁺-Gemeinschaft ins internationale Recht.[6] Abgesehen von stets nötigen Fortentwicklungen und Modifikationen zeigen viele konkrete Problemfelder, wie wichtig es ist, an der Grundidee universaler Menschenrechte oder – konkreter – einer Grundbefähigung aller Menschen festzuhalten, um Kritik an kulturell-religiösen Praktiken und Traditionen zu ermöglichen, wenn sie zur Begründung von geschlechtsspezifischen Diskriminierungen beitragen.

---

6 Online verfügbar unter http://www.yogyakartaprinciples.org. Das Dokument wurde 2008 ins Deutsche übertragen: http://yogyakartaprinciples.org/wp-content/uploads/2016/10/German_Translation.pdf. Im Jahr 2017 wurden die Yogyakarta Prinzipien um zehn weitere Prinzipien ergänzt, siehe https://www.boell.de/de/2018/12/10/die-yogyakarta-prinzipien-10.

## 3 Die Würde des Menschen als gemeinsame Basis von Menschenrechten und Religionen

Was Menschenrechte und Religionen verbindet, ist die Idee der Menschenwürde.[7] Auch am Ausgangspunkt des Fähigkeiten-Ansatzes von Martha Nussbaum (2011, 29–31) steht die Frage danach, welche zentralen Fähigkeiten ein Leben erfordert, das der menschlichen Würde entspricht. Diese universale Grundbefähigung, die der Staat garantieren soll, ist in der Würde jedes Menschen verankert, die mit dem gleichen Respekt für jeden Menschen verbunden ist. Der Bodensatz des Androzentrismus, der sowohl die Geschichte der säkularen als auch der religiösen Würde-Traditionen durchzieht, offenbart, wie schwierig es ist, alle Menschen als gleich an Würde zu achten. Eine der historischen Wurzeln der *Allgemeinen Erklärung der Menschenrechte* ist in der Philosophie der Stoa zu finden: Mit der Teilhabe an der einen Weltvernunft begründet die Stoa die Idee der Gleichheit aller Menschen und definiert sie als Brüderlichkeit. Ideengeschichtlich kann eine Linie gezogen werden bis hin zur Proklamation von Freiheit, Gleichheit und Brüderlichkeit in den Menschen- und Bürgerrechten der Französischen Revolution. Auch die politisch engagierte Schriftstellerin Olympe de Gouges (1999 [1791]) fand mit ihrer Forderung nach Bürgerrechten für Frauen im Jahr 1791 kein Gehör und versank bis zum Aufleben der Frauenforschung in den 1970er Jahren in Vergessenheit. Die androzentrische Engführung der Gleichheit aller Menschen ist in der Menschenrechtsdeklaration von 1948 zumindest auf der sprachlichen Ebene noch immer präsent:

> Alle Menschen sind frei und gleich an Würde und Rechten geboren. Sie sind mit Vernunft und Gewissen begabt und sollen einander im Geiste der Brüderlichkeit begegnen.
> (*Allgemeine Erklärung der Menschenrechte 2005*, 17, Artikel 1).

Der Begriff „Würde" hat sich in der deutschsprachigen philosophischen Tradition entwickelt, die englisch- und französischsprachigen Pendants (*dignity, dignité*) bleiben bei der lateinischen Vorgabe der *dignitas*. Entsprechende religiös-kulturelle Äquivalente zum modernen europäischen Würde-Begriff weisen jeweils ganz spezifische Konnotationen auf, gemeinsam ist ihnen allerdings eine mehr oder weniger starke androzentrische Verformung. Teilweise ist bis heute umstritten, ob den Geschlechtern die gleiche Würde zukommt. In der jüdischen und in der christlichen Tradition gründet die Würde des Menschen in der Vorstellung von der Gottebenbildlichkeit des Menschen („Abbild Gottes": hebr. *zelem elohim*; griech. *eikōn theou*;

---

7 Ausführliche Auseinandersetzungen mit dem Spannungsfeld Menschenrechte, Kulturen und Religionen bieten Ceming 2010 und Yousefi 2013.

lat. *imago dei*). Gottebenbildlichkeit kann in der jüdisch-rabbinischen Tradition bedeuten, dass der Mensch Gott in der Gestalt ähnlich ist; den göttlichen Herrschaftsanspruch repräsentiert oder aber Gott in seinem ethischen Handeln nachahmt. Grundlegend für alle diese Auffassungen ist die Beziehung zwischen Gott und Mensch, die sowohl im Judentum als auch im Christentum als Gotteskindschaft des Menschen interpretiert wird. Die Positionen der maßgeblichen jüdischen Gelehrten im *Talmud* sind zwar nicht einheitlich, in manchen Texten wird aber ausdrücklich festgehalten, dass Frauen an der Gottebenbildlichkeit nur indirekt Anteil haben. Als gewichtiges Argument wird der biblische Schöpfungsbericht angeführt, demnach Gott die Frau aus der Rippe des Adam schuf. Während der Mann-Mensch als Gottes Ebenbild erschaffen wurde, so die Schlussfolgerung im *Talmud*-Traktat *Ketuboth*, ist die Frau ein Bauwerk, das aus dem Mann entnommen wurde. Ebenbild Gottes ist die Frau folglich nur insofern als sie vom Ebenbild Gottes, dem Mann, stammt:

> Gepriesen sei, der alles ihm zu Ehren erschaffen hat, der den Menschen gebildet hat. Der den Menschen in seinem Ebenbilde, im Ebenbilde seiner Gestalt, gebildet und ihm aus ihm selbst einen Bau für die Ewigkeit errichtet hat. Gepriesen seist du, o Herr, Schöpfer des Menschen.[8]

Dieses Muster ist noch deutlicher in der christlichen Theologie erkennbar, die bis in die Neuzeit prinzipiell keine egalisierenden Konsequenzen aus dem universalen Würdekonzept zieht – Würde wird weithin als Privileg der Christen, nicht der Menschen angesehen (Huber 1992, 579). Bezogen auf die Gottebenbildlichkeit werden bereits in frühchristlicher Zeit Unterschiede zwischen Mann und Frau festgestellt. Im *Ersten Brief an die Korinther* legitimiert der Apostel Paulus die Forderung, dass die Frau ihr Haupt im Gottesdienst verhüllen soll, mit der Schöpfungsordnung und der Vorstellung der Gottebenbildlichkeit, die das Fundament einer hierarchischen Geschlechterordnung bilden:

> Der Mann darf sein Haupt nicht verhüllen, weil er Abbild und Abglanz Gottes ist; die Frau aber ist der Abglanz des Mannes. Denn der Mann stammt nicht von der Frau, sondern die Frau vom Mann. Der Mann wurde auch nicht für die Frau erschaffen, sondern die Frau für den Mann.[9]

Die Positionen der Kirchenväter zur Gottebenbildlichkeit der Frau sind zunächst nicht einheitlich. Manche betonen, dass Männer und Frauen mit der gleichen Ehre erschaffen wurden und die weibliche Unterordnung unter den Mann eine Folge des Ungehorsams der Frau sei (Jensen 2002, 255; 259). Von großem Einfluss war ein unter dem Namen Ambrosiaster bekannter Kommentar zu den Paulusbriefen. In dieser

---

[8] *bKethuboth* 8a, übers. v. Goldschmidt 1996, 18.
[9] *Der Erste Brief an die Korinther* 11, 7–9, Einheitsübersetzung der *Bibel* 2016.

Schrift, die aus dem 4. Jahrhundert stammt, wird der Frau die Gottebenbildlichkeit explizit abgesprochen (Jensen 2002, 229). Diese Position hat sich in der christlichen Theologie zwar nicht durchgesetzt, aber den ungleichen Rechtsstatus der Geschlechter plausibilisiert (Frauen durften beispielsweise nicht lehren, weder als Zeuginnen noch als Bürginnen fungieren und keine richterlichen Funktionen ausüben). Die dominante Auffassung der christlichen Kirchengeschichte wurde durch den Kirchenvater Augustinus geprägt: Der Mann ist das vollkommene Bild Gottes, die Frau ist es nur mit dem Mann gemeinsam (Jensen 2002, 229–233). Auch nach dem Kirchenlehrer Thomas von Aquin, dessen Ansichten für viele christliche Theologen bis in die Moderne maßgebend waren, stellt der Mann das vollkommene Ebenbild Gottes dar, während die Frau dem Mann an Vernunft, Kraft und daher auch an Würde nachsteht (Leisch-Kiesl 1992, 136–144).

Im Islam wird die Menschenwürde nicht mit der Vorstellung von der Gottebenbildlichkeit begründet, weil der Unterschied zwischen Gott und Mensch durch eine klare Grenzziehung markiert ist. Als Geschöpf, das der Rechtleitung bedarf, ist der Mensch ganz von Gott abhängig. Gott hat den Menschen jedoch vor allen anderen Geschöpfen mit einer besonderen Würde ausgestattet. Der moderne Begriff der Menschenwürde wird aus dem *Koran*, Sure 17, 70 abgeleitet:

> Und Wir haben den Kinder Adams Ehre erwiesen; Wir haben sie auf dem Festland und auf dem Meer getragen und ihnen (einiges) von den köstlichen Dingen beschert, und Wir haben sie vor vielen von denen, die Wir erschaffen haben, eindeutig bevorzugt.[10]

Bedeutsam für den Würdebegriff ist darüber hinaus die Auffassung, dass der Mensch zum Nachfolger/Statthalter Gottes *(khalīfa)* bestimmt ist (Sure 2, 30). Diese Stellvertretungsaufgabe des Menschen besteht in erster Linie in der Übernahme der Verantwortung und der Verpflichtungen gegenüber der ihm anvertrauten Schöpfung. Prinzipiell sind zwar alle Menschen zum Kalifat ausersehen, allerdings bedürfen Frauen nach der islamischen Tradition in der Regel der Rechtleitung durch ihre Männer. Insofern Frauen der männlichen Autorität unterworfen sind, sind sie naturgemäß weniger zur Statthalterschaft Gottes geeignet. Nach Sure 4, 34 haben die Männer Vollmacht und Verantwortung gegenüber den Frauen, weil Gott sie bevorzugt hat und sie die ökonomische Sorge für die Frauen tragen. Die Befreiung von bestimmten Verpflichtungen wie dem Freitagsgebet, die größere körperliche Unreinheit, die rechtliche Minderbewertung, die ökonomische Unselbständigkeit und die eingeschränkte Bewegungsfreiheit reduzierten die Möglichkeiten von Frauen ihre Rolle als Statthalterinnen Gottes tatsächlich auszuüben.

---

10  Sure 17, 70, übers. v. Khoury 2011, 218.

Die Suche nach Entsprechungen zum Würde-Begriff im Hinduismus gestaltet sich insofern schwierig als Hinduismus der Sammelbegriff für eine Fülle verschiedener religiöser Traditionen ist. Was die klassisch-brahmanische Tradition anbelangt, so kann die menschliche Würde darin gesehen werden, dass der Mensch als einziges Lebewesen die Möglichkeit zur religiösen Befreiung durch die Erkenntnis und Realisierung seines tiefsten geistigen Wesens (*ātman*) besitzt. Da Frauen – genauso wie die Männer der untersten Gesellschaftsschicht – von dieser Möglichkeit ausgeschlossen wurden, besitzen sie streng genommen keine dem Mann vergleichbare Würde. Die Würde der Frau kann nur im Rahmen der Lebensordnung (*dharma*) innerhalb des Geburtenkreislaufs angesiedelt werden und besteht in der Erfüllung des sogenannten *strīdharma*, der „Pflichten der Frau". Nach klassisch-brahmanischer Auffassung ist damit vor allem anderen der Dienst an ihrem Ehemann gemeint. Die Hochzeit gilt als die religiöse Initiation der Frau, der Dienst am Ehemann ist für sie Gottesdienst.

> Eine gute Frau soll ihren Ehemann immer wie einen Gott behandeln, selbst wenn er charakterlos ist, einen lüsternen Lebenswandel hat oder es ihm ganz und gar an Tugenden mangelt.[11]

Der Weg zur Befreiung aus dem Geburtenkreislauf führt für Frauen über Selbstaufgabe und Unterordnung irgendwann zum Privileg einer männlichen Wiedergeburt und erst von dort weiter zum Ziel. Anders sieht es in Hindu-Traditionen aus, die von der *bhakti*-Religiosität geprägt sind. Der Terminus *bhakti* bedeutet so viel wie Hingabe, Liebe und ist abgeleitet von *bhaj*, „zuteilen, teilhaben an". Die Würde des Menschen gründet in der Gottesbeziehung, die sich in verschiedenen Stufen der Nähe – wie Freundschaft, bräutlicher Liebesbeziehung bis hin zu partieller oder völliger Identität – vollzieht. In diesem Kontext gilt der gläubige Mensch unabhängig von Stand und Geschlecht als „Teilhaber" bzw. „Teilhaberin" an Gott und kann dadurch das endgültige Heil erreichen:

> Wer seine Zuflucht zu mir nahm,
> Sei seine Herkunft noch so schlecht,
> Beschreitet doch den höchsten Pfad,
> Ob Frau, ob Vaishya oder Knecht.[12]

---

11 *Manusmṛti* 5, 154, übers. v. Michaels 2010, 116.
12 *Bhagavadgītā* 9, 32, übers. v. Boxberger 1986, 63.

Allerdings wurden daraus ganz selten Konsequenzen abgeleitet, die über den religiösen Bereich hinaus auf Veränderungen im sozialen Verhältnis der Geschlechter abzielen.[13]

Das buddhistische Würde-Konzept ist der klassisch-brahmanischen Vorstellung strukturell ähnlich. Die Würde des Menschen besteht in der Fähigkeit zur Erleuchtung, in der Realisierung der Buddha-Natur. Es ist das kostbare Privileg der menschlichen Existenzform, ein Buddha zu werden und damit die Befreiung aus dem Geburtenkreislauf erreichen zu können. Obwohl eine frühbuddhistische Textsammlung mit Liedern von erleuchteten Nonnen als Teil des *Pali-Kanons* erhalten ist, war die Frage, ob Frauen überhaupt die Erleuchtung erlangen können, in den buddhistischen Traditionen umstritten. Der folgende Text gibt die Antwort aus der Sicht einer erleuchteten Nonne:

> Wie sollte die weibliche Natur einer Frau hinderlich sein,
> wenn sie in fest konzentriertem Geist,
> mit fortschreitendem Wissen, die Buddhalehre in der richtigen
> Einsicht erfasst?
> Überall ist die Lust vernichtet, die große Finsternis zerrissen.
> So wisse, Böser, Tod, du bist besiegt.[14]

Geschlechtsmerkmale werden zwar im Buddhismus als prinzipiell unwesentlich und leer betrachtet, aber dennoch spielt das Geschlecht für die Erleuchtungsfähigkeit in vielen Texten eine entscheidende Rolle. So ist im Mahāyāna-Buddhismus die Vorstellung verbreitet, dass eine spirituell weit fortgeschrittene Frau erst mittels einer Geschlechtsumwandlung zum Mann – entweder spontan im aktuellen Leben oder in einer Wiedergeburt – die höchste Stufe der Buddhaschaft erreichen kann (Paul 1979, 166–216). Es existieren allerdings auch Texte, die sich gegen eine sexuelle Diskriminierung richten und das Geschlecht für die Erleuchtung als irrelevant erachten. Zen-Buddhismus und indo-tibetischer Buddhismus haben an der Erleuchtungsfähigkeit der Frauen festgehalten.

Aus diesem Überblick wird deutlich, dass die Menschenwürde der Frau in der Geschichte der großen religiösen Traditionen alles andere als selbstverständlich war. Die Verknüpfung von Menschenwürde und der politisch-rechtlichen Anerkennung der gleichen Freiheits- und Partizipationsrechte aller Menschen stellt für die Religionen eine Herausforderung dar, die sich in der Auseinandersetzung mit den modernen Menschenrechten stellt (Bielefeldt 2005, 434–436).

---

13 Eine interessante Ausnahme stellt die Tradition der Liṅgāyats dar, die aus dem 12. Jahrhundert n. chr. Z. stammt und die Gleichheit aller Menschen sowohl hinsichtlich ihrer sozialen Herkunft, aber auch hinsichtlich des Geschlechts betont (Heller 1999, 227–244).
14 *Therīgathā* 61–62, zit. nach Herrmann-Pfandt 1999, 28.

## 4 Religionen und die Gleichberechtigung der Geschlechter

Da die Intentionen der Menschenrechtsdeklaration im Hinblick auf die Gleichheit der Geschlechter dreißig Jahre später in der praktischen Umsetzung nicht sehr weit gediehen waren, wurde 1979 ein Übereinkommen zur Beseitigung jeder Form von Diskriminierung der Frau getroffen.[15] Die Vertragsstaaten verpflichteten sich, die Gleichberechtigung von Mann und Frau bei der Ausübung aller wirtschaftlichen, sozialen, kulturellen, bürgerlichen und politischen Rechte sicher zu stellen. Als Diskriminierung wurde jede mit dem Geschlecht begründete Unterscheidung, Ausschließung oder Beschränkung definiert. Im Artikel 5 heißt es, dass die Vertragsstaaten alle geeigneten Maßnahmen treffen, um einen Wandel in den sozialen und kulturellen Verhaltensmustern von Mann und Frau zu bewirken, um so zur Beseitigung von Vorurteilen sowie von herkömmlichen und allen sonstigen auf der Vorstellung von Unterlegenheit oder Überlegenheit des einen oder anderen Geschlechts oder der stereotypen Rollenverteilung von Mann und Frau beruhenden Praktiken zu gelangen. In diesem Zusammenhang spielen Religionen als kulturelle Symbolsysteme, die bestehende Ordnungsstrukturen und Geschlechterrollen verfestigen und legitimieren, eine gewichtige Rolle. Die traditionellen Auffassungen der großen Religionen der Gegenwart zu Rechten und Pflichten der Geschlechter basieren weitgehend auf dem Modell der polaren, heterosexuellen Geschlechterrollen einer patriarchalen Gesellschaftsordnung. Die Argumentationsstrukturen sind einander häufig sehr ähnlich, wie der Blick auf einige Artikel der Menschenrechtsdeklaration bzw. die modifizierten Parallelen in der Fähigkeitenliste von Martha Nussbaum im Spiegel der religiösen Traditionen zeigt.

Das in Artikel 3 grundsätzlich festgestellte Recht auf Freiheit der Person wird in Artikel 13 auf die Freiheit der Bewegung hin konkretisiert. Nussbaum fasst die Fähigkeit, sich frei von einem Ort zum anderen zu bewegen sowie die Gelegenheit zur sexuellen Befriedigung und zur freien Entscheidung im Bereich der Fortpflanzung zu haben unter die Grundfähigkeit „Körperliche Integrität". In patriarchal organisierten Gesellschaften führt die wichtige Rolle der Mutter für die Bewahrung der Patrilinie zur starken Kontrolle der Frau, die religiös legitimiert wird. Frauen werden in den normativen Texttraditionen der großen Religionen der Gegenwart zu Treue, Gehorsam und Unterordnung unter den Ehemann angehalten.[16]

---

[15] Der Text ist abgedruckt in: Ceming 2010, 387–399.
[16] Da die Mutterrolle im Buddhismus nicht betont wird, steht hier das hierarchische Verhältnis zwischen Nonne und Mönch im Vordergrund.

Damit verbunden sind der hohe Stellenwert der Jungfräulichkeit und die Ablehnung und strenge Bestrafung des Ehebruchs – vor allem vonseiten der Ehefrau. Durch die strikte Beaufsichtigung der Frau in jeder Lebensphase durch Vater, Ehemann, Sohn oder Bruder soll die Reinheit der Abstammungslinie gewährleistet werden. In diesem Zusammenhang entstehen auch zahlreiche Sonderregeln für Frauen in der Form besonderer Kleidungsvorschriften zur Kontrolle des weiblichen Körpers[17] oder der gezielten Einschränkung der Bewegungsfreiheit.

Im Artikel 16 geht es um die Gleichberechtigung der Geschlechter im Rahmen von Ehe und Familie. Dass nur hier das sexuelle Zusammenleben der Geschlechter implizit thematisiert wird, zeigt, dass die Menschenrechte die Dimension der Sexualität weitgehend ausblenden und die Norm der heterosexuellen Geschlechterbeziehungen insinuieren. Ein Recht auf sexuelle Selbstbestimmung ist in den Menschenrechten nicht enthalten, wobei nach heutigem Erkenntnisstand dieses auch die Freiheit zu und Gleichberechtigung von hetero- und homosexuellen Lebensgemeinschaften einschließen muss. Nussbaum vermeidet die Koppelung von Ehe/Familie und Sexualität. Sie thematisiert Sexualität im Rahmen der Grundfähigkeit „Körperliche Integrität" im Sinn eines Schutzanspruchs vor Gewaltausübung, als Fähigkeit der Befriedigung und freien Entscheidung. Darüber hinaus nennt sie Maßnahmen gegen die Diskriminierung sexueller Orientierung im Zusammenhang mit der Grundfähigkeit „Zugehörigkeit". In allen angesprochenen religiösen Traditionen ist Heterosexualität die Norm, Homosexualität wurde bzw. wird überwiegend negativ beurteilt und teilweise sogar grausam verfolgt.[18] Allerdings haben sich die grundsätzlich restriktiven Einstellungen in einzelnen Richtungen – wie beispielsweise dem Reformjudentum oder dem Protestantismus – in jüngster Zeit deutlich gewandelt und bei aller Zwiespältigkeit zeigen sich Tendenzen zur Liberalisierung.

Artikel 21, 23, 26 und 27 beziehen sich auf Partizipationsrechte, die allen Menschen die Gestaltung der öffentlichen Angelegenheiten, den Zugang zu öffentlichen Ämtern, das Recht auf Arbeit und freie Berufswahl, auf Bildung sowie die Teilnahme am kulturellen Leben einräumen möchten. In der Fähigkeitsliste sind analoge Forderungen unter den Grundfähigkeiten „Kontrolle über die eigene Umwelt" und „Sinne, Vorstellungskraft und Denken" (konkret etwa die Fähigkeit zu denken auf der Basis einer angemessenen Ausbildung; der Bereich der Religionsausübung wird explizit erwähnt) subsummiert. Bezogen auf die religiösen Partizipationsmöglichkeiten zeigt sich, dass Frauen in der Entstehungsphase der großen Religionen der Gegenwart nicht nur aktiv beteiligt waren, sondern auch verschie-

---

17 Siehe Kap. III.3.
18 Siehe ausführlicher Kap. III.4.

dene autoritative Rollen einnehmen konnten. Nach der Gründungsphase wurden sie jedoch in all diesen Religionen in untergeordnete Rollen zurückgedrängt. Die wichtigen Ämter und Leitungsfunktionen wurden von den männlichen Anhängern beansprucht, teilweise wurden Frauen dezidiert davon ausgeschlossen. Der eingeschränkte Zugang zum religiösen Wissen bzw. Bildungsverbote für Mädchen und Frauen verhinderten die Entfaltung religiöser Autorität und stellen eine Form geschlechtsbezogener Gewalt dar.[19]

Erst im Lauf der letzten Jahrzehnte ist deutlich geworden, dass die Menschenrechte nicht nur auf die Gleichberechtigung von Frauen und Männern zu beziehen sind. Angesichts der gesellschaftlichen Entwicklungen und des Bewusstseins der Diversität von Geschlecht dürfen Menschenrechte heute nicht auf einem binären Verständnis von Geschlecht basieren, sondern müssen die Existenz multipler Geschlechter und die Vielfalt sexueller Orientierungen integrieren. Die Fähigkeitenliste von Martha Nussbaum ist in dieser Hinsicht bereits ganz offen formuliert. Da die meisten religiösen Traditionen auf eine binäre Geschlechterordnung festgelegt sind, können sich Perspektiven, die die Pluralisierung von Geschlecht und sexuellen Orientierungen anerkennen, schwer durchsetzen.

## 5 Impulse für die Gleichstellung der Geschlechter

Das Haupt-Hindernis für die Umsetzung der Geschlechtergerechtigkeit in den Religionen ist die Aufrechterhaltung männlicher Privilegien und Machtverhältnisse. Zwar tendieren alle großen religiösen Traditionen – zumindest im Lauf ihrer Entwicklung – zur prinzipiellen Anerkennung der Gleichheit aller Menschen hinsichtlich ihrer Würde, allerdings wird diese Gleichheit häufig auf den religiösen Bereich eingeschränkt. Impulse für die Gleichstellung der Geschlechter im religiösmetaphysischen Bereich (Gleichheit vor bzw. in Gott), bestehen vor allem in der Zuerkennung der gleichen Heilsfähigkeit. In diesen Zusammenhang gehören beispielsweise die folgenden Texte aus dem *Zweiten Testament* und dem *Koran*:

> Es gibt nicht mehr Juden und Griechen, nicht Sklave und Freie, nicht Mann und Frau; denn ihr alle seid ‚einer' in Christus Jesus.[20]

> Für die muslimischen Männer und Frauen, Männer und Frauen, die gläubig, ergeben, wahrhaftig, geduldig, demütig sind, die Almosen geben, fasten, ihre Scham bewahren und Gottes viel gedenken – für sie hat Gott Vergebung und einen großartigen Lohn bereitet.[21]

---

19 Vgl. dazu die Ausführungen in Kap. IV.2.
20 *Der Brief an die Galater* 3, 28, Einheitsübersetzung der *Bibel* 2016.
21 Sure 33, 35, übers. v. Khoury 2011, 322.

Ein weniger bekanntes Gedicht aus dem hinduistischen Kontext weist die Geschlechtsunterschiede der äußeren, letztlich irrelevanten Wirklichkeit zu:

> If they see
> breasts and long hair coming
> they call it woman,
> if beard and whiskers
> they call it man:
> but look, the self that hoovers
> in between
> is neither man nor woman.
> O Rāmanātha.[22]

Diese Vorstellungen haben vereinzelt zur Beseitigung weiblicher Diskriminierungen (wie etwa die Aufhebung des Verbots der Wiederheirat von Witwen durch die hinduistische Religionsgemeinschaft der Liṅgāyats), jedoch nicht zu einer politisch-rechtlichen Gleichstellung der Geschlechter im sozialen Zusammenleben beigetragen. Die Einheit von Frauen und Männern „in Christus" wurde genauso wenig wie die Berufung aller muslimischen Gläubigen zum Kalifat als Infragestellung der sozialen Geschlechterhierarchie interpretiert. Auch wenn sich in der jüdischen Überlieferung die Position findet, dass der Mensch ursprünglich androgyn – also zu gleichen Teilen männlich und weiblich – erschaffen wurde,[23] hat sie nur eine Gedankenbewegung in Richtung Zusammengehörigkeit und Füreinander-Bestimmtheit von Mann und Frau, aber nicht hinsichtlich ihrer Gleichberechtigung angestoßen. Weder das hinduistische Axiom von der Geschlechtslosigkeit des spirituellen Grundprinzips in jedem Menschen noch die buddhistische Überzeugung von der substantiellen Leerheit der Geschlechtsbestimmung entfaltete ein sozial-emanzipatorisches Potential zur Veränderung weiblicher Unterordnung im Geschlechterverhältnis.

Erst unter dem Einfluss der Moderne und der gesellschaftlich veränderten Geschlechterrollen knüpfen Reformbewegungen in den traditionell patriarchalen Religionen an geschlechtsegalitäre Elemente der jeweiligen Tradition an, um mehr oder weniger erfolgreiche Veränderungen im Status von Frauen in Gang zu setzen.

---

22 Dēvara Dāsimayya 133, übers. v. Ramanujan 1973, 110. Dēvara Dāsimayya zählt zu den bedeutenden Dichterheiligen der hinduistischen Tradition der Vīraśaivas (ebenso bekannt als Liṅgāyats). Er lebte vermutlich im 10. Jh. n. chr. Z. und verehrte Śiva unter dem Namen Rāmanātha (Ramanujan 1973, 91).
23 Diese Sichtweise, die die androgyne Erschaffung hervorhebt, ist eine neben anderen, die dem männlichen Menschen den eindeutigen Vorrang einräumten (Langer 2017).

So hat sich im Judentum und im Christentum die Ansicht durchgesetzt, dass beiden Geschlechtern die gleiche Würde und Gottebenbildlichkeit zukommt. Auch unter zeitgenössischen islamischen Denker*innen ist die Auffassung verbreitet, dass Mann und Frau hinsichtlich ihrer Würde gleichgestellt seien.[24] Frauen seien wie Männer zur Erfüllung des göttlichen Auftrags, nämlich zur Statthalterschaft, berufen (Kandil 2008, 299). Viele Strömungen des modernen Hinduismus, die im 19. und 20. Jahrhundert entstanden sind, begründen die Würde und Gleichheit aller Menschen explizit mit dem Schlüsselbegriff *ātman*. Hinsichtlich der Gleichheit der Geschlechter wird auf die gleiche Präsenz des *ātman* in Männern und Frauen hingewiesen, die Geschlechtsmerkmale gelten lediglich als äußere und unwesentliche Unterschiede (Heller 1999, 145–146; 235–239).

Ambivalenzen zur Forderung nach Gleichstellung/Gleichberechtigung von Frauen sind jedoch nach wie vor in allen religiösen Traditionen zu beobachten (Schnabel 2016). Moderne Stellungnahmen argumentieren häufig mit der Gleichwertigkeit, aber Andersartigkeit der Frau – es wird zwar betont, dass Frauen prinzipiell dieselbe Würde wie Männern zukomme, diese sich aber im Rahmen ihrer spezifischen Fähigkeiten und gesellschaftlichen Rollen als eine besondere Würde konkretisiere.[25] Mann und Frau würden einander in ihren Unterschieden ergänzen. In diesem Zusammenhang werden traditionell weiblich konnotierte Eigenschaften wie Opferbereitschaft, Selbsthingabe, Hilfs- und Dienstbereitschaft, Fürsorglichkeit und die Bedeutung der Mutterrolle hervorgehoben. Vielfach bleibt es daher bei konservativen Harmonisierungsversuchen mit mehr oder weniger großen Zugeständnissen an moderne Entwicklungen. Noch weitaus größer sind jedoch die Hindernisse, die einer Akzeptanz bzw. Wertschätzung der Geschlechtervielfalt entgegenstehen, nicht zuletzt deshalb, weil davon die Norm der heterosexuellen Geschlechterordnung tangiert ist.

Mittlerweile haben in allen religiösen Traditionen Frauen selbst die Initiative ergriffen, um ihre Rechte einzufordern. Es sind feministische Theologien entstanden und Frauennetzwerke, die sich aktiv an der Interpretation der Quellen und der Gestaltung ihrer Religion beteiligen und Transformationen herbeiführen wollen (Cooey 1994; Sharma und Young 1999; Moser 2014). Frauen haben in ihren religiösen Herkunftstraditionen auf die jeweiligen Impulse zur Gleichstellung angeknüpft und interpretieren sie als die übergeordnete Grundintention, die in der Geschichte von

---

24 So etwa die wegweisende islamische Denkerin Amina Wadud (1999, 23; 102), die die Berufung zur Statthalterschaft aus der Gleichstellung der Geschlechter in der Schöpfungsgeschichte und dem Beispiel der im *Koran* erwähnten weisen Herrscherin Bilqis ableitet.
25 Dieses komplementäre Rollenverständnis von Mann und Frau findet sich beispielsweise im Apostolischen Schreiben von Papst Johannes Paul II. über die Würde und Berufung der Frau (1988) oder den Schriften der modernen hinduistischen Ramakrishna-Bewegung (Heller 1999, 146–147).

partikularen männlichen Interessen überlagert worden sei. Im Rahmen von innerreligiösen Diskussionsprozessen und in der Auseinandersetzung mit queeren Religiositäten und Theologien werden zunehmend kritische Perspektiven entwickelt, die das Thema der Geschlechtergerechtigkeit um die Dimension des Geschlechterpluralismus und die Infragestellung normativer Heterosexualität erweitert haben (Boisvert und Johnson 2012; Auga 2019).

## Literatur

Auga, Ulrike E. 2019. „Geschlecht und Religion als kritische intersektionale Kategorien: Deessentialisieren und Disidentifizieren als Aufgaben." In *Menschenbilder und Gottesbilder. Geschlecht in theologischer Reflexion*, hg. v. Laura-Kristin Krannich, Hanna Reichel und Dirk Evers, 43–72. Leipzig: Evangelische Verlagsanstalt.

Auga, Ulrike E. 2020. *An Epistemology of Religion and Gender. Biopolitics, Performativity and Agency.* Routledge Critical Studies in Religion, Gender and Sexuality. London; New York/NY: Routledge.

Auga, Ulrike E. 2022. „Religion und Geschlecht als diskursive, intersektionale, performative Kategorien der Wissensproduktion. Zum epistemischen Bruch von Religionskonzepten unter postsäkularen Bedingungen." In *Paragrana* 31, 117–131.

*Allgemeine Erklärung der Menschenrechte.* 2005. Verkündet am 10. Dezember 1948, mit Illustrationen v. Lee Doreen Böhm. Frankfurt/M.: Edition Büchergilde.

*Der Babylonische Talmud*, 12 Bde., übers. v. Lazarus Goldschmidt. 1996 [1929–1936]. 4. Aufl. Darmstadt: Wissenschaftliche Buchgesellschaft.

Berghahn, Sabine und Petra Rostock, Hg. 2009. *Der Stoff, aus dem Konflikte sind. Debatten um das Kopftuch in Deutschland, Österreich und der Schweiz.* Bielefeld: transcript Verlag.

*Bhagavadgītā: Bhagavadgita. Das Lied der Gottheit*, übers. v. Robert Boxberger, neu bearb. u. hg. v. Helmuth v. Glasenapp. 1986 [1870]. Stuttgart: Reclam.

*Die Bibel. Altes und Neues Testament. Einheitsübersetzung*, hg. im Auftrag der Bischöfe Deutschlands. 2016. Freiburg/B. u. a.: Herder.

Bielefeldt, Heiner. 1999. „Universale Menschenrechte angesichts der Pluralität der Kulturen." In *Ethik der Menschenrechte. Zum Streit um die Universalität einer Idee* 1, hg. v. Hans-Richard Reuter, 43–73. Tübingen: Mohr Siebeck.

Bielefeldt, Heiner. 2005. „Menschenrechte." In *Metzler Lexikon Religion. Gegenwart – Alltag – Medien* 2, hg. v. Christoph Auffarth, Jutta Bernhard und Hubert Mohr, 429–437. 2. Aufl. Stuttgart; Weimar: Metzler.

Bielefeldt, Heiner. 2022. „Menschenrechte unter Vorbehalt?" In *Welt-Sichten* 11. April 2022. https://www.welt-sichten.org/artikel/40111/menschenrechte-unter-vorbehalt [25.03.2023].

Boisvert, Donald L. und Jay Emerson Johnson, Hg. 2012. *Queer religion. Homosexuality in Modern Religious History* 2. Santa Barbara/CA: Praeger.

Ceming, Katharina. 2010. *Religionen und Menschenrechte. Menschenrechte im Spannungsfeld religiöser Überzeugungen und Praktiken.* München: Kösel.

Cooey, Paula M., William R. Eakin und Jay B. McDaniel, Hg. 1994. *After Patriarchy. Feminist Transformations of the World Religions.* Maryknoll/NY: Orbis Books.

Degen, Barbara. 2008. *Iustitia ist eine Frau. Geschichte und Symbolik der Gerechtigkeit.* Schriften aus dem Haus der Frauengeschichte 3. Opladen u. a.: Budrich.

Gouges, Olympe de. *Die Rechte der Frau*, hg. v. Karl Heinz Burmeister. 1999 [1791]. Bern: Stämpfli; Wien: Manz.
Heller, Birgit. 1999. *Heilige Mutter und Gottesbraut. Frauenemanzipation im modernen Hinduismus.* Wien: Milena Verlag.
Herrmann-Pfandt, Adelheid. 1999. „Die Therīgāthā. Selbstzeugnisse erleuchteter Frauen aus frühbuddhistischer Zeit." In *Journal of Religious Culture/ Journal für Religionskultur* 27, 1–28.
Hoffmann, Johannes, Hg. 1994. *Universale Menschenrechte im Widerspruch der Kulturen.* Frankfurt/M.: Verlag für interkulturelle Kommunikation.
Huber, Wolfgang. 1992. „Menschenrechte/Menschenwürde." In *Theologische Realenzyklopädie* 22, hg. v. Gerhard Müller, 577–602. Berlin: De Gruyter.
Jensen, Anne. 2002. *Frauen im frühen Christentum.* Traditio Christiana 11. Bern u. a.: Lang.
Johannes Paul II. 1988. *Mulieris dignitatem. Über die Würde und Berufung der Frau anlässlich des Marianischen Jahres.* Verlautbarungen des Apostolischen Stuhls 86. Bonn: Sekretariat der Deutschen Bischofskonferenz.
Kandil, Fuad. 2008. *Blockierte Kommunikation: Islam und Christentum.* Berlin: LIT Verlag.
Karsay, Dodo. 2018. Die Yogyakarta-Prinzipien +10. Heinrich-Böll-Stiftung. https://www.boell.de/de/2018/12/10/die-yogyakarta-prinzipien-10 [07. 04. 2023].
*Der Koran*, übers. v. Adel Theodor Khoury unter Mitwirkung v. Muhammad Salim Abdullah. 2011. 5. Aufl. Gütersloh: Gütersloher Verlagshaus.
Langer, Gerhard. 2017. „Der geteilte Mensch. Einige Gedanken zu Schöpfung, Transformation und Geschlecht in der rabbinischen Tradition." In *Interdisciplinary Journal for Religion and Transformation* 3, 185–213.
Leisch-Kiesl, Monika.1992. *Eva als Andere: Eine exemplarische Untersuchung zu Frühchristentum und Mittelalter.* Köln u. a.: Böhlau.
Mahmood, Saba. 2012. *Politics of Piety. The Islamic Revival and the Feminist Subject.* Princeton/MA; Oxford: Princeton University Press.
*Manusmṛti. Manus Gesetzbuch*, übers. und hg. v. Axel Michaels unter Mitarbeit v. Anand Mishra. 2010. Berlin: Verlag der Weltreligionen im Insel Verlag.
Mayer, Ann Elizabeth. 2003. „Die Konvention über die Beseitigung jeder Form von Diskriminierung der Frau und der politische Charakter ‚religiöser' Vorbehalte." In *Facetten islamischer Welten. Geschlechterordnungen, Frauen- und Menschenrechte in der Diskussion*, hg. v. Mechthild Rumpf, Ute Gerhard und Mechthild M. Jansen, 103–122. Bielefeld: transcript Verlag.
Moser, Márcia Elisa. 2014. „Feministische Perspektiven auf Geschlechtergerechtigkeit: Herausforderung an und in Religionen – und die Religionswissenschaft." In *Geschlechtergerechtigkeit: Herausforderung der Religionen*, hg. v. Christoph Elsas, Edith Franke und Angela Standhartinger, 45–58. Berlin: EB-Verlag.
Mügge, Cornelia. 2017. *Menschenrechte, Geschlecht, Religion. Das Problem der Universalität und der Fähigkeitenansatz von Martha Nussbaum.* Edition Moderne Postmoderne. Bielefeld: transcript Verlag.
Nussbaum, Martha C. 2011. *Creating Capabilities. The Human Development Approach.* Cambridge/MA: Harvard University Press.
Paul, Diane Y. 1979. *Women in Buddhism. Images of the Feminine in Mahāyāna Tradition*, Berkeley/CA: Asian Humanities Press.
Ramanujan, A. K., Hg. 1973. *Speaking of Śiva.* London u. a.: Penguin.
Schnabel, Landon. 2016. „Religion and Gender Equality Worldwide: A Country-Level Analysis." In *Social Indicators Research* 129, 893–907. DOI: 10.1007/s11205015-1147-7 [22. 02. 2023].

Sharma, Arvind und Katherine K. Young, Hg. 1999. *Feminism and World Religions.* Albany/NY: SUNY Press.
Wadud, Amina. 1999. *Qur'an and Woman. Rereading the Sacred Text from a Woman's Perspective.* New York/NY: Oxford University Press.
*Die Yogyakarta-Prinzipien. Prinzipien zur Anwendung der Menschenrechte in Bezug auf die sexuelle Orientierung und geschlechtliche Identität.* 2008 (= *The Yogyakarta Principles. Principles on the Application of International Human Rights Law in Relation to Sexual Orientation and Gender Identity,* 2006), hg. v. der Hirschfeld-Eddy-Stiftung. Schriftenreihe der Hirschfeld-Eddy-Stiftung 1. Berlin: Hirschfeld-Eddy-Stiftung.
Yousefi, Hamid Reza, Hg. 2013. *Menschenrechte im Weltkontext. Geschichten – Erscheinungsformen – Neuere Entwicklungen.* Wiesbaden: Springer VS.

## Internetquellen

http://yogyakartaprinciples.org [07.04.2023]. (The full text of the Yogyakarta Principles and the Yogyakarta Principles plus 10).

## Weiterführende Literatur

Joffe, Lisa Fishbayn und Sylvia Neil, Hg. 2013. *Gender, Religion, and Family Law. Theorizing Conflicts Between Women's Rights and Cultural Traditions.* Waltham/MA: Brandeis University Press.
Kokott, Juliane und Ute Mager, Hg. 2014. *Religionsfreiheit und Gleichberechtigung der Geschlechter. Spannungen und ungelöste Konflikte.* Tübingen: Mohr Siebeck.
Scherer, Bee. 2022. „Buddhismus, queer-gedacht. Perspektiven zum systemischen Leiden sexual- und genderdiverser Menschen*." In *Paragrana* 31, 229–248.

Birgit Heller
# IV.2 Gewalt

In jüngerer Zeit steht sexuelle Gewalt im Zusammenhang mit Religion immer wieder im Fokus medialer Berichterstattung: Meldungen über sexuellen Missbrauch in der katholischen Kirche sind seit Jahren an der Tagesordnung und haben sich auch auf die evangelische Kirche und buddhistische Gemeinschaften ausgeweitet. Auch Gewaltexzesse gegen indische Frauen (Gruppenvergewaltigungen, pränatale Geschlechtsselektion oder Mitgiftmorde) werden problematisiert und zumindest teilweise wird die ideologische Beteiligung hinduistischer Traditionen reflektiert. In immer wiederkehrenden Wellen wird die Gewalt gegen Frauen im Kontext islamischer Traditionen (verknüpft mit der Schleierdebatte und Ganzkörperverschleierung, Zwangsheirat, Ehrenmorden oder auch der sexuellen Belästigung von Frauen durch muslimische Migranten in Europa) zum Thema gemacht.

Religionen und Gewalt sind in einer langen, ambivalenten Geschichte miteinander verbunden. In der einschlägigen Literatur werden vor allem blutige Opfer, Religionskonflikte, Heiliger Krieg, Terror und umgekehrt Tötungsverbote in ihrer Verknüpfung mit politischen und wirtschaftlichen Faktoren thematisiert. Es wird diskutiert (Hempelmann und Kandel 2006; Enns und Weiße 2016), ob Religionen Gewalt legitimieren und fördern (Stichwort Gewaltpotenzial) oder kanalisieren und gegensteuern bzw. sogar heilen (vor allem durch entsprechende Rituale). Der Aspekt der geschlechtsbezogenen Gewalt wird – wenn überhaupt – nur am Rand behandelt. Gewalt, Geschlecht und die Rolle, die Religionen diesbezüglich spielen, ist kein Thema, das in der Religionswissenschaft systematisch erarbeitet wäre.[1] Im Vorfeld dieser Erörterung ist es wichtig, festzustellen, dass es ebenso einseitig wäre, nur religiöse Traditionen als die Ursache von geschlechtsbezogener Gewalt zu betrachten und die säkulare Basis von Gewalt auszuklammern, wie umgekehrt den Faktor Religion wegzudiskutieren oder völlig außer Acht zu lassen (Jakobsen 2011).

---

[1] Neben stark spezialisierten Themenstellungen gibt es – abgesehen von einem knappen Artikel mit dem Stichwort „*Violence*" in der *Encyclopedia of Women and World Religion* (Tessier 1999) – nur einen kurzen Beitrag mit einer systematischen Perspektive zum Thema Geschlecht und Religion (Stollberg-Rilinger 2018), der sich allerdings überwiegend auf die sogenannten ‚monotheistischen Buchreligionen' bezieht.

# 1 Von der Patriarchats-Kritik zur Dekonstruktion der Zweigeschlechtlichkeit

Seit den 1970er Jahren bildet die Gewaltdebatte eine wichtige Wurzel und Triebfeder feministischer Bewegungen und feministischer Forschung. Der Fokus lag zunächst auf der Gewalt an Frauen, die pauschal als Opfer von Gewaltverhältnissen adressiert wurden, sowie auf der Analyse männlicher Gewalt. Die weltweit verbreitete Gewalt gegen Frauen wurde als Folge der hierarchischen Geschlechterordnung des Patriarchats betrachtet. Nicht im Blick und teilweise tabuisiert war hingegen die Gewalt von Frauen. Erst das Konzept der „Mittäterschaft" beseitigte den Mythos von der friedlichen Frau und ihre kollektive Opferrolle (Thürmer-Rohr 2003, 20).[2] Theorien, die sich ausschließlich auf die dominante Machtausübung im Patriarchat stützen, erklären nicht, warum nur manche Männer sexuelle Gewalt ausüben und andere nicht, warum auch Frauen zu Täterinnen werden oder Jungen zu Opfern, warum Gewalt auch in gleichgeschlechtlichen Beziehungen weit verbreitet ist. Mit der Erkenntnis, dass es ‚die' Frau nicht gibt, verlagerte sich der Fokus feministischen Denkens auf Differenz und Pluralität. In der Folge muss für die Analyse geschlechtsbezogener Gewalt die sogenannte „Intersektionalität" berücksichtigt werden: Geschlecht überschneidet sich demnach mit vielen anderen Identitätskategorien wie Ethnizität, Hautfarbe, sozialem Status, Alter, Religion usw. und ist nur im Zusammenhang damit zu beschreiben und zu verstehen. Unter dem Einfluss postmoderner Denkansätze wurde darüber hinaus die Klassifizierung von Menschen mit den Kategorien biologisch determinierter Zweigeschlechtlichkeit und Geschlechterdifferenz – Weiblichkeit und Männlichkeit – als Gewaltakt in der Form eines „totalitären Konstrukts" (Thürmer-Rohr 2002, 25) kritisiert. Auf der Basis der Diversität von Geschlecht, der kulturellen Vielfalt der Geschlechter, ihrer Rollen und sexuellen Orientierungen erweiterte sich die Erforschung geschlechtsbezogener Gewalt und ihrer Hintergründe.

Die notwendigen Differenzierungen im Gewaltdiskurs ändern jedoch nichts an der erdrückenden Faktizität von Gewalt, mit der insbesondere Frauen weltweit in verschiedenen Formen konfrontiert sind.[3] Geschlechtsbezogene Perspektiven kön-

---

2 Allerdings hat bereits Simone de Beauvoir in ihrem Buch *Das andere Geschlecht* [1949], das als Grundlagentext des Feminismus zu betrachten ist, auf den Gegensatz zwischen weiblicher Unterordnung sowie Opferrolle einerseits und „Komplizenschaft" bzw. Solidarität der Frau mit dem Mann andererseits hingewiesen (de Beauvoir 2022, 15–17; 82 f.).
3 Siehe beispielsweise European Union Agency for Fundamental Rights 2014. https://fra.europa.eu/sites/default/files/fra-2014-vaw-survey-at-a-glance-oct14_de.pdf. Der in vielen Ländern vertretene

nen auch geschlechtsspezifische Asymmetrien in der Anwendung von Gewalt aufdecken. Ein gutes Beispiel dafür ist die Menschenrechtsdebatte: So lässt sich seit Jahren der Trend beobachten, dass Gleichheits- und Freiheitsrechte von Frauen mit dem Recht auf Religionsfreiheit eingeschränkt oder negiert werden bzw. Gewaltanwendung damit begründet wird (Kerr 2004; Joy 2013).[4]

## 2 Begriffe und Definitionen

Die Variationsbreite in den Definitionen von sexueller Gewalt ergibt sich überwiegend aus der Tatsache, dass lateinisch *sexus* sowohl das Geschlecht als auch den Geschlechtsverkehr bezeichnet. Als sexuelle Gewalt im engeren Sinn werden sexuelle Handlungen bezeichnet, die einer Person aufgezwungen werden. Dazu zählen auch sexuelle Belästigungen wie Anstarren, sexistische Sprache, unerwünschte Annäherungsversuche. Häufig wird im Diskurs der weiter gefasste Begriff der sexualisierten Gewalt bevorzugt, wobei dieser Begriff auch Phänomene wie die Diskriminierung aufgrund des Geschlechts, aber ebenso Frauenhandel und Zwangsverheiratung umfasst. Der Schwerpunkt liegt nicht auf den sexuellen Handlungen, sondern auf der Machtausübung durch die Instrumentalisierung von Sexualität. Da Sex und Gender miteinander verwoben sind, lässt sich sexuelle/sexualisierte Gewalt (*sexual violence*) nicht strikt von Gender-Gewalt (*gender violence*) abgrenzen. Es gibt durchaus Fragestellungen, die sich eindeutig auf Gender-Gewalt beziehen, etwa die Frage nach typisch ‚männlichen' bzw. ‚weiblichen' (genderspezifischen) Formen von Gewalt. Die Verflechtungen zwischen sexueller/sexualisierter Gewalt und Gender-Gewalt zeigen sich jedoch beispielsweise daran, dass Einstellungen, die zu gewaltsamen sexuellen Handlungen führen, von bestimmten heteronormativen Gender-Konstrukten – etwa der weiblichen Passivität und Minderwertigkeit auf der einen Seite und der natürlichen männlichen Dominanz auf der anderen Seite – beeinflusst sind. Die deutsche Sprache ermöglicht es, von einem Oberbegriff geschlechtsbezogener Gewalt auszugehen, der diese Verflechtungen verdeutlicht. Geschlechtsbezogene Gewalt umfasst sowohl Gewalt mit einem sexuellen/sexualisierten Bezug als auch Formen der Unterdrückung, die auf Gender-Konstrukten basieren. Gender ist in hierarchischen Gesellschaften eng mit Gewalt verknüpft: Sexuelle und Gender-Gewalt dienen im Verbund mit Kategorien wie

---

Verein Terre des Femmes – Menschenrechte für die Frau informiert über verschiedene Formen von weltweit praktizierter Gewalt gegen Frauen.
4 Allerdings steht die globale feministische Bewegung in einem Dilemma: Die Durchsetzung universaler Frauenrechte im Kampf gegen die Gewalt an Frauen ist mit dem Respekt für kulturelle Differenz schwer vereinbar.

Klasse, Alter, Ethnizität, der Aufrechterhaltung der sozialen Ungleichheit. Darüber hinaus umfasst geschlechtsbezogene Gewalt nicht nur individuelle, sondern auch strukturelle Formen und ist eng verknüpft mit den vielen Varianten struktureller Gewalt, beispielsweise mit Armut, sozialem Ausschluss, Krieg, Kolonialismus, Rassismus usw.

Geschlechtsbezogene Gewalt ist Gewalt,
- die sich gegen Frauen, weibliche und männliche Kinder, Männer und weitere Geschlechter mit Bezug auf ihre sexuelle Identität richtet
- die in physischen und nicht-physischen Formen ausgeübt wird und/oder strukturell verankert ist
- die die physische, psychische, soziale, spirituelle Integrität und Selbstbestimmung der Betroffenen einschränkt oder aufhebt
- die im Zusammenhang mit spezifischen Geschlechtskonstruktionen steht.

## 3 Geschlechtsbezogene Gewalt und Religionen

Geschlechtsbezogene Gewalt ist ein globales Phänomen und realisiert sich in verschiedenen kulturellen Kontexten und historischen Epochen in vielfältigen Formen. Religionen und geschlechtsbezogene Gewalt können indirekt und direkt miteinander verbunden sein: Gewalt ist teilweise explizit in den Traditionen verankert, teilweise wird sie von Religionen unterstützt. Religiöse Überzeugungen wirken sich auf Einstellungen aus, die sexuelle und Gender-Gewalt begünstigen: In den normativen Traditionen der Gegenwartsreligionen werden Geschlechterunterschiede betont und hierarchische Geschlechterordnungen legitimiert, wobei das Machtgefälle zwischen den Geschlechtern und die Abwertung von Frauen und von Menschen, die sich nicht dem männlichen Geschlecht zuordnen lassen, auch die Ausübung von Gewalt grundsätzlich einschließen.

Obwohl die Legitimation bzw. die Ausübung von geschlechtsbezogener Gewalt seit längerer Zeit von diversen Amtsträgern innerreligiös problematisiert und abgelehnt wird,[5] zeigt sich auch ein gegenläufiger Trend. Fundamentalistische Gruppierungen unterschiedlicher religiöser Herkunft betreiben eine Geschlechterpolitik, die sich physischer und symbolischer Formen von Gewalt bedient (Brunotte 2006). Der seit einiger Zeit beobachtbare Anstieg des religiösen Extremismus ist mit dem Streben nach politischer Macht und der Ausübung von sozialer Kontrolle im größeren Kontext einer Krisen-Situation verbunden. Die als bedroht erlebte Gesellschaftsordnung wird vor allem mittels der gewaltvollen Kontrolle der traditio-

---

5 Beispielsweise wurde die weibliche Genitalverstümmelung in Ägypten durch muslimische Geistliche verurteilt (Backhaus 2013).

nellen Geschlechterordnung verteidigt und aufrechterhalten. In diesem Zusammenhang dienen Vorstellungen von Un/Reinheit als geschlechtsspezifische Ordnungskategorien. Beispielsweise wird im Rahmen der Ideologie islamistischer Terror-Gruppen dem männlichen Körper eines Selbstmordattentäters reinigende und erneuernde Kraft für die Gesellschaft zugeschrieben. Der Körper, der sich im Gewaltakt selbst auslöscht und sakralisiert, wird zur Funktion eines heroischen „Märtyrers" und reinigt die Gemeinschaft, indem er sie vom Unreinen trennt (Brunotte 2006, 124). Den Schlüssel für die Erkenntnis dieser Zusammenhänge liefert die grundlegende Studie über Reinheitsvorstellungen von Mary Douglas. Mary Douglas (1988, 152) beschreibt den individuellen Körper als Symbol für die Gesellschaft und dementsprechend spiegelt die Reinheit des Individualkörpers die Integrität des Sozialkörpers. Überwiegend stehen allerdings weibliche Körper, weibliche Sexualität und traditionell weibliche Geschlechterrollen im Fokus einer religiösen Symbolpolitik, die sich am Maßstab einer heteronormativen Ordnungsvorstellung orientiert. Das gilt für viele religiöse Texttraditionen genauso wie für zeitgenössische fundamentalistische Strömungen. Da vor allem der weibliche Körper mit seinen spezifischen Funktionen als unrein gilt, repräsentiert und garantiert seine – mit Gewalt kontrollierte – Reinheit im Umkehrschluss die intakte Geschlechter- und Gesellschaftsordnung:

> Whether Christian, Hindu, Jewish, Buddhist, or Muslim, political religious movements are taking women's lives, denying or undermining women's education, decision-making, ownership of resources or mobility, and especially controlling women's sexuality (Kerr 2004, 21).

Die Geschichte der Religionen birgt eine Fülle konkreter Phänomene geschlechtsbezogener Gewalt: Sexuelle Orientierungen, die von der Heteronormativität abweichen, werden überwiegend abgelehnt oder zumindest als Fehlverhalten betrachtet, teilweise sind sie verboten oder werden sogar streng bestraft;[6] die Beschneidung und Verstümmelung von Genitalorganen wird begründet und/oder unterstützt; sexueller Missbrauch und Vergewaltigung werden begünstigt; Gleichheits- und Freiheitsrechte werden eingeschränkt (beispielsweise durch den Ausschluss von zentralen religiösen Ämtern, durch Bildungsverbote oder Kleidungsvorschriften); Heldenopfer werden rituell inszeniert; Mord wird legitimiert (überwiegend handelt es sich dabei um Femizid). Ein paar ausgewählte Beispiele sollen spezifische Kontexte und Problemstellungen veranschaulichen.

---

6 In einigen wenigen religiösen Traditionen wird die Abweichung von der Zweigeschlechtlichkeit jedoch als Auszeichnung und als Ausdruck einer besonderen spirituellen Kraft betrachtet; das gilt z. B. für die sogenannten „two-spirit people" in indigenen Kulturen der Amerikas und eingeschränkt für die indischen Hijras, weil letztere einen ambivalenten sozialen Status innehaben.

## Bildungsverbote

Gewalt wird nicht nur mit Handlungen, sondern auch durch Einschränkungen ausgeübt. Artikel 26 der Menschenrechtsdeklaration aus dem Jahr 1948 formuliert das Recht aller Menschen auf Bildung. In patriarchal geprägten Religionen dominieren jedoch frauenfeindliche Stereotype, die die Frau als unreines und triebhaftes Wesen mit charakterlichen Defiziten wie Wankelmütigkeit, Leichtsinn, Untreue oder Genusssucht darstellen. Diese Stereotype rechtfertigen den Ausschluss von Frauen vom religiösen Wissen und in der Folge von religiösen Ämtern. Die weibliche Sexualität und der weibliche Körper gelten als der Welt des Geistes diametral entgegengesetzt. Da die Frau in vielen Kulturen mit ihren (unreinen) Körperfunktionen identifiziert wird, gelten Geburt, Kinder und Küche als ihre Domäne. Um sie nicht von den Aufgaben in diesen weiblich definierten Tätigkeitsfeldern abzuhalten, sind sie vom Erwerb religiösen Wissens in den patriarchalen religiösen Traditionen ausgeschlossen bzw. „davon frei", wie es im *Talmud*-Traktat *Qidduschin* heißt. Obwohl das Studium der *Tora* nach der Zerstörung des Tempels ins Zentrum jüdischen Lebens rückte und als das wichtigste aller Gebote eingestuft wurde, wurden Frauen davon befreit (Heller 1999, 295 f.). Frauen wurden von bestimmten religiösen Verpflichtungen entbunden, um ihre spezifischen häuslichen Pflichten erfüllen zu können. Bald setzte sich das faktische Verbot des Frauenstudiums durch, das in weiterer Folge die kultische Vollberechtigung von Frauen verhinderte. Frauen zählen im traditionellen Judentum beispielsweise grundsätzlich nicht zum Minjan, der Mindestzahl von zehn jüdischen Betern, die notwendig ist, um einen Gemeindegottesdienst in der Synagoge abhalten zu können.

Auch Hindu-Frauen sind nach der klassisch-brahmanischen Tradition genauso wie die unterste Gesellschaftsklasse der Śūdras, der „Diener", vom Studium der heiligen Schriften ausgeschlossen. Aus diesem Grund findet in weiterer Folge keine religiöse Initiation statt und Frauen gelten wie Śūdras nicht als vollwertige Mitglieder der Hindu-Gesellschaft. Buddhismus und Christentum ermöglichen asketisch lebenden Frauen zwar einen Zugang zu Bildung, allerdings mit deutlichen Einschränkungen. Christliche Frauen sollen sich still verhalten und nicht lehren, so will es die heilige Schrift (*Der erste Brief an Timotheus* 2, 11–14). Selbst prominente gebildete Ordensfrauen wie Hildegard von Bingen mussten mit dem traditionellen weiblichen Lehrverbot kämpfen.[7] In den acht sogenannten „schweren Regeln" (pa. *garudhammas*) des buddhistischen Nonnenordens ist die strenge Unterordnung der

---

7 Hildegard entwickelte eine kluge Strategie, um ihr Wirken als Prophetin und Verfasserin visionärer Schriften zu rechtfertigen und die kirchliche Anerkennung dafür zu erhalten. Sie stellte sich selbst als eine völlig ungebildete und ungelehrte Frau dar, die als schwaches und passives Gefäß die Botschaften Gottes empfängt und ohne eigenes Zutun weitergibt (Beuys 2001, 170–195).

Nonnen unter die Mönche festgelegt (Hüsken 1997, 345–360). Damit ist auch ausgeschlossen, dass ein Mönch durch eine Nonne belehrt wird, obwohl das umgekehrt selbstverständlich möglich ist. Buddhistische Nonnen konnten sich überdies dem Studium des überlieferten Wissens kaum widmen, da ihnen – im Gegensatz zu den von der Laienbevölkerung geachteten und unterstützten Mönchen – die finanziellen Mittel nicht im gleichen Maß zur Verfügung standen.

Obwohl Frauen in der Scharia nicht explizit vom Erwerb religiösen Wissens und der Tätigkeit als Vorbetende oder als Imamin ausgeschlossen sind, gelten sie in den meisten islamischen Traditionen dafür als nicht geeignet. Als Gründe werden die biologische Körperlichkeit (Menstruation), die vorrangigen Pflichten für die Betreuung von Kindern oder die Verantwortung für andere sowie familiäre und häusliche Pflichten genannt. Auch dies wird häufig als „Freisetzung" von der Pflicht zur Ausübung religiöser Ämter bezeichnet.

Das männliche Monopol auf Wissen hat in vielen Religionen zu einem geringen religiösen Status von Frauen geführt. Aus dem faktischen Bildungsverbot resultierte ein geringer Bildungsstand, der Frauen den Makel der Unwissenheit und Minderwertigkeit eintrug. Unwissenheit wurde letztendlich zu einer weiblichen Charakterschwäche, die wiederum den Ausschluss vom religiösen Wissen und andere Diskriminierungen rechtfertigte. Rollen mit religiöser Autorität und Leitungsfunktionen, aber auch die Vollberechtigung im Kult waren damit automatisch Männern vorbehalten. Verbote oder Einschränkungen des Erwerbs religiösen Wissens haben wesentlich zur Marginalisierung von Frauen insgesamt und von Männern am unteren Ende der gesellschaftlichen Hierarchie beigetragen.

## Knabenbeschneidung

Die Knabenbeschneidung ist ein körperlicher Eingriff, der heute ungefähr an einem Drittel der männlichen Weltbevölkerung vollzogen wird. Sie ist die häufigste Operation im Kindesalter, wobei die medizinische Indikation (Phimose = Vorhautverengung) mit etwa 4 Prozent angegeben wird (Hoppe 2014, 161). Das Phänomen der Knabenbeschneidung wird erst in der jüngeren Zeit stark kontrovers diskutiert und ethisch problematisiert. Belege für die rituelle Knabenbeschneidung gibt es aus dem Alten Ägypten und in verschiedenen indigenen Kulturen (beispielsweise bei den Aborigines); sie ist zudem ein Bestandteil der muslimischen und jüdischen Religion. Darüber hinaus nimmt die Beschneidung in den USA einen Spitzenplatz unter den Eingriffen der säkularen Medizin ein – über lange Zeitspannen des 20. Jahrhunderts war sie die am häufigsten durchgeführte chirurgische Operation (Gollaher 2002, 8). Nach wie vor ist in den USA die Mehrheit der Männer beschnitten. Die Begründung und Deutung der säkularen Beschneidungspraxis sowie der Umgang damit weisen durchaus Ähnlichkeiten mit religiösen Vorstellungen auf. In den USA wurde die Knabenbeschneidung im 19. Jahrhundert zu einer hygienischen Vorsichtsmaßnahme und Gesundheitsprophylaxe, die als Schutz vor verschiedenen Krankheiten und Infektionen, aber auch als Waffe gegen die moralisch verpönte Masturbation dienen sollte (Gollaher 2022, 112–149). Der Eingriff entwickelte sich zu einem Symbol für Reinheit und Klassenzugehörigkeit. Im Lauf des 20. Jahrhunderts kritisierten einzelne Ärzte die gängigen medizinischen Theorien vom Nutzen der Beschneidung. Erst Ende der 1980er Jahre formierte sich eine breitere Bewegung gegen die Beschneidung, die den Schutz vor unnötigen medizinischen Eingriffen unter Verweis auf Kinderrechte und Menschenrechte forderte.

Auch wenn in den Diskursen um die rituell-religiöse Knabenbeschneidung immer wieder auf gesundheitliche Vorteile hingewiesen wird, gibt es dafür keine wissenschaftliche Evidenz.[8] Die zustimmende oder ablehnende Haltung zu dieser Praxis wird daher von religiösen bzw. weltanschaulichen Auffassungen bestimmt. Prinzipiell existieren vielfältige religiöse Deutungen der Beschneidung. Sie kann als Initiation in einen bestimmten sozialen Status betrachtet werden; als Ritual, das die sexuelle Identität und häufiger die Zugehörigkeit zu einer bestimmten Gemeinschaft konstituiert; als Mittel der Reinigung im Sinn von Vervollkommnung; als Fruchtbarkeitsritual. Kritik an der rituellen Knabenbeschneidung ist ein junges Phänomen.[9] Ein besonderes Aufsehen hat die deutsche Debatte über die Zulässigkeit der nicht medizinisch indizierten Beschneidung erregt. Diese emotional aufgeladene und teilweise polemisch geführte Auseinandersetzung fand mit dem Bundestagsbeschluss vom 12. Dezember 2012, der die Beschneidung von Knaben auch aus anderen als medizinischen Gründen grundsätzlich erlaubt, ein vorläufiges Ende.[10] In der Folge sind etliche Publikationen erschienen, die die Thematik sowohl aus binnenreligiöser als auch aus medizinethischer, psychologischer und rechtlicher Perspektive beleuchten. Das religiöse Hauptargument für die Beschneidung ist die religiöse und soziokulturelle Identitätsbildung.

Die Beschneidung wird im *Koran* zwar nicht erwähnt, zählt aber in der Tradition zu den Reinheitsgeboten, wobei die islamischen Rechtsschulen sie entweder nur empfehlen oder zur unumgänglichen Pflicht erklären (Ilkilic 2014, 78). Der ge-

---

8 Daraus resultiert allerdings auch bei Mediziner*innen nicht zwangsläufig eine Ablehnung, vgl. Barthlen 2014 versus Hoppe 2014.
9 Innerjüdische Kritik an der Beschneidung ist zuerst im Kontext der Reformbewegungen im 19. Jahrhundert belegt, heute wenden sich Vertreter*innen der humanistisch-jüdischen Bewegung dagegen (Segal 2014).
10 Dieser Beschluss gilt Kritiker*innen als politisch motiviert: Die körperliche Unantastbarkeit des Kindes sei zugunsten deutsch-jüdischer bzw. deutsch-türkischer Beziehungen geopfert worden (Smiljić 2014, 43).

naue Zeitpunkt für die Beschneidung ist nicht festgelegt und reicht vom 7. Lebenstag bis zum Beginn der Pubertät. Sie wird als unverzichtbare religiöse Praxis betrachtet, die sich am Vorbild des Propheten Muḥammad orientiert und die Voraussetzung für die individuelle Gottesbeziehung bildet. Auch im Judentum gilt die Beschneidung als ein Reinigungsritus im größeren Kontext der Geburt, der als Zeichen des Bundes mit Gott vollzogen wird und den Eintritt in das jüdische Kollektiv markiert. Zeitpunkt der Beschneidung ist der 8. Lebenstag.

Im Kern der Auseinandersetzung um die Knabenbeschneidung, die zu stark polarisierten Fronten geführt hat, wird dem Recht auf freie Religionsausübung sowie dem Erziehungsrecht der Eltern das Recht auf körperliche Unversehrtheit und Selbstbestimmung des unmündigen Kindes gegenübergestellt. Letztlich ist es eine Frage der Güterabwägung: Ist die körperliche Unversehrtheit ein zugunsten der Religionsfreiheit (der Erwachsenen) einschränkbares Rechtsgut? Die verschiedenen Positionen, die von Expert*innen aus Religion, Medizin, Psychologie und Recht vertreten werden, erscheinen kaum miteinander vermittelbar. Wird die Knabenbeschneidung befürwortet, so wird das geringe Schadenspotenzial betont. Der juristische Tatbestand der Körperverletzung steht zwar außer Zweifel, wird aber von den einen angesichts der Geringfügigkeit des Eingriffs und der Bedeutung, die dem religiösen Ritual zugeschrieben wird, relativiert. Kritische Stimmen weisen hingegen auf die Zufügung von Schmerz sowie auf mögliche Komplikationen und bleibende Beeinträchtigungen (etwa Sensibilitätsverlust, psychische Traumata und Ängste) hin und halten eine Inkaufnahme von körperlicher Schädigung aus religiösen Überzeugungen für ethisch unerlaubt. Die Fronten werden zusätzlich verhärtet durch den Vorwurf, der am Ursprung des Diskurses einen ideologischen Vorbehalt ortet: Es ginge eigentlich nicht um den Schutz des kindlichen Körpers, sondern um den Schutz der abendländischen Gesellschaft und die Ausgrenzung der Fremden aus der selbst erklärten Konsensgesellschaft (Bodenheimer 2014, 57–60). Damit wird die Debatte in den großen Kontext des Wertepluralismus gestellt. Allerdings verwischt diese Verallgemeinerung die konkreten Fragestellungen nach dem Recht auf körperliche Unversehrtheit und einer universalen Gültigkeit von Kinderrechten. Folgerichtig ergibt sich aus der Befürwortung der Knabenbeschneidung die Position, dass das Kindeswohl nicht universell und kulturinvariant, sondern situativ und kontextbezogen im Einzelfall zu bestimmen ist (Ilkilic 2014, 81).

Es ist evident, dass körperliche Eingriffe zum symbolischen Ausdruck von Religion gehören und Körper-Ideale kulturell bedingt sind. Veränderungen in der Kultur- und Religionsgeschichte können allerdings Anlass für neue Grenzziehungen sein. Kann die zunehmende gesellschaftliche Sensibilität für Gewalt auch zu Veränderungen in der religiös-kulturellen Praxis führen? Ist die Knabenbeschneidung tatsächlich ein Ritual, das zum religiösen Kernbestand gehört? In Hinblick auf die weibliche Genitalverstümmelung hat sich kulturübergreifend in weiten Kreisen eine ablehnende Haltung durchgesetzt. Bezüglich weiblicher und männlicher Beschneidung herrscht jedoch in den modernen westlichen Gesellschaften ein gespaltener Diskurs: Die männliche Beschneidung wird überwiegend als Bestandteil der religiösen Praxis toleriert, die weibliche Beschneidung als Verstoß gegen die Menschenrechte abgelehnt (Tutsch 2014).[11] Auch im reflektierten innerreligiösen Diskurs führt der Vergleich der geschlechtsspezifischen Beschneidungspraktiken zu einer unterschiedlichen Beurteilung: Knabenbeschneidung wird gerechtfertigt, weil sie – anders als die weibliche Genitalverstümmelung – nicht zu Organschädigung und damit verbundener Organdysfunktion führe (Ilkilic 2014, 82–83). Obwohl die weibliche Genitalverstümmelung zurecht begrifflich von der männlichen Beschneidung unterschieden wird, sind milde Formen der weiblichen Genitalbeschneidung (wie das Ritzen der Klitoris) mit der Knabenbeschneidung durchaus vergleichbar, aber etwa in Deutschland bei Strafe verboten. Die alleinige Kriminalisierung der weiblichen Genitalverstümmelung verstößt allerdings gegen den Gleichheitsgrundsatz (Scheinfeld 2014, 387–388). Die Knabenbeschneidung ist ein Phänomen, das sich als Brennpunkt der wertepluralistischen Gemeinschaft gleichberechtigter Individuen erweist, die sich über die Reichweite und die Grenzen der religiösen Toleranz im Rahmen eines säkular und demokratisch verfassten Staates verständigen muss. Einen Ausweg aus dem Konflikt möchte der Vorschlag weisen, die Beschneidung an die Mündigkeit zu koppeln und erst zu erlauben, wenn das 14. Lebensjahr vollendet ist (u. a. Rupprecht 2014, 434–435).

## Femizid

Mord als extremste Form geschlechtsbezogener Gewalt tritt im Kontext etlicher Religionen vor allem in verschiedenen Varianten des Femizids auf. Diese Femizide weisen zwar auch soziale, psychologische und wirtschaftliche Aspekte auf, werden aber durch religiös-kulturelle Überzeugungen teils direkt, teils indirekt unterstützt bzw. legitimiert. Das gilt für Hexenverbrennungen im Hinblick auf das Christentum genauso wie für Ehrenmorde an Frauen in Bezug auf den Islam. In besonders drastischer Weise sind Femizide mit Hindu-Religionen verknüpft. Mit regional unterschiedlicher Verbreitung und zeitlichen Schwankungen verzeichnen Mädchenmorde, sogenannte *Dowry*- bzw. Mitgift-Morde sowie Witwenverbrennungen in Indien eine erschreckende Bilanz. Das Phänomen der Witwentötung ist aus einigen

---

11 Möglicherweise spielt hier auch eine Rolle, dass religiöse Begründungen für die Beschneidung von Mädchen weniger explizit sind und die Praxis nicht zum religiösen Kernbestand gezählt wird. Vielleicht sind auch Geschlechterstereotype wirksam, insofern der ‚schwache' weibliche Körper eher geschützt werden muss als der ‚starke' männliche Körper.

Kulturen – häufig in Verbindung mit anderen Mitgliedern des Gefolges einer hochgestellten Persönlichkeit, insbesondere eines Herrschers – als Totenfolge-Ritual bekannt (Fisch 1998). Auch in Indien war sie ursprünglich ein institutionelles Ritual der Oberschichten und hat sich erst langsam als Ideal der individuellen Totenfolge für alle Bevölkerungsschichten etabliert. Die gemeinsame Verbrennung mit dem verstorbenen Ehemann war für Frauen zwar nie verpflichtend und an Freiwilligkeit gebunden, aber mit einem großen sozialen und religiösen Statusgewinn verknüpft. Aus der Perspektive der klassisch-brahmanischen Tradition war es der letzte konsequente Schritt einer *Satī*,[12] einer guten vorbildlichen Ehefrau, die ihr ganzes Leben dem Ehemann geweiht hat. Streng genommen ist die Bezeichnung Witwenverbrennung nicht korrekt, weil eine Frau, die *Satī* wird, den Witwenstand vermeidet. Während die Witwe ihren Daseinszweck verloren hat und zu einem asketischen Leben verurteilt ist, weil sie in ihrem Dienst am Ehemann versagt hat und daher die Schuld an seinem Tod trägt, werden einer *Satī* göttliche Ehren zuteil. Sie sichert sich und ihrem Mann ein viele Millionen Jahre dauerndes Leben in einer Himmelswelt (Leslie 1991). Der Anteil der Witwenverbrennungen an der jeweiligen Gesamtzahl von Frauen ist starken regionalen und zeitlichen Schwankungen unterworfen. Zuverlässigere Angaben gibt es erst auf Basis der bürokratischen Erfassung durch die britische Kolonialmacht für die Jahre 1815–1828. Auf ganz Indien bezogen verbrannte in dieser Zeit etwa jede tausendste Witwe mit ihrem Ehemann, distriktweise waren es aber wesentlich mehr: Einen Extremfall bilden die Vorstädte von Calcutta mit einer von 36 Witwen im Jahr 1819 (Fisch 1998, 238–245).[13] Angesichts der religiösen Ideologie, der Aussicht auf ein trostloses Dasein als Witwe und des teilweise belegten sozialen Drucks – ein Abweichen von der einmal getroffenen Entscheidung wurde nicht gestattet – ist es mehr als fragwürdig, von einer freiwilligen Selbsttötung der Frauen zu sprechen. Im Jahr 1829 wurde die Witwenverbrennung offiziell verboten, Einzelfälle gab es jedoch weiterhin bis in die jüngste Gegenwart. Während sich hinduistische Reformbewegungen im 19. Jahrhundert für die Abschaffung der Witwenverbrennung engagierten, wird diese Tradition der *Satī* von der zeitgenössischen hindu-nationalen Regierungspartei Indiens wieder als Ideal gepriesen.

Ökonomisch betrachtet besteht ein direkter Zusammenhang zwischen den beiden Phänomenen der Mädchen- und Mitgiftmorde, weil Töchter eine Familie in den finanziellen Ruin treiben können. Töchter verlassen die Herkunftsfamilie und

---

12 Daher rührt die englische Bezeichnung *Suttee* für die sogenannte Witwenverbrennung, die den Akt aus der Innenperspektive eigentlich nicht korrekt benennt, weil sich die betroffene Frau dafür entscheidet, keine Witwe zu werden.
13 Für die Präsidentschaft Bengalen wurden in den Jahren 1815–1828 durchschnittlich 581 Fälle im Jahr erhoben, siehe Fisch 1998, 239.

gelten daher als „fremder Reichtum". Da die indische Gesellschaft durch ein Familiensystem gekennzeichnet ist, in dem die Eltern mit ihren Söhnen und deren Ehefrauen und Kindern zusammenleben (nur in den großen Städten löst sich dieses Modell etwas auf), kommt die Mitgift der Braut ihrer neuen Familie zugute. Die Ermordung unerwünschter neugeborener Mädchen durch Familienmitglieder, die eine lange Tradition hat, wird heute häufig durch die pränatale Geschlechterselektion (Geschlechtsbestimmung mit anschließender Abtreibung der weiblichen Föten) ersetzt.[14] Mittlerweile hat diese Praxis zu einem deutlichen Geschlechterungleichgewicht geführt, das – abgesehen von anderen gesellschaftlichen Problemen – wiederum einen Faktor für die zunehmende Brutalität im Umgang mit Mädchen und Frauen bildet, weil sich der Druck des akuten Frauenmangels in Kindesmissbrauch und Frauenhandel, aber auch in Gruppenvergewaltigungen, oft mit Todesfolge, entlädt.[15]

Die sogenannten Mitgiftmorde sind ein jüngeres Phänomen und zunächst als ein negativer Effekt der steigenden Konsumorientierung zu erklären. Die Familie des Bräutigams stellt Mitgiftforderungen an die Familie der Braut, die erstrebenswerte Konsumgüter wie elektronische Geräte, Motorroller, Autos u.s.w. umfassen. Häufig kommt es zu Nachforderungen und – wenn diese nicht erfüllt werden – zur meist als Küchenunfall getarnten Verbrennung der jungen Ehefrau, die mit bleibenden Verletzungen überlebt oder daran stirbt.[16] Sowohl im Fall der Mädchen- als auch im Fall der Mitgiftmorde handelt es sich überwiegend um Gewalt, die von Frauen ausgeübt wird (meist sind es die Großmütter und Schwiegermütter). Der Einfluss von religiösen Überzeugungen ist hier nicht so direkt greifbar wie im Fall der Witwenverbrennung. Diese Morde werden religiös nicht explizit gerechtfertigt. Allerdings bilden traditionelle Vorstellungen der Minderwertigkeit und Unterordnung weiblichen Lebens die Basis dafür (Syed 1998, 85–87 und Syed 2001, 127–173). Der übliche hohe Stellenwert von Söhnen in patriarchalen Gesellschaften wird in

---

14 Nach den Modellrechnungen einer internationalen Forschungsgruppe werden in Indien aufgrund von Abtreibungen jährlich ca. 500.000 Mädchen zu wenig geboren (Chao u. a. 2020). Nach der Volkszählung 2011 betrug das Geschlechterverhältnis 943 Frauen auf 1000 Männer (http://statistics times.com/demographics/country/india-sex-ratio.php).
15 Zum Thema Gewalt an indischen Frauen gibt es seit der brutalen Gruppenvergewaltigung in Delhi im Jahr 2012 zahlreiche Medienberichte und Analysen (etwa Venzky 2019). Einen differenzierten Beitrag zu den Auswirkungen des Frauenmangels zwischen Heiratsmigration und Menschenhandel bietet Bertram 2015.
16 Die offiziell gemeldete und statistisch erfasste Zahl von Mitgifttoten, die den erzwungenen Selbstmord der Braut oder ihre Ermordung umfasst, lautet für das Jahr 2018: 7166 (https://www.stati sta.com/statistics/632553/reported-dowry-death-cases-india), das sind im Schnitt täglich etwa 20 Frauen. Die Dunkelziffer wird noch höher geschätzt, weil viele Fälle nicht angezeigt werden.

Indien durch die wesentliche Rolle, die der Sohn im Bestattungsritual – und damit für das Weiterleben im Jenseits – spielt, noch angehoben.[17] In einflussreichen Texten der Tradition des klassisch-brahmanischen Hinduismus wird das angeborene Wesen der Frau als prinzipiell schlecht beurteilt, allerdings können Gehorsam, Unterordnung, Leidensfähigkeit und Selbstopfer das Übel weiblicher Existenz kompensieren.

## Literatur

Backhaus, Andrea. 2013. „Der Nil heilt die Wunden nicht." In *Zeit Online* 25. November 2013. https://www.zeit.de/gesellschaft/zeitgeschehen/2013-11/aegypten-genitalverstuemmelung/seite-2?utm_referrer=https%3A%2F%2Fwww.google.com%2F [22.01.2023].

Barthlen, Winfried. 2014. „Tausendjährige Rituale." In *Rituelle Beschneidung von Jungen. Interdisziplinäre Perspektiven,* hg. v. Martin Langake, Andreas Ruwe und Henning Theißen, 139–147. Leipzig: Evangelische Verlagsanstalt.

Beauvoir, Simone de 2022. *Das andere Geschlecht. Sitte und Sexus der Frau* (= *Le Deuxième Sexe,* 1949). 25. Aufl. Reinbek bei Hamburg: Rowohlt-Taschenbuch-Verlag.

Bertram, Caroline. 2015. „Bräute für Indiens Norden. Über Heiratsmigration und Frauenmangel. Ein Interview von Caroline Bertram mit der Soziologin Ravinder Kaur." In *Perspectives Asien* 3. *Ein Kontinent in Bewegung. Migration in Asien,* 11–16. https://www.boell.de/sites/default/files/perspectives_asien.pdf [28.03.2023].

Beuys, Barbara. 2001. *Denn ich bin krank vor Liebe. Das Leben der Hildegard von Bingen.* München; Wien: Hanser.

Bodenheimer, Alfred. 2014. „‚Ich glaube nicht an den Gutmenschen.' Die deutsche Beschneidungsdebatte aus jüdischer Perspektive." In *Haut ab! Haltungen zur rituellen Beschneidung,* hg. v. Felicitas Heimann-Jelinek und Cilly Kugelmann, 57–60. Göttingen: Wallstein.

Brunotte, Ulrike. 2006. „Netzwerk, Bruderschaft, Zelle. Die Rolle von Geschlecht und Gewalt bei der Formierung neuer religionspolitischer Gruppen in ‚Okzident' und ‚Orient'." In *Zeitschrift für Religions- und Geistesgeschichte* 58, 114–132.

Brunotte, Ulrike. 2015. *Helden des Todes. Studien zur Religion, Ästhetik und Politik moderner Männlichkeit.* Würzburg: Ergon.

Chao, Fengqing, Christophe Z. Guilmoto, Samir K. C. und Ombao Hernando. 2020. „Probabilistic Projection of the Sex Ratio at Birth and Missing Female Births by State and Union Territory in India." In *PLOS ONE* 15: e0236673. https://doi.org/10.1371/journal.pone.0236673.

Douglas, Mary. 1988. *Reinheit und Gefährdung. Eine Studie zu Verunreinigung und Tabu* (= *Purity and Danger,* 1966). Frankfurt/M.: Suhrkamp.

Enns, Fernando und Wolfram Weiße, Hg. 2016. *Gewaltfreiheit und Gewalt in den Religionen. Politische und theologische Herausforderungen.* Münster; New York/NY: Waxmann.

---

[17] Der Sohn spielt die Hauptrolle im Totenritual und bringt zeitlebens die Totenopfer für die Eltern dar, die nach traditioneller Auffassung die Reise ins Totenreich und das jenseitige Leben (jedenfalls bis zur nächsten Reinkarnation) erst ermöglichen.

European Union Agency for Fundamental Rights. 2014. *Gewalt gegen Frauen. Eine EU-weite Erhebung.* Luxemburg. https://fra.europa.eu/sites/default/files/fra-2014-vaw-survey-at-a-glance-oct14_de.pdf [10.03.2023].

Fisch, Jörg. 1998. *Tödliche Rituale. Die indische Witwenverbrennung und andere Formen der Totenfolge.* Frankfurt/M.; New York/NY: Campus Verlag.

Gollaher, David. 2002. *Das verletzte Geschlecht. Die Geschichte der Beschneidung (= Circumcision,* 2000). Berlin: Aufbau-Verlag.

Heller, Birgit. 1999. „,Der Frauen Weisheit ist nur bei der Spindel.' Zur Geschichte weiblicher Interpretationskompetenz im Hinduismus und Judentum." In *Zeitschrift für Religions- und Geistesgeschichte* 51, 289–300.

Hempelmann, Reinhard und Johannes Kandel. 2006. *Religionen und Gewalt. Konflikt- und Friedenspotentiale in den Weltreligionen.* Göttingen: V & R Unipress.

Hoppe, Laura. 2014. „Medizinische Aspekte bei der rituellen Beschneidung von Jungen." In *Rituelle Beschneidung von Jungen. Interdisziplinäre Perspektiven,* hg. v. Martin Langake, Andreas Ruwe und Henning Theißen, 159–170. Leipzig: Evangelische Verlagsanstalt.

Hüsken, Ute. 1997. *Die Vorschriften für die buddhistische Nonnengemeinde im Vīnaya-Piṭaka der Theravādin.* Monographien zur indischen Archäologie, Kunst und Philologie 11. Berlin: Reimer.

Ilkiliç, Ilhan. 2014. „Knabenbeschneidung und ihre Bedeutung für die muslimische Religionspraxis und Identitätsbildung." In *Haut ab! Haltungen zur rituellen Beschneidung,* hg. v. Felicitas Heimann-Jelinek und Cilly Kugelmann, 77–83. Göttingen: Wallstein.

Jakobsen, Janet R. 2011. „Gender in the Production of Religious and Secular Violence." In *The Blackwell Companion to Religion and Violence,* hg. v. Andrew R. Murphy, 125–136. Chichester, West Sussex; Malden/MA: Wiley-Blackwell.

Joy, Morny. 2013. „Women's Rights and Religions. A Contemporary Review." In *Journal of Feminist Studies in Religion* 29, 52–68.

Kerr, Joanna. 2004. „From ‚Opposing' to ‚Proposing': Finding Proactive Global Strategies for Feminist Futures." In *The Future of Human Rights. Global Visions and Strategies,* hg. v. Joanna Kerr, Ellen Sprenger und Alison Symington, 14–37. London; New York/NY: Zed Books.

Leslie, Julia. 1991. „Suttee or Satī: Victim or Victor?" In *Roles and Rituals for Hindu Women,* hg. v. Julia Leslie, 175–191. London: Pinter.

Rupprecht, Marlene. 2014. „Das Recht alles zu glauben – nicht aber alles zu tun. Zum schwierigen Verhältnis zwischen Kinderrechten und Religionsfreiheit." In *Die Beschneidung von Jungen. Ein trauriges Vermächtnis,* hg. v. Matthias Franz, 421–445. Göttingen: Vandenhoeck & Ruprecht.

Scheinfeld, Jörg. 2014. „Die Knabenbeschneidung im Lichte des Grundgesetzes." In *Die Beschneidung von Jungen. Ein trauriges Vermächtnis,* hg. v. Matthias Franz, 358–396. Göttingen: Vandenhoeck & Ruprecht.

Segal, Jérôme. 2014. „Die Beschneidung aus jüdisch-humanistischer Perspektive." In *Die Beschneidung von Jungen. Ein trauriges Vermächtnis,* hg. v. Matthias Franz, 211–227. Göttingen: Vandenhoeck & Ruprecht.

Smiljić, Oliver. 2014. *Die missverstandene Religionsfreiheit. Rituelle Beschneidung, die Scharia und unsere Menschenrechte.* Marburg: Tectum Verlag.

Stollberg-Rilinger, Barbara. 2018. „Geschlecht und Religion." In *Gewalt und Geschlecht. Männlicher Krieg – Weiblicher Frieden?,* hg. v. Gorch Pieken, 97–103. Dresden: Sandstein Verlag.

Syed, Renate. 1998. „Die Tragik der Tradition: Mitgift und Mitgiftverbrechen im heutigen Indien." In *Beiträge des Südasien-Instituts. Humboldt Universität zu Berlin* 10, 73–106.

Syed, Renate. 2001. *„Ein Unglück ist die Tochter."* Zur Diskriminierung des Mädchens im alten und heutigen Indien. Wiesbaden: Harrassowitz.
Tessier, Linda J. 1999. „Violence." In *Encyclopedia of Women and World Religions* 2, hg. v. Serinity Young, 1000–1002. New York: Macmillan.
Thürmer-Rohr, Christina. 2003. „Veränderungen der feministischen Gewaltdebatte in den letzten 20 Jahren." In *Frauen und Gewalt. Interdisziplinäre Untersuchungen zu geschlechtsgebundener Gewalt in Theorie und Praxis*, hg. v. Antje Hilbig, Claudia Kajatin und Ingrid Miethe, 17–29. Würzburg: Königshausen & Neumann.
Tutsch, Josef. 2014. „Heilige Körperverletzungen. Die Beschneidung im Kreis der Geburts- und Pubertätsriten der Völker, Kulturen und Religionen." In *Die Beschneidung von Jungen. Ein trauriges Vermächtnis*, hg. v. Matthias Franz, 20–51. Göttingen: Vandenhoeck & Ruprecht.
Venzky, Gabriele. 2019. „Frauen in Indien: Die eine zu viel!" In *Emma* 11. Dezember 2019. https://www.emma.de/artikel/indien-die-eine-zu-viel-337371 [22. 01. 2023].

# Internetquellen

http://statisticstimes.com/demographics/country/india-sex-ratio.php [10. 03. 2023]. (UN World Population Prospects 2022: Gender ratio in India).
https://www.statista.com/statistics/632553/reported-dowry-death-cases-india [01. 12. 2022]. (Total number of reported dowry death cases in India from 2005 to 2021).

# Weiterführende Literatur

Idriss, Mohammad Mazher und Tahir Abbas, Hg. 2011. *Honour, Violence, Women and Islam.* Abingdon, Oxon; New York/NY: Routledge.
McPhillips, Kathleen und Sarah-Jane Page. 2021. „Introduction: Religion, Gender and Violence." In *Religion and Gender* 11, 151–165.
Pasche Guignard, Florence. 2015. „Fight, Flight, Freeze, Fool, or Pray: Comparative Perspectives on Gender, Violence and Religion." *Zeitschrift für Religionswissenschaft* 23, 285–319.

Anna-Katharina Höpflinger
# IV.3 Kleidung

## 1 Gelbe Stiefel und weiße Roben: Genderkonstruktionen im religiösen Kontext

Das Wechselspiel zwischen Kleidung, Religion und Geschlecht ist äußerst komplex. Ich will deshalb zunächst anhand von zwei sehr unterschiedlichen Beispielen in den Facettenreichtum, den dieses Themenfeld einnehmen kann, eintauchen. Das erste stammt aus der Antike: Der römische Autor Apuleius von Madaura, der im 2. Jahrhundert n. chr. Z. lebte, schrieb einen witzigen und derben Roman, der als *Metamorphosen*, manchmal auch als *Der goldene Esel* rezipiert wird.[1] In diesem belletristischen Stück wird die Hauptperson Lucius durch eine Zauberpanne in einen Esel verwandelt und erlebt so verschiedene Abenteuer.[2] In Eselgestalt wird er unter anderem auch von Wanderpriestern der Dea Syria, der syrischen Göttin, gekauft.[3] Diese Priester werden von Apuleius als Eunuchen gekennzeichnet, kleiden sich in spezifischer bunter Gewandung mit gelben Stiefeln,[4] sind geschminkt und sprechen sich gegenseitig in der weiblichen Form an. Apuleius beschreibt diese – in seiner Sicht – Übertretung des gängigen binären Geschlechterweltbildes in diffamierenden Worten. Aufschlussreich für unseren Blick auf Kleidung, Gender und Religion ist, dass der religiöse Kontext es hier ermöglicht, die binär gedachten römischen Gendergrenzen zu verwischen. Die Wanderpriester der Dea Syria sind weder Frau noch Mann. Sie nehmen sozial eine spezielle Genderposition ein, kleiden sich in besonderer Gewandung und sind an ihrer Kleidung und ihrem Benehmen eindeutig als Priester dieser spezifischen Göttin zu erkennen.[5] Der religiöse Rahmen bietet einen im römischen Kontext subversiven Umgang mit Geschlecht; die Kleidung kommuniziert diesen nach außen.

Ganz anders wird mit Kleidung im Rahmen einer mitteleuropäischen evangelischen Hochzeit umgegangen, zu der ich vor einigen Jahren eingeladen war: Die

---
**1** Der Titel *Asinus aureus*, „Der goldene Esel", ist durch Augustin und Fulgentius tradiert. Die heute bedeutsamste Haupthandschrift, eine im 11. Jh. im Kloster Monte Cassino entstandene Abschrift, nennt das Buch *Metamorphoseon libri*.
**2** Ich stütze mich hier auf den Text von Apuleius, *Der goldene Esel*, übers. v. Brandt und Ehlers 1980.
**3** Apuleius, *Der goldene Esel*, v. a. 8, 24–9,10.
**4** Die gelben Stiefel gelten als typisch für diese Art von Wanderpriestern, siehe Sanders 1972, 1021; Vermaseren 1977, 97.
**5** Möglicherweise ging damit auch eine freiwillige Selbstkastration einher.

Open Access. © 2024 bei den Autorinnen und Autoren, publiziert von De Gruyter. Dieses Werk ist lizenziert unter einer Creative Commons Namensnennung – Nicht kommerziell – Keine Bearbeitung 4.0 International Lizenz. https://doi.org/10.1515/9783110697407-049

Gäste waren in einer schönen Kapelle versammelt. Sie hatten feierliche Kleidung gewählt, die klare binäre Gendervorstellungen spiegelte (und konstruierte): Die Männer trugen Anzüge, die Frauen Cocktail- oder Abendkleider; auch die Kinder folgten diesem binär gegenderten Dresscode. Der Bräutigam war etwas festlicher gekleidet als die übrigen Männer, er ging dennoch in der Schar unter. Ganz anders die Braut: Sie betrat in einer ausladenden crème-farbenen Hochzeitsrobe mit Corsage und Schleppe die kleine Kirche. Ihre Haare waren mit Blumen und Perlen geschmückt. Vestimentär war klar, dass die Braut die Protagonistin dieses Rituals war. Durch ihr Kleid stach sie heraus und war in ihrer besonderen rituellen Rolle unmittelbar erkennbar. Die Bekleidung stützt hier die dominante (in diesem Fall: binäre) Gendertrennung und spiegelt die zeit- und kulturspezifischen Vorstellungen, die mit Geschlecht verbunden werden. Das Brautkleid wird emotional aufgeladen; die Trägerin mit genderisierten Schönheitsvorstellungen gekoppelt. Rituell wird hier eingeübt, was auch im kulturellen Kontext des Rituals dominant ist: In unserem Fall ein heteronormatives Weltbild, das den Frauenkörper mit Emotion, Schönheit, Unschuld/Reinheit und einem Faible für Luxus verbindet. Im Gegensatz zu der religionsspezifischen Kleidung der Wanderpriester der Dea Syria ist das helle oder weiße Brautkleid jedoch nicht an eine bestimmte religiöse Denomination, sondern an einen sozialen, rituell begangenen Statuswechsel gebunden. Es wird nicht nur in verschiedenen religiösen Traditionen und in sogenannt ‚säkularen' Ritualen, sondern im Zuge der Globalisierung auch in unterschiedlichen kulturellen Kontexten verwendet. Man findet es in verschiedenen christlichen Konfessionen, in jüdischen Gemeinschaften, in islamischen Kontexten und im fernen Osten – um einige Beispiele zu nennen.

Kleidung wird bei diesem zweiten Beispiel also nicht genutzt, um eine Zugehörigkeit zu einer bestimmten religiösen Tradition zu betonen, sondern um den spezifischen Status in einem Ritual, in diesem Fall einem Lebensübergangsritual,[6] das mit existentiellen Fragen verknüpft ist, zu charakterisieren.[7] Wir könnten im Falle des Brautkleides deshalb von Ritualkleidung sprechen, mit der im Beispiel eine bestimmte Genderrolle im rituellen Kontext gefestigt und vermittelt wird.

Bereits diese zwei Beispiele machen deutlich, wie vielschichtig das Wechselspiel zwischen Gender, Kleidung und Religion ist: Kleidung kann in religiösen Gemeinschaften und Traditionen spezifische Vorstellungen von Geschlecht formen und vermitteln oder eben subversiv brechen. Oder Kleidungsstücke können in überkonfessionellen und transkulturellen Ritualen Verwendung finden und dabei

---

6 Barbara Stollberg-Rilinger (2019, 54) spricht von „Ritualen des Lebenszyklus".
7 Siehe zu Hochzeiten als multidimensionalem Ritual: Höpflinger und Mäder 2018, 7–21; Schäffler 2012, 56–139.

Gendervorstellungen mitformen. Wie wir unten sehen werden, finden sich weitere Verbindungen zwischen Gender, Kleidung und Religion. So können religiöse Symbole etwa in einem Kleidungssystem verwendet und auch dabei mit Geschlechtsvorstellungen konnotiert werden. Dabei lassen die beiden Beispiele unterschiedliche Fragen stellen: Bei den Spezialisten der Dea Syria zweifelt auch Apuleius nicht daran, dass sie Priester sind, also in den religiösen Bereich gehören. Problematisch ist für den römischen Autor hingegen, dass er sie nicht klar in seine Gendervorstellungen einordnen kann. Beim Hochzeitskleid verhält es sich umgekehrt. Auch wenn es queere Hochzeiten gibt, in denen Kleidungsstereotypen durchbrochen werden,[8] sind solche Übergangsrituale noch immer oft dichotom konnotiert. Hierbei wird in einer heteronormativen Hochzeit, wie der oben beschriebenen, Gender wenig hinterfragt, sondern die Frau ist (bis heute) oft im weißen Kleid, der Mann im dunklen Anzug zu sehen. Die Kleidung ist also binär gegendert. Bei diesem zweiten Beispiel erweist sich jedoch die Kategorie ‚Religion' als fluid. Es ist zu einfach, Hochzeiten in Kirchen als ‚religiös' und solche im Standesamt als ‚säkular' zu bezeichnen oder die emischen Selbstbezeichnungen der Personen als einzige Leitlinien im Hinblick auf die religiöse Einordnung zu setzen. Wie beim ersten Beispiel eine dichotome Idee von Gender aufgebrochen wird, erweist sich hier eine binäre Kategorisierung von religiös versus nicht-religiös oder religiös versus säkular als zu eng. Das weiße Brautkleid ist gleichzeitig ein religiöses Kleidungsstück im Sinne einer Hervorhebung und Transzendierung der Protagonistin in einem Übergangsritual als auch ein wirtschaftliches Produkt, um das sich eine ganze Hochzeitsindustrie ansiedelt, sowie ein emotionales Phänomen, das mit zum (vermeintlich) ‚schönsten Tag' des Lebens gehört.

Wenn wir also auf Kleidung, Gender und Religion blicken, erweist sich eine Betonung der Fluidität dieser Kategorien als nützlicher als eine Suche nach klaren Trennlinien.[9]

Ich will daran anknüpfend im Folgenden drei Blickwinkel auf dieses Wechselspiel betonen: Für die folgende Argumentation unterscheide ich zwischen Kleidung als Kommunikationsmittel von religiösen Traditionen, Kleidung als Kommunikation innerhalb eines Rituals und als drittes religiöse Symbole, die in einem Kleidungssystem verwendet werden. Bevor wir jedoch wieder auf diese Kategorisierung zurückkommen, soll zunächst grundlegend über Kleidung und Gender nachgedacht werden. Ich verwende dabei im Folgenden Geschlecht und Gender als

---

8 Siehe beispielsweise das Hochzeitsvideo der berühmten kanadischen Transgender-Influencerin Gigi Gorgeous Getty mit dem US-amerikanischen Model Nats Getty auf YouTube, wo auch von Gästen verschiedene queere Kleidungsstile gelebt werden: https//:www.youtube.com/watch?v=UR hwnC6pypo.
9 Siehe zur Fluidität binärer Kategorien: Fausto-Sterling 2002, 17–64.

Synonyme, da ich im vorliegenden Beitrag – mit Blick auf Kleidung – auf soziokulturelle Repräsentationen von Geschlecht fokussiere.

## 2 Hellblau und Rosa: Kleidung formt Geschlecht

Kleidung wird aus materiellen Werkstoffen hergestellt (wobei der Werkstoff nicht immer textiler Natur sein muss). In dieser Produktion werden die vestimentären Stücke mit sozialer Bedeutung aufgeladen: Der Schnitt, die verwendete Menge und Art des Werkstoffs oder die Dekoration eines Kleidungsstückes, man denke an das Logo eines Modelabels, sind nur einige Beispiele für solche Sinngenerierungsprozesse, die im Laufe der Produktion von Relevanz sind. Aber auch durch das Tragen werden Kleidungsstücke mit sozialer Bedeutung verbunden und ebenso mit Interpretationen von Seiten von Menschen, die die vestimentären Objekte sehen und deuten – ich will diese Menschen im Folgenden als Rezipierende bezeichnen. Der jeweils zugeschriebene Sinn kann dabei auf diesen drei Ebenen – der Produktion, der Verwendung und der Rezeption – variieren. Ein als Schmuck getragenes Kreuz kann beispielsweise von Rezipierenden als christliches Statement gelesen werden, die Trägerin zieht es aber an, weil sie es von ihrer Großmutter erhalten hat und das Stück sie an diese Verwandte erinnert. Mit Kleidung verbundene Bedeutung – und damit die Kleidung selbst, denn sie existiert, wie oben dargelegt, nicht ohne Sinnzuschreibung – muss also interpretiert werden. Diese mit Kleidung verbundene Interpretationsleistung ist besonders deshalb relevant, weil über die vestimentäre Inszenierung des Körpers grundlegende soziokulturelle Kategorien (und Verbindungen zwischen ihnen) vermittelt werden, man denke etwa an Gender oder Alter, aber auch den Beruf, die Inszenierung von Reichtum oder ein Milieu, in dem jemand verkehrt. Und eben auch Religion.

Kleidung bildet somit ein komplexes Kommunikationssystem, das angesiedelt ist zwischen Produktion, Verwendung und Rezeption.[10] Dabei bleibt Kleidungssprache – wenn wir sie so nennen möchten – kontextbezogen. Semantiken, also durch Gewänder anklingende Interpretationsräume, können je nach Zeit, Kulturraum, Milieu, den Träger*innen oder den Rezipierenden unterschiedlich ausfallen. Ich will dies an einem weiteren Beispiel erläutern: Trägt heute in Europa ein Baby einen rosafarbenen Strampelanzug, werden die meisten Menschen es in die Kate-

---

[10] Zu Kleidung als Kommunikation: Barnard 2002; ich verweise hier außerdem auf den *circuit of culture*, der 1997 von Stuart Hall und seinem Team zur Systematisierung kultureller Bedeutungsgenerierung vorgeschlagen wurde und aus den fünf Kategorien *representation, production, consumption, identity, regulation* besteht: DuGay u. a. 1997, 3. Für Kleidung wurde der *circuit* z. B. erprobt in: Ebner 2007, 28–32.

gorie ‚weiblich' einordnen und entsprechend reagieren. Die Kleidungsfarbe Rosa ist heute in Kinderkleidung stark mit einer heteronormativen und dichotomen Interpretation von Geschlecht verbunden: Hellblau für Jungs, Rosa für Mädchen (Hines 2019, 66 f.). Etwas dazwischen scheint es nicht zu geben. Aber diese Zuordnung ist recht neu und ergibt sich nicht aus den Farben, sondern aus dem soziokulturellen Kontext (Paoletti 2012, 94–99). Noch zu Beginn des 20. Jahrhunderts war die Zuordnung nicht klar und je nach Kontext, Mode oder der Haarfarbe der Kinder (Paoletti 2012, 89) wurden die Farben Rosa und Blau unterschiedlich zugeordnet. So zitiert die Kleidungsforscherin Jo Paoletti das US-Amerikanische *Infant's Departement* von 1918:

> Pink or Blue? Which is intended for boys and which for girls? This question comes from one of our readers this month, and the discussion may be of interest to others. There has been a great diversity of opinion in this subject, but the generally accepted rule is pink for the boy, and blue for the girl. The reason is that pink, being a more decided and stronger color, is more suitable for the boy, while blue, which is more delicate and dainty, is prettier for the girl (Paoletti 2012, 89).

Spannend an diesem Zitat ist, dass die vorgenommenen Geschlechterstereotypen sich bis heute halten:[11] Die Jungs werden als „more decided" und „stronger", die Mädchen als „delicate" und „dainty" festgeschrieben. Diese Zuordnung basiert auf einer Idee der Schwachheit und/oder Passivität der Frau, die sich bereits in der griechisch-römischen Antike feststellen lässt.[12] In europäisch-mittelalterlichen Kontexten findet sich eine Aufladung der (vermeintlichen) Schwäche der Frau mit einer moralischen Komponente: Eva wurde zur ersten Sünderin stilisiert, die sich von der Schlange verführen ließ, womit unter anderem nicht nur die religiöse, sondern auch die moralische Unterordnung der Frau unter den Mann begründet wurde.[13] In der Aufklärung wurde diese Idee der zarten und schwachen Frau naturalisiert und biologisch begründet. Das oben angeführte Zitat übernimmt diese binäre Kategorisierung. Nur werden dabei die Farben im Gegensatz zu heute umgekehrt den Geschlechtern zugeordnet. Spannend ist dabei, dass die Kleidungsfarbe Rosa mit einer Verschiebung hin zu einer Zuordnung zum Konstrukt ‚weiblich' ihre Idee von „more decided" und „stronger" verloren hat. Rosa gilt heute im US-europäischen Raum als zarte Farbe. Dieses Beispiel zeigt prägnant auf, dass die Bedeutungsgenerierung durch Kleidung, in diesem Fall einer Kleidungsfarbe, je nach Epoche und kulturellem Raum unterschiedlich ausgeformt ist. Um Kleidung zu

---

**11** Zum Stereotyp der weiblichen Schwäche siehe Young 1980.
**12** Siehe als ersten Überblick über die Geschichte der Misogynie: Holland 2020.
**13** Siehe zu den mittelalterlichen misogynen Diskursen und frühen feministischen Gegenbewegungen: Ferrari Schiefer 1998.

deuten, wird also ein zeit- und kulturspezifisches Wissen verlangt, das ich oben „Kleidungssprache" genannt habe. Wird diese beherrscht, wirken Kleidungsstücke unmittelbar, weshalb sie sich besonders eignen, um die oben genannten grundlegende Kategorien einer Kultur (wie eben Gender) zu kommunizieren und zu formen.

Durch Kleidung werden nun Identitätsprozesse angestoßen. Wird Rosa als Mädchenfarbe festgeschrieben, entstehen durch rosafarbene Kleider Identifikationen mit dem Gender ‚Mädchen' und zwar auf den Ebenen der Produktion, der Verwendung und der Rezeption. Diese Identitäten werden im alltäglichen Umgang mit der Kleidung eingeübt, etwa beim Kauf von Babystramplern. Sie werden jedoch auch in Medien, beispielsweise in Filmen wie Barbie (Regie: Greta Gerwig, USA 2023), gefestigt. Es entsteht ein Habitus des Rosa-Seins. Ein Beispiel hierfür wäre auch die *Legally Blonde*-Filmreihe, in der die Protagonistin in Rosa (im dritten Film ist es ein Protagonistinnen-Duo) sich gerade durch ihr ‚Rosasein' als Frau in einem als ‚Männerwelt' konstruierten Kontext behauptet.[14] Dabei ist sie nicht immer explizit rosa angezogen, sondern das Rosasein wird mit einer Lebenseinstellung verknüpft, die gendertypisch festgeschrieben wird.

Durch mit Kleidung verbundene Identifikationsprozesse entsteht soziale Orientierung: Wird eine Person anhand ihrer Kleidung als ‚männlich' gedeutet, werden soziale Interaktionsprozesse mit ihr festgeschrieben, die ihre Identität prägen. Wie stark diese Zuordnungsmechanismen über Kleidung sind und wie selbstverständlich sie erscheinen, ist zeit- und kulturabhängig. Um zu erproben, wie geschlossen oder offen sie sind, kann man sich fragen, was passiert, wenn die jeweiligen genderisierten Kleidungskonventionen durchbrochen werden. Im heutigen europäischen Raum ernten beispielsweise Männer in Rock (im heutigen Verständnis als weiblich konnotiertes Kleidungsstück) und High Heels in der Öffentlichkeit noch immer irritierte Blicke – außer der Kontext bietet einen Erklärungsrahmen dafür, beispielsweise ein Straßentheater oder die Fastnacht; dabei gelten diese Inszenierungen jedoch als Verkleidung.

Die bisherigen Ausführungen zeigen also, dass Kleidung ein komplexes zeit- und kulturspezifisches Kommunikationssystem bildet, das erlernt und gelesen werden muss und das eng mit Identitätsprozessen verbunden ist. Gender formt dabei eine besonders aufschlussreiche Verknüpfung mit Kleidung: Denn die Kleidung übernimmt die Idee einer Vermittlung von Geschlechtszugehörigkeit, zumindest in den Teilen der Welt, in denen Nacktheit nicht zum Alltagsbild gehört. Kleidung, die den Körper verdeckt, konstruiert die Vorstellung von etwas Körper-

---

14 *Legally Blonde* (Regie: Robert Luketic, USA 2001); *Legally Blonde 2: Red, White & Blonde* (Regie: Charles Herman-Wurmfeld, USA 2003); *Legally Blondes* (Regie: Savage Steve Holland, USA 2009).

lichem, das nicht sichtbar ist (nämlich die sogenannt primären Geschlechtsteile) durch Schnitte, Farben und die Gesamtinszenierung maßgebend mit. In dieser Inszenierung werden Geschlechtszugehörigkeiten geformt und eingeübt. Allerdings muss hier hinzugefügt werden, dass nicht in allen Kulturen Gender (nur) am Körper festgemacht wird. Ein Gegenbeispiel ist die Kultur in Amarete, einer Andenstadt in Bolivien. Dort herrscht gemäß der Ethnologin Ina Rösing ein komplexes Gefüge von zehn unterschiedlichen fluiden symbolisch-religiösen Genderkombinationen, die unter anderem auch vom Land, das bewirtschaftet wird, und den Ämtern, die jemand übernimmt, abhängen (Rösing 2013, v. a. 82–107).

## 3 „Red Carpet-Bischofsmitra": Gender, Kleidung und Religion

Kleidung kann also grundlegende soziokulturelle Kategorien formen und kommunizieren und ist eng mit Identitätsprozessen gekoppelt. Es überrascht deshalb nicht, dass Kleidung auch in Verbindung mit Religion bedeutsam ist. Besonders gut erforscht ist bisher die Verwendung von Kleidungsstücken in religiösen Traditionen, seien es weibliche Verhüllungspraktiken in islamischen Kontexten oder die Gewänder religiöser Spezialist*innen:[15] Über Kleidungsstücke können religiöse Zugehörigkeiten und Weltbilder, ebenso wie soziales Prestige oder religiöser Status ausgedrückt werden. Diese richten sich gleichermaßen an die Träger*innen wie das Umfeld. Ein von Jacqueline Grigo interviewter tibetisch-buddhistischer Mönch macht dies prägnant deutlich:

> My identity is a monk and I can't think of taking this [zeigt auf die Robe] off because that means that I lose my identity [lacht]. I mean the peoples' attitude, for example, at least among the Buddhists, if I go like this would be an entirely different one, than say if I go with a pant.[16]

Kleidung, die in religiösen Traditionen getragen wird, formt also individuelle und gemeinschaftliche Identität mit. Sie erinnert die Träger*innen an ihre religiösen Weltbilder, kommuniziert diese nach außen und erzeugt und stärkt die Zugehörigkeit zu einer (religiösen) Gruppe – durchaus auch in Abgrenzung von anders gekleideten religiösen Gemeinschaften. Dabei kann religiöse Kleidung Genderdif-

---

[15] Siehe nur als wenige Beispiele aus vielen weiteren Studien: Tunger-Zanetti 2021 (zu der Burka-Debatte in der CH); Konrad 2010 (zu römisch-katholischen Ordensfrauen); Grigo 2015 (ein Vergleich zwischen verschiedenen Träger*innen religiöser Kleidung); Lüddeckens, Uehlinger und Walthert 2019 (ein Sammelband zum Thema).
[16] Zit. nach: Grigo 2015, 160 (die Anmerkungen in Klammern stammen von Jacqueline Grigo).

ferenzen formen und festschreiben, etwa, wenn die getragenen Kleidungstücke einem Gender vorbehalten sind. Sie kann ebenso Gendergrenzen verwischen, wie das Eingangsbeispiel der Wanderpriester der Dea Syria gezeigt hat. Manchmal konserviert religiöse Kleidung frühere vestimentäre Moden. Wenn im Laufe der Zeit – wie oben bei der Kleidungsfarbe Rosa – die Konnotation eines bestimmten Kleidungsstückes mit einem bestimmten Geschlecht verändert wird, können sich hier aufschlussreiche neue Interpretationsmomente (oder Anachronismen) ergeben, man denke etwa an die pink-violetten Chorgewänder römisch-katholischer Bischöfe. Wie oben schon gesehen war dies eine Farbe, die vor dem 20. Jahrhundert nicht nur mit Reichtum und Stärke, sondern auch mit Männlichkeit konnotiert wurde.

Die Deutung religiöser Kleidung ist auch auf Seiten der Träger*innen vieldeutig, wie die Studie von Jacqueline Grigo (2015) aufzeigt – und Blicke darauf von außen oft zu einfach und zu stereotyp.[17] Bischofsgewänder sind nicht weiblich zu konnotieren, obwohl sie pink-violett sind, und ein Hijab ist nicht frauenfeindlich, nur weil er die Haare verhüllt. Um Kleidung in religiösen Traditionen zu verstehen, macht es Sinn, ihre Entstehungsgeschichte, ihre regionalen Bedeutungen und auch die individuellen Interpretationen der Träger*innen zu befragen.

Wie das zweite Eingangsbeispiel deutlich gemacht hat, ist die Verbindung zwischen Religion, Kleidung und Gender jedoch nicht auf vestimentäre Praktiken in religiösen Traditionen beschränkt. Geschlechterrollen werden durch Kleidungsstücke in Verbindung mit Religion auch konfessionsübergreifend und transreligiös geformt. Dies geschieht, wie der Blick auf das Brautkleid deutlich macht, beispielsweise im Rahmen von Ritualen. Ritualen unterliegt ein normierter Ablauf, wobei für Gendervorstellungen vor allem die sogenannten Übergangsrituale, die sozial wichtige Lebensstationen (Geburt, Erwachsenwerden, Heirat, Tod, um nur einige Beispiele zu nennen) hervorheben, aufschlussreich sind (van Gennep 2005; Turner 2005). In diesen Ritualen werden neu erworbene soziale Kategorien (etwa ein Erwachsenen-Status; das Verheiratet-Sein) eingeübt, zunächst indem ein Zeitraum aus dem Alltag hervorgehoben und dabei transzendiert wird: „Das Ritual grenzt einen bestimmten Zeitraum aus, in welchem nicht die Ordnung der Normalwelt gilt." (Stolz 1988, 95). Kleidung charakterisiert den liminalen Charakter des Rituals und der Protagonist*innen. Das Paradebeispiel für die Festschreibung oder Verwischung von Gender hierfür ist das eingangs genannte Hochzeitsfest im Sinne eines Rituals, in dem Geschlecht eine der zentralen Kategorien bildet und ein neuer sozialer Genderstatus, der der Ehe, begangen wird. In einem heteronormativ-binären Kontext konstruiert das Hochzeitskleid die Braut, wie gesehen, nicht nur als

---

17 Für Verhüllungs-Debatten siehe auch Tunger-Zanetti 2021.

Protagonistin des Rituals, sondern eben auch als Frau. Dabei wird durch das Kleid eine bestimmte Art von Frausein geformt, die, geprägt von Blockbuster-Filmen[18], Reality TV- Formaten[19] und royalen Hochzeiten, zumindest im US-europäischen Raum heute dominant ist: Die Hochzeit als der ‚schönste' Tag im Leben einer Frau; ihr besonderer Status als ‚Prinzessin' für den Moment; ihre Inszenierung in anachronistisch wirkenden Kleidern, ihre Ausstaffierung mit Schmuck sind nur einige Beispiele für die Festschreibung einer bestimmten Art des Frauseins in der Rolle der Braut und die Heraushebung dieses Rituals aus dem normalen Alltag. Diese Symbole sind so stark, dass sie auch in stilisierter Form für ein heteronormatives Geschlechterideal stehen können. Die folgende Abbildung zeigt dies in einer mo-

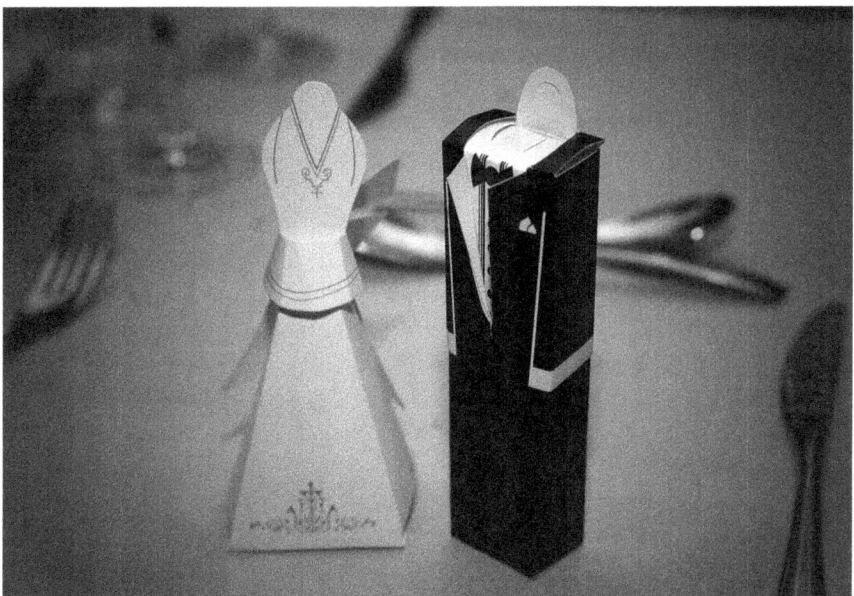

**Abb. 19:** Zwei Figuren aus Pappe symbolisieren die Braut und den Bräutigam. Dabei wird die Kleidung zum monosemierten Ausdrucksmittel für die jeweilige Geschlechterrolle (Foto: Yves Müller 2017).

nosemierten Art: Die Braut aus Pappe ist durch ihr weißes Kleid inszeniert; sie hat eine schmale Taille und eine angedeutete Oberweite, ist kleiner als die andere Figur

---

18 Bedeutsam für die Inszenierung der perfekten Hochzeit war bereits der 1955 erschienene Film *Sissi* (Regie: Ernst Marischka, A 1955).
19 Beispielsweise das US-amerikanische Reality TV-Format *Say Yes to the Dress* auf TLC, das seit 2007 gesendet wird und in dem Bräute ihre Hochzeitskleider kaufen.

und sieht elegant und zart aus. Der Bräutigam wirkt in seiner rechteckigen Form hingegen kastenartig und stark.

Aber selbstverständlich ist nicht jede Hochzeit im US-europäischen Raum so inszeniert, wie die dominanten Vorstellungen es gerne sähen. Besonders spannend sind in diesem Kontext subversive Umdeutungen und Brechungen: beispielsweise bei LGBTQIA⁺-Hochzeitsritualen. Auf YouTube finden sich etwa zahlreiche Beispiele, in denen sich zwei Männer das Ja-Wort geben und sich auf unterschiedliche Arten die Protagonistenrolle des Rituals teilen.[20] Oft tragen beide Anzug. Bei lesbischen Hochzeiten kommen zum Beispiel beide Bräute in einem weißen Kleid.[21] Hier finden sich also unterschiedliche Arten der Inszenierung dieses Rituals.

Auch bei Ritualkleidung gilt also, was vorhin beobachtet wurde: Im Ritual können Gewänder Genderdifferenzen formen oder Gender verwischen. Dabei bestimmt wiederum der Kontext und die Intention der Akteur*innen, wie die jeweilige Kleidung zu deuten ist.

Die beiden bisherigen Blickwinkel haben die Bedeutung von Kleidung für Gendervorstellungen in religiösen Traditionen und im Kontext überregional und transreligiöser Rituale betont. Es finden sich aber zusätzlich auch zahlreiche religiöse Symbole, die in Kleidungssysteme integriert und dabei den dort herrschenden Logiken unterworfen werden. Dies soll hier als dritter Blickwinkel kurz angeschnitten werden: Religiöse Symbole – man denke an Buddha-Abbildungen auf Taschen, an Schmuck in Kreuzform oder an den Aufdruck von Gottheiten auf T-Shirts – sind in der Mode weit verbreitet. Hierbei ist der Umgang mit diesen religiösen Symbolen komplex: Meistens wird der religiöse Bezug von den Produzierenden intendiert und von den Träger*innen und Rezipierenden auch durchaus erkannt. Aber die Deutung auf Seiten der Träger*innen ist, wie auch bei den anderen Kategorien, vielschichtig, sie kann von einem religiösen Statement bis zu einem Spiel mit religiösen Symbolen reichen. Die Deutungen hängen jedoch nicht nur von Einzelpersonen ab, sondern sie werden gelenkt von den Vorgaben eines kultur- und zeitspezifischen Modesystems, das die jeweilige Kleidungssprache mitprägt. Auch Religionsgemeinschaften und religiöse Traditionen, auf die die jeweiligen Symbole verweisen, können Teil des Deutungssystems sein. Beispielsweise berichten populäre öffentliche US-amerikanische, australische und europäische Medien 2017 von einem Skandal, weil Lisa Blue Design einen Badeanzug entwarf,

---

20 Beispielsweise das Hochzeitsvideo von Jan und Johannes des YouTube-Kanals Terramagika vom Juni 2022: https://www.youtube.com/watch?v=WMGxkITvmPU.
21 Beispielweise das Hochzeitsvideo von Nele und Sabine des YouTube-Kanals Franka & Kathi vom März 2021: https://www.youtube.com/watch?v=W7xYY0fMouY.

auf dem die indische Göttin Lakshmi vorne und auf dem Po der Trägerin abgebildet war. Dies habe, gemäß den besagten öffentlichen Medien, „among Hindus" einen Aufschrei der Entrüstung ausgelöst.[22] Als ein Model mit diesem Schwimmanzug an der *Rosemount Australian Fashion Week* aufgetreten sei, hätten – so die Berichterstattung – Vertreter*innen der nationalistisch-hinduistischen Partei Shiv Sena „held photocopies of models wearing swimwear featuring Lakshmi as they burned an Australian flag during a demonstration in Amritsar".[23] Dieses Beispiel zeigt, dass die Verbindung von Religion, Kleidung und Gender zu öffentlichen Diskussionen und Kontroversen führen kann; die sogenannten Burka-Debatten, die politisch bedeutsam geworden sind,[24] sind nur die Spitze des Eisberges.

Auch in der Verwendung von religiösen Symbolen in der Modewelt können Gendervorstellungen festgeschrieben oder gebrochen werden. Ein Beispiel für Letzteres wäre eine kostbare Robe mit Bischofsmitra, entworfen von Maison Margiela, die die Sängerin Rihanna an der Met-Gala 2018, einer Fundraising-Gala für das *Costume Institute* des *Metropolitan Museum of Art* in New York City trug:[25] Rihanna eignete sich damit auf durchaus spielerische Weise ein typisch männliches religiöses Kleidungsstück an und verwies damit auf Genderdebatten im Rahmen von Religion hin, wie eben der (Un-)Möglichkeit einer weiblichen Bischöfinnenschaft in der römisch-katholischen Tradition.

## High Heels: Schlussgedanken

Wie die bisherigen Gedanken gezeigt haben, ist das Wechselspiel zwischen Kleidung und Religion eng mit der Formung von Gender verbunden. Ich möchte aus den bisherigen Gedanken zum Schluss drei Beobachtungen herauskristallisieren:

Erstens repräsentiert Kleidung den Körper im Sinne einer zweiten Haut. Dabei verändern vestimentäre Stücke den Körper physisch gemäß den jeweilgen Genderidealen, man denke etwa an das S-Linien-Korsett um 1900 oder heutige High Heels, die beide den weiblichen Körper so konstruieren, dass er mit einer schlanken, nach hinten weggedrückten Taille oder mit einem stöckelnden Schritt Fragilität ausdrückt. Kleidung formt den Körper damit auch symbolisch, beispielsweise indem die in einer Kultur oder Zeit als besonders weiblich geltenden physischen Teile

---

22 Siehe z. B.: Hilary Moss, *Lisa Blue ‚Lakshmi' Swimsuit Causes Outrage among Hindus*. 2011/2017. https://www.huffpost.com/entry/lisa-blue-lakshmi-swimsuit-hindu_n_859247.
23 Ebd.
24 Siehe Tunger-Zanetti 2021.
25 Siehe dazu z. B. die Bilder auf der Webseite der Vogue Germany (dort Bild Nr. 101): https://www.vogue.de/gallery/met-gala-2018-red-carpet.

betont und damit Gender konstruiert wird. Beides, sowohl die physische als auch die symbolische Formung des Körpers ist relevant für einen Blick auf Kleidung, Gender und Religion. Ein Beispiel hierfür wäre die gegenwärtige *modest dress*-Bewegung, die etwa in Teilen jüdischer, christlicher und islamischer Traditionen relevant ist und eine sittsame Bedeckung des Körpers (oder gewisser Teile davon) verlangt. Mit dieser Idee von Sittsamkeit sind spezifische Genderbilder, beispielsweise der Frau als Verführerin oder der Erotik als etwas Privates, in die Ehe gehörendes, verbunden. Die Frage nach Kleidung, Gender und Religion ist also auch eine nach kultur- und zeitspezifischen Körperidealen.

Zweitens ist Kleidung in dieser Formung und Symbolisierung, wie Jacqueline Grigo treffend bemerkt, gleichzeitig ein materielles Produkt und ein sozialer Prozess (Grigo 2015, 41–42), beides kann nicht voneinander getrennt werden. Es kommt beispielsweise darauf an, wie und in welchem Kontext ein Kleidungsstück getragen wird. Das genau gleiche materielle Habit einer Ordensfrau im Kloster oder im Theater getragen ändert die soziale Bedeutung dieses Kleidungstücks maßgebend. Produktion, Verwendung und Rezeption sind Teilmomente in dieser Interaktion zwischen dem Materiellen und dem Sozialen. Dabei kann sich der Sinn, mit dem Kleidung in diesen Momenten verbunden wird, ändern.

Drittens haben die bisherigen Beispiele gezeigt, dass Kleidungsstücke oft mehrdeutig sind. Die oben genannte Buddhafigur auf einer Tasche kann je nach Kontext als religiöses Statement, als Idee einer Achtsamkeitsbewegung oder als modisches Accessoire gelesen werden. Dennoch ist die Interpretation von religiösen Symbolen im vestimentären Bereich nicht völlig willkürlich, sondern sie wird von kollektiven Deutungsmustern getragen. So könnte die Buddhafigur zwar vielleicht von einer Trägerin als persönliche Zugehörigkeit zum Christentum und Buddha als eine Art Vorläufer von Jesus interpretiert werden, die meisten Leute, die die Tasche sehen, werden dies jedoch nicht nachvollziehen können. Kleidung bleibt also auch in ihrem Wechselspiel mit Religion nicht offen, sondern es sind Kontexte und Deutungstraditionen, die Interpretationen steuern. Dasselbe gilt nun für das Dreigestirn Kleidung, Religion und Gender. Kleidung kann Genderbilder – und noch stärker Genderideale – im Rahmen religiöser Traditionen monosemieren, also die Deutung in eine bestimmte Richtung vorantreiben. Wiederum ist das oben genannte helle Brautkleid ein passendes Beispiel: Obwohl diese Tradition nicht sonderlich alt ist und noch im 20. Jahrhundert das schwarze Brautkleid in Europa gängig war,[26] ist es heute so stark im US-europäischen Denken verankert, dass ein

---

26 Das helle Brautkleid wurde im Zuge der Hochzeit der britischen Königin Victoria mit Prinz Albert von Sachsen-Coburg und Gotha im Jahre 1840 popularisiert. Doch bis es sich in ganz Europa durchsetzte, dauerte es bis in die 1950er Jahre.

solches Kleid eng mit dem Übergangsritual Hochzeit und noch enger mit der Idee ‚Frau' verbunden ist. Diese Enge zeigt sich etwa dran, dass ein Brautkleid weder im Alltag noch von Personen mit männlicher Geschlechtsidentität problemlos getragen werden kann – außer es geschieht in einem sozial deutbaren Rahmen wie einem Straßentheater. Kleidung reguliert also Gender, auch im religiösen Kontext – und schafft damit auf der individuellen Ebene Identität und auf der kollektiven Ebene soziale und religiöse Orientierung.

## Literatur

Apuleius. *Der goldene Esel. Metamorphosen*, hg. v. Edward Brandt und Wilhelm Ehlers. 2012 [1958]. Sammlung Tusculum. Berlin; Boston: De Gruyter.
Barnard, Malcolm. 2002. *Fashion as Communication*. London; New York/NY: Routledge.
DuGay, Paul, Stuart Hall, Linda Janes, Hug Mackkay und Keith Negus. 1997. *Doing Cultural Studies. The Story of the Sony Walkman*. London: Sage.
Grigo, Jacqueline. 2015. *Religiöse Kleidung. Vestimentäre Praxis zwischen Identität und Differenz*. Bielefeld: transcript Verlag.
Ebner, Claudia C. 2007. *Kleidung verändert. Mode im Kreislauf der Kultur*. Bielefeld: transcript Verlag.
Ferrari Schiefer, Valeria. 1998. *La Belle Question. Die Frage nach der Gleichheit der Geschlechter bei Francois Poullain de la Barre (1647–1723) vor dem Hintergrund der (früh-)neuzeitlichen Querelle des Femmes*. Luzern: Edition Exodus.
Fausto-Sterling, Anne. 2002. „Sich mit Dualismen duellieren." In *Wie natürlich ist Geschlecht? Gender und die Konstruktion von Natur und Technik*, hg. v. Ursula Pasero und Anja Gottburgsen, 17–64. Wiesbaden: Westdeutscher Verlag.
Gennep, Arnold van. 2005 [1909]. *Übergangsriten (= Les rites de passage)*. 3. erw. Aufl. Frankfurt/M. u. a.: Campus Verlag; Paris: Édition de la Maison des Sciences de l'Homme.
Hines, Sally. 2019. *Wie ändert sich Gender? Große Fragen des 21. Jahrhunderts*. München: DK Verlag.
Holland, Jack. 2020. *Misogynie. Die Geschichte des Frauenhasses*. Feldafing: Zweitausendeins.
Höpflinger, Anna-Katharina und Marie-Therese Mäder. 2018. „,What God Has Joined…' Editorial." In *Journal for Religion, Film and Media* 4, 7–21.
Konrad, Dagmar. 2010. „Habit oder Kostüm? Zur Kleiderfrage in Frauenklöstern." In *Das neue Kleid. Feministisch-theologische Perspektiven auf geistliche und weltliche Gewänder*, hg. v. Elisabeth Hartlieb, Jutta Koslowski und Ulrike Wagner-Rau, 35–67. Sulzbach: Ulrike Helmer Verlag.
Lüddeckens, Dorothea, Christoph Uehlinger und Rafael Walthert, Hg. 2013. *Die Sichtbarkeit religiöser Identität. Repräsentation – Differenz – Konflikt*. CULTuREL 4. Zürich: Pano Verlag.
Moss, Hilary. 2011/2017. *Lisa Blue ‚Lakshmi' Swimsuit Causes Outrage Among Hindus*. https://www.huffpost.com/entry/lisa-blue-lakshmi-swimsuit-hindu_n_859247 [6.12.2021].
Paoletti, Jo B. 2012. *Pink and Blue. Telling the Boys from the Girls in America*. Bloomington, Indianapolis/IN: Indiana University Press.
Rösing, Ina. 2013. *The Ten Genders of Amarete. Religion, Ritual and Everyday Life in the Andean Culture*. Madrid; Frankfurt/M.: Vervuert Verlag.
Sanders, Gabriel M. 1972. „Gallos." In *Reallexikon für Antike und Christentum VIII*, hg. v. Theodor Klauser, 984–1034. Stuttgart: Hiersemann.

Schäffler, Hilde. 2012. *Ritual als Dienstleistung. Die Praxis professioneller Hochzeitsplanung.* Berlin: Reimer.
Stollberg-Rilinger, Barbara. 2019. *Rituale.* 2. akt. Aufl. Frankfurt; New York/NY: Campus Verlag.
Stolz, Fritz. 1988. *Grundzüge der Religionswissenschaft.* Göttingen: Vandenhoeck & Ruprecht.
Tunger-Zanetti, Andreas. 2021. *Verhüllung. Die Burka-Debatte in der Schweiz.* Zürich: Hier und Jetzt Verlag.
Turner, Victor. 2005 [1969]. *Ritual. Struktur und Antistruktur* (= *The Ritual Process. Structure and Anti-Structure*). Neuaufl. Frankfurt/M. u. a.: Campus Verlag.
Vermaseren, Maarten J. 1977. *Cybele and Attis. The Myth and the Cult.* London: Thames and Hudson.
Vogue Germany. *Alle Looks der Met Gala 2018* (8. 5. 2018). https://www.vogue.de/gallery/met-gala-2018-red-carpet [8. 12. 2021].
Young, Iris Marion. 1980. „Throwing Like a Girl. A Phenomenology of Feminine Body Comportment Motility and Spatiality." In *Human Studies* 3, 137–156.

# Internetquellen

Franka&Kathi. *Nele & Sabine – Hochzeitsvideo in München* (9. 3. 2021). https://www.youtube.com/watch?v=W7xYY0fMouY [15. 2. 2023].
Gigi Gorgeous. *The Wedding Gigi & Nats Getty* (23. 7. 2019). https://www.youtube.com/watch?v=URhwnC6pypo [15. 2. 2023].
Terramagika. *Hochzeit Jan & Johannes Juni 2022* (14. 6. 2022). https://www.youtube.com/watch?v=WMGxkITvmPU [15. 2. 2023].

# Weiterführende Literatur

Arthur, Linda B. 1999. *Religion, Dress and the Body.* Oxford: Berg.
Arthur, Linda B. 2000. *Undressing Religion. Commitment and Conversion from a Cross- Cultural Perspective.* Oxford: Berg.
Glavac, Monika, Anna-Katharina Höpflinger und Daria Pezzoli-Olgiati, Hg. 2013. *Second Skin. Körper, Kleidung, Religion.* Göttingen: Vandenhoeck & Ruprecht.

Andrea Lehner-Hartmann
# IV.4 Bildung

## 1 Religion und Geschlecht – ordnungsstabilisierende Kategorien?

Geschlechterfragen wie auch Fragen zu Religion(en) werden in gesellschaftlichen Diskursen oftmals höchst emotional und auch kontrovers verhandelt. Was beide Diskursfelder verbindet, ist, dass sie immer wieder unter Ideologieverdacht geraten. Unterstellt wird beiden, dass sie Menschen eine bestimmte Sicht- und Handlungsweise aufoktroyieren, was starke Abwehrreaktionen auf unterschiedlichen gesellschaftlichen Ebenen hervorruft. Hinzu kommt, dass in beiden Diskursfeldern starke Ausblendungen des jeweils anderen Phänomens erfolgen, sodass Ursula King von einer „doppelten Blindheit" (King 2021, 42) spricht, abgesehen von feministischer Religionsforschung, feministischen Theologien oder postsäkularen Feminismen (Kerner 2022). Emotionalisierung sowie Ausblendungsmechanismen können als starke Anzeiger dafür genommen werden, dass sie Menschen bewegen, weil sie sich existenziell betroffen fühlen. Als solche ist ihnen in Bildungskontexten Aufmerksamkeit zu schenken, zumal historisch besehen im Bildungsbereich die Kategorien Religion und Geschlecht starke Auswirkungen zeig(t)en. Man denke an den Einfluss und die damit verbundenen Entwicklungspotenziale, die von jüdischen, islamischen oder christlichen Bildungsstätten ausgingen sowie an eine lange Zeit vorherrschende geschlechtersegregierende und bis heute nachwirkende geschlechterdifferenzierende Bildungspolitik, die für Jungen und Mädchen jeweils andere (Aus-)Bildungswege adressiert(e), wenn sie nicht gar von Bildung ausgeschlossen blieben, wie dies im Falle von Frauen und Mädchen oft der Fall war (Lehner-Hartmann 2017). Religion und Geschlecht sind zwei dominante Kategorien, die ordnungsproduzierend wie auch -reproduzierend in einer Gesellschaft wirken und dabei alle gesellschaftlichen Bereiche mehr oder weniger stark durchziehen. Dabei könn(t)en sie nicht nur einer Stabilisierung traditioneller Ordnungen zuarbeiten, sondern auch in der Kritik dieser Ordnungen fruchtbare Allianzen eingehen.

In Schulen, wie auch in anderen Bildungseinrichtungen, sind Religionen ebenso präsent wie säkulare Weltanschauungen, und dies sowohl in ihren sichtbaren Ausformungen (Kleidung, Symbole etc.) als auch in ihren nicht sichtbaren Prägungen, wie Einstellungen und Werthaltungen. Öffentliche Bildungsstätten sind herausgefordert, sich mit weltanschaulichen und somit auch religiösen Fragestellungen auseinanderzusetzen. Dort, wo Religion zum Thema wird, ist sie sehr oft mit Geschlechterfragen verknüpft, um bestimmte Ordnungsstrukturen zu legitimieren und zu stabilisieren, die ein Überlegenheitsgefühl bei den einen und ein Unterlegenheitsgefühl bei den anderen hervorrufen können. Dabei lässt sich in Bildungseinrichtungen durchaus eine kritische Reflexion dieser religionsbezogenen Legitimierungs- und Stabilisierungsbemühungen bemerken, wenngleich sie nicht immer religionsegalitär erfolgen. Selbst eine sich säkular verstehende Betrachtungsweise geht oft von einer implizit angenommenen Höherwertigkeit des Christentums aus. Welche hierarchisierenden Allianzen Geschlecht und Religion eingehen können, zeigt sich deutlich an den vorgenommenen Zuschreibungen des sichtbaren religiösen Symbols einer Kopfbedeckung. Eine Kippa oder der Turban eines Sikh (Dastar oder Patka) werden nicht mit denselben Bedeutungszuschreibungen versehen wie das Kopftuch muslimischer Frauen. Fast reflexartig wird es mit Unterordnung und Rückständigkeit konnotiert, verbunden mit einem Überlegenheitsgefühl bei jenen, welche diese Zuschreibungen vornehmen, die sich selber in Geschlechterfragen als fortschrittlich empfinden (Lehner-Hartmann 2017, 73f.). Noch deutlicher zeigt sich dieser Ordnungseffekt, wenn man den sozialen Status oder das Bildungsniveau mit einbezieht. „Solange muslimische Frauen mit Kopftuch an deutschen Gymnasien geputzt haben, wurde das Kopftuch nicht problematisiert. Das Kopftuch war nicht mehr okay, als die ersten Musliminnen studierten und Lehrerinnen an Gymnasien wurden." (El-Mafaalani 2021, 86). Intelligente, muslimische Frauen, die in ihrer religiösen Überzeugung sichtbar werden, stören herkömmliche Bilder.

Binäre Sichtweisen, die entlang von Geschlecht, Religion oder sozialem Status erfolgen, wirken normierend auf die Lebensgestaltung von Menschen ein. Dabei wird oftmals einem Verständnis von Geschlecht zugearbeitet, das den Fokus auf heteronormative Sichtweisen einengt. Mit der symbolischen Ordnung der Zweigeschlechtlichkeit werden gesellschaftliche Machtverhältnisse legitimiert, die in einer christlichen Perspektive theologisch mit der „Essentialisierung biblischer Narrative über den Menschen" (Heimbach-Steins 2017, 319) gestützt werden. Abweichungen von dieser gottgewollten (Schöpfungs-)Ordnung werden als Sünde ausgewiesen (Heimbach-Steins 2017, 323). Vermittelt in schulischen wie universitären Bildungsprozessen wird damit eine bestimmte Sichtweise über Gott, Welt und Mensch offeriert, die in ihrer Fixiertheit den Blick auf vorhandene befreiende Aspekte biblischer Botschaften verstellt.

## 2 Bildung – ein Störfaktor herrschaftlichen Ordnungsdenkens?

Die Frage, ob und warum die Beschäftigung mit Religion und Geschlecht als eine wichtige Bildungsfrage anzusehen ist, steht in engem Zusammenhang damit, was unter Bildung verstanden wird.

Mit Blick auf die unterschiedlichen historisch gewachsenen und bedingten Bildungsdiskurse hält Heide von Felden fest: „Bildung ist […] als kulturelle Konstruktion zu definieren, in dem Sinne, dass sie als Denkform, als Vergesellschaftung, als Kulturaneignung und als Norm und Kritik aufzufassen ist." (Felden 2003, 120). Für sie sind Bildungsprozesse dadurch charakterisiert, „dass sie normbezogen und kritisch sind und Veränderungen intendieren" (Felden 2003, 121). Unter Normbezogenheit versteht sie, dass in Bildungsprozessen Erkenntnisse hervorgebracht werden, die eine Orientierung an Werten wie Gerechtigkeit, Humanität, Lebenserhaltung wie auch nichthierarchische, gleichberechtigte Geschlechterverhältnisse fördern. Dies weiterdenkend sind dazu auch die lebensförderlichen und für viele Menschen sinngebenden Dimensionen von Religion zu zählen, die sich sowohl in individueller Religiosität und Spiritualität als auch in der konkreten Performanz von Religion(en) im öffentlichen Raum zeigen können. Ein zweites, damit untrennbar verbundenes Charakteristikum ist der kritische, analytische Blick auf den Status quo, um abzulehnende Verhältnisse, die ungerecht und inhuman sind oder Ungleichheiten befördern, zu identifizieren und zu kritisieren und positive Utopien, neue Zusammenhänge sowie neues Denken zu befördern. Dies würde bedeuten, dass lebensfeindliche Bedingungen in den Religionen aufzudecken, deren Quellen neu zu deuten, in ihren befreienden Potenzialen offenzulegen und ihre Traditionen daraufhin neu zu entwickeln sind. Als wesentliches Ziel von Bildung ist nach von Felden drittens die Veränderung anzusehen. Bildung will nicht Vertrautes, Bekanntes bestätigen, sondern den Blick für neue Sichtweisen öffnen, die Selbst- und Weltverhältnis transformieren (Felden 2003, 121). Insofern ist das Widerständige und Irritierende, das mit den Religions- und Geschlechterdiskursen verbunden sein kann, nicht auszuklammern, sondern als Bildungschance zu nutzen.

Bildung lässt sich unter der Ausblendung von Kategorien wie Geschlecht und Religion nicht umfassend denken – vielmehr sind Geschlecht und Religion sowohl als Inhalt von Bildung in den Blick zu nehmen als auch als strukturelle Momente, die in Bildungskonzepten und -prozessen eingeschrieben sind und die Individuen präformieren und als solche einer kritischen Analyse zu unterziehen sind. In Evidenz zu halten ist, dass Geschlecht und Religion sich mit weiteren Kategorien, wie sozialer oder ethnischer Zugehörigkeit, sexueller Orientierung etc. verschränken und in Bildungsdiskursen wie auch in der Bildungspraxis ihre Wirkung entfalten.

Unter einer intersektionalen Perspektive gilt es zu bedenken, „dass es sich nicht um eine Addition von Kriterien, sondern um ein Bedingungsgefüge handelt" (Werner 2021, 231). Dabei kann die Zugehörigkeit zu einer Religionsgemeinschaft in der Selbst- wie in der Fremdwahrnehmung mit Statusgewinn oder Statusverlust einhergehen. Erfährt sich beispielsweise ein Mädchen aus prekären sozialen Verhältnissen in einer Gruppe von Firmlingen mit großteils sozial stabilen und fördernden Bedingungen integriert, kann dies mit Statusgewinn einhergehen. Fühlt sie sich jedoch ‚fremd' in der Gruppe aufgrund ungleicher sozialer Bedingungen, wird sie sich in ihrem Selbstwert durch Religion nicht abgestützt erleben. Ähnlich wird ein homosexueller muslimischer Junge, der in seiner Moscheegemeinde mit seiner sexuellen Orientierung Anerkennung findet, Religion als identitätsstabilisierend erleben, bei Ablehnung hingegen verunsichernd bis hin zum Gefühl der Nichtzugehörigkeit. Religion kann eben nicht auf persönliche Praxis eingeengt werden, sondern ist auch in ihrem Einfluss, den sie auf die Positionierung von Frauen und Männern in der Gesellschaft und in religiösen Gemeinschaften hat, zu sehen.

Wenn in Bildungsprozessen eine Orientierung an den Normen, die die kulturelle Ordnung präsentieren, erfolgt und darin gleichzeitig aber angezielt wird, diese Normen zu hinterfragen und neu denken zu lernen, dann kann eine Analyse, Kritik und Neuorientierung von Geschlecht und Religion bildend wirken im Sinne des Eröffnens neuer Horizonte und Deutungszusammenhänge. Insbesondere Diskriminierungspraktiken lassen sich damit erkennen (El-Mafaalani 2021; Erkurt 2020).

## Religion und Bildung: Ein unerlässlicher Dialog

Religiöse Institutionen sind essentiell auf Bildung angewiesen, wenn sie sich lebendig erhalten und nicht in Fundamentalismen erstarren wollen. Religiöse Traditionen müssen ihre Relevanz auf die Fragen der jeweiligen Zeit hin erweisen (Fischer 2020, 71). Dies setzt eine kritische Analyse ihrer Praktiken und Sichtweisen voraus, um erkennen zu können, was als unaufgebbarer Wesenskern verstanden wird und wie zentrale Botschaften in die jeweilige Zeit hinein verkündet und lebbar gestaltet werden können.[1] Es mag nicht verwundern, dass Bildung im hier verstandenen Sinne als Todfeind von fundamentalistischen Strömungen politischer wie religiöser Natur angesehen wird. Eine Etikettierung als „Ideologie", wie es im Hinblick auf Gender in fundamentalistischen Kreisen geschieht (Perintfalvi 2021, 253–257), soll somit verhindern, dass Menschen sich bildend mit Kritik, die aus

---

1 Dies geschieht in diesem Artikel vorrangig unter christlicher Perspektive, wenngleich manche Aussagen auch für andere religiöse Kontexte von Bedeutung sein können.

Genderperspektive eingebracht wird, auseinandersetzen und neue Sichtweisen auf ein Miteinander entwickeln. Eine Verweigerung bildender Auseinandersetzung lässt sich in umgekehrter Weise auch dort beobachten, wo jegliche religiöse Praxis und jegliches religiöse Denken undifferenziert als irrational, ideologisch oder fundamentalistisch abgetan wird. Um der fundamentalistischen Falle zu entkommen, die man bestimmten religiösen Sichtweisen – durchaus zu Recht – vorhält, bedarf es der Anerkennung von Menschen, die ihren Glauben rational zu verantworten versuchen, als ernsthafte Gesprächspartner*innen sowie der Einsicht, dass sich auch von jenen lernen lässt, die nicht die eigene Weltanschauung vertreten. Denn Bildung erschließt sich nicht nur vom Subjekt alleine her, sondern gleichzeitig auch in der Anerkennung des anderen, der Befremdlichkeit von Welt (Pongratz 2010, 27; Meyer-Drawe 2007).

Aus Genderperspektive wie auch aus postkolonialer Perspektive lassen sich Binaritäten erkennen, die mit wertenden Zuschreibungen verbunden sind. Damit werden nicht nur Ungleichheits- und Ungerechtigkeitsverhältnisse offengelegt, sondern auch die Möglichkeit eröffnet, die Welt anders zu sehen. Mit Erkenntnissen aus Genderforschung wie auch aus postkolonialen Studien lassen sich binäre Zuschreibungen (weiblich – männlich; religiös – nicht-religiös) in den unterschiedlichen Diskursfeldern als Mechanismen der Festschreibung traditioneller, hierarchischer Ordnungen entlarven. Sie legen nicht nur Ungleichheits- und Ungerechtigkeitsverhältnisse offen, sondern eröffnen Möglichkeiten, die Welt auch anders zu sehen.

Anders sehen zu lernen bedeutet, mehr sehen zu lernen und in der Folge mehr Handlungsspielraum zur eigenen Identitätsentwicklung und Gestaltung von Welt zu haben. In der Anleitung von Bildungsprozessen ist in Evidenz zu halten, dass diese Perspektivenerweiterung mit starken Verunsicherungen einhergehen kann, wenn bisherige Denk- und Wahrnehmungsmuster erschüttert werden und neue zu entwickeln sind. Gleichzeitig ist darauf zu verweisen, dass Bildung ohne Erschütterung bisheriger Sichtweisen und dem Erkennen von Veränderungsnotwendigkeiten nicht möglich ist, sondern immer schon auf Transformation angelegt ist.

Mit einem gendertheoretisch geschulten Blick lässt sich die stabilisierende Kraft von Machtbeziehungen erklären (Forster 2008, 205), insbesondere auch im Bereich von Religionen.[2] Denn „Religionen konstituieren Hierarchien und verfügen

---

2 So schreibt Saskia Wendel über die politisch-theologische Relevanz von Gender-Theorien: Eine politische Theologie hat „sich zum einen *ad extra* damit auseinanderzusetzen, dass bestimmte theologische Konzeptionen als Legitimationserzählungen für restriktive, illiberale Körper und Geschlechterpolitiken benutzt und damit politisch eingesetzt werden. Zum anderen richtet sich ihr Blick *ad intra* auf die Wirkmächtigkeit bestimmter Normierungen von Gender-Codes und der Festschreibung einer tradierten symbolischen Ordnung der Geschlechter in der eigenen theologi-

über autoritative Strukturen, die einerseits die jeweilige Bestimmung von Geschlecht prägen und andererseits davon beeinflusst sind" (Höpflinger und Pezzoli-Olgiati 2021, 22). Um es an einem Beispiel aus der christlichen Tradition zu konkretisieren, sei auf die metaphorische Gottesrede verwiesen. Kritisch betrachtet lässt sich festhalten, dass „Metaphern nicht nur Metaphern bleiben, sondern, wie die gesamte Christentumsgeschichte bezeugt, machtpolitische Konsequenzen haben. [...] Mehr noch als im Finden von Sprachbildern ist das einzige Bild, das Gott uns durch Gottes Namen vermittelt, Gottes nicht fixierender, sondern vielfältiger Beziehungsreichtum" (Enxing 2019, 181). Eine patriarchal verengte, binären Sprachmustern verhaftete Rede von Gott – und da reicht es nicht aus, die Vateranrede durch die Mutteranrede zu ergänzen – stellt nicht nur eine verkürzte Sichtweise dar, sondern hat normierende Auswirkungen auf die Wahrnehmung von Menschen, die in ihrer Vielfalt und ihrem Beziehungsreichtum nicht mehr erfasst werden können.

Bildungsansprüche sind an Religionen nicht nur zu stellen, sondern können aus ihnen auch erwachsen. Sie haben das Potenzial, aus ihrer Botschaft heraus ungerechte (Geschlechter-)Verhältnisse benennen zu können und zu müssen. Damit bringen sie Sichtweisen ein, die quer zu gesellschaftlich dominanten Vorstellungen liegen und diese transzendieren. So stellt die Rede von Gottes Beziehungsreichtum patriarchale Bilder im Zusammenleben von Menschen massiv in Frage und damit auch jene Gottesrede, die zur Legitimation dieser Lebensweisen benutzt wurde und wird. Verweisen lässt sich dazu sowohl auf die Vielfalt an Metaphern, in denen die biblische Gottesrede erfolgt, als auch auf die Vorstellung, dass Gott selbst Abbilder geschaffen hat und sich in der Gesamtheit der Menschen in ihrer Beziehungspluralität und Fülle an Lebensformen repräsentieren lässt. Ebenso kann die Betonung der Anerkennung des Individuums vor jeder Leistung als Kritik an der Leistungsfixierung kapitalistischer Gesellschaften interpretiert werden, die mit ihren an Konkurrenz und Effizienz orientierten Prinzipien bzw. ihrer geschlechtlichen Grenzziehung zwischen Produktion und Reproduktion und den damit verbundenen unterschiedlichen monetären Folgen stark an männlichen Lebenswirklichkeiten orientiert bleiben (exemplarisch: Ludwig 2014).

Es lässt sich festhalten, dass religiöse Traditionen im Umgang mit der Geschlechterfrage starke Ambivalenzen kennzeichnen. Sie erlauben es, Menschsein mit Blick auf Transzendenz aus einem ganz speziellen Blickwinkel zu thematisieren und damit Gerechtigkeitsfragen zuzuspitzen. Es sind aber auch einengende, Men-

---

schen Tradition wie in der kirchlichen Praxis. In diesem Zusammenhang wäre auch nach der Wirkmächtigkeit bestimmter theologischer Körpermetaphoriken zu fragen, die vom Konstrukt eines kollektiven Körpers ausgehen und daraus Zugehörigkeiten, Einschlüsse, aber auch Ausschlüsse ableiten, etwa wenn es um Heil und Erlösung geht" (Wendel 2017, 209 f.).

schen ausgrenzende Positionen auffindbar, die bestimmten Menschengruppen den Zugang zu einer religiösen Identität erschweren, wenn nicht gar verunmöglichen.

## 3 Die Relevanz von Genderforschung im Kontext (christlicher) Bildung

### Gender und Religion prägen die Identität

Wie bisherige grundsätzliche Überlegungen gezeigt haben, handelt es sich bei Religion und Geschlecht um zwei starke intersektionale Kategorien, die sich in Struktur und Inhalte von Bildungsprozessen einschreiben und von daher einer besonderen Aufmerksamkeit bedürfen. Insbesondere schulischer Bildung, die unter einem speziellen Professionalisierungsanspruch steht, kommt in ihrem Beitrag zur Identitätsbildung von jungen Menschen große Bedeutung zu. Junge Menschen erleben in ihrem Alltag, dass an sie über kollektive Zuschreibungen bestimmte Rollenerwartungen herangetragen werden. Dies gilt sowohl hinsichtlich ihres Geschlechts als auch ihrer (nicht-)religiösen Zugehörigkeit. Religiöse Identität ist dabei nicht von Gender-Identität losgelöst zu betrachten.[3] Werden die Fremdzuschreibungen als Bestätigung des Selbstbildes erfahren, erscheint dies individuell als unproblematisch. Dies wird vorrangig bei jenen der Fall sein, die sich in einer privilegierten Position (männlich, christlich, ‚weiße' Hautfarbe, sozial anerkannter Status etc.) befinden. Die Fremdzuschreibungen können aber – je nach Kontext – auch als widersprüchlich erfahren werden. Man denke beispielsweise – um in der christlichen Tradition zu bleiben – an das Marienbild, das Maria als Jungfrau und Mutter zugleich vorstellte und in der katholischen Kirche über Jahrhunderte hinweg den Frauen und Mädchen als prägendes Vorbild diente. Im realen Leben ließ sich dies aber nicht verwirklichen, sondern führte eher zu Selbstzweifel, dem Ausbilden einer Demutshaltung, die sogar ein Erdulden von Gewaltübergriffen bewirkte oder die Übernahme von Minderwertigkeitsgefühlen zur Folge hatte. Bildungsarbeit kann aufklärende Arbeit leisten, indem sie mit historisch-kritischem Blick neue Interpretationsperspektiven einspeist und traditionell-patriarchale, re-

---

[3] Wie sehr Genderbilder mit religiösen Menschen- und Weltbildern verknüpft sind, zeigte die Predigt von Patriarch Kyrill nach dem Einmarsch der russischen Truppen in der Ukraine. In dieser sprach er von einem Endzeitkampf zwischen den Mächten des Guten und des Bösen, wobei er das Böse in den Gay Pride Parades sah, die den Menschen mit Gewalt die Sünde aufzwingen und Gott und seine Wahrheit leugnen (https://www.derstandard.at/story/2000134001297/die-verantwortung-des-patriarchen).

ligiös begründete Geschlechterbilder irritiert. Bildung hat nicht die Aufgabe, vorherrschendes Denken zu bestätigen, sondern zu einem reflektierten Selbst- und Weltverhältnis herauszufordern, das zudem nicht nur das selbstreflexive Verhältnis des Subjekts in den Mittelpunkt stellt, sondern auch die gesellschaftlichen Bedingungen der Subjektkonstitution in den Blick nimmt (Pongratz 2010, 26–28). Dazu gehört wesentlich die Auseinandersetzung mit realen Geschlechterverhältnissen, wie sie in der Schule, im Beruf und in unterschiedlichen sozialen Bezugsfeldern verwirklicht werden, weil sich darin auch theologisch-anthropologische Begründungslinien widerspiegeln, die aus Aussagen von heiligen Schriften und Traditionen entwickelt wurden. Von unserem gegenwärtigen Kenntnisstand aus sind diese in ihren patriarchalen Einschreibungen offenzulegen und in ihren jeweiligen historischen und sozialen Entstehungskontexten zu beachten. Dies kann befreiend wirken, aber auch verunsichern.

## Mit Widerständen und Abwehr umgehen lernen als Beitrag zur Identitätsbildung

Wer neue Sichtweisen einspielt, irritiert herkömmliche, bisher für selbstverständlich genommene, weswegen mit Abwehr und Widerstand zu rechnen ist. Eine Erfahrung, die in Lernprozessen, die mit Geschlechterfragen und/oder mit Religion zu tun haben, oft gemacht wird. Professionalisiertes Vorgehen lässt sich davon nicht abschrecken. Vielmehr sind abwehrendes und widerständiges Verhalten als Anlass für in Gang kommende oder gekommene Bildungsprozesse zu werten. Diese Reaktionen sind nicht zu vermeiden, sondern mit ihnen ist zu arbeiten. Identitätsbildung fordert heraus, Dinge anders sehen und beurteilen zu lernen. Dies kann auch bedeuten, schmerzhaft erkennen zu müssen, dass man eine privilegierte Position innehat, dass man bestimmten Zuschreibungen nicht mehr nachkommen möchte, dass man sich an falschen Vorbildern orientiert hat oder dass man sich von einseitigen religiösen Normierungen in seiner Lebensgestaltung hat einschränken lassen. Trauer wie befreiende Gefühle können diese Prozesse genauso begleiten wie Verunsicherung. „Der Prozess des Verlernens und Umlernens beginnt […] im Dazwischen von Bisherigem und Zukünftigem […] und steht in der Spannung des Nicht-mehr und Noch-nicht." (Lehner-Hartmann 2013, 174). Verlernen und Umlernen erfordern mehr Anstrengung als Dazulernen. Gewohnte Sichtweisen müssen aufgegeben werden, ohne die Zusicherung zu haben, dass die neuen Erkenntnisse tragfähig genug sind und die sozialen Netzwerke dies mittragen. Traditionen zu verändern, neue Rollen einzunehmen, die Welt anders sehen zu lernen, bedeutet selbstverständlich Gewordenes aufgeben und sich auf neue Verhaltens- und Lebensweisen einzulassen. Sich aus Abhängigkeitsverhältnissen zu befreien, sich nicht mehr unterzuordnen oder auf hierarchische Ansprüche zu verzichten, um dem Modell egalitären Zusammenlebens der Geschlechter besser entsprechen zu können, ist mit dem Risiko verbunden, dass das soziale Umfeld mit Unverständnis, Ablehnung oder sogar Ausgrenzung reagiert. Bildung ist ohne dieses Risiko nicht möglich. Dies gilt auch für den Umgang mit Schriften und Traditionen. „Die Bibel bietet keine allgemein gültigen überzeitlichen Wahrheiten oder eine festgelegte Schöpfungsordnung. Ein solches Verständnis ist ihr fremd. Sie erzählt Geschichten, die immer wieder neu gelesen, ausgelegt und weitergeschrieben werden müssen – von Menschen, die ihr in ihrer Lebenspraxis Gestalt verleihen." (Jansen 2017, 183).[4]

Religionen legitimieren nicht nur Geschlechterhierarchien, sondern ermöglichen auch, „Geschlechterdifferenzen zu hinterfragen, zu nivellieren oder zu brechen" (Höpflinger und Pezzoli-Olgiati 2021, 23 f.). Dabei ist zu bedenken, dass es nicht nur um rational-analysierende Vorgehensweisen geht, sondern dass alle Beteiligten im Sinne eines *doing gender* und damit auch verbunden eines *doing religion* involviert sind. Bildungsprozesse haben somit individuelle, interaktionale und systemische Aspekte sowie die historische Dimension zu beachten. Beispielhaft lässt sich dies am christlichen Familienleitbild ablesen, das seine normative Grundlage in Lehre und Traditionen über die Jahrhunderte hindurch in hierarchischer Weise ausgebildet hat. Ob dies vom Individuum so übernommen wird, hängt von den stark emotional geprägten Erfahrungen in der konkret gelebten Form des Zusammenlebens ab. Bildungsimpulse, die religiöse, biblische Traditionen in ihrer Vieldeutigkeit offenlegen und den analytisch-kritischen Blick schulen, können Wesentliches beitragen.

# 4 Ein genderkritischer Blick auf das christliche Familienleitbild

### Globale, konfessionsübergreifende Entwicklungen

Hierarchisierende Lesarten der *Bibel*-Stellen zum Verhältnis von Frau und Mann, insbesondere mit Bezugnahme auf *Das Buch Genesis* und die paulinischen Schriften prägen bis heute kirchliche Stellungnahmen, insbesondere in der katholischen und orthodoxen Tradition. Demgegenüber lässt sich in evangelischen Stellungnahmen auch eine Rezeption aktueller exegetischer Erkenntnisse auffinden (ausführlich

---

4 Ähnliches gilt wohl auch für andere Religionen (exemplarisch: Ströbele u. a. 2021).

Lehner-Hartmann 2022). Moderne Lebensentwürfe können so in mehr oder weniger großer Spannung zu religiösen Vorstellungen stehen.

Beobachten lässt sich zudem, dass sich in den vergangenen Jahren in Europa wie auch in Amerika Gruppierungen gebildet haben, die zur Rettung eines traditionellen ‚christlichen' Familienbildes angetreten sind. In deren Repertoire gehört wesentlich ein oppositionelles Verständnis von Gender.[5] Der Genderforschung wird dabei unterstellt, die Zerstörung der Familie, eine frühe Sexualisierung von Kindern sowie eine gestörte Identitätsbildung zu betreiben, die der göttlichen Schöpfungsordnung entgegenstehe. Vertreter*innen dieser Position lassen sich in allen christlichen Kirchen antreffen. Dabei werden zum Schutz der Familie über Kontinente wie auch Konfessionen hinweg Koalitionen geschmiedet, um gegen den „Genderwahn" vorzugehen. Öffentlich besonders auffällig sind die Abtreibungsgegner*innen, die sich immer wieder in großen europäischen Städten zum „Marsch für das Leben"[6] formieren und unter denen sich Mitglieder unterschiedlicher Kirchen befinden. Eine besonders aktive und große Vereinigung bildet der „World Congress of Families"[7], der als amerikanisch-russische Initiative ein heterosexuelles Familienmodell mit traditionellen Geschlechterrollen und biologischen Kindern vertritt. Strikt abgelehnt werden LGBTQIA⁺-Rechte, Ehescheidung und Abtreibung. Dabei gehen diese Vereinigungen oftmals eine ideologische Verbindung mit rechten bis rechtsextremen Parteien ein. Als römisch-katholische, protestantische, evangelikale und orthodoxe Christ*innen verfolgen sie zudem das Ziel einer „konservativen Ökumene", die sich mit ihrem Wertkonservativismus als Gegenbild zur klassischen Ökumene sehen, welche mit ihren progressiven Ansichten und ihrem Streben nach Einheit abgelehnt wird (Stoeckl 2021, 217–228). Genderfragen werden dabei oftmals herangezogen, um ein Gegenüber von Ost und West und Süd und Nord zu konstruieren, indem sie als Auswuchs ‚westlicher' Dekadenz[8] oder als

---

5 Diese machtvollen, vielfach sehr aggressiv verteidigten traditionellen Geschlechter- und Familienbilder finden sich über den christlichen Kontext hinaus auch in anderen religiösen Kontexten, wie die Entwicklungen in Afghanistan zeigen. Die Verweigerung des Zugangs zu Bildung spielt dabei eine zentrale Rolle.
6 Siehe https://www.bundesverband-lebensrecht.de/marsch-fuer-das-leben; https://mfleben.at.
7 Siehe https://profam.org.
8 Nicht erst Putin bemüht die Ablehnung von Gender als Waffe zur Abgrenzung vom Westen, sondern bereits ein polnischer Bischof formulierte 2013, dass Gender „schlimmer als Kommunismus und Nationalsozialismus zusammen" sei (vgl. Kaiser 2020). Dies liegt auf der Linie mit Aussagen von Johannes Paul II, der die „Gender-Ideologie" bereits in den neunziger Jahren zum Feindbild erklärte und damit im Osten Abwehrreflexe bediente (Chołuj 2015, 219–237). Auch Franziskus bleibt hier in der Gedankenspur seiner Vorgänger (z. B. *Amoris laetitia*, Nr. 56).

„ideologische Kolonisierung"⁹ angesehen werden, die unterschiedliche historische Muster bedienen.

Argumentiert werden die Positionen mit dem Verweis auf eine natürliche Schöpfungsordnung, die aus *Genesis* 1, 27 („Gott erschuf den Menschen als sein Bild, als Bild Gottes erschuf er ihn. Männlich und weiblich erschuf er sie.") abgeleitet wird und die bis vor Kurzem vorrangig mit „Als Mann und Frau erschuf er sie" übersetzt wurde. Aus diesen Aussagen wird geschlossen, dass hier klare biologische Unterschiede, die Zweigeschlechtlichkeit und die heterosexuelle Ehe als gottgewollt ausgewiesen werden. Eine Über- und Unterordnung der Geschlechter wird aus *Genesis* 2, 4b–24 herausgelesen.

## Exegetische Einwürfe

Neuere exegetische Forschungen lassen andere Lesarten entdecken. Mit Irmtraud Fischer kann darauf hingewiesen werden, dass der Schöpfungshymnus, dem der Vers *Genesis* 1, 27 entnommen ist, einen Refrain-artigen Text darstellt, der letztendlich alles durch das Wort Gottes entstehen lässt. Dabei werden die Werke mit der Stilfigur des Marasmus dargestellt, der Pole benennt, aber keineswegs Differenzierungen und Diversität dazwischen leugnet. „Indem Gott den Menschen [...] ‚männlich und weiblich' kreiert, erschafft er alle Geschlechter und alle sexuellen Orientierungen. Alle Formen geschlechtlicher Ausprägung sind daher ebenso im Schöpferwillen inkludiert wie die zahlenmäßig überwiegende heterosexuelle Zweigeschlechtlichkeit, und können daher nicht mit der Qualifikation *contram naturam* versehen werden" (Perintfalvi und Fischer 2021, 258). Irmtraud Fischer sieht darin eine egalitäre Geschlechterordnung ohne jegliche soziale Differenz konzipiert, was sie mit dem Verweis auf den Entstehungskontext einer patriarchal-hierarchischen Gesellschaft als besonders bemerkenswert betont. *Genesis* 2, 4b–24 erzählt von Gott als Töpfer*in, die*der aus Erde (*'adama*) und Wasser den Menschen (*'adam*) formt, was letztendlich darauf hinweist, dass der Mensch als Beziehungswesen angelegt ist. In der paulinischen Deutung der Schöpfungstexte in *Brief an die Korinther* 1, 11 wird daraus dann eine Hierarchisierung zwischen Frauen und Männern abgeleitet, sodass „der Mann, Ebenbild Gottes, seine Ebenbildlichkeit gleichsam auf die Frau abstrahlt, die Frau aber nicht selbst Abbild Gottes ist. Die Begründung dafür findet Paulus in der Reihenfolge der Erschaffung – erst der Mann, dann die Frau – und über die Zweckbestimmung dieser Schöp-

---

9 Ansprache von Papst Franziskus vor den polnischen Bischöfen im Juli 2016 (https://press.vatican.va/content/salastampa/it/bollettino/pubblico/2016/08/02/0568/01265.html#de).

fungsfolge: die Frau für den Mann" (Wacker 2017, 162). Wenngleich diese Sichtweise einer Hierarchisierung in der Gottebenbildlichkeit nicht mehr zur Lehre der römisch-katholischen Kirche gehört, entfaltete sie über viele Jahrhunderte hinweg ihre rezeptionsgeschichtliche Wirkung und findet sich in fundamentalistischen christlichen Gruppierungen bis heute.

Wie uns Exeget*innen verdeutlichen, geht es in den biblischen Schriften in erster Linie eben nicht um sexuelle Normierungen, wie diese Bewegungen suggerieren.[10] Demgegenüber lässt sich mit Marie-Theres Wacker auf deren befreiende Aspekte hinweisen, die jegliche Festschreibung vielmehr transzendieren und den Fokus auf das richten, was Menschen nottut: „Die entscheidenden Kriterien eines gerechten Lebens vor Gottes Angesicht unter den Bedingungen dieser Welt [...] sind nach Ausweis der Evangelien nicht die, wie viele Kinder jemand gezeugt oder geboren, ob jemand nach der heterosexuellen Norm gelebt oder geliebt hat, sondern hängen an der Wahrnehmung von elementarer menschlicher Not und der aktiven Bereitschaft ihr entgegenzutreten (vgl. *Das Evangelium nach Mattäus* 25, 35–36) (Wacker 2017, 173)."

# 5 Ausblick

Betrachtet man die Entwicklungen zu Geschlechterfragen, wie sie sich in liberalen Demokratien in Europa und Amerika trotz jahrhundertlanger starker christlicher Prägung in den letzten Jahren ausgebildet haben, so lässt sich darin eine der größten Herausforderungen für Religionsgemeinschaften allgemein festmachen. Sie stehen unter Beobachtung, wie sie mit Geschlechtervielfalt und der Gleichstellung der Geschlechter umgehen und müssen sich der Kritik stellen. Dies trifft insbesondere auf islamische Gemeinschaften zu.

An Geschlechterfragen zeigt sich in besonderer Weise, dass Religion keine private Angelegenheit ist, sondern in das öffentliche Leben hineinwirkt. Insofern sind religiöse Fragen auch öffentlich zu verhandeln. Schulen wie Orte formeller oder informeller Erwachsenenbildung innerhalb wie außerhalb von Religionsgemeinschaften stellen solche Verhandlungsorte dar und charakterisieren liberale Demokratien, deren Merkmal es ist, ihr Ziel in der Anerkennung von Geschlechtervielfalt und Gleichstellung der Geschlechter zu sehen. Geschlechterfragen sind letztendlich Gerechtigkeitsfragen, denen sich Religionen nicht entziehen können und an denen sich in Zukunft entscheiden wird, ob ihnen Relevanz in ihrem Sinnangebot an Menschen zugestanden wird oder nicht.

---

10 Dabei nehmen sie Anleihe bei Autor*innen wie Gabriele Kuby (2008).

## Literatur

Chołuj, Bożena. 2015. „‚Gender-Ideologie' – ein Schlüsselbegriff des polnischen Anti-GenderIsmus." In *Sexualität und Geschlecht als Schauplätze aktueller politischer Auseinandersetzungen*, hg. v. Sabine Hark und Paula-Irene Villa, 219–237. 2. Aufl. Bielefeld: transcript Verlag.

El-Mafaalani, Aladin. 2021. *Wozu Rassismus? Von der Erfindung der Menschenrassen bis zum rassismuskritischen Widerstand*. 3. Aufl. Köln: Kiepenheuer & Witsch.

Enxing, Julia. 2019. „Grenzgänge. Theologie angesichts der Unverfügbarkeit Gottes." In *Menschenbilder und Gottesbilder. Geschlecht in theologischer Reflexion*, hg. v. Laura Christin Krannich, Hanna Reichel und Dirk Evers, 164–184. Leipzig: Evangelische Verlagsanstalt.

Erkurt, Melisa. 2020. *Generation Haram. Warum Schule lernen muss, allen eine Stimme zu geben*. 3. Aufl. Wien: Paul Zsolnay Verlag.

Felden, von Heide. 2003. *Bildung und Geschlecht zwischen Moderne und Postmoderne. Zur Verknüpfung von Bildungs-, Biographie- und Genderforschung*. Opladen: Barbara Budrich.

Fischer, Irmtraud. 2020. „Texttreue – Traditionstreue – Treue zu heutigen Menschen. Zu einem reflektierten Umgang mit kanonischen Texten in westlichen Geschlechterdemokratien." In *Religiöse Differenzen gestalten. Hermeneutische Grundlagen des christlich-muslimischen Gesprächs*, hg. v. Margit Eckholt, Habib El Mallouki und Gregor Etzelmüller, 61–76. Freiburg/B. u. a.: Herder.

Forster, Edgar. 2008. „Vom Begriff der Repräsentation: Die Transformation der Kategorie gender." In *Was kommt nach der Genderforschung? Zur Zukunft der feministischen Theoriebildung*, hg. v. Rita Casale und Barbara Rendtorff, 199–214. Bielefeld: transcript Verlag.

Franziskus, Papst. „Dialogo del Santo Padre con i Vescovi della Polonia (Kraków, 27 luglio 2016), 02.08.2016." Traduzione in lingua tedesca. https://press.vatican.va/content/salastampa/it/bollettino/pubblico/2016/08/02/0568/01265.html#de [01.03.2023].

Heimbach-Steins, Marianne. 2017. „‚nicht mehr Mann und Frau' (Gal 3,28). Geschlecht und Geschlechterverhältnisse – Provokation für Kirche und Theologie." In *Gender – Theorie oder Ideologie? Streit um das christliche Menschenbild*, hg. v. Thomas Laubach, 307–329. Freiburg/B. u. a.: Herder.

Höpflinger, Anna-Katharina und Daria Pezzoli-Olgiati. 2021. „Gender als Grundkonzept der Religionsforschung." In *Handbuch Gender und Religion*, hg. v. Anna-Katharina Höpflinger, Ann Jeffers und Daria Pezzoli-Olgiati, 17–30. 2. Aufl. Göttingen: Vandenhoeck & Ruprecht.

Jansen, Claudia. 2017. „Biblische Grundlagen der aktuellen Debatten um Familie und Gender." In *Gender – Theorie oder Ideologie? Streit um das christliche Menschenbild*, hg. v. Thomas Laubach, 175–189. Freiburg/B. u. a.: Herder.

Kaiser, Susanne. 2020. *Politische Männlichkeit: wie Incels, Fundamentalisten und Autoritäre für das Patriarchat mobilmachen*, 163–178. Berlin: Suhrkamp.

Kerner, Ina. 2022. „Den Zeitläufen Rechnung tragen. Für eine religionskritische Wende im postsäkularen Feminismus." In *Theologisch-praktische Quartalschrift* 202, 243–253.

King, Ursula. 2021. „Gender-kritische (Ver-)Wandlungen in der Religionswissenschaft." In *Handbuch Gender und Religion*, hg. v. Anna-Katharina Höpflinger, Ann Jeffers und Daria Pezzoli-Olgiati, 41–52. 2. Aufl. Göttingen: Vandenhoeck & Ruprecht.

Kuby, Gabriele. 2008. *Die Gender Revolution: Relativismus in Aktion*. 4. Aufl. Kißlegg: Fe medien.

Lehner-Hartmann, Andrea. 2013. „Dem Widerständigen Raum geben. (Religiöses) Lernen jenseits gesellschaftlicher Einpassung." In *Anerkennung in religiösen Bildungsprozessen. Interdisziplinäre Perspektiven*, hg. v. Thomas Krobath, Andrea Lehner-Hartmann und Regina Polak, 165–176. Göttingen: Vandenhoeck & Ruprecht.

Lehner-Hartmann, Andrea. 2017. „Zur Transformation und einem transformativen Verständnis von religiösen Bildungsprozessen in einer pluralen Gesellschaft. Eine genderorientierte Analyse." In *Interdisciplinary Journal for Religion and Transformation* 5, 55–83.

Lehner-Hartmann, Andrea. 2022. „Genderfragen: Ökumenische Spurensuche auf dem Weg in die Zukunft." In *Religionsunterricht im Horizont der Orthodoxie. Weiterführungen einer Ökumenischen Religionsdidaktik*, hg. v. Henrik Simojoki, Yauheniya Danilovich, Mirjam Schambeck sf und Athanasios Stogiannidis, 239–254. Freiburg/B. u. a.: Herder.

Ludwig, Gundula. 2014. *Geschlecht, Macht, Staat: Feministische staatstheoretische Interventionen*. Leverkusen: Budrich.

Meyer-Drawe, Käte. 2007. „,Du sollst dir kein Bildnis noch Gleichnis machen …' – Bildung und Versagung". In *Bildungsprozesse und Fremdheitserfahrung. Beiträge zu einer Theorie transformatorischer Bildungsprozesse*, hg. v. Hans-Christoph Koller, Winfried Marotzki und Olaf Sanders, 83–95. Bielefeld: transcript Verlag.

Perintfalvi, Rita und Irmtraud Fischer. 2021. „Der Kampf um die biblischen Fundamente." In *Anti-Genderismus in Europa. Allianzen von Rechtspopulismus und religiösem Fundamentalismus. Mobilisierung – Vernetzung – Transformation*, hg. v. Sonja A. Strube, Rita Perintfalvi, Raphaela Hemet, Miriam Metze, Cicek Sahbaz, 253–268. Bielefeld: transcript Verlag.

Pongratz, Ludwig A. 2010. *Sackgassen der Bildung. Pädagogik anders denken*. Paderborn: Schöningh.

Ströbele Christian, Amir Dziri, Anja Middelbeck-Varwick und Amina Omerika, Hg. 2021. *Theologie – genderecht? Perspektiven für Islam und Christentum*. Regensburg: Pustet.

Stoeckl, Kristina. „Die Verantwortung des Patriarchen." In *Der Standard*, 11. März 2022. https://www.derstandard.at/story/2000134001297/die-verantwortung-des-patriarchen [01.03.2023].

Stoeckl, Kristina. 2021. „Konservative Netzwerke über Konfessionsgrenzen hinweg. Die ‚konservative Ökumene' des World Congress of Families." In *Anti-Genderismus in Europa. Allianzen von Rechtspopulismus und religiösem Fundamentalismus. Mobilisierung – Vernetzung – Transformation*, hg. v. Sonja A. Strube, Rita Perintfalvi, Raphaela Hemet, Miriam Metze, Cicek Sahbaz, 217–228. Bielefeld: transcript Verlag.

Wacker, Marie-Theres. 2017. „Genderforschung und biblische Schöpfungsgeschichten. Vergewisserungen." In *Gender – Theorie oder Ideologie? Streit um das christliche Menschenbild*, hg. v. Thomas Laubach, 161–173. Freiburg/B. u. a.: Herder.

Wendel, Saskia. 2017. „,It's the Body, Stupid!' Die theologische Bedeutung von Gender-Theorien für die theologische Reflexion." In *Gender – Theorie oder Ideologie? Streit um das christliche Menschenbild*, hg. v. Thomas Laubach, 201–214. Freiburg/B. u. a.: Herder.

Werner, Gunda. 2021. „Intersektionalität und Theologie." In *Gender (Studies) in der Theologie. Begründungen und Perspektiven*, hg. v. Marianne Heimbach-Steins, Judith Könemann und Verena Suchhart-Kroll, 225–234. Münster: Aschendorff.

# Internetquellen

https://www.bundesverband-lebensrecht.de/marsch-fuer-das-leben/ [01.03.2023].
https://mfleben.at [01.03.2023].
https://profam.org [01.03.2023].

## Weiterführende Literatur

Pithan, Annebelle, Silvia Arzt, Monika Jakobs und Thorsten Knauth, Hg. 2009. *Gender – Religion – Bildung. Beiträge zu einer Religionspädagogik der Vielfalt.* Gütersloh: Gütersloher Verlagshaus.
Qualbrink, Andrea, Annebelle Pithan, und Mariele Wischer, Hg. 2011. *Geschlechter bilden. Perspektiven für einen genderbewussten Religionsunterricht.* Gütersloh: Gütersloher Verlagshaus.
Ulfat, Fahimah und Ali Ghandour. 2021. *Sexualität, Gender und Religion in gegenwärtigen Diskursen: Theologie, Gesellschaft und Bildung.* Wiesbaden: Springer VS.
Amirpur, Katajun. 2020. *MuslimInnen auf neuen Wegen. Interdisziplinäre Gender Perspektiven auf Diversität.* Baden-Baden: Ergon-Verlag.
El Omari, Dina, Juliane Hammer und Mouhanad Khorchide, Hg. 2019. *Muslim Women and Gender Justice: Concepts, Sources, and Histories.* New York/NY: Routledge.

Stefanie Knauß
# IV.5 Medien

Religiöse Geschlechterordnungen, also die Rollen, die Frauen, Männern oder Menschen anderer Geschlechter in religiösen Kontexten zugeschrieben werden, die Beziehungen, die sich daraus ergeben, geschlechtsbezogene Normen, ihre theologische Begründung und umgekehrt der Einfluss von Geschlechtervorstellungen auf religiöse Lehren – all diese Vorstellungen wurden schon immer medial vermittelt und konstruiert (Höpflinger und Pezzoli-Olgiati 2021, 24–26), ob im Schöpfungsmythos *Enuma Elisch*, in Michelangelos Fresken in der Sixtinischen Kapelle oder – in der Gegenwart – in der Netflix-Serie *Unorthodox* (DE 2020).

Doch die Analyse der Interaktion zwischen Geschlecht, Religion und Medien ist höchst komplex: Eine Vielfalt von Medien transportiert und prägt religiöse Geschlechtervorstellungen mit ihren je eigenen Logiken, die Produktion, Inhalte und ihre Rezeption strukturieren (ein Podcast funktioniert anders als ein gedruckter Zeitungsartikel oder eine Graphic Novel). Hinzu kommt die Pluralität religiöser Traditionen und ihrer Geschlechterordnungen, die sich je in spezifischen kulturellen Kontexten realisieren. Nicht zuletzt sind unterschiedliche Akteur*innen an den Praktiken medialer Bedeutungsstiftung beteiligt: die Produzent*innen von Medieninhalten, die Religion und Geschlecht für die eigene Gemeinschaft oder in säkularen Kontexten thematisieren, die geschlechtlich identifizierten Personen, die in den Medien selbst erscheinen, und ihre Rezipient*innen, die mit Medien aus verschiedenen Perspektiven interagieren. Damit gehen auch unterschiedliche Interessen einher: Manche Menschen suchen in den Medien Information über religiöse Geschlechterordnungen, andere drücken Kritik gegenüber Normen aus, die sie als einschränkend erfahren, wieder andere wollen selbst die Deutungsmacht über ihre mediale Darstellung übernehmen oder suchen in sozialen Medien Gemeinschaft. Diese komplexe Vielfalt von Phänomenen, Akteur*innen und Interessen signalisiert gleichzeitig die Allgegenwärtigkeit der Interaktion zwischen Religion, Geschlecht und Medien: Ob bewusst oder unbewusst, die mediale Vermittlung und Konstruktion von religiösen Geschlechtervorstellungen ist Teil unseres Alltags und prägt auf unterschiedliche Arten das individuelle und kollektive Selbstverständnis, das Verhältnis zu anderen Personen und zur Welt.

Um diese Komplexität im vorliegenden Beitrag etwas zu reduzieren, fokussiere ich im Folgenden auf (Massen-)Medien, die unsere Gegenwart prägen, verstanden als Instrumente zur Kommunikation mit einer (potentiell) großen Anzahl von Menschen (De Abreu 2019, 25). Weiters beschränke ich mich hier auf Beispiele aus religiösen Traditionen mit ihren verschiedenen Dimensionen von institutionellen Strukturen, religiösen Spezialist*innen, Ritualen, heiligen Texten oder Glaubensinhalten. Dies reflektiert auch mediale Logiken: Eine Suche auf YouTube zu Geschlecht und Religion resultiert zum Beispiel primär in Videos zu Geschlechterrollen in Judentum, Christentum, Islam oder anderen ‚Weltreligionen' (so der gängige Begriff).

In meiner Diskussion der Interaktion von Medien, Geschlecht und Religion setze ich ein kulturwissenschaftlich geprägtes, performatives Verständnis dieser drei Begriffe voraus, im Sinn eines *doing media, doing gender, doing religion*. Geschlechtliche oder religiöse Identität entsteht in der Performanz von Normen und Idealen, deren Vollzug immer auch Raum für Veränderung lässt (Butler 1999; Avishai 2008). Ebenso sind Medien keine passiven Informationsträger, sondern ihre Bedeutung entfaltet sich in Praktiken der Produktion und Rezeption und kann damit je nach soziokulturellen Kontexten, individuellen Lebenserfahrungen oder ideologischen Positionierungen variieren (Hall 1993). Dies bedeutet, dass mediale, geschlechtliche und religiöse Praktiken in ihrer Interaktion nicht nur Wirklichkeiten (Identitäten, normative Ordnungen, Glaubenslehren usw.) reproduzieren, sondern sie auch produzieren (Hall 1997).

Im Folgenden nähere ich mich diesem vielfältigen Thema anhand von drei prägenden Spannungen, die ich in der Interaktion von Medien, Religion und Geschlecht wahrnehme, ohne damit einen Anspruch auf Vollständigkeit zu stellen. Diese sind erstens die Spannung zwischen einer Reduzierung oder Homogenisierung von religiösen Geschlechtervorstellungen durch ihre mediale Vermittlung und ihrer Pluralisierung; zweitens die Spannung zwischen der medialen Reproduktion von traditionellen Geschlechterordnungen und ihrer innovativen Transformation; drittens die Spannung zwischen repressiver Macht und Widerstand oder *agency* in medial vermittelten religiösen Geschlechterordnungen. Während ich hier diese Themen je getrennt anhand einiger Beispiele diskutiere, bestehen selbstverständlich auch vielfältige Verbindungen zwischen ihnen.

# 1 Reduzierung und Pluralisierung

Die mediale Allgegenwart des Kopftuchs als Symbol islamischer Geschlechtervorstellungen zu konstatieren, ist schon fast zum Gemeinplatz geworden. Trotzdem ist dieses Stück Stoff ein gutes Beispiel für die Spannung zwischen der homogenisierenden Darstellung religiöser Geschlechterordnungen durch die Medien und ihrer Pluralisierung. Mediale Diskurse, die immer wieder auf die gleichen Motive, Symbole oder Themen zurückgreifen – das Kopftuch im Islam, Reinheitsvorschriften für menstruierende Frauen im orthodoxen Judentum, den Dualismus von Eva-Maria/Hure-Heilige im Christentum usw. –, reduzieren komplexe religiöse Geschlechterordnungen auf wenige Themen, die meist unter der Rubrik ‚weibliche Unterdrückung' präsentiert werden. Die Assoziation einer Religion mit diesen geschlechtlich markierten Symbolen oder Praktiken führt weiterhin zu einer Reduktion einer vielfältigen, geschichtlich gewachsenen und historisch wie lokal unterschiedlich ausgeprägten Tradition auf ihre Geschlechterordnung. Am Ende wird dann zum Beispiel ‚der' Islam als eine monolithische Tradition, deren hervorstechendstes Merkmal überall und zu allen Zeiten die Verschleierung von Frauen ist, wahrgenommen. Durch ihre symbolische Kommunikation und die dafür notwendige Konventionalisierung und Wiederholung von Darstellungsformen konstruieren Medien eine homogene religiöse Tradition mit reduktiven Geschlechterrollen, die dann jedoch als den Medien empirisch zuvor liegende Wirklichkeit gesehen wird. Alternative Traditionsströme, widerständige Praktiken oder die Subjektivität und *agency* marginalisierter Gruppen innerhalb einer Tradition sind dann nicht mehr sichtbar.

Impliziert ist in diesen reduktiven Darstellungen von religiösen Geschlechterordnungen und -normen die Annahme, dass westliche säkulare Werte repressiven religiösen Ordnungen überlegen sind, und zwar vor allem solchen, die in nichtwestlichen Kontexten prägend sind, die damit als ‚andere' markiert werden. Das mediale Symbol des Kopftuchs steht so für die muslimische Frau als hilfloses Opfer, die der Befreiung aus ihrer Unterdrückung durch den Westen bzw. weiße Männer harrt, wie Gayatri Chakravorty Spivak (1993, 93) formuliert: „White men saving brown women from brown men." Elisabeth Klaus und Susanne Kassel (2005) zeigen in ihrer Analyse der Berichterstattung über den Krieg in Afghanistan, wie die verschleierte muslimische Frau als Symbol einer repressiven Geschlechterordnung im Dualismus zwischen dem Westen und den Taliban zu einem wichtigen Baustein der Legitimierung des Krieges wurde. Diese mediale Konstruktion der muslimischen Frau – reduziert auf das Symbol des Kopftuchs oder der Burka – schafft damit eine Wirklichkeit, die (auch) für politische Strategien genutzt wird. Die Komplexität des Lebens afghanischer Frauen unter dem repressiven Regime der Taliban, ihre realen Einschränkungen wie auch die Handlungsräume, die sie sich schaffen, bleiben dagegen unsichtbar.[1]

Dieser Tendenz einer Wiederholung von stereotypen Darstellungen steht jedoch eine gegenläufige Tendenz zur Pluralisierung gegenüber, in der mit Hilfe von Medien reduzierende Stereotype aufgebrochen und religiöse Geschlechtsidentitäten als vielfältig und vieldimensional dargestellt werden. Vor allem neue Medien wie Videos, Foren oder Blogs, die relativ einfach zu produzieren und über das In-

---

[1] Nach der Rückkehr der Taliban in Afghanistan 2021 scheinen Medien erneut auf dieses Muster zurückzugreifen; so zum Beispiel in der Süddeutschen Zeitung, siehe https://www.sueddeutsche.de/meinung/afghanistan-taliban-frauen-burka-emanzipation-1.5582814.

ternet zu verbreiten sind und in denen nur niedrigschwellige Kontrollinstanzen wirken, bieten religiösen Subjekten die Möglichkeit, selbst das Wort zu ergreifen und ihrem eigenen religiösen und geschlechtlichen Selbstverständnis Ausdruck zu verleihen, statt wie so oft ein Objekt zu sein, über das andere sprechen.

Erneut kann das Kopftuch als Beispiel dienen. Das Video *Somewhere in America #MIPSTERZ* (Habib Yazdi, US 2013), in dem junge Frauen den Hijab mit urbanem Hipster-Chic kombinieren, und Mona Haydars Rap-Song und Video „*Hijabi (Wrap My Hijab)*" (2017) kritisieren und pluralisieren zum Beispiel die mit dem Kopftuch assoziierten Vorstellungen von muslimischer Weiblichkeit. In *#MIPSTERZ* werden Musliminnen als selbstbewusste junge Frauen dargestellt, die sich in ihren Körpern wohlfühlen und raumgreifend im urbanen Kontext bewegen, Skateboard fahren und Rad schlagen – ein selbstverständlicher Teil der amerikanischen, urbanen Hipster-Kultur (Abb. 20). In Haydars Song wird die Vielfalt muslimischer Weiblichkeit betont: Musliminnen sind Hippies oder Sufis, Sunni oder schiitisch, sie leben im Irak, in Nigeria oder Amerika. Ihre Identität ist nicht homogen, sondern von verschiedenen Traditionen beeinflusst: Haydars Song ist sowohl vom Rap als auch von arabischer Musik geprägt, sie zitiert in den Lyrics Karma ebenso wie Yoga, und im Video ist eine asiatisch anmutende Statue im Hintergrund zu sehen. Genervt von den immer gleichen Fragen zum Hijab und von den orientalistischen Vorstellungen, die dahinterstehen (Haydar rapt: „You only see Oriental [...] / Not your exotic vacation / I'm bored with your fascination"), zeigen sich Haydar und andere muslimische Medienproduzentinnen als selbstbestimmt in ihrer religiösen Identität und Praxis, die allerdings weiterhin durch das Tragen des Hijab exemplifiziert wird. Kristin Peterson und Nabil Echchaibi (2017, 146) schlussfolgern daher in ihrer Analyse des *#MIPSTERZ*-Videos: „popular culture and religion intersect in productive ways, breaking free of the discourse of victimization and exoticism and helping us understand the complex, multiple frames of reference that define American Muslims' everyday lives".

Interessanterweise zeigt aber gerade *#MIPSTERZ*, dass in dieser Pluralisierung eine erneute Reduktion verborgen sein kann, wenn nun muslimische Weiblichkeit primär in eine urbane, säkulare, kommerzialisierte Kultur eingebettet wird und dadurch dieser bestimmte Vollzug von muslimischer weiblicher Identität als normativ dargestellt wird, wie Kritiker des Videos anmerken (Peterson und Echchaibi 2017, 153–154). In Videos wie *#MIPSTERZ* oder Songs wie Haydars „*Hijabi*" zeigt sich also im selben Symbol des Kopftuchs die ambivalente Gleichzeitigkeit von stereotypisierten Reduzierungen religiöser geschlechtlicher Identität und ihre Pluralisierung durch mediale Konstruktionen.

Diese Ambivalenz von Reduktion und Pluralisierung wird auch mit Blick auf die Vielfalt kultureller und religiöser Geschlechtermodelle in einer globalen Perspektive deutlich. Einerseits bieten Medien Informationen über die unterschiedlichen

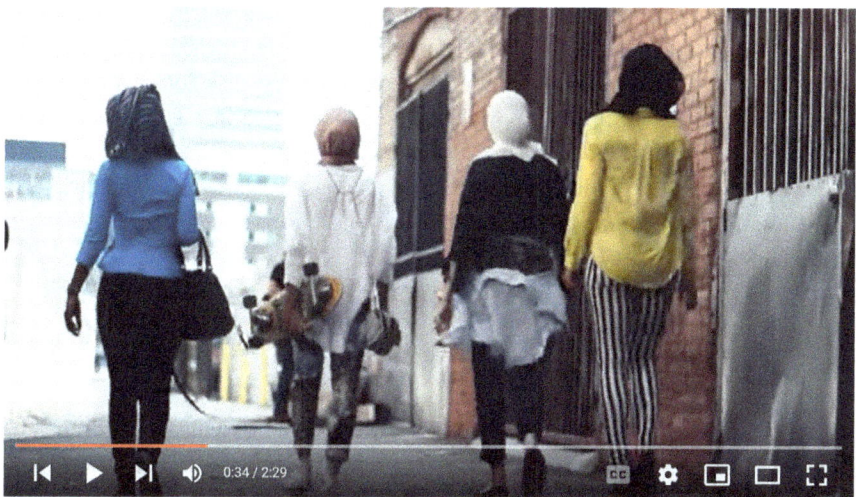

**Abb. 20:** Mipsterz im urbanen Kontext. Screenshot. *Somewhere in America #MIPSTERZ* (Habib Yazdi, US 2013), 0:34.

Geschlechterordnungen der kulturellen und religiösen Traditionen dieser Welt und machen geschlechtliche religiöse Identitäten sichtbar, die nicht dem westlich-christlich geprägten Binär entsprechen.[2] Damit relativieren sie das westliche binäre System als nur eines unter vielen. Andererseits prägen westliche Medien in der Geschichte und Gegenwart aber auch durch ihre globale Verbreitung die Konstruktionen von Geschlecht in anderen Kontexten und können dazu beitragen, dass lokale Geschlechterordnungen, die nicht dem westlichen Modell entsprechen, verdrängt werden. Damit unterstützten westliche Medien auf ihre Art Prozesse der Kolonialisierung und setzen sie heute in neo-kolonialen Dynamiken fort.

Der kurze Dokumentarfilm *Two Spirits* (Lydia Nidley, US 2017) zeichnet zum Beispiel die Verdrängung der indigenen Geschlechterordnungen Nordamerikas im Kolonialismus nach und macht gleichzeitig historische und gegenwärtige Formen von Two-Spirit-Identitäten sichtbar, die das binäre System von Mann und Frau wie auch westliche Konzepte wie Identität oder sexuelle Orientierung aufbrechen (Driskill 2011). Damit trägt der Film selbst zur Pluralisierung medialer Diskurse über religiöse Geschlechterordnungen bei. Darüber hinaus zeigt er auch, wie die christlich geprägte Geschlechterordnung im europäischen Siedlerkolonialismus für die imperiale Unterdrückung indigener Kulturen instrumentalisiert wurde, indem

---

2 Zur Vielfalt von Geschlechtermodellen in Kulturen weltweit siehe z. B. http://www.pbs.org/independentlens/content/two-spirits_map-html/.

Two-Spirit-Personen als pervertiert und unmoralisch verurteilt und ermordet wurden oder gewaltsam in das Binär von Mann und Frau eingeordnet wurden. In diesem Prozess spielten auch Medien eine Rolle, beispielsweise Fotografien, die im Film gezeigt werden, auf denen Two-Spirit-Personen durch ihre europäische Kleidung in das dominante europäisch-christliche Geschlechtermodell eingeordnet und als eindeutig männlich oder weiblich codiert dargestellt werden. Die historischen Fotografien waren damit auch ein Nachweis des ‚Erfolgs' des kolonialistischen Projekts.

## 2 Tradition und Innovation

Wie partizipieren Medien an der Überlieferung religiöser Geschlechterordnungen? Welche Rolle spielen sie in der Bestätigung ihrer Normen oder in der innovativen Entwicklung alternativer Vorstellungen von Geschlechtsidentität im religiösen Kontext? Meist klingt in diesen Fragen eine problematische Vorannahme mit, nämlich ein Verständnis von Religionen als ‚traditionell' und in Bezug auf Geschlechterordnungen konservativ bis repressiv, während Medienpraktiken als modern, innovativ und ‚befreiend' vorgestellt werden. Diese Annahme wird auch aus religiöser Perspektive geteilt, wenn säkulare Medien als unmoralisch angesehen werden, wobei, wie Curtis Coats und Stewart Hoover (2013, 142) in ihrer Studie der Medienpraxis evangelikaler Männer in der Aushandlung ihrer Männlichkeit zeigen, die reale Praxis der Interaktion mit Medien eine andere sein mag. Auch die Medien vermitteln das Bild von Religion als konservativ-traditionell, indem zum Beispiel in Medien-Diskussionen über gleichgeschlechtliche Sexualität konservative religiöse (vor allem christliche) Positionen häufiger zitiert werden, so dass das Bild einer säkularen pro-LGBTQIA+-Bewegung entsteht, die religiöser Homophobie gegenübersteht (Modi u. a. 2020). Dieser scheinbare Gegensatz von konservativen Religionen und innovativen Medien verkennt jedoch einerseits die Dynamik innerhalb von religiösen Traditionen, die sich durch die Zeiten und in verschiedenen Kontexten trotz ihrer bewahrenden Tendenzen immer auch erneuern und verändern, wie auch andererseits die ambivalenten Aspekte von medialen Innovationen, die zwar – wie oben gezeigt – Freiräume für die selbstbestimmte Darstellung in Abweichung von Traditionen bieten, andererseits aber auch erneut konservative Tendenzen einschreiben können (Knauß 2021).

Ein Beispiel für die mediale Vermittlung von Tradition(en) ist der kurze Spielfilm *The Cohen's Wife* (*Eshet Kohen*, Nava Nussan Heifetz, IL 2000). Produziert als Abschlussfilm an der religiös-zionistischen Ma'ale Filmhochschule in Jerusalem von einer orthodoxen Jüdin, wurde der Film vor allem auf Festivals wie Religion Today (Italien) oder dem Toronto Jewish Film Festival gezeigt, die im säkularen

Raum stattfinden, d.h. die filmische Darstellung jüdischer Traditionen richtet sich sowohl an ein jüdisches als auch nicht-jüdisches Publikum. Der Film erzählt von der Vergewaltigung einer jungen Frau, Rivke, durch einen Fremden. Durch den sexuellen Kontakt – wenn auch gegen ihren Willen – wird sie für ihren Ehemann Motl, ein Nachfahre der Priesterkaste der Kohen, ‚unrein' und sie müssten sich nach den Geboten der *Tora* gegen ihrer beider Willen scheiden lassen. In der Folge wird gezeigt, wie die Rabbiner der streng orthodoxen Gemeinschaft abwägen, wie diese traditionellen Vorschriften zum Besten der Beteiligten auszulegen sind. Sie rekurrieren schließlich auf eine andere Tradition, nach der das Zeugnis einer Frau ungültig ist, und kommen zu dem Schluss, dass Rivke das tatsächliche Ereignis der Vergewaltigung nicht gültig bezeugen kann, so dass eine Scheidung nicht nötig ist.

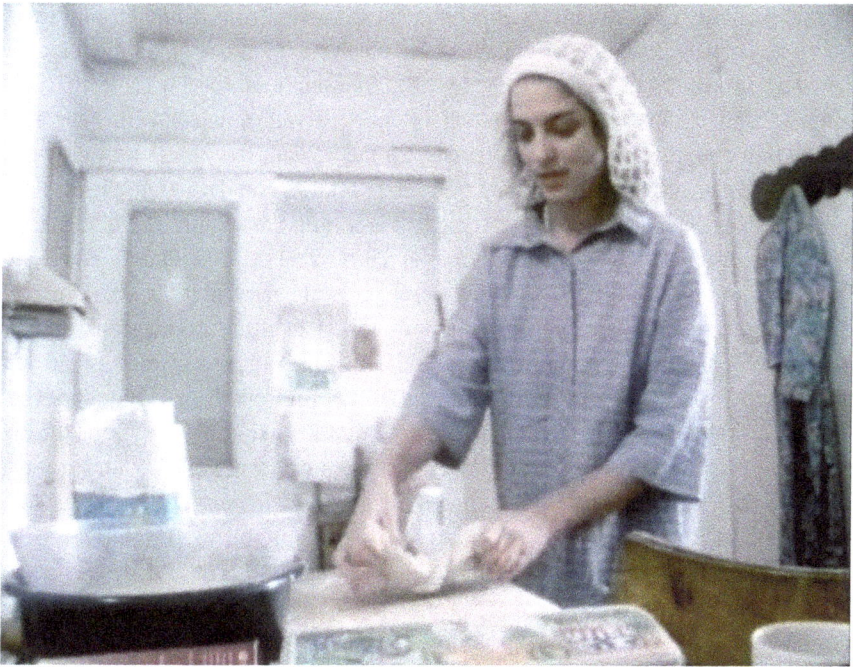

**Abb. 21:** Rivke in der weiblichen Sphäre. Screenshot. *The Cohen's Wife* (*Eshet Kohen*, Nava Nussan Heifetz, IL 2000), 00:01:28.

Der Film repräsentiert orthodoxe jüdische Geschlechterordnungen, die männliche wie weibliche Identität prägen, in ihren vielen Dimensionen von Alltagspraxis wie *Tora*-Studium (den Männern vorbehalten), Einhaltung von Speisevorschriften (Domäne der Frauen; Abb. 21) oder dem Tragen von geschlechtlich assoziierter Kleidung (schwarzer Hut, gehäkelte Kopfbedeckung), geschlechtlich assoziierten

Räumen (Synagoge, Zuhause) und religiösen Normen wie der Ungültigkeit des Zeugnisses einer Frau oder sexuellen Reinheitsvorschriften. Die dargestellte Geschlechterordnung ist klar binär und androzentrisch organisiert, wobei auch unter Männern eine Hierarchie eingezogen wird: Motl als Nicht-Rabbiner hat ebenso wenig wie Rivke als Frau eine Stimme in den Erwägungen der religiösen Experten. Ein genauerer Blick zeigt aber auch, dass diese Tradition erstens nicht in der Einzahl existiert, sondern in einer Vielzahl von Meinungen, die im *Talmud* gesammelt und von den Rabbinern kontrovers diskutiert werden, und zweitens nicht statisch ist, sondern sich je in spezifischen Situationen durch Interpretationen und konkrete Vollzüge neu realisiert. Die Lösung des Dilemmas stellt die patriarchale Tradition des Judentums nicht in Frage – paradoxerweise ist es gerade diese ungleiche Geschlechterordnung, die die Lösung möglich macht, weil das Zeugnis einer Frau (Rivke) nicht als solches zählt –, aber sie zeigt, dass die Tradition Spielraum lässt, um in konkreten Situationen dem Wohl der involvierten Personen zu dienen.

Der Film ist damit klar in der jüdischen Tradition und ihrer Geschlechterordnung verankert, aber gleichzeitig stellt er selbst in verschiedener Hinsicht eine Innovation aus der Tradition heraus dar: Zunächst dadurch, dass hier die Regisseurin als Frau aktiv an Vermittlung und Interpretation der Tradition, die im Film gezeigt wird, beteiligt ist, die damit nicht mehr nur den männlichen religiösen Experten vorbehalten sind. Zweitens ist der Film selbst gewissermaßen eine Neuinterpretation der Tradition durch die Geschichte, die er erzählt. Er setzt die Tradition mit ihren Geschlechternormen und -rollen explizit als Referenzrahmen voraus (zum Beispiel durch eine kurze Erklärung des religiösen Gesetzes für den Kohen am Beginn), die nun in der Filmerzählung und durch die Produktionsbedingungen (eine Frau als Regisseurin) neu weitergeschrieben wird. Der Film ist damit ein Beispiel dafür, dass Tradition immer neu durch ihre Vollzüge konstituiert wird, zu denen sowohl die Praktiken des Alltags wie auch die Praktiken der Medienproduktion gehören, und dass in diesen konkreten Vollzügen Abweichungen, Veränderungen und Innovationen in kleinerem oder größerem Ausmaß möglich sind.

Neue Medien wie Internet-Foren oder soziale Medien erlauben eine breitere Beteiligung an der Re-produktion von traditionellen Geschlechterordnungen und ihren Normen. Damit sind es nicht mehr nur die offiziell beglaubigten und – in den meist patriarchalen religiösen Traditionen – männlichen ‚Spezialisten', die Traditionen vermitteln und interpretieren, sondern zunehmend beteiligen sich Frauen und andere Mitglieder einer Gemeinschaft, deren Alltagserfahrungen und -fragen in unterschiedlichen Kontexten damit zu wichtigen Quellen für die Fortentwicklung einer Tradition werden. Anna Piela (2013) untersucht zum Beispiel Musliminnen, die auf Foren über die Interpretation heiliger Texte, ihre Kriterien und Autoritäten diskutieren. Sie zeigt, dass diese Internet-Diskurse keineswegs einstimmig sind, sondern viele Haltungen und Meinungen – eher konservativ, eher kritisch, eher feministisch, eher traditionell – repräsentieren. Damit steht weniger das Potential des Internets, einen dezidierten, westlich-feministischen Befreiungsdiskurs in Form von Kritik einer patriarchalen Tradition zu vermitteln, im Vordergrund. Vielmehr ist die Möglichkeit zentral, über das Internet Verbindungen zwischen Frauen unterschiedlicher Positionen zu schaffen, durch die sie sich über ihr religiöses Selbstverständnis austauschen und selbst aktiv und kreativ zum islamischen Diskurs beitragen: „At the discursive level, women are no longer merely an object of the ‚Woman in Islam' discourse, but its authors, thus contributing to a shift in power in the Islamic context of gender relations" (Piela 2013, 137). Auf der strukturellen Ebene religiöser Gemeinschaften resultiert dies in einer innovativen Verschiebung derer, die als religiöse Expert*innen wahr- und ernstgenommen werden (nicht mehr nur ordinierte oder anders beglaubigte Fachmänner), wie auch der Räume der Traditionsbewahrung und -vermittlung (nicht mehr nur Akademien oder andere religiöse Institutionen): Es entstehen neue Autoritäten und neue Diskursräume.

Dies zeigt Doris Jakobsh (2012, 142) auch für den Sikhismus, wo durch Online-Diskurse „Sikh technocrats" als neue religiöse Autorität hörbar und sichtbar werden: „largely based on their technological skills, these individuals have become ‚new authorities' of Sikhism as it is presented online." Jakobsh beobachtet, dass diese neuen religiösen Online-Autoritäten auch zu einer Neukonstruktion von Sikh-Identität beitragen. Ihre Darstellungen von Sikhs betonen die Tradition des Khalsa-Ordens (markiert durch die ‚5K': Dolch, ungeschnittenes Haar, eiserner Armreif, knielange Unterhose, Kamm), die sie zur normativen Identität erheben, obwohl sie historisch und aktuell nur von einer Minderheit der Sikh praktiziert wird (Jakobsh 2012, 153). Zusätzlich wird vor allem auf der visuellen Ebene das Tragen des Turbans als zentrales Identitätsmerkmal für Männer wie Frauen propagiert – eine Praxis, die jedoch kontrovers ist und ebenfalls mehrheitlich nicht gelebt wird (Jakobsh 2012, 155). Die Prominenz von Online-Darstellungen von Frauen mit Turban und von Sikhs, die durch die ‚5K' erkennbar markiert sind, schafft damit neue Vorstellungen von Sikh-Identität: „particularized identity markers have the potential, through persistent and repetitive usage on the internet, to become the primary identity markers of ‚what it means to be Sikh'" (Jakobsh 2012, 155). Obwohl diese Online-Diskurse nicht der im Moment mehrheitlich gelebten Realität entsprechen, schaffen sie doch Vorstellungen und Erwartungen, die auch das Leben offline prägen: Ein Mann, der keinen Dolch trägt, muss sich dann vielleicht fragen lassen, ob er wirklich Sikh ist; andererseits kann sich eine Frau, die vielleicht gegen familiären Widerstand den Turban tragen will, auf diese medialen Vorbilder und die sie vermittelnden Autoritäten berufen.

Interessant ist an diesem Beispiel, dass diese ‚Innovation' der Sikh-Identität im Internet auf eine ältere Tradition aus dem 17. Jahrhundert und eine sie erneut propagierende Reformbewegung aus dem späten 19. und frühen 20. Jahrhundert zurückgreift, die übrigens selbst aktiv Print-Medien wie Zeitschriften oder Traktate nutzte, um ihr Reformanliegen im Sinn einer Wiederbelebung der Tradition zu verbreiten (Jakobsh 2012, 146–147). Die mediale Innovation von traditionellen religiösen Geschlechterordnungen entsteht also oft weniger in der Abwendung von einer Tradition als ganzer, als vielmehr im Rückgriff auf alternative Traditionsströme und in der Spannung zwischen der Reproduktion von Traditionen und kreativen Innovationen. Damit ermutigt der Blick auf die Medien auch, Traditionen in ihrer Realisierung durch eine Vielfalt von Akteur*innen als lebendig, heterogen und veränderbar wahrzunehmen.

## 3 Macht und Widerstand

Fragen von Macht, Unterdrückung, Widerstand und *agency* sind in der Interaktion zwischen Medien, Geschlecht und Religion natürlich allgegenwärtig: Inwiefern schränken religiöse Geschlechterordnungen individuelle Selbstbestimmung ein? Oder bieten sie auch Ressourcen für Widerstand? Verstärkt die Logik der Medien – beispielsweise ihre Einbindung in die kapitalistische Marktwirtschaft oder ihr Bedürfnis nach Aufmerksamkeit, die durch die Verstärkung dualistischer Konflikte erreicht werden kann – die Macht religiöser Geschlechterordnungen? Oder bieten mediale Diskursformen neue Möglichkeiten für die Entfaltung der Handlungsmacht marginalisierter Subjekte? Auch hier, wie in den vorhergehenden Abschnitten, zeigt sich, dass die Pole von Macht und Widerstand in einer ambivalenten Spannung stehen, so dass sogar im selben medialen Kontext sowohl die Macht religiöser Geschlechterordnungen als auch Widerstand gegen sie erlebbar werden kann. Hilfreich für diese Analysen ist ein an Judith Butler (1993; 1997) und Michel Foucault (1978; 1980) orientiertes Verständnis von Macht als strategische Machtbeziehungen, in denen sich Subjektivität im Paradox von Unterwerfung und Subjektbildung ereignet. Saba Mahmood (2006, 45) argumentiert daher:

> Such an understanding of power and subject formation encourages us to conceptualize agency not simply as a synonym for resistance to relations of domination, but as a capacity for action that specific relations of subordination create and enable.

Die Komplexität dieses Themas wird am Beispiel afrikanischer Filmproduktionen, die queere Sexualität thematisieren, deutlich. Religiöse Macht drückt sich im außerfilmischen Kontext in der linearen Verknüpfung von binärem Geschlecht mit heterosexuellem Begehren aus, die auf kolonial-christlichen Diskursen und Gesetzgebung gründet und zu einem die nationale, religiöse und kulturelle Identität prägenden Element geworden ist. Queere Sexualität wird von politischen wie religiösen Instanzen als un-christlich und un-afrikanisch verurteilt, ein westlicher Import, der Kultur, Moral und Nation gleichermaßen bedrohe (Mbisi 2011). Damit werden Zensurmaßnahmen begründet, die eine positive Darstellung von queerer Sexualität im Film verhindern bzw. fertige Produktionen aus den Kinos verbannen können (Ncube 2020). Die Macht religiös-kultureller Heteronormativität drückt sich hier also in der Produktion, den Darstellungsformen und der Distribution von Filmen aus.

In den letzten ca. zehn Jahren wurden jedoch trotzdem Filme produziert, die sexuelle Diversität offen und positiv thematisieren und durch private Vorführungen oder queere Festivals zu einem gesellschaftlichen und kulturellen Gegendiskurs beitragen. Die Filme selbst mit ihren Geschichten von positiv erlebter queerer Sexualität im afrikanischen Kontext und ihre Rezeptionsräume werden damit zu Orten, in denen queere afrikanische Sexualitäten als Wirklichkeit erlebt werden. Dieser Widerstand gegen religiös-kulturelle Heteronormativität drückt sich interessanterweise nicht nur in einem säkularen Gegendiskurs aus, sondern Religion wird selbst zur Quelle von Widerstand. Einerseits thematisieren die Filme religiöse Motive, die zur Legitimation von Heteronormativität herangezogen werden, kritisch und in ihren gewaltvollen Folgen. In *Walking with Shadows* (Aoife O'Kelly, UK/NG 2019) über Adrian, einen nigerianischen Ehemann und Vater, den eine geheim gehaltene frühere schwule Beziehung einholt, versteht seine pfingstkirchlich geprägte Familie sein schwules Begehren als Resultat dämonischer Einflüsse, die durch einen blutigen Exorzismus ausgetrieben werden müssen. Und in *Rafiki* (Wanuri Kahiu, KE/ZA/DE/NL/FR/NO/LB/UK 2018), einer Liebesgeschichte zwischen zwei jungen Frauen in Nairobi, widmet ein Pastor seine Predigt dem Lob der heterosexuellen Ehe als dem ‚Willen Gottes' entsprechend und in der Schöpfung des Menschen als Mann und Frau begründet. Aber gleichzeitig wird Religion von den Protagonist*innen dieser und anderer Filme als Raum von *agency* erlebt, indem sie aktiv Glaubensinhalte oder religiöse Praxis für ihren Widerstand gegen christliche Homophobie und die Entwicklung ihrer christlich-queeren Identität heranziehen: In *Walking with Shadows* argumentiert Adrian, dass seine schwule Sexualität Teil seiner Identität als gutes Geschöpf Gottes sei, und in *Rafiki* verweist ein Graffiti auf den Glauben an einen die menschliche Macht weit überschreitenden Gott (Abb. 22).

Außerdem zeigen Medienanalysen, dass säkulare Diskurse nicht notwendig eine Befreiung von geschlechtlich geprägten Machtstrukturen bieten, sondern neue Hierarchien einführen können. Shelly Colettes (2015) Analyse der Verwendung der Figur der Eva in Print-Werbungen zeigt, wie durch die Darstellungen einer sexualisierten Eva in der Werbung die damit assoziierte *Genesis*-Erzählung auf das Motiv

**Abb. 22:** Vertrauen auf Gott. Screenshot. *Rafiki* (Wanuri Kahiu, KE/ZA/DE/NL/FR/NO/LB/UK 2018), 0:01:39.

der sexuellen Verführung verkürzt wird. Eva als Verführerin wird zwar als sexuell selbstbestimmt gezeigt und ihre Sexualität ist positiv assoziiert. Gleichzeitig wird aber Weiblichkeit in Kontinuität mit der christlichen Interpretationstradition auf (Hetero-)Sexualität reduziert, die durch die Einbettung in das kapitalistische System der Werbung kommodifiziert wird. Colette (2015, 24) beschreibt die ambivalente Wirkung Evas in der Werbung deshalb so:

> The use of this sexual power could be seen as a tool for sexual liberation, and indeed, that is clearly one of the messages the advertisers intend. However, such essentialist definitions of woman and women's sexuality, however liberatory their intent, continue to position women as other.

Hier zeigt sich der problematische Effekt von neo-liberalen, säkularen Mediendiskursen, die einerseits individuelle Selbstbestimmung als Befreiung aus traditionellen religiösen Ordnungen propagieren, andererseits neue Machtstrukturen schaffen, die implizit oder explizit ebenfalls auf essentialisierten, hierarchisierten Geschlechterordnungen basieren. Mia Lövheim (2013, 193) folgert daher:

> The complexity of power and agency in new media cultures challenges several theories previously used to analyze power in media studies as well as feminist studies. On the one hand, changes in the social forms of religion and in media structures from institutional control to a plurality of actors in a „symbolic marketplace" erode the power of traditional authorities to enforce norms and control expressions of gender and sexuality. On the other hand, neo-liberal political discourse and rules of the capitalist market introduce new regimes of power.

Die Analyse von medialen Vermittlungen religiöser Machtstrukturen und die in ihnen eröffneten Räume des Widerstands verweisen damit auf Möglichkeiten von *agency* im Vollzug religiöser geschlechtlicher Identität und stellen die geschlechtlich geprägten Machtbeziehungen im individualistischen Neo-Liberalismus kritisch in Frage.

## 4 Fazit

Dieser kurze Blick in die Interaktionen zwischen Medien, Religion und Geschlecht zeigt, welche wichtigen und vielfältigen Rollen Medien in religiösen Geschlechterordnungen mit ihrer normativen Macht, bedeutungsstiftenden Funktion und in konkreten Vollzügen der geschlechtlichen Identität spielen. Gesellschaftliche Auseinandersetzungen um Geschlecht werden in Medien (auch) im Kontext von Religion und mit Hilfe religiöser Symbole oder Normen geführt.

Die Diskussion der Spannungen zwischen Reduzierung und Pluralisierung, Tradition und Innovation sowie Macht und *agency* zeigt, dass diese nicht in einem dualistischen Entweder-oder stehen, sondern in einer Ambivalenz, die oft im selben Symbol oder Medientext wahrgenommen werden kann. Das performative Verständnis von Medien, Geschlecht und Religion als praktische Vollzüge der Bedeutungsstiftung erlaubt dabei, diese Spannungen als Elemente dynamischer Aushandlungsprozesse zu verstehen, in denen sich unterschiedliche Positionen und Identitäten realisieren. Medien sind damit nicht nur Mittel der Kommunikation außermedialer religiöser Geschlechterordnungen, sondern selbst Räume der religiösen geschlechtlichen Performanz von einzelnen Personen oder Gruppen.

## Literatur

Avishai, Orit. 2008. „Doing Religion in a Secular World'. Women in Conservative Religions and the Question of Agency." In *Gender & Society* 22, 409–433.
Butler, Judith. 1993. *Bodies That Matter. On the Discursive Limits of „Sex"*. New York/NY: Routledge.
Butler, Judith. 1997. *The Psychic Life of Power. Theories in Subjection*. Stanford/CA: Stanford University Press.
Butler, Judith. 1999. *Gender Trouble. Feminism and the Subversion of Identity*. 2. Aufl. New York/NY: Routledge.
Coats, Curtis D. und Stewart M. Hoover. 2013. „Meanings and Masculinities." In *Media, Religion and Gender: Key Issues and New Challenges*, hg. v. Mia Lövheim, 141–154. London; New York/NY: Routledge.
Colette, Shelly. 2015. „Eroticizing Eve. A Narrative Analysis of Eve Images in Fashion Magazine Advertising." In *Journal of Feminist Studies in Religion* 31, 5–24.

De Abreu, Belinha S. 2019. *Teaching Media Literacy*. 2. Aufl. Chicago/IL: ALA Neal-Schuman.
Driskill, Qwo-li, Chris Finley, Brian Joseph Gilley und Scott Lauria Morgensen, Hg. 2011. *Queer Interventions. Critical Interventions in Theory, Politics, and Literature*. Tucson/AZ: University of Arizona Press.
Foucault, Michel. 1978. *The History of Sexuality 1: An Introduction* (= *La Volenté de Savoir*, 1976). New York/NY: Pantheon Books.
Foucault, Michel. 1980. *Power/Knowledge: Selected Interviews and Other Writings 1972–1977*, hg. und übers. v. Colin Gordon. New York/NY: Pantheon Books.
Hall, Stuart. 1993. „Encoding, Decoding." In *The Cultural Studies Reader*, hg. v. Simon During, 90–103. London; New York/NY: Routledge.
Hall, Stuart. 1997. „The Work of Representation." In *Representation. Cultural Representations and Signifying Practices*, hg. v. Stuart Hall, 13–69. Milton Keynes: The Open University.
Höpflinger, Anna-Katharina und Daria Pezzoli-Olgiati. 2021. „Gender als Grundkonzept der Religionsforschung." In *Handbuch Gender und Religion*, hg. v. Anna-Katharina Höpflinger, Ann Jeffers und Daria Pezzoli-Olgiati, 17–30. 2. Aufl. Göttingen: Vandenhoeck & Ruprecht.
Jakobsh, Doris. 2012. „‚Sikhizing the Sikhs'. The Role of ‚New Media' in Historical and Contemporary Identity Construction within Global Sikhism." In *Sikhs Across Borders: Transnational Practices of European Sikhs*, hg. v. Knut A. Jacobsen und Kristina Myrvold, 141–163. London: Bloomsbury.
Klaus, Elisabeth und Susanne Kassel. 2005. „The Veil as a Means of Legitimization. An Analysis of the Interconnectedness of Gender, Media and War." In *Journalism* 6, 335–355.
Lövheim, Mia. 2013. „Media, Religion and Gender. Key Insights and Future Challenges." In *Media, Religion and Gender: Key Issues and New Challenges*, hg. v. Mia Lövheim, 183–195. London; New York/NY: Routledge.
Knauß, Stefanie. 2021. „Überall und nirgends: Geschlecht und Religion im Spielfilm." *Handbuch Gender und Religion*, hg. v. Anna-Katharina Höpflinger, Ann Jeffers und Daria Pezzoli-Olgiati, 455–473. 2. Aufl. Göttingen: Vandenhoeck & Ruprecht.
Mahmood, Saba. 2006. „Feminist Theory, Agency, and the Liberatory. Some Reflections on the Islamic Revival in Egypt." In *Temenos* 42/1, 31–71.
Mbisi, Thabo. 2011. „The Lies We Have Been Told. On (Homo) Sexuality in Africa." In *Africa Today* 51, 55–77.
Mater, Tobias. 2022. „Eine Zeit der Dunkelheit." In *Süddeutsche Zeitung*, 12. Mai 2022. https://www.sueddeutsche.de/meinung/afghanistan-taliban-frauen-burka-emanzipation-1.5582814 [12.05.2022].
Modi, Rucha, Maggie Siddiqi, Guthrie Graves-Fitzsimmons und Rasheed Malik. 2020. „How Religion and LGBTQ Rights Intersect in Media Coverage." In *CAP* 21. Dezember 2020. https://www.americanprogress.org/article/religion-lgbtq-rights-intersect-media-coverage [23.01.2023].
Ncube, Gibson. 2020. „Film as/and Popular Social Text. The Reception of John Trengove's *Inxeba/The Wound* and Wanuri Kahui's *Rafiki*." In *English in Africa* 47, 55–79.
Peterson, Kristin M. und Nabil Echchaibi. 2017. „Mipsterz: Hip, American, and Muslim." In *Religion and Popular Culture in America*, hg. v. Bruce David Forbes und Jeffrey H. Mahan, 144–158. 3. Aufl. Berkeley/CA: University of California Press.
Piela, Anna. 2013. „Claiming Religious Authority. Muslim Women and New Media." In *Media, Religion and Gender: Key Issues and New Challenges*, hg. v. Mia Lövheim, 125–140. London; New York/NY: Routledge.

Spivak, Gayatri Chakravorty. 1993. „Can the Subaltern Speak?" In *Colonial Discourse and Post-Colonial Theory: A Reader*, hg. v. Patrick Williams and Laura Chrisman, 90–105. Hemel Hempstead: Harvester.

# Internetquellen

*A Map of Gender-Diverse Cultures.* http://www.pbs.org/independentlens/content/two-spirits_map-html [26.05.2022].

Marie-Therese Mäder
# IV.6 Migration

Es gibt bestimmte Begriffsfelder, die sich nicht so einfach definieren lassen, und zu diesen gehört mit Sicherheit ‚Migration'. Der Umfang an Migrationsstudien, die in den letzten zehn Jahren veröffentlicht wurden, ist überwältigend. Zum spezifischen Fokus des vorliegenden Bandes fällt jedoch auf, dass im Dreieck von Migration-Religion-Gender erstaunlich wenig publiziert wurde. Wird jedoch die Dreierkonstellation auf die beiden Paare Migration & Gender und Migration & Religion heruntergebrochen, lassen sich sowohl eine beachtliche Anzahl an Fallstudien, als auch einige theoretische Erkundungen ausfindig machen. Ein genauerer Blick auf diese Untersuchungen zeigt allerdings: In Migrationsstudien spielt der Genderaspekt zwar oftmals eine Rolle, wird aber in vielen Beiträgen nicht theoretisch reflektiert. Das gleiche gilt für Religion. Im Hinblick auf das Hauptthema des Bandes Gender & Religion sollen deshalb die beiden Begriffspaare Migration & Religion und Migration & Gender getrennt diskutiert werden. Im Folgenden wird in einem ersten Schritt der Begriff Migration differenziert, um ihn dann in den Zusammenhang von Religion respektive Gender zu überführen. Im Sinne einer Synthese wird der Beitrag schließlich mit Überlegungen zur Dreierkonstellation Gender – Religion –Migration abgeschlossen. Folgende Fragen stehen im Zentrum: Welche Erkenntnisse lassen sich an der Schnittstelle von Migration, Gender und Religion gewinnen? In welchen Studien und mit welchen Methoden wird der Themenbereich erforscht? Welche Herausforderungen stellen sich in der Verbindung der drei Themenfelder?

## 1 Migration als vielschichtiges Phänomen

Auch wenn Migration auf den ersten Blick als ein eindeutiges Phänomen verstanden werden könnte, wirft der Begriff, sobald man ihn in seiner normierenden Dimension erfasst, viele Fragen auf. Zum Beispiel grenzt er sich von Sesshaftigkeit ab und macht diese zur Norm, was unter dem Begriff Sedentarismus erfasst wird (Römhild 2011, 36). Die Internationale Organisation für Migration (IOM) der Vereinten Nationen erfasst Migration als „[t]he movement of persons away from their place of usual residence, either across an international border or within a State" (*Key Migration Terms | International Organization for Migration* o. J.). Die kurze und allgemein gehaltene Beschreibung spricht von Personen in Bewegung und den Räumen, in denen sie sich bewegen, nämlich vom Wohnort aus weg in einen anderen Staat oder eben auch innerhalb staatlicher Grenzen. Die ergänzenden Stichworte weisen darauf hin, dass die Gründe für Menschen, sich räumlich zu bewegen, politischer, sozialer, ökonomischer und ökologischer Art sein können: „See also climate migration, displacement, internal migration, international migration, irregular migration, labour migration, migrant, safe, orderly and regular migration." (*Key Migration Terms | International Organization for Migration* o. J.). Mit diesen Schlüsselbegriffen wird ein ganzes Spektrum an Herausforderungen, mit denen Wanderungen von Menschen in Verbindung stehen, aufgefächert.

Die Anzahl von Menschen, die sich zwischen und innerhalb von Staaten bewegen, ist nicht nur beeindruckend, sondern sie weist auch auf die politisch-rechtliche Dimension von Migration hin: Gemäß der IOM wurden in den Jahren 2017–21 weltweit rund 281 Millionen Menschen als Migrant*innen erfasst. Damit ist gemeint, dass sie entweder im Ausland geboren wurden oder über eine ausländische Staatsbürger*innenschaft verfügten. Davon sind 48 % Frauen und 12 % Kinder. Die Mehrheit (59.2 %) der Menschen in Bewegung tut dies, um zu arbeiten, 2017 waren es 164 Millionen. Unter den 281 Millionen Menschen in Bewegung befinden sich 26 Millionen auf der Flucht und 4.2 Millionen in Asylverfahren. Von den Personen, die Asyl beantragten, wurden 107.800 in einem Land neu angesiedelt, während im Jahr 2019 64.958 Menschen auf der Flucht freiwillig und mit Unterstützung des IOM wieder zurück in ihr Herkunftsland geführt wurden. Zwischen 2014–20 galten 40.189 Migrant*innen als vermisst oder verstarben. Der Vergleich mit der Binnenmigration kontextualisiert diese Daten zusätzlich: 2020 wurden geschätzte 33.4 Millionen Menschen, 8.5 Millionen wegen Konflikten und 24.9 wegen Katastrophen, innerhalb ihres Herkunftslandes umgesiedelt (*Key Global Migration Figures* 2017–2021 o. J.) Diese Zahlen zeigen, wie komplex das Phänomen Migration ist, dass die Gründe sich zu bewegen ganz unterschiedlich sein können und die meisten Menschen ihr Land verlassen, um an einem anderen Ort zu arbeiten, was in der öffentlichen Diskussion oftmals vergessen wird.

Gerade der Fokus auf die Menschen in Bewegung im Gegensatz zu Fragen nach nationalen Grenzen und gesetzlichen Regulierungen hebt hervor, dass oftmals nicht nur von A nach B gewandert wird, sondern auch wieder zurück- oder weitergezogen wird. Die Menschen bringen dabei ihre kulturellen Praktiken, Welt- und Wertvorstellungen und oftmals auch Gegenstände mit (Kalter 2018, 213 f.). Deshalb wird im Zusammenhang von Migration auch das Konzept der Mobilität diskutiert. Dieses erfasst nicht nur Personen, die sich bewegen, sondern fragt auch danach, wie Ideen und Gegenstände global zirkulieren, was gerade im Kontext von Religion relevant ist. Außerdem hinterfragen Mobilitätsstudien Machtstrukturen aus der Perspektive der Migrant*innen und weniger aus derjenigen der Gastländer und ihren Regulierungen, die unter anderem das Ziel der Assimilation und Integration verfolgen (D'Amato, Wanner und Steiner 2019, 4–6; Mäder 2016). Sobald nämlich der Blick auf die Menschen, die sich global bewegen, und ihre Praktiken gerichtet wird, werden diese als aktiv und autonom handelnde Personen wahrgenommen (soweit es die gesetzliche Situation erlaubt). Damit wird der Tunnelblick auf Nationen und Gesetze hin zu den Menschen in globalen Prozessen geöffnet.

Mit einem transnationalen Fokus auf Menschen, Ideen und Dinge, können Fragen von sozialen Beziehungen und Machtstrukturen innerhalb unterschiedlicher Gemeinschaften und zwischen Individuen über nationale Grenzen hinweg in den Mittelpunkt gestellt werden. Dies betrifft auch illegale Praktiken, wie das Beispiel der weiblichen Genitalverstümmelung (FGM) in Europa zeigt. Isha Abulkadir zeigt zum Beispiel anhand von somalischen Frauen in Großbritannien auf, dass die patriarchalen Strukturen des Herkunftslandes, mittels derer Frauen unterdrückt werden, auch in den säkularen Auswanderungsländern zum Tragen kommen. Der westliche Rechtsstaat vermag diese Frauen nicht zu schützen, sodass FGM weiterhin praktiziert werden kann (Abulkadir 2011, 72). Ebenso ungeschützt vor Machtmissbrauch und Ausbeutung sind Care-Arbeiter*innen, zumeist Frauen, die unter prekären Bedingungen, ohne Aufenthalts- und Arbeitsbewilligung und Rechtsschutz, in Haushalten und in der privat organisierten Pflege arbeiten oder als Sexarbeiterinnen ihre Dienste anbieten.

Mit einem Umschwenken und -denken weg von einem methodologischen Nationalismus (Amelina und Faist 2012) hin zu den Menschen und ihren Netzwerken eröffnen sich im Kontext von Migration zusätzliche Dimensionen wie Ethnizität/*race*, Klasse und Milieu, und eben auch Gender und Religion. Diese Dimensionen können soziale Hierarchien und Ungleichheiten verstärken und kumulieren (Behr 2020). Der Blick darauf wird als intersektioneller Zugang respektive Intersektionalismus bezeichnet. Die Migrationsforscherin Anna Amelina bringt die Vorteile eines intersektionellen Zuganges wie folgt auf den Punkt: „Das Besondere an der intersektionellen Perspektive ist also, dass sie vorschlägt, sowohl das komplexe Zusammenspiel hierarchisierender Zuschreibungen innerhalb einer Ungleichheitsdimension (zum Beispiel innerhalb der Dimension der Geschlechterbeziehungen) als auch zwischen den unterschiedlichen Dimensionen (Klasse, Ethnizität/Race, Geschlecht usw.) in Betracht zu ziehen." (Amelina 2017, 69). Indem die genannten normativen Konzepte, zu denen auch Gender und Religion gehören, als Analysekategorien in Migrationsstudien eine Rolle spielen, werden nicht nur Machtstrukturen in den Blick genommen. Auch die Pragmatik von Migration, deren gelebte Praktiken hinsichtlich Gender und Religion, wird mittels eines intersektionellen Zugangs erfasst.

Mittlerweile basieren einige Fallstudien auf einem solchen Zugang, wie zum Beispiel eine qualitative Studie über Migranten mit muslimischem Hintergrund aus Senegal. Die Untersuchung zeigt auf, welchen Widersprüchen diese Männer ausgesetzt sind: Sie sind für das finanzielle Wohl der Familie verantwortlich, entschädigen ihre Väter für deren religiöse Erziehung und Vermittlung von Werten und unterstützen die Mütter, die oftmals in polygamen Ehen leben, finanziell

(Sinatti 2014, 220). Diese finanzielle Verpflichtung führt dazu, dass die Männer aus ökonomischen Gründen auswandern. Die Männer, die oftmals selber schon Väter sind, empfinden zudem ihr Fernbleiben von der Familie in Senegal vor allem im Hinblick auf die religiöse Erziehung der Kinder als schädlich (Sinatti 2014, 223). Die zumeist jungen Männer leben deshalb im stetigen Dilemma zwischen ihrem Fehlen zuhause und dem Druck, das Herkunftsland verlassen zu müssen. Indem die Autorin der Studie Fragen zu Gender und Religion formuliert und den Blick auf männliche Migranten mit einem muslimischen Hintergrund richtet, kann sie mittels dieses intersektionellen Zuganges und aus einer transnationalen Perspektive zwischen Senegal und Italien aufzeigen, wie die Lebenswelten von senegalesischen Migranten aus deren eigenen Perspektive aussehen und welchen Machtgefällen die Akteure ausgesetzt sind.

## 2 Gender & Religion und Gender & Migration

In vielen intersektionellen Studien zu Migration wird Religion nur am Rande oder gar nicht thematisiert. Falls religiöse Zugehörigkeit untersucht wird, geschieht dies oftmals anhand muslimischer Traditionen im europäischen Kontext. Darin spielt auch immer wieder Gender eine zentrale Rolle, wobei meistens von einem binären Geschlechterverständnis ausgegangen wird (Breitenbach, Toppe und Rieske 2018, 5; Behr 2020; Carver 2021). Gender wird jedoch in aktuellen Debatten zumeist als fluides theoretisches Konzept erfasst, mit dem gemäß den beiden Religionswissenschaftlerinnen Anna-Katharina Höpflinger und Daria Pezzoli-Olgiati „kulturelle Ausprägungen von Körper und Leib im Hinblick auf Geschlechtsdiskurse und Aushandlungen von Geschlecht" untersucht werden können (Höpflinger, Jeffers und Pezzoli-Olgiati 2021, 21). Zwischen Körper und Leib zu unterscheiden, erlaubt die subjektiv wahrgenommene Physis von der physischen Existenz einer Person zu trennen (Schaufler 2002). Körper bedeutet in diesem Verständnis, was wir selber als unseren Körper wahrnehmen und als solchen bezeichnen. Dagegen bezieht sich Leib darauf, wie der Körper von außen wahrgenommen wird. Oftmals unterscheiden sich die beiden Wahrnehmungen. Damit wird zwischen Selbst- und Fremdwahrnehmung des Körpers differenziert, was in Migrationsdebatten von Bedeutung sein kann. Dies ist zum Beispiel der Fall, wenn es darum geht, Männer- und Frauenbilder und die damit verbundenen Lebenswelten, Normen und Werte zwischen einer Innen- und Außenperspektive zu unterscheiden. Doch gerade im Zusammenhang von Migrationsstudien wird Gender nicht so sehr als fluides Konzept verstanden, sondern mittels binärer Schaltung auf 0 oder 1, Mann oder Frau, beschränkt. Die Unterscheidung zwischen Körper, Leib und der sozialen Konstruktion von Geschlecht und Differenzen spielt in diesem Kontext dann keine Rolle mehr. Kopftuch ist Frau und Bart ist Mann, so einfach scheint das zu sein (Nagel 2018, 983f.; Breitenbach, Toppe und Rieske 2018, 5; Pratt Ewing 2015). Ein solches Vorgehen lässt sich in Anlehnung an den erwähnten methodologischen Nationalismus als ‚methodologische Binarität der Geschlechter' umschreiben. Diese methodologische Binarität der Geschlechter gründet sicherlich auch darin, dass es in diesen Debatten nicht in erster Linie um die Selbstwahrnehmung der Menschen in Bewegung geht. Vielmehr wird Gender analytisch als Frau und Mann erfasst, um Komplexität zu reduzieren. Das binäre Verständnis von Geschlecht wird mittels Migrationsstatistiken zusätzlich untermauert, wie die in Abb. 23 aufgeführten Kategorien darlegen. Die Kuchendiagrame zeigen in Türkis den Anteil an migrierten Männern und in Dunkelblau den Anteil an migrierten Frauen auf, wie sie auf den entsprechenden Kontinenten vertreten sind. Auch wenn Mitte 2020 in Europa, Nordamerika und Ozeanien mehr Migrantinnen gezählt wurden, so gibt es vor allem in Asien und Afrika deutlich mehr Migranten. Nach Europa und Nord-Amerika wandern Frauen vor allem aus, um in Haushalten, in der Care-Arbeit und Sexarbeit ihre Dienste anzubieten. In der Summe migrieren weltweit nur 3.8 % mehr Männer als Frauen (Lutz 2017, 91–108). Umso erstaunlicher ist es deshalb, dass Frauen gemäß der Geschlechter- und Migrationsforscherin Helma Lutz in der traditionellen Migrationsforschung oftmals marginalisiert werden, denn die typische Person in Bewegung zwischen verschiedenen Orten sei männlich konnotiert (Lutz und Amelina 2017, 29). Eben gerade weil Klassifikationen wie männlich/weiblich gemäß Lutz und Amelina gesellschaftlich hervorgebracht werden, sind sie „trotz ihrer Fluidität, in die Routinen von Organisationen und Institutionen (vorläufig) sedimentiert" (Amelina 2017, 83).[1]

## 3 *Doing Migration* und *Doing Gender*

Migrationsstudien, die den binären Zugang zu Gender aufbrechen und Differenzen betonen, handelt es sich oftmals um Einzelfallanalysen, welche die unterschiedlichen Migrationserfahrungen innerhalb der Geschlechter Mann/Frau herausarbei-

---

[1] Die erwähnten Statistiken, in denen zwischen männlich und weiblich unterschieden wird, können als Beispiel für eine solche Sedimentierung gesehen werden. Fluidität findet in Statistiken keinen Platz. Auch wenn Frauen mittels Daten erfassten werden, werden sie in der traditionellen Migrationsforschung marginalisiert. Über Gründe dafür kann nur spekuliert werden. Es könnte zum Beispiel sein, dass Migrantinnen in der Care-Arbeit von den Privathaushalten einverleibt werden und auch nicht negativ auffallen, weshalb sie in der Öffentlichkeit schlicht unsichtbar werden. Ob nach Frauen gefragt wird oder nicht, ist wahrscheinlich auch eine Frage, wer die Forschungsfragen stellt.

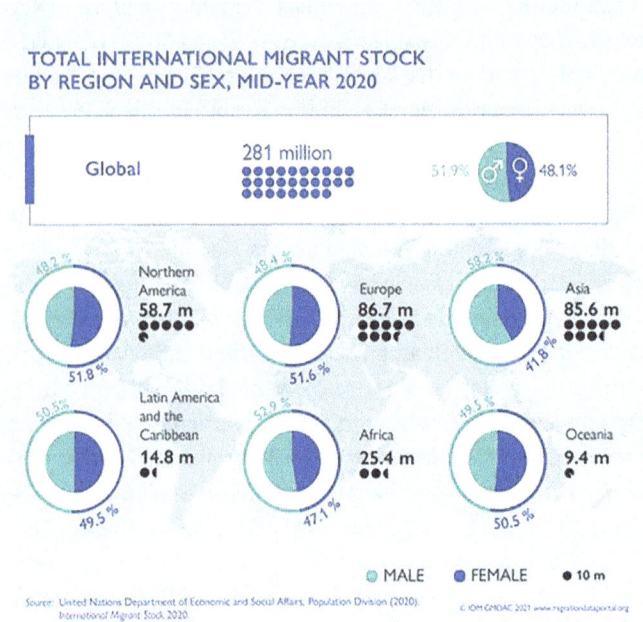

**Abb. 23:** Vergleich zwischen der Anzahl von migrierten Männern und Frauen (*Gender and Migration*, IOM GMDAC 2021).

ten. Trotzdem erfassen auch einige theoretische Zugänge Gender in seiner Vielschichtigkeit (Gallo 2016; Breitenbach, Rieske und Toppe 2018). Zum Beispiel verstehen Lutz und Amelina sowohl Gender als auch Migration als Praxis, mittels derer die beiden Kategorien immer wieder neu ausgehandelt werden. Dieses Verständnis grenzt sich von essentialistischen Begrifflichkeiten ab. In Anlehnung an einen sozialkonstruktivistischen Ansatz des Raumes sprechen die Autorinnen deshalb von „sozialen Prozessen der gesellschaftlichen Herstellung von Migration (*Doing Migration*) und Transnationalität (*Doing Transnationality*)" (Amelina 2017, 67–68). Mit dem speziellen Fokus auf Gender wird dieser Zugang weiter ausdifferenziert und danach gefragt, wie Geschlecht in Migrationspraktiken geformt und ausgehandelt wird. Die Autorin nennt unter anderem das Beispiel des „*Deskillings*". Dies ist der Fall, wenn Bildungsabschlüsse vor allem von männlichen Migranten in den Ankunftsländern der EU nicht akzeptiert werden und diese Männer deshalb ungelernte Tätigkeiten ausüben müssen. In der Öffentlichkeit werden sie dann oftmals als ungebildet und mit entsprechend negativen männlichen Stereotypen verbunden (Amelina 2017, 86–87). Im genannten Beispiel werden *Doing Gender* und *Doing Migration* kombiniert und als Dimensionen verstanden, mittels derer wechselseitig Ungleichheiten produziert werden. Hinzukommt, dass in solchen Studien nicht nur die mobilen Individuen einbezogen werden, sondern in einer transnationalen Perspektive auch die zurückgelassenen Bezugspersonen und die Arbeitgeber*innen vor Ort mitgedacht werden. In diesem intersektionellen, transnationalen Ansatz lässt sich auch Religion verorten, mittels derer Bedeutungen immer wieder neu ausgehandelt werden.

## 4 Von *Doing* zu *Going* Religion, Migration und Gender

Im wissenschaftlich-zeitgenössischen Migrations- und Genderdiskurs fehlt Religion als unabhängige Variable zumeist. Eine Ausnahme zeigt sich in der Diskussion um die Radikalisierung von Muslim*innen in Europa und Nordamerika oder wenn es um ein integrationspolitisches Interesse in der Aufnahmegesellschaft geht (Bonifacio und Bonifacio 2010). Auch die umgekehrte Frage, ob denn religiöse Zugehörigkeit ein Grund für Migration sein kann, stellt sich in der Gegenwart weniger. In den westlichen Industrienationen liegt der Fokus in den Untersuchungen vielmehr auf der Arbeits- und Fluchtmigration. Dies war nicht immer der Fall. Aus einer historischen Perspektive betrachtet, vom Mittelalter bis in die Neuzeit, lassen sich zahlreiche religionsbegründete Wanderungen festhalten. Dazu gehören unter anderem die Einwanderung aschkenasischer Juden und Jüdinnen in Osteuropa, die hugenottischen Fluchtbewegungen und die Auswanderung von Mennonit*innen und Puritaner*innen nach Nordamerika, um nur einige Beispiele zu nennen (Nagel 2018, 982).[2]

Dass religiöse Konflikte und Verfolgung auch heute noch einen Grund für Auswanderung darstellen, macht den Blick auf Religion umso notwendiger. Der Religionswissenschaftler Kenneth-Alexander Nagel hebt vier Aspekte im Zusammenhang von Migration und Religion besonders hervor: Es entstehen hybride Formen religiöser Praxis oder letztere intensiviert sich in der Migrationserfahrung im Sinne einer Identitätsressource. Religiöse Akteur*innen organisieren sich im Ankunftsland selber, und es findet bis zu einem bestimmten Grad auch eine Institutionalisierung zum Beispiel innerhalb einer Vereinsstruktur statt bis hin zu einer Professionalisierung, im Zuge derer religiöse Spezialist*innen verpflichtet werden. Zudem geht es auch darum, im öffentlich Raum mittels religiöser Symbole wie Bauten sichtbar zu sein und von der Aufnahmegesellschaft wahrgenommen zu werden. Als letztgenannter Punkt zeigt der Blick auf transnationale Dimensionen,

---

2 Als weitere räumlichen Bewegung könnte man noch die Mission nennen, das würde jedoch den Rahmen dieses Beitrags sprengen.

dass Beziehungen mit religiösen Gemeinden aus den Herkunftsländern weiterhin gepflegt werden. Religiöse Gegenstände wie Bilder oder Statuen werden an den neuen Wohnort mitgenommen oder nachgeliefert, religiöse Narrative werden weiterhin rezipiert, und Rituale werden auch im Ankunftsort durchgeführt (Nagel 2018, 983–987). Allerdings wird auch in diesen Beobachtungen die Variable Gender außen vorgelassen. Im Folgenden soll deshalb abschließend ausgeführt werden, wie eine transnationale Perspektive auf Migration sinnvoll mit der Schnittstelle von Gender und Religion zusammengeführt werden kann.

In einem kultur- und religionswissenschaftlich geprägten Zugang spielt Religion in kulturellen Aushandlungsprozessen eine bedeutungsvolle Rolle, mittels derer Bedeutung produziert wird. Der spezifische Unterschied zu anderen kulturellen Praktiken zeigt sich in ihrem Bezug zu Transzendenz (Pollack und Rosta 2015, 71 f.). Religiöse Praxis im Sinne von *Doing Religion* schafft mittels Symbolen, Narrativen, Performanzen respektive Ritualen nicht nur Differenzen, sondern auch eine Verbindung zum Unfassbaren, zu dem, was sich jenseits des Gegenständlichen befindet. Sie packt das Unkontrollierbare wie zum Beispiel eine Krankheit, den Tod oder allgemein die Unvorhersehbarkeiten des Lebens in eine kontrollierbare Form. Dieses funktionale Verständnis von Religion lässt sich mit Gender weiter ausdifferenzieren, denn in den unterschiedlichen Praktiken des *Doing Religion* wird oftmals auch Geschlecht konstruiert. Im Kontext von Migration geschieht dies in Räumen, die von Menschen in Bewegung geschaffen werden. In diesen transnationalen Räumen wird Religion praktiziert und repräsentiert. Im neuen Raum des Zielortes entstehen religiöse Kulminationspunkte, die teilweise denjenigen des Herkunftsortes gleichen. Teilweise werden sowohl Gender als auch Religion anders erfahren und praktiziert als dies im Herkunftsort der Fall war. Die Humangeographinnen Susanna Stenbacke und Gunnel Forsberg bezeichnen die Bedeutungsveränderung von Geschlecht am Ankunftsort mit „Going Gender".[3]

Dieses Konzept lässt sich nun mit Religion ergänzen. Religion verändert sich durch den und am neuen Ort. Repräsentationen von Weltbildern, die sich unter anderem in Architekturen, Bildern oder Texten ausdrücken und in denen sich auch Gendervorstellungen manifestieren, werden in neuen räumlichen Kontexten ebenso wie in neuen, veränderten sozialen Kontexten nicht nur anders wahrgenommen als im Herkunftsland, sondern religiöse Repräsentationen interagieren mit den neuen räumlichen Kontexten. Dies zeigt das Beispiel des politisch brisanten

---

[3] „Thus, ‚going gender' is the outcome of repeated negotiation and renegotiation of specific gendered practices. To ‚go gender' is to oscillate between different gendered social and physical spaces. This may involve a variety of practices but will always be related to the perceived context and contract." (Stenbacka und Forsberg 2020, 306).

Themas der Minarette und des Muezzin-Rufs in Europa. Auch Normen und Werte sind oftmals von religiösen Traditionen geprägt und werden an die Gepflogenheiten des Ankunftslandes adaptiert. Als Beispiel sei hier auf die unterschiedlichen genderspezifischen Kleidervorschriften oder Körperpraktiken verwiesen. Religiöse Zugehörigkeiten und Orte beeinflussen die Erfahrung von Selbst- und Fremdwahrnehmungen von Individuen wie auch von Gemeinschaften.[4] Und schließlich findet sich Religion auch in institutionalisierten Formen wie Kirchen, Gemeindeorganisationen oder Gruppierungen aus den Herkunftsländern, die sich an neuen Orten formieren und im Austausch zu den Herkunftsländern stehen (Gallo 2018). Auch in diesem Bereich wird Gender nach bestimmten Regeln konstruiert. Grundsätzlich finden jedoch jegliche Veränderungen, Transformationen und Adaptionen immer in gegenseitigen Austausch- und Aushandlungsprozessen zwischen den Menschen, Praktiken und Symbolsystemen des Herkunfts- und Ankunftslandes statt.

## 5 Von *Doing* zu *Going Gender* und *Religion* in transnationalen Migrationskontexten

Der Beitrag zeigte einerseits die Vorteile auf, wenn Migration in ihren transnationalen Dimensionen an der Schnittstelle von Gender und Religion untersucht wird. Andererseits wurde eine Systematik ausgearbeitet, mittels derer in Migrationsstudien Gender und Religion als Analysekategorien einbezogen werden können. Die fünf Hauptbefunde des Kapitels werden in den folgenden abschließenden Überlegungen zusammengetragen.

(1) In einer transnationalen Perspektive auf Migration werden erstens die Menschen, die sich sowohl innerhalb staatlicher Grenzen als auch zwischen Nationalstaaten und Kontinenten bewegen, ins Zentrum gerückt. Nicht nur die Bewegungen an einen Zielort, manchmal handelt es sich auch um mehrere Stationen, sondern auch der Herkunftsort der Menschen werden damit in den Blick genommen. (2) Zweitens erweist es sich in Untersuchungen zu Gender und Religion als sinnvoll, die Menschen und ihre Handlungen innerhalb des kulturellen Kontextes zu verstehen. Wird nur auf die Grenzen von Nationalstaaten und deren rechtliche Regulierungen fokussiert, werden die Akteur*innen oftmals außen vor gelassen. Mit Blick darauf, wie Gender und Religion in Migrationsprozessen konstruiert werden, lassen sich (3) drittens Fragen der Ungleichbehandlung, Verteilung von Ressourcen,

---

[4] Die Kategorien Gesellschaft, Individuum, Weltbilder, Normen und Werte sind der einführenden Monographie *Sichtbare Religion* entnommen, siehe Fritz u. a. 2018.

Vormachtstellungen und Definitionshoheiten kritisch hinterfragen und Machstrukturen analysieren.

Dieser intersektionelle Zugang zu Migration, Gender und Religion wurde (4) viertens mit dem Konzept *Going Gender* und *Going Religion* erweitert. Gender wird in vielen Studien nach wie vor zumeist binär verstanden, was in Anlehnung an den diskutierten methodologischen Nationalismus auch als ‚methodologische Binarität' bezeichnet werden kann. *Going Gender* und *Going Religion* betonen den Kontext, in dem beide Kategorien sich innerhalb kultureller Praktiken konstruieren. Damit sind Austauschprozesse zwischen lokalen und religiösen Weltbildern von Migrant*innen, zwischen unterschiedlichen Normen und Werten von Individuen und Gemeinschaften sowie Formen der Institutionalisierungen gemeint. Religiöse Praktiken und die Konstruktion von Gender finden mit der Betonung auf *Going* in der Interaktion zwischen Herkunfts- und Ankunftsorten statt, wo jeweils unterschiedliche Normen und Werte gelten. (5) Migration im Hinblick auf Religions- und Genderkonstruktionen ist fünftens immer als eine Bewegung in zwei Richtungen zu verstehen. Die Erfahrungen der involvierten Menschen, diejenigen, die kommen, diejenigen, die schon da sind, diejenigen, die wieder gehen, und diejenigen, die zurückgelassen werden, stehen dabei im Zentrum.

In Migrationsprozessen entstehen im besten Fall Orte der Begegnung, wo Neues entstehen kann, was verständlicherweise auch Verunsicherungen auslösen kann. Dies kann aber auch als Chance gesehen werden, eigene Weltbilder, Normen und Werte, die oftmals auch religiös geprägt sind, kritisch zu hinterfragen.

## Literatur

Abulkadir, Isha. 2011. „Somali Memories of Female Genital Mutilation." In *Women, Violence and Tradition: Taking FGM and Other Practices to a Secular State*, 51–72. London: Zed Books.

Amelina, Anna. 2017. „Doing Migration und Doing Gender. Intersektionelle Perspektiven auf Migration und Geschlecht." In *Gender, Migration, Transnationalisierung. Eine intersektionelle Einführung*, hg. v. Helma Lutz und Anna Amelina, 67–90. Sozialtheorie. Bielefeld: transcript Verlag.

Amelina, Anna, und Thomas Faist. 2012. „De-Naturalizing the National in Research Methodologies. Eine Key Concepts of Transnational Studies in Migration". In *Ethnic and Racial Studies* 35, 1707–1724.

Behr, Harry Harun. 2020. „Islam und Intersektionalität. Religion als Orientierungsfaktor im Kontext von Migration, Bildung und Gender mit Besonderem Bezug zum Islam in Deutschland." In *Migration, Religion, Gender und Bildung. Beiträge zu einem erweiterten Verständnis von Intersektionalität*, hg. v. Meltem Kulaçatan und Harry Harun Behr, 17–82. Bielefeld: transcript Verlag.

Bonifacio, Glenda Tibe und Vivienne SM. Angeles. 2010. *Gender, Religion, and Migration. Pathways of Integration*. Lanham/MD: Lexington Books.

Breitenbach, Eva, Thomas Viola Rieske und Sabine Toppe. 2018. *Migration, Geschlecht und Religion. Praktiken der Differenzierung.* Schriftenreihe der Sektion Frauen- und Geschlechterforschung in der Deutschen Gesellschaft Für Erziehungswissenschaft (DGfE). Leverkusen-Opladen: Budrich.
Carver, Natasha. 2021. *Marriage, Gender, and Refugee Migration. Spousal Relationships among Somali Muslims in the United Kingdom. Politics of Marriage and Gender: Global Issues in Local Contexts.* New Brunswick/NJ: Rutgers University Press.
D'Amato, Gianni, Philippe Wanner und Ilka Steiner. 2019. „Today's Migration-Mobility Nexus in Switzerland." In *Migrants and Expats: The Swiss Migration and Mobility Nexus*, hg. v. Ilka Steiner und Philippe Wanner, 3–20. IMISCOE Research Series. Cham: Springer International Publishing.
Fritz, Natalie, Anna-Katharina Höpflinger, Stefanie Knauß, Marie-Therese Mäder und Daria Pezzoli-Olgiati. 2018. *Sichtbare Religion: eine Einführung in die Religionswissenschaft.* De Gruyter Studium. Berlin: De Gruyter.
Gallo, Ester, Hg. 2014. *Migration and Religion in Europe. Comparative Perspectives on South Asian Experiences.* Farnham u. a.: Ashgate.
Gallo, Ester. 2018. „Religion, Masculinity, and Transnational Mobility. Migrant Catholic Men and the Politics of Evangelization." In *Asian Migrants and Religious Experience*, hg. v. Bernardo Brown und Brenda Yeoh, 177–200. Amsterdam: Amsterdam University Press.
Höpflinger, Anna-Katharina, Ann Jeffers und Daria Pezzoli-Olgiati. 2021. *Handbuch Gender und Religion.* UTB Theologie, Religion 3062. 2. überarb. und erw. Aufl. Göttingen: Vandenhoeck & Ruprecht.
Kalter, Frank. 2018. „Migration." In *Grundbegriffe der Soziologie*, hg. v. Johannes Kopp und Anja Steinbach, 313–17. Wiesbaden: Springer Fachmedien.
Levitt, Peggy. 2004. „Redefining the Boundaries of Belonging: The Institutional Character of Transnational Religious Life." In *Sociology of Religion* 65, 1–18.
Lutz, Helma. 2017. „Care. Eine intersektionelle Analyse transnationaler Care-Arbeit und transnationaler Familien." In *Gender, Migration, Transnationalisierung*, hg. v. Anna Amelina und Helma Lutz, 91–120. Bielefeld: transcript Verlag.
Lutz, Helma und Anna Amelina. 2017. *Gender, Migration, Transnationalisierung: eine intersektionelle Einführung.* Sozialtheorie. Bielefeld: transcript Verlag.
Mäder, Marie-Therese. 2016. „Between Migration and Integration. Representing Religious Boundaries in Swiss Documentaries." In *Constructions of Cultural Identities in Newsreel Cinema and Television after 1945*, hg. v. Kornelia Imesch, Sigrid Schade und Samuel Sieber, 167–188. Bielefeld: transcript Verlag.
Nagel, Alexander-Kenneth. 2018. „Religion, Ethnizität und Migration." In *Handbuch Religionssoziologie*, hg. v. Detlef Pollack, Volkhard Krech, Olaf Müller und Markus Hero, 981–1000. Wiesbaden: Springer Fachmedien.
Pollack, Detlef und Gergely Rosta. 2015. *Religion in der Moderne: ein internationaler Vergleich.* Schriftenreihe Religion und Moderne. Frankfurt/M.: Campus-Verlag.
Pratt Ewing, Katherine. 2015. „Stigmatisierte Männlichkeit. Muslimische Geschlechterbeziehungen und kulturelle Staatsbürgerschaft in Europa." In *Mann wird man. Geschlechtliche Identitäten im Spannungsfeld von Migration und Islam*, hg. v. Lydia Potts und Jan Kühnemund, 19–37. Bielefeld: transcript Verlag.
Römhild, Regina. 2011. „Transnationale Migration und soziokulturelle Transformation. Die Kosmopolitisierung der Gesellschaft." In *Transnationalismus & Migration. Dossier Heinrich-Böll-Stiftung.* http://www.migration-boell.de/web/migration/46_2837.asp [13.10.2021].
Schaufler, Birgit. 2002. *‚Schöne Frauen – starke Männer'. Zur Konstruktion von Leib, Körper und Geschlecht.* Augsburger Reihe zur Geschlechterforschung 3. Opladen: Leske + Budrich.

Sinatti, Giulia. 2014. „Masculinities and Intersectionality in Migration. Transnational Wolof Migrants Negotiating Manhood and Gendered Family Roles." In *Migration, Gender and Social Justice. Perspectives on Human Insecurity*, hg. v. Thanh-Dam Truong, Des Gasper, Jeff Handmaker und Sylvia I. Bergh, 215–26. Hexagon Series on Human and Environmental Security and Peace. Berlin; Heidelberg: Springer.

Stenbacka, Susanne, und Gunnel Forsberg. 2020. „To ,Go Gender'. A Conceptual Framework for Analysing Migration-related Strategic Gender Practices." In *Norsk Geografisk Tidsskrift – Norwegian Journal of Geography* 74, 296–309.

## Internetquellen

*Gender and Migration*. 2021. http://www.migrationdataportal.org/themes/gender-and-migration [13.10.2021].

*Key Global Migration Figures*, 2017–2022. http://www.migrationdataportal.org/de/resource/key-global-migration-figures [14.10.2021].

*Key Migration Terms | International Organization for Migration.* o. J. https://www.iom.int/key-migration-terms [14.10.2021].

## Weiterführende Literatur

Kulaçatan, Meltem und Harry Harun Behr. 2020. *Migration, Religion, Gender und Bildung. Beiträge zu einem erweiterten Verständnis von Intersektionalität. Migration, Religion, Gender und Bildung.* Bielefeld: transcript Verlag.

Teil V **Konturen einer geschlechtersensiblen Religionswissenschaft**

Birgit Heller und Edith Franke

# V.1 Paradigmenwechsel und Forschungspostulate

Mit der Einführung der Kategorie ‚Geschlecht' in den Forschungsprozess wurde rasch deutlich, dass damit Veränderungen einhergehen, die sich auf grundlegende Aspekte religionswissenschaftlichen Arbeitens richten und die einen Paradigmenwechsel erforderlich machen. Bereits in den Anfängen religionswissenschaftlicher Frauenforschung wurde betont, dass es nicht damit getan ist, die diversen Studien und Abhandlungen durch ein separates Kapitel über ‚die Frau' zu ergänzen: Die Untersuchung der weiblichen Symbolik, der Einstellungen zu Frauen sowie der religiösen Erfahrungen und Biographien von Frauen stellen vielmehr bis dahin verwendete Perspektiven und Methodologien in Frage (King 1986, 88). Wie in anderen Disziplinen, die sich der Geschlechterperspektive öffneten, war unmittelbar evident, dass für eine differenziertere und realitätsadäquatere Forschung ein Blickwechsel (Pahnke 1993) vollzogen werden muss, der sich sowohl auf die Fragestellungen als auch auf die Erhebung, die Beschreibung und die Interpretation von Daten auswirkt und der darüber hinaus auch den Objektivitätsanspruch und die Verwendung etablierter religionswissenschaftlicher Kategorien in Frage stellt. Der Paradigmenwechsel betrifft also das methodische Vorgehen, den Neutralitätsanspruch und damit die Problematik der Situiertheit und Positionalität im Forschungsprozess. Vor dem Hintergrund der Rezeption postkolonialer Kritik wird zudem eine Revision der religionswissenschaftlichen Theorie- und Begriffsbildung sowie ihrer Gültigkeitsansprüche notwendig.

Daraus lassen sich die folgenden elementaren Forschungspostulate ableiten:

a) Religionswissenschaft, die geschlechtersensibel vorgeht, analysiert die Verflechtung religiöser und gesellschaftlicher Geschlechterkonzeptionen und -ordnungen. Der Fokus richtet sich auf Fragen der Konstruktionen von Weiblichkeit und Männlichkeit in den Religionen, auf die Herstellung und Bestätigung von Heteronormativität sowie auf die Legitimation gesellschaftlicher Geschlechterordnungen und -hierarchien – sowohl in und durch religiöse Lehren und Vorstellungen als auch in und durch religiöse Praktiken und Organisationen. Dabei müssen insbesondere die Wechselwirkungen sozialer und religiöser Kategorien mit ihrem jeweiligen historisch-gesellschaftlichen Kontext in den Blick genommen werden.

b) Neben der Auseinandersetzung mit den (vergleichsweise geringeren) religionshistorischen Zeugnissen von Frauen ermöglicht die sorgfältige Re-Lektüre der meist von männlichen Eliten dominierten Texttraditionen Rückschlüsse auf die alltägliche religiöse Lebenswelt, die eher einen Blick auf das religiöse Leben von

Frauen und nicht-elitären Gruppen ermöglicht. So kann etwa aus der Prophetenkritik an den Kulten der Astarte bzw. der Himmelskönigin im alten Israel eine lebendige Praxis abgeleitet werden. Um die religiösen Erfahrungen, Vorstellungen und Praktiken von Frauen und marginalisierten Gruppen jenseits der autoritativen Quellen zu erschließen, bedarf es qualitativer sozialwissenschaftlicher Methoden. Zudem richtet sich der Fokus auf gegenwärtige Religionen, religiöse Randtraditionen sowie Formen gelebter, populärer Religion. Methodische Vielfalt ist unerlässlich, um auch periphere, nicht-hegemoniale und individualisierte Facetten von Religion in den Blick nehmen zu können.

c) Der eigene Standpunkt, die Situiertheit und Rahmenbedingungen der Forschung, die immer auch geschlechtsspezifisch geprägt sind, müssen ebenso reflektiert werden wie der damit verbundene Zugang zum religiösen Feld. Diese Reflexion der Perspektivität erstreckt sich auch auf historische Studien, um offenzulegen, ob und inwieweit darin androzentrische Strukturen als selbstverständlicher Bestandteil sozialer Realität und religiöser Traditionen übersehen oder auch unterstützt werden.

d) An die Stelle einer vermeintlich objektiven Einheitsschau tritt das Ideal der Multizentriertheit, indem vielfältige Perspektiven sowie Differenzkategorien berücksichtigt werden.

# V.2 Leitkategorien

‚Geschlecht' nimmt in der Religionswissenschaft bis heute keinen selbstverständlichen Platz als Analysekategorie ein. Die Erweiterungen von anfänglicher Frauenforschung über Männerforschung hin zu Geschlechterforschung inklusive Queer und Transgender Studies haben die Bedeutung der Kategorie ‚Geschlecht' jedoch spürbar verstärkt. Wir sehen es als unumgänglich an, dass Geschlechterforschung keine Ergänzung der traditionellen Forschung darstellt, die davon unberührt weitergeführt werden könnte. Um menschliche Religiosität zu verstehen, muss jede spezifische Fragestellung auch aus dem Blickwinkel von Geschlechtervielfalt betrachtet werden. Die Kategorie ‚Geschlecht' muss – gemeinsam mit allen weiteren Diversitätskategorien, für die mittlerweile die Sensibilität gewachsen ist, – in jede Untersuchung miteinbezogen werden. Auch wenn ‚Geschlecht' nicht explizit zum Thema einer religionswissenschaftlichen Untersuchung gemacht wird, sehen wir es als erforderlich an, grundsätzlich eine geschlechterdifferenzierende Perspektive einzunehmen und die Zugänge sowie Grenzen der jeweils Forschenden zu einem Themenfeld offenzulegen. Die Analyse bzw. Berücksichtigung der folgenden Kategorien sehen wir als richtungsweisend für eine geschlechtersensible, feministisch orientierte Religionswissenschaft an. Im Folgenden erläutern wir diese Kategorien.

## Geschlechterbilder, Geschlechterrollen und Heteronormativität

Religiöse Geschlechterbilder und -rollen, die Heteronormativität und die damit verbundenen Machtverhältnisse und Hierarchien müssen auf ihren jeweiligen historischen und gesellschaftlichen Kontext hin untersucht und die Rolle von Religionen zur Herstellung, Legitimierung und Naturalisierung von Geschlecht analysiert werden. Dabei muss ebenso in den Blick kommen, inwiefern Geschlechtsidentitäten und Geschlechterrollen, die vom normativen Modell der Zweigeschlechtlichkeit abweichen, in Religionen unsichtbar gemacht bzw. negativ sanktioniert werden.

## Ämter, Rollen und Organisationsstrukturen von Religionen

Durch die Untersuchung von religiösen Rollen und Ämtern, der Organisation der religiösen Gemeinschaft, der religiösen Praxis und der Tradierung von religiösem Wissen aus Geschlechterperspektive werden wechselseitige Abhängigkeiten mit historisch-gesellschaftlich geprägten Geschlechtskonstruktionen sichtbar. Zudem zeigt sich, wie Ausschlussmechanismen funktionieren und wie sich Machtstrukturen im Prozess der Institutionalisierung von Religionen etablieren.

## Individuelle Religiosität und religiöse (Alltags-)Praxis

Um die Dimensionen und Facetten gelebter Religion in ihrer Praxis, ihrer Emotionalität und in ihrer subjektiven Relevanz verstehen zu können, müssen sowohl religiöse Biographien sowie religiöse Erfahrungen erhoben, Selbst- und Weltverständnissen erfragt und Quellen materieller Kultur von Religion (Religionsästhetik) berücksichtig und untersucht werden.

## Patriarchat

Viele Religionen sind im Kontext patriarchaler Sozialstrukturen entstanden und privilegieren männliche Herrschaftsstrukturen. Allerdings ist zu beachten, dass es kein monolithisches religiöses Patriarchat gibt und dass Geschlechterkonzepte und Geschlechterverhältnisse im Kontext religiöser Traditionen nicht immer hierarchisch konzipiert sind. Religionshistorische Forschungen müssen ebenso wie gegenwartsbezogene Forschungen die sozioökonomischen und politischen Rahmenbedingungen in Hinblick auf patriarchale Machtstrukturen analysieren und ihre Wechselwirkung mit religiösen Strukturen reflektieren.

## Körper/*embodied religion*

Der Körper ist von zentraler Bedeutung für religiöse Erfahrungen, religiösen Glauben, für religiöses Denken und Handeln. Eine Analyse der Verflechtungen von Körper, Religion und Geschlecht sind ebenso wie eine Aufmerksamkeit für die körperliche Einschreibung von Religion von zentraler Bedeutung, um die Wirkung religiöser Ordnungen und Geschlechterordnungen zu verstehen.

## Geschlechteregalität

In den religiösen Texttraditionen wird neben Geschlechterdifferenz und normativen Geschlechterrollen auch die Frage der Geschlechteregalität thematisiert. Gleichheitsbestrebungen beziehen sich überwiegend auf den engeren religiösen Bereich – etwa auf die religiöse Praxis, den religiösen Lebensvollzug oder den Zugang zum Heilszustand. Sie haben die sozialen Geschlechterhierarchien sowie Ungleichheiten in den Geschlechterbeziehungen jedoch selten in Frage gestellt und Transformationsprozesse historisch gesehen nur in Ausnahmefällen aktiv angestoßen.

## Geschlechterdiskriminierung

Geschlechterdiskriminierung wird seit der Kolonialzeit vor allem auf die ‚anderen', nicht-westlichen und damit verknüpft auf die (‚anders'-)religiösen bzw. nichtchristlichen Frauen projiziert, aktuell insbesondere auf muslimische Frauen. Die Wirkungsweise und Instrumentalisierung solcher Zuschreibungen für politische Interessen und für Grenzziehungen zwischen und Diskriminierung von Frauen und von spezifischen Gruppen sind zu analysieren. In transkulturellen Begegnungen, in globalen Interaktionen und in religiösen Mehrheiten-Minderheiten-Konstellationen sind Gender-Arrangements als Marker kultureller und religiöser Differenz bedeutsam. Sie werden aber durch komplexe Austauschprozesse sowie durch Machtverhältnisse wechselseitig geprägt.

## Weiblichkeit/Männlichkeit

Obwohl davon auszugehen ist, dass Weiblichkeit und Männlichkeit in vieler Hinsicht kulturelle Konstrukte darstellen, bleiben diese Konzepte Bezugspunkte der Religionsforschung, um normative religiöse Bestimmungen von Geschlecht, soziale Positionen der Geschlechter, Begründungen geschlechtsspezifischer Dominanz usw. in Überschneidung mit weiteren Differenzkategorien und in ihrer historischen sowie gegenwärtigen Wirkung zu analysieren. Damit in Zusammenhang stehen Analysekonzepte, die sich einer zunehmenden Aufmerksamkeit für die Konstruktionen von Männlichkeit in der jüngeren Geschlechterforschung verdanken und breit rezipiert wurden: hegemoniale Männlichkeit, mitschuldige Männlichkeit, untergeordnete Männlichkeit und marginalisierte Männlichkeit (Raewyn Connell); männliche Herrschaft (Pierre Bourdieu).

## Geschlechtervielfalt/Transgender

Wenn sich die Aufmerksamkeit auf Quellen und Zeugnisse für Konzepte, Rollen und Praktiken richtet, die von der binären Heteronormativität abweichen, werden Phänomene wie der Wechsel von Geschlecht, Geschlechtervielfalt oder Ansätze einer Transformation bestehender Geschlechterordnungen in sozialen wie in religiösen Kontexten sichtbar. Forschungen in dieser Richtung öffnen den Blick für Freiräume und alternative Lebensentwürfe jenseits von religiös begründeten und tradierten Geschlechternormen und für die Vielfalt religiöser Vorstellungen und Praktiken.

## Reflexion auf der Meta-Ebene und Multiperspektivität

Untrennbar mit diesen Kategorien verbunden sind epistemologische Fragen nach den Rahmenbedingungen und Vorannahmen von Forschung bis hin zur lange herrschenden Abwesenheit von Themen der Geschlechterforschung in der Religionswissenschaft: Wer forscht mit welchen Zugangsweisen über wen, und warum werden bestimmte Themen und Perspektiven ausgewählt, andere dagegen ausgelassen? Unter welchen Bedingungen wird Forschung durchgeführt? Welche Folgen hat die Positionalität der Forschenden und welche Reichweite haben Forschungsdaten und Erkenntnisse? Epistemologische Reflexion, Transparenz und Multiperspektivität im Forschungsprozess werden damit zu zentralen Qualitätsmerkmalen einer gendersensiblen Religionswissenschaft.

## V.3 Feminismus und geschlechtersensible Religionswissenschaft

In den letzten Jahren ist Kritik an der feministischen Auseinandersetzung mit Religion laut geworden. Die Soziologinnen Heidemarie Winkel und Angelika Poferl (2021, 4 f.) kritisieren, dass mit einer säkularen feministischen Theorie noch keine Garantie für ein „machtfreies Sprechen über das Verhältnis von Religion und Geschlecht" gegeben sei. Ihre Position steht exemplarisch für neuere, feministische Haltungen, die sich mit der postkolonialen Kritik an der Vernachlässigung von Perspektiven außerhalb des Globalen Nordens und damit auch an der polarisierten Entgegensetzung von Religion als repressiv und Säkularität als emanzipativ auseinandersetzen. Sie gehen davon aus, dass „die Bedeutung von Religion als intersektionale Differenzkategorie, und damit als ‚Marker' sozialer Grenzziehungs- und Abwertungsprozesse" dem feministischen Blick aufgrund einer eurozentrischen Perspektive lange entgangen sei. Säkulare Kontexte seien in Hinblick auf individuelle Handlungsautonomie geradezu idealisiert worden, während Religion als Möglichkeitsraum für die Entwicklung von Handlungsmacht zu wenig oder gar nicht berücksichtigt worden sei. Diese Auseinandersetzung mit der feministischen Religions- und Wissenschaftskritik hat zur Entwicklung einer stärker internationalisierten Debatte zu Feminismus, Gender und Religion geführt, in der Stimmen von Aktivist*innen und Forscher*innen aus dem Globalen Süden mehr Gewicht erlangen.

In Anknüpfung an die Arbeit von Saba Mahmood (2005) über die Beteiligung muslimischer Frauen in der islamischen Erneuerungsbewegung in Ägypten ist zudem der Vorwurf laut geworden, dass die feministische Theorie den Zugang zum religiösen Leben von Frauen verstelle, weil sie einzig und allein den Kampf gegen männliche Vorherrschaft als weibliche Handlungsmacht anerkenne (Gemzöe und Keinänen 2016, 5–10). Die Verteidigung von Religion gegenüber dem Vorwurf, prinzipiell restriktiv, konservativ und patriarchal zu sein, steht in Verbindung mit der Denkrichtung des sogenannten Postsäkularismus. Rosi Braidotti (2008, 2) vertritt die Ansicht, dass der europäische Feminismus durch die postsäkulare Wende herausgefordert wird, weil *agency* oder politische Subjektivität durch Religiosität unterstützt werden kann. Sie bezieht sich allerdings dezidiert auf feministische Theologinnen und Vertreterinnen feministischer Spiritualität und hält fest, dass feministische Theorie auf einer radikalen Loslösung von dominanten Institutionen und Repräsentationen von Weiblichkeit und Männlichkeit basiere (Braidotti 2008, 7; 17). Diese Ausrichtung feministischer Theorie, die eine grundsätzliche Transformation der Geschlechterbeziehungen impliziert, ist bei anderen Vertreterinnen des

Postsäkularismus allerdings nicht mehr in derselben Weise erkennbar (etwa Auga 2020, 327–328).

In diesem Zusammenhang impliziert die Kritik am säkular-liberalen Feminismus auch eine Kritik an feministisch-orientierter Religionsforschung. Feministische Religionsforschung hat sich in ihren Anfängen intensiv mit der Dekonstruktion von misogynen Symbolen und Vorstellungen befasst, aber gleichzeitig den Fokus auf Frauen als religiöse Akteurinnen gerichtet (Gross 1996, 81–83) und nach Quellen und Deutungssträngen für das *empowerment* von Frauen gesucht. Allerdings haben die Untersuchungen auch verdeutlicht, dass religiöse Frauen nicht nur im Widerstand gegen männliche Dominanz agieren und dass es verschiedene Formen von *agency* gibt. Daher ist es keineswegs neu, die religiöse Handlungsmacht von Frauen außerhalb des Schemas von Unterdrückten und Unterdrückern bzw. von passiven Opfern durch religiöse Ideologien zu erkennen. Anders als im säkularen Feminismus wurde Religion in der feministischen Religionsforschung nicht als grundlegend patriarchale Ideologie betrachtet. Insofern hat Saba Mahmood zwar bei zahlreichen feministischen Theoretiker*innen eine neue Offenheit für die Ausbildung von Subjektivität (im Sinn von Subjekthaftigkeit) und *agency* bei religiösen Frauen ausgelöst, aber im Hinblick auf die breite, vorliegende feministisch-orientierte Forschung zu verschiedenen Facetten weiblicher Religiosität handelt es sich hier nicht um einen Richtungswechsel.

In ihrer bisherigen Geschichte hat die Geschlechterforschung verschiedene einschneidende Entwicklungen durchgemacht. Ohne die wichtigen Einsichten der feministischen Theorie wäre sie überhaupt nicht entstanden. Insbesondere die feministische Religionskritik sowie Analysen von patriarchaler Sozialstruktur und Androzentrismus-Kritik waren grundlegend für die Entwicklung religionswissenschaftlicher Geschlechterforschung. Am Beispiel der jüngst entstandenen sogenannten Remasculinization Studies hebt Marja-Liisa Keinänen (2016) die bleibende Bedeutung feministischer Kritik hervor. In Reaktion auf die breit rezipierte Feminisierungsthese von Religion, die jedenfalls für das christlich geprägte Europa ab dem 19. Jahrhundert gut belegt ist, legen Remasculinization Studies den Fokus auf zu wenig beachtete Formen männlicher Religiosität. Proponent*innen dieser Forschungsrichtung orten in der Geschlechterforschung ein neues Ungleichgewicht, das zur Marginalisierung von Männern führe. Keinänen betont, dass es durchaus wichtig und angemessen sei, die Forschung zu einer Feminisierung von Religion um Fragen zur parallelen Entwicklung männlicher Religiosität zu erweitern. In der Epistemologie der Remasculinization Studies erkennt sie allerdings eklatante Rückschritte gegenüber den Errungenschaften der Geschlechterforschung, die unter dem Anspruch von objektiver, wertneutraler Wissenschaft zu einer neuerlichen Hegemonialisierung von Religionsforschung führen. In der Analyse eines konkreten Beitrags des Historikers Olaf Blaschke (2011), der die „unerkannte Frömmigkeit von

Männern" thematisiert, wird die Wiedereinführung einer androzentrischen Perspektive offensichtlich: „Ignoring decades of feminist critique of the sacred – profane and public – private dichotomies, he only acknowledges men's acitivities in the public, political sphere as the proper expression of religiosity worthy of scholarly attention." (Keinänen 2016, 69).

Vor diesem Hintergrund, muss die aufkeimende Kritik an feministischer Religionsforschung überdacht werden. Die Tatsache, dass sich Geschlechterbeziehungen – wie alle Sozialbeziehungen – stets auch als Machtbeziehungen ausformen, tritt in den Hintergrund, wenn *agency* und Subjektivität einseitig betont werden (Gemzöe und Keinänen 2016, 10). Dazu passt die Beobachtung, dass der Begriff *agency* weitgehend als Ersatz für den früher häufig verwendeten Begriff *empowerment* dient. In der Religionsgeschichte gibt es viele Beispiele dafür, dass *agency* von Frauen nicht mit feministischem Engagement gleichgesetzt werden kann und teilweise sogar wesentlich zur Aufrechterhaltung bestehender Machtverhältnisse beiträgt (Groot und Morgan 2014, 4 f.). Simone de Beauvoir hat dieses Phänomen in ihrem Klassiker „*Das andere Geschlecht*" (2022, 15–17; 82 f. [1949]) als „Komplizenschaft" beschrieben. Frauen, die sich auf diese Weise mit Männern solidarisieren, unterstützen Strukturen patriarchaler Gewalt, indem sie beispielsweise in der kulturell-religiös untermauerten Praxis der Genitalverstümmelung an Mädchen als Beschneiderinnen fungieren. Es zeigt sich aber ebenso, dass das Ringen um Geschlechtergleichheit nicht nur im Rahmen einer liberal-säkularen Weltanschauung, sondern auch in religiösen Kontexten stattgefunden hat und stattfindet. Auch wenn Selbsttranszendenz und spirituelle Vollendung für religiöse Frauen meist höhere Werte als soziale Statusveränderung darstellen, müssen sich diese Ziele nicht ausschließen, sondern können sich miteinander verbinden.

# Literatur

Auga, Ulrike E. 2020. *An Epistemology of Religion and Gender. Biopolitics, Performativity and Agency.*
   Routledge Critical Studies in Religion, Gender and Sexuality. London; New York/NY: Routledge.
Beauvoir, Simone de. 2022. *Das andere Geschlecht. Sitte und Sexus der Frau (= Le Deuxième Sexe*, 1949).
   25. Aufl. Reinbek bei Hamburg: Rowohlt-Taschenbuch-Verlag.
Blaschke, Olaf. 2011. „The Unrecognized Piety of Men. Strategies and Success of the
   Re-masculinisation Campaign around 1900." In *Christian Masculinity. Men and Religion in Northern Europe in the 19th and 20th Centuries*, hg. v. Yvonne Werner, 21–45. Leuven: Leuven University Press.
Braidotti, Rosi. 2008. „In Spite of the Times. The Postsecular Turn in Feminism." In *Theory, Culture & Society* 25, 1–24.

Gemzöe, Lena und Marja-Liisa Keinänen. 2016. „Contemporary Encounters in Gender and Religion: Introduction." In *Contemporary Encounters in Gender and Religion. European Perspectives*, hg. v. Lena Gemzöe, Marja-Liisa Keinänen und Avril Maddrell, 1–28. Cham: Palgrave Macmillan.

Groot, Johanna de und Sue Morgan. 2014. „Introduction: Beyond the ‚Religious Turn'? Past, Present and Future Perspectives in Gender History". In *Sex, Gender and the Sacred. Reconfiguring Religion in Gender History*, hg. v. Johanna de Groot und Sue Morgan, 1–28. Malden/MA; Oxford: Wiley Blackwell.

Gross, Rita M. 1996. *Feminism and Religion. An Introduction*. Boston: Beacon Press.

Keinänen, Marja-Liisa. 2016. „Feminist Reflections on the Study of Feminization and Masculinization of Religion." In *Contemporary Encounters in Gender and Religion. European Perspectives*, hg. v. Lena Gemzöe, Marja-Liisa Keinänen und Avril Maddrell, 55–75. Cham: Palgrave Macmillan.

King, Ursula. 1986. „Female Identity and the History of Religions." In *Identity Issues and World Religions*, hg. v. Victor Hayes, 83–92. Bedford Park/South Australia: The Australian Association for the History of Religions.

Mahmood, Saba. 2005. *Politics of Piety. The Islamic Revival and the Feminist Subject*. Princeton/NJ; Oxford: Princeton University Press.

Pahnke, Donate, Hg. 1993. *Blickwechsel. Frauen in Religion und Wissenschaft*. Marburg: Diagonal Verlag.

Winkel, Heidemarie und Angelika Poferl. 2021. „Einleitung: Eine Neubestimmung des Verhältnisses von Feminismus, Säkularismus und Religion". In *Feministischen Studien* 39, 3–16.

# Abbildungsverzeichnis

Abb. 1: Ein Beispiel für dekorative Einlagen auf Möbeln der assyrischen Elite, die als private Pornografie betrachtet werden können. Bleieinlage aus der Regierungszeit des assyrischen Königs Tukulti-Ninurta I. (1240–1207 v. chr. Z.), Vorderasiatisches Museum Berlin (Foto: Elyze Zomer).

Abb. 2: Female and male chanters perform ritual music as part of rites in Karnak temple, Luxor, Egypt, 1479–1422 BCE (Photo credit: Suzanne Onstine).

Abb. 3: Female Daena or Conscience leading a Zoroastrian male soul to judgement, Parsi manuscript, 1801 CE (Photo credit: Jamsheed K. Choksy).

Abb. 4: Women punished in Hell, Parsi manuscript, 1801 CE (Photo credit: Jamsheed K. Choksy).

Abb. 5: Durgā als *Mahiṣāsuramardinī*, Chennakeshvara-Tempel in Belur, Karnataka, 12. Jahrhundert (Foto: Dorina Heller).

Abb. 6: Mate Mahadevi leitet eine religiöse Zeremonie im Rahmen der Inthronisierungs-Feierlichkeiten; sie ist umgeben von den männlichen Vorstehern verschiedener Liṅgāyat-Āśramas („Klosters"), die sie als Oberhaupt anerkennen, andere sind der Feier ferngeblieben. 12. Januar 1996 in Kudala Sangama, Karnataka (Foto: Birgit Heller).

Abb. 7: Siddha in Tropenmuseum, Amsterdam, https://commons.wikimedia.org/wiki/File:Siddha-Tropenmuseum.jpg [01.08.2023].

Abb. 8: Bhikṣuṇī Lakṣmī, eine der letzten indisch-buddhistischen Nonnen (10. Jh.), Fresko im tibetischbuddhistischen Nonnenkloster Tsoknyi bei Kathmandu, Nepal, ca. 20. Jh. (Foto: Herrmann-Pfandt 2018, Fig. 7–184c).

Abb. 9: Buddhistische Praxis unter Pandemie-Bedingungen: Tempelpriesterin Iijima Keidō (Sōtō-Schule) in ihrem Tempel in Matsumoto, Japan (Foto: Monika Schrimpf 2021).

Abb. 10: Entwicklung der religiösen Zugehörigkeit, *Taiwan Social Change Survey*, TSCS, 1985–2019. Auswertung und Graphik Guggenmos 2020.

Abb. 11: Frau bei meditativer Brustmassage, aus: *Neiwai gong tushuo jiyao* 內外功說輯要 [Illustrierte Zusammenfassung innerer und äußerer Übungen], versammelt von Xi Yukang 席裕康, illustriert von Wang Zhihui 王知慧. 1919. Hier entnommen aus einem unter dem Namen *Yangsheng yindao jing* 養生引導經 erschienenen Sammelband, zusammengestellt von Huang Shiti 黃史題. 1978, 204. Gedruckt von der *Zhongguo daojiao sixiong zongshi fu* 中國道教嗣熊宗師府. Bestand der Nationalbibliothek, Taipeh.

Abb. 12: Lebhaft gestikulierend disputieren eine Frau und ein Šayḫ („spiritueller Sufi-Meister") miteinander. Persische Miniatur. Iran, um 1700. © GRASSI Museum für Angewandte Kunst, Leipzig, Inv. Nr. B.1911.10 c. (Foto: Esther Hoyer).

Abb. 13: Image of a woman pouring a ritual libation, painted on a cylindrical vase used for ritual drinking, Ulúa Valley, Honduras, ca. 750–850 CE (Photo credit: Museo de San Pedro Sula. Photograph by Russell N. Sheptak).

Abb. 14: Frauen als Pombagira gekleidet, 11. April 2010 in São Paulo (Foto: Bettina E. Schmidt).

Abb. 15: Frauen und Fraumänner der Timucua in Florida beim Sammeln von Nahrung. Stich von J. T. de Bry, *West-Indische Reisen*, Zweites Buch, 1591, Tafel 23.

Abb. 16: Die heilige Stätte Seifa Utaki in Nanjô, Süd-Okinawa (Foto: Isabelle Prochaska 2007).

Abb. 17: Spirituelle Heilerin (rechts) bei einem Bet-Ritual für ihre Klientin in Shuri (links). (Foto: Isabelle Prochaska-Meyer 2006).

Abb. 18: Eine Statue Han Hak-chas im Zentrum der Vereinigungsbewegung in Südkorea aus dem Jahr 2020 (lizenzfrei).
Abb. 19: Zwei Figuren aus Pappe symbolisieren die Braut und den Bräutigam. Dabei wird die Kleidung zum monosemierten Ausdrucksmittel für die jeweilige Geschlechterrolle (Foto: Yves Müller 2017).
Abb. 20: Mipsterz im urbanen Kontext. Screenshot. *Somewhere in America #MIPSTERZ* (Habib Yazdi, US 2013), 0:34.
Abb. 21: Rivke in der weiblichen Sphäre. Screenshot. *The Cohen's Wife* (*Eshet Kohen*, Nava Nussan Heifetz, IL 2000), 00:01:28.
Abb. 22: Vertrauen auf Gott. Screenshot. *Rafiki* (Wanuri Kahiu, KE/ZA/DE/NL/FR/NO/LB/UK 2018), 0:01:39.
Abb. 23: Vergleich zwischen der Anzahl von migrierten Männern und Frauen (*Gender and Migration*, IOM GMDAC 2021).

# Die Autor*innen

**Yasmin Amin** promovierte in Islamwissenschaft (American University in Kairo; Institute of Arab and Islamic Studies der Exeter University) und arbeitet am Orient-Institut Beirut als Repräsentantin des Orient-Instituts Beirut (Max-Weber-Stiftung) in Kairo. Ihre Forschungsinteressen umfassen verschiedene Aspekte von Geschlechterfragen, frühe muslimische Gesellschaft und Kultur, sowie die Originaltexte der islamischen Geschichte, des Rechts und des Hadith.

**Bärbel Beinhauer-Köhler** ist Professorin für Religionsgeschichte an der Philipps-Universität Marburg. Sie ist Direktoriumsmitglied des dortigen Zentrums für Interdisziplinäre Religionsforschung (ZIR) sowie Teil des Marburger Zentrums für die Antike Welt (MCAW), Mitherausgeberin der Zeitschrift für Religionswissenschaft (ZfR) sowie der Reihe Religionswissenschaft heute. Einer ihrer Arbeitsschwerpunkte, neben religiösen Räumen und Medien, ist die Religionsgeschichte des Islam u. a. unter Genderaspekten.

**Jamsheed K. Choksy** is Distinguished Professor and Director of the US Title VI Inner Asian and Uralic National Resource Center at Indiana University, Bloomington. He is a member of the Council overseeing the National Endowment for the Humanities and elected Fellow of the American Academy of Arts and Sciences. Choksy is a consulting editor for the Encyclopedia Iranica. He is an authority on the cultures of Iran (Persia), the Middle East, the Indian subcontinent, Zoroastrianism, Manichaeism, and Islam, and of religious minorities in the Middle East and Central Asia. His research examines the development and interrelationship of communities, beliefs, politics, and security in cultures.

**Doris Decker** ist Religionswissenschaftlerin mit Schwerpunkt Islam. Sie hat als wissenschaftliche Mitarbeiterin an den Universitäten Frankfurt und Marburg und im Rahmen eines eigenen DFG-Forschungsprojekts über Geschlecht und Sexualität im zeitgenössischen schiitischen Islam gearbeitet. Aktuell ist sie Koordinatorin für Wissenschaft und Forschung an der Akademie für Islam in Wissenschaft und Gesellschaft. Ihre Forschungsschwerpunkte liegen auf der Geschichte und den Quellentexten des Frühislam und dem zeitgenössischen schiitischen Islam mit dem Fokus auf Geschlecht und Sexualität; regionaler Schwerpunkt ist der Nahe Osten.

**Marta Domínguez Díaz** is Senior Lecturer in Islamic Studies (Anthropology) at the University of St. Gallen. She has previously held research and teaching posts at SOAS (London) and the Woolf Institute (Cambridge) and had a research collaboration with the University of Vienna's Department of Religious Studies. Her research interests include Sufism (North-African and European), cultural identities and ethnicity in North-Africa, Islam in Europe, Ritual Studies, Embodied Religion, Comparative Religion and Muslim-Jewish Relations.

**Johannes Endler** ist Doktorand am Institut für Religionswissenschaft der Universität Wien und ehemaliger Stipendiat der Österreichischen Akademie der Wissenschaften (ÖAW); zudem ist er als Sozialarbeiter in einer sozialpsychiatrischen Einrichtung tätig. Seine Forschungsinteressen richten sich auf alternativreligiöse Strömungen seit dem 19. Jahrhundert, Gender und Religion sowie Religion und Gesundheit.

Open Access. © 2024 bei den Autorinnen und Autoren, publiziert von De Gruyter. Dieses Werk ist lizenziert unter einer Creative Commons Namensnennung – Nicht kommerziell – Keine Bearbeitung 4.0 International Lizenz. https://doi.org/10.1515/9783110697407-057

**Sherry E. Fohr** is an Associate Professor of Religion at Converse University (Spartanburg SC, USA), where she is the Religion Program Coordinator, the Curricular Director of the Interfaith Studies Program, and the Co-Director of the Women's Studies Program. Areas of specialization: Jainism, interreligious and interfaith studies, gender and religion, and diversity and inclusion.

**Edith Franke** ist Professorin für Allgemeine und Vergleichende Religionswissenschaft, Leiterin der Religionskundlichen Sammlung und Geschäftsführende Direktorium des „Zentrums für interdisziplinäre Religionsforschung" (ZIR) an der Philipps-Universität Marburg; seit 2019 ist sie Mitherausgeberin der Zeitschrift für Religionswissenschaft (ZfR). Ihre Forschungsinteressen richten sich auf religiöse Pluralität und Transformationsprozesse religiöser Gegenwartskultur, Gender und Religion, materielle Kultur von Religion sowie Religion und Museum.

**Ute Gause** ist Professorin für Reformation und Neuere Kirchengeschichte an der Evangelisch-Theologischen Fakultät der Ruhr-Universität Bochum (RUB). Von 1996 bis 2007 war sie Professorin für Kirchen- und Theologiegeschichte im Fach Evangelische Theologie an der Universität Siegen. Ihre Interessen richten sich auf eine theologische Erforschung der Frauen- und Genderkirchengeschichte seit der Reformation und speziell im Bereich der Diakonie des 20. Jahrhunderts.

**Esther-Maria Guggenmos** ist Professorin für Religionsgeschichte an der Universität Lund. Sie hat sich auf zeitgenössische Religion und die gesellschaftliche Rolle von Religionen – insbesondere des Buddhismus – in Ostasien spezialisiert. Ihr Ansatz ist von der Religionsästhetik und der Analyse von Entscheidungsprozessen inspiriert. Zurzeit geht sie der Frage nach, wie sich globale Vernetzung, Digitalisierung und Kapitalisierung in chinesisch-buddhistischen Praktiken auf rituell kultivierte Formen des emotionalen Erlebens auswirken.

**Manon Hedenborg White** is Associate Professor of History of Religions at Malmö University. She is research coordinator for the university's Department of Society, Culture, and Identity, serves on the board of the European Society for the Study of Western Esotericism (ESSWE), and is co-director of the ESSWE thematic network on Esotericism, Gender, and Sexuality. Areas of specialization: modern esotericism (primarily Europe and North America), new religious movements, and contemporary spirituality, with an emphasis on issues of gender and sexuality, women's roles, and patterns of religious authority.

**Benjamin Heimann** studierte Allgemeine Religionswissenschaft an der Westfälischen Wilhelms Universität in Münster. Sein primäres Forschungsinteresse gilt der Hare Krishna-Bewegung. Weitere Forschungsgebiete sind Formen der hinduistischen Gottesliebe, Mystik im Allgemeinen sowie der Gebrauch psychoaktiver Substanzen in Ritualen vergangener und gegenwärtiger Kulturen.

**Theresia Heimerl** ist ao. Professorin für Religionswissenschaft an der Katholisch-Theologischen Fakultät der Universität Graz. Sie ist Mitglied der Forschungsgruppe „Film und Theologie" sowie des Herausgebergremiums der Reihe „Religion und Film" (Schüren Verlag). Ihre Forschungsinteressen gelten der Europäischen Religionsgeschichte mit Schwerpunkt alternative religiöse Bewegungen/„Häresien" in Antike und Mittelalter, dem Verhältnis von Körper, Gender und Religion sowie den Repräsentationen von Religion in Film und TV.

**Birgit Heller** ist ao. Professorin für Religionswissenschaft an der Universität Wien. Sie ist Präsidentin der Österreichischen Gesellschaft für Religionswissenschaft (ÖGRW) und Mitglied im Forschungszentrum Religion and Transformation (RaT). Ihre Forschungsinteressen umfassen Themen der systematisch-vergleichenden Religionswissenschaft (etwa Sterben, Tod und Trauer; Jenseitsvorstellungen); Hindu-Religionen; Religion und Geschlecht; praktische Religionswissenschaft (Interreligiöse und spirituelle Dimensionen von Palliative Care).

**Adelheid Herrmann-Pfandt** ist Indologin, Tibetologin und apl. Professorin für Religionswissenschaft am Fachbereich Gesellschaftswissenschaften und Philosophie der Philipps-Universität Marburg. Ihre Forschungsschwerpunkte umfassen die Religionsgeschichte Indiens und Tibets, die Ikonographie des tibetischen Buddhismus und religionswissenschaftliche Frauen- und Geschlechterforschung. In aktuellen Forschungsprojekten befasst sie sich mit ritueller Gewalt und religiöser Identität in destruktiven Kulten sowie mit Religion und Interreligiosität im zeitgenössischen Hindi-Film.

**Anna-Katharina Höpflinger** ist Religionswissenschaftlerin, Privatdozentin und akademische Rätin in Religionswissenschaft an der Ludwig-Maximilians-Universität in München und seit 2004 Mitglied der Forschungsgruppe Medien und Religion. Ihre Forschungsinteressen umfassen Gender und Körper, Medien und Religion, Bestattungskultur sowie Religion und Populärkultur.

**Ute Hüsken** ist Professorin für Indologie und Lehrstuhlinhaberin der Abteilung Kultur- und Religionsgeschichte Südasiens am Südasien-Institut der Universität Heidelberg. Sie ist Mitherausgeberin der Reihe *Oxford Ritual Studies* der Oxford University Press (OUP), der Reihe *Ethno-Indology* bei Heidelberg Asian Studies Publishing (HASP) und der *Zeitschrift für Indologie und Südasienstudien*. Ihre Forschungsgebiete umfassen Buddhismus, Hinduismus, Ritualstudien, das Studium von Festivitäten sowie Gender-Studien.

**Rosemary Joyce** is Distinguished Professor of Anthropology at the University of California, Berkeley. She is Interim Director of Global, International, and Area Studies there. Her areas of research include archaeology of sex and gender, archaeology of ritual and religion, particularly of the indigenous societies of Mexico and Central America, and transdisciplinary approaches to materiality in both the past and contemporary societies.

**Stefanie Knauß** ist Professorin für Constructive Theology im Department of Theology and Religious Studies der Villanova University (USA). Sie ist Mitherausgeberin des Journal for Religion, Film and Media. Ihre Forschung fokussiert auf theologische Fragen und religiöse Aspekte in Film und visuellen Medien, sowie Fragen von Gender und Sexualität in Theologie und Religionen.

**Sabine Lang** ist Ethnologin und seit 2017 wissenschaftliche Mitarbeiterin im Bereich Provenienzforschung am Roemer- und Pelizaeus-Museum Hildesheim. Zuvor war sie lange Zeit als freie Wissenschaftlerin sowie als Fachlektorin und -übersetzerin tätig. Zu ihren Forschungsinteressen zählen Systeme multipler Geschlechter (*gender variability*) in außereuropäischen Gesellschaften, wozu sie in den USA und Kanada Feldforschung betrieb. Gegenwärtig befasst sie sich mit der Erforschung der Erwerbungsumstände ethnografischer Objekte in kolonialen Kontexten.

**Andrea Lehner-Hartmann** ist Professorin für Religionspädagogik und Katechetik; Dekanin der Katholisch-Theologischen Fakultät an der Universität Wien; Vorsitzende des Österreichischen Religionspädagogischen Forums mit der Herausgabe eines gleichnamigen Journals (oerf-journal.eu); Mitglied im Forschungszentrum Religion and Transformation (RaT) und der Forschungsplattform Gender: Ambivalent In_Visibilities (GAIN). Ihre Forschungsschwerpunkte umfassen: (inter)religiöse Bildung, Gender in Bildungskontexten, Gewalt in Familie und Schulen, subjektive Theorien.

**Marie-Therese Mäder** ist Medien- und Religionswissenschaftlerin. Sie lehrt als Privatdozentin im Fach Religionswissenschaft an der LMU und Medienethik an den Fachhochschulen Bern und Graubünden. 2022–24 forscht sie als Marie Skłodowska-Curie Fellow an der Università degli Studi di Macerata/IT. Ihre Forschungsschwerpunkte sind: Medien und Religion, Migration, Bestattungskultur, Mediatisierung von Religion und Zuschauerforschungen.

**Matthias Morgenstern** ist apl. Professor für Judaistik und Religionswissenschaft am Seminar für Religionswissenschaft und Judaistik der Eberhard Karls Universität Tübingen; er ist Mitherausgeber der Reihe „Texte und Studien zur deutsch-jüdischen Orthodoxie", der Werkausgabe der Schriften Isaac Breuers, Preisträger des Gutenbergpreises der Universität Strasbourg (2016) und Fachherausgeber (Judaistik) der „Europäischen Geschichte Online". Seine Forschungsinteressen richten sich u. a. auf Fragen von Sexualität und Gender in Talmud und Midrasch und auf die Beziehungsgeschichte von Juden und Christen.

**Suzanne Onstine** is an Associate Professor of History at the University of Memphis. She is Director of the University of Memphis archaeological mission to Theban Tomb 16 (Panehsy) and co-principal investigator of a University of North Carolina Wilmington sponsored research project searching for the ancient Nile river course. Areas of specialization: Ancient Egyptian social history, mortuary archaeology, material culture of Egypt, gender and religion of Egypt.

**Donate Pahnke McIntosh** war wissenschaftliche Mitarbeiterin und wissenschaftliche Assistentin am Fachbereich Religionswissenschaft/Religionspädagogik der Universität Bremen. Ihre Forschungsinteressen richten sich auf Religion & Gender, Westlichen Neopaganismus und Neue Hexen, Religion & Gesundheit sowie Ritualforschung. Seit 2011 ist sie im Ruhestand.

**Lukas K. Pokorny** ist Professor für Religionswissenschaft und Vorstand des Instituts für Religionswissenschaft an der Universität Wien. Seine Forschungsinteressen umfassen ostasiatische Religionen; diasporische, neue und alternative Religiosität in Österreich; Ethnozentrismus und Millenarismuskonzeptionen in neuen religiösen Bewegungen und Ostasienrezeption in der euro-amerikanischen Esoterik.

**Isabelle Prochaska-Meyer** ist Postdoc-Assistentin am Institut für Ostasienwissenschaften (Abteilung Japanologie) der Universität Wien und Redaktionsmitglied der Zeitschrift *MINIKOMI-Austrian Journal of Japanese Studies*. In ihrer Forschung beschäftigt sie sich mit den Themen Religion (vor allem Religion Okinawas), Überalterung in ländlichen Gemeinden und Fragen der digitalen Transformation im Zusammenhang mit älteren Personen.

**Bettina E. Schmidt** ist Professorin für Religionsethnologie und Religionswissenschaft und Direktorin des Alister Hardy Religious Experience Research Centre an der University of Wales Trinity Saint David. Ihre Forschungsinteressen richten sich auf Religionserfahrungen, Geisterbesessenheit und Trance, Afroamerikanische Religionen in der Karibik und Lateinamerika, Gender und Religion sowie materielle Kultur von Religion.

**Monika Schrimpf** ist habilitierte Religionswissenschaftlerin (Universität Bayreuth) und Professorin für Japanologie an der Eberhard Karls Universität Tübingen. Sie ist Mitherausgeberin der Reihe (Religion in Contemporary Asia – Gender, Aesthetics, and Global Entanglements / Religion im gegenwärtigen Asien. Gender, Ästhetik und Globale Verflechtungen). Ihre Forschungsinteressen liegen in den Bereichen Japanischer Buddhismus (vor allem in Gegenwart und Moderne), Japanische Religionsgeschichte, Gender und Religion, sowie Medizin und Religion.

**Susan Starr Sered** is Professor of Sociology and co-founder of the Women and Incarceration Project at Suffolk University in Boston, Massachusetts. Areas of specialization: gender and suffering, intersections of religion and medicine, violence against women, ways in which globalization impacts women's religious lives, and women's ritual expertise.

**Eva Synek** ist Assistenzprofessorin am Institut für Rechtsphilosophie der Rechtswissenschaftlichen Fakultät und Mitglied im Zentrum Religion and Transformation (RAT) der Universität Wien. Ihre Forschungsschwerpunkte liegen in den Bereichen Ostkirchenrecht (mit Fokus auf aktuellen Entwicklungen in der Orthodoxie), Rechtsgeschichte und Legal Gender Studies.

**Carmen Trautner** ist Promovierende am Lehrstuhl für Religionswissenschaft und Interkulturelle Theologie an der Friedrich-Alexander-Universität Erlangen und arbeitet als Grundschullehrkraft sowie als Anti-Diskriminierungstrainerin. Ihre Forschungsinteressen richten sich auf Transformationsprozesse, Gender und Religion sowie die religiöse Praxis in der Religionsgemeinschaft ISKCON im deutschsprachigen Raum.

**Areshpreet Wedech** promoviert am Institut für Südasien-, Tibet- und Buddhismuskunde der der Universität Wien zur Geschichte und Entwicklung der österreichischen Sikh-Diaspora. Ihre Forschungsgebiete sind religiöse und gesellschaftliche Transformationsprozesse in der Diaspora, globale und transnationale Identitäten, Gender und Religion, das Erleben und die Gestaltung von Traditionen sowie die religiösen Konzepte junger Erwachsener im Spannungsfeld multipler, sich überlagernder Zugehörigkeiten.

**Elyze Zomer** ist akademische Rätin an der Eberhard Karls Universität Tübingen für altorientalische Philologie. Ihre Forschungsinteressen umfassen vor allem die altorientalische Kultur des 2. und 1. Jahrtausends v. chr. Z., insbesondere Magie, Religion, Divination und Literatur.

# Register

Aberglaube   57, 293, 307 f.
Abhängigkeit   40, 105, 158, 160, 429, 446, 555
Adam   6, 178, 228, 328, 331, 376 f., 465 f., 517
Afro-Amerikanische Religionen   275, 279–284
agency   117, 243 f., 461, 478, 524 f., 532–535, 559–561
Ahne/Ahnin/*ancestor*   70, 93, 158, 160, 267 f., 272 f., 275–277, 279, 300, 302, 305, 308, 310
Ahura Mazda   81 f.
ʿĀʾiša   223, 225
Akkamahādēvī   105 f., 429 f.
Alchemie/*alchemy*   165–167, 333 f., 337
– weibliche Alchemie   165–167, 170 f.
Alltagsreligion   34, 55–58, 72
Altägyptische Religion/Ancient Egyptian Religion   75–80, 392
Alter   4, 21, 25, 40, 70, 91, 155, 177, 184, 216, 318, 323 f., 343, 347, 381, 391, 395, 397, 478, 480, 496
Altorientalische Religion   67–73, 429
Amaterasu   49, 150 f., 418, 426
Ambiguität/*ambiguity*   68 f., 75, 201, 285
Ambivalenz/*ambivalent* 34, 47, 68, 103, 108, 123, 144, 150, 169, 201 f., 243, 271 f., 276, 285, 295, 334, 362 f., 367, 392 f., 400 f., 417, 432, 452, 461, 473, 477, 481, 512, 526, 528, 532, 534 f.
Amt   50, 55, 140, 151 f., 163 f., 190, 198–200, 203, 208 f., 216 f., 226, 231, 252, 282, 307 f., 319, 324, 347, 359–363, 366 f., 369 f., 393, 401, 418, 470 f., 480–483, 499, 555
Anahita   82, 86
Anat   427 f.
Androgynie/*androgyny*   3, 47, 75, 82, 102, 118, 167, 178, 232, 276, 286, 288 f., 333 f., 336–338, 385, 401, 403 f., 425, 433–437, 472, 481
Androzentrismus/*androcentrism*   1, 3, 7, 23–27, 32 f., 37, 39, 41, 43, 46, 77, 221, 234, 243, 246, 310, 329 f., 384, 412 f., 436, 464, 530, 554, 560 f.
anthropomorph   49, 192, 279, 346, 401 f., 425 f., 428, 430
Anthropozentrismus   461

Apostelin   6, 366
Apuleius von Madaura   493
Arbeitsteilung, geschlechtsspezifisch   2, 26, 177, 287, 446
Ardhanārīshvara   102, 435–437
Aristoteles   179, 200
Askese   6, 25, 49 f., 95, 99, 123, 126, 198, 214, 216, 376, 378, 392 f., 412–414, 418–420, 428, 482, 487
Asket/Asketin/*ascetic*   23, 99, 125, 133, 198, 216, 245 f., 366, 375, 419
Astarte   49, 554
Augustinus   199–201, 466
Ausschluss/*exclusion*   40, 85, 92, 96 f., 126, 145, 203, 215, 217, 297, 369, 379, 381–383, 414, 417, 480–483, 556
Autonomie   107, 223, 375, 432, 446, 449, 459, 461, 540
Autorität/*authority*   6, 18, 44, 50, 58, 90 f., 96, 114, 117 f., 126, 184, 199, 226, 230 f., 234 f., 237, 243 f., 246 f., 251 f., 263, 268, 277, 282, 346 f., 359–369, 375, 383, 397, 401, 413, 415, 430, 437, 442, 450, 466, 471, 483, 530 f., 534

Bachofen, Johann Jakob   430 f.
Bahāʾī   259–263
Bahāʾullāh   259 f., 262 f.
Bahīyih Khānum   262
Bahucārā Mātā   101
Bebe Nanaki   254
Befreiung/*liberation*   98 f., 102 f., 108, 113–115, 117, 119, 167, 209, 315 f., 329, 353, 365, 368, 413 f., 421, 436, 466–468, 508 f., 514, 518, 525, 531, 533 f.
Begehren   200 f., 387, 402, 411–414, 416 f., 419, 422, 434, 533
Begierde   377–380, 407, 418
Bertholet, Alfred   425
Beruria/Bruria   181 f., 381
Beschneiderin   561
Beschneidung   179 f., 400, 481, 483–486
Besessenheit   277, 282, 294, 296, 392
Bhikkhuni Dhammananda   368

Bhikṣuṇī Lakṣmī 132 f., 135
Bibi Harnam Kaur 252
Bibi Jagir Kaur 252, 256
Bild/*image* 4 f., 9, 18, 20, 25 f., 41, 43, 99, 108, 115, 120, 143, 162–164, 167, 169, 187, 190, 192, 202, 210, 213 f., 218, 223, 230 f., 245 f., 255, 260, 262, 269 f., 272, 282, 308, 312, 324, 334, 354, 359, 366 f., 376, 378 f., 384, 392, 394–396, 401–404, 410, 415, 417, 419 f., 422, 426, 434–437, 445, 452, 502 f., 508, 512, 517, 528, 546
- Selbstbild 146, 260 f., 513
- siehe auch Geschlechterbild
- siehe auch Gottesbild
- siehe auch Körperbild
- siehe auch Menschenbild
Bildung 10, 55, 136, 159, 162, 188, 217, 237, 252, 296, 310, 369, 400, 470, 482, 507–521, 544
- Frauenbildung 106 f., 182, 206, 208, 221, 236–238, 252, 260, 277, 310, 341, 353, 361, 369, 380–383, 400, 471, 481–483
Biologismus 19, 260 f.
Blavatsky, Helena Petrovna 335
Bodhisattva 131–133, 144, 294 f., 372, 379, 403 f., 433
Böhme, Jacob 334, 338
Braut/*bride* 91, 98, 181, 184–186, 193, 245, 253, 308, 412, 438, 488, 494, 500 f.
- Brautkleid 494 f., 500, 504 f.
- Gottesbraut 60, 98, 105, 253, 383, 387, 421, 429
Bräutigam 105, 184 f., 202, 210, 253, 421 f., 488, 494, 501 f.
Brüderlichkeit 464
Brust 167, 401, 435
Budapest, Zsuzsanna 336, 343, 348
Buddha 46, 123 f., 126 f., 131–134, 137, 139, 141, 143–145, 149, 155, 295, 322 f., 362, 365–367, 378 f., 388, 439, 468, 502, 504
Buddhismus 5, 11, 26, 38, 49, 60, 123–148, 149, 155, 156–158, 167, 170, 295, 321 f., 325, 360, 364–366, 368, 370, 372, 378 f., 383, 396, 403, 414, 417–419, 429, 445, 447, 468 f., 476, 482
Butler, Judith 17 f., 39 f., 59, 211, 524, 532, 535

Candomblé 279, 281, 284

*capabilities approach* 460 f.,
Chassidismus 188
Chihuacoatl 268
Christentum 2, 5 f., 11, 46, 49, 155, 170, 195, 197–219, 240, 276, 281, 328, 330, 341 f., 349, 360, 364–366, 369–371, 379, 383, 388, 394–396, 402, 415 f., 418 f., 422, 428, 430, 445–447, 452 f., 455, 465, 473, 475, 482, 486, 504, 508, 512, 520, 524
*cisgender* 114, 432
*corporeality* 392, 406
Crossdressing siehe Transvestitismus
Crowley, Aleister 335 f.

Ḍākinī 134
Daly, Mary 341, 429
Dämon/Dämonin/*demon/demoness* 82 f., 86, 103, 133, 136, 376 f., 402, 409, 428
Daoismus 149, 155, 157 f., 161, 163–167, 169 f., 295, 368
Dea Syria 493–495, 500
Dekonstruktion 30, 35, 205, 210, 419, 478, 560
Demeter 49, 427
Deutung 5 f., 20, 43, 53, 55 57, 108, 191, 197, 202 f., 221, 223, 231, 328, 360, 364, 394, 401, 404, 408, 427, 431, 483 f., 500, 502, 504, 510, 517, 523, 560
Devotee 315–319
Diakonin 6, 216, 360
Dichotomie 26, 32, 40 f., 287, 393, 396, 495, 497, 561
Diener/Dienerin/*servant* 23, 68 f., 71, 76, 94, 98, 152, 189, 207, 336, 482
Diskriminierung 5, 10, 37, 44 f., 141, 153, 169, 214, 255, 281 f., 362, 379, 383, 452, 460–463, 468–470, 472, 479, 483, 557
Diversität 3, 20, 35, 41, 50, 53, 55, 113, 213, 215, 290, 344, 399, 404, 432, 445, 460, 462 f., 471, 478, 497, 517, 533
- Diversitätskategorien 4, 555
*doing gender* 3, 515, 524, 543 f.
*doing religion* 3, 157, 515, 524, 546
Dominanz/*dominance* 3, 5, 8, 20, 22, 33, 39, 44, 46, 52, 56, 58, 69, 89, 166, 289, 333, 363, 397, 408, 415, 418, 437, 466, 494, 501 f., 507, 512, 528, 557, 559

- männliche Dominanz   43 f., 205, 302, 317, 364, 367, 369, 430 f., 436, 478 f., 560
- weibliche Dominanz   102, 105, 305, 352, 451 f.
Doppelgeschlechtlichkeit *siehe* Androgynie
Douglas, Mary   45, 391, 395, 481
Dresscode *siehe* Kleidungsvorschriften
drittes Geschlecht/*third gender*   7, 9, 20, 100, 113, 115, 118 f., 261, 287, 361, 384–386
Dualismus/*duality*   2, 32 f., 46, 75, 79, 200, 328 f., 376, 411, 421, 444, 524 f., 532, 535
Durgā   102–104, 428, 432, 563

Ehre   94, 255, 262 f., 397, 407, 465 f., 487
Ehrenmord *siehe* Femizid
Ekstase/*ecstasy*   150, 188, 244, 315, 347, 391, 421, 442
Eliade, Mircea   24 f., 42, 50
Elite   5, 21, 26, 34, 55, 68, 72, 79, 86, 407, 416, 418, 553
Eltern/*parents*   76, 93, 179, 181, 194, 205, 214, 385, 485, 488 f.
- der elterliche Gott   328–330, 429
Emanzipation   5, 37, 47, 106, 191, 199, 204, 213, 317, 323, 330, 341, 353, 369, 429, 436, 446, 462, 472, 559
Emotion   32, 34, 133, 189, 213, 280, 296, 318, 352 f., 355, 391, 398, 420, 444–449, 460 f., 484, 494 f., 507 f., 520, 513–515, 556
Empfängnisverhütung   412–414
*empowerment*   560 f.
Engel/*angel*   81, 231, 295, 328, 394
Enḫeduanna   69
Entsager/Entsagerin/*renouncer*   92, 113–115, 117, 119, 370
Entsagung   49, 99, 376
Entsexualisierung   420
Epistemologie   21, 31 f., 52, 560
Erde/*earth*   35, 72, 75, 81, 145, 151, 164, 231, 233, 281, 293 f., 316, 328 f., 335, 344–346, 375, 378, 409, 425 f., 428, 496, 517, 533, 540
Erdgottheit   426
- ‚Mutter Erde'   426 f.,
Erfahrung   2 f., 6, 8, 33, 35, 38, 56 f., 175, 180, 191, 202, 221, 236, 263, 309, 317, 345, 352, 365 f., 408, 420 f., 514 f., 524, 543, 545, 547 f.
- Alltagserfahrung   530
- Erfahrung der Einheit   421

- Gotteserfahrung   393, 421
- körperliche Erfahrung   50, 393, 450
- religiöse Erfahrung   2 f., 263, 370, 392, 441 f., 450, 553 f., 556
- spirituelle Erfahrung   392, 407
Erleuchtung   46, 49, 131, 133 f., 144, 322–324, 368, 378, 392, 414, 419, 468
Erlösungsfähigkeit   123–125, 140, 143, 146
Erotik   68, 71, 133, 159, 165, 177, 192, 202, 210, 282, 410–414, 416, 421, 428, 430, 504
Esoterik/*esotericism*   133, 315, 333 f., 336 f., 353, 420
Essentialisierung   17, 205, 316 f., 508, 534
Ethik   35 f., 92, 94, 407, 157, 229, 331, 341 f., 347, 408, 413, 431, 461 f., 465, 483, 485
Ethnozentrismus   32 f., 41
Eunuch/*eunuch*   76, 118, 184, 385, 493
Eurozentrismus   32 f., 559
Eva   6, 228, 328 f., 331, 366, 376 f., 401, 497, 524, 533 f.

Fähigkeiten-Ansatz *siehe capabilities approach*
Familie/*family*   70, 72, 75 f., 78 f., 82, 86, 93, 96 f., 99, 114 f., 140, 150, 153, 158 f., 161, 170, 177, 183, 186, 188, 207, 213, 216 f., 221, 251, 260–263, 267–269, 288 f., 295, 299–301, 305, 307, 309 f., 318 f., 324, 328 f., 360, 365, 397, 407, 412, 418, 470, 483, 487 f., 515 f., 533, 541 f.
Fāṭima   230 f., 262, 427
Fāṭima Barāǧānī   262
Feminisierung   188, 233, 256, 446, 453, 560
Feminismus/*feminism*   1, 17, 21, 29–35, 37–41, 55, 77, 106, 108, 118 f., 137, 188, 190 f., 197, 202 f., 209, 213, 223, 235, 237 f., 317, 319, 334–337, 341 f., 344 f., 361, 369, 399, 401, 403, 428, 430–432, 436 f., 461 f., 473, 478 f., 497, 507, 531, 534, 555, 559–561
- Feministische Spiritualität   341–350, 430 f., 559
Femizid   93, 477, 481, 486–488, 490
Fluidität/*fluid siehe* Geschlechterfluidität/*fluid gender*
Fortpflanzung   91, 201, 261, 365, 385, 411–414, 427, 469
Frau
- böse Frau   162
- gelehrte Frau   207, 380 f.

- ‚gute' Frau   95, 97
- ‚männliche' Frau   132, 144 f., 166 f., 338, 384
- Opfer   108, 175, 280 f., 382, 400, 478, 525, 560
- Passivität   2, 193, 329, 375, 384, 479, 497
- religiöses Subjekt   9, 25, 37, 78 f., 105, 117, 181, 223, 238, 269
- Stellung *siehe* Status
- Frauenbewegung   1, 37, 106, 108, 190, 199, 208, 210, 221, 341–343
- Frauenbild   9, 40, 160, 223, 322, 352, 379, 431 f., 446, 542
- Frauenbildung *siehe* Bildung
- Frauenforschung   9, 23, 31, 33 f., 37–39, 42, 464, 553, 555
- Frauenmystik   202
- Frauenrechte   183, 461–463, 479
- Frauenreligionen   26
Frauenorden   99, 107, 140, 370
Fraumann/Fraumänner   285–290, 563
Frazer, James George   409
Freiheit   134, 152, 158 f., 180, 186, 328, 330, 347, 365, 400 f., 459, 461–466, 468–470, 476, 479, 481, 485, 489 f.
Frömmigkeit   2, 57, 132, 181 f., 188, 193, 202, 206 f., 210, 251, 446, 560
Fruchtbarkeit/*fertility*   75 f., 80, 82, 86, 91, 94, 100, 125, 150, 177, 181, 375, 407, 409–412, 427, 430, 484
Fundamentalismus   6, 12, 398–400, 404–404, 480 f., 510 f., 518–520,

Gardner, Gerald B.   336, 342
Gebet/*prayer*   4, 51, 70, 72 f., 79, 82, 97, 170, 176 f., 182, 189, 191, 205, 223, 226, 229, 233, 257, 261, 299 f., 305, 308 f., 367, 394, 410, 441, 444, 466
- Vorbeterin   226, 360 f.
Geburt/*childbirth*   24, 45 f., 51, 71, 76, 82, 86, 91–93, 96, 100, 152, 181, 205, 230 f., 255, 275, 365, 369, 376, 379, 381, 391–393, 395 f., 408, 418, 428, 442 f., 451, 482, 485, 500
- Geburtenkontrolle   411–414
- Gefühl *siehe* Emotion
Gehorsam   94, 160, 317, 363 f., 375, 377, 465, 469, 489

Geist   49, 51, 55, 166, 183, 228, 279 f., 282, 288 f., 293–295, 308, 310, 330, 344, 361, 379, 393, 396, 443, 447, 450, 468, 482
- Geisterbesessenheit   277, 282
- geistliche Frau   197–200, 202, 209, 216
- geistlicher Mann   136, 197–200, 202, 213, 216, 480
- gelebte Religion *siehe* Alltagsreligion
Gelehrsamkeit/*scholarship*   105, 132, 134, 140 f., 181, 188, 230, 244, 247, 381, 383, 427
*gender bending*   187
Genderdiskurs   259, 545
Gender-Ideologie   32, 39, 516
Genitalverstümmelung   341, 397, 401, 463, 480, 485 f., 541, 561
Gerechtigkeit   35, 61, 159, 175, 260, 263, 321, 348, 354, 459–476, 509, 511 f., 518
Geschlechterbeziehung/*gender relation*   V, 4, 9 f., 20, 44, 79, 98, 106, 146, 169, 175, 191, 221, 237 f., 395, 414, 426, 429, 470, 531, 541, 557, 559, 561
Geschlechterbild   20, 40, 50, 53, 199, 408, 504 f., 513 f., 555
Geschlechterbinarität/*gender-binary*   3, 5, 7, 17 f., 20, 33, 39, 46, 49, 67 f., 73, 100, 113 f., 127, 197, 199, 201, 205, 210, 231, 238, 261, 276, 286 f., 303, 376, 386, 303, 376, 384, 386, 391, 404, 432 f., 437, 443, 448, 463, 471, 493–495, 497, 499, 508, 511 f., 527 f., 530, 532, 542 f., 548, 557
Geschlechterdifferenz/*gender difference*   2, 9, 17, 37 f., 41, 46, 84, 198, 212, 269, 302, 455, 478, 500, 502, 507, 515, 555 f.
Geschlechterdiversität   3 f., 20, 41, 213, 290, 404, 432, 463, 471, 478, 517, 521, 533, 555
Geschlechteregalität *siehe* Gleichheit der Geschlechter
Geschlechterfluidität/*fluid gender*   19, 126 f., 267, 275 f., 282 f., 333 f., 432, 437, 495, 499, 542 f.
Geschlechterforschung   V f., 2, 7, 9 f., 19, 21, 31, 33–35, 37 f., 40, 42, 171, 180, 209, 238, 375, 391, 425, 511, 513, 516, 555, 557 f., 560
Geschlechterfragen   507 f., 514, 518
Geschlechtergrenzen   100, 231, 282, 398, 493, 500
Geschlechterideal/*gender ideal siehe* Ideal

Geschlechterkomplementarität/*gender complementarity* 150, 205, 228, 268f., 271, 273, 302, 328, 331
Geschlechterkonstrukt 426, 437
Geschlechterkonstruktion 9, 17–19, 21, 33, 37, 39–41, 103, 109, 176–178, 197, 200, 203, 210f., 239, 259–261, 276, 317, 375, 433, 439, 454, 480, 493, 523, 525–527, 542, 548f., 553, 555, 557
Geschlechterkonzept 2, 4, 6, 33, 40, 90, 222, 225, 227, 229, 231, 238, 392, 395, 413, 436, 553, 556
Geschlechternorm/*gender norm* 4f., 7, 9f., 18–20, 23f., 39, 49f., 58, 68f., 77, 83, 94–98, 100, 108, 126, 175f., 199, 207f., 215–217, 221, 225–227, 235, 237, 244, 247, 257,261, 269, 296f., 323, 325, 335f., 354, 364, 369f., 375, 384f., 387, 392, 395,397, 401, 404, 408, 429, 431, 437, 469f., 523–525, 528, 530f., 534f., 556–558
Geschlechterordnung 1f., 4–6, 8, 21, 39, 41, 43–47, 97, 100, 150, 182, 276, 362, 394f., 398, 400, 404, 432, 443, 449, 462, 465, 471, 473, 478, 480f., 517, 523–525, 527–530, 532, 534f., 553, 556, 558
Geschlechterorientierung 281
Geschlechterperspektive 7, 42, 362, 398, 461, 511, 553, 555
Geschlechterpolitik 480, 511
Geschlechterrolle/*gender role* 4, 6f., 10, 18, 20, 24f., 40, 43, 58, 84, 92, 96, 139f., 152, 187, 197, 202f., 221f., 226, 233, 246, 254, 257, 259, 275f., 282, 318f., 324, 353, 359–373, 383f., 386f., 398f., 407f., 413, 426, 429–431, 443–446, 448–450, 453, 462, 469, 472, 481, 494, 500f., 516, 524f., 555f.
Geschlechtersegregation/*gender segregated* 51, 86, 233, 247, 317
Geschlechterstereotyp V, 1, 4, 9f., 47, 52, 99, 213, 215, 228, 296f., 337, 354, 362, 375–390, 419, 429, 431, 434, 437, 443, 447, 469, 482, 486, 495, 497, 500, 525f., 544
Geschlechterverhältnis 1, 49, 90f., 158, 346, 472, 488
Geschlechtervielfalt/*gender variability* VI, 19, 47, 282, 285, 287–290, 384, 453, 473, 518, 555, 557

Geschlechtervorstellungen 205, 494f., 500, 502f., 523f., 546
Geschlechtsabweichung 385, 387
Geschlechtsidentität 19f., 67f., 99, 391, 425, 437, 505, 513, 525, 528, 555
Geschlechtslosigkeit 179, 276, 394, 425, 472
Geschlechtsmerkmale 106, 127, 166, 179, 468, 473
geschlechtsneutral 5, 23, 234, 254, 280, 309, 437
Geschlechtstransformation 20, 47, 141, 144, 285, 384, 433, 436, 557f.
Geschlechtsunterschied 98, 146, 355, 368, 441–445, 447–450, 453, 472
Geschlechtsverkehr 68f., 187, 207, 365, 385, 395, 407, 414–416, 421, 479
Geschlechtswechsel 20, 41, 47, 127, 144, 383f., 432–434
Geschlechtszugehörigkeit 127, 286, 442, 444, 498f.
Gesundheit 261, 296, 351f., 354, 412, 461, 484
Gewalt 10, 68, 92, 108, 137, 177, 183, 203, 223, 260, 281, 289, 317, 319, 330, 379, 386, 400, 405, 416, 423, 432, 470f., 477–491, 513, 528f., 533, 561
Gleichberechtigung 47, 106, 186, 252, 257, 260, 367, 462, 469–473
Gleichheit/*equality* 6, 10, 43, 46, 98, 106, 108, 152, 158, 213–215, 228, 251, 256, 365, 436, 459, 464, 468f., 471, 473, 479, 481, 486, 515, 517, 556f.
Gleichstellung/*egalitarianism* 46f., 119, 203, 208–210, 228, 251, 254, 322, 324, 471–473, 518
Glikl von Hameln 177, 193
Glück 94, 97, 103, 288f., 323, 328, 411f.
*going gender* 546–548
*going religion* 545, 548
Gottebenbildlichkeit 46, 331, 464–466, 473, 518
Gottesbild 55, 192, 209, 217, 263, 383, 426, 428–431, 436, 447
Gottheit 24, 51, 68–70, 89f., 94, 144f., 149f., 152, 155, 163, 165, 169, 288, 295f., 305, 345–347, 362f., 386, 392f., 403, 407, 422, 425–430, 443, 447–449, 502
– androgyn 3, 41, 47, 68, 75, 102, 290, 333f., 337, 401, 403f., 425, 433–437, 472

- geschlechtslos  425
- männlich  49, 68, 98, 101–103, 133, 375, 386, 401, 403, 425 f., 428, 430, 433 f.
- Transgender  41, 495, 557
- transsexuell  433
- weiblich  101–103, 131, 133, 145, 164, 169, 288, 305 f., 401, 425, 430, 435
Göttin/*goddess*  49, 55, 67–69, 75, 77–79, 82, 94, 96, 98, 100–103, 105, 108, 132–134, 150, 163 f., 169, 202, 269, 271, 280, 335, 342 f., 345 f., 348, 359, 363, 366, 383, 387, 393, 402, 408–411, 418, 425–428, 430, 431 f., 436, 459, 493, 503
Frauenmodell  103, 432
- Göttin-Religion  341
- große Göttin  101–103, 342–346
- Muttergöttin  49, 78 f., 96, 104, 169, 345, 426–428, 431
- *siehe auch* göttliche Mutter
- *siehe auch* heilige Mutter
- *siehe auch* ‚Mutter Erde'
Grenzüberschreitung  45 f., 108, 395, 398, 400, 421
Gross, Rita M.  23–26, 34, 38, 436, 560
Guanyin  164, 403, 427, 433
Guru  106, 251–254, 256 f., 318–320, 370
Guru Nanak  251, 254

Han Hak-cha  140, 161, 327, 329–331
Hare-Krishna Bewegung  315 f.
Harrison, Jane E.  38
Hathor  77 f., 427
Hatshepsut  76, 78
Haus  55, 67, 70, 72, 91–94, 97, 100, 140, 152, 158–160, 170, 175, 177 f., 187, 189, 205, 226, 236, 260, 277, 296, 309 f., 312, 317 f., 324, 360, 364, 370, 380, 382, 412, 431, 437, 445 f., 482 f., 530, 541–543
Heil  5, 46, 95, 98, 131, 191, 200 f., 259, 315, 323, 329, 331, 351, 353, 365, 376, 391, 393, 398, 414, 418 f., 450, 467, 471, 512, 557
Heiler, Friedrich  37, 43, 409, 426, 442
Heiler/Heilerin  165, 289, 305, 308–312, 345, 359, 361 f.
Heilige/*saint*  47, 51, 53, 55, 60, 71, 79, 98 f., 105, 109, 159, 178, 199, 214 f., 217, 219, 246–248, 252, 279, 283, 306, 312, 334, 345 f., 361, 401–403, 409 f., 419, 421, 432, 448, 472, 524
Heirat *siehe* Hochzeit
Held/Heldin  105, 175, 366, 375, 408, 489
Herrschaft  33, 44, 150 f., 159, 193, 328, 363, 410, 417, 430 f., 447, 465, 509, 556 f., 559
Herz, Henriette  178
Heteronormativität  19, 39 f., 43, 45, 53, 100, 113, 205, 213, 316, 401–403, 415, 417, 434, 449, 462 f., 470, 473 f., 479, 481, 494 f., 497, 500 f., 508, 518, 533, 553, 555, 557
Heterosexualität/*heterosexual*  18 f., 23, 39 f., 47, 100, 113 f., 126, 205, 213, 267, 287, 331, 333, 336, 364, 384, 421, 429, 432, 434, 469 f., 516–518, 533
Hexe/*witch*  279, 336, 342–346, 348 f., 377, 402, 409, 486
Heymair, Magdalena  206
Hierarchie/*hierarchy*  4–6, 17 f., 36–40, 43–46, 49, 52, 77, 80, 105, 113 f., 119, 125–127, 134, 161, 164, 179, 193, 199–201, 213, 215, 226, 233–235, 239, 267, 282, 301, 333, 335, 337, 346, 348, 363–365, 384, 393, 395, 413, 432, 437, 446, 463, 465, 469, 472, 478–480, 483, 508 f., 511, 515, 517 f., 530, 533 f., 541, 553, 555–557
Hijra  100 f., 109 f., 362, 371 f., 386 f., 389, 434, 481
Himmelsgottheit  49, 101, 426, 554
Himmel/*heaven/sky*  49, 51, 75, 81 f., 91, 95, 97, 117, 150, 164, 180, 198, 202, 277, 293, 328 f., 375, 394, 425, 428, 487
Hindu-Religionen  5, 11, 49, 89–92, 101, 106, 108, 252, 255, 360, 364, 368–370, 380–382, 397, 413, 418 f., 428 f., 431–433, 445, 447, 467, 473, 486, 489
Hingabe  50, 98, 105, 177, 229, 231, 316, 375, 386 f., 421, 427, 429, 436, 446 f., 467, 473
Hochzeit/*marriage/wedding*  68, 70, 72, 87, 90, 91 f., 97, 100, 114 f., 119, 153, 160, 165, 181, 183–186, 189, 221, 231–233, 244 f., 253, 255, 289, 301 f., 318, 334, 382, 467, 488, 493–495, 500–502, 504–506
- Heilige Hochzeit  71, 193, 409–411
Holistisches Milieu  351–356

Hölle/*hell* 81, 83, 85f., 119, 143, 145, 378, 414, 419, 425, 429, 431f., 434, 436, 441, 448, 459, 468, 473, 477, 482, 494, 504, 553
Homophobie 213, 290, 417, 528, 533
*homo religiosus* 23, 25
Homosexualität/*homosexuality* 47, 69, 101, 126, 186, 191, 194, 201, 214, 232f., 245, 261, 264, 282, 286f., 289, 384, 413–417, 429, 432, 434, 470, 474, 478, 510, 528
Hure/*whore* 83, 192, 335, 524

Ibn al-ʿArabī 228f.
Ideal/*ideal* V–VI, 4, 9, 17f., 29f., 35f., 49, 68, 76, 90, 92–95, 99, 105–108, 114f., 126, 152, 159f., 162, 178, 184, 188, 191, 202f., 205f., 217, 225f., 231, 244, 246, 261, 318, 328–331, 335, 355, 365f., 372, 375f., 397, 401f., 418f., 431f., 435f., 448f., 459, 485, 487, 501, 503f., 524, 554, 559
Identität/*identity* 4, 6, 8, 10, 19–21, 33, 35, 41, 67f., 89f., 100, 108, 149, 154f., 178, 189, 199, 225–227, 233, 244, 252, 254, 261, 273, 290, 294, 297, 301f., 316–319, 323, 325, 328, 330, 352, 363, 381, 384, 391, 395, 399f., 407, 416f., 425, 430–432, 434, 436f., 446, 463, 467, 476, 478, 480, 484, 490, 496, 498f., 505, 510f., 513f., 524–529, 531–533, 535, 545, 549, 555
Ideologie 19, 32f., 36, 39, 90, 95, 110, 144, 169, 171, 221, 310, 317, 379, 431, 452, 477, 481, 485, 487, 507, 510f., 516f., 519f., 524, 560
Ikeda, Daisaku 321–325
Ikeda, Kaneko 324
Imam/Imamin 229f., 259, 360f., 483
Inanna/Inana 49, 68, 71, 402, 409–411, 427
indigene Traditionen 45, 275, 279, 307, 341, 347f., 359, 362, 384, 392, 427, 435, 481, 483
– indigene Traditionen Nordamerikas 285–290, 341, 527
Individuum/*individual* 3, 45, 52, 57, 115, 126, 141, 198, 214, 251, 259, 262, 267f., 272, 295, 301, 305, 308, 315, 337, 351, 355, 391, 393–395, 400, 408, 445, 448, 459, 461, 480f., 485–487, 499f., 505, 509, 512f., 515, 523f., 532, 534f., 541, 547f., 554, 556, 559
Initiation 25, 84, 96f., 105, 210, 254, 280, 282, 307f., 309, 334, 381f., 467, 482, 484

Innovation 528, 530, 532, 535
Institutionalisierung 41, 44, 52, 55, 141, 151, 153, 233, 286, 288, 307, 363f., 441, 545, 547f., 556
Instrumentalisierung 108, 136, 233, 368, 421, 462, 479, 527, 557
Interdependenz/*interdependence*/*interdependency* 21, 271, 273, 293, 301, 461
Intersektionalität 21f., 37, 40, 58–61, 222, 240, 371, 474, 478, 510, 513, 520, 541, 548, 550, 559
Intersexualität 19, 232, 432
– Irrationalität 296, 333, 443, 446, 450, 511
Isis 78, 202, 366, 427
Islam 5f., 11, 46, 58, 81, 155, 170, 221–241, 244f., 249, 251, 262, 276, 360f., 364f., 369f., 373, 377, 379f., 389, 393f., 396–400, 402, 406, 412, 415–419, 421f., 429f., 445, 447, 451f., 454f., 459, 461f., 466, 473, 475, 477, 481, 483f., 486, 491, 494, 499, 504, 507, 518, 520, 524f., 531, 536, 548f., 559, 562
Israel Ben Eliezer 188
Ištar 67–69, 402, 427f.

Jahwe 428
Jainismus/Jainism 113–121
Jesus Christus 51, 202, 207, 210, 213, 217, 263, 328, 366, 401, 422, 431, 471f., 504
Jina Mahāvīra 115
Jonas, Regina 190, 360
Joy, Morny 22, 32, 41, 61, 304, 479, 490
Judentum 5, 11, 37–39, 43, 46, 51, 58, 175–195, 253, 263, 333, 341, 345, 360, 364, 367, 369f., 376f., 380, 383, 385, 393f., 396f., 401f., 412, 415–419, 429f., 445–447, 451, 464f., 472f., 481–485, 494, 504, 507, 524, 528–530
Jungfrau/*virgin* 102, 151, 185, 198, 202, 214, 217, 334, 343, 345, 365f., 375, 378, 397, 401, 407, 412, 428, 470, 513

Kālī 98, 102f., 108, 432
Kanonbildung 31, 360
Kastration 20, 100f., 383, 387, 433, 493
Keuschheit 68, 92f., 159f., 422
Khankan, Sherin 229, 361
King, Ursula V, 3, 12, 18, 21, 23, 35f., 38–40, 52, 57, 61–63, 430, 439, 507, 519, 553, 562

Kirche 6, 34, 51f., 197, 200f., 203, 208–210, 214–216, 279, 282, 341, 343, 345, 351, 360f., 377, 384, 396, 413f., 431, 446, 477, 494f., 513, 516, 518, 547
Kisā Gotamī 366
Kleidung/*cloth*/*dress* 10, 20, 51, 68, 73, 76, 113, 115, 117, 182f., 229, 233, 269, 272, 283, 287, 293, 318, 377, 386f., 398f., 402f., 433, 435, 451, 493–506, 507, 528f., 564
- Kleiderordnung 398–400
- Kleidungskonvention 498
- Kleidungssprache 496, 498, 502
- Kleidungsstereotypen 495
- Kleidungssystem 495, 502
- Kleidungsvorschriften 18, 199, 215, 365, 397, 399, 462, 470, 481, 494
Knabe 91, 96, 177, 179f., 189, 202, 287, 381f., 484
Kommunikation 3, 151, 167, 169, 263, 277f., 300, 308, 391, 493, 495f., 498f., 505, 523, 525, 535
Konfuzianismus 140, 149, 152, 155, 157–162, 169f., 295f., 307f., 324, 328f., 360, 364
- Konstruktivismus 19, 392, 544
Kontrolle/*control* 7, 86, 92, 103, 107, 125, 144, 221, 231, 244, 270, 277, 300, 345, 364, 387, 393, 395, 398f., 405, 408, 415f., 419, 432, 460, 469f., 480f., 534
- Kopftuch 399f., 406, 462, 474, 508, 524–526, 543
Körper/*body* VI, 2, 4, 18–21, 29, 32, 34, 45f., 49–51, 53, 57, 75f., 94f., 100, 103, 105–107, 117f., 123, 126, 128, 131–133, 137, 144–146, 159, 164–166, 177, 179, 180, 200f., 203, 215, 231, 233, 253, 255, 260f., 268, 277, 282, 310, 315–318, 322f., 328f., 333, 352f., 376, 378f., 383f., 385f., 391–406, 407f., 412, 418–422, 427, 430–437, 447f., 450, 453f., 460–463, 466, 469f., 477, 481–486, 491, 494, 496, 498f., 503f., 506, 511f., 526, 542, 547, 549, 556, 566
- als Instrument der Gottesbegegnung 450
- Ekel 419f.
- Körperbild 391f., 394f., 401, 403f.
- Körper-Ideal 485
- körperliche Integrität 460, 469f.
- körperliche Lust 50
- körperlos 328, 393
- Körperordnung 394, 401
- Körperpolitik 398f.
- Körperpraktiken 164, 166, 391f., 547
- Körperverhüllung 399–402, 499, 500, 506
- materiell 49–53, 123, 166, 199, 222, 315–317, 396, 401, 404, 413, 430, 496, 504, 556
- nackt 71, 201, 401f., 410
- vergänglich 261, 315, 379
Kosmos/*cosmos* 43, 75, 102–104, 133, 161, 166, 232, 262f., 275, 278, 279f., 296, 309, 393, 344, 411, 428
Krieg 67f., 103, 126, 142f., 175, 185, 192, 209, 223, 225, 310, 330, 375, 404, 423, 427, 430, 477, 480, 525
Kṛṣṇa 105, 315f., 386f., 421
Kṛṣṇa Caitanya 315
Kulturrelativismus 30

Lakṣmī 94, 102f.
Legitimation 4f., 10, 18, 20, 39, 43f., 99f., 163, 178, 213, 221, 225, 227, 231, 245, 285, 287–289, 297, 331, 352f., 362–364, 370, 395, 400, 408, 410, 426, 428f., 431, 434, 465, 469, 477, 480f., 486, 507f., 511f., 515, 525, 533, 553, 555
Lehrer/Lehrerin 94, 106, 133, 136, 140, 164, 182, 184, 190, 201, 206, 309, 318–320, 359–361, 366–370, 375, 381, 466, 508
Leid 2, 49, 83, 93, 103, 145, 181, 255, 280, 315, 324, 343, 365, 414, 448, 476, 489
Leidenschaft/*passion* 126, 324, 378, 387, 399, 421f.
Leitung/*leadership* 5, 43, 188, 199f., 203, 213, 216, 229, 247, 263, 269, 302, 307, 316, 318, 327, 336, 342, 347, 360, 367, 369–371, 383, 466, 471, 483
LGBTQIA⁺ 37, 40, 113, 118f., 154, 213, 282, 290, 325, 330, 337, 463, 502, 516, 528
Liebe/*love* 25, 68, 98, 105, 133, 177, 192, 210, 213, 244f., 253, 260, 316, 328–331, 344, 377, 379, 386, 411, 413f., 417, 419, 422, 424, 429, 436f., 447–449, 467, 489, 533
Lilith 376f., 379
Loki 433
Lotusfüße 159

Lust  50, 82, 86, 97, 317, 378, 391 f., 411–414, 419, 424, 428, 434, 450, 467 f.
Luther, Martin  206

Macht  1–4, 7, 12, 17 f., 20 f., 24, 30, 40, 43–46, 55, 64, 69, 102 f., 105, 108, 124, 139, 143, 161, 202, 217, 221, 229–231, 252, 276 f., 284, 289, 295–297, 307, 330 f., 345, 359–364, 375, 392 f., 395, 397, 407, 421, 425–428, 430–433, 436 f., 442, 448, 459, 461, 463, 466, 471, 478–480, 508, 511–513, 516, 520, 524, 532–535, 540–542, 548, 555–557, 559–561
– Deutungsmacht  55, 202, 221, 364 f., 369, 394, 401, 431, 523
– Handlungsmacht  238, 432, 461, 532, 559 f.
– Machtmissbrauch  347, 541
Mädchen  67, 71, 91–93, 96 f., 110, 144 f., 163, 179, 183–185, 188 f., 206, 252, 255, 260, 288, 316, 322 f., 381 f., 396, 471, 486–488, 497 f., 507, 510, 513, 561
Mädchenmord *siehe* Femizid
Mahādevī  101–103
Mahāpajāpatī Gotamī  124
Mahāsatī  115, 117 f.
Mahmood, Saba  461, 532, 559 f.
Maimonides  376
Mann  5 f., 8, 24–26, 43, 67, 69–71, 92–95, 97 f., 101, 105, 125, 127, 131–133, 141, 144 f., 152, 158 f., 160, 164, 166 f., 175, 177–179, 182–186, 197 f., 200, 205, 207, 210, 213 f., 223, 227, 229, 232, 252, 255, 260, 263, 286–289, 296, 307, 309, 316, 322, 324, 328 f., 331, 345, 354 f., 364 f., 368, 376 f., 382, 384, 389, 396–398, 402, 405, 412 f., 415, 417–421, 429, 431, 433, 437, 441 f., 447 f., 450 f., 454, 465–469, 471–473, 478, 487, 493, 495, 497, 515, 517 f., 519, 527 f., 531, 533, 542 f., 549
– defekter Mann  385, 417
– ‚weibische' Mann  5, 187, 383–387
– Männerbild  9, 354, 375
– Männerforschung  39, 555
Männerwelt  260, 498
Mannfrauen  285–290
Männlichkeit  V, 5, 17, 20, 39, 41, 44, 67 f., 123, 191, 205, 211, 222, 228 f., 232, 238, 260 f., 354 f., 384–386, 393, 401, 415, 478, 589, 500, 519, 528, 549, 553, 557, 559

– hegemonial  20 f., 40, 44, 355, 399, 554, 557
– Konstruktion von Männlichkeit  199, 210, 557
– Männlichkeitsideal  376
– Vermännlichung  276 f., 322 f., 399
Marginalisierung/*marginalisation*  5 f., 32, 37, 77, 234, 238, 244, 246 f., 255, 276 f., 300, 336, 359 f., 362, 383, 403, 446, 483, 525, 532, 543, 554, 557, 560
Maria  51, 188, 202, 217, 361, 366, 371, 394, 401, 513, 524
– Maria *lactans*  202, 204
– Marienbild  217, 401, 513
– Marienheiligtümer  366
– Marienkult  366
– Marienverehrung  202, 217, 427
Märtyrer/Märtyrerin  6, 187, 190, 193, 199, 201, 366, 389, 402, 481
Maskulinität/*masculinity*  67 f., 123, 267, 269, 337, 354, 449
– Remasculinization Studies  560
– *siehe auch* Männlichkeit
Mate Mahadevi  106 f.
Materialität  4, 49–53, 58, 62, 222, 404, 496
– *material religion*  50, 52 f.
Materie  49–51, 102, 166, 179, 315–317, 396, 413, 430, 504
Matriarchat  38, 281, 284, 349, 431, 438 f.
Mazu  163 f.
Mechthild von Magdeburg  198, 422
Medien  4 f., 8, 10, 12, 35, 90, 391 f., 405, 498, 502 f., 523–537
Medium  151–153, 165, 169, 277, 294, 296, 335 f., 338, 359, 443
Meister/Meisterin  134, 146, 153, 164, 224, 229
Menschenrechte  459–464, 468, 470 f., 474–476, 479, 484, 486, 490
Men's Studies  39
Menstruation/*menstruation*  24, 46, 51, 86, 117, 120, 125, 145, 152 f., 166 f., 180 f., 194, 255, 369, 387, 389, 393, 395–397, 404–406, 408, 414, 442, 483
Mesoamerican Religions/Mesoamerikanische Religionen  267–274
Messias  188, 192, 194, 330
Methodologie  9 f., 24, 30 f., 33–35, 39 f., 60–62, 73, 235, 240, 541, 543, 548, 553

Migration/*migration*   7, 10, 81, 87, 400, 488 f., 539–550
Minderwertigkeit   43 f., 126, 377, 382 f., 385, 415, 419, 479, 483, 488, 513
Misogynie   73, 81, 140 f., 145, 152, 322, 378, 419, 497, 505, 560
Missbrauch   331, 347, 421, 477, 481, 488, 541
Mitgift   93, 255, 488, 490
- Mitgiftmord *siehe* Femizid
Mohinī   433 f.
monastisch   49, 106, 146, 214, 365, 378, 380, 387, 414, 418 f.
Mönch/*monk*   5, 51, 113 f., 117–120, 123, 125–127, 132 f., 136, 140, 142–144, 146, 199, 214, 317, 365, 368, 377, 393, 417, 453, 469, 483, 499
- Mönchsorden   124, 126, 132, 134, 146, 316
Moschee   51, 170, 229, 236 f., 360 f., 397, 417, 510
Muḥammad   222 f., 225 f., 230 f., 234, 263, 416, 485
Mun Sŏn-myŏng   327, 329–331
Murray, Margaret   342
Mutter/*mother*   25, 49, 75, 79, 81, 92 f., 95 f., 98, 101, 105, 107 f., 114 f., 124, 140, 153, 167, 175, 177, 179, 181, 187, 192, 199, 202, 216–218, 228, 254, 267 f., 293, 305, 309, 318, 324, 335, 343, 345, 364–367, 375, 401, 420, 453, 469, 473, 488, 496, 541
- göttliche Mutter   98, 101, 103 f., 107 f., 164, 169, 192, 202, 253, 263, 329 f., 343, 345, 365, 420, 426–432, 512 f.
- heilige Mutter   60, 432
- ‚Mutter Erde' *siehe* Erde
- Muttergottes   51, 217, 366, 401
- Muttergöttin *siehe* Göttin
- Mütterlichkeit   103 f., 207 f., 210, 277, 329, 429, 437, 451
- Mutterrecht   437
Mystik   2, 86, 103, 133, 191, 193 f., 198 f., 202 f., 207, 210, 227 f., 239, 244 f., 247 f., 253, 259, 263, 338, 380, 383, 392 f., 421, 429, 450
Mystiker/Mystikerin/*mystic*   98, 105 f., 202, 227 f., 243–245, 334, 421 f., 429, 432, 450
Mythologie   20, 22, 38, 103, 149 f., 154, 280, 333, 345, 364, 387, 395, 409, 429, 435

Nacktheit/*naked*   71, 83, 201, 399, 401 f., 405, 407, 410, 498
Natur   17–19, 37, 39 f., 60, 73, 82, 86, 99, 149, 167, 179, 203, 207, 210, 213 f., 228 f., 230, 244, 255, 261, 267, 269, 272 f., 274 f., 279, 285, 287–289, 295 f., 301–303, 305, 307, 309, 315, 318 f., 323, 328, 336, 344, 352, 369, 378 f., 385, 409, 415, 425, 437, 452, 466, 468, 479, 497, 505, 510, 517, 555
Neumann, Karl Eugen   26
New Age   333, 336 f.
Nichiren   321–323
Niẓām Khātūn   246
Nonkonformität   1, 52, 108, 364
Nonne/*nun*   5, 26, 51, 117, 120, 123–128, 132–138, 139–143, 146, 152, 170 f., 216, 365–368, 371, 432, 468 f., 483
- Nonnenorden   124, 126 f., 132, 365, 367 f., 482
Norm   V, 5, 30, 32–34, 36, 44–46, 55–57, 63, 67, 82, 90, 137, 159, 176, 180 f., 201, 203, 210, 235, 309, 362–364, 377, 382, 397, 408, 411, 413, 434, 462, 480, 500, 509–512, 514, 531, 539, 541 f., 547 f.
- *siehe auch* Geschlechternorm
- *siehe auch* Heteronormativität
Nut   75, 426

Objektivität   VI, 29–32, 35 f., 63, 554, 560
- Objektivitätsanspruch   29 f., 35, 553
offizielle Religion   34, 55, 57
Opferbereitschaft   93, 473
Orakel   277 f., 281
Ordensrecht   5, 50, 123 f., 126 f., 387, 414, 417
Ordensregeln *siehe* Ordensrecht
Ordnung   1, 4, 6, 10, 18 f., 21, 23, 26, 33, 40, 43–47, 50–52, 58, 90, 151 f., 161, 183, 190 f., 200 f., 213, 221 f., 227, 232–234, 282, 285, 329, 362–364, 375, 377, 394–399, 407 f., 410, 413, 467, 469, 480 f., 500, 507–511, 524 f., 534, 556
- Heilsordnung   200
- *siehe auch* Geschlechterordnung
- *siehe auch* Kleiderordnung
- *siehe auch* Körperordnung
- *siehe auch* Schöpfungsordnung

Paganismus/*paganism* 333, 335f., 338, 341f., 344, 347–350, 361, 388
Papst/Päpstin 106, 197, 202, 363, 370, 398, 413, 473, 517
Paradigmenwechsel 9, 42, 322, 553
Parteilichkeit 30, 36
Partikularität 21f.
Partizipation/*participation* 6, 36, 55, 77, 80, 119, 189, 210, 216, 231, 243, 246, 252, 254, 261, 263, 268f., 271–273, 300f., 303, 318, 336, 347f., 359f., 400. 468, 470f.
Pārvatī 93f., 102f., 403, 435–437
Pastorin 345
Patriarchat/*patriarchy* 5f., 12, 21, 33f., 44, 46, 67f., 77, 93, 97, 108, 113, 119, 134, 136–138, 150, 152f., 158, 161, 169, 182f., 198, 201, 210, 213, 218, 226, 234f., 243, 255, 281f., 296, 317, 324, 329f., 341, 345–349, 365, 368f., 371, 379, 384, 398, 400, 413, 415, 429, 452, 469, 472, 478, 482, 488, 512–514, 517, 519, 530f., 541, 556, 559–561
Patrilinie 92, 305, 308, 310, 364f., 469
Performanz 509, 524, 535, 546
Phallus 409, 435
Philo von Alexandria 376
Pilger/Pilgerin 97, 132, 140, 143, 308, 363
Pluralismus 12, 41, 60, 188, 235, 237, 460f., 471, 474, 478, 512, 520, 523–527, 535
Polarität/*polarity* 22, 32, 43, 49, 133, 267f., 302, 337, 364, 405, 449, 469, 485, 559
Polygamie 106, 175, 183, 186, 412, 541
Polygynie/*polgyny* 86, 235, 259
Pombagira 282f.
Postkolonialismus V, 21f., 29, 32, 35, 37, 39, 40f., 461, 511, 553, 559
Postmoderne 18, 29f., 32, 35f., 356, 454, 478, 519
Postsäkularismus VI, 58, 461, 507, 519, 559f.
Priester/Priesterin/*priest*/*priestess* 63, 69–72, 76–79, 81, 84–87, 89, 97, 99f., 110, 139, 141f., 149, 151–154, 165, 172, 183, 187, 200f., 203, 205f., 210, 216f., 256, 277, 280–282, 293, 299–301, 303, 305, 307–310, 338, 342, 345, 347f., 359–361, 363, 370–372, 375, 418, 442, 455, 493–495, 500, 529
Prophet/Prophetin/*prophet*/*prophetess* 6, 76, 81, 181, 183, 192, 222f., 225, 227, 230, 233–236, 259, 262–264, 337, 359, 363, 366, 401, 416, 428, 482, 485, 554
Prostituierte 68, 71, 185, 192, 282, 309, 365, 387, 413, 415
Prostitution/*prostitution* 71, 165, 185
– sakrale Prostitution 71, 79, 409
Protestantismus 12, 52, 64, 157, 205–208, 210f., 279, 328, 361, 367, 406, 414, 416, 424, 430, 470, 516
puritanisch 367, 545

Queer 19, 35, 37, 40, 55, 58, 61, 64, 193, 222, 261, 285, 291, 336–339, 417, 432, 437, 439, 474, 476, 495, 532–534, 555
Queer Studies 19, 39, 59, 437
Qurrat al-ʿAin 262

Rabbiner/Rabbinerin 176f., 179–183, 185–187, 190, 192, 194, 240, 345, 360, 367, 369, 371, 376, 380f., 385, 388, 397, 412, 416, 465, 475, 529f.
Rābiʿa al-ʿAdawīya 227
Rādhā 387
Ramakrishna 99, 107, 370, 419f., 423, 432, 473
Rationalität 29, 33, 172, 240, 318, 333, 355, 443, 446f., 459, 461, 511, 515
Rebben/Rebbetzin 188
Reclaiming-Community 343–348
Reformbewegung 7, 47, 106, 108, 252, 364, 369f., 418, 430, 472, 484, 487, 532
Regulierung 126, 140, 181, 318, 392f., 395, 400, 407, 414, 505, 540, 547
Reinheit/*purity* 45f., 51, 59, 79, 125, 150, 169, 176, 201, 205, 219, 255, 364, 395–397, 407, 470, 481, 484, 494, 524, 530,
Religion der Ryūkyūs/ Religion of the Ryūkyūs 299–313
Religionsästhetik 52f., 556
Religionskritik 34, 560
Religionsphänomenologie 25, 409, 425
Religionsstifter/Religionsstifterin 131, 259, 362, 401
Rezeption 6, 22, 34, 39, 40, 42f., 139, 145, 207, 223, 295, 379, 403, 419, 496, 498, 502, 504, 515, 518, 523f., 533, 546, 553, 557, 560
Richter/Richterin 175, 181, 236, 366, 426, 466

Riten/*rites*  4, 25, 45, 76, 78, 81, 84–86, 93, 100, 160, 252, 257, 300, 381 f., 388, 409, 414, 438, 451, 491
- Riten der Solidarität  448, 451
- Übergangsriten  189, 448, 454, 494 f., 500, 505
Ritual/*ritual*  22, 24, 26, 37 f., 43, 50–52, 55, 63, 69, 72, 77 f., 83, 85–87, 89, 91, 93, 96 f., 99–101, 109 f., 114, 121, 125, 128, 133 f., 138, 140–143, 149, 151–153, 157, 160, 165, 177, 179–181, 187, 191, 198, 232, 234, 246 f., 258, 268–274, 275, 280, 282, 284, 289, 293, 295–297, 300–304, 305, 308–311, 318 f., 334–336, 342–350, 360–362, 367 f., 370, 375, 382, 386, 389, 393, 396 f., 401–406, 407, 409, 420 f., 448, 450–452, 454, 477, 481, 483–485, 487, 489 f., 494 f., 500–502, 505 f., 523, 546
Ritualspezialist/Ritualspezialistin  89, 140, 165, 293, 362
Rollenmodell/*role model*  91, 169, 214, 217, 247, 277, 322, 329, 382
Rūḥīyih Khānum  262

Saadawi, Nawal el  401
Sabbatianismus  187 f.
Sakralität  4, 25, 71, 281, 305, 315, 375, 394, 409, 411, 428, 481
Śāktismus  89, 101 f.
Sanktion  4, 10, 20, 40, 43, 126, 152, 180, 234, 296, 329, 363, 384, 392 f., 397 f., 401 f., 414, 416, 432, 555
Sarada Devi  432
Sarasvatī  101, 383, 427
Satan  328, 333, 343, 376–378
Satī  93, 95, 117, 254, 487
Sāvitrī  93
Schamane/Schamanin  62, 293, 308, 310, 345, 359, 368, 442
Schamanismus  293, 310
Schechina  188, 193
Schleier *siehe* Verschleierung/*veiling*
Schöpfung/*creation*  6, 75, 78 f., 82 f., 102 f., 108, 150, 178, 192, 228, 253, 275 f., 280, 287, 328, 330 f., 337, 375, 426, 428, 465 f., 475, 517, 520, 533

- Schöpfungsmythos  6, 43, 178, 395, 433, 439, 473, 523
- Schöpfungsordnung  43, 364, 465, 508, 515–517
Schüler/Schülerin/*disciple*  23, 92, 94, 124, 131, 145 f., 182, 229, 246, 316 f., 322, 336, 373, 381, 419
Schwangerschaft  46, 93, 152, 177, 180, 182, 205, 211, 393, 395, 450
Seele/*soul*  83, 113–115, 119, 243 f., 255, 261–263, 268, 315, 317, 333, 345, 394, 406, 411 f.
- Männlich  84
- weiblich  83, 98, 207, 210, 241, 253, 316
Selbst/*self*  25, 35, 60, 99, 106, 108, 157, 164, 178, 182, 198, 204, 211, 228 f., 282, 323, 333, 336 f., 352 f., 355, 361, 375, 400, 402, 411, 436, 444, 446 f., 467, 472 f., 475, 489, 510, 513 f., 542 f., 556, 561
- Selbstbestimmung  133, 223, 239, 371, 462, 470, 480, 485, 526, 528, 532, 534
- Selbstbild  116, 146, 248, 261, 513
- Selbstmord  94, 182, 481, 487 f.,
Sexualität/*sexuality*  4, 9, 37, 45 f., 50, 63, 67–69, 76, 79 f., 82, 99 f., 103–105, 113 f., 117–119, 125 f., 164, 167, 179, 182 f., 185, 187, 199–203, 206 f., 211, 214, 221, 228, 231–236, 248, 255, 262, 268, 277, 282 f., 285, 287, 290, 297, 323, 328, 330 f., 333, 335–339, 347, 365 f., 376 f., 379 f., 384–387, 389, 391–393, 397 f., 400, 402, 404–406, 407–424, 428, 432, 435 f., 438, 468–471, 474, 484, 518 f., 521, 528–530, 532–534, 536, 561
- ‚heilige' Sexualität  408–411, 428
- Sexualisierung  399, 420, 516
- Sexualität als Heils-Hindernis  418
- Sexualmoral  398, 413 f., 414–418
- sexuelle Befriedigung  182, 236, 412, 421, 469
- sexuelle Enthaltsamkeit  164, 366, 376, 397, 414, 418 f.
- sexuelle Gewalt  10, 108, 386, 477–479
- sexuelle Orientierung  VI, 4, 18 f., 21, 45, 283, 385, 432, 463, 470 f., 476, 478, 481, 509 f., 517, 527
- *siehe auch* Begehren
- *siehe auch* Heterosexualität
- *siehe auch* Homosexualität
- *siehe auch* Transsexuell

Sha'wana al-Uballa 244
Shintō 149–154, 300, 321, 418, 429
Sikhismus 251–258, 508, 531 f., 536
Sinnlichkeit 99, 200, 206, 376, 378 f., 433 f., 437, 447, 450
Sītā 93, 107
Śiva 47, 89, 94, 98, 101 f., 105, 403, 428 f., 433–436, 472
Sklave/Sklavin 44, 70, 175 f., 182 f., 189, 221, 275, 279, 281, 378, 471
Sohn 51, 55, 67, 91–94, 96, 100, 141, 144, 158, 160, 175 f., 179 f., 183, 187, 260, 310, 364 f., 377, 382, 413, 417 f., 428, 470, 488 f.
Sōka Gakkai 321–325
Spiritualität/*spirituality* 2, 5, 20, 38 f., 49 f., 58, 61, 63, 82, 84, 97, 100, 105–108, 114, 117, 121, 123, 126 f., 131, 134, 136, 146, 149, 151, 158, 164–167, 169, 182, 188, 214, 224, 228–230, 243 f., 248, 251, 255, 257, 262 f., 273, 280, 284, 290, 294, 296, 299, 302, 305, 307–313, 315–319, 327, 329, 333, 335–339, 351–356, 359, 361, 368, 372 f., 375 f., 383 f., 386 f., 392 f., 395, 407, 413, 417, 419–421, 430, 434, 436, 441–443, 446, 448, 454, 468, 472, 480 f., 509, 561
– siehe auch Feministische Spiritualität
Srila Prabhupada 316
Stabilität 5–7, 44, 46 f., 50, 150, 161, 227, 262, 364, 375, 387, 397 f., 408, 507 f., 510 f.
Starhawk 336 f., 343 f.
Statthalter Gottes 46, 466, 473
Status 9, 18, 24 f., 38, 44, 67 f., 71, 77, 91, 94, 96, 113, 125, 140 f., 157, 172, 175 f., 188, 195, 198 f., 205, 221 f., 230, 233, 257, 276, 290, 333, 364, 367, 369, 381, 383 f., 392, 407 f., 426, 428, 430–432, 435, 437, 455, 466, 472, 478, 481, 483 f., 487, 494, 499–501, 508–510, 513, 561
Stereotyp/*stereotype* siehe Geschlechterstereotyp
Subjekt/*subject* 3, 25, 29 f., 32 f., 35 f., 41, 61, 64, 172, 244, 329, 352, 461, 475, 511, 514, 525 f., 532, 542, 556, 559–561
– siehe auch Frau, religiöses Subjekt
Sufismus/Sufism 227 f., 243–247, 251

Sünde 2, 43, 95, 144, 192, 200–202, 230, 328, 330 f., 345, 366, 376 f., 379, 394 f., 398 f., 401, 413, 416, 418, 450, 497, 508, 513
Synagoge 51, 186, 189 f., 367, 482, 530

Tabu/*taboo* 59, 70, 79, 90, 203, 215, 218 f., 255, 301, 349, 396, 405, 414 f., 421, 451 f., 478
Tantrismus 133 f., 136, 336 f., 368, 392, 403, 420 f., 429
Tanz 4, 93, 143, 150, 152 f., 188, 287, 293, 347–349, 378, 410
Tārā 132 f.
Tempel 70 f., 104, 140–143, 163, 187, 192, 317, 319, 380, 397, 405, 409, 482
Tenrikyō 153, 429
Tertullian 377, 402
Teufel/*devil* 81–83, 377, 409
– siehe auch Satan
Texttradition 23, 26, 34, 46, 383, 413–415, 417, 419, 429, 469, 481, 553, 556
Thomas von Aquin 200, 466
Tochter/*daughter* 69 f., 78, 91–93, 96, 98, 110, 138, 144, 150 f., 182, 184, 188, 204, 216, 230 f., 233, 237, 254, 262, 307, 322, 330, 375, 378 f., 380 f., 382, 487 f.
Tod/*death* 26, 45 f., 49, 70, 72, 79, 81, 83, 91, 93–95, 113, 117, 133, 143, 145, 150 f., 158, 160, 163, 175, 180, 183 f., 199, 214, 225, 231, 255, 267 f., 272, 277, 289, 295, 302, 328, 335, 345, 366, 375–378, 391, 394–396, 414 f., 417, 428, 436, 441, 443, 448, 451–453, 468, 487–490, 500, 546
– Totenritual 91, 93, 142, 451, 489
Transgender VI, 5, 19 f., 41, 55, 58, 60–64, 101, 286, 362, 385–387, 389, 391, 417, 432, 434, 495, 557
Transgender Studies 19 f., 37, 40 f., 555
Transsexuell 19 f., 191, 232, 264, 290, 385, 389, 391, 432–434
Trans Studies 20, 58
Transvestitismus 13, 20, 232 f., 272, 286, 297, 383, 433
Transvestit/Transvestitin 68, 214, 232
Transzendenz/*transcendence* 1–3, 5, 9, 20, 25, 44, 49, 51, 57, 81, 101, 113, 131, 167, 169, 191, 202, 210, 228, 253, 279 f., 315, 337 f., 359,

363, 375, 391, 393, 401–403, 418, 420, 425, 430, 433, 436, 442, 448, 500, 512, 546, 561
Treue   92 f., 175, 179, 237, 288, 352, 364, 379, 381, 413, 469, 482, 519
Trickster   187, 287
Triebhaftigkeit   99, 105, 369, 376, 379, 419, 434, 447, 482
Tugend   50, 94 f., 97, 103, 153, 159, 161 f., 164, 169, 229, 260, 324, 329, 467
Two-Spirit-Personen   290 f., 481, 527 f., 537

Überlegenheit   102, 167, 234, 305, 307, 407, 418, 469, 508, 525
Umm Waraqa   226
Unabhängigkeit/*independence*   71, 92, 102, 105, 107 f., 170, 223, 228, 232, 251, 267, 300, 396, 426, 428, 444, 449, 467
Ungleichheit der Geschlechter   18, 21, 38 f., 105, 141, 152, 236, 353, 384, 413, 436 f., 466, 480, 488, 511, 530, 541, 544, 547, 557, 560
*unio mystica/divine union*   133, 207, 245, 421
Universalität   1, 5, 10, 12, 33, 40, 45 f., 108, 336, 365, 395 f., 425 f., 431, 435, 443–446, 449, 451, 453, 459, 461–465, 474 f., 479, 485
Unreinheit/*impurity/pollution*   24, 45 f., 50 f., 59, 83, 85–87, 94, 117, 125, 140, 144 f., 150, 152, 154, 167, 181, 201, 205, 255, 369, 379, 386, 395–398, 406–408, 414, 418, 420, 437, 466, 481 f., 489, 529
Unterdrückung/*oppression*   21, 33, 43, 108, 169, 179, 221, 279, 281, 296, 319, 324, 330, 342, 345, 353, 479, 525, 527, 532, 541, 560
Unterlegenheit   140, 144, 200, 469, 508
Unterordnung   5 f., 43 f., 98, 102–106, 124 f., 134, 141, 144, 160, 182, 184, 205, 255, 280, 364, 366, 377, 431 f., 447, 450, 465, 467, 469, 471 f., 478, 482, 488 f., 497, 508, 517, 532, 557
– Unwissenheit *siehe* Wissen

Vāc   101
Vajrayoginī   133
Varnhagen, Rahel   178
Vater/*father*   70, 72, 75, 85, 91 f., 95 f., 98, 141, 144, 160, 177, 179, 182, 205, 216, 231, 253, 255, 260, 263, 267 f., 277, 307, 310, 329 f., 348, 364–366, 379, 428–430, 470, 533, 541 f.
– Gottvater   49, 51, 55, 277, 330, 512
– Kirchenvater   44, 180, 215, 377, 413, 465 f.
Verantwortung   35, 37, 70, 93, 131, 151, 153, 158, 162, 177, 251, 254, 297, 300 f., 324, 331, 377, 459, 466, 483, 511
Verblendung   382, 419, 434
Verbot   10, 95, 106, 119, 133, 152, 176, 179 f., 183 f., 186–189, 201, 233, 254–256, 279, 281–283, 301, 367, 380, 382 f., 385, 397 f., 400–402, 405, 414–417, 451, 462 f., 471 f., 477, 481–483, 486 f.
Vereinigungsbewegung   327–332
Verführung   176, 18 f., 228, 277, 328, 345, 377 f., 381, 399, 401, 434, 497, 534
– Verführerin   99, 376–379, 379, 382, 398, 419, 434, 504, 534
Vergewaltigung   68, 281, 477, 481, 488, 529
Verhüllung   399, 400–402, 465, 499 f.
– *siehe auch* Verschleierung
Verkörperung/*embodiment*   19, 29, 75, 78, 94, 101, 103, 106 f., 123, 126, 131, 133, 137, 237, 251, 299, 304, 315, 324, 328 f., 346, 376, 378 f., 382, 391 f., 401, 426, 430, 432, 436, 556
vernakuläre Religion *siehe* Alltagsreligion
Vernunft   32, 44, 263, 369, 376, 447, 450, 460, 464, 466
Verschleierung/*veiling*   17, 68, 86, 199, 254, 262, 378, 399–401, 404, 462 f., 477, 536, 525
Viṣṇu   89 f., 98, 101 f., 105, 315, 317, 428, 433 f.
Vollkommenheit/*perfection*   6, 50, 81, 83, 94, 110, 166 f., 228–230, 243, 260, 329, 368, 376, 386, 392, 394, 412, 420, 425, 436, 466, 484, 501, 561
Vorbild   93, 103, 105 f., 131, 133, 161 f., 170, 175, 177, 202, 214, 225, 230 f., 262, 317, 324, 387, 401, 434, 485, 487, 513 f., 531
Vulva   409, 411

Wadud, Amina   234, 361, 369, 473
Weber, Max   50, 157 f.
Weiblichkeit/*femininity*   5, 17, 20, 41, 49 f., 63, 103, 160, 187, 232, 260, 267, 335–337, 352, 354 f., 383 f., 393, 478, 526, 534, 559
– Konstruktion von Weiblichkeit   V, 39, 90, 103, 107, 261, 317, 439, 553, 557

Weisheit/*wisdom*   101, 109, 133, 137, 153, 159, 191–194, 239, 324, 334, 343–345, 375, 380, 383, 388f., 427, 473, 430, 435
Weltbild   32, 285, 493f., 499, 513, 546-548
Wert/*value*   19, 26, 29, 31, 32, 35f., 96, 53, 114, 120, 139, 162, 169, 184, 197, 214, 226f., 255, 261, 285, 289, 296, 302, 317, 321, 330, 345, 352, 362, 365, 375, 380, 383f., 403, 408, 399, 413f., 417, 418, 441, 447, 454, 461, 470, 473, 485f., 488, 507, 509f., 514, 516, 525, 540–542, 547f., 561
– Bewertung   5, 18, 22, 23, 26, 43–45, 93, 126, 132, 136, 159, 167, 177, 179, 181f., 187, 189, 205, 261, 316, 355, 366, 376, 378f., 382, 393, 415, 419, 429, 449, 452, 459, 466, 479f., 482f., 488, 508, 511, 513f., 559
– Gleichwertigkeit   22, 141, 143, 251, 260, 317, 330, 363, 473
– Wertneutralität   VI, 29–31, 33, 35f., 560
Wicca   336f., 341–343, 346
Widerstand/*resistance*   44, 124, 136, 187, 190, 193, 223, 258, 367, 462, 509, 514, 519, 524f., 531–533, 535, 560
Wiedergeburt/*rebirth*   49, 59, 75, 84, 94, 97, 113f., 117, 119, 127, 132, 145, 167, 251, 315, 339, 348, 368, 386, 413, 467f.
Wissen   10, 24, 26, 31, 36, 59, 91, 96f., 99, 101, 103, 109, 152, 170, 176, 216, 221, 223, 234, 236, 238, 281, 285, 309, 362, 364, 370, 376, 378–383, 418, 468, 483, 471, 482f., 498, 555
– *siehe auch* Bildung
– *siehe auch* Gelehrsamkeit/*scholarship*
– Wissensproduktion   17, 21f., 31f., 35, 41
– Wissenschaftskritik   1, 21, 559
Witwe   90, 92, 94f., 106, 151, 175, 184, 193, 254, 341, 472, 486–488, 490
– Witwenverbrennung   95, 106, 254, 341, 486–488
Women's Studies   31, 34, 37f., 41, 59, 61f.
Würde   26, 32, 38, 43, 46f., 63, 99, 136, 138, 189, 214f., 262, 287, 324, 329, 363, 452, 459, 463–468, 471, 473, 475

Xilonen   271

Yoruba-Religion   275f., 279f.

Zoroaster   81
Zölibat/*celibacy*   79, 113–115, 117f., 125f., 139, 205, 208, 216, 216, 268, 334, 418
Zoroastrismus/Zoroastrism   81–88, 293, 396
Zweigeschlechtlichkeit   3, 17–19, 40f., 100, 261, 280, 403, 425, 478, 481, 484, 508, 517, 555
– *siehe auch* Geschlechterbinarität
Zwitter   179, 232

www.ingramcontent.com/pod-product-compliance
Lightning Source LLC
Chambersburg PA
CBHW050523300426
44113CB00012B/1929